# HISTOIRE ANCIENNE DE L'ORIENT

JUSQU'AUX GUERRES MÉDIQUES

ANGERS, IMPRIMERIE BURDIN ET Cie, RUE GARNIER, 4.

# HISTOIRE ANCIENNE
# DE L'ORIENT

JUSQU'AUX GUERRES MÉDIQUES

PAR

FRANÇOIS LENORMANT

PROFESSEUR D'ARCHÉOLOGIE PRÈS LA BIBLIOTHÈQUE NATIONALE

Ouvrage couronné par l'Académie Française

---

**NEUVIÈME ÉDITION**

Revue, corrigée, considérablement augmentée et illustrée de nombreuses figures d'après les monuments antiques.

---

TOME PREMIER

LES ORIGINES. — LES RACES ET LES LANGUES

---

PARIS

A. LÉVY, LIBRAIRE-ÉDITEUR, 13, RUE LAFAYETTE

(PRÈS L'OPÉRA)

—

1881

# PRÉFACE

## DE LA PREMIÈRE ÉDITION

(1868)

---

Le fait dominant des cinquante dernières années, dans l'ordre scientifique, a été certainement la rénovation des études de l'histoire et surtout la conquête du vieux passé de l'Orient par la critique moderne, armée du flambeau qui fait pénétrer la lumière jusque dans les plus obscurs replis de ces annales pendant si longtemps ensevelies dans l'oubli.

Il y a seulement un demi-siècle, on ne connaissait guère de l'ancien monde que les Romains et les Grecs. Habitués à voir dans ces deux grands peuples les représentants de la civilisation antique, on consentait sans peine à ignorer ce qui s'était passé en dehors de la Grèce et de l'Italie. Il était à peu près convenu qu'on n'entrait dans le domaine de l'histoire positive que quand on avait mis le pied sur le sol de l'Europe.

On savait cependant que, dans cette immense contrée qui s'étend entre le Nil et l'Indus, il y avait eu de grands centres de civilisation, des monarchies embrassant de vastes territoires et d'innombrables tribus, des capitales plus étendues que nos capitales modernes de l'Occident, des palais aussi somptueux que ceux de nos rois ; et de vagues traditions disaient que leurs orgueilleux fondateurs y avaient retracé la pompeuse histoire de leurs actions. On savait également que ces vieux peuples de l'Asie avaient laissé des traces puissantes de leur passage sur la terre. Des débris amoncelés dans le désert et sur le rivage des fleuves, des temples, des pyramides, des monuments de toute sorte recouverts d'inscriptions présentant des caractères étranges, inconnus ; tout ce que racontaient les voyageurs qui avaient visité ces contrées attestait un grand développement de culture sociale. Mais cette grandeur apparaissait à travers des ruines ou dans les récits incomplets des historiens grecs, et dans quelques passages de la Bible. Et comme, dans ce monde primitif de l'Orient, tout revêt des proportions colossales, on était naturellement disposé à croire que la fiction occupait une grande place dans les récits de la Bible et dans les pages d'Hérodote.

Aujourd'hui les choses ont bien changé. Dans toutes ses branches la science des antiquités a pris un essor qu'elle n'avait pas connu jusqu'alors, et ses conquêtes ont renouvelé la face de l'histoire. Après les grandes œuvres des érudits de la Renaissance, on croyait connaître à fond la civilisation de la Grèce et de Rome, et pourtant sur cette civilisation même l'archéologie est venue jeter des lueurs inattendues. L'étude et l'intelligence véritable des monuments figurés, l'histoire de l'art, ne datent pour ainsi dire que d'hier. Winckelmann clôt le xviiie siècle, et c'est celui-ci qu'inaugure Visconti. Les innombrables vases peints et les monuments de toute nature qu'ont fourni, que fournissent encore chaque jour les nécropoles de l'Étrurie, de l'Italie méridionale, de la Sicile, de la Grèce, de la Cyrénaïque et de la Crimée, constituent un champ immense, inconnu il y a cinquante ans, et qui a prodigieusement élargi l'horizon de la science.

Mais ces conquêtes dans le domaine du monde classique ne sont rien à côté des mondes nouveaux qui se sont tout à coup révélés à nos yeux ; à côté de l'Égypte, ouverte pour la première fois par les Français, et dont les débris ont rempli les musées de l'Europe, nous initiant jusqu'aux moindres détails de la civilisation la plus antique du monde ; à côté de l'Assyrie, dont les monuments, découverts aussi par un Français, sortent du sol où ils sont demeurés enfouis depuis plus de deux mille ans, et nous font connaître un art, une culture, dont les témoignages littéraires ne faisaient qu'indiquer l'existence. Et ce n'est pas tout : voici la Phénicie, dont l'art, l'histoire et la civilisation, intermédiaires entre l'Égypte et l'Assyrie, se révèlent, et dont les catacombes commencent à rendre leurs trésors. Voici la Syrie araméenne qui livre ses vieilles inscriptions et ses souvenirs. Voici que de hardis explorateurs nous font connaître les vestiges de tous les peuples divers qui se pressaient en foule sur l'étroit territoire de l'Asie Mineure : Cypre, avec son écriture étrange, qui cache un dialecte grec, et les sculptures de ses temples ; la Lycie, avec sa langue particulière, ses inscriptions, ses monnaies, ses grottes sépulcrales ; la Phrygie, avec ses grands bas-reliefs sculptés sur les rochers et les tombeaux des rois de la famille de Midas. L'Arabie rend à la science les vieux monuments de ses âges antérieurs à l'islamisme, les textes gravés du Sinaï et les nombreuses inscriptions qui remplissent le Yémen. Et comment oublier dans cette énumération la Perse, avec les souvenirs de ses rois Achéménides et Sassanides, ou l'Inde, dont l'étude des Vêdas a renouvelé la connaissance ?

Mais ce n'est pas seulement le champ à parcourir qui s'est élargi. Les progrès de la science ont été aussi grands que son domaine est maintenant étendu. Partout, sur ces routes nouvelles, de vaillants et heureux pionniers ont planté leurs jalons et fait pénétrer la lumière au sein des ténèbres. L'Europe achève en notre siècle de prendre possession définitive du globe. Ce qui se passe dans l'ordre des événements se passe aussi dans le domaine de l'étude. La science reprend possession du monde ancien et des âges disparus.

C'est par l'Égypte qu'a commencé cette renaissance des premières époques des annales de la civilisation. La main de Champollion a déchiré le voile qui cachait aux yeux la mystérieuse Égypte, illustrant le nom français par la plus grande découverte de ce siècle. Grâce à lui, nous savons enfin ce que cachaient jusqu'ici les énigmes des hiéroglyphes, et nous pouvons désormais nous avancer d'un pas ferme sur un terrain solide et définitivement conquis, au lieu du sol trompeur et mal assuré où s'égaraient ceux qui l'ont précédé.

La découverte de Champollion a été le point de départ des recherches savantes, ingénieuses, auxquelles nous devons la restauration de l'histoire égyptienne. Dans toute l'étendue de la vallée du Nil, les monuments ont été interrogés, et ils nous ont raconté les actions des rois qui gouvernèrent l'Égypte depuis les temps les plus reculés. La science a pénétré dans ces sombres nécropoles où dormaient les Pharaons, et elle y a retrouvé ces nombreuses dynasties dont il ne restait de traces que dans les écrits mutilés du vieux Manéthon. On connaissait à peine, au commencement de ce siècle, les noms de quelques souverains séparés les uns des autres par de bien longs intervalles, et ces noms ne rappelaient qu'un petit nombre d'événements altérés par la crédulité des voyageurs grecs ou amplifiés par la vanité nationale. Maintenant nous connaissons à bien peu de chose près toute la série des monarques qui régnèrent sur l'Égypte pendant plus de 4,000 ans.

L'art pharaonique a été apprécié dans ses formes diverses, architecture, sculpture, peinture, et la loi qui réglait les inspirations du génie égyptien a été reconnue. La religion a été étudiée dans son double élément sacerdotal et populaire, et il a été prouvé que, sous ce symbolisme étrange et désordonné qui consacrait l'adoration des animaux, il y avait une théologie savante qui embrassait l'univers entier dans ses conceptions, et au fond de laquelle se retrouvait la grande idée de l'unité de Dieu. Nous savons aussi à quoi nous en tenir sur l'état des sciences chez cette nation fameuse. On a fait passer dans les langues de l'Europe les morceaux les plus importants de sa littérature, dont le style et l'action rappellent étroitement ceux de la Bible. En un mot, l'Égypte a complètement reconquis sa place dans l'histoire positive, et nous pouvons maintenant raconter ses annales d'après les documents originaux et contemporains, comme nous raconterions celle d'une nation moderne.

La résurrection de l'Assyrie a été, s'il est possible, plus extraordinaire encore. Ninive et Babylone n'ont pas laissé, comme Thèbes, des ruines gigantesques à la surface du sol. D'informes amas de décombres amoncelés en collines, voilà tout ce que les voyageurs y avaient vu. On pouvait donc croire que les derniers vestiges de la grande civilisation de la Mésopotamie avaient péri pour toujours, quand la pioche des ouvriers de M. Botta, puis de ceux de M. Layard et de M. Loftus, de George Smith et de M. Rassam, rendit à la lumière les majestueuses sculptures que l'on peut admirer au Louvre et au Musée Britannique, et les inappréciables débris des tablettes de terre cuite de la Bibliothèque Palatine de Ninive, gages certains de découvertes plus brillantes et plus étendues encore quand les recherches pourront être poussées dans toutes les parties de l'Assyrie et de la Chaldée.

Et maintenant ils revivent sous nos yeux dans les bas-reliefs de leurs palais, ces rois superbes qui emmenaient des nations entières en captivité. Voilà ces figures qui nous apparaissent si terribles dans les récits enflammés des prophètes hébreux. On les a retrouvées, ces portes où, suivant l'expression de l'un d'eux, les peuples passaient comme des fleuves. Voilà ces idoles d'un si merveilleux travail, que leur vue seule corrompait le peuple d'Israël et lui faisait oublier Yahveh. Voilà, reproduite en mille tableaux divers, la vie des Assyriens : leurs cérémonies religieuses, leurs usages domestiques, leurs meubles si précieux, leurs vases si riches ; voilà leurs batailles, les sièges des villes, les machines ébranlant les remparts.

D'innombrables inscriptions couvrent les murailles des édifices de l'Assyrie et ont été exhumées dans les fouilles. Elles sont tracées avec ces bizarres caractères cunéiformes dont la complication est si grande qu'elle paraissait à jamais défier la sagacité des interprètes. Mais il n'est pas de mystère philologique qui puisse résister aux méthodes de la science moderne. L'écriture sacrée de Ninive et de Babylone a été forcée de livrer ses secrets après celle de l'Égypte. Les travaux de génie de sir Henry Rawlinson, du docteur Hincks et de M. Oppert ont donné la clef du système graphique des bords de l'Euphrate et du Tigre. On lit maintenant, d'après des principes certains, les annales des rois d'Assyrie et de ceux de Babylone, gravées sur le marbre ou tracées sur l'argile pour l'instruction de la postérité. On lit le récit qu'ils ont eux-mêmes donné de leurs campagnes, de leurs conquêtes, de leurs cruautés. On y déchiffre la version officielle assyrienne des événements dont la Bible, dans le Livre des Rois et dans les Prophètes, nous fournit la version juive, et cette comparaison fait ressortir d'une manière éclatante l'incomparable véracité du livre saint.

La révélation de l'antiquité assyrienne est venue aussi jeter les lumières les plus précieuses et les moins attendues sur les origines et la marche de la civilisation. Il était impossible qu'une culture aussi brillante restât enfermée dans les limites de l'Assyrie, et en effet, l'influence des arts et de la civilisation assyrienne se propagea au loin avec les armes des conquérants ninivites.

A l'orient et au nord, elle s'étendit sur la Médie et sur la Perse, où, en se combinant avec le génie si fin et si délicat des Iraniens sous les Achéménides, elle enfanta les merveilleuses créations de Persépolis.

L'art de la Grèce, dont on avait cherché vainement la source en Égypte, retrouve ses origines à Ninive. L'influence assyrienne pénétra dans la Syrie, dans l'Asie Mineure, dans les îles de la Méditerranée ; par les villes grecques du littoral, il s'introduisit au sein des tribus helléniques. C'est ainsi que les premiers sculpteurs de la Grèce reçurent les inspirations et les enseignements de l'école des sculpteurs assyriens, qui parvinrent jusqu'à eux en gagnant de proche en proche, et prirent pour modèles les œuvres asiatiques. De l'Asie Mineure, de la Phénicie et de Carthage, cette tradition passa, peut-être avec les colons lydiens et plus sûrement par l'influence du commerce maritime, en Italie, où elle servit de base au développement de la civilisation étrusque, qui fournit à celle de Rome les éléments de sa primitive grandeur. Et c'est ainsi que s'expliquent ces monuments, ce luxe, ces richesses des villes de l'Étrurie, qui excitèrent si longtemps les âpres convoitises des grossiers enfants de Romulus.

Ainsi l'histoire des plus vieux empires du monde, de ceux chez lesquels la civilisation prit naissance, se trouve désormais accessible à l'Europe dans les conditions aujourd'hui reconnues comme les seules garanties d'études historiques sérieuses, c'est-à-dire avec l'aide et la connaissance des documents originaux. On peut maintenant apprécier à leur juste valeur les notions confuses et informes que les écrivains les plus accrédités de l'antiquité classique nous ont transmises sur ces peuples, dont ils ignoraient les idiomes et dont la tradition historique était déjà probablement bien altérée quand ils en recueillaient à l'aveugle quelques rares débris. On peut, on doit aujourd'hui encore, parler avec respect de l'exactitude avec laquelle Hérodote a raconté ce que lui ont dit les Égyptiens et les Perses, avec sympathie du zèle que Diodore de Sicile a montré pour les recherches de l'érudition. On peut et on doit faire entrer dans l'enseignement les traits de mœurs qu'ils ont recueillis.

Mais reproduire l'ensemble des faits qu'ils racontent et le donner comme l'enchaînement des événements principaux dans l'histoire d'Égypte ou d'Assyrie, ce n'est pas donner de cette histoire une idée sommaire telle qu'elle conviendrait assurément à de jeunes esprits, c'est en donner une idée absolument fausse. Les récits d'Hérodote et de Diodore sur l'Égypte et l'Assyrie ne sont pas plus une histoire réelle que ne le serait, pour notre pays, celle qui supprimerait l'invasion des barbares, la féodalité, la Renaissance; qui ferait de Philippe-Auguste le prédécesseur de Charlemagne, de Napoléon le fils de Louis XIV, et qui expliquerait les embarras financiers de Philippe le Bel par le contre-coup de la bataille de Pavie.

« Et pourtant, comme le disait récemment un savant estimable, M. Robiou, c'est là qu'en sont encore, avec quelques corrections empruntées à Josèphe, la majorité des livres classiques. Sans doute il en est qui tiennent compte dans une certaine mesure des progrès de la science, qui ont éliminé de grossières erreurs. Mais au point où en sont arrivées les connaissances, quand l'histoire des peuples orientaux peut être racontée d'une manière suivie et précise, et fournit des lumières qu'il n'est plus permis d'ignorer sur les origines de nos arts et de notre civilisation, il ne suffit pas de supprimer quelques énormités. Il n'y a plus de raison pour laisser de vastes lacunes, pour oublier des faits du plus haut intérêt, pour conserver, à côté de rectifications importantes, des erreurs qui faussent l'ensemble de cet enseignement. »

Une réforme complète est donc indispensable à introduire chez nous dans l'enseignement de l'histoire et dans les livres classiques, en ce qui touche à la première période de l'histoire ancienne, aux annales des vieux empires de l'Orient, aux origines de la civilisation. Les immenses conquêtes de la science doivent passer dans le domaine de tous, leurs résultats principaux doivent entrer dans cette somme de connaissances indispensables qu'il n'est permis à personne d'ignorer, et qui font la base de toute éducation sérieuse. On ne saurait plus aujourd'hui, sans une ignorance impardonnable, s'en tenir à l'histoire telle que l'ont écrite le bon Rollin et le peuple de ses imitateurs. Que dirait-on d'un professeur ou d'un homme du monde qui parlerait encore des quatre éléments ou des trois parties de l'univers habité; qui ferait, avec Ptolémée, tourner le soleil autour de la terre? C'est là qu'en sont aujourd'hui même, au sujet de l'Égypte et de l'Assyrie, la grande majorité de nos livres d'histoire.

La nécessité absolue de la réforme dont nous parlons frappe, du reste, tous les esprits. Il n'y a pas un des maîtres de la science qui ne l'ait hautement proclamé et le sentiment commence à en devenir général. Mais ce qui manque jusqu'à présent pour les sciences historiques et archéologiques, c'est ce que l'on a produit en foule depuis quelques années pour les sciences naturelles et ce qui en a fait pénétrer les notions dans tous les rangs de la société, des livres de vulgarisation, des manuels. Les résultats du prodigieux mouvement des études d'antiquités et de philologie orientale depuis cinquante ans n'ont pas été mis suffisamment à la portée du grand public. Il faut aller les chercher dans des ouvrages spéciaux, volumineux, coûteux, et que l'appareil d'érudition qui s'y développe ne rend accessibles qu'à un bien petit nombre. Combien de fois n'avons-nous pas entendu dans le monde et dans le corps enseignant les hommes les plus instruits, les meilleurs esprits dire : Oui, nous savons que l'histoire primitive de l'Orient, cette histoire qui est le point de départ de toute autre, a été complètement renouvelée depuis un demi-siècle, qu'elle a changé de face; mais où trouver réuni, clairement exposé, l'ensemble des faits que la science est parvenue à reconstituer?

C'est cette lacune que nous avons essayé de combler dans le livre que nous publions aujourd'hui.

Sans doute nous ne sommes pas tout à fait le premier à hasarder cette tentative. Outre M. Henry de Riancey qui, dans son *Histoire du Monde*, a donné place à une partie des résultats des recherches modernes, deux membres distingués de l'Université, M. Guillemin, recteur de l'Académie de Nancy, et M. Robiou, professeur d'histoire, ont essayé d'introduire dans l'enseignement public l'histoire véritable des antiques empires de l'Orient. Ils ont l'un et l'autre publié dans cette intention des résumés dignes d'estime, qui n'ont pas eu le retentissement qu'ils méritaient. Ces livres nous ont frayé la voie et en plus d'un point nous avons suivi leurs traces. Mais, malgré tout leur mérite, ils ne nous ont point paru répondre complètement aux besoins. Ils offrent encore de graves lacunes, et, suffisants et utiles pour les élèves des collèges, ils ne le sont pas pour les gens du monde et pour les professeurs, auxquels ils ne fournissent pas tous les moyens de renouveler leur enseignement. On y sent un peu trop que les auteurs n'ont abordé qu'en partie l'étude directe des sciences dont ils exposent les résultats, qu'ils n'en connaissent certaines branches que de seconde main, et pas toujours d'après les meilleures sources. D'ailleurs ces livres ont déjà plusieurs années de date. La science a marché depuis qu'ils ont paru, et maintenant ils se trouvent en arrière.

Nous croyons pouvoir affirmer que le lecteur trouvera dans notre livre le résumé complet de l'état des connaissances à l'heure présente, sauf bien entendu le degré d'imperfection que nul homme — et nous moins qu'aucun autre — ne saurait se vanter d'éviter. La science dont j'y expose les résultats est celle à laquelle un père illustre, et dont j'essaie de continuer les travaux, m'a formé, qui est le but et l'occupation de ma vie. Il n'est pas une de ses branches comprises dans la présente publication à laquelle je n'aie consacré une étude directe et approfondie.

Dans l'histoire de chaque peuple, j'ai pris pour guides les autorités les plus imposantes, celles dont les jugements font loi dans le monde savant.

Pour ce qui est des Israélites pendant la période des Juges et celles des Rois, dans tous les cas où le déchiffrement des inscriptions égyptiennes et assyriennes n'est pas venu apporter des lumières nouvelles et inattendues, mes guides ont été M. Munk, enlevé beaucoup trop tôt à ces études bibliques où il était le maître par excellence dans notre pays, et M. Ewald, dans les écrits duquel tant d'éclairs de génie et un si profond sentiment de la poésie de l'histoire brillent au milieu d'idées souvent bizarres et téméraires.

Pour l'Égypte je me suis appuyé sur les admirables travaux des continuateurs de Champollion, de MM. de Rougé et Mariette en France, Lepsius et Brugsch en Allemagne, Birch en Angleterre. Mais je me suis surtout servi de la grande *Histoire d'Égypte* de M. Brugsch, et encore plus de l'excellent *Abrégé* composé par M. Mariette pour les écoles de l'Égypte, véritable chef-d'œuvre de sens historique, de clarté dans l'exposition, de méthode prudente et de concision substantielle. J'ai emprunté à ce dernier livre des pages entières, surtout en ce qui touche les dynasties de l'*Ancien* et du *Moyen Empire*, car je n'avais rien à ajouter à ce que disait le savant directeur des fouilles du gouvernement égyptien, et je n'aurais pu mieux dire.

Les écrits de MM. Rawlinson, Hincks et par-dessus tout de M. Oppert m'ont fourni les éléments nécessaires à la reconstitution des annales de l'Assyrie et de Babylone, dont M. Oppert avait commencé un tableau d'ensemble, qui demeure malheureusement inachevé.

Notre immortel Eugène Burnouf, M. Spiegel, le commentateur allemand du Zend-Avesta, Westergaard, M. Oppert, et Mgr de Harlez, ont été les autorités auxquelles j'ai recouru pour la connaissance des antiquités, des doctrines et des institutions de la Perse.

Enfin, quant à ce qui est de la Phénicie, les belles études de Movers ont été naturellement mon point de départ, mais j'en ai complété ou modifié les résultats à l'aide des écrits de M. le duc de Luynes, de M. Munk, de M. de Saulcy, de M. le docteur A. Lévy, de Breslau, de M. Renan et de M. le comte de Vogüé.

Le résumé des œuvres des maîtres de la science, des conquêtes de l'érudition européenne depuis cinquante ans dans le champ des antiquités orientales, fait donc le fond de mon livre et en constituera la véritable valeur. Mais dans ces études, qui sont les miennes propres, il m'a été impossible, quelque effort que j'aie fait sur moi-même, de me borner au simple rôle de rapporteur. On trouvera donc dans ces volumes une part considérable de recherches personnelles, et même quelques assertions dont je dois assumer entièrement la responsabilité. Mais j'ai du moins toujours pris soin d'indiquer ce qui était de mes hypothèses et de mes opinions personnelles.

Un mot encore sur les principes et les idées qu'on verra se refléter à chaque page de ce livre.

Je suis chrétien, et je le proclame hautement. Mais ma foi ne s'effraie d'aucune des découvertes de la critique, quand elles sont vraies. Fils soumis de l'Église dans toutes les choses nécessaires, je n'en revendique qu'avec plus d'ardeur les droits de la liberté scientifique. Et par cela même que je suis chrétien, je me regarde comme étant plus complètement dans le sens et dans l'esprit de la science que ceux qui ont le malheur de ne pas posséder la foi.

En histoire, je suis de l'école de Bossuet. Je vois dans les annales de l'humanité le développement d'un plan providentiel qui se suit à travers tous les siècles et toutes les vicissitudes des sociétés. J'y reconnais les desseins de Dieu, respectant la liberté des hommes, et faisant invinciblement son œuvre par leurs mains libres, presque toujours à leur insu, et souvent malgré eux. Pour moi, comme pour tous les chrétiens, l'histoire ancienne tout entière est la préparation, l'histoire moderne la conséquence du sacrifice divin du Golgotha.

C'est pour cela que, fidèle aux traditions de mon père, j'ai la passion de la liberté et de la dignité de l'homme. C'est pour cela que j'ai l'horreur du despotisme et de l'oppression, et que je n'éprouve aucune admiration devant ces grands fléaux de l'humanité qu'on appelle les conquérants, devant ces hommes que l'histoire matérialiste élève aux honneurs de l'apothéose, qu'ils s'appellent Sésostris, Sennachérib, Nabuchodonosor, César, Louis XIV ou Napoléon.

C'est pour cela surtout que mon âme est invinciblement attachée à la doctrine du progrès constant et indéfini de l'humanité, doctrine que le paganisme ignorait, que la foi chrétienne a fait naître, et dont toute la loi se trouve dans ce mot de l'Évangile : « Soyez parfaits, *estote perfecti.* »

# PRÉFACE

## DE LA TROISIÈME ÉDITION

(1869)

Ce livre a trouvé auprès du public un accueil que je n'eusse pas osé espérer. Deux éditions épuisées en quelques mois, une contrefaçon allemande, une traduction anglaise, m'ont prouvé qu'il répondait effectivement à un besoin, qu'il comblait une lacune assez généralement sentie. Mais ce qui m'a surtout rendu à la fois fier et reconnaissant, c'est le bienveillant suffrage que mon travail a obtenu de la part des hommes dont la parole a la plus haute autorité dans les études historiques, ce sont les encouragements que MM. Guizot, Mignet, Vitet, Guigniaut ont bien voulu donner à cette tentative de répandre dans le public et de faire pénétrer dans l'éducation les résultats des grands travaux par lesquels l'archéologie orientale a, depuis cinquante ans, renouvelé la connaissance des périodes les plus anciennes de l'histoire.

De tels encouragements m'imposaient le devoir de faire de nouveaux et considérables efforts pour rendre mon livre un peu moins indigne de la bienveillance de ces maîtres, de le revoir soigneusement, de le corriger et de le compléter autant que possible. C'est ce que j'ai tenté dans la présente édition.

Revisée d'un bout à l'autre, étendue, rédigée à nouveau dans un certain nombre de parties, elle présente avec les éditions qui l'ont précédée des différences considérables, dont je crois devoir signaler ici les plus essentielles.

Avant tout, j'ai voulu déférer à une critique qui m'a été adressée par des personnes dont l'opinion a un grand poids à mes yeux. Elles voyaient avec raison un sérieux défaut dans l'absence de toute indication de sources, qui permissent au lecteur de recourir aux documents originaux ou aux travaux des fondateurs de la science, et qui fournissent en même temps la justification des faits énoncés dans le récit. Cependant il ne m'était pas possible — autrement que pour un petit nombre de cas exceptionnels — de donner dans des notes perpétuelles la suite des renvois qu'eût réclamés l'*apparatus* d'érudition complet d'un semblable livre. Il eût fallu pour cela donner à l'ouvrage une étendue à laquelle l'éditeur se refusait d'une manière absolue. Mais dans cette situation j'espère avoir satisfait jusqu'à un certain point à ce qu'on réclamait si légitimement, en plaçant à la tête de chaque chapitre une longue bibliographie, où toutes les sources mises en usage sont énumérées dans un ordre méthodique.

Je crois aussi avoir adopté une division plus claire et plus régulière en multipliant le nombre des chapitres et en les groupant en livres, qui correspondent à chacun des peuples dont j'expose successivement les annales.

Mais le défaut principal du *Manuel d'histoire ancienne de l'Orient* sous sa première forme, était de n'avoir pas une destination suffisamment définie, et par suite un caractère bien uniforme. Ce n'était complètement ni le livre des élèves, ni celui des professeurs. Certaines parties, et en particulier le premier chapitre, étaient beaucoup trop élémentaires — je dirai même trop enfantines — pour répondre à ce que demande le grand public. La plupart des chapitres, au contraire, étaient infiniment trop détaillés et trop scientifiques pour être compris par les enfants. Je me suis efforcé de faire disparaître ce défaut. Tel que je le réimprime aujourd'hui, le présent ouvrage s'adresse exclusivement aux professeurs et aux gens du monde qui voudront se mettre au courant des progrès récents de l'histoire orientale. Pour les écoliers — dont il était nécessaire de s'occuper dans cette entreprise pour déraciner de l'enseignement des erreurs surannées — j'ai rédigé un *Abrégé* succinct, que l'on peut se procurer à la même librairie que l'*Histoire* plus développée dont nous donnons une nouvelle édition[1].

La première partie est complètement nouvelle. C'est comme une préface aux autres, où j'ai essayé de résumer le petit nombre de données que l'on possède sur les temps primitifs de l'humanité. Ainsi que le commandaient à la fois les principes d'une saine critique et les convictions les plus profondément enracinées dans mon âme, j'y ai donné la première place au récit biblique, que j'ai fait suivre de l'exposé des traditions parallèles conservées chez d'autres peuples de l'antiquité. Vient ensuite un rapide aperçu des découvertes de l'archéologie préhistorique, qui nous renseignent sur un tout autre ordre de faits que les récits de la Bible et nous font pénétrer dans la vie matérielle et quotidienne des premiers hommes. Enfin cette partie se termine par quelques notions générales sur les races humaines et sur les familles de langues, qui m'ont paru devoir former une introduction presque nécessaire au récit historique.

Quelques passages des chapitres qui forment le livre consacré aux annales des Israélites ont étonné certaines personnes, que je serais d'autant plus désolé de scandaliser que je partage entièrement leur foi, et m'ont paru leur donner le change sur ma pensée. Je crois donc nécessaire de placer ici deux mots d'explication sur le point de vue où je me suis mis en racontant l'histoire du peuple de Dieu.

Il y a deux choses constamment unies dans cette histoire : l'action de Dieu, permanente, directe, surnaturelle, telle qu'elle ne se présente dans les annales d'aucune autre nation, en faveur du peuple qu'il a investi de la sublime mission de conserver le dépôt de la vérité religieuse et du sein duquel sortira le Rédempteur, puis les événements humains qui se déroulent sous cette action divine.

---

[1] Cet abrégé scolaire en est actuellement à sa deuxième édition.

Celui qui écrit une *Histoire sainte* doit naturellement, d'après le point de vue même où il s'est placé, considérer avant tout le côté divin des annales d'Israël. Au contraire, ayant entrepris un tableau des civilisations de l'Asie antique et faisant figurer dans ce tableau l'histoire des Israélites, je devais la considérer principalement sous son aspect humain, sans qu'il en résulte pour cela que j'aie voulu méconnaître un seul instant le caractère tout exceptionnel de cette histoire. Aussi dans mon récit n'ai-je donné que peu de place aux miracles dont elle est remplie, quoiqu'il fût bien loin de ma pensée de contester les miracles reconnus par l'Église et surtout de nier en principe le surnaturel et le miracle.

J'ai cru qu'il m'était permis d'examiner si, dans certains récits de la Bible, le langage allégorique ne tenait pas plus de place que ne l'ont pensé beaucoup d'interprètes, et si quelques faits déterminés ne pouvaient pas s'expliquer dans l'ordre naturel. Je l'ai fait un peu hardiment peut-être, mais avec un profond respect pour le livre inspiré. Il est possible que je me sois trompé dans mes conjectures, et je les soumets au jugement de ceux qui ont autorité pour prononcer en ces matières. Mais je tiens à bien établir que je n'ai parlé que de faits spéciaux et qu'à aucun prix je ne voudrais que l'on pût me confondre avec ceux qui prétendent effacer le caractère miraculeux de l'histoire biblique.

Aussi bien le miracle, l'intervention surnaturelle, spéciale et directe de la puissance divine dans un événement, n'impliquent pas d'une façon nécessaire la dérogation aux lois de la nature. L'action miraculeuse de la Providence se manifeste aussi par la production d'un fait naturel dans une circonstance donnée, conduisant à un résultat déterminé. Dieu n'a pas toujours besoin de suspendre pour l'accomplissement de ses desseins les lois qu'il a données au monde physique ; il sait se servir aussi dans un but direct de l'effet de ces lois. Aussi l'historien chrétien peut-il chercher dans certains cas à expliquer le *comment* d'un fait exceptionnel voulu par la Providence, sans nier en même temps son essence surnaturelle et miraculeuse. Mais, je le répète, si j'ai cru pouvoir agir ainsi par rapport à quelques-uns des faits de la Bible, ce n'est aucunement avec l'intention de me jeter dans la voie dangereuse du naturalisme et de m'écarter des enseignements de l'Église dans la question des miracles.

L'absence de l'histoire de l'Inde dans mon ouvrage a été généralement considérée comme une lacune regrettable, qu'il importait de combler. Sans doute l'Inde n'a pas eu d'action politique sur l'Asie occidentale ; mais elle n'est cependant pas restée absolument isolée des nations voisines de la Méditerranée. Elle est mêlée à l'histoire de la Perse à partir du règne de Darius, à celle de la Grèce au temps d'Alexandre et de ses successeurs. Puis, surtout, l'Inde aryenne tient une place trop considérable dans le mouvement de l'esprit humain aux siècles de la haute antiquité, pour être exclue d'un tableau général des grandes civilisations de l'Asie. Le reproche qu'on m'adressait pour l'avoir laissée de côté était juste et j'ai tenu à ne plus le mériter. J'ai donc consacré un livre — un peu plus développé peut-être que les autres à cause de l'importance capitale du sujet — à l'histoire de l'Inde antique, telle que notre siècle l'a vue se révéler par les travaux successifs des William Jones, des Colebrooke, des Schlegel, des Wilson, des Eugène Burnouf, des Lassen, des Max Müller et des Weber.

Mais j'ai cru devoir m'arrêter à l'Inde. Quelques personnes avaient exprimé le désir de voir également ajouter un chapitre sur les époques les plus anciennes des annales de la Chine. Je dois d'abord l'avouer, je me suis senti trop absolument incompétent pour traiter ce sujet. De plus il m'a paru que l'histoire de la Chine a toujours été si complètement isolée de celle du reste du monde, qu'elle n'avait pas une place naturelle dans le cadre de mon livre, et qu'elle ne rentrait point dans l'étude des civilisations qui ont eu dans la formation de la nôtre une influence plus ou moins directe.

# PRÉFACE

## DE LA NEUVIÈME ÉDITION

(1881)

Il y a treize ans, en publiant ce livre pour la première fois, je tentais une innovation qui pouvait paraître hardie. Il s'agissait de faire pénétrer dans le public les résultats des grandes découvertes de la science sur les périodes antiques de l'histoire de l'Orient et de leur obtenir enfin dans l'enseignement la place qu'ils devaient légitimement réclamer. A ce point de vue j'ai eu gain de cause au delà même de mes espérances. La réforme que je poursuivais et dont je prenais l'initiative est désormais un fait accompli. Il n'est plus personne, si ce n'est parmi les illettrés, qui n'ait au moins une teinture des travaux que je m'efforçais de vulgariser, une connaissance sommaire des conquêtes de l'égyptologie et de l'assyriologie ; il n'est plus un établissement d'instruction publique, libre ou de l'État, où l'on continue à donner les premiers enseignements de l'histoire ancienne en s'en tenant au cadre des récits des écrivains grecs et latins. Sur ce terrain, la vieille routine est vaincue, et je ne puis me défendre d'un certain orgueil en constatant ce progrès, auquel j'ai été le premier à ouvrir la voie.

Comme il devait nécessairement arriver du moment que l'idée fondamentale en était acceptée du public comme répondant à un véritable besoin, l'exemple donné dans mon livre a eu de nombreux imitateurs. Il n'était plus possible de conserver les anciens livres scolaires résumant cette partie de l'histoire. On s'est donc activement occupé de les remettre, d'une façon plus ou moins satisfaisante, au courant de l'état actuel des connaissances, et en même temps les manuels nouveaux sur le même sujet ont pullulé en France et dans les pays voisins. La plupart de ces publications n'ont aucune valeur originale, ne s'élèvent pas au-dessus du niveau des plus médiocres compilations et ne répondent même point d'une manière suffisante à leur objet. Mais le mouvement des esprits qu'ils traduisaient par un signe matériel a du moins donné naissance à un ouvrage du premier mérite, auquel je me plais à rendre hautement hommage. Je veux parler de l'*Histoire ancienne des peuples de l'Orient* de mon savant ami M. G. Maspero, professeur d'archéologie égyptienne au Collège de France. Ailleurs nous avions affaire à des livres de troisième ou de quatrième main, dont les auteurs n'avaient même pas su, le plus souvent, se rendre un compte exact de la valeur des sources où ils allaient puiser sans discernement. Ici c'est un homme qui, malgré sa jeunesse, s'est déjà placé au rang des maîtres et qui, avec une rare habileté, plie sa science si sûre et si vaste à un rôle de vulgarisation, produisant une œuvre aussi originale que solide et agréable à lire. En particulier, dans tout ce qui touche à l'Égypte, le livre de M. Maspero est de beaucoup supérieur à ce qui avait été fait avant lui ; rempli de faits nouveaux et inspiré par le sentiment le plus pénétrant de l'histoire, il tient et au delà ce que l'on pouvait attendre du digne successeur de l'enseignement de Champollion et d'Emmanuel de Rougé.

M. Maspero procède par grandes époques, pour chacune desquelles il s'étudie à tracer le tableau d'ensemble de l'histoire de l'Orient antique. Je prends successivement les annales et la civilisation de chacun des peuples qui ont joué un rôle de premier ordre dans cette histoire, et je suis l'existence de ce peuple au travers de ses vicissitudes depuis l'époque la plus haute à laquelle on puisse remonter d'une manière positive jusqu'à la date adoptée comme terme commun de mes récits. Il y a donc entre mon livre et celui de l'éminent professeur une différence complète de plan, une différence telle qu'il m'a semblé qu'ils ne faisaient pas double emploi l'un avec l'autre et que, malgré le haut mérite de l'ouvrage de M. Maspero, le mien gardait encore sa raison d'être à côté de lui. C'est là ce qui m'a décidé à en entreprendre une nouvelle édition, d'autant plus que la façon dont la vente s'en maintenait constamment la même me montrait que, sous certains rapports, il répondait bien à ce que le public recherche dans un livre de ce genre.

Mais en donnant cette nouvelle édition, j'ai voulu l'améliorer sérieusement et la mettre à la hauteur des derniers progrès des études. Voilà douze ans qu'absorbé par des travaux scientifiques d'une nature plus spéciale, et qui s'adressaient aux seuls érudits, je n'avais pu remettre la main à ce livre. Les éditions successives, qui s'en réimprimaient presque chaque année, n'étaient en réalité que des tirages faits sur clichés, et la dernière reproduit sans changement celle de 1869. Pendant ce temps, la science poursuivait ses conquêtes, toujours plus nombreuses et mieux assurées ; moi-même, contribuant à ce progrès dans la mesure de mes forces, je voyais mes opinions se modifier sur bien des points historiques, mes connaissances s'étendre, se compléter et devenir plus solides. Après avoir assez exactement, quand il parut, répondu à l'objet que je m'étais proposé, mon livre finissait par être d'une manière fâcheuse en arrière de l'état général des connaissances parmi les savants, et même de mes propres travaux. Le moment était venu ou bien de renoncer à le réimprimer désormais, ou bien de lui faire subir une profonde revision, qui le corrigeât, le complétât et le mît au courant. C'est à ce dernier parti que je me suis arrêté ; et une fois ayant entrepris un semblable travail, j'ai été bientôt conduit à récrire mon livre d'un bout à l'autre.

C'est donc en réalité un ouvrage nouveau que j'offre au public. Je me devais à moi-même et à ma réputation scientifique de pousser jusque-là la revision ; je le devais aussi à la bienveillance du public qui a épuisé jusqu'à huit éditions d'un livre trop imparfait. Et c'était d'ailleurs une obligation que m'imposait la haute récompense dont l'Académie française avait couronné l'ouvrage dans son premier état. Il fallait le rendre plus digne du prix qu'elle lui avait décerné.

Mais tout en récrivant mon livre, j'en ai conservé exactement le plan, que j'ai seulement développé un peu davantage dans quelques parties. Je continue à croire que ce plan était bon, et les critiques que certains y ont adressées ne m'ont point convaincu. Elles portaient principalement sur la part que j'y ai faite au récit biblique sur les origines. Je lui ai maintenu cette part et je l'ai même agrandie, en développant bien plus largement que je ne l'avais fait antérieurement l'exposé des récits parallèles des autres nations de l'antiquité. Et, en agissant ainsi, j'ai la conviction que je suis dans le véritable esprit de la science historique, et qu'il y aurait le plus grave inconvénient à cesser, en écoutant les clameurs de ceux qui voudraient y substituer les fantaisies de leur imagination, à cesser de donner pour préface et pour introduction aux annales positives de l'humanité cette grande tradition symbolique, si pleine de vérités profondes, qui n'est pas spéciale à la Bible, mais qui constitue un patrimoine commun à tous les anciens peuples dans lesquels se résume l'humanité supérieure. Le parti que j'ai adopté ici, et auquel je suis resté fidèle, est pour moi affaire de méthode scientifique bien plus que de conviction religieuse. J'ai donc élargi encore, au lieu de le supprimer et de le restreindre, tout ce qui touche à ce sujet des origines traditionnelles, en faisant à côté une place non moins large aux faits de l'ordre matériel constatés par la science nouvelle de l'archéologie préhistorique, faits qui, dégagés de certaines exagérations systématiques et compromettantes, méritent dès à présent d'entrer dans les cadres de l'histoire. J'ai aussi fortement développé les notions préliminaires sur les races humaines, sur les familles des langues et leurs caractères distinctifs, enfin sur les premières étapes de la formation de l'écriture jusqu'à la grande invention de l'alphabet, notions indispensables au seuil d'une histoire qui passe en revue tant de races et de langues diverses, et qui a ses sources d'information dans les systèmes graphiques les plus différents. De ces développements est résulté un volume entier de prolégomènes, qui ouvre désormais mon histoire de l'Orient.

Avec la large part ainsi donnée à ces notions préliminaires, qui ne seront pas, je crois, dépourvues d'intérêt pour le lecteur, la principale, je dirai même la seule modification apportée à mon plan primitif consiste dans le déplacement de la partie consacrée aux annales des Israélites. Dans les éditions précédentes cette histoire venait la première, précédant même celle de l'Égypte. Je l'ai reportée, au contraire, tout à fait à la fin de l'ouvrage, qu'elle termine désormais. Mais si je me suis arrêté à ce parti, ce n'a pas été pour me conformer au nouveau plan de l'enseignement classique de l'histoire, à des décisions que je blâme énergiquement et qui ont été inspirées par un fâcheux esprit sectaire, sous l'influence des passions irréligieuses du moment. Chez un peuple chrétien, et qui restera foncièrement tel en dépit des efforts entrepris pour le déchristianiser, c'est une entreprise mauvaise, contre laquelle on doit protester et qui n'aura qu'un règne bien passager, que celle de bannir l'*histoire sainte* de l'enseignement public. Elle y a sa place nécessaire, même pour l'instruction des fils des incroyants, et elle doit y précéder tout autre cours d'histoire, quand ce ne serait que pour la manière dont elle parle mieux que toute autre à l'esprit des enfants. Mais, je l'ai déjà dit un peu plus haut et je le répète, ce n'est pas une *histoire sainte* que j'ai voulu faire. J'ai cherché, au contraire, à replacer les annales d'Israël au sein du cadre naturel et humain dans lequel elles se sont déroulées avec leur caractère providentiel, qui en fait une exception si singulière au milieu des autres histoires. Ceci donné, la place que je leur assigne à présent est la plus logique et la plus convenable. Ces annales d'Israël ne peuvent réellement se bien comprendre, au point de vue proprement historique, que si l'on connaît déjà celle des grands empires entre lesquels les Benê Yisraël ont vécu, dont les rivalités et la puissance irrésistible ont exercé une action si décisive sur leurs destinées. Il me semble même que la véritable manière de présenter au point de vue chrétien l'histoire spéciale d'Israël dans le cadre général de l'histoire de l'antiquité, et d'en faire mieux ressortir le caractère réellement surnaturel, est de la présenter pour ce qu'elle est en fait, le corollaire et la résultante de l'histoire des autres nations. C'est surtout ainsi que l'on admire, comme on le doit, cette merveilleuse action de la Providence qui dirige les entreprises et les fortunes des monarchies les plus colossales de manière à les transformer en facteurs inconscients des destinées d'un peuple microscopique qui n'était rien comme force matérielle, que chacune d'elles courbait ou broyait sans peine au cours de ses conquêtes, et qui pourtant tient une bien autre place dans l'histoire morale de l'humanité, car c'est ce petit peuple que Dieu avait choisi pour lui faire conserver le dépôt de la vérité religieuse qui devait un jour renouveler la face du monde.

Dans les additions, les corrections et les modifications de toute nature que j'ai introduites, je me suis appuyé en partie sur mes études personnelles, et l'on trouvera encore ici bien des faits dont la constatation m'appartient, bien des opinions dont je dois revendiquer l'entière responsabilité. En même temps je me suis efforcé d'y résumer aussi complètement que possible les résultats des travaux des autres, en puisant mes données aux sources les meilleures et les plus sûres, de manière à représenter exactement dans mon livre l'état présent de la science. J'espère y avoir réussi, et je n'ai rien épargné pour arriver à cette fin, que je m'étais proposée. J'ai donc puisé mes informations dans une infinité d'ouvrages et de dissertations, publiées dans tous les pays de l'Europe, dont on trouvera l'indication dans les listes bibliographiques qui accompagnent les principaux chapitres de l'ouvrage. Je me suis aussi, surtout en ce qui touche à l'Égypte, largement servi de l'excellent livre de M. Maspero. Dans toute cette partie, qui forme mon second volume, je lui ai emprunté de longues citations, comme, du reste, pour d'autres parties il en avait puisé dans mon livre.

Ce que la présente édition présentera peut-être de plus neuf et de plus original, c'est la partie consacrée aux grands empires qui ont flori dans le bassin de l'Euphrate et du Tigre, avec alternativement Babylone et Ninive pour capitales, à leur histoire et à leur civilisation. C'est sur ce terrain que mon livre, sous la forme actuelle, sera le plus en avance sur tout ce qui a été publié jusqu'à ce jour. Là, en effet, je me sens plus complètement chez moi que partout ailleurs ; il s'agit d'un ordre d'études auxquelles je me suis adonné spécialement, à la marche desquelles je crois avoir, depuis une dizaine d'années, contribué *pro parte virili,* et où je suis loin d'avoir encore donné au public tous les résultats de mes recherches. Aussi des traductions nombreuses de documents cunéiformes, publiés ou inédits, que l'on trouvera dans cette partie de mon livre, il n'en est pas une seule qui n'ait un caractère personnel.

Je dois, au contraire, confesser franchement mon insuffisance et l'impossibilité où j'ai été de recourir à autre chose qu'à des traductions des documents originaux pour la partie relative à l'Inde. Je ne suis pas, en effet, sanscritiste, et je tiens à ne pas paraître prétendre savoir ce que j'ignore en réalité. Dans cette partie donc, mon travail n'est que de seconde main. Mais j'ai eu du moins le soin de m'attacher à puiser aux meilleures sources et je me suis guidé sur les conseils des hommes vraiment compétents, des maîtres en qui l'on pouvait avoir le plus de confiance. L'histoire de l'Inde antique, surtout dans ses époques les plus anciennes, a d'ailleurs un caractère à part de flottement et de vague chronologique, tenant à l'absence de monuments épigraphiques d'une date élevée, contemporains des événements, avant le règne de Piyadasi Açoka. Il y a encore, et il restera peut-être toujours, une hésitation de plusieurs siècles pour la date des événements les plus considérables, de ceux qui marquent des périodes décisives, comme la vie de Çâkya-Mouni. Ce flottement ne cesse qu'au moment du contact avec les Grecs d'Alexandre, qui constitue pour l'Inde une époque climatérique, comme pour l'Asie antérieure l'ouverture des Guerres Médiques. J'ai été amené ainsi à prendre cette date pour point d'arrêt de mes récits relatifs à l'Inde, les prolongeant de deux cents ans de plus que ceux relatifs aux autres pays, de manière à pouvoir y comprendre, dans les limites de l'incertitude chronologique qu'il comporte, le grand fait de la formation du Bouddhisme, sans lequel ces récits n'eussent pas été suffisamment complets.

Il me reste à dire quelques mots de l'illustration qui accompagne cette édition et qui y fournit un commentaire graphique perpétuel. C'est l'exemple si heureusement donné par M. Duruy, dans la monumentale édition qu'il donne en ce moment de son *Histoire des Romains*, qui a inspiré à l'habile et intelligent éditeur, entre les mains de qui est mon livre depuis sa première apparition, d'y joindre de nombreuses figures empruntées aux monuments antiques. Dès qu'il m'a proposé de le faire, j'ai profité avidement de sa bonne volonté, et je crois que l'ouvrage y gagnera beaucoup, qu'il devient par là plus intéressant et plus instructif. Nulle part, en effet, une riche illustration archéologique n'était plus naturellement appelée que dans une histoire puisée toute entière aux sources monumentales. Je n'avais vraiment que l'embarras du choix au milieu de la masse des œuvres que nous avons aujourd'hui des arts des vieilles civilisations de l'Orient. La difficulté même était de se limiter aux figures qui pouvaient le mieux éclaircir les événements, les mœurs et les religions sans excéder une proportion raisonnable. Ce choix, je l'ai fait moi-même avec tout le soin dont j'étais capable, et j'espère y avoir réussi. Aucune part n'a été laissée à la fantaisie dans l'illustration du livre, et je crois pouvoir dire qu'on n'y trouvera rien d'oiseux ni d'une valeur suspecte. Toutes les gravures ont été empruntées à des monuments d'une authenticité incontestable et autant que possible contemporains des événements auxquels ils se rapportent. Les vues des lieux célèbres dans l'histoire ont été empruntées aux meilleures sources, et dans une bonne moitié des cas, mon expérience personnelle de voyageur ayant visité ces lieux me donnait le moyen de choisir en connaissance de cause les plus exactes. Quant aux cartes insérées dans le texte ou tirées séparément, elles ont toutes été dressées d'après les documents les plus récents et les plus sûrs par M. J. Hansen, dont le nom seul est une garantie.

En un mot, ici comme en ce qui touche la rédaction même de l'ouvrage, j'ai fait de mon mieux et j'ose espérer que le lecteur voudra bien m'en tenir compte.

# LIVRE PREMIER

## LES ORIGINES

# CHAPITRE PREMIER

## LE RÉCIT DE LA BIBLE

### § 1. — L'ESPÈCE HUMAINE JUSQU'AU DÉLUGE.

Il n'existe sur l'histoire des premiers hommes et les origines de notre espèce, de récit précis et suivi que celui de l'Écriture Sainte [1]. Ce récit sacré, lors même qu'il n'emprunterait pas une autorité auguste au caractère d'inspiration du livre dans lequel il se trouve, devrait encore, en saine critique, être l'introduction de toute histoire générale ; car, considéré à un point de vue purement humain, il contient la plus antique tradition sur les premiers jours de la race des hommes, la seule qui n'ait pas été défigurée par l'introduction de mythes fantastiques, dans lesquels une imagination déréglée s'est donné libre

---

[1] Nous prenons ici le récit biblique tel qu'il nous est parvenu, sous sa forme définitive et complète, sans entrer dans les obscures et délicates questions de la date de cette rédaction définitive et des éléments antérieurs qui ont pu servir à sa formation. C'est au livre de notre

carrière. Les principaux traits de cette tradition, qui fut originairement commune aux races supérieures de l'humanité et qu'un soin particulier de la Providence fit se conserver plus intacte qu'ailleurs chez le peuple choisi, se reconnaissent, mais altérés, dans les souvenirs des contrées les plus éloignées les unes des autres, et dont les habitants n'ont pas eu de communications historiquement appréciables. Et l'unique fil conducteur qui permette de se guider au milieu du dédale de ces fragments de traditions privés d'enchaînement, est le récit de la Bible. C'est donc lui que l'histoire doit enregistrer tout d'abord, en lui reconnaissant un caractère à part ; et de plus il a pour le chrétien une valeur dogmatique, qui permet de l'interpréter conformément aux éclaircissements qu'il reçoit des progrès de la science, mais qui en fait le pivot invariable autour duquel doivent se grouper les résultats des investigations humaines.

L'interprétation historique de ce récit offre, du reste, encore de graves difficultés. On a beaucoup discuté, même parmi les théologiens les plus autorisés et les plus orthodoxes, sur le degré de latitude qu'il ouvre à l'exégèse. En bien des points on ne saura sans doute jamais d'une manière absolument précise déterminer dans quelle mesure il faut y admettre l'emploi de la figure et du langage allégorique, qui tient toujours une si grande place dans la Bible. Remarquons-le, du

histoire qui traitera des Hébreux, que nous nous réservons d'aborder ce problème, qu'il serait impossible de laisser entièrement de côté dans l'état actuel de la science. Le système auquel s'arrête aujourd'hui l'école critique rationaliste (le dernier état de ses travaux peut être considéré comme résumé sous la forme la plus complète et la plus scientifique dans E. Schrader, *Studien zur Kritik und Erklärung der Biblischen Urgeschichte*, Zurich, 1863, et A. Kayser, *Das vorexilische Buch der Urgeschichte Israels und seine Erweiterungen*, Strasbourg, 1874) admet dans le style actuel de la Genèse la fusion de deux livres antérieurs, qualifiés d'*élohiste* et de *jéhoviste*, d'après la différence du nom qui sert à désigner Dieu dans l'un et dans l'autre, et, par dessus ces deux documents reproduits textuellement, le travail d'un dernier rédacteur qui les a combinés. Bornons-nous à remarquer que ce système lui-même, aussi bien que celui qui a été inauguré par Richard Simon, et qui voit dans la Genèse une collection de fragments traditionnels coordonnés par Moïse ou par tout autre, n'a rien en soi de contradictoire avec le dogme orthodoxe de l'inspiration divine du livre. L'Église a toujours admis que son auteur avait pu mettre en œuvre, tout en étant guidé par une lumière surnaturelle, des documents antérieurs à lui. Mais dans l'exposé que nous avons à faire des données de la Bible sur les premiers âges, et dans les recherches comparatives auxquelles elles nous donneront lieu, cette distinction des anciennes rédactions importe peu. Qu'elle ait été rédigée en une fois ou à l'aide de la combinaison de récits parallèles qui se complétaient les uns les autres, la tradition biblique est une dans son ensemble et dans son esprit, et la comparaison que l'on peut en faire aujourd'hui avec l'enchaînement que révèlent les lambeaux de la tradition génésiaque de la Chaldée, prouve surabondamment que la construction du dernier rédacteur n'a rien d'artificiel et de forcé. Il est conforme au véritable esprit de la science, aussi bien qu'à l'orthodoxie religieuse, de l'envisager dans sa suite.

reste, le récit biblique laisse à côté de lui le champ le plus large ouvert à la liberté des spéculations scientifiques, par les lacunes qu'il présente. Il faut se garder, par respect même pour l'autorité des Livres Saints, d'y chercher ce qu'ils ne contiennent pas et ce qui n'a jamais été dans la pensée de ceux qui les écrivaient sous l'inspiration divine. L'auteur de la Genèse n'a point prétendu faire une histoire complète de l'humanité primitive, surtout au point de vue de la naissance et des progrès de la civilisation matérielle. Il s'est borné à retracer quelques-uns des traits essentiels et principaux de cette histoire; présentés de manière à être à la portée du peuple auquel il s'adressait. Il s'est attaché à mettre en lumière l'enchaînement des patriarches élus de Dieu qui conservèrent au travers des siècles le dépôt de la révélation primitive, et surtout à faire éclater, en opposition avec les monstrueuses cosmogonies des nations dont les Hébreux étaient entourés, les grandes vérités que l'idolâtrie avait obscurcies, la création du monde, tiré du néant par un acte de la volonté et de la toute-puissance divine, l'unité de l'espèce humaine sortie d'un seul couple, la déchéance de notre race et l'origine du mal sur la terre, la promesse d'un rédempteur, enfin l'intervention constante de la Providence dans les affaires de ce monde.

Le récit de la création elle-même, ses rapports avec les découvertes des sciences naturelles, sont choses qui ne sauraient entrer dans le cadre de notre ouvrage. C'est seulement au moment où Dieu, après avoir créé le monde et tous les êtres qui l'habitent, mit le sceau à son œuvre en faisant l'homme, que nous devons prendre le récit du premier livre de la Bible, la Genèse, ainsi nommée en Europe d'un mot grec qui signifie *génération*, parce que le livre débute par raconter la formation de l'univers [1].

« Dieu dit : « Faisons l'homme à notre image et à notre ressemblance ;
« qu'il domine sur les poissons de la mer, sur les oiseaux du ciel,
« sur les animaux, sur toute la terre et sur tout reptile qui se meut
« à la surface de la terre. » — Dieu créa l'homme à son image ; il le créa à l'image de Dieu et il le fit mâle et femelle [2]. — Yahveh [3]

---

[1] En hébreu il est appelé *Bereschith*, d'après les premiers mots qui en ouvrent le récit, « au commencement. »

[2] *Genes.*, I, 26 et 27.

[3] La prononciation vulgaire Jehovah au lieu de Yahveh, est le résultat de l'application au nom ineffable de Dieu des voyelles du mot *Adonai*, « le Seigneur, » que les Juifs prononcent au lieu de ce nom quand ils lisent la Bible. Nous discuterons plus tard, quand nous traite-

Dieu forma l'homme du limon de la terre et lui souffla dans les narines le souffle de la vie, et l'homme fut fait âme vivante [1]. »

Après le récit de la formation du premier couple humain, vient celui de la déchéance. Le père de tous les hommes, Adam (dont le nom dans les langues sémitiques signifie *l'homme* par excellence), créé par Dieu dans un état d'innocence absolue et de bonheur, désobéit au Seigneur par orgueil dans les délicieux jardins de 'Eden, où il avait été d'abord placé, et cette désobéissance le condamna, lui et sa race, à la peine, à la douleur et à la mort. Dieu l'avait créé pour le travail, dit formellement le livre inspiré, mais ce fut en expiation de sa chute que ce travail devint pénible et difficile; « tu mangeras ton pain à la sueur de ton front, » lui dit le Seigneur, et cette condamnation pèse encore sur tous les hommes.

Voici comment la Genèse [2] raconte la séduction et la faute dont le poids s'est étendu à toute la descendance de nos premiers pères. « Le serpent était le plus rusé de tous les animaux de la terre que Yahveh Dieu avait faits. Il dit à la femme : « Pourquoi Dieu vous « a-t-il ordonné de ne pas manger de tous les arbres du Paradis? » — La femme lui répondit : « Nous pouvons manger du fruit des « arbres qui sont dans le Paradis, — mais quant au fruit de l'arbre « qui est au milieu du Paradis (l'arbre de la science du bien et du « mal), Dieu nous a ordonné que nous n'en mangions pas, de peur « que nous en mourions. » — Et le serpent dit à la femme : « Point « du tout, vous ne mourrez pas de mort, — mais Dieu sait qu'au « jour où vous en aurez mangé, vos yeux s'ouvriront et vous serez « comme des dieux, connaissant le bien et le mal. » — La femme donc vit que cet arbre était bon pour se nourrir et qu'il était beau aux yeux et délectable au regard; et elle prit du fruit, et elle en mangea, et elle en donna à son mari, qui en mangea. — Et les yeux de tous deux s'ouvrirent; et ayant vu qu'ils étaient nus, ils tressèrent des feuilles de figuier et s'en firent des ceintures [3]. »

« Prodigieuse et accablante vérité, dit Chateaubriand : *L'homme*

---

rons des Hébreux, la question de savoir si la vraie prononciation antique était Yahoh ou Yahveh; en attendant nous suivons cette dernière forme, généralement admise dans la science.

[1] *Genes.*, II, 7.
[2] III, 1-7.
[3] La gravure placée en tête de ce chapitre, représente la scène de la tentation des premiers humains au jardin de 'Eden, d'après une peinture chrétienne des catacombes de Rome, empruntée au grand ouvrage de Perret.

*mourant pour s'être empoisonné avec le fruit de vie!* L'homme perdu pour avoir goûté à l'arbre de la science, pour avoir su trop connaître le bien et le mal! Qu'on suppose toute autre défense de Dieu relative à un penchant quelconque de l'âme, que deviennent la sagesse et la profondeur de l'ordre du Très-Haut? Ce n'est plus qu'un caprice indigne de la Divinité, et aucune moralité ne résulte de la désobéissance d'Adam. Toute l'histoire du monde, au contraire, découle de la loi imposée à notre père... Le secret de l'existence morale et politique des peuples, les mystères les plus profonds du cœur humain sont renfermés dans la tradition de cet arbre admirable et funeste. »

La Bible n'assigne pas une date précise à la naissance du genre humain, elle ne donne aucun chiffre positif à ce sujet. Elle n'a pas en réalité de chronologie pour les époques initiales de l'existence de l'homme, ni pour celle qui s'étend de la Création au Déluge, ni pour celle qui va du Déluge à la Vocation d'Abraham. Les dates que les commentateurs ont prétendu en tirer sont purement arbitraires et n'ont aucune autorité dogmatique. Elles rentrent dans le domaine de l'hypothèse historique et l'on pourrait énumérer plus de cent manières d'après lesquelles on a essayé de les calculer. Ce que les Livres Saints affirment seulement, et ce que la science démontre d'accord avec eux, c'est que l'apparition de l'homme sur la terre (quelque haute qu'en puisse être la date) est récente par rapport à l'immense durée des périodes géologiques de la création, et que l'antiquité de plusieurs myriades d'années que certains peuples, comme les Égyptiens, les Chaldéens, les Indiens et les Chinois, se sont complaisamment attribuée dans leurs traditions mythologiques, est entièrement fabuleuse.

Aussi superflue et aussi dénuée de fondement solide que les calculs sur la date de la création de l'homme, serait la tentative de celui qui chercherait à déterminer d'après la Bible le lieu précis où fut le berceau de notre espèce, ainsi que la situation du jardin de 'Eden. La tradition sacrée ne fournit aucune indication précise à cet égard. Les commentateurs les plus savants et les plus orthodoxes des Livres Saints ont laissé la question indécise. Tout nous commande d'imiter leur réserve, et de nous en tenir à l'opinion commune, qui place en Asie l'origine de la première famille humaine et le berceau de toute civilisation.

Adam et 'Havah (d'où nous avons fait Ève), le premier couple humain sorti des mains de Dieu, eurent deux fils, Qaïn et Habel[1]. Ils menaient l'un la vie agricole et l'autre la vie pastorale, dont la Bible place ainsi l'origine au début même de l'humanité. Qaïn tua son frère Habel, par jalousie pour les bénédictions dont le Seigneur récompensait sa piété[2] ; puis il s'expatria, dans le désespoir de ses remords, et il se retira avec les siens à l'orient de 'Eden, dans la terre de Nod ou de l'exil, où il fonda la première ville, qu'il appela 'Hanoch, du nom de son premier-né[3]. Dieu avait créé l'homme avec les dons de l'esprit et du corps qui devaient le mettre en état de remplir le but de son existence, et par conséquent de former des sociétés régulières et civilisées. C'est à la famille de Qaïn que le livre de la Genèse attribue la première invention des arts industriels. De 'Hanoch, fils de Qaïn, y est-il dit, naquit à la quatrième génération, Lemech, qui eut à son tour plusieurs enfants : Yabal, « le père de ceux qui demeurent sous les tentes et des pasteurs » ; Youbal, l'inventeur de la musique ; Thoubalqaïn, l'auteur de l'art de fondre et de travailler les métaux ; enfin une fille, Na'amah[4]. Pour celle-ci, le texte biblique ne fait qu'enregistrer son nom ; mais la tradition rabbinique, voulant achever le groupement de toutes les inventions en les rapportant aux enfants de Lemech, raconte que Na'amah fut la mère des chanteurs, ou bien que la première elle fila la laine des troupeaux et en tissa des étoffes.

La Bible rapporte à Lemech l'origine des sanguinaires habitudes de vengeance qui jouèrent un si grand rôle dans la vie des peuples antiques. « Lemech dit à ses femmes 'Adah et Çillah : « Ecoutez ma voix, « femmes de Lemech, soyez attentives à mes paroles ; j'ai tué un « homme parce qu'il m'avait blessé, un jeune homme parce qu'il « m'avait fait une plaie. — Qaïn sera vengé soixante-dix fois, et « Lemech septante fois sept fois[5]. »

---

[1] Ces noms sont significatifs et tirés des langues sémitiques, comme tous ceux que le récit biblique attribue aux premiers ancêtres de notre race ; ce sont en réalité de véritables épithètes qualificatives, qui expriment le rôle et la situation de chaque personnage dans la famille originaire. Adam, nous l'avons déjà dit, veut dire *homme*, 'Havah *vie*, « parce qu'elle a été la mère de tous les vivants », dit le texte sacré ; Qaïn signifie *la créature, le rejeton ;* Habel est le mot qui, dans les plus anciens idiomes sémitiques, exprimait l'idée de *fils*, et s'est conservé en assyrien ; enfin Scheth, comme la Bible le dit formellement, est le *substitué*, celui que Dieu accorde à ses parents pour compenser la perte de leur fils bien-aimé.

[2] *Genes.*, IV, 1-16.
[3] *Genes.*, IV, 17 et 18.
[4] *Genes.*, IV, 19-22.
[5] *Genes.*, IV, 23 et 24.

Adam eut un troisième fils, nommé Scheth (Seth dans notre Vulgate), et Dieu lui accorda encore un grand nombre d'enfants. Scheth vécut neuf cent douze ans, et eut une nombreuse famille [1], qui, tandis que les autres hommes s'abandonnaient à l'idolâtrie et à tous les vices, conserva précieusement les traditions religieuses de la révélation primitive jusqu'au temps du Déluge, après lequel elle passa dans la race de Schem. Les descendants de Scheth furent Enosch, au temps de qui « l'on commença à invoquer par le nom de Yahveh », Qaïnan, Mahalalel, Yared, 'Hanoch, « qui marcha pendant trois cent soixante-cinq ans dans les voies de Dieu » et fut ravi au ciel, Methouschela'h [2], qui de tous vécut la plus longue vie, neuf cent soixante-neuf ans, Lemech, enfin Noa'h [3], qui fut père de Schem, 'Ham et Yapheth, ou, comme nous avons pris l'habitude de dire, d'après la Vulgate latine, Sem, Cham et Japhet [4]. Chacun d'eux fut la tige d'une postérité nombreuse.

[1] Sur cette généalogie des descendants de Scheth, voy. le chapitre V de la Genèse.
[2] Le Mathusalem de la Vulgate.
[3] Noé.
[4] Il est impossible de ne pas consacrer quelques observations aux généalogies que la Bible fournit pour la période antédiluvienne. Le nom de Enosch, donné comme le fils de Scheth, est en hébreu le synonyme exact de celui d'Adam, il signifie également « l'homme » par excellence. Or, si l'on prend cet Enosch comme point de départ, on trouve pendant six générations les mêmes noms qui se succèdent avec de très légères variantes de forme et une interversion dans la place de deux d'entre eux, d'une part dans la descendance d'Adam par Qaïn, de l'autre, dans celle de Scheth par Enosch. Le parallélisme est singulièrement frappant et tel que l'on serait volontiers porté à croire qu'on a là deux versions d'une même liste originaire. On trouve, en effet :

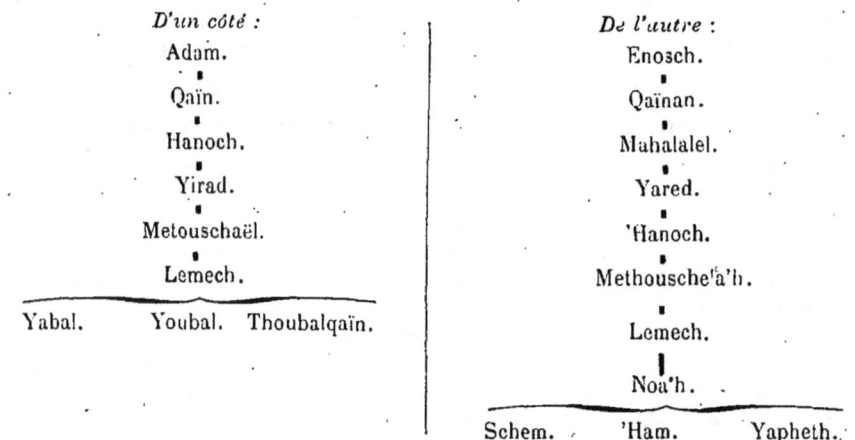

La généalogie des Qaïnites se termine par *trois* chefs de races, fils de Lemech, celle des Enoschides par *trois* chefs de races, petits-fils de Lemech. Il y a seulement de ce dernier côté insertion d'une génération de plus, celle de Noa'h, entre Lemech et la division de la famille en trois branches.

## § 2. — LE DÉLUGE.

« Quand les hommes eurent commencé à se multiplier sur la terre et eurent engendré des filles, — les enfants de Dieu (*bené Elohim*), voyant que les filles des hommes étaient belles, prirent pour épouses celles qu'ils choisirent au milieu des autres. — Et Yahveh dit : « Mon esprit ne demeurera pas toujours avec l'homme, car il n'est que chair : et ses jours ne seront plus que de cent vingt ans. » — Et en ce temps il y avait sur la terre des Géants (*Nephilim*), comme aussi quand les enfants de Dieu se furent unis aux filles des hommes et leur donnèrent pour enfants les Héros (*Giborim*), qui sont fameux dans l'antiquité. — Yahveh voyant que la méchanceté des hommes était grande sur la terre, et que toutes les pensées de leur cœur étaient tournées vers le mal en tout temps, — se repentit d'avoir fait l'homme sur la terre ; et il fut touché de douleur au fond de son cœur. — Et Yahveh dit : « J'exterminerai de dessus la terre l'homme que j'ai créé[1]. »

Seul, le juste Noa'h, descendant de Scheth, trouva grâce devant Dieu. L'Éternel lui fit bâtir une arche dans laquelle il s'enferma avec les siens et sept couples de tous les animaux, purs et impurs, puis le déluge commença.

« Dans la six-centième année de la vie de Noa'h, au second mois, le dix-septième jour du mois, toutes les sources du grand abîme jaillirent et les cataractes du ciel furent ouvertes ; — et la pluie tomba sur la terre quarante jours et quarante nuits. — Ce même jour, Noa'h entra dans l'arche ; et Schem, 'Ham et Yapheth, ses fils, sa femme et les trois femmes de ses fils avec lui, — eux et tout animal suivant son espèce, tout bétail et tout ce qui se meut sur la terre, toutes sortes de volatiles, tout oiseau ailé, chacun selon son espèce, — entrèrent auprès de Noa'h dans l'arche, un couple de toute chair ayant souffle de vie. — Les arrivants étaient mâle et femelle de chaque créature, comme Dieu l'avait ordonné ; et ensuite Yahveh ferma (l'arche) sur Noa'h.

« Le déluge était depuis quarante jours sur la terre, quand les eaux s'accrurent et soulevèrent l'arche, de sorte qu'elle fut enlevée de dessus la terre. — Les eaux se renforçaient et s'augmentaient beaucoup sur la terre, et l'arche était portée sur les eaux. — Les eaux se renforcèrent

[1] *Genes.*, VI, 1-7.

énormément sur la terre, et toutes les montagnes sous les cieux furent couvertes. — Les eaux s'élevèrent de quinze coudées au-dessus des montages qu'elles couvraient ; — et toute chair qui se meut sur la terre, oiseaux, bétail, animaux et reptiles rampant sur la terre, périt, ainsi que toute la race des hommes. — Tout ce qui avait dans ses narines le souffle de la vie, tout ce qui se trouvait sur le sol, mourut. — Ainsi fut détruite toute créature qui se trouvait sur la terre ; depuis l'homme jusqu'aux animaux, aux reptiles et aux oiseaux du ciel, tout fut anéanti sur la terre. Il ne resta que Noa'h et ce qui était avec lui dans l'arche. — Et les eaux occupèrent la terre pendant cent cinquante jours [1]. »

Il y a quelques remarques d'une importance capitale à faire sur ce récit. La distinction des animaux *purs et impurs* prouve que les espèces enfermées dans l'arche ne comprenaient que les animaux utiles à l'homme et susceptibles de jouer le rôle de ses serviteurs domestiques, car c'est seulement à ceux-là que s'appliquent chez les Hébreux la division dans ces deux classes. Le mode suivant lequel s'opéra le déluge, qu'il faut absolument distinguer du fait lui-même, est présenté suivant les notions grossières de la physique des contemporains du rédacteur de la Genèse, et c'est ici le cas d'appliquer les sages paroles d'un des théologiens catholiques les plus éminents de l'Allemagne, le docteur Reusch [2] : « Dieu a donné aux écrivains bibliques une lumière surnaturelle ; mais cette lumière surnaturelle n'avait pour but, comme la révélation en général, que la manifestation des vérités religieuses, et non la communication d'une science profane ; et nous pouvons, sans violer les droits que les écrivains sacrés ont à notre vénération, sans affaiblir le dogme de l'inspiration, accorder franchement que dans les sciences profanes, et conséquemment aussi dans les sciences physiques, ils ne se sont point élevés au-dessus de leurs contemporains, que même ils ont partagé les erreurs de leur époque et de leur nation..... Par la révélation Moïse ne fut point élevé, pour ce qui regarde la science, au-dessus du niveau intellectuel de son temps ; de plus, rien ne nous prouve qu'il ait pu s'y élever par l'étude et par ses réflexions personnelles. »

Enfin les termes dont s'est servi le rédacteur du texte sacré doivent être scrupuleusement notés, car ils peuvent avoir une large influence sur la manière dont on interprétera ce texte. Il y a deux mots en hébreu

---

[1] *Genes.*, VII, 11-24.
[2] *La Bible et la Nature*, trad. française, p. 27.

pour désigner la terre : *ereç*, dont le sens est susceptible à la fois de l'acception la plus large et de l'acception la plus restreinte de l'idée, et que la Bible emploie toujours lorsqu'il s'agit de l'ensemble du globe terrestre ; *adamah*, qui n'a jamais qu'une acception restreinte et signifie la terre cultivée, habitée, une région, un pays. C'est le second qui est employé lorsqu'il est dit que les eaux du déluge couvrirent toute la surface de la terre. Aussi depuis longtemps déjà les interprètes autorisés ont-ils admis que rien dans le récit biblique n'obligeait à entendre l'universalité du cataclysme comme s'étendant à autre chose qu'à la région

Le mont Ararat.

terrestre, alors habitée par les hommes. Encore examinerons-nous plus loin s'il n'y a pas possibilité de la restreindre davantage.

« Dieu se souvint de Noa'h, de tous les animaux et de tout le bétail qui étaient avec lui dans l'arche ; il fit passer un vent sur la terre, et les eaux diminuèrent. — Les sources de l'abîme et les cataractes du ciel se refermèrent, et la pluie ne tomba plus du ciel. — Les eaux se retirèrent de dessus la terre, allant et venant, et les eaux commencèrent à diminuer après cent cinquante jours. — Et l'arche reposa sur les montagnes d'Ararat, le septième mois, au dix-septième jour. — Les eaux allaient en baissant jusqu'au dixième mois ; le premier jour du dixième mois, les sommets des montagnes furent visibles. — Au bout de quarante jours, Noa'h ouvrit la fenêtre qu'il avait faite à l'arche, — et il envoya dehors le corbeau, qui sortit, allant et rentrant jusqu'à ce que le sol fût entièrement desséché. — Noa'h envoya ensuite la colombe, afin de voir si les eaux avaient baissé sur la terre ; — mais elle ne trouva pas où poser son pied et elle revint à l'arche, car il y avait encore de l'eau sur toute la terre. Noa'h étendit la main, la prit et la rentra dans l'arche. — Il attendit encore sept autres jours, et il lâcha de nouveau la colombe. — Elle revint auprès de lui vers le soir, et voilà qu'une feuille arrachée d'un olivier était dans son bec ; alors Noa'h comprit que les eaux s'étaient retirées de la terre. — Il attendit encore sept autres jours, et il lâcha une dernière fois la colombe, qui alors ne revint plus auprès de lui.

Noa'h et sa famille dans l'arche[1].

« Dans la six cent unième année de Noa'h, le premier jour du premier mois, les eaux avaient disparu de dessus la terre ; Noa'h enleva la toiture de l'arche et vit que la surface de la terre était séchée. — Et Dieu parla à Noa'h

---

[1] Sarcophage des premiers siècles chrétiens, à Trèves. Noa'h et sa famille sont, avec les animaux, dans l'arche, figurée comme un coffre carré. La colombe revient en volant avec le rameau d'olivier, le corbeau piétine à terre, hors de l'arche.

et dit : — « Sors de l'arche, toi, ta femme, tes fils et les femmes de « tes fils avec toi. — Toute espèce d'animal qui est avec toi, oiseaux, « quadrupèdes et reptiles rampant sur la terre, fais-la aussi sortir; « qu'ils se perpétuent, croissent et multiplient sur la terre. » — Et Noa'h sortit avec ses fils, sa femme et les femmes de ses fils ; — et tout animal, tout bétail, tout oiseau et tout ce qui rampe sur la terre sortit de l'arche, selon son espèce. — Noa'h construisit un autel à Yahveh ; il prit de toute espèce d'animaux purs et de toute espèce d'oiseaux purs, et il les offrit en holocauste sur l'autel. — Yahveh en sentit l'odeur agréable et dit en son cœur : « Je ne maudirai pas encore une fois la terre à cause « de l'homme, car l'instinct du cœur de l'homme est mauvais dès sa « jeunesse ; je ne frapperai plus de nouveau tout ce qui vit, comme « j'ai fait ; — tout le temps que durera la terre, les semailles, la « moisson, le froid, le chaud, l'été, l'hiver, le jour et la nuit, ne s'arrê-« teront pas [1]. »

Dieu fit alors apparaître son arc dans le ciel, en signe de l'alliance qu'il contractait avec la race humaine [2].

« Noa'h commença à devenir un agriculteur et il planta la vigne. — Il en but le vin, s'enivra et découvrit sa nudité sous sa tente. — 'Ham, ayant vu la honte de son père, se hâta de le raconter à ses frères qui étaient dehors. — Schem et Yapheth prirent une couverture qu'ils posèrent sur leurs épaules, et allant à reculons ils couvrirent la honte de leur père, le visage détourné pour ne pas voir la honte de leur père. » A son réveil, Noa'h, apprenant le manque de respect de 'Ham, le maudit dans la personne de son fils Kena'an [3]. Noa'h vécut encore trois cent cinquante ans après le déluge ; il en avait neuf cent cinquante, quand il mourut [4].

## § 3. — DISPERSION DES PEUPLES.

La famille de Noa'h se multiplia rapidement ; mais, à partir de cette époque, la vie des hommes fut abrégée de beaucoup et ne dépassa plus, en général, la moyenne actuelle. Schem pourtant (et probablement aussi ses frères) vécut encore durant plusieurs siècles [5], et, d'après

[1] *Genes.*, VIII, 1-22.
[2] *Genes.*, IX, 1-17.
[3] *Genes.*, IX, 20-27.
[4] *Genes.*, IX, 28 et 29.
[5] Six cents ans.

le témoignage de l'Ecriture Sainte (au XI° chapitre de la Genèse), la famille où naquit Abraham put, jusqu'au temps de ce patriarche, grâce sans doute aux sobres habitudes de la vie patriarcale, dépasser de beaucoup la vie ordinaire des humains d'alors [1].

« Toute la terre n'avait qu'une seule langue et les mêmes paroles. — Partis de l'Orient, ils (les hommes) trouvèrent une plaine dans le pays de Schine'ar, et ils y habitèrent. — Ils se dirent entre eux : « Venez, « faisons des briques et cuisons-les au feu. » Et ils prirent des briques comme pierres et l'argile leur servit de mortier. — Ils dirent : « Venez, « bâtissons-nous une ville et une tour dont le sommet monte jusqu'au « ciel ; rendons notre nom célèbre, car peut-être serons-nous dispersés « sur toute la terre. » — Yahveh descendit pour voir la tour et la ville que bâtissaient les enfants d'Adam, — et Yahveh dit : « Voici, c'est « un seul peuple et un même langage à tous ; c'est leur première entre- « prise, et ils n'abandonneront pas leurs pensées jusqu'à ce qu'ils les « aient réalisées. — Eh bien ! descendons, et confondons-y leur lan- « gage, de façon que l'un ne comprenne plus la parole de l'autre. » — Et Yahveh les dispersa de cet endroit sur la surface de toute la terre ; alors ils cessèrent de bâtir la ville. — C'est pourquoi on la nomma *Babel* (c'est-à-dire « confusion »), car Yahveh y confondit le langage de toute la terre, et de là Yahveh les dispersa sur toute la surface de la terre [2]. »

Un passage de l'Écriture, qui a fort exercé la sagacité des commentateurs, dit que le quatrième descendant de Schem « fut nommé Pheleg (« division, partage ») parce qu'en son temps la terre fut divisée [3]. » Nombre d'interprètes ont cherché à en déduire cette conséquence que, dans la tradition conservée par le livre de la Genèse, la

---

[1] Voici, en effet, la durée de vie que l'on prête aux patriarches intermédiaires entre Schem et Abraham :

|  | Texte hébreu. | Texte samaritain. | Version des Septante. |
| --- | --- | --- | --- |
| Arphakschad | 338 ans. | 438 ans. | 538 ans. |
| Qaïnan | » | » | 460 |
| Schéla'h | 433 | 433 | 536 |
| 'Eber | 464 | 404 | 567 |
| Pheleg | 239 | 239 | 339 |
| Re'ou | 239 | 239 | 342 |
| Seroug | 230 | 230 | 330 |
| Na'hor | 148 | 148 | 198 |
| Tera'h | 205 | 145 | 205 |

[2] *Genes.*, XI, 1-9.
[3] *Genes.*, X, 25.

confusion des langues et la dispersion générale des peuples avaient eu lieu quatre générations après les fils de Noa'h et cinq avant Abraham. En réalité le texte ne l'implique aucunement ; l'explication la plus naturelle et la plus probable de la phrase que nous avons citée, la rapporte à la division en deux branches du rameau spécial de la descendance de Schem d'où sortirent les Hébreux, division que la généalogie biblique enregistre en effet en ce moment. La Bible ne précise aucune époque pour le grand fait dont elle place le théâtre à Babel. De plus, rien dans son texte n'interdit de penser que quelques familles s'étaient déjà séparées antérieurement de la masse des descendants de Noa'h, et s'en étaient allées au loin former des colonies en dehors du centre commun, où le plus grand nombre des familles destinées à repeupler la terre demeuraient encore réunies.

## CHAPITRE II

### TRADITIONS PARALLÈLES AU RÉCIT BIBLIQUE[1].

§ 1. — La création de l'homme.

Le récit biblique, que nous avons résumé dans le chapitre précédent, n'est pas un récit isolé, sans rapports avec les souvenirs des autres peuples, et qui ne s'est produit que sous la plume de l'auteur de la Genèse. C'est au contraire, nous l'avons déjà dit, la forme la plus complète d'une grande tradition primitive, remontant aux âges les plus vieux de l'humanité, qui a été à l'origine commune à des races et à des peuples très divers, et qu'en se dispersant sur la surface de la terre ces races ont emportée avec elles. En racontant cette histoire, l'écrivain sacré a fidèlement reproduit les antiques souvenirs qui s'étaient conservés d'âge en âge chez les patriarches; il a rempli ce rôle de rapporteur des traditions, éclairé par les lumières de l'inspiration, en rendant aux faits leur véritable caractère, trop souvent obscurci ailleurs par le polythéisme et l'idolâtrie, mais, comme l'a dit saint Augustin, sans se préoccuper de faire des Hébreux un peuple de savants, pas plus en histoire ancienne qu'en physique et en géologie.

Nous allons maintenant rechercher chez les différents peuples de l'antiquité les débris épars de cette tradition primitive, dont la narration de la Bible nous a montré l'enchaînement. Nous en retrouverons ici et là tous les traits essentiels, même ceux où il est difficile de prendre la tradition au pied de la lettre et où l'on est autorisé à penser qu'elle avait revêtu un caractère allégorique et figuré. Mais cette recherche présente des écueils; il est nécessaire de s'y imposer des règles sévères de critique. Autrement on serait exposé à prendre, comme l'ont fait quelques défenseurs plus zélés qu'éclairés de l'autorité des Écritures, pour des

---

[1] Ce chapitre est un résumé de l'ouvrage que nous avons publié sous le titre de : *Les origines de l'histoire d'après la Bible et les traditions des peuples orientaux* (Paris, 1880). Nous y renvoyons le lecteur désireux d'avoir au complet le développement et les preuves des faits énoncés dans les pages qui vont suivre.

narrations antiques et séparées, coïncidant d'une manière frappante avec le récit biblique, des légendes dues à une communication plus ou moins directe, à une sorte d'infiltration de ce récit. Il faut donc avant tout, et pour plus de sûreté, laisser de côté tout ce qui appartient à des peuples sur les souvenirs desquels on puisse admettre une influence quelconque de prédications juives, chrétiennes ou même musulmanes. Il importe de s'attacher exclusivement aux traditions dont on peut établir l'antiquité et qui s'appuient sur de vieux monuments écrits d'origine indigène.

Entre toutes ces traditions, celle qui offre avec les récits des premiers chapitres de la Genèse la ressemblance la plus étroite, le parallélisme le plus exact et le plus suivi, est celle que contenaient les livres sacrés de Babylone et de la Chaldée. L'affinité que nous signalons, et que l'on verra se développer dans les pages qui vont suivre, avait déjà frappé les Pères de l'Église, qui ne connaissaient la tradition chaldéenne que par l'ouvrage de Bérose, prêtre de Babylone, qui, sous les premiers Séleucides, écrivit en grec l'histoire de son pays depuis les origines du monde ; elle se caractérise encore plus, maintenant que la science moderne est parvenue à déchiffrer quelques lambeaux, conservés jusqu'à nous, des livres qui servaient de fondement à l'enseignement des écoles sacerdotales sur les rives de l'Euphrate et du Tigre. Mais il faut remarquer qu'au témoignage de la Bible elle-même, la famille d'où sortit Abraham vécut longtemps mêlée aux Chaldéens, que c'est de la ville d'Our en Chaldée qu'elle partit pour aller chercher une nouvelle patrie dans le pays de Kena'an. Rien donc de plus naturel et de plus vraisemblable que d'admettre que Téra'hites apportèrent avec eux de la contrée d'Our un récit traditionnel sur la création du monde et sur les premiers jours de l'humanité, étroitement apparenté à celui des Chaldéens eux-mêmes. De l'un comme de l'autre côté, la formation du monde est l'œuvre des sept jours, les diverses créations s'y succèdent dans le même ordre ; le déluge, la confusion des langues et la dispersion des peuples sont racontés d'une façon presque absolument identique. Et cependant un esprit tout opposé anime les deux récits. L'un respire un monothéisme rigoureux et absolu, l'autre un polythéisme exubérant. Un véritable abîme sépare les deux conceptions fondamentales de la cosmogonie babylonienne et de la cosmogonie biblique, malgré les plus frappantes ressemblances dans la forme extérieure. Chez les Chaldéens nous avons la matière éternelle organisée par un ou plusieurs démiurges qui émanent de son propre sein ; dans la Bible l'univers créé du néant par la toute-puissance d'un Dieu purement spirituel. Pour donner au vieux récit que l'on faisait dans les sanctuaires de la Chaldée ce sens tout nouveau, pour le transporter des conceptions du panthéisme le plus matériel et le plus grossier dans la lumière de la vérité religieuse, il a suffi au rédacteur de la Genèse d'ajouter au début de tout, avant la peinture du chaos, par laquelle commençaient les cosmogonies de la Chaldée et de la Phénicie, ce simple verset : « Au commencement Dieu créa le ciel et la terre. » Dès lors l'acte libre du créateur spirituel est placé avant l'existence même du chaos, que le panthéisme païen croyait antérieur à tout ; ce chaos, premier principe pour les Chaldéens, et d'où les dieux eux-mêmes étaient sortis, devient une création que l'Éternel fait apparaître dans le temps.

Dans l'état actuel des connaissances, maintenant que nous pouvons établir une comparaison entre le récit chaldéen et le récit biblique, il ne semble plus y avoir que deux opinions possibles pour expliquer leur relation réciproque, et ces deux opinions peuvent être acceptées l'une et l'autre sans s'écarter du respect dû à l'Écriture Sainte. Elles laissent encore à la révélation et à l'inspiration divine une part assez large pour satisfaire aux exigences de la plus rigoureuse orthodoxie, bien qu'elles écartent l'idée d'une sorte de dictée surnaturelle du texte sacré, qui n'a jamais, du reste, été enseignée dogmatiquement. Ou bien l'on considérera la Genèse comme une édition expurgée de la tradition chaldéenne, où le rédacteur inspiré a fait pénétrer un esprit nouveau, tout en conservant les lignes essentielles, et d'où il a soigneusement banni toutes les erreurs du panthéisme et du polythéisme. Ou bien l'on verra dans la narration de la Bible et dans celle du sacerdoce de la Chaldée deux formes divergentes du même rameau de la tradition primitive, qui, partant d'un fond commun, reflètent dans leurs différences le génie de deux peuples et de deux religions, une disposition spéciale de la Providence ayant permis que chez les Téra'hites ces vieux récits, en partie symboliques et figurés, se soient maintenus à l'abri du mélange impur qui les entachait chez les peuples d'alentour. Nous ne nous reconnaissons pas autorité pour prononcer en faveur de l'une ou de l'autre de ces deux opinions, entre lesquelles nous laissons le choix au lecteur.

En général, dans les idées des peuples anciens, l'homme est considéré comme autochthone ou né de la terre qui le porte. Et le plus souvent, dans les récits qui ont trait à sa première apparition, nous ne trouvons pas trace de la notion qui le fait créer par l'opération toute-puissante d'un dieu personnel et distinct de la matière primordiale. Les idées fondamentales de panthéisme et d'émanatisme, qui étaient la base des religions savantes et orgueilleuses de l'ancien monde, permettaient de laisser dans le vague l'origine et la production des hommes. On les regardait comme issus, ainsi que toutes les choses, de la substance même de la divinité, confondue avec le monde; ils en sortaient spontanément, par le développement de la chaîne des émanations, non par un acte libre et déterminé de la volonté créatrice, et on

Le dieu Khnoum formant l'œuf de l'univers sur le tour à potier[1].

s'inquiétait peu de définir autrement que sous une forme symbolique et mythologique le *comment* de l'émanation, qui avait lieu par un véritable fait de génération spontanée.

« Du vent Colpias et de son épouse Baau (le chaos), dit un des fragments de cosmogonie phénicienne, traduits en grec, qui nous sont parvenus sous le nom de Sanchoniathon, naquit le couple humain et mortel de Protogonos (*Adam Qadmôn*) et d'Æon (*'Havah*), et Æon inventa de manger le fruit de l'arbre. Ils eurent pour enfants Génos et Généa, qui habitèrent la Phénicie, et, pressés par les chaleurs de l'été,

---

[1] D'après un bas-relief du grand temple de Philæ.

commencèrent à élever leurs mains vers le Soleil, le considérant comme le seul dieu seigneur du ciel, ce que l'on exprime par le nom de Beelsamen. » Dans un autre fragment des mêmes cosmogonies, il est question de la naissance de « l'autochthone issu de la terre, » d'où descendent les hommes. Les traditions de la Libye faisaient « sortir des plaines échauffées par le soleil Iarbas, le premier des humains, qui se nourrit des glands doux du chêne. » Dans les idées des Égyptiens, « le limon fécondant abandonné par le Nil, sous l'action vivifiante de l'échauffement des rayons solaires, avait fait germer les corps des hommes. » La traduction de cette croyance sous une forme mythologique faisait émaner

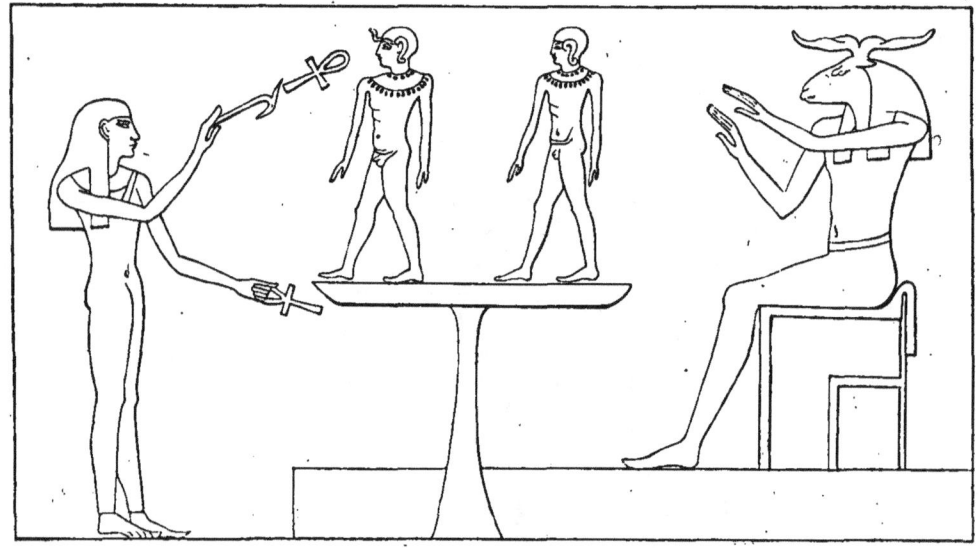

L'homme formé par le dieu Khnoum et doué de la vie [1].

les humains de l'œil du dieu Râ-Harmakhou, c'est-à-dire du soleil. L'émanation qui produit ainsi la substance matérielle des hommes n'empêche pas, du reste, une opération démiurgique postérieure pour achever de les former et pour leur communiquer l'âme et l'intelligence. Celle-ci est attribuée à la déesse Sekhet pour les races asiatiques et septentrionales, à Horus pour les nègres. Quant aux Égyptiens, qui se regardaient comme supérieurs à toutes les autres races, leur formateur était le démiurge suprême, Khnoum, et c'est de cette façon que certains

---

[1] D'après un bas relief du temple d'Esneh.
Deux petits personnages humains, dont l'un portant au front le serpent uræus, insigne de la royauté, sont debout sur le tour à potier, où ils viennent d'être formés par le dieu Khnoum, à tête de bélier. Une déesse présente à leurs narines la croix ansée, emblème de la vie.

monuments le montrent pétrissant l'argile pour en faire l'homme sur le même tour à potier, où il a formé l'œuf primordial de l'univers.

Présentée ainsi, la donnée égyptienne se rapproche d'une manière frappante de celle de la Genèse, où Dieu « forme l'homme du limon de la terre. » Au reste, l'opération du modeleur fournissait le moyen le plus naturel de représenter aux imaginations primitives l'action du créateur ou du démiurge sous une forme sensible. Et c'est ainsi que chez beaucoup de peuples encore sauvages on retrouve la même notion de l'homme façonné avec la terre par la main du créateur. Dans la cosmogonie du Pérou, le premier homme, créé par la toute-puissance divine, s'appelle *Alpa camasca*, « terre animée. » Parmi les tribus de l'Amérique du Nord, les Mandans racontaient que le Grand-Esprit forma deux figures d'argile, qu'il desséeha et anima du souffle de sa bouche, et dont l'un reçut le nom de *premier homme*, et l'autre celui de *compagne*. Le grand dieu de Tahiti, Taeroa, forme l'homme avec de la terre rouge ; et les Dayaks de Bornéo, rebelles à toutes les influences musulmanes, se racontent de génération en génération que l'homme a été modelé avec de la terre.

N'insistons pas trop, d'ailleurs, sur cette dernière catégorie de rapprochements, où il serait facile de s'égarer, et tenons-nous à ceux que nous offrent les traditions sacrées des grands peuples civilisés de l'antiquité. Le récit cosmogonique chaldéen, spécial à Babylone, que Bérose avait mis en grec, se rapproche beaucoup de ce que nous lisons dans le chapitre II de la Genèse ; là encore l'homme est formé de limon à la manière d'une statue. « Bélos (le démiurge Bel-Maroudouk), voyant que la terre était déserte, quoique fertile, se trancha sa propre tête, et les autres dieux, ayant pétri le sang qui en coulait avec la terre, formèrent les hommes, qui, pour cela, sont doués d'intelligence et participent de la pensée divine [1], et aussi les animaux qui peuvent vivre au contact de l'air. » Avec la différence d'une mise en scène polythéiste d'une part, strictement monothéiste de l'autre, les faits suivent ici exactement le même ordre que dans la narration du chapitre II du premier livre du Pentateuque. La terre déserte [2] devient fertile [3] ; alors l'homme est pétri

---

[1] Les Orphiques, qui avaient tant emprunté à l'Orient, admettaient pour l'origine des hommes la notion qu'ils descendaient des Titans. Et ils disaient que la partie immatérielle de l'homme, son âme, provenait du sang du jeune dieu Dionysos Zagreus, que ces Titans avaient mis en pièces, et dont ils avaient en partie dévoré les membres.

[2] *Genes.*, II, 5.

[3] *Genes.*, II, 6.

d'une argile dans laquelle l'âme spirituelle et le souffle vital sont communiqués[1].

Un jeune savant anglais, doué du génie le plus pénétrant et qui, dans une carrière bien courte, terminée brusquement par la mort, a marqué sa trace d'une manière ineffaçable parmi les assyriologues, George Smith, a reconnu parmi les tablettes d'argile couvertes d'écriture cunéiforme, et provenant de la bibliothèque palatine de Ninive, que possède le Musée Britannique, les débris d'une sorte d'épopée cosmogonique, de Genèse assyro-babylonienne, où était racontée l'œuvre des sept jours. Chacune des tablettes dont la réunion composait cette histoire, portait un des chants du poème, un des chapitres du récit, d'abord la génération des dieux issus du chaos primordial, puis les actes successifs de la création, dont la suite est la même que dans le chapitre Ier de la Genèse, mais dont chacun est attribué à un dieu différent. Cette narration paraît être de rédaction proprement assyrienne. Car chacune des grandes écoles sacerdotales, dont on nous signale l'existence dans le territoire de la religion chaldéo-assyrienne, semble avoir eu sa forme particulière de la tradition cosmogonique; le fonds était partout le même, mais son expression mythologique variait sensiblement.

Le récit de la formation de l'homme n'est malheureusement pas compris dans les fragments jusqu'ici reconnus de la Genèse assyrienne. Mais nous savons du moins d'une manière positive que celui des immortels qui y était représenté comme « ayant formé de ses mains la race des hommes, » comme « ayant formé l'humanité pour être soumise aux dieux, » était Êa, le dieu de l'intelligence suprême, le maître de toute sagesse, le « dieu de la vie pure, directeur de la pureté, » « celui qui vivifie les morts, » « le miséricordieux avec qui existe la vie. » C'est ce que nous apprend une sorte de litanie de reconnaissance, qui nous a été conservée sur le lambeau d'une tablette d'argile, laquelle faisait peut-être partie de la collection des poèmes cosmogoniques. Un des titres les plus habituels de Êa est celui de « seigneur de l'espèce humaine; » il est aussi plus d'une fois question, dans les documents religieux et cosmogoniques, des rapports entre ce dieu et « l'homme qui est sa chose. »

Chez les Grecs, une tradition raconte que Prométhée, remplissant

---

[1] II, 7.

l'office d'un véritable démiurge en sous-ordre, a formé l'homme en le modelant avec de l'argile, les uns disent à l'origine des choses, les autres après le déluge de Deucalion et la destruction d'une première humanité. Cette légende a joui d'une grande popularité à l'époque romaine, et elle a été alors plusieurs fois retracée sur les sarcophages. Mais elle semble être le produit d'une introduction d'idées étrangères, car on n'en trouve pas de trace aux époques plus anciennes. Dans la poésie grecque vraiment antique, Prométhée n'est pas celui qui a formé les hommes, mais celui qui les a animés et doués d'intelligence en leur communiquant le feu qu'il a dérobé au ciel, par un larcin dont le punit la vengeance de Zeus. Telle est la donnée du *Prométhée* d'Eschyle, et c'est ce que nous donne à lire encore, à une époque plus ancienne, le poème d'Hésiode :

Prométhée formant l'homme [1].

Prométhée dérobant le feu céleste [2].

*Les travaux et les jours*. Quant à la naissance même des premiers humains, produits sans avoir eu de pères, les plus vieilles traditions grecques, qui trouvaient déjà des sceptiques au temps où furent composées les poésies décorées du nom d'Homère, les faisaient sortir spontanément, ou par une action volontaire des dieux, de la terre échauffée ou bien du tronc éclaté des chênes. Cette dernière origine était aussi celle que leur attribuaient les Italiotes. Dans la mythologie scandinave, les dieux tirent les premiers humains du tronc des arbres, et la même croyance existait chez les Germains. On en observe des vestiges très formels dans les Vêdas

---

[1] Médaillon d'une lampe romaine de terre-cuite. Prométhée modèle l'homme en argile à la façon d'un sculpteur. Minerve assiste à son travail, comme déesse des arts et de l'intelligence. Voy. plus loin, p. 36, un sarcophage du Musée du Capitole, qui retrace le même sujet avec plus de développement.

[2] Médaillon d'une lampe romaine de terre-cuite.

ou recueils d'hymnes sacrés de l'Inde, et nous allons encore la trouver avec des particularités fort remarquables, chez les Iraniens de la Bactriane et de la Perse.

La religion de Zarathoustra (Zoroastre) est la seule, parmi les religions savantes et orgueilleuses de l'ancien monde, qui rapporte la création à l'opération libre d'un dieu personnel, distinct de la matière primordiale. C'est Ahouramazda, le dieu bon et grand, qui a créé l'univers et l'homme en six périodes successives, lesquelles, au lieu d'embrasser seulement une semaine, comme dans la Genèse, forment par leur réunion une année de 365 jours; l'homme est l'être par lequel il a terminé son œuvre. Le premier des humains, sorti sans tache des mains du créateur, est appelé Gayômaretan, « vie mortelle. » Les Écritures les plus antiques, attribuées au prophète de l'Iran, bornent ici leurs indications; mais nous trouvons une histoire plus développée des origines de l'espèce humaine dans le livre intitulé *Boundehesch*, consacré à l'exposition d'une cosmogonie complète. Ce livre est écrit en langue pehlevie, et non plus en zend comme ceux de Zarathoustra; la rédaction que nous en possédons est postérieure à la conquête de la Perse par les Musulmans. Malgré cette date récente, il relate des traditions dont tous les savants compétents ont reconnu le caractère antique et nettement indigène.

D'après le *Boundehesch*, Ahouramazda achève sa création en produisant à la fois Gayômaretan, l'homme type, et le taureau type, deux créatures d'une pureté parfaite, qui vivent d'abord 3,000 ans sur la terre, dans un état de béatitude et sans craindre de maux jusqu'au moment où Angrômainyous, le représentant du mauvais principe, commence à faire sentir sa puissance dans le monde. Celui-ci frappe d'abord de mort le taureau type; mais du corps de sa victime naissent les plantes utiles et les animaux qui servent à l'homme. Trente ans après, c'est au tour de Gayômaretan de périr sous les coups d'Angrômainyous. Cependant le sang de l'homme type, répandu à terre au moment de sa mort, y germe au bout de quarante ans. Du sol s'élève une plante de *reivas*, sorte de rhubarbe employée à l'alimentation par les Iraniens. Au centre de cette plante se dresse une tige qui a la forme d'un double corps d'homme et de femme, soudés entre eux par leur partie postérieure. Ahouramazda les divise, leur donne le mouvement et l'activité, place en eux une âme intelligente et leur prescrit

« d'être humbles de cœur ; d'observer la loi ; d'être purs dans leurs pensées, purs dans leurs paroles, purs dans leurs actions. » Ainsi naissent Maschya et Maschyâna, le couple d'où descendent tous les humains.

La notion exprimée dans ce récit, que le premier couple humain a formé originairement un seul être androgyne à deux faces, séparé ensuite en deux personnages par la puissance créatrice, se trouve aussi chez les Indiens, dans la narration cosmogonique du *Çatapatha Brâhmana*. Ce dernier écrit est compris dans la collection du *Rig-Véda*, mais très postérieur à la composition des hymnes du recueil. Le récit tiré par Bérose des documents chaldéens place aussi « des hommes à deux têtes, l'une d'homme et l'autre de femme, sur un seul corps, et avec les deux sexes en même temps, » dans la création première, née au sein du chaos avant la production des êtres qui peuplent actuellement la terre. Platon, dans son *Banquet*, fait raconter par Aristophane l'histoire des androgynes primordiaux, séparés ensuite par les dieux en homme et femme, que les philosophes de l'école ionienne avaient empruntée à l'Asie et fait connaître à la Grèce.

## § 2. — LE PREMIER PÉCHÉ.

L'idée de la félicité édénique des premiers humains constitue l'une des traditions universelles. Pour les Égyptiens, le règne terrestre du dieu Râ, qui avait inauguré l'existence du monde et de l'humanité, était un âge d'or auquel ils ne songeaient jamais sans regret et sans envie ; pour dire d'une chose qu'elle était supérieure à tout ce qu'on pouvait imaginer, ils affirmaient « ne pas en avoir vu la pareille depuis les jours du dieu Râ. »

Cette croyance à un âge de bonheur et d'innocence par lequel débuta l'humanité se trouve aussi chez tous les peuples de race aryenne ou japhétique ; c'est une de celles qu'ils possédaient déjà antérieurement à leur séparation, et tous les érudits ont depuis longtemps remarqué que c'est là un des points où leurs traditions se rattachent le plus formellement à un fond commun avec celles des Sémites, avec celles dont nous avons l'expression dans la Genèse. Mais chez les nations aryennes, cette croyance se lie intimement à une conception qui leur est spéciale, celle des quatres âges successifs du monde. C'est dans l'Inde que nous trouvons cette conception à son état de plus complet développement.

Les choses créées, et avec elles l'humanité, doivent durer 12,000 années divines, dont chacune comprend 360 années des hommes. Cette énorme période de temps se divise en quatre âges ou époques : l'âge de la perfection ou Kritayouga ; l'âge du triple sacrifice, c'est-à-dire du complet accomplissement de tous les devoirs religieux, ou Trêtayouga ; l'âge du doute et de l'obscurcissement des notions de la religion, le Dvaparayouga ; enfin l'âge de la perdition ou Kaliyouga, qui est l'âge actuel et qui se terminera par la destruction du monde. Chez les Grecs, dans *Les travaux et les jours d'Hésiode,* nous avons exactement la même succession d'âges, mais sans que leur durée soit évaluée en années et en supposant au commencement de chacun d'eux la production d'une humanité nouvelle ; la dégénérescence graduelle qui marque cette succession d'âges est exprimée par les métaux dont on leur applique les noms, l'or, l'argent, l'airain et le fer. Notre humanité présente est celle de l'âge de fer, le pire de tous, bien qu'il ait commencé par les héros. Le mazdéisme zoroastrien admet aussi la théorie des quatre âges[1] et nous la voyons exprimée dans le *Boundehesch,* mais sous une forme moins rapprochée de celle des Indiens que chez Hésiode et sans le même esprit de désolante fatalité. La durée de l'univers y est de 12,000 ans, divisée en quatre périodes de 3,000. Dans la première tout est pur ; le dieu bon, Ahouramazda, règne seul sur sa création, où le mal n'a pas encore fait son apparition ; dans la seconde, Angrômainyous sort des ténèbres, où il était resté d'abord immobile, et déclare la guerre à Ahouramazda ; c'est alors que commence leur lutte de 9,000 ans, qui remplit trois âges du monde. Pendant 3,000 ans, Angrômainyous est sans force ; pendant 3,000 autres années, les succès des deux principes se balancent d'une manière égale ; enfin le mal l'emporte dans le dernier âge, qui est celui des temps historiques ; mais il doit se terminer par la défaite finale d'Angrômainyous, que suivra la résurrection des morts et la béatitude éternelle des justes rendus à la vie.

Quelques savants se sont efforcés de retrouver dans l'économie générale de l'histoire biblique des traces de ce système des quatre âges du monde. Mais la critique impartiale doit reconnaître qu'ils n'y ont pas réussi ; les constructions sur lesquelles ils ont voulu étayer leur

---

[1] Théopompe, cité par l'auteur du traité *Sur Isis et Osiris* attribué à Plutarque (c. 47), signalait déjà cette doctrine comme existant chez les Perses. Il faut, du reste, consulter à son sujet le mémoire de M. Spiegel, intitulé : *Studien ueber das Zend-Avesta,* dans le tome V de la *Zeitschrift der deutschen Morgenlændischen Gesellschaft.*

démonstration sont absolument artificielles, en contradiction avec l'esprit du récit biblique, et s'écroulent d'elles-mêmes. L'un de ces savants, M. Maury, reconnaît, d'ailleurs, qu'il y a une opposition fondamentale entre la tradition biblique et la légende de l'Inde brahmanique ou d'Hésiode. Dans cette dernière, comme il le remarque, on ne voit « aucune trace d'une prédisposition à pécher, transmise par un héritage du premier homme à ses descendants, aucun vestige du péché originel. ». Sans doute, comme l'a dit si éloquemment Pascal, « le nœud de notre condition prend ses retours et ses replis dans cet abîme, de sorte que l'homme est plus inconcevable sans ce mystère que ce mystère n'est inconcevable à l'homme ; » mais la vérité de la déchéance et de la tache originelle est une de celles contre lesquelles l'orgueil humain s'est le plus constamment révolté, celle à laquelle il a cherché tout d'abord à se soustraire. Aussi, de toutes les parties de la tradition primitive sur les débuts de l'humanité, est-ce celle qui s'est oblitérée le plus vite. Dès que les hommes ont senti naître le sentiment de superbe que leur inspiraient les progrès de leur civilisation, les conquêtes sur le monde matériel, ils l'ont répudiée. Les philosophies religieuses qui se sont fondées en dehors de la révélation, dont le dépôt se maintenait chez le peuple choisi, n'ont pas tenu compte de la déchéance. Et comment d'ailleurs cette doctrine eût-elle pu cadrer avec les rêveries du panthéisme et de l'émanation ?

En repoussant la notion du péché originel et en substituant à la doctrine de la création celle de l'émanation, la plupart des peuples de l'antiquité païenne ont été conduits à la désolante conclusion qui est contenue dans la théorie des quatre âges, telle que l'admettent les livres des Indiens et la poésie d'Hésiode. C'est la loi de la décadence et de la péjoration continue, que le monde antique a cru sentir si lourdement peser sur lui. A mesure que le temps s'écoule et éloigne les choses de leur foyer d'émanation, elles se corrompent et deviennent pires. C'est l'effet d'une destinée inexorable et de la force même de leur développement. Dans cette évolution fatale vers le déclin, il n'y a plus place pour la liberté humaine ; tout tourne dans un cercle auquel il n'y a pas moyen d'échapper. Chez Hésiode, chaque âge marque une décadence sur celui qui précède, et, comme le poète l'indique formellement pour l'âge de fer commencé par les héros, chacun d'eux pris isolément suit la même pente descendante que leur ensemble. Dans l'Inde, la conception des quatre âges ou *yougas*, en se développant et en produisant ses conséquences naturelles, enfante celle des *manvantaras*. Dans cette nouvelle donnée, le monde après avoir accompli ses quatre âges toujours pires, est soumis à une dissolution, *pralaya*, quand les choses sont arrivées à un tel point de corruption qu'elles ne peuvent plus subsister ; puis recommence un nouvel univers, avec une nouvelle humanité, astreints au même cycle d'évolutions nécessaires et fatales, qui parcourent à leur tour leur quatre *yougas* jusqu'à une nouvelle dissolution ; et ainsi de suite à l'infini. C'est la fatalité du destin sous la forme la plus cruellement inexorable et en même temps la plus destructive de toute vraie morale. Car il n'y a plus de responsabilité là où il n'y a pas de liberté ; il n'y a plus en réalité ni bien ni mal là où la corruption est l'effet d'une loi d'évolution inéluctable.

Combien plus consolante est la donnée biblique, qui au premier abord semble si dure pour l'orgueil humain, et quelles incomparables perspectives morales elle ouvre à l'esprit ! Elle admet que l'homme est déchu, presque aussitôt après sa création, de son état de pureté originaire et de sa félicité édénique. En vertu de la loi d'hérédité qui est partout empreinte dans la nature, c'est la faute commise par les premiers ancêtres de l'humanité, dans l'exercice de leur liberté morale, qui a condamné leur descendance à la peine, qui la prédispose au péché en lui léguant la tache originelle. Mais cette prédisposition au péché ne condamne pas fatalement l'homme à le commettre ; il peut y échapper par le choix de son libre arbitre ; de même, par ses efforts personnels, il se relève graduellement de l'état de déchéance matérielle et de misère où l'a fait descendre la faute de ses auteurs. Les quatre âges de la conception païenne déroulent le tableau d'une dégénérescence constante. Toute l'économie de l'histoire biblique, depuis les premiers chapitres de la Genèse qui y servent de point de départ, nous offre le spectacle d'un relèvement continu de l'humanité à partir de sa déchéance originelle. D'un côté la marche est constamment descendante, de l'autre constamment ascendante. L'Ancien Testament, qu'il faut embrasser ici tout entier d'une vue générale, s'occupe peu de cette marche ascendante en ce qui est du développement de la civilisation matérielle, dont il indique cependant en passant les principales étapes d'une manière fort exacte. Ce qu'il retrace, c'est le tableau du progrès moral et du développement toujours plus net de la vérité religieuse, dont la notion va en se spiritualisant, s'épurant et s'élargissant toujours davantage, chez le peuple choisi, par une succession d'échelons que marquent la vocation d'Abraham, la promulgation de la loi mosaïque, enfin la mission des prophètes, lesquels annoncent à leur tour le dernier et suprême progrès. Celui-ci résulte de la venue du Messie ; et les conséquences de ce dernier fait providentiel iront toujours en se développant dans le monde en tendant à une perfection dont le terme est dans l'infini. Cette notion du relèvement après la déchéance, fruit des efforts libres de l'homme assisté par la grâce divine et travaillant dans la limite de ses forces à l'accomplissement du plan providentiel, l'Ancien Testament ne le montrait que chez un seul peuple, celui d'Israël ; mais l'esprit chrétien en a étendu la vue à l'histoire universelle de l'humanité. Et c'est ainsi qu'est née la conception de cette loi du progrès constant, que l'antiquité n'a pas connue, à laquelle nos sociétés modernes sont si invinciblement attachées, mais qui, nous ne devons jamais l'oublier, est fille du christianisme.

Revenons aux traditions sur le premier péché, parallèles à celle de la Genèse.

Le zoroastrisme ne pouvait manquer d'admettre cette donnée traditionnelle et de la conserver. Cette tradition cadrait, en effet, trop bien avec son système de dualisme à base spirituelle, bien qu'encore imparfaitement dégagé de la confusion entre le monde physique et le monde moral. Elle expliquait de la façon la plus naturelle comment l'homme, créature du dieu bon, et par suite parfaite à l'origine, était tombée en partie sous la puissance du mauvais esprit, contractant ainsi la souillure qui le rendait dans l'ordre moral sujet au péché, dans l'ordre matériel soumis à la mort et à toutes les misères qui empoisonnent la vie terrestre. Aussi la notion du péché des premiers auteurs de l'humanité, dont l'héritage pèse constamment sur leur descendance, est-elle fondamentale dans les livres mazdéens. La modification des légendes relatives au premier homme finit même, dans les constructions mythiques des derniers temps du zoroastrisme, par amener une assez singulière répétition de ce souvenir de la première faute, à plusieurs générations successives dans les âges initiaux de l'humanité.

Originairement — et ceci est maintenant un des points les plus solidement établis pour la science — originairement, dans les légendes communes aux Aryas orientaux antérieurement à leur séparation en deux branches, le premier homme était le personnage que les Iraniens appellent Yima et les Indiens Yâma. Fils du ciel et non de l'homme, Yima réunit sur lui les traits que la Genèse sépare en les appliquant à

Adam et à Noa'h, les pères des deux humanités antédiluvienne et postdiluvienne. Plus tard, il est seulement le premier roi des Iraniens, mais un roi dont l'existence, comme celle de ses sujets, se passe au milieu de la béatitude édénique, dans le paradis de l'Airyana-Vaedja, séjour de, premiers hommes. Mais après un temps de vie pure et sans taches Yima commet le péché qui pèsera sur sa descendance ; et ce péché, lui faisant perdre la puissance et le rejetant hors de la terre paradisiaque, le livre au pouvoir du serpent, du mauvais esprit Angrômainyous, qui finit par le faire périr dans d'horribles tourments.

Plus tard, Yima n'est plus le premier homme, ni même le premier roi. C'est le système adopté par le *Boundehesch*. L'histoire de la faute qui a fait perdre à Yima son bonheur édénique, en le mettant au pouvoir de l'ennemi, reste toujours attachée au nom de ce héros. Mais cette faute n'est plus le premier péché, et, pour pouvoir être attribué aux ancêtres d'où descendent tous les hommes, celui-ci est raconté une première fois auparavant et rapporté à Maschya et Maschyâna.

« L'homme fut, le père du monde fut. Le ciel lui était destiné, à condition qu'il serait humble de cœur, qu'il ferait avec humilité l'œuvre de la loi, qu'il serait pur dans ses pensées, pur dans ses paroles, pur dans ses actions, et qu'il n'invoquerait pas les Daevas (les démons). Dans ces dispositions, l'homme et la femme devaient faire réciproquement le bonheur l'un de l'autre. Telles furent aussi au commencement leurs pensées ; telles furent leurs actions. Ils s'approchèrent et eurent commerce ensemble.

« D'abord ils dirent ces paroles : « C'est Ahouramazda qui a donné « l'eau, la terre, les arbres, les bestiaux, les astres, la lune, le soleil, et « tous les biens qui viennent d'une racine pure et d'un fruit pur. » Ensuite le mensonge courut sur leurs pensées ; il renversa leurs dispositions et leur dit : « C'est Angrômainyous qui a donné l'eau, la terre, « les arbres, les animaux et tout ce qui a été nommé ci-dessus. » Ce fut ainsi qu'au commencement Angrômainyous les trompa sur ce qui regardait les Deavas ; et jusqu'à la fin ce cruel n'a cherché qu'à les séduire. En croyant ce mensonge, tous deux devinrent pareils aux démons, et leurs âmes seront dans l'enfer jusqu'au renouvellement des corps.

« Ils mangèrent pendant trente jours, se couvrirent d'habits noirs. Après ces trente jours, ils allèrent à la chasse ; une chèvre blanche se présenta ; ils tirèrent avec leur bouche du lait de ses mamelles, et se nourrirent de ce lait qui leur fit beaucoup de plaisir.....

« Le Daeva qui dit le mensonge, devenu plus hardi, se présenta une seconde fois *et leur apporta des fruits qu'ils mangèrent, et par là, de cent avantages dont ils jouissaient, il ne leur en resta qu'un.*

« Après trente jours et trente nuits, un mouton gras et blanc se présenta ; ils lui coupèrent l'oreille gauche. Instruits par les Yazatas célestes, ils tirèrent le feu de l'arbre konar en le frottant avec un morceau de bois. Tous deux mirent le feu à l'arbre ; ils activèrent le feu avec leur bouche. Ils brûlèrent d'abord des morceaux de l'arbre konar, puis du dattier et du myrte. Ils firent rôtir ce mouton, qu'ils divisèrent en trois portions..... Ayant mangé de la chair de chien, ils se couvrirent de la peau de cet animal. Ils s'adonnèrent ensuite à la chasse et se firent des habits du poil des bêtes fauves. »

Remarquons ici qu'également dans la Genèse la nourriture végétale est la seule dont le premier homme use dans son état de béatitude et de pureté, la seule que Dieu lui ait permise [1] ; la nourriture animale ne devient licite qu'après le déluge [2]. C'est aussi après le péché que Adam et 'Havah se couvrent de leur premier vêtement, que Yahveh leur façonne lui-même avec des peaux de bêtes [3].

Non moins frappant est le récit que nous rencontrons dans les traditions mythiques des Scandinaves, conservées par l'*Edda* de Snorre Sturluson, et qui appartient aussi au cycle des légendes germaniques. La scène ne se passe pas parmi les humains, mais entre des êtres de race divine, les Ases. L'immortelle Idhunna demeurait avec Bragi, le premier des skaldes ou chantres inspirés, à Asgard, dans le Midhgard, le milieu du monde, le paradis, dans un état de parfaite innocence. Les dieux avaient confié à sa garde les pommes de l'immortalité ; mais Loki le rusé, l'auteur de tout mal, le représentant du mauvais principe, la séduisit avec d'autres pommes qu'il avait découvertes, disait-il, dans un bois. Elle l'y suivit pour en cueillir ; mais soudain elle fut enlevée par un géant, et le bonheur ne fut plus dans Asgard.

Nous n'avons pas de preuve formelle et directe de ce que la tradition du péché originel, telle que la racontent nos Livres Saints, ait fait partie du cycle des récits de Babylone et de la Chaldée sur les origines du monde et de l'homme. On n'y trouve non plus aucune allusion dans les fragments de Bérose. Malgré ce silence, le parallélisme des traditions

---

[1] *Genes.*, I, 29 ; II, 9 et 16 ; III, 2.
[2] *Genes.*. IX, 3.
[3] *Genes.*, III. 21.

chaldéennes et hébraïques, sur ce point comme sur les autres, a en sa faveur une probabilité si grande, qu'elle équivaut presque à une certitude. Nous reviendrons un peu plus loin sur certains indices fort probants de l'existence de mythes relatifs au paradis terrestre dans les traditions sacrées du bassin inférieur de l'Euphrate et du Tigre. Mais il importe de nous arrêter quelques instants aux représentations de la plante mystérieuse et sacrée que les bas-reliefs assyriens nous font voir si souvent, gardée par des génies célestes. Aucun texte n'est venu jusqu'à présent éclairer le sens de ce symbole, et l'on doit déplorer une telle lacune, que combleront sans doute un jour des documents nou-

La plante de vie gardée par des génies ailés [1].

veaux. Mais par l'étude des seuls monuments figurés, il est impossible de se méprendre sur la haute importance de cette représentation de la plante sacrée. C'est incontestablement un des emblèmes les plus élevés de la religion ; et ce qui achève de lui assurer ce caractère, c'est que souvent au-dessus de la plante nous voyons planer l'image symbolique du dieu suprême, le disque ailé, surmonté ou non d'un buste humain. Les cylindres de travail babylonien ou assyrien ne présentent pas cet emblème moins fréquemment que les bas-reliefs des palais de l'Assyrie, toujours dans les mêmes conditions et en lui attribuant autant d'importance.

Il est bien difficile de ne pas rapprocher cette plante mystérieuse,

---

[1] D'après un bas-relief assyrien du palais de Nimroud (l'ancienne Kala'h), conservé au Musée Britannique.

en qui tout fait voir un symbole religieux de premier ordre, des fameux arbres de la vie et de la science, qui jouent un rôle si considérable dans l'histoire du premier péché. Toutes les traditions paradisiaques les mentionnent : celle de la Genèse, qui semble admettre tantôt deux arbres, celui de la vie et celui de la science, tantôt un seulement, réunissant les deux attributions, dans le milieu du jardin de 'Éden ; celle de l'Inde, qui en suppose quatre, plantés sur les quatre contre-forts du mont Mêrou ; enfin celle des Iraniens, qui n'admet tantôt qu'un seul arbre, sortant du milieu même de la source sainte Ardvî-çoûra dans l'Airyana-vaedja, tantôt deux, correspondant exactement à ceux du 'Éden biblique. Le plus ancien nom de Babylone, dans l'idiome de la population antésémitique, *Tin-tir-ki*, signifie « le lieu de l'arbre de

Adoration de la plante de vie[1].

vie. » Enfin la figure de la plante sacrée, que nous assimilons à celle des traditions édéniques, apparaît comme un symbole de vie éternelle sur les curieux sarcophages en terre émaillée, appartenant aux derniers temps de la civilisation chaldéenne, après Alexandre le Grand, que l'on a découverts à Warkah, l'ancienne Ourouk.

L'image de cet arbre de vie était chez les Chaldéo-Assyriens l'objet d'un véritable culte divin. Dans les représentations du monument connu sous le nom de « la Pierre noire de Lord Aberdeen, » et qui se rapporte aux fondations religieuses du roi Asschour-a'h-iddin, à Babylone, nous voyons ce simulacre placé, à l'état d'idole, dans un naos que surmonte

---

[1] D'après le monument du roi assyrien Asschour-a'h-iddin, connu sous le nom de « Pierre noire de lord Aberdeen. »

Un prêtre est en adoration devant la plante sacrée, placée sous un édicule ou naos que surmonte une tiare droite ou cidaris, garnie de plusieurs paires de cornes parallèlement appliquées. Derrière le prêtre est de nouveau la plante divine, figurée de plus grande dimension, puis vient le taureau du sacrifice.

une cidaris ou tiare droite, garnie de plusieurs paires de cornes. On l'avait donc identifié à une divinité. Ici doit trouver place la très ingénieuse observation de M. Georges Rawlinson sur la relation que les œuvres de l'art symbolique assyrien établissent entre cette image et le dieu Asschour. Celui-ci plane au-dessus en sa qualité de dieu céleste, et l'arbre de vie au-dessous de lui semble être l'emblème d'une divinité féminine chthonienne, présidant à la vie et à la fécondité terrestre, qui lui aurait été associée. Nous aurions ainsi, dans cette association du dieu et de l'arbre paradisiaque sur lequel il plane, une expression plastique du couple cosmogonique, rappelant celui d'Ouranos et de Gê chez les Grecs, personnifiant le firmament et le sol terrestre chargé de sa végétation. Nous retrouvons ainsi le prototype de l'*ascherah*, ce pieu plus ou moins enrichi d'ornements, qui constituait le simulacre consacré de la déesse chthonienne de la fécondité et de la vie dans le culte kananéen de la Palestine, et dont il est si souvent parlé dans la Bible.

Qu'en outre de ce culte il existât dans les traditions cosmogoniques des Chaldéens et des Babyloniens, au sujet de l'arbre de vie et du fruit paradisiaque, un mythe en action se rapprochant étroitement dans sa forme du récit biblique sur la tentation, c'est ce que paraît établir d'une façon positive, en l'absence de textes écrits, la représentation d'un cylindre de pierre dure conservé au Musée Britannique. Nous y voyons, en effet, un homme et une femme, le premier portant sur sa tête la sorte de turban qui était propre aux Babyloniens, assis face à face aux deux côtés d'un arbre aux rameaux étendus horizontalement, d'où pendent deux gros fruits, chacun devant l'un des personnages, lesquels étendent la main pour les cueillir. Derrière la femme se dresse un serpent. Cette représentation peut servir d'illustration directe à la narration de la Genèse et ne se prête à aucune autre explication.

L'arbre et le serpent sur un cylindre babylonien[1].

M. Renan n'hésite pas à retrouver un vestige de la même tradition chez les Phéniciens, dans les fragments du livre de Sanchoniathon, traduit en grec par Philon de Biblos. En effet, il y est dit, à propos du premier couple humain et de Æon, qui semble la traduction de 'Havah

[1] Monument faisant partie des collections du Musée Britannique.

et en tient la place dans le couple, que ce personnage « inventa de se nourrir des fruits de l'arbre. » Le savant académicien croit même trouver ici l'écho de quelque type de représentation figurée phénicienne, qui aura retracé une scène pareille à celle que raconte la Genèse, pareille à celle que l'on voit sur le cylindre babylonien. Il est certain qu'à l'époque du grand afflux des traditions orientales dans le monde classique, on voit apparaître une représentation de ce genre sur plusieurs sarcophages romains, où elle indique positivement l'introduction d'une légende analogue au récit de la Genèse, et liée au mythe de la formation de l'homme par Prométhée. Un fameux sarcophage du Musée du Capitole montre auprès du Titan, fils de Iapétos, qui accomplit son œuvre de modeleur, le couple d'un homme et d'une femme dans la nudité des premiers jours, debout au pied d'un arbre dont l'homme fait le geste de cueillir le fruit. La présence, à côté de Prométhée, d'une Parque tirant l'horoscope de l'homme que le Titan est en train de former, est de nature à faire soupçonner dans les sujets figurés par le sculpteur une influence des doctrines de ces astrologues chaldéens, qui s'étaient répandus dans le monde gréco-romain dans les derniers siècles avant l'ère chrétienne et avaient acquis en particulier un grand crédit à Rome. Cependant, la date des monuments que nous venons de signaler rend possible de considérer la donnée du premier couple humain, auprès de l'arbre paradisiaque dont il va manger le fruit, comme y provenant directement de l'Ancien Testament lui-même, aussi bien que des mythes cosmogoniques de la Chaldée ou de la Phénicie.

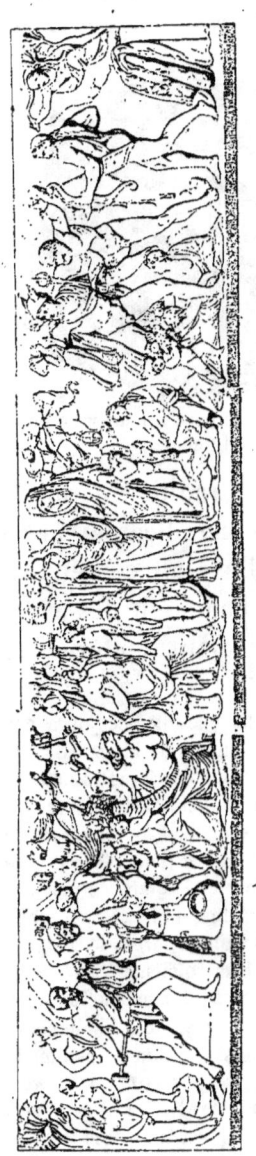

Sarcophage du Musée du Capitole [1].

---

[1] Au centre de la composition, *Prométhée*, assis, tient de la main gauche sur ses genoux une figure humaine qu'il a modelée, et de la droite l'ébauchoir pour la terminer. A côté de lui est une corbeille remplie d'argile et une autre figure déjà terminée. *Minerve* pose un papillon, symbole de l'âme, sur la tête de la figure que tient Prométhée. En haut, derrière

Mais l'existence de cette tradition dans le cycle des légendes indigènes du peuple de Kena'an ne me semble plus contestable en présence d'un curieux vase peint de travail phénicien, du VII\ou du VI\ siècle avant Jésus-Christ, découvert par M. le général de Cesnola dans une des plus anciennes sépultures d'Idalion, dans l'île de Cypre. Nous y voyons, en effet, un arbre feuillu, du bas des rameaux duquel pendent, de chaque côté, deux grosses grappes de fruits ; un grand serpent s'avance par ondulations vers cet arbre et se dresse pour saisir un des fruits avec sa gueule.

L'arbre et le serpent sur un vase de travail phénicien [1].

Maintenant on est en droit de douter qu'en Chaldée, et à plus forte raison en Phénicie, la tradition parallèle au récit biblique de la déchéance ait revêtu une signification aussi exclusivement spirituelle que dans la Genèse, qu'elle y ait contenu la même leçon morale, qui se retrouve aussi dans la narration des livres du zoroastrisme. L'esprit de panthéisme grossièrement matérialiste

---

le Titan, sont les Parques, *Clotho* avec la quenouille, sur laquelle elle file les jours des hommes, et *Lachésis* qui trace avec une baguette, sur un globe, les lignes de l'horoscope de l'homme que le fils de Iapétos est en train de former. La femme couchée derrière Prométhée, et qui tient une grande corne d'abondance soutenue par les *Génies* de l'été et de l'hiver, est la *Terre*. A ses pieds sont l'*Amour* et *Psyché* qui s'embrassent, emblèmes du corps et de l'âme. Au-dessus est le char du *Soleil*, pour indiquer le ciel. L'*Océan* le suit, tenant une rame et monté sur le monstre marin qui le portait quand il vint consoler Prométhée pendant son supplice. Plus loin, à gauche, est la forge de *Vulcain*, établie dans une caverne. Deux *Cyclopes* aident le dieu à battre à grands coups de marteau le fer destiné à forger les chaînes de Prométhée et les clous qu'il doit lui enfoncer dans la poitrine. Un troisième *Cyclope* est derrière le rocher pour faire aller les soufflets. A l'extrémité gauche de la composition, l'on voit le *premier homme* et la *première femme*, nus, au pied de l'arbre, dont l'homme va cueillir le fruit. A droite du groupe central de Prométhée et de Minerve, est un corps étendu à terre, dont l'âme est représentée par un papillon qui s'envole. Auprès, le *Génie de la mort* tient son flambeau renversé. La figure enveloppée dans un long voile est l'ombre du défunt. La Parque *Atropos*, assise auprès du cadavre, tient le livre fatal où est inscrit le sort de tous. Au-dessus est le char d'*Hécate*, symbolisant la nuit de la mort. *Mercure Psychopompe* emporte aux enfers l'âme, sous la figure de *Psyché*. Le supplice de *Prométhée* termine la composition sur la droite. Le Titan est attaché au rocher où l'a cloué la vengeance de Jupiter et le vautour lui ronge le foie. A ses pieds est encore la figure de la *Terre*, couchée et accompagnée de *Génies* enfantins. *Hercule* s'apprête à délivrer Prométhée de ses tortures en perçant le vautour à coup de flèches. Le vieillard assis sur le rocher, à l'extrémité de la scène, est la personnification du mont *Caucase*, théâtre du supplice de Prométhée dans la tradition mythologique.

[1] Le monument original est conservé au Metropolitan Museum of art, de New-York.

de la religion de ces contrées y mettait un obstacle invincible. Pourtant il est à remarquer que chez les Chaldéens et les Assyriens leurs disciples, au moins à partir d'une certaine époque, la notion de la nature du péché et de la nécessité de la pénitence se retrouve d'une manière plus précise que chez la plupart des autres peuples antiques ; et par suite il est difficile de croire que le sacerdoce de la Chaldée, dans ses profondes spéculations de philosophie religieuse, n'ait pas cherché une solution du problème de l'origine du mal et du péché.

Sous la réserve de cette dernière remarque, il est vraisemblable que, dans son esprit, la légende chaldéenne et phénicienne sur le fruit de l'arbre paradisiaque devait se rapprocher beaucoup du cycle des vieux mythes communs à toutes les branches de la race aryenne, à l'étude desquels M. Adalbert Kuhn a consacré un livre du plus grand intérêt[1]. Ce sont ceux qui ont trait à l'invention du feu et au breuvage de vie ; on les trouve à leur état le plus ancien dans les *Védas,* et ils ont passé, plus ou moins modifiés par le cours du temps, chez les Grecs, les Germains et les Slaves, comme chez les Iraniens et les Indiens. La donnée fondamentale de ces mythes, qui ne se montrent complets que sous leurs plus vieilles formes, représente l'univers comme un arbre immense dont les racines embrassent la terre et dont les branches forment la voûte du ciel. Le fruit de cet arbre est le feu, indispensable à l'existence de l'homme et symbole matériel de l'intelligence ; ses feuilles distillent le breuvage de vie. Les dieux se sont réservé la possession du feu, qui descend quelquefois sur la terre dans la foudre, mais que les hommes ne doivent pas produire eux-mêmes. Celui qui, comme le Prométhée des Grecs, découvre le procédé qui permet d'allumer artificiellement la flamme et le communique aux autres hommes est un impie, qui a dérobé à l'arbre sacré le fruit défendu ; il est maudit, et le courroux des dieux le poursuit, lui et sa race.

L'analogie de forme entre ces mythes et le récit de la Bible est saisissante. C'est bien la même tradition, mais prise dans un tout autre sens, symbolisant une invention de l'ordre matériel au lieu de s'appliquer au fait fondamental de l'ordre moral, défigurée de plus par cette monstrueuse conception, trop fréquente dans le paganisme, qui se représente la divinité comme une puissance redoutable et ennemie, jalouse du bonheur et du progrès des hommes. L'esprit d'erreur avait

---

[1] *Die Herabkunft des Feuers und der Gœttertranks*, Berlin, 1859. — Voy. les importants articles de M. F. Baudry sur ce livre, dans la *Revue germanique* de 1861.

altéré chez les Gentils ce mystérieux souvenir symbolique de l'événement qui décida du sort de l'humanité. L'auteur inspiré de la Genèse le reprit sous la forme même qu'il avait revêtue avec un sens matériel ; mais il lui rendit sa véritable signification, et il en fit ressortir l'enseignement solennel.

Quelques remarques sont encore nécessaires sur la forme animale que revêt le tentateur dans le récit biblique, sur ce serpent qui jouait un rôle analogue, les monuments figurés viennent de nous le montrer, dans les légendes de la Chaldée et de la Phénicie.

Horus combattant le serpent Apap [1].

Le serpent, ou, pour parler plus exactement, les diverses espèces de serpent tiennent une place très considérable dans la symbolique religieuse des peuples de l'antiquité. Ces animaux y sont employés avec les significations les plus opposées, et il serait contraire à tout esprit de critique de grouper ensemble et confusément, comme l'ont fait quelques érudits d'autrefois, les notions si contradictoires qui s'attachent ainsi aux différents serpents dans les anciens mythes, de manière à en former un vaste système ophiolâtrique, rattaché à une seule source et mis en rapport avec la narration de la Genèse. Mais à côté de serpents divins

---

[1] D'après un bas-relief égyptien du temple d'Elfou.

d'un caractère essentiellement favorable et protecteur, fatidiques ou mis en rapport avec les dieux de la santé, de la vie et de la guérison, nous voyons dans toutes les mythologies un serpent gigantesque personnifier la puissance nocturne, hostile, le mauvais principe, les ténèbres matérielles et le mal moral.

Chez les Égyptiens, c'est le serpent Apap, qui lutte contre le Soleil et que Horus perce de son arme. On nous dit formellement que c'est à la mythologie phénicienne que Phérécyde de Syros emprunta son récit sur le Titan Ophion, le vieux serpent, précipité avec ses compagnons dans le Tartare par le dieu Cronos (El), qui triomphe de lui à l'origine des choses, récit dont l'analogie est frappante avec l'histoire de la défaite « du serpent antique, qui est le calomniateur et Satan, » rejeté et enfermé dans l'abîme, laquelle ne figure pas dans l'Ancien Testament, mais existait dans les traditions orales des Hébreux et a trouvé place dans les chapitres XII et XX de l'Apocalypse de saint Jean.

Le mazdéisme est la seule religion dans la symbolique de laquelle le serpent ne soit jamais pris qu'en mauvaise part, car dans celle de la Bible elle-même il se présente quelquefois avec une signification favorable, par exemple dans l'histoire du Serpent d'airain. C'est que, dans la conception du dualisme zoorastrien, l'animal lui-même appartenait à la création impure et funeste du mauvais principe. Aussi est-ce sous la forme d'un grand serpent qu'Angrômainyous, après avoir tenté de corrompre le ciel, a sauté sur la terre ; c'est sous cette forme que le combat Mithra, le dieu du ciel pur ; c'est sous cette forme enfin qu'il sera un jour vaincu, enchaîné pendant trois mille ans, et à la fin du monde brûlé dans les métaux fondus.

Mithra combattant Angrômainyous sous la forme d'un serpent[1].

Dans ces récits du zoroastrisme, Angrômainyous, sous la forme du serpent, est l'emblème du mal, la personnification de l'esprit méchant, aussi nettement que l'est le serpent de la Genèse, et cela dans un sens presque aussi complètement spirituel. Au contraire, dans les *Védas*, le même mythe de la lutte contre le serpent se présente à nous avec un caractère purement naturaliste, peignant de la façon la plus transparente un phénomène de l'atmosphère. La donnée qui revient le plus fré-

---

[1] Intaille de travail perse du temps des Sassanides.

quemment dans les vieux hymnes des Aryas de l'Inde à leur époque primitive, est celle du combat d'Indra, le dieu du ciel lumineux et de l'azur, contre Ahi, le serpent, ou Vritra, personnifications du nuage orageux qui s'allonge en rampant dans les airs. Indra terrasse Ahi, le frappe de sa foudre, et en le déchirant donne un libre cours aux eaux fécondantes qu'il retenait enfermées dans ses flancs. Jamais dans les *Védas* le mythe ne s'élève au-dessus de cette réalité purement physique, et ne passe de la représentation de la lutte des éléments de l'atmosphère à celle de la lutte morale du bien et du mal, dont il est devenu l'expression dans le mazdéisme.

Ma foi de chrétien n'éprouve, du reste, aucun embarras à admettre qu'ici le rédacteur inspiré de la Genèse a employé, pour raconter la chute du premier couple humain, une narration qui, chez les peuples voisins, avait pris un caractère entièrement mythique, et que la forme du serpent qu'y revêt le tentateur a pu avoir pour point de départ un symbole essentiellement naturaliste. Rien n'oblige à prendre au pied de la lettre le récit du chapitre III de la Genèse. On est en droit, sans sortir de l'orthodoxie, de le considérer comme une figure destinée à rendre sensible un fait de l'ordre purement moral. Ce n'est donc pas la forme du récit qui importe ici; c'est le dogme qu'elle exprime, et ce dogme de la déchéance de la race des hommes, par le mauvais usage que ses premiers auteurs ont fait de leur libre arbitre, est une vérité éternelle qui nulle part ailleurs n'éclate avec la même netteté. Elle fournit la seule solution du redoutable problème qui revient toujours se dresser devant l'esprit de l'homme, et qu'aucune philosophie religieuse n'est parvenue à résoudre en dehors de la révélation.

## § 3. — LES GÉNÉRATIONS ANTÉDILUVIENNES.

Un remarquable rapport entre les traditions des peuples les plus divers se manifeste ici et ne permet pas de douter de l'antique communauté des récits sur les premiers jours de l'humanité chez toutes les grandes races civilisées de l'ancien monde. Les patriarches antédiluviens, de Scheth à Noa'h, sont dix dans le récit de la Genèse, et une persistance bien digne de la plus sérieuse attention fait reproduire ce chiffre de dix dans les légendes d'un très grand nombre de nations, pour leurs ancêtres primitifs encore enveloppés dans le brouillard des fables. A quelque époque qu'elles fassent remonter ces ancêtres, avant ou après le déluge, que le côté mythique ou historique prédomine dans leur physionomie, ils offrent ce nombre sacramentel de dix.

Les noms des dix rois antédiluviens qu'admettait la tradition chaldéenne nous ont été transmis dans les fragments de Bérose, malheureusement sous une forme très altérée par les copistes successifs du texte. On en trouvera le tableau dans la page en regard de celle-ci, parallèlement à celui des patriarches correspondants de la Genèse.

Une tradition assyrienne recueillie par Abydène plaçait à l'origine de la nation, antérieurement à la fondation de Ninive, dix générations de héros, éponymes d'autant de cités successivement érigées. Le même Abydène, l'un des polygraphes grecs qui pendant la période des successeurs d'Alexandre s'efforcèrent sans succès de vulgariser auprès de leurs compatriotes les traditions et l'histoire des peuples de l'Asie, paraît avoir déjà enregistré la donnée arménienne d'une succession de dix héros ancêtres précédant Aram, celui qui constitua définitivement la nation et lui donna son nom, donnée qui fut ensuite adoptée par Mar-Abas Katina et les écrivains de l'école d'Edesse, et d'après eux par Moïse de Khorène, l'historien national de l'Arménie.

Les livres sacrés des Iraniens, attribués à Zarathoustra (Zoroastre), comptent au début de l'humanité neuf héros d'un caractère absolument mythique, succédant à Gayômaretan, l'homme type, héros autour desquels se groupent toutes les traditions sur les premiers âges, jusqu'au moment où elles prennent un caractère plus humain et presque semi-historique. Ainsi se présentent les Paradhâtas de l'antique tradition, devenus les dix rois Peschdâdiens de la légende iranienne postérieure, mise en épopée par Firdoùsi, les premiers monarques terrestres « les hommes de l''ancienne loi, » qui se nourrissaient « du pur breuvage du haoma et qui gardaient la sainteté. »

Dans les légendes cosmogoniques des Indiens, nous rencontrons les neuf Brahmâdikas, qui sont dix avec Brahmâ, leur auteur, et qu'on appelle les dix Pitris ou « pères. » Les Chinois comptent dix empereurs participant à la nature divine entre Fou-hi et le souverain qui inaugure les temps historiques, Hoang-ti, et l'avènement de celui-ci marque la dixième des périodes, ki, qui se sont succédées depuis la création de l'homme et le commencement de la « souveraineté humaine » sur la terre, Jin-hoang. Enfin, pour ne pas multiplier les exemples outre mesure, les Germains et les Scandinaves croyaient aux dix ancêtres de Wodan ou Odin, comme les Arabes aux dix rois mythiques de 'Ad,

| PATRIARCHES ANTÉDILUVIENS DE LA BIBLE. || ROIS ANTÉDILUVIENS DE LA TRADITION CHALDÉENNE. ||||
|---|---|---|---|---|---|
| | | NOMS ||||
| Noms. | Faits relatés à leur occasion. | Dans les fragments de Bérose. | Formes corrigées. | Formes originales. | Faits relatés à leur occasion. |
| 1. Adam (homme). | | 1. Alôros. | Adôros. | Adiourou. | Première révélation divine. |
| 2. Scheth (fondement). | | 2. Alaparos. | | | |
| 3. Enosch (homme). | On commence alors à invoquer par le nom de Yahveh. | 3. Almélon ou Amillaros. | | | Seconde révélation divine. |
| 4. Qenân (créature). | | 4. Amménon. | | 'Hammanou. | Troisième révélation divine. |
| 5. Mahalalel (louange de Dieû). | | 5. Amegalaros ou Megalaros. | | | Quatrième révélation divine. |
| 6. Yered (descente). | | 6. Daônos ou Daôs. | | | Ce roi est qualifié de « pasteur. » Cinquième révélation divine. |
| 7. 'Hanoch (initiateur) (8). | Il marche dans les voies de l'Éternel et est enlevé au ciel. | 7. Edoranchos ou Evedoreschos. | | | Sixième et dernière révélation divine. |
| 8. Methouschela'h (l'homme au trait). | | 8. Amemphsinôs. | | | |
| 9. Lemech (jeune homme robuste). | | 9. Otiartès ou Ardatès. | Obartès. | Oubaratoutou. | |
| 10. Noa'h (consolation). | Sous lui arrive le déluge. | 10. Xisouthros ou Sisithros. | | 'Hasisatra. | Sous lui arrive le déluge. |

le peuple primordial de leur péninsule, dont le nom signifie « antique. »

En Égypte, les premiers temps de l'existence de l'humanité sont marqués par les règnes des dieux sur la terre. Les fragments de Manéthon, relatifs à ces premières époques, nous sont parvenus dans un tel état d'altération qu'il est difficile d'établir d'une manière certaine combien cet auteur admettait au juste de règnes divins. Mais les lambeaux parvenus jusqu'à nous du célèbre Papyrus historique de Turin, qui contenait une liste des dynasties égyptiennes tracée en écriture hiératique, semblent indiquer formellement que le rédacteur de ce canon portait à dix les dieux qui au commencement avaient gouverné les hommes.

Cette répétition constante, chez tant de peuples divers, du même nombre dix est on ne saurait plus frappante. Et cela d'autant plus qu'il s'agit incontestablement d'un nombre rond et systématiquement choisi. Nous en avons la preuve quand nous voyons dans la Genèse, au chapitre XI, ce même chiffre de dix se répéter pour les générations postdiluviennes de Schem à Abraham, ou plutôt, car la donnée de la version des Septante, qui compte ici un nom de plus que l'hébreu, paraît mieux représenter le plus ancien texte, pour les générations de Schem à Tera'h, père de trois fils, chefs de races[1] de la même façon que Noa'h, le dixième patriarche à partir d'Adam. Et il paraît que dans le livre où Bérose exposait les traditions chaldéennes, les dix premières générations après le déluge formaient un cycle, une époque sans doute encore entièrement mythique, faisant pendant aux dix règnes antédiluviens. Cependant on chercherait vainement à rattacher le choix de ce nombre dix à quelqu'une des spéculations raffinées des philosophies religieuses du paganisme sur la valeur mystérieuse des nombres. Ce n'est pas dans ce stage postérieur, et déjà bien avancé, du développement humain que la tradition des dix patriarches antédiluviens prend sa racine. Elle nous reporte bien plus haut, à une époque réellement primitive, où les ancêtres de toutes les races chez lesquelles nous l'avons retrouvée vivaient encore rapprochés les uns des autres, assez en contact pour expliquer cette communauté de traditions, et ne s'étaient pas éloignés en se dispersant. Cette époque, dans la marche progressive des connaissances, est celle où dix était le nombre le plus haut auquel on sût atteindre, par suite le nombre

---

[1] Abram, Na'hor et 'Haran.

indéterminé, celui qui servait pour dire « beaucoup, » pour exprimer la notion générale de pluralité. C'est le stage où de la numération quinaire primitive, donnée par les doigts de la main, on passa à la numération décimale, basée sur le calcul digital des deux mains, laquelle est demeurée, pour presque tous les peuples, le point de départ des computs plus complets et plus perfectionnés qui arrivent à ne plus connaître de limite à la multiplication infinie ni à la division infinie. Or, il importe de remarquer que c'est précisément jusqu'à dix qu'existent les affinités incontestables des noms de nombres égyptiens et sémitiques, et qu'également, s'il y a une parenté entre les mêmes noms dans les langages des Aryens et dans ceux des Sémites, elle est aussi restreinte dans cette limite.

On voit à quelle énorme antiquité dans le passé primitif de l'humanité nous replace la tradition biblique sur les patriarches antérieurs au déluge, comparée aux traditions parallèles qui dérivent incontestablement de la même source.

Maintenant la généalogie des Qaïnites nous offre sept noms depuis Adam jusqu'à Lemech, père de trois chefs de races comme Noa'h, et nous avons constaté plus haut que la généalogie de la descendance d'Adam par Scheth présente des traces manifestes d'un travail systématique, qui, de sept noms parallèles à ceux de la lignée qaïnite, l'a portée à dix[1]. De même, les Paradhâtas de la tradition iranienne sont sept à partir de Yima, qui était originairement le premier homme ; ils sont devenus dix seulement quand avant Yima l'on a placé Gayômaretan, par un doublement analogue à celui que la généalogie biblique nous offre avec Adam et Enosch. En Égypte, si le système du rédacteur du Papyrus de Turin a admis dix rois divins, ceux qui étaient le plus généralement adoptés dans les grands centres sacerdotaux comme Thèbes et Memphis, en comptaient sept. Dans la tradition chaldéenne, la donnée de six révélations divines successives avant le déluge mérite une sérieuse attention, car ce nombre et la manière dont elles se produisent est de nature à faire fortement soupçonner que primitivement on devait en compter une par règne ou par génération jusqu'au patriarche du vivant duquel se produisait le cataclysme.

---

[1] En revanche, l'addition des trois fils de Lemech fait qu'il y a en tout dix noms enregistrés jusqu'au déluge du côté des Qaïnites, comme du côté des Schethites, ces dix noms se répartissant seulement sur dix générations dans la lignée de Qaïn.

Tous ces faits sont autant d'indices de ce qu'a déjà entrevu Ewald, que l'on a varié entre les chiffres sept et dix, comme nombre rond des ancêtres antédiluviens. Les Indiens aussi substituent quelquefois dans ce cas le nombre sept au nombre dix, et c'est ainsi que nous les voyons admettre à l'origine sept Maharschis ou « grands saints ancêtres, » et sept Pradjâpatis, « maîtres des créatures » ou pères primordiaux [1]. De ces deux nombres entre lesquels la tradition flottait, l'influence des Chaldéo-Babyloniens a puissamment contribué à faire définitivement prédominer celui de dix. Ils s'y étaient, en effet, attachés d'une façon toute particulière en vertu d'un système calendaire dont l'étude ne saurait trouver ici sa place, mais sur lequel nous reviendrons dans le livre de cette histoire qui traitera spécialement de la Chaldée et de l'Assyrie.

Nous devons aussi, pour éviter des développements exagérés, laisser de côté ce qui a trait aux rapprochements que pourrait provoquer, avec les traditions d'autres peuples de l'antiquité, le récit biblique qui lie la construction de la première ville au premier meurtre, perpétré par un frère sur son frère. Car c'est encore une notion qui se retrouve presque partout, une de ces notions primitives, antérieures à la dispersion des grandes races civilisées et qu'elles ont conservées après leur séparation, que la tradition qui rattache une fondation de ville à un fratricide. Et on pourrait en suivre la trace depuis Qaïn bâtissant la première ville, 'Hanoch, après avoir assassiné Habel, jusqu'à Romulus fondant Rome dans le sang de son fils Rémus. On le verrait même s'élargir et donner naissance à une superstition d'un caractère plus général, qui a sa place dans les traditions populaires de toutes les nations et que le paganisme a trop souvent traduite en une pratique d'une révoltante barbarie, celle que l'établissement d'une ville doit être accompagnée d'une immolation humaine, que ses fondations réclament d'être arrosées d'un sang pur.

Une autre croyance universellement admise de l'antiquité était celle que les hommes des premiers âges dépassaient énormément par leur taille ceux qui leur ont succédé, de même que leur vie était infiniment plus longue.

Chez les Grecs, la notion de la taille gigantesque des premiers

---

[1] Multipliant ce chiffre de sept par celui de trois âges du monde, on arrive à compter vingt et un Pradjâpatis.

hommes était intimement liée à celle de leur atochthonie. L'Arcadieu était quelquefois appelée *Gigantis* et la Lycie *Gigantia,* d'après le caractère attribué à leurs habitants primitifs. Des traditions sur une population de géants, nés de la terre, s'attachent à la partie méridionale de l'île de Rhodes et à Cos. Cyzique montrait sur son territoire une digue qu'elle prétendait construire par ces mêmes géants. Cette idée que les héros des origines étaient d'une taille gigantesque devient un lieu commun dans la poésie classique, et elle paraissait confirmée par les découvertes de débris de grands mammifères fossiles, que l'on prenait pour les ossements de héros. Bérose, d'après la tradition chaldéo-babylonienne, disait que les premiers hommes avaient été d'une stature et d'une force prodigieuses, et les représentait comme demeurant encore tels dans les premières générations après le déluge. C'est dans les récits de l'historien de la Chaldée et aussi dans les traditions nationales de l'Arménie, que Mar Abas Katina puisa sa narration sur les antiques géants de cette contrée et de la Mésopotamie, leurs violences et la guerre des deux plus terribles d'entre eux, Bel le Babylonien et Haïgh l'Arménien. Toutes les légendes arabes sont unanimes à représenter comme des géants les peuples primitifs et antésémitiques de la Péninsule arabique, les fils de 'Amliq et de 'Ad, nations éteintes dès une très haute antiquité, dont l'origine se perd dans la nuit des temps et qui ont laissé derrière elles un souvenir d'impiété et de violence.

On n'a donc pas lieu d'être surpris de trouver dans les récits antédiluviens de la Genèse[1] cette croyance populaire, dont la généralité atteste l'origine très ancienne, et que l'on peut hardiment ranger au nombre de celles qui s'étaient formées au temps où les grands peuples civilisés de la haute antiquité, encore voisins de leur berceau primitif, demeuraient dans un contact assez étroit pour avoir des traditions communes. Il est aujourd'hui scientifiquement prouvé qu'elle n'a pas de fondement réel, qu'elle est un simple produit de l'imagination, et ce ne sont pas les fables populaires ou les faits tératologiques individuels amassés confusément et sans critique par Sennert, par Dom Calmet et par quelques autres, qui peuvent aller à l'encontre de ce fait positif. Aussi haut que l'on remonte dans les vestiges de l'humanité, jusqu'aux races qui vivaient dans la période géologique quaternaire à côté des grands

[1] VI, 4.

mammifères d'espèces éteintes, on constate que la taille moyenne de notre espèce ne s'est pas modifiée avec le cours des siècles et qu'elle n'a jamais excédé ses limites actuelles. Mais c'est ici le cas de se souvenir des paroles si sages et si profondes, que nous citions un peu plus haut, d'un des premiers théologiens catholiques de l'Allemagne contemporaine, proclamant que la lumière surnaturelle donnée par Dieu aux écrivains bibliques « n'avait pour but, comme la révélation en général, que la manifestation des vérités religieuses, non la communication d'une science profane, » et que sur ce terrain de la science les écrivains inspirés « ne se sont point élevés au-dessus de leurs contemporains, que même ils ont partagé les erreurs de leur époque et de leur nation. »

A la tradition des géants primordiaux se lie toujours une idée de violence, d'abus de la force et de révolte contre le ciel. « C'était, a dit M. Maury[1], une ancienne tradition que des hommes forts et puissants, dépeints par l'imagination populaire comme des géants, avaient attiré sur eux, par leur impiété, leur orgueil et leur arrogance, le courroux céleste. Les prétendus géants n'étaient probablement que les premiers humains qui abusèrent de la supériorité de leurs lumières et de leur force pour opprimer leurs semblables. Les connaissances dont ils étaient dépositaires parurent à des peuplades ignorantes et crédules une révélation qu'ils tenaient des dieux, des secrets qu'ils avaient ravis au ciel. Soit que ces géants se donnassent pour issus des divinités, soit que la superstition des peuples enfants les crût fils de celles-ci, ils passèrent pour être nés du commerce des immortels avec les femmes de la terre. Les prêtres, dépositaires exclusifs et jaloux des connaissances, enseignèrent par la suite que ces géants impies avaient été foudroyés par les dieux dont ils voulaient égaler la puissance. Sans doute que quelques grandes catastrophes qui mirent fin à la domination de ces tyrans, peut-être la révolution qui livra aux mains des prêtres le pouvoir qui appartenait auparavant aux chefs militaires, furent présentés comme des actes de la colère divine ; quoi qu'il en soit, cette légende se répandit de bonne heure en Chaldée, et de là en Grèce. » Il y a plus d'une réserve à faire sur cette explication, qui suppose la généralité d'un fait spécial, les luttes des Kchatryas et des Brahmanes dans l'Inde[2] et le triomphe d'une caste sacerdotale puissamment organisée sur les

---

[1] Article *Diable* dans l'*Encyclopédie nouvelle*.

[2] Elles seront racontées en détail dans le livre de cette histoire consacré aux annales primitives de l'Inde.

guerriers, qu'elle finit par plier à sa domination. Les choses ne se sont certainement point passées de même chez la plupart des nations, et l'on a dû renoncer aujourd'hui au mirage d'une puissance mystérieuse et primitive des prêtres, dépositaires de toutes les connaissances, qui avait tant de crédit au temps où les idées systématiques de Creuzer régnaient dans la science des religions. Mais M. Maury a eu parfaitement raison de ne pas voir uniquement un mythe physique dans cette tradition si générale des géants primitifs, de leurs violences et de leurs impiétés. Il y a certainement là une part de souvenirs historiques, comme un écho et une représentation expressive du déchaînement de corruption et de brutalité sans frein, que la tradition biblique nous fait voir chez les dernières générations antédiluviennes, oublieuses de Dieu, au temps où « les géants étaient sur la terre, » état de choses hideux qui exista dans la réalité, puisque la conscience des hommes, en conservant la mémoire, fut unanime à en voir le châtiment divin dans le cataclysme qui frappa les populations chez lesquelles il s'était développé.

Pour tous les peuples où existe la tradition du déluge, cette catastrophe terrible est l'effet de la colère céleste provoquée par les crimes des premiers hommes, lesquels, nous venons de le dire, sont généralement regardés comme des géants. Cette impiété des antédiluviens envers les dieux, aussi bien que la violence de leurs mœurs, sont en particulier très nettement indiqués dans la narration chaldéenne du cataclysme, parvenue jusqu'à nous dans un texte original, et qui offre une si étroite affinité avec celle de la Bible. La même notion de violence et d'impiété s'attache aussi aux générations gigantesques qui se produisent encore dans les premiers temps après le déluge. Bérose disait que « les premiers hommes (d'après le cataclysme), enorgueillis outre mesure par leur force et leur taille gigantesque, en vinrent à mépriser les dieux et à se croire supérieurs à eux, » et c'est à cette violente impiété qu'il rattachait la tradition de la Tour de Babel et de la confusion des langues. Mar Abas Katina, qui combina dans son livre les récits populaires des Arméniens sur leurs origines et les données historiques de la littérature gréco-babylonienne, racontait à son tour : « Quand la race des hommes se fut répandue sur toute la surface de la terre, des géants d'une force extraordinaire vivaient au milieu d'elle. Ceux-ci, toujours agités de fureur, tiraient le glaive chacun contre son voisin et luttaient continuellement pour s'emparer de la domination. »

La tradition, non-seulement de l'existence des géants primitifs, mais aussi de leur violence désordonnée, de leur rébellion contre le ciel et de leur châtiment, est une de celles qui sont communes aux Aryas comme aux Sémites et aux Kouschites. Mais dans l'exubérance de végétation mythologique à laquelle s'est laissé aller, par une pente naturelle, le génie des nations aryennes, cette tradition d'histoire primitive se combine et se confond d'une manière souvent inextricable avec les mythes purement naturalistes qui dépeignent les luttes de l'organisation de l'univers, entre les dieux célestes et les personnifications des forces telluriques. Aussi serait-il imprudent de suivre l'historien juif Josèphe, et un certain nombre d'interprètes modernes, en établissant un rapprochement entre les indications de la Genèse sur les géants antédiluviens et sur la violence dont toute la terre était remplie avant le déluge, d'une part, et la Gigantomachie des Hellènes, d'autre part. Ce dernier mythe, en effet, est exclusivement naturaliste; le génie plastique de la Grèce a beau étendre aux personnages des Géants, nés de la Terre, son anthropomorphisme habituel[1], ils demeurent absolument étrangers à l'humanité, ne cessent pas d'être uniquement des représentants de forces de la nature, et aucun mythologue sérieux n'a jamais eu l'idée de rapporter la Gigantomachie au cycle des traditions sur les origines de l'histoire humaine. Il en est de même de la lutte des Asouras contre les Dêvas ou dieux célestes, mythe qui est dans l'Inde

---

[1] La magnifique composition en deux parties, retraçant sous des traits purement anthropomorphiques le mythe grec du combat des Dieux et des Géants, que nous reproduisons aux pages 52 et 53, décore les deux faces d'une amphore peinte à figures rouges, datant du siècle d'Alexandre-le-Grand, qui a été découverte dans l'île de Milo et fait partie des collections du Musée du Louvre. Les *Géants* y sont figurés comme des guerriers à l'aspect sauvage, vêtus de peaux de bêtes, armés de massues, de pierres ou de flambeaux allumés, d'autres avec le casque et le bouclier; une *Amazone* combat au milieu d'eux. Les dieux qui luttent contre eux sont : sur une face, *Zeus* qui pour lancer sa foudre est descendu de son char à quatre chevaux que conduit *Nicé* (la Victoire); *Dionysos* armé du thyrse et monté dans un char que traînent deux panthères; *Poseidon* à cheval et brandissant son trident, puis, à pied; *Apollon* muni de l'arc et d'un flambeau allumé; *Artémis* en costume de chasseresse, avec l'arc et deux flambeaux; *Athéné* casquée, couverte de l'égide, armée du bouclier et de la lance; *Héraclès* coiffé de la peau de lion, qui, un genou en terre, lance ses flèches; enfin *Hermès*, reconnaissable à son pétase ailé, qui combat avec l'épée. Sur l'autre face, nous avons *Arès* et *Aphrodite* montés sur un même char à quatre chevaux, sur la croupe d'un desquels est posé *Éros*, qui tire de l'arc; les deux *Dioscures* à cheval, coiffés du chapeau thessalien; *Adonis* en costume asiatique, lançant des flèches; enfin *Déméter* et *Perséphoné*, vêtues de longues robes, qui combattent à pied, l'une avec son sceptre et un grand flambeau allumé, l'autre avec un glaive. Ces belles peintures ont été éditées pour la première fois en 1875, dans les *Monuments grecs publiés par l'Association des études grecques*.

le pendant de celui de la Gigantomachie chez les Hellènes ; la lutte y est également toute physique ; c'est au sein de la nature qu'elle se produit, et si l'on devait y chercher une certaine part de souvenir d'un événement historique de l'antiquité primitive, ce ne pourrait être que le triomphe des dieux célestes et lumineux des Aryas, sur les dieux sombres et chthoniens d'une population antérieure, lesquels, vaincus, passent à l'état de démons.

La même idée de la victoire de nouveaux dieux qui supplantent les anciens se combine aussi manifestement avec le mythe cosmogonique fondamental dans les récits poétiques de la Titanomachie, bien distincte de la Gigantomachie, c'est-à-dire de la lutte que les dieux Olympiens soutiennent contre les Titans, auxiliaires de Cronos, et à la suite de laquelle ce dernier est détrôné, en même temps que les fils d'Ouranos et de Gaia sont précipités dans le Tartare. La localisation et la forme épique que ce récit revêt chez Hésiode ont été influencés par le souvenir d'une grande convulsion de l'écorce terrestre, produite par l'effort des feux souterrains, qui eut les contrées grecques pour théâtre et déjà les hommes pour témoins, sans doute celle que les géologues appellent le *Soulèvement du Ténare*, la dernière des crises plutoniennes qui ont bouleversé l'ancien monde et qui fit sentir ses effets du centre de la France jusqu'aux côtes de la Syrie. L'Italie, en effet, en fut brisée dans toute sa longueur, la Toscane éclata en volcans, les Champs Phlégréens s'enflammèrent, le Stromboli et l'Etna s'ouvrirent dans une première éruption. En Grèce, le Taygète se souleva au centre du Péloponnèse, de nouvelles îles, Mélos, Cimolos, Siphnos, Thermia, Délos, Théra, sortirent des flots bouillonnants de la mer Égée. Les hommes qui assistèrent à cette effroyable convulsion de la nature se crurent naturellement pris au milieu d'un combat des Titans issus de la mère chthonienne contre les puissances célestes, assistées d'autres forces terrestres en conflit avec les Titans, les Hécatonchires, et leur imagination se représenta ces adversaires tout puissants, les uns postés sur le sommet de l'Othrys, les autres sur le sommet de l'Olympe, cherchant réciproquement à s'écraser en se lançant des roches enflammées.

Mais dans le mythe de la Titanomachie, à la différence de la Gigantomachie, il y a aussi autre chose qu'une lutte des forces de la nature. Il faut également tenir compte de la donnée que les hommes sont issus du sang des Titans. La conception des fils d'Ouranos et de Gaia,

La Gigantomachie hellénique.

La Gigantomachie hellénique.

précédant les dieux Olympiens, telle que nous la trouvons exprimée avec son complet développement dans la *Théogonie* d'Hésiode, a ceci de particulier, qu'à côté des personnifications des forces de la nature dans les quatre éléments, forces envisagées comme encore violentes, exubérantes et mal assujetties à un ordre régulier, nous y rencontrons les prototypes, non moins exagérés et imparfaitement réglés, comme énergie et comme stature, de l'humanité primitive, véritables représentants des géants des premiers âges, tels que les admettait la tradition chaldéenne. Je veux parler de Iapétos et de ses fils, Atlas, Ménoitios, Prométhée et Epiméthée, ancêtres et types symboliques de la race humaine, qui sont qualifiés de Titans comme leur père. La tradition qui se rapporte à eux est d'autant plus remarquable que la Bible accepte le Titan Iapétos de la légende grecque, en lui conservant son nom d'origine aryenne sous la forme Yapheth, comme un des fils de Noa'h et le père d'une des grandes races humaines, celle des Aryas. C'est spécialement au rameau de ce Iapétos que s'attache l'idée d'antagonisme avec les dieux Olympiens. Ménoitios, que son nom caractérise comme un parallèle du Manou des Indiens, un représentant de « l'homme » en général, est un contempteur des dieux, que Zeus foudroie et précipite dans le Tartare pour le punir de sa violence et de son impiété. Prométhée, avec son frère Épiméthée, est le protagoniste d'une série de mythes qui correspondent à l'histoire du premier péché dans la Genèse et qui attirent sur lui le châtiment de la colère de Zeus. Dans les récits arméniens de Mar Abas Katina et de Moïse de Khorène, Yapedosthê, le correspondant du Iapétos grec et du Yapheth biblique, est un géant, père de la race de géants à laquelle appartient le héros national Haïgh. Tous ces faits, dont il est impossible de méconnaître l'enchaînement, amènent à cette conclusion que la tradition qui liait une idée de violence, d'impiété, de révolte contre le ciel et de punition divine à la croyance que les premiers hommes avaient été démesurés de taille et de force, a eu sa part, autant que la notion des luttes primordiales des forces physiques, dans la naissance de la conception fondamentale de la Titanomachie, bien que la description épique d'Hésiode en efface complétement le côté humain.

Ce côté reste encore bien plus accentué dans une troisième fable de la même famille, que nous offre la tradition grecque, la fable des Aloades. Ici le caractère des antagonistes des dieux est absolument humain, quoique prodigieux ; et Preller a été complétement dans le vrai quand il a rangé ce récit, non dans la classe des mythes naturalistes, mais dans celle des mythes qui ont trait aux origines de l'histoire des hommes. Les Aloades, représentés comme d'une taille gigantesque, sont fils d'Alôeus, le héros de l'aire à battre le blé, et d'Iphimédée, la terre féconde dont les productions donnent la force ; on doit donc reconnaître en eux une personnification des premiers agriculteurs, et en même temps, enorgueillis de leur vigueur prodigieuse, de leur puissance et de leur richesse, ils se croient capables de tout, défient les dieux et se préparent à les détrôner[1]. Leur légende porte ainsi une empreinte qui conduit à en rechercher les origines dans le temps où les ancêtres de la race hellénique, vivant encore de la vie pastorale, regardaient avec inquiétude et hostilité les populations déjà fixées au sol, cultivant la terre et habitant des villes ; c'est le même esprit qui fait que dans la Genèse le premier meurtrier, Qaïn, est agriculteur et constructeur de ville, tandis que sa victime, l'innocent Habel, mène l'existence de pasteur. Les Aloades sont, d'ailleurs, des constructeurs et des ingénieurs en même temps que des agriculteurs. Ils ne visent rien moins qu'à changer par leurs travaux la surface terrestre, faisant du continent la mer et de la mer un continent. On raconte même qu'ils ont commencé à élever une tour dont le sommet, dans leur projet, doit atteindre jusqu'au ciel, variante manifeste, et la seule que nous connaissions en Grèce, de la tradition de la Tour de Babel, telle que nous la lisons dans la Genèse et qu'elle existait dans le cycle chaldéo-babylonien des légendes sur les origines. C'est au milieu de ces entreprises insensées d'orgueil qu'ils sont foudroyés par les dieux et précipités dans le Tartare.

## § 4. — LE DÉLUGE.

La tradition universelle par excellence, entre toutes celles qui ont trait à l'histoire de l'humanité primitive, est la tradition du Déluge. Ce serait trop que de dire qu'on la retrouve chez tous les peuples, mais elle se reproduit dans toutes les grandes races de l'humanité, sauf pourtant une, — il importe de le remarquer, — la race noire, chez laquelle on en a vainement cherché la trace, soit parmi les tribus

---

[1] Platon et Aristote citent les Aloades comme types du degré auquel peut atteindre l'arrogance humaine. Plus tard on les réunit aux autres géants et blasphémateurs des dieux.

africaines, soit parmi les populations noires de l'Océanie. Ce silence absolu d'une race sur le souvenir d'un événement aussi capital, au milieu de l'accord de toutes les autres, est un fait que la science doit soigneusement noter, car il peut en découler des conséquences importantes[1].

Nous allons passer en revue les principales traditions sur le déluge éparses dans les divers rameaux de l'humanité. Leur concordance avec le récit biblique en fera nettement ressortir l'unité première, et nous reconnaîtrons ainsi que cette tradition est bien une de celles qui datent d'avant la dispersion des peuples, qu'elle remonte à l'aurore même du monde civilisé et qu'elle ne peut se rapporter qu'à un fait réel et précis.

Mais nous devrons d'abord écarter certains souvenirs légendaires que l'on a rapprochés à tort du déluge biblique et que leurs traits essentiels ne permettent pas d'y assimiler en bonne critique. Ce sont ceux qui se rapportent à quelques phénomènes locaux et d'une date historique relativement assez voisine de nous. Sans doute la tradition du grand cataclysme primitif a pu s'y confondre, amener à en exagérer l'importance; mais les points caractéristiques du récit admis dans la Genèse ne s'y retrouvent pas, et le fait garde nettement, même sous la forme légendaire qu'il a revêtue, sa physionomie restreinte et spéciale. Commettre la faute de grouper les souvenirs de cette nature avec ceux qui ont trait au déluge, serait infirmer la valeur des conséquences que l'on est en droit de tirer de l'accord des derniers, au lieu de la fortifier.

Tel est le caractère de la grande inondation placée par les livres historiques de la Chine sous le règne de Yao. Elle n'a aucune parenté réelle, ni même aucune ressemblance avec le déluge biblique; c'est un événement purement local et dont on peut parvenir, dans la limite de l'incertitude que présente encore la chronologie chinoise, quand on remonte au-delà du viiie siècle avant l'ère chrétienne, à déterminer la date, bien postérieure au début des temps pleinement historiques en Égypte et à Babylone[2]. Les écrivains chinois nous montrent alors Yu, ministre et ingénieur, rétablissant le cours des eaux, élevant des digues;

---

[1] Voy. Schœbel, *De l'universalité du Déluge*, Paris, 1858.

[2] D'après le système chronologique du *Lih-taï-ki-ssé*, les travaux de Yu pour réparer les désastres de l'inondation auraient été terminés en 2278 av. J.-C.; d'après celui des « Annales des Bambous » ou *Tchou-schou*, en 2062.

creusant des canaux et réglant les impôts de chaque province dans toute la Chine. Un savant sinologue, Édouard Biot, a prouvé, dans un mémoire sur les changements du cours inférieur du Hoang-ho, que c'est aux inondations fréquentes de ce fleuve que fut due la catastrophe ainsi relatée ; la société chinoise primitive, établie sur les bords du fleuve, eut beaucoup à souffrir de ses débordements. Les travaux de Yu ne furent autre chose que le commencement des endiguements nécessaires pour contenir les eaux, lesquels furent continués dans les âges suivants. Une célèbre inscription, gravée sur le rocher d'un des pics des montagnes du Hou-nan, serait, dit-on, un monument contemporain de ces travaux et par suite le plus antique spécimen de l'épigraphie chinoise, si elle était authentique, ce qui demeure encore douteux.

Le caractère d'événement local n'est pas moins clair dans la légende de Botchica, telle que la rapportaient les Muyscas, anciens habitants de la province de Cundinamarca dans l'Amérique méridionale, bien que la fable s'y soit mêlée dans une beaucoup plus forte proportion à l'élément historique fondamental. Qu'y voyons-nous, en effet? L'épouse d'un homme divin ou plutôt d'un dieu nommé Botchica, laquelle s'appelait Huythaca, se livrant à d'abominables sortiléges pour faire sortir de son lit la rivière Funzha ; toute la plaine de Bogota bouleversée par les eaux ; les hommes et les animaux périssant dans cette catastrophe, quelques-uns seulement échappent à la destruction en gagnant les plus hautes montagnes. La tradition ajoute que Botchica brisa les rochers qui fermaient la vallée de Canoas et de Tequendama, pour faciliter l'écoulement des eaux ; puis il rassembla les restes dispersés de la nation des Muyscas, leur enseigna le culte du Soleil et monta au ciel après avoir vécu 500 ans dans le Cundinamarca.

Des traditions relatives au grand cataclysme, la plus curieuse sans contredit est celle des Chaldéens. Elle a marqué d'une manière incontestable l'empreinte de son influence sur la tradition de l'Inde, et de toutes les narrations du déluge c'est celle qui se rapproche le plus exactement de la narration de la Genèse. Il est bien évident pour quiconque compare les deux récits, qu'ils ont dû n'en faire qu'un jusqu'au moment où les Téra'hites sortirent d'Our pour gagner la Palestine.

Nous possédons du récit chaldéen du Déluge deux versions inégalement développées, mais qui offrent entre elles un remarquable accord. La plus anciennement connue, et aussi la plus abrégée, est celle que

Bérose avait tirée des livres sacrés de Babylone et comprise dans l'histoire qu'il écrivait à l'usage des Grecs. Après avoir parlé des neuf premiers rois antédiluviens, le prêtre chaldéen continuait ainsi :

« Obartès (Oubaratoutou) étant mort, son fils Xisouthros ('Hasisadra) régna dix-huit sares (64800 ans). C'est sous lui qu'arriva le grand déluge, dont l'histoire est racontée de la manière suivante dans les documents sacrés. Cronos (Êa) lui apparut dans son sommeil et lui annonça que le 15 du mois de daisios (le mois assyrien de sivan, un peu avant le solstice d'été) tous les hommes périraient par un déluge. Il lui ordonna donc de prendre le commencement, le milieu et la fin de tout ce qui était consigné par écrit et de l'enfouir dans la ville du Soleil, à Sippara, puis de construire un navire et d'y monter avec sa famille et ses amis les plus chers ; de déposer dans le navire des provisions pour la nourriture et la boisson, et d'y faire entrer les animaux, volatiles et quadrupèdes ; enfin de tout préparer pour la navigation. Et quand Xisouthros demanda de quel côté il devait tourner la marche de son navire, il lui fut répondu « vers les dieux, » et de prier pour qu'il en arrivât du bien aux hommes.

« Xisouthros obéit et construisit un navire long de cinq stades et large de deux ; il réunit tout ce qui lui avait été prescrit et embarqua sa femme, ses enfants et ses amis intimes.

« Le déluge étant survenu et bientôt décroissant, Xisouthros lâcha quelques-uns des oiseaux. Ceux-ci n'ayant trouvé ni nourriture, ni lieu pour se poser, revinrent au vaisseau. Quelques jours après Xisouthros leur donna de nouveau la liberté ; mais ils revinrent encore au navire avec les pieds pleins de boue. Enfin, lâchés une troisième fois, les oiseaux ne retournèrent plus. Alors Xisouthros comprit que la terre était découverte ; il fit une ouverture au toit du navire et vit que celui-ci était arrêté sur une montagne. Il descendit donc avec sa femme, sa fille et son pilote, adora la Terre, éleva un autel et y sacrifia aux dieux ; à ce moment il disparut avec ceux qui l'accompagnaient.

« Cependant ceux qui étaient restés dans le navire, ne voyant pas revenir Xisouthros, descendirent à terre à leur tour et se mirent à le chercher en l'appelant par son nom. Ils ne revirent plus Xisouthros, mais une voix du ciel se fit entendre, leur prescrivant d'être pieux envers les dieux ; qu'en effet il recevait la récompense de sa piété en étant enlevé pour habiter désormais au milieu des dieux, et que sa femme, sa fille et le pilote du navire partageaient un tel honneur. La voix dit en outre à ceux qui restaient qu'ils devaient retourner à Babylone et, conformément aux décrets du destin, déterrer les écrits enfouis à Sippara pour les transmettre aux hommes. Elle ajouta que le pays où ils se trouvaient était l'Arménie. Ceux-ci, après avoir entendu la voix, sacrifièrent aux dieux et revinrent à pied à Babylone. Du vaisseau de Xisouthros, qui s'était enfin arrêté en Arménie, une partie subsiste encore dans les monts Gordyéens, en Arménie, et les pèlerins en rapportent l'asphalte qu'ils ont râclé sur les débris ; on s'en sert pour repousser l'influence des maléfices. Quant aux compagnons de Xisouthros, ils vinrent à Babylone, déterrèrent les écrits déposés à Sippara, fondèrent des villes nombreuses, bâtirent des temples et reconstituèrent Babylone [1]. »

A côté de cette version qui, tout intéressante qu'elle soit, n'est cependant que de seconde main, nous pouvons maintenant placer une rédaction chaldéo-babylonienne originale, celle que le regretté George Smith a déchiffrée le premier sur des tablettes cunéiformes exhumées à Ninive et transportées au Musée Britannique. La narration du déluge y intervient comme épisode dans la onzième tablette ou onzième chant d'une grande épopée héroïque de la ville d'Ourouk dans la Basse-Chaldée, dont nous donnerons l'analyse détaillée dans le livre de cette histoire qui traitera des Chaldéens et des Assyriens. Cette narration y est placée dans la bouche même de 'Hasisadra, le patriarche sauvé du déluge et transporté par les dieux dans un lieu reculé, où il jouit d'une éternelle félicité.

On a pu en rétablir le récit presque sans lacunes par la comparaison des débris de trois exemplaires du poème, que renfermait la bibliothèque du palais de Ninive. Ces trois copies furent faites au VIIe siècle avant notre ère, par l'ordre du roi d'Assyrie Asschour-bani-abal, d'après un exemplaire très ancien que possédait la bibliothèque sacerdotale de la cité d'Ourouk, fondée par les monarques du premier Empire de Chaldée. Il est difficile de préciser la date de l'original ainsi transcrit par les scribes assyriens ; mais il est certain qu'il remontait à l'époque de cet Ancien Empire, dix-sept siècles au moins avant notre ère, et même probablement plus ; il était donc fort antérieur à Moscheh (Moïse) et presque contemporain d'Abraham. Les variantes que les trois

---

[1] Ceci est l'extrait tiré du livre de Bérose par Cornelius Alexander, dit le Polyhistor. L'extrait fait par Abydène est plus abrégé, mais précise davantage les circonstances relatives à l'envoi des oiseaux.

copies existantes présentent entre elles prouvent que l'exemplaire type était tracé au moyen de la forme primitive d'écriture désignée sous le nom d'*hiératique,* caractère qui était déjà devenu difficile à lire au viie siècle, puisque les copistes ont varié sur l'interprétation à donner à certains signes et dans d'autres cas ont purement et simplement reproduit les formes de ceux qu'ils ne comprenaient plus. Il résulte enfin de la comparaison des mêmes variantes, que l'exemplaire transcrit par ordre d'Asschour-bani-abal était lui-même la copie d'un manuscrit plus ancien, sur laquelle on avait déjà joint au texte original quelques gloses interlinéaires. Certains des copistes les ont introduites dans le texte ; les autres les ont omises.

« Je veux te révéler, ô Izdhubar (?), l'histoire de ma conservation — et te dire la décision des dieux.

« La ville de Schourippak [1], une ville que tu connais, est située sur l'Euphrate ; — elle était antique et en elle [on n'honorait pas] les dieux. — [Moi seul, j'étais] leur serviteur, aux grands dieux. — [Les dieux tinrent conseil sur l'appel d']Anou. — [Un déluge fut proposé par] Bel — [et approuvé par Nabou, Nergal et] Ninib.

« Et le dieu [Êa], le seigneur immuable, — répéta leur commandement dans un songe. — J'écoutais l'arrêt du destin qu'il annonçait, et il me dit : — « Homme de Schourippak, fils d'Oubaratoutou, — toi, fais « un vaisseau et achève-le [vite]. — [Par un déluge] je détruirai la « semence et la vie. — Fais (donc) monter dans le vaisseau la semence « de tout ce qui a vie. — Le vaisseau que tu construiras, — 600 coudées « le montant de sa largeur et de sa hauteur. — [Lance-le] aussi sur « l'Océan et couvre-le d'un toit. » — Je compris et je dis à Êa, mon seigneur : — « [Le vaisseau] que tu me commandes de construire ainsi, — « [quand] je le ferai, — jeunes et vieux [se riront de moi]. » — [Êa ouvrit sa bouche et] parla ; — il dit à moi, son serviteur : — « [S'ils se rient de « toi,] tu leur diras : — [Sera puni] celui qui m'a injurié, — [car la « protection des dieux] existe sur moi [2]. — ... comme des cavernes....

---

[1] Schourippak, dont les copistes de Bérose, par une série de fautes successives, ont fait Larancha, était une ville de la Basse Chaldée, située près de la mer, car on nous parle des « vaisseaux de Schourippak. » Le nom religieux accadien de cette ville était *ma-uru,* « la ville du vaisseau, » sans doute par allusion à la légende de la construction de celui de 'Hasisadra.

Dans les traditions musulmanes, le lieu d'embarquement de Nou'h dans son vaisseau fut à Koufah, sur le bras occidental de l'Euphrate, ou bien à Babylone, ou bien à 'Aïnvardah dans la Mésopotamie.

[2] Mo'hammed dit dans le Qorân, évidemment d'après une tradition populaire des Juifs de

« — .... j'exercerai mon jugement sur ce qui est en haut et ce qui est
« en bas.... — .... Ferme le vaisseau.... — .... Au moment venu,
« que je te ferai connaître, — entre dedans et amène à toi la porte du
« navire. — A l'intérieur, ton grain, tes meubles, tes provisions, —
« tes richesses, tes serviteurs mâles et femelles, et les jeunes gens, —
« le bétail des champs et les animaux sauvages des campagnes que
« je rassemblerai — et que je t'enverrai, seront gardés derrière ta
« porte. » — 'Hasisadra ouvrit sa bouche et parla ; — il dit à Éa, son
seigneur : — « Personne n'a fait [un tel] vaisseau. — Sur la carène
« je fixerai.... — je verrai.... et le vaisseau.... — le vaisseau que tu me
« commandes de construire [ainsi,] — qui dans.... »

. . . . . . . . . . . . . . . . . . . . . . . . . . . . . . . . . . . . . . . . . [1].

« Au cinquième jour [ses deux flancs[2]] étaient élevés. — Dans sa
couverture quatorze en tout étaient ses fermes, — quatorze en tout on
en comptait en dessus. — Je plaçai son toit et je le couvris. — Je navi-
guai dedans au sixième (jour) ; je divisai ses étages au septième ; — je
divisai les compartiments intérieurs au huitième. — Je bouchai les
fentes par où l'eau entrait dedans ; — je visitai les fissures et j'ajoutai
ce qui manquait. — Je versai sur l'extérieur trois fois 3600 (mesures)
de bitume, — et trois fois 3600 (mesures) de bitume à l'intérieur. —
Trois fois 3600 hommes porte-faix apportèrent sur leurs têtes les caisses
(de provisions). — Je gardai 3600 caisses pour la nourriture de ma
famille — et les mariniers se partagèrent deux fois 3600 caisses. —
Pour [l'approvisionnement] je fis tuer des bœufs ; — j'instituai [des
distributions] pour chaque jour. — En [prévision des besoins de] bois-
sons, des tonneaux et du vin — [je rassemblai en quantité] comme
les eaux d'un fleuve et — [des provisions] en quantité pareille à la
poussière de la terre ; — [à les arranger dans] les caisses je mis la main.
— .... du soleil.... le vaisseau était achevé. — .... fort, et — je fis porter
en haut et en bas les apparaux du navire. — [Ce chargement] en remplit
les deux tiers.

« Tout ce que je possédais, je le réunis ; tout ce que je possédais

---

son temps : « Il construisit un vaisseau, et chaque fois que les chefs de son peuple passaient
auprès de lui, ils le raillaient. » — « Ne me raillez pas, dit Nou'h ; car je vous raillerai à
mon tour comme vous me raillez, et vous apprendrez sur qui tombera le châtiment qui le
couvrira d'opprobre. Ce châtiment restera perpétuellement sur votre tête. »

[1] Ici une lacune de quelques versets.
[2] Du navire.

d'argent, je le réunis ; — tout ce que je possédais d'or, je le réunis ; — tout ce que je possédais de semences de vie de toute nature, je le réunis. — Je fis tout monter dans le vaisseau ; mes serviteurs mâles et femelles, — le bétail des champs, les animaux sauvages des campagnes et les fils du peuple, je les fis tous monter.

« Schamasch (le Soleil) fit le moment déterminé, et — il l'annonça en ces termes : « Au soir je ferai pleuvoir abondamment du ciel ; — « entre dans le vaisseau et ferme ta porte. » — Le moment fixé était arrivé, — qu'il annonçait en ces termes : « Au soir je ferai pleuvoir « abondamment du ciel. » — Quand j'arrivai au soir de ce jour, — du jour où je devais me tenir sur mes gardes, j'eus peur ; — j'entrai dans le vaisseau et je fermai ma porte. — En fermant le vaisseau, à Bouzour-schadi-rabi, le pilote, — je confiai (cette) demeure avec tout ce qu'elle comportait.

« Mou-scheri-ina-namari[1] — s'éleva des fondements du ciel en un nuage noir ; — Raman[2] tonnait au milieu de ce nuage, — et Nabou et Scharrou marchaient devant ; — ils marchaient dévastant la montagne et la plaine ;

Le dieu Raman.[3]

— Nergal[4] le puissant traîna (après lui) les châtiments ; — Ninib[5] s'avança en renversant devant lui ; — les Archanges de l'abîme apportèrent la destruction, — dans leurs épouvantements ils agitèrent la terre. — L'inondation de Raman se gonfla jusqu'au ciel, — et [la terre,] devenue sans éclat, fut changée en désert.

« Ils brisèrent les.... de la surface de la terre comme.... ; — [ils détruisirent] les êtres vivants de la surface de la terre. — Le terrible [déluge] sur les hommes se gonfla jusqu'au [ciel.] — Le frère ne vit plus son frère ; les hommes ne se reconnurent plus. Dans le ciel — les dieux prirent peur de la trombe et — cherchèrent un refuge ; ils montèrent jusqu'au ciel d'Anou[6]. — Les dieux étaient étendus immobiles, serrés les uns contre les autres, comme des chiens. — Ischtar parla comme un petit enfant, — la grande déesse prononça son discours : — « Voici que l'humanité est retournée en limon, et — c'est le malheur que j'ai annoncé en présence des dieux. — Tel que

---

[1] « L'Eau du crépuscule au lever du jour, » une des personnifications de la pluie.
[2] Dieu de la foudre et des orages.
[3] D'après un cylindre assyrien.
[4] Dieu de la guerre et de la destruction.
[5] L'Hercule chaldéo-assyrien.
[6] Le ciel supérieur des étoiles fixes.

j'ai annoncé le malheur en présence des dieux, — pour le mal j'ai annoncé le.... terrible des hommes qui sont à moi. — Je suis la mère qui a enfanté les hommes, et — comme la race des poissons les voilà qui remplissent la mer ; et — les dieux, à cause de (ce que font) les Archanges de l'abîme, sont pleurant avec moi. » — Les dieux sur leurs siéges étaient assis en larmes, — et ils tenaient leurs lèvres fermées, [méditant] les choses futures.

« Six jours et autant de nuits — se passèrent ; le vent, la trombe et la pluie diluvienne étaient dans toute leur force. — A l'approche du septième jour, la pluie diluvienne s'affaiblit, la trombe terrible — qui avait assailli à la façon d'un tremblement de terre — se calma. La mer tendit à se dessécher, et le vent

La déesse Ischtar [1].

et la trombe prirent fin. — Je regardai la mer en observant attentivement. — Et toute l'humanité était retournée en limon ; — comme des algues les cadavres flottaient. — J'ouvris la fenêtre, et la lumière vint frapper ma face. — Je fus saisi de tristesse, je m'assis et je pleurai ; — et mes larmes vinrent sur ma face.

« Je regardai les régions qui bornaient la mer ; — vers les douze points de l'horizon, pas de continent. — Le vaisseau fut porté au-dessus du pays de Nizir. — La montagne de Nizir arrêta le vaisseau et ne lui permit pas de passer par-dessus. — Un jour et un second jour, la montagne de Nizir arrêta le vaisseau et ne lui permit pas de passer par-dessus ; — le troisième et le quatrième jour, la montagne de Nizir arrêta le vaisseau et ne lui permit pas de passer par-dessus ; — le cinquième et le sixième jour, la montagne de Nizir arrêta le vaisseau et ne lui permit pas de passer par-dessus. — A l'approche du septième jour, — je fis sortir et lâchai une colombe. La colombe alla, tourna et — ne trouva pas d'endroit où se poser et elle revint. — Je fis sortir et je lâchai une hirondelle. L'hirondelle alla, tourna et — ne trouva pas d'endroit où se poser, et elle revint. — Je fis sortir et je lâchai un cor-

---

[1] D'après un cylindre assyrien.

beau. — Le corbeau alla et vit les charognes sur les eaux ; — il mangea, se posa, tourna et ne revint pas.

« Je fis sortir alors (ce qui était dans le vaisseau) vers les quatre vents, et j'offris un sacrifice. — J'élevai le bûcher de l'holocauste sur le pic de la montagne ; — sept par sept je disposai les vases mesurés [1], — et en dessous j'étendis des roseaux, du bois de cèdre et de genévrier. — Les dieux sentirent l'odeur ; les dieux sentirent la bonne odeur ; — et les dieux se rassemblèrent comme des mouches au-dessus du maître du sacrifice. — De loin, en s'approchant, la Grande Déesse — éleva les grandes zones que Anou a faites comme leur gloire (des dieux) [2]. — Ces dieux, cristal lumineux devant moi, je ne les quitterai jamais ; — en ce jour je priai pour qu'à toujours je pusse ne jamais les quitter : — « Que les dieux viennent à mon bûcher d'holocauste ! — mais que « jamais Bel ne vienne à mon bûcher d'holocauste ! — car il ne s'est « pas maîtrisé et il a fait la trombe (du déluge), — et il a compté mes « hommes pour le gouffre. »

« De loin, en s'approchant, Bel — vit le vaisseau ; et Bel s'arrêta ; il fut rempli de colère contre les dieux et les Archanges célestes. — « Personne ne doit sortir vivant ! aucun homme ne sera préservé de « l'abîme ! » — Ninib ouvrit sa bouche et parla ; il dit au guerrier Bel : — « Quel autre que Êa en aurait formé la résolution ? — car Êa possède « la science et [il prévoit] tout. » — Êa ouvrit sa bouche et parla ; il dit au guerrier Bel : — « O toi, héraut des dieux, guerrier, — comme tu « ne t'es pas maîtrisé, tu as fait la trombe (du déluge). — Laisse le « pécheur porter le poids de son péché, le blasphémateur le poids de « son blasphème. — Complais-toi dans ce bon plaisir et jamais il ne « sera enfreint ; la foi jamais [n'en sera violée.] — Au lieu que tu fasses « un (nouveau) déluge, que les lions surviennent et qu'ils réduisent « le nombre des hommes ; — au « lieu que tu fasses un (nouveau) déluge, que les hyènes surviennent « et qu'elles réduisent le nombre des hommes ; — au lieu que tu « fasses un (nouveau) déluge, qu'il y ait famine et que la terre soit

Le dieu Bel [3].

---

[1] Il s'agit d'un détail de prescriptions rituelles du sacrifice.
[2] Ces expressions métaphoriques paraissent bien désigner l'arc-en-ciel.
[3] D'après un cylindre babylonien.

« [dévastée ;] — au lieu que tu fasses un (nouveau) déluge, que Dib-
« barra (le dieu des épidémies) survienne et que les hommes soient
« [moissonnés][1]. — Je n'ai pas révélé la décision des grands dieux ;
« — c'est 'Hasisadra qui a interprété un songe et compris ce que les
« dieux avaient décidé. »

« Alors quand sa résolution fut arrêtée, Bel entra dans le vaisseau,
— il prit ma main et me fit lever. — Il fit lever aussi ma femme et
la fit se placer à mon côté. — Il tourna autour de nous et s'arrêta fixe ;
il s'approcha de notre groupe. — « Jusqu'à présent 'Hasisadra a fait
« partie de l'humanité périssable ; — mais voici que 'Hasisadra et sa
« femme vont être enlevés pour vivre comme les dieux, — et 'Hasisadra
« résidera au loin, à l'embouchure des fleuves. » — Ils m'emportèrent
et m'établirent dans un lieu reculé, à l'embouchure des fleuves. »

Ce récit suit très exactement la même marche que celui de la Genèse, et d'un côté à l'autre les analogies sont frappantes. Pourtant il faut aussi noter des divergences d'une certaine valeur, qui prouvent que les deux traditions ont bifurqué dès une époque fort antique, et que celle dont nous avons l'expression dans la Bible n'est pas seulement une édition de celle du sacerdoce chaldéen, expurgée au point de vue d'un sévère monothéisme.

Le récit biblique porte l'empreinte d'un peuple qui vit au milieu des terres et ignore les choses de la navigation. Dans la *Genèse* le nom de l'arche, *tebah,* signifie « coffre » et non « vaisseau ; » il n'y est pas question de la mise à l'eau de l'arche ; aucune mention ni de la mer, ni de la navigation ; point de pilote. Au contraire, dans l'épopée d'Ourouk, tout indique qu'elle a été composée chez un peuple maritime ; chaque circonstance porte le reflet des mœurs et des coutumes des riverains du Golfe Persique. 'Hasisadra monte sur un navire formellement désigné par le mot propre ; ce navire est mis à l'eau et éprouvé par une navigation d'essai ; toutes ses fentes sont calfatées avec du bitume ; il est confié à un pilote.

La narration chaldéo-babylonienne représente 'Hasisadra comme un roi qui monte dans le vaisseau entouré de tout un peuple de serviteurs

---

[1] Pour les Chaldéo-Babyloniens, comme pour les Hébreux, les famines et les épidémies étaient des visitations de la colère divine provoquées par les péchés des hommes. On racontait des légendes étendues sur certains de ces fléaux qui avaient désolé le monde d'une manière particulièrement terrible dans les temps antiques, mais depuis le déluge, conformément à l'arrêt de Êa, consenti par Bel, d'après lequel ce châtiment seul devait être désormais employé, au lieu d'un cataclysme, pour amener l'humanité à résipiscence.

et de compagnons ; dans la Bible il n'y a que la famille de Noa'h qui soit sauvée[1] ; la nouvelle humanité n'a pas d'autre souche que les trois fils du patriarche. Pas de trace dans le poème chaldéen de la distinction des animaux purs et impurs, et du nombre de sept couples pour chaque espèce des premiers, bien qu'en Babylonie le nombre sept eût un caractère tout à fait sacramentel.

L'auteur du traité *Sur la Déesse Syrienne*, indûment attribué à Lucien, nous fait connaître la tradition diluvienne des Araméens, issue directement de celle de la Chaldée, telle qu'on la racontait dans le fameux sanctuaire d'Hiérapolis ou Bambyce.

« La plupart des gens, dit-il, racontent que le fondateur du temple fut Deucalion-Sisythès, ce Deucalion sous lequel eut lieu la grande inondation. J'ai aussi entendu le récit que les Grecs font de leur côté sur Deucalion ; le mythe est ainsi conçu : La race actuelle des hommes n'est pas la première ; car il y en a eu une auparavant, dont tous les hommes ont péri. Nous sommes d'une deuxième race, qui descend de Deucalion et s'est multipliée avec la suite des temps. Quant aux premiers hommes, on dit qu'ils étaient pleins d'orgueil et d'insolence et qu'ils commettaient beoucoup de crimes, ne gardant pas leurs serments, n'exerçant pas les lois de l'hospitalité, n'épargnant pas les suppliants ; aussi furent-ils châtiés par un immense désastre. Subitement d'énormes masses d'eau jaillirent de la terre et des pluies d'une abondance extraordinaire se mirent à tomber, les fleuves sortirent de leur lit et la mer franchit ses rivages ; tout fut couvert d'eau, et tous les hommes périrent. Deucalion seul fut conservé vivant, pour donner naissance à une nouvelle race, à cause de sa vertu et de sa piété. Voici comment il se sauva. Il se mit avec ses enfants et ses femmes dans un grand coffre, qu'il avait, et où vinrent se réfugier auprès de lui des porcs, des chevaux, des lions, des serpents et de tous les animaux terrestres. Il les reçut tous avec lui, et tout le temps qu'ils furent dans le coffre Zeus inspira à ces animaux une amitié réciproque, qui les empêcha de s'entredévorer. De cette façon, enfermés dans un seul coffre, ils flottèrent tant que

---

[1] Dans le Qorân, qui a manifestement emprunté son récit du déluge à des sources populaires, Nou'h obtient d'Allah de faire entrer dans son vaisseau avec lui, non seulement sa famille, mais les rares hommes qui ont cru à ses prédications. Les interprètes orthodoxes musulmans disent qu'outre Nou'h, sa femme, ses trois fils et leurs femmes, il y avait en outre dans le vaisseau 72 personnes, serviteurs et amis, en tout 80.

les eaux furent dans leur force. Tel est le récit des Grecs sur Deucalion.

« Mais à ceci qu'ils racontent également, les gens d'Hiérapolis ajoutent une narration merveilleuse : que dans leur pays s'ouvrit un vaste gouffre, où toute l'eau du déluge s'engloutit. Alors Deucalion éleva un hôtel et consacra un temple à Héra ('Athar-'athê = Atargatis) près du gouffre même. J'ai vu ce gouffre, qui est très-étroit et situé sous le temple. S'il était plus grand autrefois et s'est maintenant rétréci, je ne sais; mais je l'ai vu, il est tout petit. En souvenir de l'évènement que l'on raconte, voici le rite que l'on accomplit. Deux fois par an l'on amène de l'eau de la mer au temple. Ce ne sont pas les prêtres seuls qui en font venir, mais de nombreux pèlerins viennent de toute la Syrie, de l'Arabie et même d'au-delà de l'Euphrate, apportant de l'eau. On la verse dans le temple, et elle descend dans le gouffre, qui malgré son étroitesse en engloutit ainsi une quantité très-considérable. On dit que cela se fait en vertu d'une loi religieuse instituée par Deucalion, pour conserver le souvenir de la catastrophe et du bienfait qu'il reçut des dieux. Tel est l'antique tradition du temple. »

L'Inde nous offre à son tour un récit du déluge, dont la parenté avec celui de la Bible et celui des Chaldéens est grande. La forme la plus ancienne et la plus simple s'en trouve dans le *Çatapata Brâhmana*, dont nous avons essayé plus haut d'indiquer la date approximative. Ce morceau a été traduit pour la première fois par M. Max Müller.

« Un matin, l'on apporta à Manou[1] de l'eau pour se laver; et, quand il se fut lavé, un poisson lui resta dans les mains. Et il lui adressa ces mots : « Protège-moi et je te sauverai. » — « De quoi « me sauveras-tu? » — « Un déluge emportera toutes les créatures; « c'est là ce dont je te sauverai. » — « Comment te protégerai-je ? » Le poisson répondit : « Tant que nous sommes petits, nous restons « en grand péril; car le poisson avale le poisson. Garde-moi d'abord « dans un vase. Quand je serai trop gros, creuse un bassin pour « m'y mettre. Quand j'aurai grandi encore, porte-moi dans l'Océan. « Alors je serai préservé de la destruction. » Bientôt il devint un gros poisson. Il dit à Manou : « Dans l'année même où j'aurai atteint

---

[1] Manou Vâivasvata, le type et l'ancêtre de l'humanité dans les légendes indiennes.

« ma pleine croissance, le déluge surviendra. Construis alors un
« vaisseau et adore-moi. Quand les eaux s'élèveront, entre dans ce
« vaisseau et je te sauverai. »

« Après l'avoir ainsi gardé, Manou porta le poisson dans l'Océan.
Dans l'année qu'il avait indiquée, Manou construisit un vaisseau et
adora le poisson. Et quand le déluge fut arrivé, il entra dans le
vaisseau. Alors le poisson vint à lui en nageant, et Manou attacha
le câble du vaisseau à la corne du poisson, et, par ce moyen, celui-
ci le fit passer par-dessus la montagne du Nord. Le poisson dit :
« Je t'ai sauvé ; attache le vaisseau à un arbre, pour que l'eau ne
« l'entraîne pas pendant que tu es sur la montagne ; à mesure que
« les eaux baisseront, tu descendras. » Manou descendit avec les
eaux, et c'est ce qu'on appelle *la descente de Manou* sur la montagne
du Nord. Le déluge avait emporté toutes les créatures, et Manou resta
seul. »

Vient ensuite par ordre de date et de complication du récit, qui
va toujours en se surchargeant de traits fantastiques et parasites, la
version de l'énorme épopée du *Mahâbhârata*. Celle du poème intitulé
*Bhâgavata-Pourâna* est encore plus récente et plus fabuleuse. Enfin
la même tradition fait le sujet d'un poème entier, de date fort basse,
le *Matsya-Pourâna*, dont le grand indianiste anglais Wilson a donné
l'analyse.

Dans la préface du troisième volume de son édition du *Bhâgavata-
Pourâna*, notre illustre Eugène Burnouf a comparé avec soin les trois
récits connus quand il écrivait (celui du *Çatapatha-Brâhmana* a été
découvert depuis) pour éclairer la question de l'origine de la tradition
indienne du déluge. Il y montre, par une discussion qui mérite de
rester un modèle d'érudition, de finesse et de critique, que cette
tradition fait totalement défaut dans les hymnes des Védas, où on
ne trouve que des allusions lointaines à la donnée du déluge, et des
allusions qui paraissent se rapporter à une forme de légende assez
différente, et aussi que cette tradition a été primitivement étrangère
au système, essentiellement indien, des *manvantaras* ou destructions
périodiques du monde. Il en conclut qu'elle doit avoir été importée
dans l'Inde postérieurement à l'adoption de ce dernier système, fort
ancien cependant, puisqu'il est commun au brahmanisme et au bouddhisme. Il incline dès lors à y voir une importation sémitique, opérée
dans les temps déjà historiques, non pas de la Genèse, dont il est

difficile d'admettre l'action dans l'Inde à une époque aussi ancienne, mais plus probablement de la tradition babylonienne.

La découverte d'une rédaction originale de celle-ci confirme l'opinion du grand sanscritiste dont le nom restera l'une des plus hautes gloires scientifiques de notre pays. Le trait dominant du récit indien, celui qui y tient une place essentielle et en fait le caractère distinctif, est le rôle attribué à un dieu qui revêt la forme d'un poisson pour avertir Manou, guider son navire et le sauver du déluge. La nature de la métamorphose est le seul point fondamental et primitif, car les diverses versions varient sur la personne du dieu qui prend cette forme : le *Brâhmana* ne précise rien ; le *Mahâbhârata* en fait Brahma, et pour les rédacteurs des *Pourânas* c'est Vischnou. Ceci est d'autant plus remarquable que la métamorphose en poisson, *matsyavatara*, demeure isolée dans la mythologie indienne, étrangère à sa symbolique habituelle, et n'y donne naissance à aucun développement ultérieur ; on ne trouve pas dans l'Inde d'autre trace du culte des poissons, qui avait pris tant d'importance et d'étendue chez d'autres peuples de l'antiquité. Burnouf y voyait avec raison une des marques d'importation de l'extérieur et le principal indice d'origine babylonienne, car les témoignages classiques, confirmés depuis par les monuments indigènes, faisaient entrevoir dans la religion de Babylone un rôle plus capital que partout ailleurs, attribué à la conception des dieux ichthyomorphes ou en forme de poissons.

Le *Matsyavatara*, incarnation de Vischnou en homme-poisson [1].

Le rôle que la légende conservée dans l'Inde fait tenir par le poisson divin auprès de Manou, est, en effet, rempli près de 'Hasisadra, dans la narration de l'épopée d'Ourouk, et dans celle de Bérose, par le dieu Êa, qualifié aussi de Schalman, « le sauveur. » Or, ce dieu, dont on connaît maintenant avec certitude le type de représentation sur les monuments assyriens et babyloniens, y est le dieu ichtyomorphe par essence ; presque constamment son image consacrée combine les formes du poisson et celle de l'homme.

Quand on trouve chez deux peuples différant entre eux une même

---

[1] D'après une peinture indienne moderne.

légende, avec une circonstance aussi *spéciale*, et qui ne ressort pas *nécessairement* et *naturellement* de la donnée fondamentale du récit; quand, de plus, cette circonstance tient étroitement à l'ensemble des conceptions religieuses d'un des deux peuples, et chez l'autre reste isolée, en dehors des habitudes de sa symbolique, une règle absolue de critique impose de conclure que la légende a été transmise de l'un à l'autre avec une rédaction déjà fixée, et constitue une importation étrangère qui s'est superposée, sans s'y confondre, aux traditions vraiment nationales, et pour ainsi dire générales, du peuple qui l'a reçue sans l'avoir créée.

Il est encore à remarquer que dans les *Pourânas* ce n'est plus Manou Vâivasvata que le poisson divin sauve du déluge; c'est un personnage différent, roi des Dâsas, c'est-à-dire des pêcheurs, Satyavrata, « l'homme qui aime la justice et la vérité, » ressemblant d'une manière frappante au 'Hasisadra de la tradition chaldéenne. Et la version pourânique de la légende du déluge n'est pas à dédaigner, malgré la date récente de sa rédaction, malgré les détails fantastiques et souvent presque enfantins dont elle surcharge le récit. Par certains côtés, elle est moins aryanisée que la version du *Brâhmana* et que celle du *Mahâbhârata;* elle offre surtout quelques circonstances omises dans les rédactions antérieures et qui pourtant doivent appartenir au fonds primitif, puisqu'elles se retrouvent dans la légende babylonienne, circonstances qui sans doute s'étaient conservées dans la tradition orale, populaire et non brahmanique, dont les *Pourânas* se montrent si profondément pénétrés. C'est ce qu'a remarqué déjà Pictet, qui insiste avec raison sur le trait suivant de la rédaction du *Bhâgavata-*

Le dieu Éa[1].

---

[1] D'après un bas-relief assyrien du palais de Nimroud (l'ancienne Kala'h), conservé au Musée Britannique.

*Pourâna :* « *Dans sept jours,* dit Vischnou à Satyavatra, les trois mondes seront submergés par l'océan de la destruction. » Il n'y a rien de semblable dans le *Brâhmana* ni dans le *Mahâbhârata;* mais nous voyons dans la Genèse [1] que l'Éternel dit à Noa'h : « *Dans sept jours* je ferai pleuvoir sur toute la terre; » et un peu plus loin nous y voyons encore : « *Au bout de sept jours,* les eaux du déluge furent sur toute la terre [2]. » Il ne faut pas accorder moins d'attention à ce que dit le *Bhâgavata-Pourâna* des recommandations faites à Satyavrata par le dieu incarné en poisson, pour qu'il dépose les écritures sacrées en un lieu sûr, afin de le mettre à l'abri du Hayagriva, cheval marin qui réside dans les abîmes, et de la lutte du dieu contre cet Hayagriva qui a dérobé les *Védas* et produit ainsi le cataclysme en troublant l'ordre du monde. C'est encore une circonstance qui manque aux rédactions plus anciennes, même au *Mahâbhârata;* mais elle est capitale et ne peut être considérée comme un produit spontané du sol de l'Inde, car il est difficile d'y méconnaître, sous un vêtement indien, le pendant exact de la tradition de l'enfouissement des écritures sacrées à Sippara par 'Hasisadra, telle qu'elle apparaît dans la version des fragments de Bérose.

C'est donc la forme chaldéenne de la tradition du déluge que les Indiens ont adoptée, à la suite d'une communication que les rapports de commerce entre les deux contrées rendent historiquement toute naturelle, et qu'ils ont ensuite développée avec l'exubérance propre à leur imagination. Mais ils ont dû adopter d'autant plus facilement ce récit de la Chaldée qu'il s'accordait avec une tradition que, sous une forme un peu différente, leurs ancêtres avaient apportées du berceau primitif de la race aryenne. Que le souvenir du déluge ait fait partie du fond premier des légendes de cette grande race sur les origines du monde, c'est, en effet, ce dont il n'est pas possible de douter. Car si les Indiens ont accepté la forme du récit de la Chaldée, si voisine de celle du récit de la Genèse, tous les autres rameaux de la race aryenne se montrent à nous en possession de versions pleinement originales de l'histoire du cataclysme, que l'on ne saurait tenir pour empruntées à Babylone ou aux Hébreux.

Chez les Iraniens, nous rencontrons dans les livres sacrés qui cons-

---

[1] VII, 4.
[2] *Genes.*, VII, 10.

tituent le fondement de la doctrine du zoroastrisme et remontent à une très-haute antiquité ; une tradition dans laquelle il faut reconnaître bien certainement une variante de celle du déluge, mais qui prend un caractère bien spécial et s'écarte par certains traits essentiels de celles que nous avons jusqu'ici examinées. On y raconte comment Yima, qui dans sa conception originaire et primitive était le père de l'humanité, fut averti, par Ahouramazda, le dieu bon, de ce que la terre allait être dévastée par une inondation destructrice. Le dieu lui ordonna de construire un refuge, un jardin de forme carrée, *vara*, défendu par une enceinte, et d'y faire entrer les germes des hommes, des animaux et des plantes pour les préserver de l'anéantissement. En effet, quand l'inondation survint, le jardin de Yima fut seul épargné, avec tout ce qu'il contenait; et l'annonce du salut y fut apportée par l'oiseau Karschipta, envoyé d'Ahouramazda.

Les Grecs avaient deux légendes principales et différentes sur le cataclysme qui détruisit l'humanité primitive. La première se rattachait au nom d'Ogygès, le plus ancien roi de Béotie ou de l'Attique, personnage tout à fait mythique et qui se perd dans la nuit des âges ; son nom paraît dérivé de celui qui désignait primitivement le déluge dans les idiomes aryens, en sanscrit *âugha*. On racontait que, de son temps, tout le pays fut envahi par le déluge dont les eaux s'élevèrent jusqu'au ciel, et auquel il échappa dans un vaisseau avec quelques compagnons.

La seconde tradition est la légende thessalienne de Deucalion. Zeus ayant résolu de détruire les hommes de l'âge de bronze, dont les crimes avaient excité sa colère, Deucalion, sur le conseil de Prométhée, son père, construit un coffre dans lequel il se réfugie avec sa femme Pyrrha. Le déluge arrive ; le coffre flotte au gré des flots pendant neuf jours et neuf nuits, et est enfin déposé par les eaux au sommet du Parnasse. Deucalion et Pyrrha en sortent, offrent un sacrifice et repeuplent le monde, suivant l'ordre de Zeus, en jetant derrière eux « les os de la terre, » c'est-à-dire des pierres, qui se changent en hommes. Ce déluge de Deucalion est, dans la tradition grecque, celui qui a le plus le caractère de déluge universel. Beaucoup d'auteurs disent qu'il s'étendit à toute la terre et que l'humanité entière y périt. A Athènes, on célébrait en mémoire de cet événement, et pour apaiser les mânes des morts du cataclysme, une cérémonie appelé *Hydrophoria*, laquelle avait une analogie si étroite avec celle qui était en usage à Hiérapolis de Syrie, qu'il est difficile de ne pas voir ici une importation syro-phénicienne et le résultat d'une assimilation établie dès une haute antiquité entre le déluge de Deucalion et le déluge de 'Hasisadra, comme l'établit aussi l'auteur du traité *Sur la Déesse syrienne*[1]. Auprès du temple de Zeus Olympien, l'on montrait une fissure dans le sol, longue d'une coudée seulement, par laquelle on disait que les eaux du déluge avaient été englouties dans la terre. Là, chaque année, dans le troisième jour de la fête des Antesthéries, jour de deuil, consacré aux morts, c'est-à-dire le

Libations et offrandes au tombeau, suivant l'usage attique[2].

13 du mois d'anthestérion, vers le commencement de mars, on venait verser dans le gouffre de l'eau, comme à Bambyce, et de la farine mêlée de miel, ainsi qu'on faisait dans la fosse que l'on creusait à l'occident du tombeau, dans les sacrifices funèbres des Athéniens.

D'autres, au contraire, limitaient l'étendue du déluge de Deucalion à la Grèce. Ils disaient même que cette catastrophe n'avait détruit que la majeure partie de la population de la contrée, mais que beau-

[1] C'est encore en vertu de cette assimilation que Plutarque parle de la colombe envoyée par Deucalion pour voir si le déluge avait cessé, circonstance que ne mentionne aucun mythographe grec.
[2] Peinture d'un *léctyhos* décoré au trait rouge sur fond blanc, découvert à Athènes et conservé au Musée Britannique.

coup d'hommes avaient pu se sauver sur les plus hautes montagnes. Ainsi la légende de Delphes racontait que les habitants de cette ville, suivant les loups dans leur fuite, s'étaient réfugiés dans une grotte au sommet du Parnasse, où ils avaient bâti la ville de Lycorée. Cette idée qu'il y avait eu simultanément des sauvetages sur un certain nombre de points, fut inspirée nécessairement aux mythographes postérieurs par le désir de concilier entre elles les légendes locales de bon nombre d'endroits de la Grèce, qui nommaient comme le héros sauvé du déluge un autre que Deucalion. Tel était à Mégare l'éponyme de la ville, Mégaros, fils de Zeus et d'une des Nymphes Sithnides, qui, averti de l'imminence du déluge par les cris des grues, avait cherché un refuge sur le Mont Géranien. Tels étaient le Thessalien Cérambos, qui avait pu, disait-on, échapper au déluge en s'élevant dans les airs au moyen d'ailes que les Nymphes lui avaient données, ou bien Perirrhoos, fils d'Aiolos, que Zeus Naïos avait préservé du cataclysme à Dodone. Pour les gens de l'île de Cos, le héros sauvé du déluge était Mérops, fils d'Hyas, qui avait rassemblé sous sa loi dans leur île les débris de l'humanité, préservés avec lui. Les traditions de Rhodes faisaient échapper au cataclysme les seuls Telchines, celles de la Crète Jasion. A Samothrace, ce rôle de héros sauvé du déluge était attribué à Saon, que l'on disait fils de Zeus ou d'Hermès. Dardanos, que l'on fait arriver à Samothrace immédiatement après ces événements, vient de l'Arcadie, d'où il a été chassé par le déluge.

Dans tous ces récits diluviens de la Grèce, on ne saurait douter qu'à l'antique tradition du cataclysme qui avait fait périr l'humanité, tradition commune à tous les peuples aryens, se mêlent le souvenir plus ou moins précis de catastrophes locales, produites par des débordements extraordinaires des lacs ou des rivières, par la rupture des digues naturelles de certains lacs, par des affaissements de portions de rivages de la mer, par des ras de marée à la suite de tremblements de terre ou de soulèvements partiels du fond de la mer. Les Grecs racontaient que dans les âges primitifs leur pays avait été le théâtre de plusieurs de ces catastrophes ; Istros en comptait quatre principales, dont une avait ouvert les détroits du Bosphore et de l'Hellespont, précipitant les eaux du Pont-Euxin dans la Mer Égée et submergeant les îles et les côtes voisines. C'est là manifestement le déluge de Samothrace, où les habitants qui parvinrent à se sauver ne le firent qu'en gagnant le plus haut sommet de la montagne qui s'y élève, puis, en reconnaissance de leur préservation, consacrèrent l'île toute entière, en entourant ses rivages d'une ceinture d'autels dédiés aux dieux. De même, la tradition du déluge d'Ogygès paraît bien se rapporter au souvenir d'une crue extraordinaire du lac Copaïs, inondant toute la grande vallée béotienne, souvenir que la légende a ensuite amplifié, comme elle fait toujours, et qu'elle a surtout grossi par ce qu'elle a appliqué à ce désastre local les traits qui couraient dans les dires populaires sur le déluge primitif, qui s'était produit avant la dispersion et la séparation des ancêtres des deux races, sémitique et aryenne. Il est probable aussi que quelque événement survenu dans la Thessalie ou plutôt dans la région du Parnasse, a déterminé la localisation de la légende de Deucalion. Cependant celle-ci, comme nous l'avons déjà remarqué, garde toujours un caractère plus général que les autres, soit qu'on étende le déluge à toute la terre, soit qu'on ne parle que de la totalité de la Grèce.

Quoiqu'il en soit, on concilia les différents récits en admettant trois déluges successifs, celui d'Ogygès, celui de Deucalion et celui de Dardanos. L'opinion générale faisait du déluge d'Ogygès le plus ancien de tous, et les chronographes le placèrent 600 ans ou 250 environ avant celui de Deucalion. Mais cette chronologie était loin d'être universellement admise, et les habitants de Samothrace soutenaient que leur déluge avait précédé tous les autres. Les chronographes chrétiens du IIIe et du IVe siècle, comme Jules l'Africain et Eusèbe, adoptèrent les dates des chronographes hellènes pour les déluges d'Ogygès et de Deucalion, et les inscrivirent dans leurs tableaux comme des événements différents du déluge mosaïque, antérieur pour eux de mille ans à celui d'Ogygès.

En Phrygie, la tradition diluvienne était nationale comme en Grèce. La ville d'Apamée en tirait son surnom de *Kibôtos* ou « arche, » prétendant être le lieu où l'arche s'était arrêtée. Iconion, de son côté, avait la même prétention. C'est ainsi que les gens du pays de Milyas, en Arménie, montraient sur le sommet de la montagne appelée Baris les débris de l'arche, que l'on faisait aussi voir aux pèlerins sur l'Ararat, dans les premiers siècles du christianisme, comme Bérose raconte que sur les monts Gordyéens on visitait de son temps les restes du vaisseau de 'Hasisadra.

Dans le IIe et le IIIe siècle de l'ère chrétienne, par suite de l'infiltration syncrétique de traditions juives et chrétiennes, qui pénétrait jusque dans les esprit encore attachés au paganisme, les autorités sacerdotales d'Apamée de Phrygie firent frapper des monnaies qui ont pour type l'arche ouverte, dans laquelle sont le patriarche sauvé du déluge et sa femme, recevant la colombe qui apporte le rameau d'olivier, puis, à côté, les deux mêmes personnages sortis du coffre pour reprendre possession de la terre. Sur l'arche est écrit le nom ΝΩΕ, c'est-à-dire la forme même que revêt l'appellation de Noa'h dans la version grecque de la Bible, dite des Septante. Ainsi, à cette époque, le sacerdoce païen de la cité phrygienne avait adopté le récit biblique avec ses noms mêmes, et l'avait greffé sur l'ancienne tradition indigène. Il racontait aussi qu'un peu avant le déluge avait régné un saint homme, nommé Annacos, qui l'avait prédit et avait occupé le trône plus de 300 ans, reproduction manifeste du 'Hanoch de la Bible, avec ses 365 ans de vie dans les voies du Seigneur.

Le déluge de Noa'h sur une monnaie d'Apamée[1].

Pour le rameau des peuples celtiques, nous trouvons dans les poésies bardiques des Cymris du pays de Galles, une tradition du déluge qui, malgré la date récente de sa rédaction, résumée sous la forme concise de ce que l'on appelle les Triades, mérite à son tour d'attirer l'attention. Comme toujours, la légende est localisée dans le pays même, et le déluge est compté au nombre des trois catastrophes terribles de l'île de Prydain ou de Bretagne, les deux autres consistant en une dévastation par le feu et une sécheresse désastreuse. « Le premier de ces événements, est-il dit, fut l'éruption du Llyn-llion ou « lac des flots, » et la venue, sur toute la surface du pays, d'une inondation, par laquelle tous les hommes furent noyés, à l'exception de Dwyfan et Dwyfach, qui se sauvèrent dans un vaisseau sans agrès ; et c'est par eux que l'île de Prydain fut repeuplée. » « Bien que les Triades, sous leur forme actuelle, ne datent guère que du XIIIe ou XIVe siècle, remarque ici Pictet[2], quelques-unes se rattachent sûrement à de très anciennes traditions, et, dans celle-ci, rien n'indique un

---

[1] Le droit de cette monnaie porte l'effigie de Septime Sévère, empereur sous lequel elle a été frappée. Les inscriptions de la face ici gravée consistent d'abord, à l'exergue, dans le nom des *Apaméens* pour qui elle était émise, puis, autour du type, dans la date, exprimée sous cette forme : *Artémas étant chargé de présider aux jeux pour la troisième fois.*

[2] *Les origines indo-européennes*, t. II, p. 619.

emprunt fait à la Genèse. Il n'en est peut-être pas de même d'une autre Triade, où il est parlé du vaisseau Nefydd-Naf-Neifion, qui portait un couple de toutes les créatures vivantes quand le lac Llyn-Ilion fit éruption, et qui ressemble un peu trop à l'arche de Noé. Le nom même du patriarche peut avoir suggéré cette triple épithète d'un sens obscur, mais formée évidemment sur le principe de l'allitération cymrique. Dans la même Triade figure l'histoire fort énigmatique des bœufs à cornes de Hu le puissant, qui ont tiré du Llyn-Ilion l'Avanc (castor ou crocodile?), pour que le lac ne fit plus éruption. La solution de ces énigmes ne peut s'espérer que si l'on parvient à débrouiller le chaos des monuments bardiques du moyen âge gallois ; mais on ne saurait douter, en attendant, que les Cymris n'aient possédé une tradition indigène du déluge. »

Les Lithuaniens sont, parmi les peuples de l'Europe, celui qui a le dernier embrassé le christianisme et en même temps celui dont la langue est restée le plus près de l'origine aryaque. Ils possèdent une légende du déluge dont le fond paraît ancien, bien qu'elle ait pris le caractère naïf d'un conte populaire, et que certains détails puissent avoir été empruntés à la Genèse lors des premières prédications des missionnaires du christianisme. Suivant cette légende, le dieu Pramzimas, voyant la terre pleine de désordres, envoie deux géants Wandou et Wêjas, l'eau et le vent, pour la ravager. Ceux-ci bouleversent tout dans leur fureur, et quelques hommes seulement se sauvent sur une montagne. Alors, pris de compassion, Pramzimas, qui était en train de manger des noix célestes, en laisse tomber près de la montagne une coquille, dans laquelle les hommes se réfugient et que les géants respectent. Échappés au désastre, ils se dispersent ensuite, et un seul couple, très âgé, reste dans le pays, se désolant de ne pas avoir d'enfants. Pramzimas, pour les consoler, leur envoie son arc-en-ciel et leur prescrit de « sauter sur les os de la terre, » ce qui rappelle singulièrement l'oracle que reçoit Deucalion. Les deux vieux époux font neuf sauts, et il en résulte neuf couples qui deviennent les aïeux des neuf tribus lithuaniennes.

Tandis que la tradition du déluge tient une si grande place dans les souvenirs légendaires de tous les rameaux de la race aryenne, les monuments et les textes originaux de l'Égypte, au milieu de leurs spéculations cosmogoniques, n'ont pas offert une seule allusion, même lointaine, à un souvenir de ce cataclysme. Quand les Grecs racontaient aux prêtres de l'Égypte le déluge de Deucalion, ceux-ci leur répondaient que la vallée du Nil en avait été préservée, aussi bien que de la conflagration produite par Phaéthon ; ils ajoutaient même que les Hellènes étaient des enfants d'attacher tant d'importance à cet événement, car il y avait eu bien d'autres catastrophes locales analogues.

Cependant les Égyptiens admettaient une destruction des hommes primitifs par les dieux, à cause de leur rébellion et de leurs péchés. Cet événement était raconté dans un chapitre des livres sacrés de Tahout, des fameux Livres Hermétiques du sacerdoce égyptien, lequel a été gravé sur les parois d'une des salles les plus reculées de l'hypogée funéraire du roi Séti Ier, à Thèbes. Le texte en a été publié et traduit par M. Édouard Naville, de Genève.

La scène se passe à la fin du règne du dieu Râ, le premier règne terrestre suivant le système des prêtres de Thèbes, second suivant le système des prêtres de Memphis, suivis par Manéthon, qui plaçaient à l'origine des choses le règne de Phta'h, avant celui de Râ. Irrité de l'impiété et des crimes des hommes qu'il a produits, le dieu rassemble les autres dieux pour tenir conseil avec eux, dans le plus grand secret, « afin que les hommes ne le voient point et que leur cœur ne s'effraie point. »

« Dit par Râ à Noun [1] : « Toi, l'aîné des dieux, de qui je suis né, et
« vous, dieux antiques, voici les hommes qui sont nés de moi-même ;
« ils prononcent des paroles contre moi ; dites-moi ce que vous ferez à
« ce propos ; voici, j'ai attendu et je ne les ai point tués avant d'avoir
« entendu vos paroles. »

« Dit par la majesté de Noun : « Mon fils Râ, dieu plus grand que
« celui qui l'a fait et qui l'a créé, je demeure en grande crainte devant
« toi ; que toi-même délibères en toi-même. »

« Dit par la majesté de Râ : « Voici, ils s'enfuient dans le pays, et
« leurs cœurs sont effrayés... »

« Dit par les dieux : « Que ta face le permette, et qu'on frappe ces
« hommes qui trament des choses mauvaises, tes ennemis, et que
« personne [ne subsiste parmi eux.] »

Une déesse, dont malheureusement le nom a disparu, mais qui paraît être Tefnout, identifiée à Hat'hor et à Sekhet, est alors envoyée pour ac-

---

[1] Personnification de l'Abîme primordial.

complir la sentence de destruction. « Cette déesse partit, et elle tua les hommes sur la terre. — Dit par la majesté de ce dieu : « Viens en paix, Hat'hor, tu as fait [ce qui t'était ordonné.] » — Dit par cette déesse : « Tu es vivant, car j'ai été plus forte que les hommes, « et mon cœur est content. » — Dit par la majesté de Râ : « Je suis vivant, car je dominerai sur eux [et j'a- « chèverai] leur ruine. » — Et voici que Sekhet, pendant plusieurs nuits, foula aux pieds leur sang jusqu'à la ville de Hâ-khnen-sou (Héracléopolis). »

Mais le massacre achevé, la colère de Râ s'apaise ; il commence à se repentir de ce qu'il a fait. Un grand sacrifice expiatoire achève de le calmer. On recueille des fruits dans toute l'Égypte, on les broie et on les mêle au sang des hommes, dont on remplit 7000 cruches, que l'on présente devant le dieu.

La déesse Tefnout[1].

« Voici que la majesté de Râ, le roi de la Haute et de la Basse-Égypte, vint avec les dieux en trois jours de navigation, pour voir ces vases de boisson, après qu'il eut ordonné à la déesse de tuer les hommes. — Dit par la majesté de Râ : « C'est bien, cela ; je vais proté- « ger les hommes à cause de cela. » Dit par Râ : « J'élève ma main à ce sujet, pour jurer que je ne « tuerai plus les hommes. »

« La majesté de Râ, le roi de la Haute et Basse-Égypte, ordonna au milieu de la nuit de verser le liquide des vases, et les champs furent complétement remplis d'eau, par la volonté de ce dieu. La déesse arriva au matin et trouva les champs pleins d'eau ; son visage en fut joyeux, et elle but en abondance et elle s'en alla rassasiée. Elle n'aperçut plus d'hommes.

Le dieu Râ[2].

« Dit par la majesté de Râ à cette déesse : « Viens en paix, gracieuse déesse. » — Et il fit naître les jeunes prêtresses d'Amou (le nome Libyque). — Dit par la majesté de Râ à la déesse : « On lui fera des libations à chacune des fêtes de la nouvelle

---

[1] D'après un bas-relief égyptien de l'époque pharaonique.
[2] D'après un bas-relief égyptien.

« année, sous l'intendance de mes prêtresses. » — De là vient que des libations sont faites sous l'intendance des prêtresses de Hat'hor par tous les hommes depuis les jours anciens. »

Cependant quelques hommes ont échappé à la destruction qui avait été ordonnée par Râ ; ils renouvellent la population de la surface terrestre. Pour le dieu solaire qui règne sur le monde, il se sent vieux, malade, fatigué ; il en a assez de vivre au milieu des hommes, qu'il regrette de ne pas avoir complétement anéantis, mais qu'il a juré d'épargner désormais.

« Dit par la majesté de Râ : « Il y a une douleur cuisante qui me « tourmente ; qu'est-ce donc qui me fait mal ? » Dit par la majesté de Râ : « Je suis vivant, mais mon cœur est lassé d'être avec eux (les hommes), « et je ne les ai nullement détruits. Ce n'est pas là une destruction que « j'aie faite moi-même. »

« Dit par les dieux qui l'accompagnent : « Arrière avec ta lassitude, « tu as obtenu tout ce que tu désirais. »

Le dieu Râ se décide pourtant à accepter le secours des hommes de la nouvelle humanité, qui s'offrent à lui pour combattre ses ennemis et livrent une grande bataille, d'où ils sortent vainqueurs. Mais malgré ce succès, le dieu, dégoûté de la vie terrestre, se résout à la quitter pour toujours et se fait porter au ciel par la déesse Nout, qui prend la forme d'une vache. Là il crée un lieu de délices, les champs d'Aalou, l'Élysée de la mythologie égyptienne, qu'il peuple d'étoiles. Entrant dans le repos, il attribue aux différents dieux le gouvernement des différentes parties du monde. Schou, qui va lui succéder comme roi, administrera les choses célestes avec Nout ; Seb et Noun reçoivent la garde des êtres de la terre et de l'eau. Enfin Râ, souverain descendu volontairement du pouvoir par une véritable abdication, s'en va faire sa demeure avec Tahout, son fils préféré, auquel il a donné l'intendance du monde inférieur.

Tel est cet étrange récit, « dans lequel, a très bien dit M. Naville, au milieu d'inventions fantastiques et souvent puériles, nous trouvons cependant les deux termes de l'existence telle que la comprenaient les anciens Égyptiens. Râ commence par la terre, et, passant par le ciel, s'arrête dans la région de la profondeur, l'Ament, dans laquelle il paraît vouloir séjourner. C'est donc une représentation symbolique et religieuse de la vie, qui, pour chaque Égyptien, et surtout pour un roi conquérant, devait commencer et finir comme le soleil.

Voilà ce qui explique que ce chapitre ait pu être inscrit dans un tombeau. »

C'est donc la dernière partie du récit, que nous nous sommes borné à analyser très brièvement, l'histoire de l'abdication de Râ et de sa retraite, d'abord dans le ciel, puis dans l'Ament, symbole de la mort, qui doit être suivie d'une résurrection comme le soleil ressortira des ténèbres, c'est cette conclusion du récit qui en faisait tout l'intérêt dans la conception d'enseignement religieux sur la vie future, qui se déroulait dans la décoration des parois intérieures du tombeau de Séti I$^{er}$. Pour nous, au contraire, l'importance du morceau réside dans l'épisode qui en forme le début, dans cette destruction des premiers hommes par les dieux, dont on n'a jusqu'à présent trouvé la mention nulle part ailleurs. Bien que le moyen de destruction employé par Râ contre les hommes soit tout différent, bien qu'il ne procède pas par une submersion mais par un massacre dont la déesse Tefnout ou Sekhet, à tête de lionne, la forme terrible de Hat'hor, est l'exécutrice, ce récit offre par tous les autres côtés une analogie assez frappante avec celui du déluge mosaïque ou chaldéen, pour qu'il soit difficile de ne pas l'en rapprocher, de ne pas y voir la forme spéciale, et très individuelle, que la même tradition avait revêtue en Égypte. Des deux côtés, en effet, nous avons la même corruption des hommes, qui excite le courroux divin ; cette corruption, de part et d'autre, est châtiée par un anéantissement de l'humanité, décidé dans le ciel, anéantissement dont le mode seul diffère, mais auquel n'échappent, dans une forme et dans l'autre de la tradition, qu'un très petit nombre d'individus, destinés à devenir la souche d'une humanité nouvelle. Enfin, la destruction des hommes accomplie, un sacrifice expiatoire achève de calmer le courroux céleste, et un pacte solennel est conclu entre la divinité et la nouvelle race des hommes, qu'elle fait serment de ne plus anéantir. La concordance de tous ces traits essentiels me paraît primer ici la divergence au sujet de la manière dont la première humanité créée a été détruite. Et il faut encore observer ici la singulière parenté du rôle et du caractère que le narrateur égyptien prête à Râ, avec le rôle et le caractère que l'épopée d'Ourouk assigne au dieu Bel, dans le déluge de 'Hasisadra. « Les Égyptiens, dit M. l'abbé Vigouroux, avaient conservé la mémoire de la destruction des hommes, mais comme l'inondation était pour eux la richesse et la vie, ils altérèrent la tradition primitive ; le genre humain, au lieu de périr dans l'eau, fut exterminé d'une autre manière, et l'inondation, ce bienfait de la vallée du Nil, devint à leurs yeux la marque que la colère de Râ était apaisée. »

« C'est un fait très digne de remarque, a dit M. Maury[1], de rencontrer en Amérique des traditions relatives au déluge infiniment plus rapprochées de celle de la Bible et de la religion chaldéenne, que chez aucun peuple de l'ancien monde. On conçoit difficilement que les émigrations qui eurent lieu très certainement de l'Asie dans l'Amérique septentrionale par les îles Kouriles et Aléoutiennes, et qui s'accomplissent encore de nos jours, aient apporté de semblables souvenirs, puisqu'on n'en trouve aucune trace chez les populations mongoles ou sibériennes[2], qui furent celles qui se mêlèrent aux races autochthones du Nouveau Monde.... Sans doute, certaines nations américaines, les Mexicains et les Péruviens, avaient atteint, au moment de la conquête espagnole, un état social fort avancé ; mais cette civilisation porte un caractère qui lui est propre, et elle paraît s'être développée sur le sol où elle florissait. Plusieurs inventions très simples, telles que la pesée par exemple[3], étaient inconnues à ces peuples, et cette circonstance nous montre que ce n'était pas de l'Inde ou du Japon qu'ils tenaient leurs connaissances. Les tentatives que l'on a faites pour retrouver en Asie, dans la société bouddhique, les origines de la civilisation mexicaine, n'ont pu amener encore à un fait suffisamment concluant. D'ailleurs le Bouddhisme eût-il, ce qui nous paraît douteux, pénétré en Amérique, il n'eût pu y apporter un mythe qu'on ne rencontre pas dans ses livres[4]. La cause de ces ressemblances des traditions diluviennes des indigènes du Nouveau-Monde avec celle de la Bible, demeure donc un fait inexpliqué. » Je me plais à citer ces paroles d'un homme dont l'érudition est immense, précisément parce qu'il n'appartient pas aux écrivains catholiques et que, par conséquent, il ne saurait être suspect de se laisser aller dans son jugement à une opinion préconçue. D'autres, d'ailleurs, non moins rationalistes que lui, ont signalé de même cette

---

[1] Article *Déluge* dans *l'Encyclopédie nouvelle*.

[2] Cependant le déluge tient une place importante dans les traditions cosmogoniques, d'un caractère franchement original, que Réguly a recueillies chez les Vogouls. On signale aussi un récit diluvien chez les Eulets ou Kalmouks, où il semble avoir pénétré avec le Bouddhisme.

[3] Ajoutons-y l'usage d'une lumière artificielle quelconque pour s'éclairer dans la nuit.

[4] Il faut pourtant remarquer que les missionnaires bouddhistes paraissent avoir introduit en Chine la tradition diluvienne de l'Inde. Gutzlaff affirme en avoir vu l'épisode principal représenté dans une très belle peinture d'un temple de la déesse Kouan-yin.

parenté des traditions américaines, au sujet du déluge avec celles de la Bible et des Chaldéens.

Les plus importantes de ces légendes diluviennes de l'Amérique sont celles du Mexique, parce qu'elles paraissent avoir eu une forme définitivement fixée en peintures symboliques et mnémoniques avant tout contact des indigènes avec les Européens. D'après ces documents, le Noa'h du cataclysme mexicain serait Coxcox, appelé par certaines

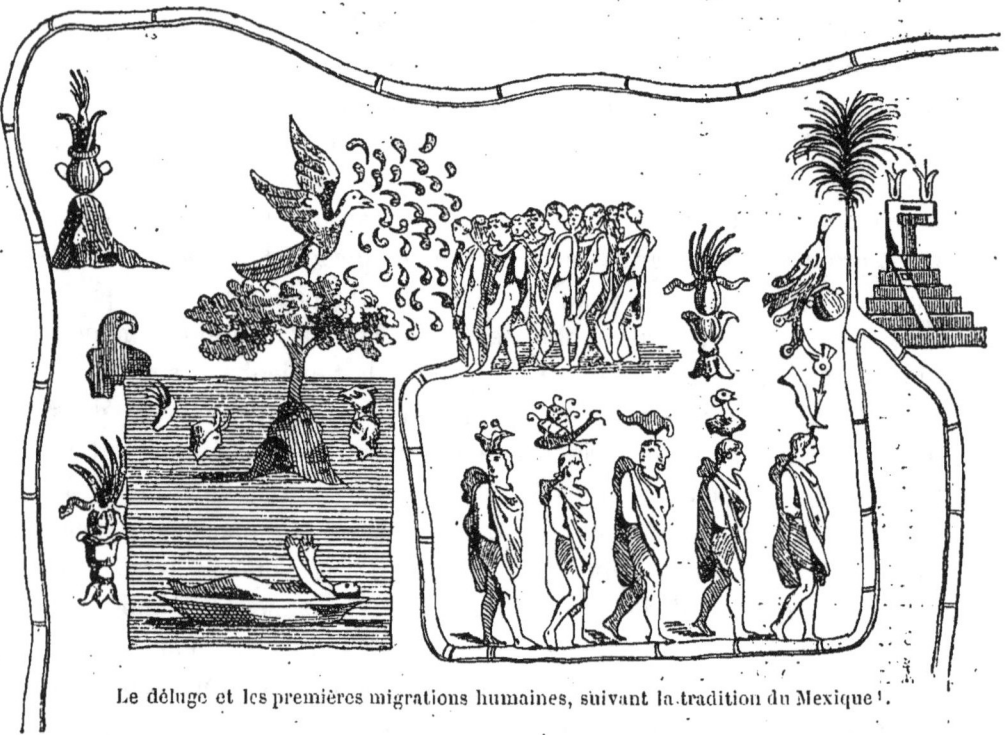

Le déluge et les premières migrations humaines, suivant la tradition du Mexique[1].

populations Teocipactli ou Tezpi. Il se serait sauvé, conjointement avec sa femme Xochiquetzal, dans une barque, ou, suivant d'autres traditions, sur un radeau de bois de cyprès chauve (*cupressus disticha*). Des peintures retraçant le déluge de Coxcox ont été retrouvées chez les

[1] Extrait de la gravure faite au siècle dernier (et reproduite par Humboldt dans ses *Vues des Cordilières*), d'après la copie d'un manuscrit indigène de Cholula, exécutée en 1566, par Pedro de los Rios, religieux dominicain qui, moins de cinquante ans après Cortez, s'adonna à la recherche des traditions des naturels comme étude nécessaire à ses travaux de missionnaire.

On y voit d'abord Coxcox dans sa barque de cyprès, flottant sur les eaux du déluge. Du milieu de ces eaux émerge le pic de la montagne de Colhuacan. Sur l'arbre qui couronne ce pic est posé un aigle, distribuant des langues aux premiers hommes issus de Coxcox ; car ils avaient été d'abord privés de la parole. Ensuite, les ancêtres des diverses tribus des Aztè-

Aztèques, les Miztèques, les Zapotèques, les Tlascaltèques et les Méchoacanèses. La tradition de ces derniers, en particulier, offrirait une conformité plus frappante encore que chez les autres avec les récits de la Genèse et des sources chaldéennes. Il y serait dit que Tezpi s'embarqua dans un vaisseau spacieux avec sa femme, ses enfants, plusieurs animaux et des graines dont la conservation était nécessaire à la substance du genre humain. Lorsque le grand dieu Tezcatlipoca ordonna que les eaux se retirassent, Tezpi fit sortir de la barque un vautour. L'oiseau, qui se nourrit de chair morte, ne revint pas à cause du grand nombre de cadavres dont était jonchée la terre récemment desséchée. Tezpi envoya d'autres oiseaux, parmi lesquels le colibri seul revint, en tenant dans son bec une rameau de feuilles. Alors Tezpi, voyant que le sol commençait à se couvrir d'une verdure nouvelle, quitta son navire sur la montagne de Colhuacan.

Le plus précieux document pour la connaissance du système cosmogonique des Mexicains est celui que l'on désigne sous le nom de *Codex Vaticanus*, d'après la Bibliothèque du Vatican, où il est conservé. Ce sont quatre tableaux symboliques, résumant les quatre âges du monde qui ont précédé l'âge actuel. Le premier y est appelé *Tlatonatiuh*, « soleil de terre. » C'est celui des géants ou Quinamés, premiers habitants de l'Anahuac, qui finissent par être détruits par une famine. Le second, nommé *Tlétonatiuh*, « soleil de feu, » se termine par la descente sur la terre de Xiuhteuctli, le dieu de l'élément igné. Les hommes sont tous transformés en oiseaux et n'échappent qu'ainsi à l'incendie. Toutefois un couple humain trouve asile dans une caverne et repeuple l'univers après cette destruction. Pour le troisième âge, *Ehécatonatiuh*, « soleil de vent, » la catastrophe qui le termine est un ouragan terrible suscité par Quetzalcohuatl, le dieu de l'air. A de rares exceptions près, les hommes, au milieu de cet ouragan, sont métamorphosés en singes. Vient ensuite, comme quatrième âge, celui qu'on appelle *Atonatiuh*,

---

ques se mettent en marche pour leur migration; chacun porte sur la tête les symboles hiéroglyphiques du nom de sa tribu. Leur première station est marquée à Cholula, qu'indique sa fameuse pyramide à degrés, surmontée d'un autel; auprès est un palmier, et derrière cet arbre on voit l'expression du nom de la localité en hiéroglyphes aztèques.

Le style de l'art barbare des Mexicains est très altéré dans cette reproduction d'une peinture dont l'original est malheureusement perdu. On peut s'en assurer en la comparant à la peinture originale du *Codex Vaticanus*, que nous plaçons à la p. 85. Mais malgré cette altération de style, l'authenticité parfaite du document est reconnue par un critique de la valeur et de l'autorité de Humboldt.

« soleil d'eau. » Il se termine par une grande inondation, un véritable déluge. Tous les hommes sont changés en poissons, sauf un individu et sa femme, qui se sauvent dans un bateau fait du tronc d'un cyprès chauve. Le tableau figuratif représente Matlalcuéyé, déesse des eaux, et compagne de Tlaloc, le dieu de la pluie, s'élançant vers la terre. Coxcox et Xochiquetzal, les deux êtres humains préservés du désastre, apparaissent assis sur un tronc d'arbre et flottant au milieu des eaux. Ce déluge est représenté comme le dernier cataclysme qui ait bouleversé la face de la terre.

La conception que nous venons de résumer offre, avec celle des quatre

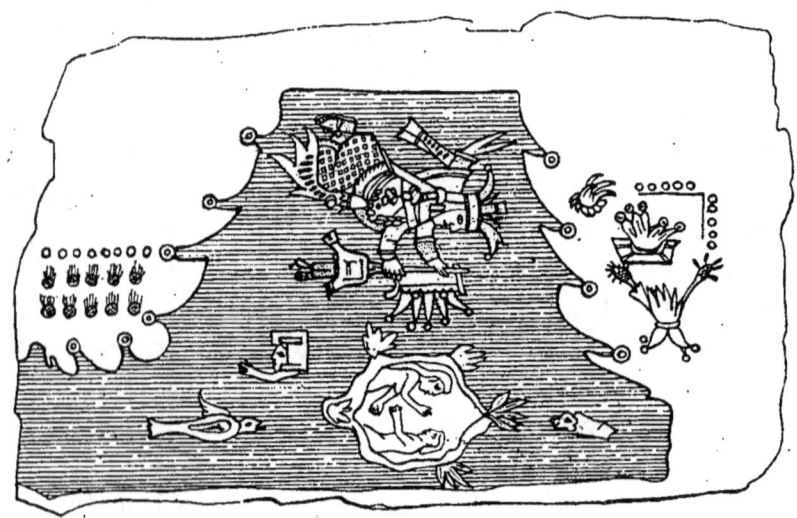

Tableau du déluge dans le *Codex Vaticanus*[1].

âges ou *yougas* de l'Inde, et celle des *manvantaras*, où alternent les destructions du monde et les renouvellements de l'humanité, une analogie singulière. Celle-ci est de telle nature qu'on est en droit de se demander si les Mexicains ont pu trouver de leur côté, et d'une manière tout à fait indépendante, une conception aussi exactement pareille à celle des Indiens, ou s'ils ont dû la recevoir de l'Inde par une voie plus ou moins directe. La tradition diluvienne et le système des quatre âges, dont cette tradition est inséparable au Mexique, nous placent donc en face du problème auquel on revient toujours forcément quand il s'agit des civilisations américaines, le problème de l'originalité plus ou moins

---

[1] A côté du tableau sont exprimés, en hiéroglyphes aztèques, le nom de cet âge du monde et les chiffres de sa durée : 10 × 400 + 10, c'est-à-dire 4010 ans.

absolue, plus ou moins spontanée, de ces civilisations, et des apports qu'elles ont pu recevoir de l'Asie, par des missionnaires bouddhistes ou d'autres, à une certaine époque. Dans l'état actuel des connaissances il est aussi impossible de résoudre ce problème négativement qu'affirmativement, et toutes les tentatives que l'on fait aujourd'hui pour le pénétrer sont beaucoup trop prématurées, ne peuvent conduire à aucun résultat solide.

Quoi qu'il en soit, la doctrine des âges successifs et la destruction de l'humanité du premier de ces âges par un déluge, se retrouvent dans le singulier livre du *Popol-vuh,* ce recueil des traditions mythologiques des indigènes du Guatemala, rédigé en langue quiché, postérieurement à la conquête, par un adepte secret de l'ancienne religion, découvert, copié et traduit en espagnol au commencement du siècle dernier par le dominicain Francisco Ximenez, curé de Saint-Thomas de Chuila. On y lit qu'après la création, les dieux, ayant vu que les animaux n'étaient capables ni de parler ni de les adorer, voulurent former les hommes à leur propre image. Ils en façonnèrent d'abord en argile. Mais ces hommes étaient sans consistance ; ils ne pouvaient tourner la tête ; ils parlaient, mais ne comprenaient rien. Les dieux détruisirent alors par un déluge leur œuvre imparfaite. S'y reprenant une deuxième fois, ils firent un homme de bois et une femme de résine. Ces créatures étaient bien supérieures aux précédentes ; elles remuaient et vivaient, mais comme des animaux ; elles parlaient, mais d'une façon inintelligible, et elles ne pensaient pas aux dieux. Alors Hourakan, « le cœur du ciel, » dieu de l'orage, fit pleuvoir sur la terre une résine enflammée, en même temps que le sol était secoué par un épouvantable tremblement de terre. Tous les hommes descendus du couple de bois et de résine périrent, à l'exception de quelques-uns, qui devinrent les singes des forêts. Enfin les dieux firent avec du maïs blanc et du maïs jaune quatre hommes parfaits : Balam-Quitzé, « le jaguar qui sourit, » Balam-Agab, « le jaguar de la nuit, » Mahuentah, « le nom distingué, » et Iqi-Balam, « le jaguar de la lune. » Ils étaient grands et forts, ils voyaient tout et connaissaient tout, et ils remercièrent les dieux. Mais ceux-ci furent effrayés du succès définitif de leur œuvre et eurent peur pour leur suprématie ; aussi jetèrent-ils un léger voile, comme un brouillard, sur la vue des quatre hommes, qui devint semblable à celle des hommes d'aujourd'hui. Pendant qu'ils dormaient les dieux leur créèrent quatre épouses d'une grande beauté, et de trois naquirent les Quichés, Iqi-Balam et sa femme Cakixaha n'ayant pas eu d'enfants. Avec cette série d'essais maladroits des dieux pour créer les hommes, ce à quoi ils ne réussissent qu'après avoir été deux fois obligés de détruire leur œuvre imparfaite, nous voici bien loin du récit biblique, assez loin pour écarter tout soupçon d'influence des prédications des missionnaires chrétiens sur cette narration indigène guatémalienne, où nous retrouvons toujours la croyance qu'une première race d'hommes a été détruite dans le commencement des temps par une grande inondation.

De nombreuses légendes sur la grande inondation des premiers âges ont été aussi relevées chez les tribus américaines demeurées à l'état sauvage. Mais par leur nature même ces récits peuvent laisser une certaine place au doute. Ce ne sont pas les indigènes eux-mêmes qui les ont fixés par écrit ; nous ne les connaissons que par des intermédiaires qui ont pu, de très bonne foi, leur faire subir des altérations considérables en les rapportant, forcer presque inconsciemment leur ressemblance avec les données bibliques. D'ailleurs, ils n'ont été recueillis qu'à des époques tardives, quand les tribus avaient eu déjà des contacts prolongés avec les Européens et avaient vu vivre au milieu d'elles plus d'un aventurier qui avait pu faire pénétrer des éléments nouveaux dans leurs traditions. Ces récits ne devraient donc avoir qu'une bien faible valeur sans les faits, autrement positifs, que nous avons constatés au Mexique, au Guatemala et au Nicaragua, et qui prouvent l'existence de la tradition diluvienne chez les populations de l'Amérique avant l'arrivée des conquérants européens. Appuyées sur ces faits, les narrations diluviennes des tribus illettrées du Nouveau-Monde méritent d'être mentionnées, mais avec la réserve que nous venons d'indiquer.

La plus remarquable comme excluant, par sa forme même, l'idée d'une communication de la tradition par les Européens, est celle des Chéroquis. Elle semble une traduction enfantine du récit de l'Inde, avec cette différence, que c'est un chien qui s'y substitue au poisson, dans le rôle de sauveur de l'homme qui échappe au cataclysme.

« Le chien ne cessait pas pendant plusieurs jours de parcourir avec une persistance singulière les bords de la rivière, regardant l'eau fixement et hurlant comme en détresse. Son maître s'étant irrité de ces manœuvres, lui ordonna d'un ton rude de rentrer à la maison ; alors il se mit à parler et révéla le malheur qui le menaçait. Il termina sa prédiction en disant que son maître, et la famille de celui-ci, ne pourrait échapper à la submersion qu'en le jetant immédiatement à l'eau, lui chien, car il deviendrait alors leur sauveur. Qu'il s'en irait en nageant chercher un bateau pour se mettre à l'abri, avec ceux qu'il voulait faire échapper, mais qu'il n'y avait pas à perdre un moment, car il allait survenir une pluie terrible qui produirait une inondation générale, où tout périrait. L'homme obéit à ce que lui disait son chien ; il fut ainsi sauvé avec sa famille, et ce furent eux qui repeuplèrent la terre. »

On prétend que les Tamanakis, tribus caraïbes des bords de l'Orénoque, ont une légende diluvienne, d'après laquelle un homme et une femme auraient seuls échappé au cataclysme en gagnant le sommet du mont Tapanacu. Là, ils auraient jeté derrière eux par-dessus leurs têtes des fruits de cocotier, d'où serait sortie une nouvelle race d'hommes et de femmes. Si le rapport est exact, ce que nous n'oserions affirmer, il y aurait là un bien curieux accord avec un des traits essentiels de l'histoire hellénique de Deucalion et Pyrrha.

Les explorateurs russes ont signalé l'existence d'une narration enfantine du déluge dans les îles Aléoutiennes, qui forment le chaînon géographique entre l'Asie et l'Amérique septentrionale, et à l'extrémité de la côte nord-ouest américaine, chez les Kolosches. Le voyageur Henry raconte cette tradition, qu'il avait recueillie chez les Indiens des grands lacs : « Autrefois le père des tribus indiennes habitait vers le soleil levant. Ayant été averti en songe qu'un déluge allait désoler la terre, il construisit un radeau, sur lequel il se sauva avec sa famille et tous les animaux. Il flotta ainsi plusieurs mois sur les eaux. Les animaux, qui parlaient alors, se plaignaient hautement et murmuraient contre lui. Une nouvelle terre apparut enfin ; il y descendit avec toutes les créatures, qui perdirent dès lors l'usage de la parole, en punition de leurs murmures contre leur libérateur. » Selon le P. Charlevoix, les tribus du Canada et de la vallée du Mississipi rapportaient, dans leurs grossières légendes, que tous les humains avaient été détruits par un déluge, et qu'alors le Grand-Esprit, pour repeupler la terre, avait changé des animaux en hommes. Nous devons à J.-G. Kohl la connaissance de la version des Chippeways, pleine de traits bizarres et difficiles à expliquer, où l'homme sauvé du cataclysme est appelé Ménaboschu[1]. Pour savoir si la terre se dessèche, il envoie de son embarcation un

---

[1] Ceci semble une altération du sanscrit Manou Vaivasvata.

oiseau, le plongeon ; puis, une fois revenu sur le sol débarrassé des eaux, il devient le restaurateur du genre humain et le fondateur de la société.

Il était question, dans les chants des habitants de la Nouvelle-Californie, d'une époque très reculée où la mer sortit de son lit et couvrit la terre. Tous les hommes et tous les animaux périrent à la suite de ce déluge, envoyé par le dieu suprême Chinigchinig, à l'exception de quelques-uns, qui s'étaient réfugiés sur une haute montagne où l'eau ne parvint pas. Les commissaires des États-Unis, chargés de l'exploration des territoires du Nouveau-Mexique, lors de leur prise de possession par la grande République américaine, ont constaté l'existence d'une tradition pareille chez diverses tribus des indigènes de cette vaste contrée. D'autres récits du même genre sont encore signalés par d'autres voyageurs en diverses parties de l'Amérique du nord, avec des ressemblances plus ou moins accusées avec la narration biblique. Mais ils sont généralement indiqués d'une manière trop vague pour que l'on puisse se fier absolument aux détails dont ceux qui les rapportent les ont accompagnés.

Il n'est pas jusqu'à l'Océanie où l'on n'ait pensé retrouver, non dans la race des nègres pélagiens ou Papous [1], mais dans la race polynésienne, originaire des archipels de l'Australasie, la tradition diluvienne, mêlée à des traits empruntés aux ras de marée, qui sont un des fléaux les plus habituels de ces îles. Le récit le plus célèbre en ce genre est celui de Tahiti, que l'on a plus spécialement que les autres rattaché à la tradition des premiers âges. Mais ce récit, comme tous ceux de la même partie du monde où l'on a vu le souvenir du déluge, a revêtu le caractère enfantin qui est le propre des légendes des populations polynésiennes ou canaques, et d'ailleurs, comme l'a justement remarqué M. Maury, la narration de Tahiti pourrait s'expliquer très naturellement par le souvenir d'un de ces ras de marée si fréquents dans la Polynésie. Le trait le plus essentiel de tous les récits proprement diluviens fait défaut. « L'île de Toa-Marama, dans laquelle, suivant le récit de Tahiti, se réfugièrent les pêcheurs qui avaient excité la colère du dieu des eaux, Rouahatou, en jetant leur hameçon dans sa chevelure, n'a pas, dit

---

[1] Sauf à Fidji, point où les Polynésiens ont été quelque temps établis au milieu des Mélaniens, et où ils n'ont été détruits par ceux-ci qu'après avoir infusé dans la population un élément assez marqué pour avoir fait des Fidjiiens une race mixte plutôt que purement noire.

M. Maury, de ressemblance avec l'arche[1]. » Il est vrai qu'une des versions de la légende tahitienne ajoute que les deux pêcheurs se rendirent à Toa-Marama, non-seulement avec leurs familles, mais avec un cochon, un chien et un couple de poules, circonstance qui se rapproche fort de l'entrée des animaux dans l'arche. D'un autre côté, certains traits du récit des Fidjiens, surtout celui que pendant de longues années après l'événement on tint constamment des pirogues toutes prêtes pour le cas où il se reproduirait, se rapportent bien plus à un phénomène local, à un raz de marée, qu'au déluge universel.

Cependant, si ces légendes se rattachaient exclusivement à des catastrophes locales, il serait singulier qu'elles se reproduisissent presque pareilles dans un certain nombre de localités fort éloignées les unes des autres, et que parmi les populations de l'Océanie elles n'existassent que là où se rencontre, où du moins a pris pied pour quelque temps et laissé des vestiges incontestables de son passage, une seule race, la race polynésienne, originaire de l'archipel Malais, d'où ses premiers ancêtres n'émigrèrent que vers le ive siècle de l'ère chrétienne, c'est-à-dire à une époque à laquelle, de proche en proche, par suite des rapports entre l'Inde et une partie de la Malaisie, la narration du déluge, sous sa forme indienne plus ou moins altérée, avait pu y pénétrer. Sans oser donc trancher d'une manière affirmative dans un sens ou dans l'autre cette question difficile, et peut-être à toujours insoluble, nous ne croyons pas que l'on puisse absolument rejeter l'opinion de ceux qui, dans les récits polynésiens, dont nous avons cité deux échantillons, veulent trouver un écho de la tradition du déluge, très affaibli, très altéré, plus inextricablement confondu que partout ailleurs avec le souvenir de désastres locaux d'une date peu éloignée.

La longue revue à laquelle nous venons de nous livrer, nous permet d'affirmer que le récit du déluge est une tradition universelle dans tous les rameaux de l'humanité, à l'exception toutefois de la race noire. Mais un souvenir partout aussi précis et aussi concordant ne saurait être celui d'un mythe inventé à plaisir. Aucun mythe religieux ou cosmogonique ne présente ce caractère d'universalité. C'est nécessairement le souvenir d'un événement réel et terrible, qui frappa assez

---

[1] Remarquons cependant que, dans le mythe iranien de Yima, que nous avons rapporté plus haut, un enclos carré (*vara*), préservé miraculeusement du déluge, tient la place de l'arche de la Bible et du vaisseau de la tradition chaldéenne.

puissamment l'imagination des premiers ancêtres de notre espèce, pour n'être jamais oublié de leur descendance. Ce cataclysme se produisit près du berceau premier de l'humanité, et avant que les familles-souches, d'où devaient descendre les principales races, ne fussent encore séparées ; car il serait tout à fait contraire à la vraisemblance et aux saines lois de la critique d'admettre que, sur autant de points différents du globe qu'il faudrait le supposer, pour expliquer ces traditions partout répandues, des phénomènes locaux exactement semblables se seraient reproduits et que leur souvenir aurait toujours pris une forme identique, avec des circonstances qui ne devaient pas nécessairement se présenter à l'esprit en pareil cas.

Notons cependant que la tradition diluvienne n'est peut-être pas primitive, mais importée, en Amérique, qu'elle a sûrement ce caractère d'importation chez les rares populations de race jaune où on la retrouve ; enfin que son existence réelle en Océanie, chez les Polynésiens, est encore douteuse. Restent trois grandes races auxquelles elle appartient sûrement en propre, qui ne se la sont pas empruntées les unes aux autres, mais chez lesquelles, cette tradition est incontestablement primitive, remonte aux plus anciens souvenirs des ancêtres. Et ces trois races sont précisément les seules dont la Bible parle pour les rattacher à la descendance de Noa'h, celles dont elle donne la filiation ethnique dans le chapitre X de la Genèse. Cette observation, qu'il ne me paraît pas possible de révoquer en doute, donne une valeur singulièrement historique et précise à la tradition qu'enregistre le livre sacré, et telle qu'il la présente, si d'un autre côté elle doit peut-être conduire à lui donner une signification plus resserrée géographiquement et ethnologiquement. Et l'on ne saurait hésiter à reconnaître que le déluge biblique, loin d'être un mythe, a été un fait historique et réel, qui a frappé à tout le moins les ancêtres des trois races aryenne ou indo-européenne, sémitique ou syro-arabe, chamitique ou kouschite, c'est-à-dire des trois grandes races civilisées du monde ancien, de celles qui constituent l'humanité vraiment supérieure, avant que les ancêtres de ces trois races ne se fussent encore séparés et dans la contrée de l'Asie qu'ils habitaient ensemble.

## § 5. — LE BERCEAU DE L'HUMANITÉ POSTDILUVIENNE[1].

Le lieu où le récit biblique montre l'arche s'arrêtant après le déluge, le point de départ qu'elle assigne aux Noa'hides est « les montagnes d'Ararat. » A dater d'une certaine époque ce souvenir s'est appliqué à la plus haute montagne de la chaîne de l'Arménie, qui, dans le cours des migrations diverses dont ce pays a été le théâtre, a reçu en effet le nom d'Ararat, plus anciennement que le IXe siècle avant l'ère chrétienne, après avoir été désigné sous celui de Masis par les premiers habitants indigènes. La plupart des interprètes de l'Écriture Sainte ont adopté cette manière de voir, bien que d'autres, dans les premiers siècles du christianisme, préférassent suivre les données de la tradition chaldéenne rapportée par Bérose, laquelle mettait le lieu de la descente de Xisouthros ('Hasisadra) dans une partie plus méridionale de la même chaîne, aux monts Gordyéens, les montagnes du Kurdistan actuel, au nord-est de l'Assyrie. La montagne de Nizir, où la tradition de la sortie du vaisseau du patriarche sauvé du cataclysme est localisée par le récit déchiffré sur les tablettes cunéiformes de Ninive, que nous avons rapporté tout à l'heure, constituait la portion sud de ce massif. Sa situation par 36° de latitude est, en effet, déterminée formellement par les indications que fournit, dans ses inscriptions historiques, le monarque assyrien Asschour-naçir-abal au sujet d'une expédition militaire qu'il conduisit dans cette contrée. Il s'y rendit en partant d'une localité voisine d'Arbèles, en passant la rivière du Zab inférieur et en marchant toujours vers l'Orient.

Si l'on examine attentivement le texte sacré, il est impossible d'admettre que dans la pensée de l'écrivain de la Genèse l'Ararat du déluge fût celui de l'Arménie. En effet, quelques versets plus loin[2], il est dit formellement que ce fut en marchant toujours de l'est à l'ouest que la postérité de Noa'h parvint dans les plaines de Schine'ar. Ceci s'accorde beaucoup mieux avec la donnée de la tradition chaldéo-babylonienne sur la montagne de Nizir comme point de départ de l'humanité renouvelée après le cataclysme. Mais il faut remarquer que

---

[1] Sur cet ordre de traditions, voy. principalement d'Eckstein, *De quelques légendes brahmaniques qui se rapportent au berceau de l'espèce humaine*, Paris, 1856. — Renan, *De l'origine du langage*, 2e édition, p. 218-235. — Obry, *Le berceau de l'espèce humaine selon les Indiens, les Perses et les Hébreux*. Amiens, 1858.

[2] *Genes.*, XI, 2.

si l'on prolonge davantage dans la direction de l'Orient, par delà les monts Gordyéens, la recherche d'un très haut sommet, comme celui où l'arche se fixe, on arrive à la chaîne de l'Hindou-Kousch, ou plutôt encore aux montagnes où l'Indus prend sa course. Or, c'est exactement sur ce dernier point que convergent les traditions sur le berceau de l'humanité chez deux des grands peuples du monde antique, qui ont conservé les souvenirs les plus nets et les plus circonstanciés des âges primitifs, les récits les plus analogues à ceux de la Bible et des livres sacrés de la Chaldée, je veux dire les Indiens et les Iraniens.

Dans toutes les légendes de l'Inde, l'origine des humains est placée au mont Mêrou, résidence des dieux, colonne qui unit le ciel à la terre. Ce mont Mêrou a plus tard été déplacé à plusieurs reprises, par suite du progrès de la marche des Aryas dans l'Inde; les Brahmanes de l'Inde centrale ont voulu avoir dans leur voisinage la montagne sacrée, et ils en ont transporté le nom d'abord au Kailâsa, puis au Mahâpantha (surnommé Soumêrou), et plus tardivement encore la propagation des doctrines bouddhiques chez les Birmans, les Chinois et les Singhalais, fit revendiquer par chacun de ces peuples le Mêrou pour leur propre pays. C'est exactement de même que nous voyons l'Ararat diluvien se déplacer graduellement, en étant fixé d'abord dans les monts Gordyéens, puis à l'Ararat d'Arménie. Mais le Mêrou primitif était situé au nord, par rapport même à la première habitation des tribus aryennes sur le sol indien, dans le Pendjâb et sur le haut Indus. Et ce n'est pas là une montagne fabuleuse, étrangère à la géographie terrestre; le baron d'Eckstein a complétement démontré son existence réelle, sa situation vers la Sérique des anciens, c'est-à-dire la partie sud-est du Thibet.

Mais les indications des Iraniens sont encore plus précises, encore plus concordantes avec celles qui résultent de la Bible, parce qu'ils se sont moins éloignés du berceau primitif, qui n'a pas pris par conséquent pour eux un caractère aussi nuageux. Les souvenirs si précieux sur les stations successives de la race, qui sont contenus dans un des plus antiques chapitres des livres attribués à Zoroastre[1], caractérisent

---

[1] Voy. Ritter, *Erdkunde*, Asien, t. VIII, 1ʳᵉ partie, p. 29-31, 50-69. — Haug, *Der erste Kapitel der Vendidad*, dans le tome V de Bunsen, *Ægyptens Stelle*. — Kiepert, dans le *Bulletin de l'Académie de Berlin*, décembre 1856. — Obry, *Du berceau de l'espèce humaine*, p. 61 et suiv. — Spiegel, *Avesta*, t. I, p. 4 et suiv.

l'Airyana Vaedja, point de départ originaire des hommes et particulièrement des Iraniens, comme une contrée septentrionale, froide et alpestre, d'où la race des Perses descendit au sud vers la Sogdiane [1]. Là s'élève l'ombilic des eaux, la montagne sainte, le Harâ Berezaiti du Zend-Avesta, l'Albordj des Persans modernes, du flanc duquel découle le fleuve non moins sacré de l'Arvand, dont les premiers hommes burent les eaux. Notre illustre Eugène Burnouf a démontré, d'une manière qui ne laisse pas place au doute, que le Harâ Berezaiti est le Bolor, ou Belourtagh, et que l'Arvand est l'Iaxarte ou plutôt le Tarim [2]. « Il est vrai, remarque M. Renan, que les noms de Berezaiti et d'Arvand ont servi plus tard à désigner des montagnes et des fleuves fort éloignés de la Bactriane : on les trouve successivement appliqués à des montagnes et à des fleuves de la Perse, de la Médie, de la Mésopotamie, de la Syrie, de l'Asie-Mineure, et ce n'est pas sans surprise qu'on les reconnaît dans les noms classiques du Bérécynthe de Phrygie et de l'Oronte de Syrie. » Ce dernier est particulièrement curieux, car nous le lisons déjà dans les inscriptions égyptiennes de la XVIII$^e$ et de la XIX$^e$ dynastie, et il n'a certainement pas été apporté dans la Syrie septentrionale par des populations aryennes, mais par les Sémites. Les faits que nous venons de citer sont le produit du déplacement que subissent toutes les localités de la géographie légendaire des premiers âges. « Les races, dit encore M. Renan, portent avec elles dans leurs migrations les noms antiques auxquels se rattachent leurs souvenirs, et les appliquent aux montagnes et aux fleuves nouveaux qu'elles trouvent dans les pays où elles s'établissent. » C'est ce qui est arrivé aussi au nom d'Ararat. M. Obry a fait voir que la montagne que les tribus aryennes regardaient comme le berceau sacré de l'humanité, avait originairement porté dans leurs souvenirs le nom d'Aryâratha, char des vénérables, « parce qu'à sa cime était censé tourner le char des sept Mahârschis brahmaniques, des sept Amescha-Çpentas perses et des sept Kakkabi chaldéens, c'est-à-dire le char des sept astres de la Grande-Ourse. » Ce nom d'Aryâratha est la source de celui d'Ararat, et c'est seulement plus tard que les premières tribus aryennes, qui vinrent en Arménie, le transportèrent au mont appelé aussi Masis. Ainsi la donnée biblique d'un

---

[1] Il a été ensuite transporté dans l'Atropatène des géographes classiques ; Spiegel, *Eränische Alterthumskunde*, t. I, p. 683.

[2] *Commentaire sur le Yaçna*, t. I, p. 239 et suiv., CXI et suiv., CLXXXI et suiv.

Ararat primitif, situé très à l'est du pays de Schine'ar, coïncide exactement avec les traditions des peuples aryens.

Nous voici donc reportés, par l'accord de la tradition sacrée et des plus respectables parmi les traditions profanes, au massif montueux de la Petite-Boukharie et du Thibet occidental, comme au lieu d'où sortirent les races humaines. C'est là que quatre des plus grands fleuves de l'Asie, l'Indus, le Tarîm, l'Oxus et l'Iaxarte prennent leur source. Les points culminants en sont le Beloustagh et le vaste plateau de Pamir, si propre à nourrir des populations primitives encore à l'état pastoral, et dont le nom, sous sa forme première, était Oupa-Mêrou, « le pays sous le Mêrou, » ou peut-être Oupa-mira, « le pays auprès du lac, » qui lui-même avait motivé l'appellation du Mêrou. C'est encore là que certains souvenirs des Grecs nous forcent à tourner nos regards, particulièrement l'expression sacrée μέροπες ἄνθρωποι, qui ne peut avoir voulu dire originairement que « les hommes issus du Mêrou. » Les souvenirs d'autres peuples sur la patrie d'origine de leurs ancêtres convergent aussi dans la même direction, mais sans atteindre le point central, oblitérés qu'ils sont en partie par l'éloignement. Les Chinois se disent issus du Kouen-lun. « Les tribus mongoles, remarque M. Renan, rattachent leurs légendes les plus anciennes au Thian-Chan et à l'Altaï, les tribus finnoises à l'Oural, parce que ces deux chaînes leur dérobent la vue d'un plan de montagnes plus reculé. Mais prolongez les deux lignes de migration qu'indiquent ces souvenirs vers un berceau moins voisin, vous les verrez se rencontrer dans la Petite-Boukharie. »

Ces lieux ayant été le berceau de l'humanité postdiluvienne, les peuples qui en avaient gardé le souvenir furent amenés par une pente assez naturelle à y placer le berceau de l'humanité antédiluvienne. Chez les Indiens, les hommes d'avant le déluge, comme ceux d'après le déluge, descendent du mont Mêrou. C'est là que se trouve l'Outtara-Kourou, véritable paradis terrestre. C'est là aussi que nous ramène, chez les Grecs, le mythe paradisiaque des Méropes, les gens du Mêrou, mythe qui, transporté jusque dans la Grèce, s'y localisa dans l'île de Cos. Les Perses dépeignent l'Airyana Vaedja, situé sur le mont Harâ Berezaiti, comme un paradis exactement semblable à celui de la Genèse, jusqu'au jour où la déchéance des premiers pères et la méchanceté d'Angrômainyous le transforme en un séjour que le froid rend inhabitable. La croyance à un âge de bonheur et d'innocence par lequel débuta l'humanité, est en effet, nous l'avons déjà dit, une des plus positives et des plus importantes parmi les traditions communes aux Aryas et aux Sémites. Il n'est pas jusqu'au nom même de 'Eden qui n'ait été à une certaine époque appliqué à cette région, car il se retrouve clairement dans le nom du royaume d'Oudyâna ou du « jardin, » près de Kaschmyr, arrosé précisément par quatre fleuves comme le 'Eden biblique. Il est vrai qu'étymologiquement et au point de vue de la rigueur philologique, 'Eden et Oudyâna sont parfaitement distincts ; de ces deux noms l'un a revêtu une forme purement sémitique et significative dans cette famille de langues, l'autre une forme purement sanscrite et également significative. Mais c'est le propre de ces quelques noms de la géographie tout à fait primitive des traditions communes aux Aryas et aux Sémites, dont l'origine remonte à une époque bien antérieure à celle où les deux familles d'idiomes se constituèrent telles que nous pouvons les étudier, et dont l'étymologie réelle serait actuellement impossible à restituer, de se retrouver à la fois chez les Aryas et chez les Sémites sous des formes assez voisines pour que le rapprochement s'en fasse avec toute vraisemblance, bien que ces formes aient été combinées de manière à avoir un sens dans les langues des uns et des autres. Les plus anciennes traditions religieuses et les vieilles légendes du brahmanisme se rattachent au pays d'Oudyâna, qui certainement a été un des points où se sont localisées les traditions paradisiaques de l'Inde. Mais ce n'a été que par un déplacement vers le sud de la position du 'Eden primitif, qui était d'abord plus au nord, quand les habitants de cette région prétendirent posséder le Mêrou dans leurs monts Nischadhas, d'où les compagnons d'Alexandre-le-Grand conclurent que c'était là le Mêros (μηρὸς « cuisse ») de Zeus, où Dionysos avait été recueilli après le foudroiement de sa mère Sémélé. Il est à remarquer que Josèphe et les plus anciens Pères de l'Église furent conduits, par des raisons fort différentes de celles qui amènent la science moderne au même résultat, à placer le paradis terrestre du récit biblique à l'est des possessions sémitiques et même au delà, dans les environs de la chaîne de l'Imaüs ou Himalaya.

La description du jardin de 'Eden dans la Genèse est bien certainement un de ces documents primitifs, antérieurs à la migration des Hébreux vers la Syrie, que la famille d'Abraham apporta avec elle en quittant les bords de l'Euphrate, et que le rédacteur du Pentateuque inséra dans son texte, tels que la tradition les avait conservés. Il a trait à des pays dont il n'est plus question dans le reste de la Bible, et tout, comme dans d'autres morceaux placés également au début de la Genèse, y est empreint de la couleur symbolique propre à l'esprit des premiers âges. Dans le pays de 'Eden est un jardin qui sert au premier couple humain de séjour ; la tradition se le représente sur le modèle d'un de ces *paradis* des monarques asiatiques, ayant au centre le cyprès pyramidal. Mais on ne saurait voir dans cette analogie un argument en faveur de l'opinion qui regarderait les récits relatifs au jardin de 'Eden comme empruntés par les Juifs aux Perses, vers le temps de la captivité. En effet, si le nom des paradis des rois de l'Asie est purement iranien, zend *paradâeçô*, le type de ces jardins, comme la plupart des détails de civilisation matérielle des empires de Médie et de Perse, tire son origine des usages des antiques monarchies de Babylone et de Ninive, aussi bien que la relation de ces paradis artificiels avec les données des traditions édéniques. Ce qui prouve, du reste, d'une manière à notre avis tout à fait définitive, la haute antiquité du récit de la Genèse sur le jardin de 'Eden et la connaissance qu'en avaient les Hébreux bien avant la captivité, c'est l'intention manifeste d'imiter les quatre fleuves édéniques, qui présida aux travaux de Schelomoh (Salomon) et de 'Hizqiahou (Ezéchias) pour la distribution des eaux de Yerouschalaïm, considérée à son tour comme le nombril de la terre [1], au double sens de centre du globe et de source des fleuves. Les quatre ruisseaux qui arrosaient la ville et le pied de ses remparts, et dont l'un s'appelait Gi'hon comme un des fleuves paradisiaques, étaient réputés sortir de la source d'eau vive qu'on supposait placée sous le temple. Et en présence de cette dernière circonstance nous n'hésitons pas à mettre, avec Wilford, le nom de la montagne sur laquelle avait été construit le temple, Moriah, nom qui n'a aucune étymologie naturelle dans les langues sémitiques, en rapprochement avec celui du Mêrou, le mont paradisiaque des Indiens, regardé aussi comme le point de départ de quatre fleuves.

En effet, suivant la Genèse, du pays de 'Eden sort un fleuve qui arrose le jardin, puis se divise en quatre fleuves. Le nom du premier est Pischon ; il entoure toute la terre de 'Havilah, où se trouve l'or ;

---

[1] *Ezech.* V, 5.

l'or de ce pays est excellent ; là aussi se trouve le *bedola'h,* le *budil'hu* des textes cunéiformes, c'est-à-dire l'escarboucle, et la pierre *schoham,* dont les documents assyriens nous ont fait connaître la véritable nature et qui est le lapis-lazuli. Le nom du second fleuve est Gi'hon : il entoure toute la terre de Kousch. Le nom du troisième fleuve est 'Hid-Deqel ;

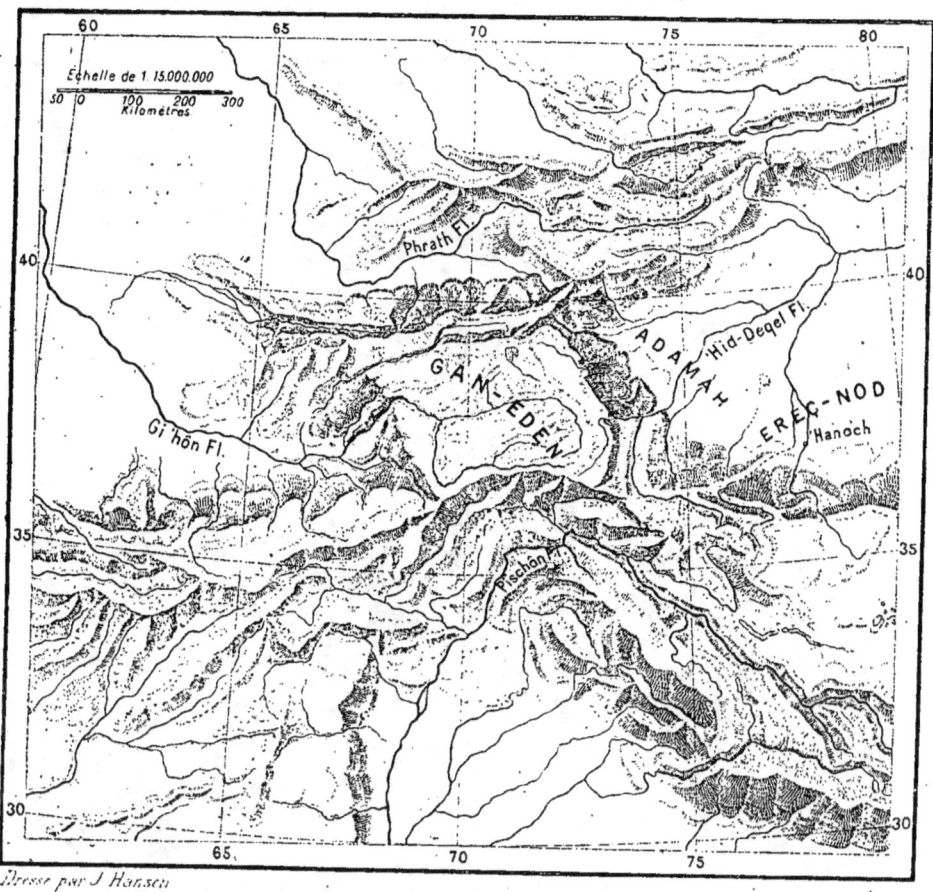

Localisation des données géographiques de la Genèse sur le 'Eden et les contrées environnantes, dans la région du Pamir [1].

il coule devant le pays d'Asschour. Le quatrième fleuve est le Phrath[2]. Le *Boundehesch* pehlevi contient une description toute pareille ; et pourtant on ne saurait admettre ici un emprunt, ni de la Genèse aux traditions du zoroastrisme, ni du livre mazdéen à la Genèse ; d'où il

---

[1] Cette carte et les suivantes ont été dressées par M. J. Hansen, d'après les documents les plus récents.
[2] *Genes.,* II, 8-14.

faut bien conclure que l'un et l'autre ont également puisé à une vieille tradition qui remontait réellement aux âges voisins de la naissance de l'humanité. En combinant les données du *Boundehesch* avec celles des livres zends, d'une rédaction beaucoup plus ancienne, on arrive à compléter les noms des quatre fleuves que les Iraniens admettaient comme sortant à la fois de l'Airyana Vaedja : l'Arang-roût, primitive-

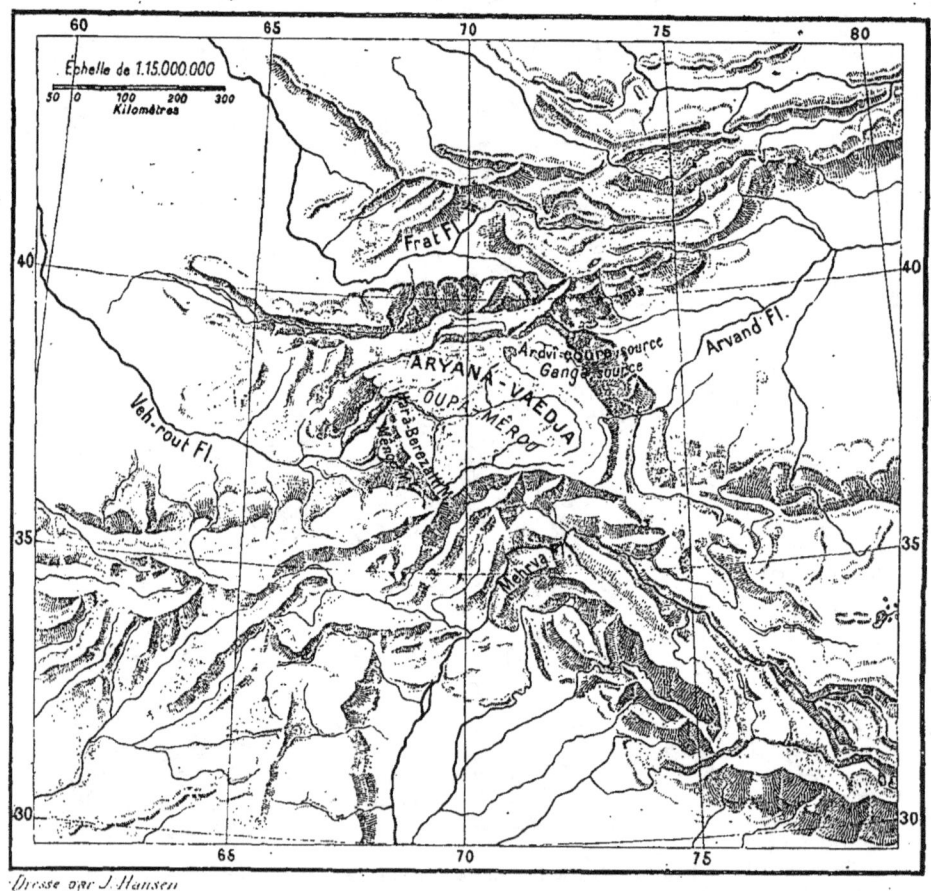

Géographie des traditions paradisiaques des peuples iraniens[1].

ment Rangha (l'Iaxarte), fleuve appelé aussi Frât; le Veh-roût, primitivement Vangouhi (l'Oxus); le Dei-roût ou antérieurement Arvand (le Tarîm) enfin le Mehrva ou Mehra-roût (l'Indus supérieur).

Que la description biblique du jardin de 'Eden se rapporte originairement à la même contrée que les autres traditions passées par nous

---

[1] Les noms du mont *Mérou*, du plateau d'*Oupa-Mérou* et de la source *Ganga* sont empruntées à la tradition indienne.

en revue, la grande majorité des savants sont aujourd'hui d'accord sur ce point, et en effet bien des preuves l'établissent. C'est le lieu du monde où l'on peut dire avec le plus de vérité que quatre grands fleuves sortent d'une même source. Là se trouvent, comme autour du paradis de la Genèse, l'or et les pierres précieuses. Il est certain, d'ailleurs, que deux des fleuves paradisiaques sont les plus grands fleuves qui prennent leur source dans le massif du Belourtagh et de Pamir, l'un vers le nord et l'autre au sud. Le Gi'hon est l'Oxus, appelé encore aujourd'hui Dji'houn par ses riverains ; la plupart des commentateurs modernes sont unanimes à cet égard. Le nom de Gi'hon présente, du reste, la même particularité que presque tous ceux de la géographie des traditions primitives ; sans que la forme s'en altère essentiellement, il prend un sens pour les peuples sémitiques et pour les peuples aryens. Pour les premiers il signifie « le fleuve impétueux, » pour les seconds « le fleuve sinueux, tortueux. » Le pays de Kousch, que baigne ce fleuve, semblerait être ainsi le séjour primitif de la race Kouschite, dont le berceau apparaîtrait à côté de celui des Aryas et des Sémites. Dans le Pischon, où la tradition a toujours vu un fleuve de l'Inde, il est difficile de méconnaître le haut Indus, et le pays de 'Havilah, qu'il longe, paraît bien être le pays de Darada, vers Kaschmyr, célèbre dans la tradition grecque et indienne par sa richesse, et où l'on trouve une foule de noms géographiques apparentés à celui de 'Havilah.

Mais, d'un autre côté, les deux derniers fleuves paradisiaques de la Genèse, le 'Hid-Deqel et le Phrath sont non moins positivement les deux grands fleuves de la Mésopotamie, le Tigre et l'Euphrate. Le nom du premier se présente dans le texte biblique avec sa forme de la langue non-sémitique de Schoumer et d'Accad, telle que nous la lisons dans les documents cunéiformes, Hid-Diqla, « le fleuve Tigre ; » et l'indication qu'il « coule devant le pays d'Asschour » ne laisse pas de doute possible sur son identification. Quelques érudits, comme Bunsen et le baron d'Eckstein, en ont conclu que le 'Eden biblique avait une bien plus grande étendue que le paradis des Indiens et des Iraniens, qu'il comprenait toute la vaste région qui va des montagnes d'où sortent l'Oxus et l'Indus, à l'est, aux montagnes d'où descendent le Tigre et l'Euphrate, à l'ouest, région fertile, tempérée, véritable séjour de délices situé entre des pays brûlés du soleil ou désolés par le froid. A ceci doit être objecté qu'en donnant une pareille étendue au sens géographique du nom de 'Eden, on ne comprendrait plus comment il a été possible de regarder quatre fleuves, formant deux groupes aussi distants l'un de l'autre, comme sortant de la même source. D'ailleurs, il est encore une des indications du texte biblique sur un troisième des fleuves paradisiaques qui peut parfaitement s'entendre comme se rapportant à la Mésopotamie. C'est la mention de la terre de Kousch, qu'entoure le Gi'hon ; car on est en droit d'y voir le pays des Cosséens ou des Cissiens de la géographie classique, des Kasschi- des textes cunéiformes, c'est-à-dire la contrée de 'Elam.

Il est positif que, comme nous l'avons déjà signalé tout à l'heure, qu'un des noms religieux les plus antiques de Babylone est Tin-tir-kî, appellation accadienne qui veut dire « le lieu de l'arbre de la vie. » En même temps, le nom de Gan-Dounyasch, « le jardin du dieu Dounyasch, » donné à partir d'une certaine époque au district admirable de fertilité dont Babylone est le centre, offre une remarquable assonnance avec le biblique Gan-'Eden ou « jardin de 'Eden. » C'est

Localisation des fleuves paradisiaques, dans la Mésopotamie [1].

en se fondant sur ces faits, et sur quelques autres qui viennent les confirmer, que sir Henry Rawlinson et M. Friedrich Delitzsch ont cherché à prouver que les Babyloniens avaient localisé là tradition édénique dans leur propre contrée, et que la narration biblique a aussi en vue la même donnée de situation. Et, en effet, il est facile de retrouver dans la Babylonie et la Chaldée quatre cours d'eau à qui l'on appliquera très bien les caractéristiques fournies par la Genèse pour ceux qui sortent du jardin de 'Eden : d'abord les cours principaux de l'Euphrate et du Tigre, qui seront le Phrath et le 'Hid-Deqel ; puis le Choaspès (appelé Sourappi dans les textes cunéiformes), qui coule le long de la contrée de 'Elam où sont les Cosséens, et qui sera, par conséquent, le Gi'hon ; enfin le bras occidental de l'Euphrate (l'Ougni des documents indigènes), que l'on identifiera au Pischon, d'autant plus

---

[1] Les noms écrits en lettres droites sont ceux de la tradition chaldéenne, les noms écrits en lettres penchées ceux de la Bible.

qu'il longe le désert de l'Arabie, auquel le nom de 'Havilah a pu être appliqué, en le prenant pour un terme sémitique signifiant un « pays de sables », et qu'il est un fleuve qui dort au milieu des roseaux (en assyrien *pisanni*).

Tout ceci est très vraisemblable. J'admets pleinement cette localisation de la tradition du 'Eden dans la Babylonie et dans la Chaldée, et je reconnais qu'elle explique seule certains traits du texte de la Genèse. Mais elle n'a été sûrement que le résultat d'un transport de la donnée consacrée par de bien plus antiques souvenirs, qui avait pris naissance dans une contrée beaucoup plus reculée vers l'est. La conception du 'Eden et de ses quatre fleuves a pu être appliquée aux plaines voisines du golfe Persique ; elle n'y a pas pris naissance, pas plus que dans le massif des montagnes de l'Arménie, où on l'a aussi naturalisée, trouvant les fleuves paradisiaques dans les quatre grands fleuves qui en sortent vers différentes directions, le Tigre et l'Euphrate ('Hid-Deqel et Phrath), l'Araxe, auquel on a quelquefois appliqué le nom de Gi'hon, et le Kour ou bien le Phase, dont l'appellation paraît reproduire celle de Pischon. Il suffit de lire attentivement le texte biblique pour y discerner, sous les données qui ont trait aux fleuves de la Babylonie, d'autres plus anciennes qui ne peuvent s'appliquer à cette contrée et qui reportent forcément au même point de départ que les traditions de l'Inde et de l'Iran. C'est avant tout la donnée fondamentale de la conception géographique du Gan-'Eden, le cours d'eau unique qui entre dans le jardin pour l'arroser, et qui s'y divise de façon à sortir en quatre fleuves dans des directions divergentes. En Babylonie, nous avons exactement l'inverse, deux fleuves divisés en quatre rameaux qui entrent séparés dans le Gan-Dounyasch pour s'y réunir et en sortir en formant un seul cours d'eau. C'est ensuite l'indication des produits minéraux, métaux et pierres précieuses, du pays arrosé par le Pischon, qui sont bien plus ceux de la contrée de 'Havilah du haut Indus que ceux de l'Arabie.

Nous ne croyons pas cependant que l'on doive supposer, avec Ewald, que les noms de 'Hid-Deqel et de Phrath, de Tigre et d'Euphrate, aient été, à une époque postérieure au déplacement de la tradition des fleuves paradisiaques, substitués à deux noms plus anciens, que l'on ne comprenait plus. Nous pensons au contraire, avec M. Obry, que ces noms, aussi bien que ceux de Gi'hon et de Pischon, sont du nombre des appellations qui, appartenant à la géographie traditionnelle des âges primitifs, ont été plus tard transportés dans l'ouest avec les migrations des peuples. Il nous semble probable qu'à l'origine il y a eu un Tigre et un Euphrate primitifs, parmi les fleuves sortant du plateau de Pamir. Remarquons que, dans la tradition des Persans, l'Arvand s'est confondu avec le Tigre, ce qui donne lieu de soupçonner l'existence antique, chez les Iraniens, d'un nom analogue à celui de 'Hid-Deqel parallèlement au nom de Arvand. Plus positive est la présence du nom de Frât dans les livres mazdéens parmi les désignations des fleuves paradisiaques. Pour le rédacteur de basse époque du *Boundehesch*, peut-être influencé ici par la donnée biblique, ce Frât est l'Euphrate de la Mésopotamie. Mais des preuves nombreuses établissent que plus anciennement la même appellation a été attachée à l'Helmend, l'Etymander des Grecs, lorsque la notion de la montagne sainte avec ses quatre fleuves se fut localisée dans la partie méridionale de l'Hindou-Kousch, au massif de l'Ouçadarena des livres zends, fameux comme le théâtre des révélations divines reçues par Zarathoustra (Zoroastre). Et, ceci étant, on peut encore avec certitude reporter le nom de Frât au point primitif où convergent toutes les traditions iraniennes sur le berceau de l'humanité.

Une dernière circonstance achève de fixer le site originaire du 'Eden biblique dans la région que nous avons indiquée, d'accord avec tant de savants illustres. C'est le voisinage de la terre de Nod ou d'exil, de nécessité, située à l'orient de 'Eden, où Qaïn se retire après son crime et bâtit la première ville, la ville de 'Hanoch [1], car elle paraît bien correspondre à la lisière du désert central de l'Asie, du désert de Gobi. C'est là que se trouve cette ville de Khotan, dont les traditions, enregistrées dans des chroniques indigènes qui ont été connues des historiens chinois, remontaient beaucoup plus haut que celles d'aucune autre cité de l'Asie intérieure. Abel Rémusat, qui avait bien compris toute l'importance de ce que les Chinois racontent de cette ville et de ses souvenirs, y a consacré un travail spécial, auquel nous renverrons le lecteur [2]. Le savant baron d'Eckstein a fait ressortir tout ce qu'ont de précieux pour l'histoire primitive les renseignements qui y sont contenus; il a montré dans Khotan le centre d'un commerce métallurgique qui doit être regardé comme un des plus antiques du monde, et il ne

---

[1] *Genes.*, IV, 16-17.
[2] *Histoire de la ville de Khotan.* Paris, 1820, in-8º.

serait pas éloigné de rapporter à cette ville les récits de la Genèse sur la 'Hanoch qaïnite.

C'est donc bien au plateau de Pamir qu'a trait originairement le récit biblique sur le jardin de 'Eden, aussi bien que la tradition iranienne de l'Airyana Vaedja. Et l'assimilation des fleuves paradisiaques à ceux de cette contrée doit être faite de la manière suivante : Gi'hon=Oxus ; Pischon=Indus ; 'Hid-Deqel=Tarîm ; Phrath=Iaxarte. Mais dans la forme où nous possédons ce récit, au premier fond de la description traditionnelle, qui avait en vue cette région lointaine, se sont superposés certains traits empruntés à la Chaldée, lesquels se rattachent à une localisation postérieure de la donnée du paradis terrestre sur le cours inférieur du Tigre et de l'Euphrate.

Du reste, les Chaldéens, s'ils paraissent bien avoir transplanté dans leur propre pays, comme beaucoup d'autres peuples, l'antique tradition édénique, n'en avaient pas moins conservé, eux aussi, bien des restes de la forme plus ancienne de ces souvenirs, de celle qui les reportait à leur véritable berceau. La conception de la montagne sainte et paradisiaque située au nord, plus haute que toutes les autres montagnes de la terre, colonne du monde autour de laquelle tournent les sept étoiles de la Grande-Ourse, assimilées aux sept corps planétaires, cette conception qui est celle du Mêrou, du Harâ-Berezaiti et de l'Aryâratha primitif, a été certainement connue et admise des Chaldéens. C'est ce que prouve surabondamment l'admirable et si poétique morceau du prophète Yescha'yahou (Isaïe)[1] sur la chute de l'orgueilleux monarque de Babylone, de cet astre du matin, fils de l'aurore, de cet oppresseur des nations qui s'était vanté de ne pas descendre, à l'exemple des autres rois, dans les profondeurs du schéôl[2], mais d'aller s'asseoir au-dessus des étoiles du Dieu fort et de prendre place à côté du Très-Haut sur la montagne de l'Assemblée (har môad) dans le Septentrion. Théodoret, natif de Syrie et profondément imbu de traditions orientales, dit à cette occasion : « On rapporte qu'il y a au nord des Assyriens et des Mèdes une haute montagne qui sépare ces peuples des nations scythiques, et que cette chaîne est la plus haute de toutes les montagnes de la terre. » Il applique donc la notion de la montagne à laquelle le prophète fait allusion, précisément au

---

[1] XIV, 4-20.
[2] La demeure des morts.

sommet sur lequel les Iraniens de la Médie avaient transporté et localisé leurs souvenirs bien antérieurs sur la montagne sainte, le Harâ Berezaiti ; car Théodoret a eu certainement en vue l'Elbourz du sud de la Mer Caspienne, si important par ses traditions mythiques, qui avait été connu des Assyriens dès le ix° siècle av. J.-C. sous son nom perse de Hâra-Barjat, altéré en Hâla-Barjat par la prononciation particulière aux Mèdes[1]. La donnée dont nous parlons a été conservée, comme tant d'autres débris des croyances religieuses de la Chaldée et de la Babylonie, par les Sabiens ou Mendaïtes, qui mariaient le culte des sept planètes à l'adoration des sept astres de la Grande-Ourse, dans leur célébration des mystères du Nord sur la haute montagne du Septentrion, réputée le séjour du Seigneur des lumières, du père des génies célestes.

Il est bien souvent question, dans les textes cunéiformes, de cette montagne sainte où se rassemblent les dieux, où est la source des eaux terrestres et qui sert de pivot aux mouvements célestes. On qualifie ce mont de « père des pays » (en assyrien *abu matâti*), preuve certaine de ce qu'on y rattachait les origines de l'humanité. C'est le point culminant de la convexité de la surface de la terre, d'où son appellation de « montagne de la terre » (en accadien *gharsak kalama*). Par rapport à la Chaldée et à l'Assyrie, on la considère comme située dans le nord-est, à côté du pays mystérieux d'Arali, célèbre par la quantité d'or qu'il produit, et où est placée la résidence des morts. Aussi la désigne-t-on encore comme « la Montagne de l'Orient » (en accadien *gharsak kurra*, en assyrien sémitique *schad schadi*). C'est à l'imitation de cette montagne sainte que les Chaldéens des plus anciennes époques, dans les plaines absolument sans une ondulation où l'Euphrate et le Tigre terminent leurs cours, faisaient de leurs temples de véritables montagnes artificielles, leur donnant typiquement et rituellement la forme d'une haute pyramide à degrés, que surmontait un petit sanctuaire.

Les « paradis » des monarques perses, parcs ombreux, plantés d'arbres, ornés de viviers, et placés en général au sommet de hauteurs, dont le nom signifiait « lieu élevé, endroit délicieux » (sanscrit *paradêças*, zend *paradaeçô*), et était déjà connu des populations de la Syrie et de la Palestine au temps où fut écrit le Cantique des cantiques[2], ces paradis étaient pour les rois iraniens, qui en entouraient leurs palais, une

---

[1] Fr. Lenormant, *Lettres assyriologiques*, t. I, p. 36.
[2] IV, 13.

image et une imitation du céleste paradis d'Ahouramazda, planté sur le Harâ Berezaiti. Mais ce type particulier et symbolique de jardins, avec l'idée qui s'y attachait, n'était pas exclusivement propre aux monarques iraniens de la Médie et de la Perse ; avant eux les rois d'Assyrie et de Babylone, dont ils copiaient presque tous les usages, avaient eu des « paradis » semblables. Il est même à remarquer que le type le plus parfait et le plus paradisiaque, dans le sens de l'imitation du jardin légendaire de la montagne sainte, berceau des hommes, en avait été donné à Babylone, dans les fameux jardins suspendus, que tous les auteurs décrivent comme une montagne artificielle, élevée jusqu'à une très grande hauteur sur des étages voûtés, couverte d'arbres de la plus forte dimension sur son sommet et sur ses terrasses latérales, et où des machines hydrauliques, placées aux quatre angles et puisant l'eau de l'Euphrate, entretenaient sur la plate-forme culminante des vi-

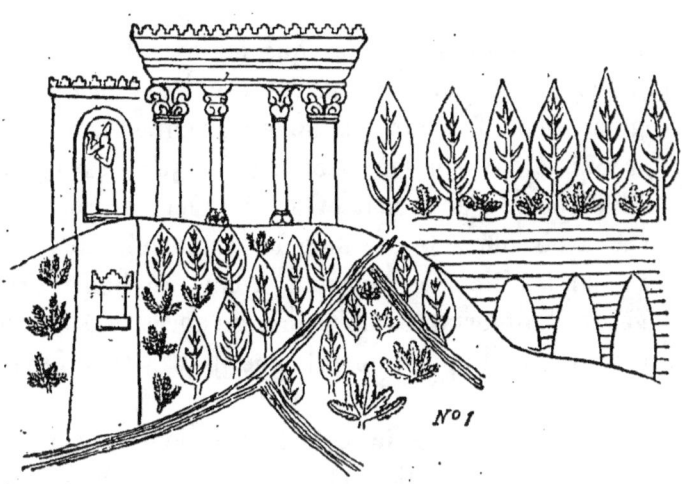

Un paradis artificiel assyrien [1].

viers et des courants d'eau, destinés bien évidemment à reproduire les courants d'eau du paradis traditionnel. Cependant du fait seul des jardins suspendus il n'y aurait pas de conséquence à tirer, car Bérose, Diodore de Sicile et Quinte-Curce racontent tous les trois une historiette d'après laquelle ce serait pour complaire à sa femme, princesse mède de naissance, et lui rappeler son pays natal, que Nabou-koudourri-ouçour (Nabuchodonosor) aurait créé ces jardins fameux, regardés depuis comme une des merveilles du monde. On serait donc en droit de supposer par là que ce prince avait transporté à Babylone un usage purement iranien, inconnu jusqu'alors à la civilisation chaldéo-assyrienne. Mais un monument assyrien d'époque antérieure vient

---

[1] D'après un bas-relief du palais de Koyoundjik, conservé au Musée Britannique.

répondre à cette objection. C'est un bas-relief du palais du roi Asschour-bani-abal, à Koyoundjik (première moitié du vii⁰ siècle av. J.-C.) ; on y voit un paradis royal attenant à un palais, planté de grands arbres, situé au sommet d'une éminence prolongée par un jardin suspendu que soutiennent des arcades, et arrosé par un cours d'eau unique, qui se divise en plusieurs canaux sur le flanc de la montagne, comme le fleuve du 'Eden biblique, la fontaine divine Ghe-tim-kour-koû de la Montagne de la Terre des Chaldéens, la source Arvanda ou Ardvî-çourâ du Harâ-Berezaiti iranien, et la Gangâ du Mêrou des Indiens.

### § 6. — LE PATRIARCHE SAUVÉ DU DÉLUGE ET SES TROIS FILS.

Nous avons déjà fait remarquer plus haut que les narrations chaldéennes, telles que nous les connaissons par les fragments de Bérose et par le texte original déchiffré sur les tablettes cunéiformes du Musée Britannique, réunissaient, sur le personnage du juste sauvé du déluge, ce que la Bible raconte de Noa'h et de 'Hanoch. Après être sorti de son vaisseau et avoir offert le sacrifice de la nouvelle alliance, 'Hasis-Adra est enlevé par les dieux et transporté dans un lieu retiré, où il jouit du privilége de l'immortalité, de même qu'après 365 ans de vie où « il marcha avec Dieu, 'Hanoch ne fut plus vu, car Dieu l'avait pris [1]. »

Le rénovateur de l'humanité après le cataclysme tient une place considérable dans les souvenirs traditionnels de la race aryenne [2], et le plus souvent il s'y confond avec le premier père du genre humain. La distinction des auteurs des deux humanités successives n'y apparaît un peu nettement que dans la formation du nom du Deucalion des Grecs, qui, étymologiquement, paraît avoir signifié « le second excellent, béni. » Dans le récit indien du déluge, le héros sauvé par la protection du poisson divin est Manou, dont le nom a été d'abord un terme désignant « l'homme » en général, en tant que « l'être intelligent, pensant, » avant de devenir l'appellation spéciale d'un personnage mythique. Ce Manou s'est modifié et multiplié plus tard sous diverses formes dans la mythologie indienne. Déjà le *Rig-Véda* en distingue plusieurs, et, dans la suite, on en a compté jusqu'à sept, dont chacun préside à un

---

[1] *Genes.*, V, 24.

[2] Il faut sur ce sujet consulter avant tout Pictet, *Les origines indo-européennes*, t. II, p. 621 et suiv. C'est le savant genevois que nous avons ici principalement pris pour guide.

*manvantara* ou période du monde. Le principal, et le seul qui doive nous occuper ici, est le Manou, surnommé Vâivasvata, parce qu'on en fait le fils de Vivasvat, c'est-à-dire du Soleil, et le frère de Yama, le dieu des morts, qualifié aussi de Vâivasvata. Le *Rig-Véda* parle plusieurs fois de ce Manou comme du père des hommes, qui sont appelés *Manôr apatya,* « la descendance de Manou, » et lui-même y reçoit le titre de père par excellence, Manouschpitar. Il a donné aux humains la prospérité et le salut, et il leur a indiqué de bienfaisants remèdes. Le premier il a sacrifié aux dieux, et son sacrifice est devenu le prototype de tous ceux des générations postérieures. On a souvent signalé la remarquable coïncidence de cette tradition indienne avec celle des anciens Germains, qui, au témoignage de Tacite, se disaient issus de Mannus, fils de Tuiscon ou Tuiston, dieu issu de la Terre.

Si de la Germanie nous passons à la Grèce, nous trouverons dans le personnage mythique de Minos un autre représentant du Manou indien, mais considérablement modifié par les traditions helléniques. Il ne s'agit plus ici, en effet, du premier homme ni du juste sauvé du déluge, mais d'un roi fabuleux des anciens âges, fils de Zeus, qui régnait sur l'île de Crète, et qui le premier donna de sages lois aux Hellènes. A ces divers

Les trois juges des enfers dans la mythologie grecque[1].

égards, et sauf la localisation postérieure de sa légende, il rappelle certainement le Manou roi et législateur. Cela ne suffirait pas, toutefois, à autoriser un rapprochement, si Minos, comme juge des morts, ne touchait pas par d'autres points aux traditions indo-iraniennes. Chez les Indiens, c'est Yama qui règne sur les morts, tandis que son corrélatif iranien Yima, fils de Vivanghvat (le Vivasvat indien), est comme Manou le premier roi législateur, l'ordonnateur de la société humaine. Les rôles se sont ainsi intervertis de plusieurs manières entre les deux

---

[1] D'après les peintures d'un vase découvert à Canosa, dans l'ancienne Apulie. *Minos* est celui qui siège sur un trône du centre de la composition; *Rhadamanthe*, en costume asiatique (comme juge spécial des morts de l'Asie), se tient debout à sa droite; enfin *Éaque* est celui qui se voit assis à sa gauche.

frères Manou et Yama, ce qui s'explique par leur identité primitive, que la science a établie d'une manière irréfragable. Tous deux représentent le premier homme, car il est dit de Yama que le premier il a passé par la mort pour entrer dans le royaume des Mânes. Minos aussi ne devient juge aux enfers qu'après sa mort, et il partage cet office avec Rhadamanthe, dont le nom signifie « celui qui brandit la verge, » épithète caractéristique du rôle de juge, que la poésie indienne donne à Yama. Il réunit ainsi dans sa personne les traits propres à ce dernier, et ceux du Manou de l'Inde et du Yima de l'Iran, rois et législateurs. En même temps, la transformation, que nous venons de saisir sur le fait, du premier homme qui a passé par la mort en un dieu qui règne sur le royaume des ombres, nous explique comment les Gaulois, au rapport de César, prétendaient tirer leur origine d'un dieu funèbre, que le Romain a traduit par Dis Pater ou Pluton.

Windischmann a encore retrouvé dans les traditions de l'Inde un autre personnage qui, par certains points, présente un remarquable parallélisme avec le Noa'h de la Bible. C'est Nahouscha qui, comme Manou, est une sorte de personnification symbolique de l' « homme, » idée exprimée par son nom même, et un ancêtre de l'humanité, que le *Rig-Véda* appelle souvent « race de Nahouscha. » On le représente comme fils de Manou, comme spécialement adonné au culte de Soma, le dieu de la boisson enivrante qui, pour les Aryas primitifs, était le succédané du vin ; ses biens deviennent la conquête de ce dieu. Ceci rappelle bien étroitement Noa'h plantant la vigne et s'enivrant du jus de son fruit[1] ; et il semble que dans la Bible le patriarche Noa'h réunisse sur sa tête deux traditions qui dans l'Inde se divisent entre Manou et Nahouscha. Quant à l'assonnance entre les noms de Noa'h et de Nahouscha, elle n'est peut-être pas seulement fortuite, bien que ces deux appellations aient, l'une en hébreu, l'autre en sanscrit, des significations parfaitement déterminées et absolument différentes. Il est, au contraire, probable, que nous avons ici un nouvel exemple de la façon dont les noms des traditions primitives, en étant adoptés par des peuples de race différente, gardent le même son, la même physionomie extérieure, mais se différencient pourtant de façon à prendre un sens dans la langue de chacun de ces peuples, un sens qui s'éloigne du tout

---

[1] *Genes.*, IX, 20 et 21.

au tout d'une nation à l'autre, et qui n'est peut-être nulle part celui qu'avait réellement à l'origine le nom qui subit ces métamorphoses.

Je réserve pour le livre suivant l'étude du tableau des personnifications de peuples que la Genèse énumère comme descendues des trois fils de Noa'h, 'Ham, Schem et Yapheth, ainsi que de la signification ethnique qui en résulte pour chacun d'eux. Les trois fils de Noa'h sont, en effet, les ancêtres et les représentants des trois grandes races entre lesquelles se divise l'humanité postdiluvienne, la descendance du rénovateur de l'espèce humaine après le cataclysme. Mais sans entrer encore dans l'examen de cette question ethnographique, qui trouvera mieux sa place lorsque nous parlerons des principales races des hommes, de celles particulièrement qui ont leur place dans l'histoire ancienne de l'Orient, il importe de remarquer ici le parallélisme frappant qu'offrent, dans la façon dont elles se terminent, les deux généalogies bibliques des Schethites et des Qaïnites. Après Lemech, la lignée de Qaïn se divise entre trois chefs de races ; celle de Scheth présente le même fait après Noa'h ; et il est difficile de ne pas en voir encore un reflet dans la façon dont la généalogie biblique des descendants de Scheth par Arphakschad, à la fin de la période qui s'étend du déluge à Abraham, nous offre aussi la triple division des fils de Tera'h [1], chefs et pères des nations s'ils ne le sont plus de grandes races. La donnée fondamentale, plus nette que partout ailleurs dans les fils de Noa'h, est celle d'une répartition de l'humanité en trois familles ethniques. C'est aussi celle qu'admettaient les Égyptiens, pour qui les hommes formaient trois races, les 'Amou et les Tama'hou ou Ta'hennou, correspondant exactement aux familles de Schem et de Yapheth dans le récit biblique, et les Na'hasiou, c'est-à-dire les nègres. Il est vrai que les Égyptiens se mettaient à part de ces trois divisions de l'humanité, sous le nom de Rot, « la race » par excellence, s'attribuant une origine plus relevée que celle des autres hommes.

Dans les antiques traditions iraniennes nous trouvons aussi la division tripartite des races humaines, personnifiées dans trois ancêtres issus d'un même père. Ce sont les fils de Thraetaona, l'un des premiers Paradhâtas, des héros des premiers jours de l'humanité, celui qui

---

[1] *Genes.*, XI, 26.

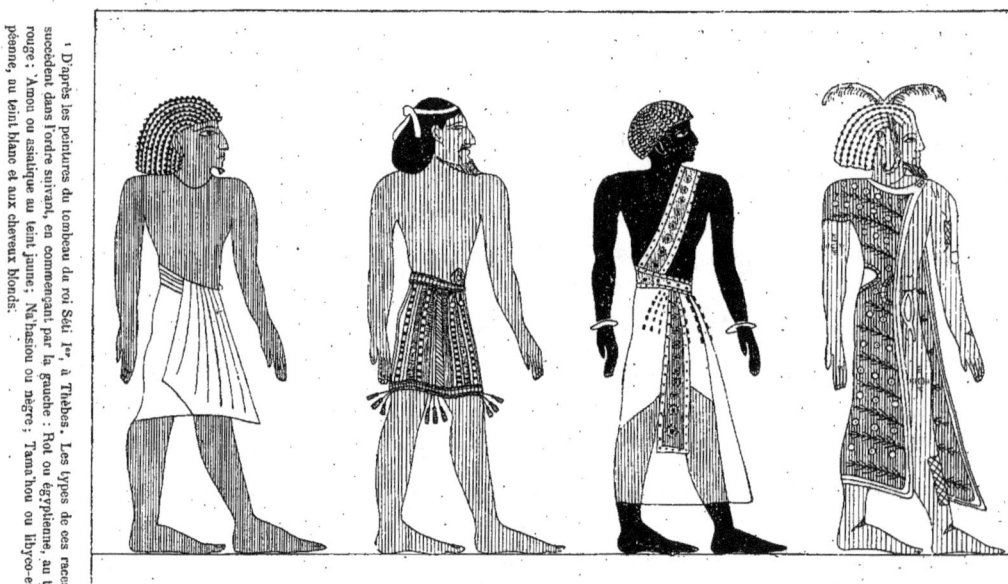

1. D'après les peintures du tombeau du roi Séti Ier, à Thèbes. Les types de ces races se succèdent dans l'ordre suivant, en commençant par la gauche : Rot ou égyptienne, au teint rouge ; 'Amou ou asiatique au teint jaune ; Na'hasiou ou nègre ; Tama'hou ou libyco-européenne, au teint blanc et aux cheveux blonds.

Les races humaines admises par les Egyptiens¹.

succède à la domination impie de Azhi-Dahâka, personnification terrestre du principe mauvais. Les anciens livres zends nomment ces trois frères, chefs de races, Çairima, Toûra et Arya, qui deviennent Selm, Toûr et Eradj dans l'épopée traditionnelle de la Perse moderne. Çairima correspond au Schem de la Bible, dont son nom n'est qu'une variante ; celui d'Arya s'applique à la même famille ethnique que Yapheth dans la Genèse. Mais à 'Ham, père d'une race avec laquelle les Iraniens n'avaient plus depuis longtemps de contact direct à l'époque où furent composés les livres sacrés du mazdéisme, ces livres substituent Toûra, personnification des peuples turcs, qui n'ont pas de représentant dans le tableau ethnographique du chapitre X de la Genèse, non plus que les nègres, l'une des races essentielles du système égyptien.

Nous sommes ainsi amenés à mettre en regard des trois fils de Noa'h les trois fils de Thraetaona, qui leur correspondent dans les traditions religieuses de l'Irân, et les grandes races humaines telles que les reconnaissaient les Égyptiens [1].

| Bible. | Irân. | Égypte. |
|---|---|---|
| 1. Schem. | 1. Çairima. | 2. 'Amou. |
| 2. 'Ham. |  | 1. Rotou. |
| 3. Yapheth. | 3. Arya. | 4. Tama'hou. |
|  | 2. Toûra. |  |
|  |  | 3. Na'hasiou. |

Les Sabiens ou Mendaïtes, dans leurs livres sacrés, parlent des trois frères Schoum, Yamin et Yaphet, mais on ne saurait dire si la tradition leur en vient de source babylonienne ou bien est chez eux le résultat d'une infiltration juive ou chrétienne. En revanche, dans les fragments de Bérose, qui, eux, représentent exactement les récits qui se lisaient dans les livres des Chaldéens, il est question de trois frères à demi divins, qui ont régné presque aussitôt après le déluge, et que dès les premiers siècles chrétiens les Pères de l'Église comparaient à Schem, 'Ham et Yapheth. Ce sont Cronos, Titan et Prométhée, que l'auteur des *Chaldaïques* représentait comme trois frères ennemis se faisant la guerre. Malheureusement on n'a pas encore jusqu'à présent retrouvé de rédaction cunéiforme originale de cette histoire, qui fasse connaître

---

[1] Le chiffre qui précède chaque nom dans ce tableau, marque l'ordre de primogéniture qui lui est attribué dans le système auquel il appartient.

quels étaient les noms assyriens que Bérose a ainsi traduits en grec, s'ils étaient identiques à ceux de la Genèse ou s'ils en différaient.

Moïse de Khorène, l'historien national de l'Arménie, développe un peu davantage le récit de l'hostilité des trois frères, en disant qu'il l'emprunte à Bérose, mais en employant pour désigner ses personnages des noms différents de ceux que nous lisons dans les fragments grecs de l'historien de Babylone. « Avant la construction de la tour et la confusion du langage des hommes, dit-il, mais après la navigation de Xisouthros jusqu'à l'Ararat, les trois frères Zerovan, Titan et Yapedosthê se partagèrent la domination de la terre. Et ils me semblent les mêmes que Schem, 'Ham et Yapheth. Quand ils se furent partagés l'empire de toute la surface terrestre, Zerovan, enflammé d'orgueil, voulut dominer sur les deux autres. Titan et Yapedosthê résistèrent à sa violence et lui firent la guerre, parce qu'il voulait instituer ses fils comme rois sur tous les hommes. Et pendant cette guerre, Titan occupa une partie des limites héréditaires de Zerovan. Alors leur sœur Astlik[1] s'interposa entre eux, calma par ses séductions leur querelle et les amena à convenir que Zerovan aurait la primauté. Mais les deux autres frères arrêtèrent, en se liant par des serments, qu'ils tueraient désormais tous les enfants mâles de Zerovan, pour éviter que sa postérité ne continuât sa domination. Pour réaliser ce projet, ils chargèrent quelques-uns des plus actifs parmi les compagnons de Titan de surveiller les accouchements des femmes. C'est ainsi qu'ils mirent à mort, conformément à leur serment, deux des enfants de Zerovan. Mais enfin Astlik, après s'être concertée avec les femmes de Zerovan, parvint à persuader à quelques-uns des serviteurs de Titan de laisser vivre les autres enfants et de les transporter dans l'Orient, sur la montagne de l'assemblée des dieux. »

Moïse de Khorène n'a certainement pas pris ceci dans un texte écrit en grec, dans les extraits directs de l'ouvrage de Bérose. Sa source était déjà arménienne, et les noms grecs qui désignaient les personnages du mythe dans le livre du prêtre chaldéen contemporain des Séleucides, y étaient traduits et déguisés sous une forme tout iranienne. Zerovan est bien évidemment le zend *zarvan*, « temps, » et cette appellation s'est formée sur le modèle du Zrvâna-akarana, le Temps

---

[1] Cette mention d'une sœur à côté des trois frères, rappelle les enfants de Lemech dans la Genèse.

incréé, infini, des livres mazdéens. Yapedosthê est un superlatif (sanscrit *djâpatista*) du nom arien de Djâpati, « le chef de la race, » qui a été la source du biblique Yapheth ; c'est donc « le chef de la race par excellence. » Cette formation confirme l'opinion d'Ewald et de Pictet, attribuant une origine aryenne au nom du personnage dont la Bible fait l'ancêtre des Aryas, nom connu du reste aussi dans la tradition grecque, tandis que ceux de Schem et de 'Ham sont purement sémitiques. Tout ceci doit être le résultat d'un travail, en partie basé sur des traditions encore existantes, que le récit traduit d'abord des tablettes chaldéennes en grec par Bérose aura subi à une certaine époque pour reprendre une forme orientale, en passant de nouveau du grec dans une des langues de l'Asie. Nous n'hésitons pas à rapporter un tel travail aux deux premiers siècles de l'ère chrétienne et aux savants de l'école d'Édesse, à laquelle appartenait certainement — bien qu'il ait prétendu attribuer une antiquité apocryphe à son livre — le Mar-Abas Katina dont Moïse de Khorène a fait son guide pour les époques antiques de l'histoire d'Arménie. Des noms grecs que Bérose avait employés, Titan n'a pas été changé ; Cronos, par suite des idées d'antiquité prodigieusement reculée qui s'attachent toujours à ce nom, a été très naturellement remplacé par Zerovan ; quant à Prométhée, l'échange de son nom avec celui de Yapedosthê est tout naturel, si l'on se souvient des mythes helléniques qui font de Prométhée le fils de Iapétos. En traduisant sous une forme grecque les noms de la tradition ethnologique que lui offraient les documents babyloniens, Bérose la rapprochait de la très antique tradition hellénique d'après laquelle Cronos et Iapétos étaient également deux Titans, fils d'Ouranos et de Gaia, et Iapétos devenait le père d'Atlas, de Menoitios (Manou), de Prométhée et d'Épiméthée, c'est-à-dire la souche de l'humanité primitive. L'emploi du nom de Prométhée par Bérose semble indiquer positivement que celui de Yapheth existait dans les traditions chaldéennes comme dans la Bible. Et, d'un autre côté, l'importance du cycle des fables relatives à Iapétos a été depuis longtemps reconnue par la science comme un des points de contact les plus frappants entre les mythes helléniques relatifs aux premiers âges et la narration de la Genèse. Au reste, il faut remarquer que chez les Grecs les Titans, en général, sont représentés comme les premiers éducateurs du genre humain, ou que, suivant d'autres légendes, les hommes sont issus du sang des Titans.

## § 7. — LA TOUR DES LANGUES.

Les traditions parallèles à celles de la Bible, que nous avons jusqu'à présent examinées, avaient un caractère véritablement universel ; elles se retrouvaient dans tous les rameaux supérieurs de l'humanité Noa'hide, chez les peuples des races et des contrées les plus diverses. Il n'en est plus de même pour celle de la confusion des langues et de la Tour de Babel. Celle-ci a pour théâtre, dans la Bible, les plaines de Schine'ar ou de la Chaldée, et elle est particulière aux habitants de cette contrée ou aux peuples qui en sortirent à une époque historiquement appréciable.

Le récit de la Tour des langues existait dans les plus anciens souvenirs des Chaldéens, et il faisait aussi partie des traditions nationales de l'Arménie, où il était venu des nations civilisées du bassin de l'Euphrate et du Tigre. Mais nous ne trouvons rien de semblable ni dans l'Inde, ni dans l'Irân. Chez les Grecs seuls, nous constatons un trait manifestement parallèle, venu on ne sait par quelle voie, dans la légende des Aloades, que nous avons déjà racontée plus haut (p. 55), en parlant des traditions relatives aux géants. On prétend, en effet, qu'ils ont commencé à élever une tour dont le sommet, dans leur projet, doit atteindre jusqu'au ciel, lorsque les dieux, enfin las de leur arrogance et de leur audace, les foudroient et les précipitent dans le Tartare.

Les extraits de Bérose offrent deux versions, très exactement concordantes entre elles, de l'histoire de la construction de la Tour et de la confusion des langues. Voici d'abord celle d'Abydène : « On raconte que les premiers hommes, enorgueillis outre mesure par leur force et leur haute taille, en vinrent à mépriser les dieux et à se croire supérieurs à eux ; c'est dans cette pensée qu'ils élevèrent une tour d'une prodigieuse hauteur, qui est maintenant Babylone. Déjà elle approchait du ciel, quand les vents vinrent au secours des dieux et bouleversèrent tout l'échafaudage, en le renversant sur les constructeurs. Les ruines en sont appelées Babylone, et les hommes, qui avaient jusqu'alors une seule langue, commencèrent depuis lors à parler, par l'ordre des dieux, des idiomes différents. » La rédaction d'Alexandre Polyhistor dit : « Lorsque les hommes avaient encore une seule langue, quelques-uns d'entre eux entreprirent de construire une tour immense, afin de monter jusqu'au ciel. Mais la divinité, ayant fait souffler les vents, renversa la tour, bouleversa ces hommmes et donna à chacun une langue propre ; d'où la ville fut appelée Babylone. » Parmi les fragments des tablettes cunéiformes provenant de Ninive et conservées au Musée Britannique, on a reconnu un lambeau d'une rédaction originale de ce récit. Il est déplorablement mutilé, mais cependant il en reste encore assez pour qu'on soit bien assuré du sujet, et même pour que l'on puisse constater que cette narration, dans les circonstances les plus essentielles, était en parfaite conformité avec les extraits de Bérose.

Au reste, dans la Genèse, le récit relatif à la Tour de Babel n'a pas seulement la Chaldée pour théâtre ; il porte dans sa rédaction même l'empreinte incontestable et manifeste d'une origine chaldéenne. On y trouve jusqu'à un jeu de mots qui ne peut s'expliquer que par l'analogie des mots *zikru,* « souvenir, nom, » et *zikurat,* « tour, pyramide à étages, » dans la langue assyrienne, et dont l'idiome hébraïque ne rendrait compte en aucune façon. Le déchiffrement des inscriptions cunéiformes, en nous faisant connaître le nom indigène de Babel ou Babylone sous sa forme authentique, lui assigne une toute autre étymologie que celle qui semblerait ressortir du texte de la Bible ; c'est Bab-Ilou, « la porte du dieu Ilou. » L'explication par *babel,* « confusion, » est donc le résultat d'une allitération inspirée par les récits qui s'attachaient à ce lieu. Mais cette explication factice est d'origine chaldéo-babylonienne et non juive ; car le mot *babel,* sur lequel elle repose, n'appartient pas à l'hébreu ; c'est un vocable de l'idiome sémitique qui se parlait à Babylone et à Ninive.

La tradition de la Tour et de la confusion des langues est, du reste, indépendante de cette étymologie et même de toute localisation de ce souvenir à Babylone. L'opinion des Chaldéens paraît avoir varié sur le lieu où les premiers habitants de leur pays avaient élevé ce monument fameux de leur orgueil. Il résulte d'une précieuse glose introduite dans le texte du prophète Yescha'yahou (Isaïe)[1] par la version des Septante et de nombreux passages des anciens Pères de l'Église, qu'une des formes du récit plaçait la Tour des langues dans la ville de la Chaldée méridionale, que la Bible appel Kalneh ou Kalno, et les documents cunéiformes Koul-ounou ; c'était un souvenir des âges reculés où la civilisation de l'Euphrate et du Tigre avait eu pour foyer principal les provinces les plus voisines du golfe Persique,

[1] IX, 10.

Les ruines du Birs-Nimroud [1]

[1] D'après un dessin de M. Thomas, architecte, publié dans l'*Expédition en Mésopotamie*, de M. Oppert.

le pays auquel appartient en propre le nom de Schoumer ou Schine'ar. Cette incertitude sur le site de la tour ou de la pyramide à étages, à la construction de laquelle était lié le châtiment divin de la confusion du langage des hommes, prouve que l'on considérait ce monument légendaire comme ayant été totalement renversé par la colère céleste, comme ayant disparu sans laisser de vestiges appréciables. Jusqu'aux premiers siècles chrétiens, en effet, on ne voit nulle part que l'on prétendît, ni à Babylone, ni dans aucune autre ville de la Chaldée, montrer les ruines de la Tour de Babel. Ce sont seulement les docteurs juifs des écoles mésopotamiennes où se forma le Talmud de Babylone, qui eurent l'idée d'en retrouver les restes dans les gigantesques ruines de la pyramide de Borsippa, appelées aujourd'hui Birs-Nimroud. Ce qui les y induisit fut seulement l'impression de désolation et de majestueuse grandeur qu'éveille la vue de cette énorme montagne de décombres, la plus imposante ruine de la contrée de Babylone. Mais en réalité aucune tradition ancienne ne justifiait le nom glorieux dont les docteurs juifs gratifièrent la pyramide de Borsippa. C'était un édifice religieux de date fort ancienne, consacré au dieu Nabou, que Nabou-koudourri-ouçour (Nabuchodonosor), au v1$^e$ siècle avant notre ère, trouva en ruines, qu'il restaura et rebâtit en grande partie. Il a consacré des inscriptions pompeuses à léguer à la postérité le souvenir de cette reconstruction ; il y parle des traditions qui se rattachaient à l'origine du monument, mais il ne souffle pas mot de celle de la confusion des langues, dont il n'aurait pas manqué de faire mention si elle y avait été appliquée. C'est donc à tort que beaucoup de modernes ont attaché foi à une prétendue tradition, qui est toute artificielle, de date récente, et ne repose sur rien de sérieux. Le vrai est qu'il faut renoncer à voir dans le Birs-Nimroud ou dans toute autre ruine subsistant aujourd'hui le long du cours inférieur de l'Euphrate, les restes de la Tour de Babel.

# CHAPITRE III

## VESTIGES MATÉRIELS DE L'HUMANITÉ PRIMITIVE.

### § 1. — L'HOMME DES TEMPS GÉOLOGIQUES.

Nous avons écouté jusqu'à présent la grande voix de l'humanité racontant, dans la tradition sacrée et dans la tradition profane, les souvenirs qu'elle avait gardés de ses premiers âges. Il nous faut maintenant aborder un tout autre ordre d'informations, pour essayer de compléter les renseignements que l'on peut grouper dans l'état actuel sur l'existence primitive de l'homme. Ce sont désormais les pierres qui vont parler. Nous demanderons aux couches constitutives de notre sol les secrets qu'elles cachent dans leur sein ; nous examinerons soigneusement les vestiges matériels qu'a laissés le passage des populations antérieures à toute histoire. Et nous pourrons ainsi placer, à côté des faits généraux transmis par la tradition, de nombreux détails sur la vie des premiers hommes, ainsi que sur les phases successives de leurs progrès matériels.

Il s'agit là d'une science toute nouvelle, qui n'a pas encore plus d'un quart de siècle d'existence et qu'on a appelée l'archéologie préhistorique. Comme toutes les sciences qui en sont encore à leurs débuts, elle est très orgueilleuse ; elle prétend, du moins dans la bouche d'une partie de ses adeptes, bouleverser la tradition, en réduire à néant l'autorité et expliquer à elle seule tout le problème de nos origines. Ce sont là des prétentions bien hardies et qui ne se réaliseront jamais. Sans viser si haut, la science nouvelle, dans les vraies limites de ce qui lui est possible, a déjà un rôle assez considérable et assez brillant à remplir pour pouvoir s'en contenter. Combler avec certitude les énormes lacunes de la tradition, en éclaircir les données obscures au moyen de faits positifs, scientifiquement constatés, c'est là ce qu'elle doit faire un jour et ce qu'elle a déjà fait en partie. L'archéologie préhistorique, au reste, n'est encore qu'imparfaitement constituée ; elle présente de grandes canules, des problèmes jusqu'à présent dépourvus de solution. L'esprit de système s'y est trop souvent donné carrière, et bien des savants se sont hâtés d'y échafauder des théories avant d'avoir mené assez loin les observations. Enfin tous les faits de cette science ne sont pas établis d'une manière parfaitement certaine.

Mais malgré ces imperfections, inévitables dans une étude commencée depuis si peu d'années, la science des vestiges archéologiques de l'humanité primitive a pris rang parmi les sciences positives. Elle a rassemblé déjà un très grand nombre de faits absolument certains, dont la synthèse commence à se dessiner. Ses recherches ont fait réapparaître les scènes de la vie rude et sauvage des premiers hommes, et de ses succès jusqu'à présent on peut augurer ceux qui suivront. Il est désormais impossible de faire un livre dans le genre de celui que nous avons entrepris, et de le mettre à la hauteur de l'état des connaissances, sans y donner une place aux résultats de cette étude. Comme de raison, les faits indubitablement constatés doivent seuls être insérés dans un résumé tel que le nôtre. Aussi avons-nous fait avec le plus grand soin le départ des choses certaines et des choses encore douteuses.

Malheureusement les recherches de l'archéologie préhistorique n'ont pas pu être poussées encore dans toutes les parties du globe. Elles ont eu jusqu'à présent pour théâtre principal l'Europe occidentale, et en particulier la France et l'Angleterre. Ceci nous met loin des lieux où l'espèce humaine dut faire son apparition, où vécut le couple de nos premiers pères. C'est en cela que la science présente une de ses plus regrettables lacunes, qui sera sans doute un jour comblée. Mais, comme on va le voir, les faits mêmes constatés en Europe, bien que ne pouvant pas être regardés comme absolument primordiaux, ont un intérêt de premier ordre qui ne permettait pas de les passer ici sous silence.

Ils ont pris surtout une importance exceptionnelle depuis que la paléontologie humaine s'est constituée comme une branche à part de l'archéologie préhistorique. Celle-ci, lorsque les savants des pays scandinaves en ont jeté les premières bases, n'étendait pas ses investigations au delà de l'époque actuelle de la formation de l'écorce du globe, au delà du temps où les continents prirent à peu de chose près le relief que nous leur voyons aujourd'hui. La paléontologie humaine, au contraire, fait remonter bien autrement haut dans les annales du passé de l'homme ; elle nous reporte à une antiquité qu'on ne saurait, au moins quant à présent, évaluer en années ni en siècles d'une manière quelque peu précise. Elle fait suivre les plus antiques représentants de notre espèce, au travers des dernières révolutions de l'écorce terrestre, par delà plusieurs changements profonds des continents et des climats, et dans des conditions de vie très différentes de celles de l'époque actuelle.

C'est dans les étages supérieurs du groupe de terrains désigné sous le nom de *miocène*, c'est-à-dire dans les couches de sédiments déposés vers le milieu de la grande période géologique appelée *époque tertiaire*, que l'on a cru retrouver dans nos pays les plus antiques vestiges de l'existence de l'homme.

La flore et la faune des couches en question démontrent que la température de la surface du globe était alors beaucoup plus élevée qu'elle n'est aujourd'hui. Les contrées de l'Europe centrale jouissaient d'un climat pareil à celui des tropiques ; les portions les plus septentrionales de l'Asie et de l'Amérique, et le Groënland lui-même, n'étaient pas encore envahis par les glaces. Jusque sous le cercle polaire, toutes les terres émergées — et de ce côté elles paraissent alors avoir été plus nombreuses qu'aujourd'hui — étaient couvertes d'épaisses forêts, dont la riante végétation était alors, à peu de chose près, ce qu'est maintenant celle des climats tempérés. De grands singes anthropomorphes voisins des gibbons, le rhinocéros à quatre doigts que les paléontologistes ont appelé *acerotherium*, le dicrocère, l'amphicyon gigantesque, plusieurs espèces d'ours et de grands félins plus formidables que le lion et le tigre de nos jours : tels étaient les animaux qui peuplaient alors la France, et auxquels vinrent bientôt se joindre les colosses de la famille des proboscidiens, mastodontes et dinothériums, auprès desquels les éléphants actuels ne sont que des diminutifs.

Il est certain que, sur quelques points du centre de la France, on a exhumé des strates des terrains miocènes supérieurs des silex éclatés à l'aide du feu, où il est bien difficile de ne pas reconnaître les traces d'un travail intentionnel et intelligent, destiné à les transformer en armes et en instruments. De très hautes autorités n'hésitent pas à y voir les œuvres des premières générations humaines. D'autres, au contraire, effrayés de l'antiquité que ces faits révéleraient pour notre espèce, ou bien, dans une autre direction d'idées, influencés par les doctrines transformistes, attribuent ces vestiges à un « précurseur de l'homme, » encore inconnu, qui aurait été déjà doué d'intelligence et capable d'industrie. D'autres enfin, mais le nombre en va toujours diminuant devant l'évidence de plus en plus grande des faits observés, y opposent une dénégation formelle et prétendent ne voir ici que de simples produits de circonstances fortuites.

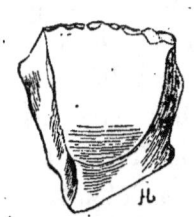

Silex éclaté en forme de grattoir, des terrains miocènes supérieurs[1].

Tant que l'on n'aura pas rencontré, dans les couches où s'observent ces silex, qui paraissent travaillés et ont déjà donné lieu à tant de discussions, des ossements de l'homme ou de son précurseur supposé, la question devra demeurer indécise. Il n'y aura pas moyen de la trancher d'une manière définitive. On doit cependant remarquer que, dans l'état actuel de la science, une grande objection contre l'opinion qui suppose dès cette époque l'existence de l'homme, perpétué ensuite sans interruption depuis lors, se tire du hiatus énorme formé dans le temps par la durée des époques où se déposèrent les terrains *pliocènes* inférieurs et moyens, terrains où jusqu'ici l'on n'a pu constater aucun vestige analogue.

Le passage de l'époque miocène à celle où se formèrent les strates pliocènes inférieures, représentées dans nos pays par les mollasses, fut marqué par un changement de climat notable, un abaissement de température qui plaça l'Europe centrale environ dans les mêmes conditions qu'aujourd'hui. « Si, dit M. Schimper dans son *Traité de paléontologie végétale,* la période miocène offre un mélange de plantes tropicales et subtropicales, au milieu desquelles les plantes des zones tempérées ne jouent qu'un rôle secondaire, il n'en est plus ainsi dans la période pliocène, où celles-ci finissent par dominer exclusivement. » Cette flore européenne tempérée correspond assez exactement à celle des contrées dont la moyenne thermométrique est de 13 degrés environ. A la modification de la flore de nos pays correspond une modification parallèle de la faune, en rapport avec le changement du climat.

Celui-ci, du reste, alla rapidement en s'accentuant de plus en plus. La baisse de la température, par suite de causes qui restent encore absolument inconnues, en vint au point de produire les phénomènes, aujourd'hui parfaitement constatés, de la *première époque glaciaire.*

---

[1] D'après le *Précis de paléontologie humaine*, de M. le docteur Hamy. La pièce a été extraite, par M. l'abbé Bourgeois, des marnes lacustres de Thenay (Loir-et-Cher).

Le climat moyen de l'Europe, descendu bien au-dessous de ce qu'il est aujourd'hui, donna naissance à d'immenses accumulations de glace qui couvrirent toute la Scandinavie, toute l'Écosse et tout le plateau central de la France d'une calotte uniforme, pareille à celle qui enveloppe aujourd'hui le Groënland, et remplirent les vallées de toutes les chaînes de montagnes jusqu'à leurs débouchés dans les plaines inférieures. C'est alors que le grand glacier du Rhône descendit jusqu'au point que marque la ligne des anciennes moraines s'étendant de Bourg-en-Bresse, à Lyon. Un refroidissement aussi considérable de la température, qui paraît s'être produit proportionnellement sur toute la surface du globe, eut pour résultat de tuer la riche végétation qui embellissait nos régions, et d'anéantir en grande partie la faune européenne. Les mastodontes, et avec eux nombre d'espèces de carnassiers, de ruminants, etc., s'éteignirent ou émigrèrent vers le sud. De même, s'il avait existé antérieurement des hommes dans nos contrées, ils durent forcément être détruits ou contraints à l'émigration ; car le climat de l'Europe ne permettait plus alors la vie de l'homme, non plus que de la plupart des animaux de la faune vertébrée. C'est dans des contrées plus méridionales qu'on devra rechercher un jour, quand elles seront mieux ouvertes aux explorations, si la race humaine se conserva pendant ce temps sous des climats moins rigoureux où elle aurait émigré, ou bien si les êtres intelligents, qui taillèrent les silex découverts dans le calcaire de Beauce et dans les sables de l'Orléanais, furent entièrement anéantis. Alors seulement on pourra se former une opinion sérieusement motivée sur la question de savoir s'ils étaient les ancêtres des hommes actuels, des *préadamites*, c'est-à-dire des humains d'une race disparue, ou bien encore des précurseurs de l'homme, des êtres se rapprochant de notre espèce mais en étant nettement distincts, sortes d'ébauches par lesquelles le Créateur aurait préludé à la formation définitive de l'homme.

Quoiqu'il en soit, après la période glaciaire, lorsque se formèrent les terrains pliocènes supérieurs, la température de l'Europe redevint tempérée et probablement très voisine de ce qu'elle est aujourd'hui, car dès lors la flore fut à peu de chose près ce qu'elle n'a pas cessé d'être depuis. Sur nos pays débarrassés des glaces qui les avaient couverts, on vit revenir une faune très différente de celle qui l'avait précédée. A celle-ci appartenaient les derniers mastodontes ; celle-là voit apparaître les premiers éléphants, *l'elephas meridionalis*. Aux rhinocéros et aux tapirs, aux ours et aux cerfs du pliocène inférieur, se substituent des cerfs, des ours, des tapirs, des rhinocéros d'espèces jusqu'alors inconnues. Les genres hippopotame (*hippopotamus major*) et cheval (*equus robustus*) jouent un rôle important dans cette population animale nouvelle; les félins, au contraire, y deviennent relativement rares. C'est le temps des alluvions de Saint-Prest auprès de Chartres, et du val d'Arno supérieur, si riches en débris d'éléphants.

L'homme avait apparu ou reparu dans nos contrées en même temps que les animaux que nous venons de nommer ; et depuis lors les monuments de sa présence se succèdent sans interruption jusqu'à nos jours. On a trouvé les traces non équivoques de son passage à Saint-Prest, où elles ont été constatées pour la première fois par M. Desnoyers; dans le val d'Arno, où elles ont été reconnues par M. Ramorino ; et aussi dans les *œsar* de la Scandinavie, dépôts de la même époque, étudiés par M. Nilsson. Ce sont des pointes de flèche et des grattoirs en silex, taillés par éclatement d'une manière encore fort grossière ; ce sont surtout des incisions produites manifestement par les lames de pierre servant de couteaux sur les ossements des grands pachydermes, en en détachant les chairs pour les manger. Car les sauvages de l'époque pliocène supérieure chassaient hardiment ces colosses animaux et en faisaient leur nourriture.

Petite pointe de flèche en silex de Saint-Prest[1].

Les terres émergées dans notre partie du globe étaient beaucoup plus vastes qu'aujourd'hui. Un soulèvement d'environ 180 mètres du fond de la mer unissait les Iles Britanniques à la France, comme appendice du continent européen, qui embrassait aussi toute l'étendue actuelle de la mer du Nord, de telle façon que la Tamise était alors un affluent du Rhin. Au midi, la Sicile tenait à l'Afrique septentrionale, comme aussi l'Espagne. Cet état des continents explique les migrations animales qui commencèrent presque aussitôt à se produire et qui occupèrent toute l'époque de la transition entre l'âge tertiaire et l'âge quaternaire. En effet, tandis que que la faune caractérisée par l'*elephas meridionalis*, l'*hippopotamus major* et le *rhinoceros leptorhinus* apparaissait dans l'Europe centrale, deux autres faunes analogues, mais distinctes, caractérisées par des espèces différentes des mêmes genres, s'étaient montrées en même temps, l'une au nord et l'autre au

[1] D'après le *Précis de paléontologie humaine*, de M. Hamy.

sud, l'une dans les régions hyperboréennes et l'autre en Afrique. La première était remarquable surtout par le mammouth ou éléphant à longs poils (*elephas primigenius*), par un rhinocéros à épaisse toison (*rhinoceros tichorinus*), animaux aujourd'hui disparus, par le renne, l'élan, le glouton, le bœuf musqué, qui habitent encore maintenant les environs du pôle ; la seconde était la faune qui subsiste en Afrique avec son éléphant, son rhinocéros et son hippopotame.

Or, tandis que la faune propre à nos contrées s'éteignait assez rapidement, sauf quelques espèces, comme l'ours des cavernes, sous l'influence de causes que nous ne pouvons encore pénétrer, un double courant de migration, dont la constatation est due aux travaux de M. Lartet, amenait dans l'Europe centrale les animaux de la faune hyperboréenne et ceux de la flore africaine, les uns descendant du nord, les autres remontant du sud par les communications terrestres qui existaient alors, venant se réunir sur notre sol et pénétrant jusque dans ce qui a été plus tard les Iles Britanniques. Ce sont les diverses phases de ce mélange, et de cette substitution d'une faune à une autre, qui sont marquées en Angleterre par les couches du crag des comtés de Norfolk et de Suffolk, ainsi que par le « forest-bed » de Cromer, auprès de Paris par les alluvions fluviales de Montreuil et de Villejuif, en Sicile par les remplissages des grottes de Syracuse et de San-Teodoro. Du même temps sont aussi les dépôts qui remplissent la grotte de Wookey, en Angleterre, où l'on a recueilli des objets de travail humain indiquant une industrie un peu plus avancée que celle à laquelle appartiennent les instruments en silex de Saint-Prest et des *œsar* de la Suède.

Mais, en même temps que la double migration des animaux hyperboréens et africains vers l'Europe centrale achevait ses premières étapes, une grande révolution s'accomplissait dans le relief des continents et marquait l'aurore d'une nouvelle époque géologique. Un immense affaissement, sensible plus fortement qu'ailleurs dans les régions septentrionales, plongeait sous les eaux la plus grande partie du nord de l'Europe ; où les glaces flottantes venaient disperser, dans les plaines de la Russie, de la Pologne et de la Prusse, des blocs de rochers arrachés au voisinage du pôle. Les Iles Britanniques étaient réduites à un archipel de petits ilots formés seulement par les sommets les plus élevés. A la même date, l'Atlantide tertiaire disparaissait également, la Sicile se séparait de l'Afrique, la mer venait couvrir l'espace qu'occupe aujourd'hui le Sahara. De tels changements dans la distribution des terres et des eaux amenaient forcément avec eux un changement profond dans le climat.

L'accomplissement des phénomènes d'immersion dont nous venons de parler, et le moment où ils atteignirent leur maximum d'intensité ouvrent une nouvelle époque géologique, celle que l'on appelle *quaternaire*. Ses débuts sont marqués par une extension des glaciers, moins grande que celle du milieu des temps pliocènes, mais énorme encore, et qui a laissé des vestiges impossibles à méconnaître dans toutes les régions de montagnes. Les vallées des Carpathes, des Balkans, des Pyrénées, des Apennins, sont alors de nouveau encombrées de glaces. Les glaciers du versant sud des Alpes s'avancent jusqu'à l'entrée des plaines du Piémont et de la Lombardie ; celui du Rhône va rejoindre une seconde fois le Jura, remplissant le bassin du lac Léman. C'est la *seconde période glaciaire*.

On n'est point surpris de retrouver, dans les dépôts que cette époque a laissés sur notre sol, des débris de toutes les espèces, éteintes ou conservées, qui caractérisent la faune des régions circumpolaires et ne peuvent vivre que dans un climat très froid. Le mammouth et le rhinocéros à narines cloisonnées, dont le berceau fut en Sibérie à l'âge pliocène, et que leur épaisse fourrure révèle comme des animaux organisés pour vivre sous la température la plus rigoureuse, descendaient alors jusqu'aux Pyrénées et aux Alpes. Les marmottes, les bouquetins, les chamois, maintenant relégués sur la cime des plus hautes montagnes, habitaient, jusque dans les environs de la Méditerranée, des plaines où il leur serait impossible de vivre aujourd'hui. Le bœuf musqué, que l'on ne trouve plus que par delà le 60$^e$ parallèle, dans l'Amérique septentrionale, errait dans les campagnes du Périgord. Le renne, plus arctique encore, abondait dans toute la France, où le glouton l'attaquait, comme aujourd'hui dans le pays des Lapons. Le grand ours des cavernes, espèce qui s'est graduellement éteinte, et qui avait disparu longtemps avant l'ouverture des temps purement historiques, se rattache aussi à cette faune septentrionale.

Mais il ne faudrait pas en conclure, comme on l'a fait trop vite, que le climat de nos pays fût alors identique à ce qu'est maintenant celui de la Sibérie. Par suite du double courant de migrations animales venant du nord et du sud, que nous avons indiqué tout à l'heure, la faune des dépôts quaternaires de la France présente le mélange le plus extraordinaire des espèces des zones chaudes et des zones froides. A côté des animaux des contrées circumpolaires, on y rencontre la plupart de ceux du continent africain. Les débris de l'éléphant d'Afrique se rencontrent, en allant vers le nord, depuis l'Espagne jusqu'aux bords du Rhin ; le rhinocéros bicorne, aujourd'hui restreint dans les environs du Cap, a laissé ses ossements dans les alluvions quaternaires de la Grande-Bretagne. L'hippopotame amphibie des grands fleuves de l'Afrique habitait nos rivières et y était très abondant ; on en rencontre fréquemment les vestiges dans les dépôts de l'ancienne Seine. Une énorme espèce de lion ou de tigre, — les naturalistes hésitent encore sur ses affinités, — le *felis spelæus;* vivait dans toutes les provinces de France et des pays voisins avec la hyène, la panthère et le léopard. Force est donc d'admettre qu'à l'époque quaternaire, si les glaciers des montagnes avaient un prodigieux développement, si le froid était vif sur tous les plateaux un peu élevés, la température des vallées plus basses offrait un contraste marqué et était assez chaude pour convenir à des espèces animales dont l'habitat actuel est en Afrique.

M. le docteur Hamy, dans son beau *Précis de paléontologie humaine,* a très bien expliqué, par des raisons simples et vraisemblables, ces conditions toutes particulières de climat et de faune.

« Dans le nord, le Royaume-Uni morcelé en un certain nombre d'îles moyennes et petites, la Scandinavie très réduite en étendue, la Finlande séparée du reste de l'Europe par un bras de mer reliant, à travers les lacs russes, la Baltique à la Mer Blanche, l'Océan Glacial s'avançant jusqu'au pied de l'Oural du centre, les plaines de la Sibérie en grande partie inondées, comme celles de la Russie, de la Pologne et de la Prusse ; dans l'est, la Caspienne réunie à la Mer Noire et à la Mer d'Azof, couvrant les steppes d'Astrakhan, entre l'Oural et le Volga, et s'étendant du Caucase jusqu'au delà de Kherson, les grands lacs d'Aral, de Ko-Ko-Noor, etc. ; bien plus vastes, une mer intérieure remplaçant l'immense désert de Gobi ; au sud, enfin, le Sahara submergé, doublant presque la surface de notre Méditerranée : telles seraient les principales modifications qu'il faudrait introduire dans la carte de l'ancien continent pour y représenter la géographie quaternaire. Partout des îles ou de grandes presqu'îles, entre lesquelles pénètrent les eaux de la mer, et par là même presque partout le climat insulaire substitué au climat continental.

« Dans les conditions où se trouvent aujourd'hui nos contrées, les températures moyennes des divers mois de l'année varient de plus en plus, quand de l'équateur on va vers les pôles. Circonscrites entre 2 et 3 degrés centigrades de 0 à 10 degrés de latitude nord, ces variations augmentent de 10 à 20 degrés, augmentent encore de 20 à 30 degrés, et s'accentuent de plus en plus dans les zones tempérées. A Paris, l'amplitude de l'oscillation est de 15 à 16 degrés centigrades ; à Berlin, elle en atteint 20 degrés et demi ; à Moscou, 35 ou 36 degrés. A Boothia-Felix, enfin, par 72 degrés de latitude nord, elle est de plus de 45 degrés.

« Dans les îles, ces variations sont bien plus limitées. Dans l'archipel de la Nouvelle-Zélande, par exemple, qui s'étend aux antipodes à des latitudes égales à celles de l'Europe, les divergences sont beaucoup moins fortes de l'hiver à l'été, puisque, au lieu d'aller à 16, 20 ou 25 degrés, elles ne dépassent pas 7 degrés.

« Avec un climat continental, les chaleurs des étés détruisent l'action du froid pendant les hivers ; le vent chaud du Sahara (*fœhn* des naturalistes suisses) établit une sorte de compensation à l'égard des vents froids qui ont soufflé du nord et de l'est, et les glaciers, dont quelques années froides se succédant abaisseraient, comme en 1816, la limite inférieure d'une manière notable, se maintiennent, ou peu s'en faut, à la même élévation. Les influences de latitude s'atténuant dans un climat insulaire, et l'altitude conservant toute sa force, on pourra voir de belles vallées, couvertes d'une splendide végétation méridionale, dominées de quelques centaines de mètres seulement par d'immenses glaciers.

« Il en est ainsi à la Nouvelle-Zélande, que nous avons choisie comme exemple plus haut. Tous les voyageurs, depuis Cook, ont parlé avec enthousiasme des vigoureuses forêts de la « terre des bois verts, » où l'élégant *areca sapida* représente le groupe des palmiers et marie ses riants bouquets au feuillage des podocarpées, des dacrydies et des fougères arborescentes. Tous ont admiré la riche végétation de ces plaines verdoyantes où croissent en abondance les *dracæna*, les cordylines, les *phormium tenax*, etc. Et à quelque distance seulement de ces richesses végétales, ils ont vu se dresser les masses blanches des Alpes du sud. Si, à la suite des Haast, des Hector, des Hochstetter, ils ont gravi les pentes de cette belle chaîne de montagnes, ils ont trouvé à des niveaux bien moins élevés que dans notre continent la limite inférieure des neiges perpétuelles.

« Ce n'est plus, en effet, à 2,700 mètres, comme dans les Alpes d'Europe, que commence la fusion de la glace ; c'est à 1,460 environ au glacier d'Hochstetter, à 1,450 pour celui d'Ashburton. Cette limite est située plus bas encore aux glaciers de Hourglass (1,155 mètres) et de la Grande-Clyde (1,140 mètres). Elle descend à 1,070 mètres pour celui de Murchison, à 838 mètres pour celui de Tasman, enfin à 115 mètres seulement d'altitude pour le glacier de François-Joseph. C'est à 1,000 mètres en moyenne au-dessus du niveau de l'Océan que s'arrêtent les glaces perpétuelles de la Nouvelle-Zélande. On remarquera que c'est précisément à cette même hauteur que se rencontrent les traces les plus inférieures des anciens glaciers alpestres.

« Les résultats produits sont exactement comparables, et la cause qui maintient à ce niveau relativement bas les neiges perpétuelles de la Nouvelle-Zélande s'est certainement exercée sur une grande partie de l'Europe quaternaire. N'est-il pas logique de conclure de ce rapprochement que l'ancien monde, réduit à former des groupes géographiques comparables à l'archipel zélandais, par des affaissements considérables dont sa surface présente de nombreuses traces, dut à ces conditions spéciales les manifestations glaciaires que nous avons rapidement décrites?

« Dans ces conditions de milieu, l'altitude agissant presque seule sur la température, qui, en raison de l'état insulaire, varie peu d'une saison à l'autre à des niveaux également élevés, il serait facile de placer un grand nombre d'espèces d'animaux variées dans les conditions les plus favorables à leur développement. On pourrait, par exemple, ainsi que l'a fait M. Saratz, au Roseggthal, dans la Haute-Engaddine, transporter des rennes dans le voisinage des neiges perpétuelles, où ils prospéreraient, tandis que dans les régions basses les rhinocéros, les hippopotames trouveraient la douce température qui leur est nécessaire.

« En s'élevant graduellement de la plaine au sommet des monts, le zoologiste jouirait ainsi d'un spectacle toujours nouveau, comparable à celui qui attend le botaniste sur certaines montagnes. De même que ce dernier peut, dans son ascension au mont Ventoux, par exemple, cueillir successivement sur les pentes du mont des plantes qui correspondent à celles des diverses latitudes de l'Europe, chaudes, tempérées, glaciales ; de même le zoologiste rencontrerait l'un après l'autre les divers groupes d'animaux qui peuvent se présenter à ses yeux de l'Algérie aux Alpes lapones. En d'autres termes, l'élévation en altitude remplacerait l'élévation en latitude. »

Tel était l'état de notre Europe à l'époque quaternaire. Et l'on peut apporter une nouvelle preuve, en faveur de l'opinion de M. le docteur Hamy, sur l'influence qu'exerçaient alors les conditions du climat insulaire, en invoquant le témoignage des vestiges révélant le développement prodigieux qu'avaient dans cet âge les phénomènes aqueux à la surface de notre partie du globe. Dans des îles et des presqu'îles entourées de tous côtés et pénétrées par l'Océan, l'atmosphère était saturée d'humidité, et partout les dépôts quaternaires en ont conservé l'empreinte. Presque toutes les hautes vallées, au-dessous de la limite des glaces, étaient occupées par des lacs, qui se sont successivement desséchés en rompant leurs barrages naturels. Alimentés par ces lacs, par les immenses glaciers qui les dominaient, par des pluies dont rien ne peut plus, dans les phénomènes actuels, nous donner une idée suffisante, les fleuves étaient énormes et occupaient toute la largeur des vallées de dénudation où coulent aujourd'hui leurs successeurs ; car ces vallées ne sont pour la plupart que leurs lits, profondément creusés par le passage de pareilles masses d'eau. Pour reconstituer la Somme, le Rhin, le Rhône de cet âge, c'est à 100 mètres pour le premier de ces fleuves, à plus de 60 pour le second, à 50 au moins pour le troisième, qu'il faut relever le niveau présenté par eux actuellement.

Les traces de l'existence de l'homme sont très multipliées dans les dépôts quaternaires, dès le début de cette période géologique. Les ossements des animaux que nous énumérions tout à l'heure se trouvent associés aux silex taillés et à quelques autres objets en pierre dénotant un travail très imparfait et un état social fort rudimentaire, mais pourtant un progrès bien sensible depuis l'âge du pliocène supérieur, dans les sables et les graviers fluviatiles du comté de Suffolk et du Bedfordshire, dans les dépôts de transport des vallées de la Somme et de l'Oise, dans les sablières du Champ-de-Mars et de Levallois-Clichy, à Paris, et en général dans toutes les alluvions quaternaires de l'Europe occidentale, France, Angleterre, Belgique, Allemagne, Italie, Espagne. De cet âge également paraissent être celles des cavernes ossifères des Pyrénées, qui sont situées à une hauteur de 150 à 250 mètres au-dessus des vallées d'aujourd'hui, et certaines des grottes du Périgord, celle de

Moustier, par exemple, dont les silex travaillés sont pareils à ceux que l'on recueille à Saint-Acheul et à Abbeville.

Les pièces les plus multipliées et les plus caractéristiques de cet âge de la vie de l'humanité sont des haches lancéolées, taillées à grands éclats. On reconnaît aisément que ces silex, couverts d'une patine blanchâtre de cacholong qui révèle leur extrême antiquité, étaient destinés à la fois à trancher, à fendre et à percer. Quand les pointes sont aiguës, elles ont été obtenues par des cassures à plus petits éclats. On rencontre aussi dans les mêmes dépôts des pointes de lances et de flèches grossières, et des lames détachées avec assez d'habileté pour former des couteaux, qui sont aussi multipliées

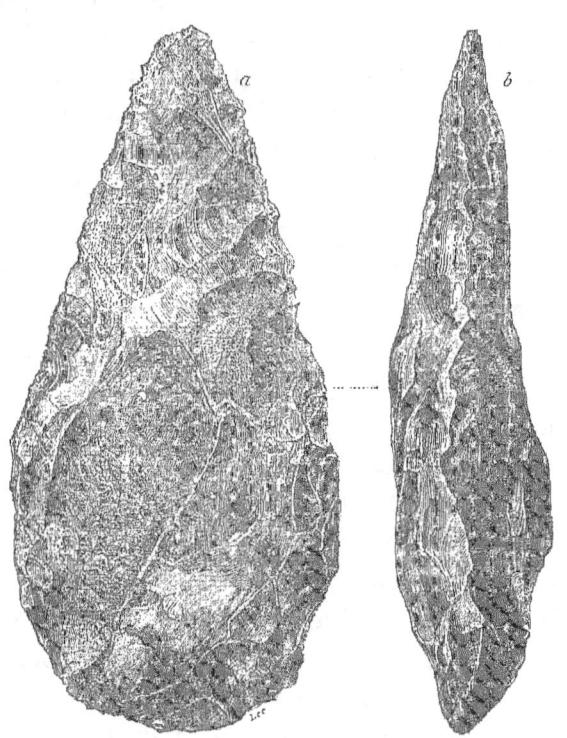

Hache lancéolée en silex de Saint-Acheul, près Amiens[1].

à Levallois-Clichy que les haches à Saint-Acheul et à Abbeville. Quelques pierres figurent de véritables grattoirs, qui servaient sans doute à racler intérieurement les peaux dont se couvraient les sauvages quaternaires pour se défendre contre le froid. C'est la forme qui paraît aussi la plus habituelle et la mieux caractérisée dans les silex taillés du calcaire de Beauce, dont l'attribution à l'industrie de l'homme est encore incertaine.

On peut, du reste, se faire une idée assez exacte de ce qu'était la vie des sauvages quaternaires. La culture de la terre et l'élève des animaux domestiques leur étaient inconnues ; ils erraient dans les forêts et s'abritaient dans les cavernes naturelles des montagnes. Ceux qui

---

[1] Cette figure et la suivante sont empruntées à la traduction française de l'ouvrage de Lyell sur *l'Ancienneté de l'homme*.

L'objet est représenté à moitié de sa grandeur originale, vu de face sous la lettre *a*, et vu par le bord tranchant sous la lettre *b*.

habitaient les bords de la mer se nourrissaient de poissons harponnés au milieu des rochers et de coquillages ; les peuplades de l'intérieur vivaient de la chair des animaux qu'elles frappaient avec leurs armes de pierre. Les accumulations d'ossements d'animaux observées dans les grottes en sont la preuve, et certains de ces os portent encore la trace de l'instrument qui en a détaché les chairs. Mais les hommes de cette époque ne se bornaient pas à dévorer les parties charnues de la dépouille des ruminants, des solipèdes, des pachydermes, des carnassiers même, ils étaient très friands de la moelle, ainsi que l'indique le mode presque constant de fracture des os longs. C'est un goût que l'on a observé chez la plupart des barbares. Certaines tribus, comme celle qui a laissé des

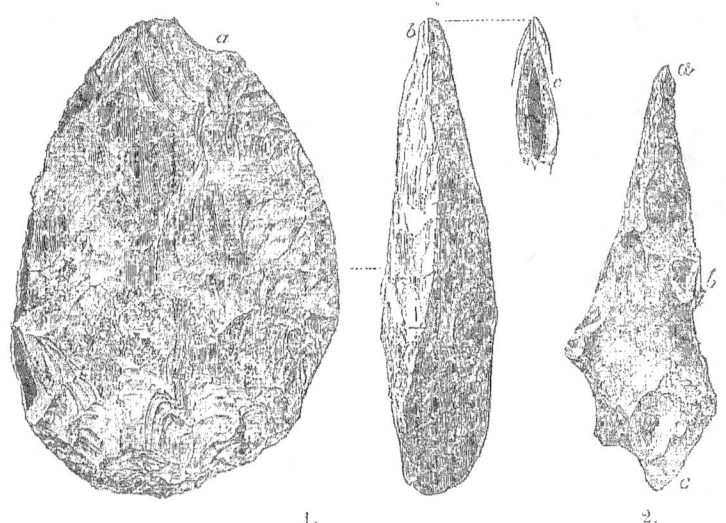

Instruments en silex des terrains quaternaires d'Abbeville et de Saint-Acheul[1].

traces à Choisy-le-Roi, près de Paris, paraissent s'être adonnées à l'anthropophagie ; mais les indices de cette horrible habitude ne se montrent qu'exceptionnellement.

Les hommes dont on retrouve la trace dans les dépôts quaternaires, et encore plus ceux du temps du pliocène supérieur, étaient donc des

---

[1] Le n° 1 provient d'Abbeville, c'est une sorte de hachette ovale. Elle est figurée de face (*a*) et sur le tranchant (*b*) ; en *c* on a dessiné une fracture voisine du sommet, où l'on voit dans la partie centrale le silex noir non altéré et autour l'épaisseur de la couche altérée par l'action du temps et de divers agents naturels qui ont transformé le silex en cacholong. L'objet est figuré à moitié de sa dimension.

Sous le n° 2 on a représenté, de grandeur naturelle, une sorte de perçoir provenant de Saint-Acheul. La partie *a-b* est taillée par l'industrie humaine, ayant son bord tranchant en *a* ; la partie *b-c* est non travaillée.

sauvages aussi peu avancés que le sont aujourd'hui ceux des îles Andaman ou de la Nouvelle-Calédonie. Leur vie était profondément misérable ;

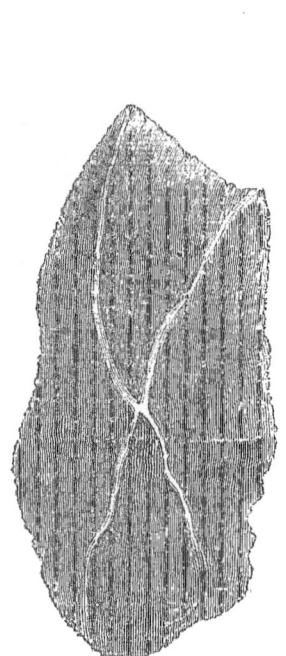

Lame de silex des sablières de Levallois-Clichy, ayant servi de couteau [1].

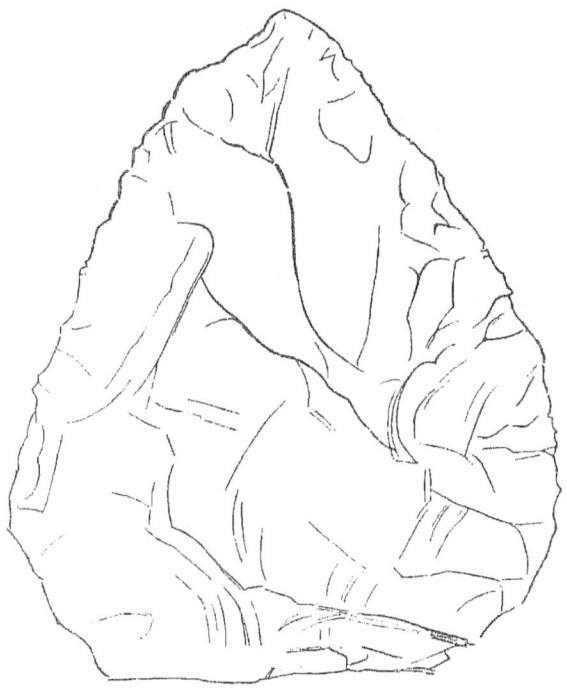

Hache triangulaire de la grotte du Moustier (Dordogne) [2].

mais c'étaient déjà bien des hommes ; même dans leur état d'abjection, l'étincelle divine existait chez eux. Déjà l'homme était en possession du feu, cette invention primordiale et prodigieuse qui établit un abîme entre lui et les animaux les plus élevés. Ne l'oublions pas, d'ailleurs, les inventions les plus rudimentaires sont celles qui ont réclamé le plus grand effort d'intelligence, car elles ont été les premières et rien ne les avait précédées. Au début de l'humanité il a fallu plus de génie encore pour arriver à tailler, dans le silex, les haches grossières que nous restituent les sables des alluvions fluviales, qu'il n'en faut aujourd'hui pour combiner les plus savantes et les plus ingénieuses machines.

Si l'on contemple d'ailleurs en même temps, dans les salles de nos musées, ces seules armes de l'humanité primitive, et les squelettes des animaux formidables au milieu desquels il lui fallait vivre, on comprend

---

[1] D'après le *Précis de paléontologie humaine*, de M. le docteur Hamy.
[2] D'après les *Reliquiae aquitanicae*, de Lartet et Christy.

qu'il a fallu à l'homme, si faible et si mal armé, déployer toutes les ressources de l'intelligence qu'il avait reçue du Créateur pour ne pas être rapidement anéanti dans de telles conditions. L'imagination peut maintenant se représenter, avec exactitude, les luttes terribles des premiers hommes contre les monstres encore subsistants des créations aujourd'hui disparues. A chaque instant il leur fallait disputer des cavernes à ces carnassiers plus grands et plus redoutables que ceux de notre âge, ours, hyènes et tigres. Souvent, surpris par ces fauves redoutables, ils en devenaient la proie.

> Unus enim tum quisque magis deprensus eorum
> Pabula viva feris praebebat dentibus haustus;
> Et nemora ac montes gemitu silvasque replebat,
> Viva videns vivo sepeliri viscera busto.

Ils parvenaient cependant, à force de ruse et d'adresse, à vaincre ces grands carnassiers devant lesquels ils étaient si faibles et si impuissants, et ceux-ci, peu à peu, reculaient devant l'homme. Les sauvages européens de l'époque quaternaire savaient aussi, comme aujourd'hui ceux de l'Afrique, creuser des fosses qui leur servaient de piéges pour capturer les éléphants et les rhinocéros, et la viande de ces géants du règne animal entrait pour une part importante dans leur alimentation.

Nous ne parlons ici que des faits constatés dans l'Europe occidentale, car c'est dans ces contrées seulement que l'étude des vestiges de l'humanité de l'âge quaternaire a pu être poursuivie d'une manière un peu complète ; c'est là que les observations ont été les plus nombreuses et les plus probantes. Mais dans d'autres parties du monde, les découvertes, bien que peu multipliées encore, sont suffisantes pour prouver que l'homme y vivait aussi à la même époque, et dans les mêmes conditions que chez nous. J'ai signalé la trouvaille de haches pareilles à celles des alluvions de la Somme, en compagnie d'ossements de grands mammifères éteints, dans les graviers quaternaires, aux environs de Mégalopolis en Arcadie, et depuis j'en ai recueilli, avec M. Hamy, dans la plaine de Thèbes, à la partie supérieure des alluvions du Nil de cet âge. M. Louis Lartet a fouillé dans le Liban, tout auprès de Beyrouth, des grottes ossifères où des silex taillés sont mêlés à des débris d'os de ruminants. Des haches du type de Saint-Acheul et d'Abbeville ont été aussi exhumées, par M. Brace-Fooke, des dépôts quaternaires autour de

Madras. On en a enfin rencontré en Amérique. Un naturaliste français, M. Marcou, a découvert dans les États du Mississipi, du Missouri et du Kentucky, des ossements humains, des pointes de flèches et des haches en pierre, engagés dans des couches inférieures à celles qui renferment les restes des mastodontes[1], des mégathériums, des mégalonyx, des hipparions et des autres animaux qui ont disparu de la faune actuelle. Ainsi l'espèce humaine s'était déjà répandue sur la plus grande partie de la surface du globe à l'époque quaternaire.

Nous avons dit qu'on n'avait pas encore découvert d'ossements humains dans les couches tertiaires miocènes, où se sont rencontrés les vestiges d'un travail que l'on hésite encore à attribuer à l'homme, ou à un être qui reste à connaître et qui aurait été son précurseur. On possède, au contraire, maintenant, un nombre assez considérable de débris de squelettes d'hommes des temps quaternaires. L'étude en a été faite d'une manière toute spéciale et complète par M. de Quatrefages et M. le docteur Hamy dans leur grand ouvrage commun des *Crania ethnica*, et résumée par le premier dans quelques chapitres de son livre sur *l'Espèce humaine*.

Toutefois les ossements humains de l'âge quaternaire appartiennent encore presque exclusivement à l'Europe. « Cette absence de fossiles humains recueillis hors de nos contrées est des plus regrettables, remarque M. de Quatrefages. Rien n'autorise à regarder l'Europe comme le point de départ de l'espèce, ni le lieu de formation des races primitives. C'est en Asie qu'il faudrait surtout les chercher. C'est là, sur les versants de l'Himalaya, au pied du grand massif central, que Falconer espérait trouver l'homme tertiaire. Des recherches assidues et persévérantes pourraient seules vérifier les prévisions de l'éminent paléontologiste. »

« Quelques faits généraux, dont on comprendra facilement l'intérêt, continue le savant professeur du Muséum d'Histoire naturelle, se dégagent déjà des détails recueillis sans sortir des terres européennes. Constatons d'abord que, dès les temps quaternaires, l'homme ne présente pas l'uniformité de caractères que supposerait une origine récente. L'*espèce* est déjà composée de plusieurs *races* distinctes ; ces races apparaissent successivement ou simultanément ; elles vivent à

---

[1] Les mastodontes se sont maintenus en Amérique beaucoup plus tard qu'en Europe.

côté les unes des autres ; et peut-être, comme l'a pensé M. Dupont, la guerre de races remonte-t-elle jusque là. La présence de ces groupes humains nettement caractérisés à l'époque quaternaire, est à elle seule une forte présomption en faveur de l'existence antérieure de l'homme. L'influence d'actions très diverses et longtemps continuées peut seule expliquer les différences qui séparent l'homme de la Vezère, en France, de celui de la Lesse, en Belgique.

« Malgré quelques appréciations émises à un moment où la science était moins avancée et où les termes de comparaison manquaient, on peut affirmer qu'aucune tête fossile ne se rattache au type nègre africain ou mélanésien. Le vrai nègre n'existait pas en Europe à l'époque quaternaire. Nous ne concluons pourtant pas que ce type n'a pris naissance que plus tard et date de la période géologique actuelle. De nouvelles recherches, faites surtout en Asie et dans les contrées où vivent les peuples noirs, sont encore nécessaires pour qu'on puisse conclure avec certitude sur ce point. Toutefois on voit que jusqu'ici les résultats de l'observation sont peu favorables à l'opinion des anthropologistes qui ont regardé les races nègres comme ayant précédé toutes les autres. »

« Dolichocéphale ou brachycéphale, dit encore M. de Quatrefages, grand ou petit, orthognathe ou prognathe, l'homme quaternaire est toujours homme dans l'acception entière du mot. Toutes les fois que ses restes ont permis d'en juger, on a retrouvé chez lui le pied, la main qui caractérisent notre espèce ; la colonne vertébrale a montré la double courbure à laquelle Lawrence attachait une si haute importance, et dont Serres faisait l'attribut du *règne humain*, tel qu'il l'entendait. Plus on étudie et plus on s'assure que chaque os du squelette, depuis le plus volumineux jusqu'au plus petit, porte avec lui, dans sa forme et ses proportions, un certificat d'origine impossible à méconnaître..... Nous pouvons donc avec certitude appliquer à l'homme fossile que nous connaissons les paroles de Huxley. Pas plus aux temps quaternaires que dans la période actuelle, aucun être intermédiaire ne comble la brèche qui sépare l'homme du singe anthropoïde. Nier l'existence de cet abîme serait aussi blâmable qu'absurde. »

Les races humaines de l'époque quaternaire — c'est là un des résultats les plus certains, et historiquement le plus important des recherches dont elles ont été l'objet — n'ont pas été exterminées par les catastrophes géologiques ou par les populations qui sont venues s'établir, à la suite d'invasions plus ou moins violentes, dans les contrées qu'elles ont habitées les premières. Recouvertes et comme submergées par plusieurs couches ethniques successives, elles s'y sont fondues, et leur type reparaît sporadiquement jusqu'à nos jours, par un curieux effet d'atavisme, au milieu des nations qui occupent le sol où elles vivaient. Ainsi les races d'hommes qui chassaient le mammouth et l'hippopotame dans les forêts de nos pays, avant la période géologique actuelle, comptent encore, pour une faible part il est vrai, dans les éléments constitutifs de la population de l'Europe occidentale. Elles y ont encore des descendants directs, chez lesquels se perpétue leur type.

Pour ce qui est de nos contrées, les seules dont on puisse encore parler avec certitude, les faits déjà rassemblés établissent d'une manière

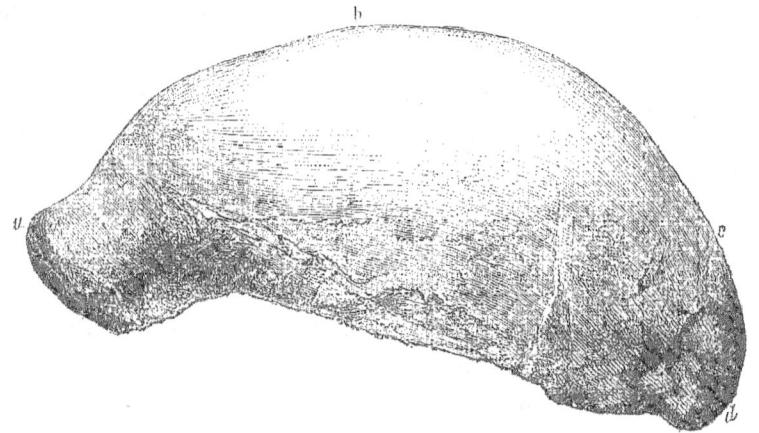

Vue latérale de la portion de crâne humain trouvé dans la caverne de Neanderthal[1].

incontestable l'antériorité de la présence d'une race haute de taille et fortement dolichocéphale, ou à crâne allongé, sur celle de la race petite et brachycéphale, ou à tête ronde, ressemblant de très près aux Lapons, qu'une théorie, qui a compté beaucoup de partisans, considérait d'abord comme ayant fourni les premiers habitants de l'Europe occidentale. Cette race brachycéphale ne commence à se montrer sur le sol français qu'à la fin de l'époque dont nous parlons en ce moment, et elle semble alors arriver par une migration venue du nord. Mais elle trouve, établie antérieurement sur ce même sol, la race dolichocéphale, qui dans certains caractères de sa tête présente des traits singulièrement

---

[1] D'après le livre de Lyell sur *l'Ancienneté de l'homme*.
Le fragment comprend toute la calotte supérieure du crâne depuis l'arcade sourcilière (*a*) jusqu'à la protubérance occipitale (*d*); la lettre *b* marque la suture coronale, et *c* le sommet de la suture lambdoïde.

rudes et bestiaux : le frontal bas, étroit et fuyant, s'appuyant sur des arcades sourcilières développées ; le pariétal étendu, déprimé dans son quart postérieur ; l'occiput saillant en arrière ; un prognathisme tellement développé, qu'il rend le menton fuyant. Tous ces traits, fortement accusés dans le crâne découvert à Canstadt en Wurtemberg, arrivent au plus haut degré de l'exagération dans celui qui a été exhumé, en 1857, de la caverne de Neanderthal, auprès de Dusseldorf.

« A en juger par la distribution géographique des restes rencontrés jusqu'à ce jour, dit M. de Quatrefages, la race ainsi reconstituée, pendant l'époque quaternaire, occupait surtout les bassins du Rhin et de la Seine ; elle s'étendait peut-être jusqu'à Stängenäs, dans le

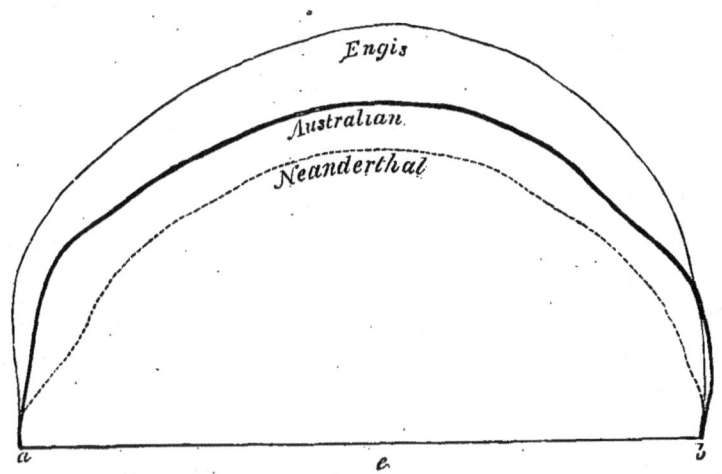

Profils des crânes de Neanderthal et d'Engis [1] et du crâne d'un Australien de Port-Adélaïde [2].

Bohuslän ; certainement jusqu'à l'Olmo, dans l'Italie centrale ; jusqu'à Brux, en Bohême ; jusqu'aux Pyrénées, en France ; probablement jusqu'à Gibraltar.

« Cette race n'est pas confinée dans les temps géologiques. L'attention éveillée par les caractères étranges du crâne de Neanderthal, a fait entreprendre une foule de recherches qui ont rapidement tiré ce remarquable spécimen de l'isolement où il semblait d'abord devoir rester..... De cet ensemble de travaux, il résulte que le type de Canstadt, parfois

---

[1] Le crâne découvert par Schmerling dans la grotte d'Engis, près de Liège, appartient à la race de Cro-Magnon, dont nous parlons dans le paragraphe suivant.

[2] D'après l'ouvrage de Lyell sur *l'Ancienneté de l'homme*.

Ces trois crânes ont été ramenés à la même longueur absolue, pour mieux comparer leurs proportions. La lettre *a* marque la glabelle, *b* la protubérance occipitale, *c* la position du trou auditif.

remarquablement pur, parfois aussi plus ou moins altéré par les croisements, se retrouve dans les dolmens, dans les cimetières des temps gallo-romains, dans ceux du moyen âge et dans les tombes modernes, depuis la Scandinavie jusqu'en Espagne, en Portugal et en Italie, depuis l'Écosse et l'Irlande jusque dans la vallée du Danube, en Crimée, à Minsk, et jusqu'à Orenbourg en Russie. Cet habitat comprend, on le voit, l'ensemble des temps écoulés depuis l'époque quaternaire jusqu'à nos jours, et l'Europe tout entière. M. Hamy a justement fait remarquer qu'il existe dans l'Inde, au milieu des populations refoulées par l'invasion aryenne, des représentants du type de Neanderthal. Toutefois, pour les retrouver avec certitude, il faut aller jusqu'en Australie. Nos propres études ont confirmé sur ce point le résultat de celles de Huxley. Parmi les races de cette grande île, il en est une répandue surtout dans la province de Victoria, aux environs de Port-Western, qui reproduit d'une manière remarquable les caractères de la race de Canstadt. »

Nous empruntons encore au même savant quelques observations d'une haute importance. « Les épithètes de bestial, de simien, souvent appliquées au crâne de Neanderthal et à ceux qui lui ressemblent, les conjectures émises au sujet des individus auxquels ils ont appartenu, pourraient faire penser qu'une certaine infériorité intellectuelle et morale se lie nécessairement à cette forme crânienne. Il est aisé de montrer que cette conclusion serait des plus mal fondées.

« Au Congrès Anthropologique de Paris, M. Karl Vogt a cité l'exemple d'un de ses amis, dont le crâne rappelle entièrement celui du Neanderthal, et qui n'en est pas moins un médecin aliéniste des plus distingués. En parcourant le Musée de Copenhague, je fus frappé des traits tout pareils que présentait un des crânes de la collection; il se trouva que c'était celui de Kay Lykke, gentilhomme danois qui a joué un certain rôle politique pendant le XVIIe siècle. M. Godron a publié le dessin de la tête de Saint Mansuy, évêque de Toul au IVe siècle, et cette tête exagère même quelques-uns des traits les plus saillants du crâne de Neanderthal. Le front est encore plus fuyant, la voûte crânienne plus surbaissée. Enfin la tête de Bruce, le héros écossais, reproduisait aussi le type de Canstadt. En présence de ces faits, il faut bien reconnaître que même l'individu dont on a trouvé les restes dans la caverne de Neanderthal a pu posséder toutes les qualités morales et intellectuelles compatibles avec son état social inférieur. »

## § 2. — L'HOMME DES CAVERNES DE L'AGE DU RENNE.

Un second âge du développement de l'humanité s'annonce par un progrès dans le travail des instruments de pierre; mais des caractères zoologiques tranchés ne le distinguent pas du premier. Les débris datant de cette époque se trouvent surtout dans les cavernes, dans celles du pied des Pyrénées, du Périgord et de la Belgique, dont les fouilles ont fourni par milliers à l'étude de la science les vestiges d'une humanité sauvage encore, mais un peu plus avancée que celle qui vivait lors de la formation des dépôts des vallées de la Somme et de l'Oise. Pendant cet âge les grands carnassiers paraissent avoir presque disparu, ce qui explique l'énorme multiplication des herbivores. Les mammouths et les rhinocéros existent encore, mais tendent graduellement à s'éteindre; le renne abonde dans le midi de la France, où il forme de grands troupeaux errant dans les pâturages des forêts.

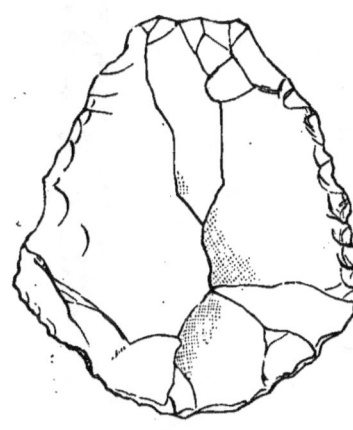

Grattoir en silex des alluvions quaternaires [1].

L'homme de cette seconde époque emploie à la fois pour son usage

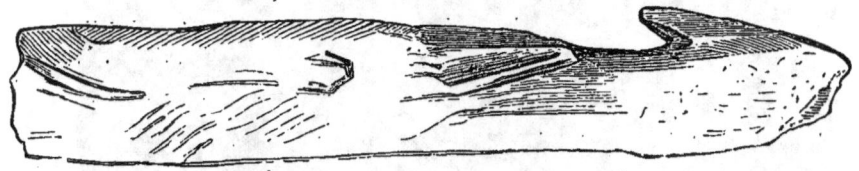

Harpon en os décoré d'une tête de cheval [2].

les os, les cornes des animaux, et la pierre, qu'il façonne avec plus d'adresse. Tous les objets exhumés des grottes du Périgord et de l'Angoumois annoncent chez notre espèce de notables progrès dans la fabrication des engins et des ustensiles. Les flèches sont barbelées; certains silex sont ébréchés de manière à former de petites scies; on rencontre des ornements de pure parure exécutés avec des dents, des

---

[1] D'après le *Précis de paléontologie humaine*, de M. le docteur Hamy.
[2] Découvert à Laugerie-Basse (Dordogne). D'après le *Précis de paléontologie humaine*, de M. le docteur Hamy.

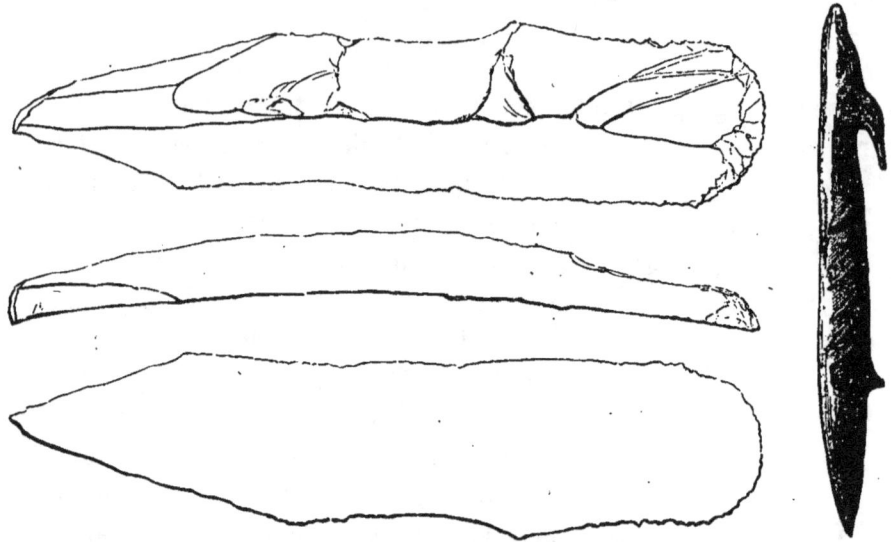

Grattoir de forme allongée, des cavernes du Périgord [1].   Petit harpon en os [2].

Gravure sur un morceau de schiste, représentant l'ours des cavernes [3].

[1] D'après le *Précis de paléontologie humaine*, de M. le docteur Hamy.
[2] Provenant de la caverne de Massat (Ariège). D'après le *Précis de paléontologie humaine*, de M. le docteur Hamy.
[3] Découverte dans la grotte du Bas-Massat (Ariège). D'après le *Bulletin de la Société d'anthropologie*, de Paris.

cailloux et surtout des coquillages marins. On a extrait de plusieurs grottes des phalanges de ruminants creusées et percées d'un trou, visiblement destinées à servir de sifflet, car ces pièces en rendent encore aujourd'hui le son. Mais l'homme qui menait alors dans les cavernes du Périgord, de l'Angoumois et du Languedoc la vie de troglodyte, ne maniait pas seulement la taille avec habileté ; il réussissait avec ses outils de pierre à fouiller et à ciseler l'ivoire et le bois de renne, ainsi que l'établissent de nombreux spécimens. Enfin, chose plus remarquable, il avait déjà l'instinct du dessin, et il figurait sur le schiste, l'ivoire, l'os ou la corne, avec la pointe d'un silex, l'image des animaux dont il était entouré.

Les espèces qu'on a le plus souvent tenté de reproduire dans ces essais d'un art qu'on pourrait presque dire antédiluvien sont le bouquetin, l'urus ou bœuf sauvage, le cheval, alors à l'état de liberté dans nos contrées, et le renne, soit isolé, soit en troupe. Une plaque de schiste nous offre une excellente représentation de l'ours des cavernes ; sur un os, nous avons celle du *felis spelaeus*. Mais, de tous ces dessins à la pointe, le plus surprenant, sans contredit, est celui qui a été découvert dans la grotte de la Madeleine (commune de Turzac, arrondissement de Sarlat) : c'est une lame d'ivoire fossile où a été figurée, par une main fort inexpérimentée et qui s'y est reprise à plusieurs fois, l'image nettement caractérisée du mammouth, avec la longue crinière qui le distinguait de tous les éléphants actuellement vivants. Les troglodytes de cet âge se sont même quelquefois essayés à reproduire des scènes de chasse : un homme combattant un aurochs, un autre harponnant un cétacé, souvenir d'un passage de la tribu sur les bords du golfe de Gascogne, dans le cours de ses migrations nomades. Mais ils ont échoué d'une façon misérable dans ces tentatives pour dessiner la figure humaine.

La plupart des représentations ainsi tracées par les hommes contemporains de l'énorme multiplication du renne dans nos contrées sont fort grossières ; mais il en est d'autres qui sont de l'art véritable. A ce point de vue, les sculptures qui ornent les manches de poignard en os exhumés des grottes de Laugerie-Basse, de Bruniquel et de Montastruc sont encore plus remarquables que les meilleurs dessins, si l'on excepte toutefois, parmi ces derniers, la représentation d'un renne broutant, qui a été découverte dans la caverne de Thaïngen auprès de Schaffhouse, en Suisse. Jamais on n'eût cru pouvoir attendre, dans ces œu-

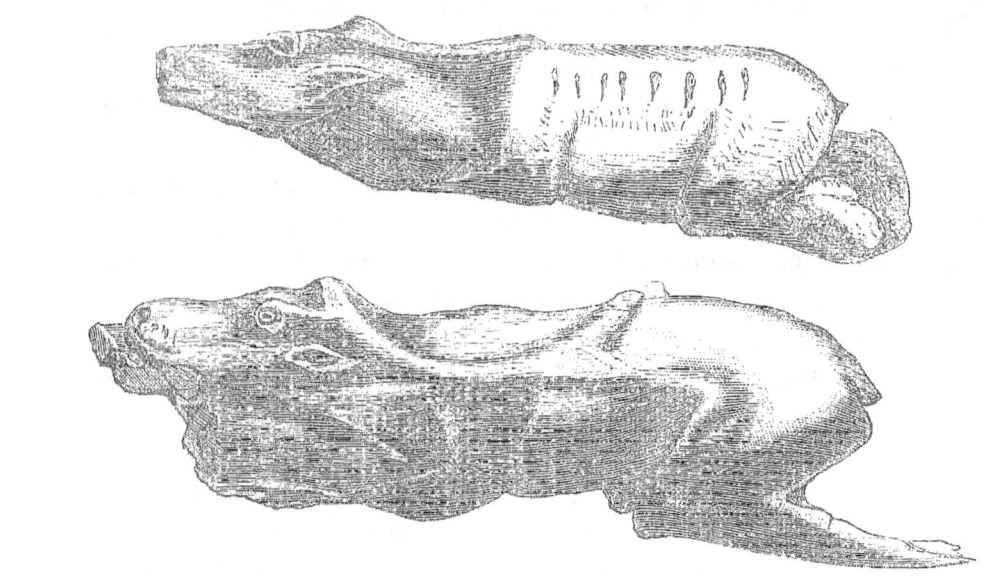

Manches de poignards sculptés en ivoire, représentant des rennes[1].

Lame d'ivoire de la grotte de La Madeleine, avec représentation du mammouth[2].

Figures diverses sur un morceau de bois de renne[3].

[1] Provenant de la grotte de Montastruc. D'après M. le docteur Hamy.
[2] D'après les *Reliquiae aquitanicae* de Lartet et Christy.
[3] On y voit un gros serpent nageant au milieu des roseaux, une figure humaine nue et deux têtes de cheval. Le morceau a été découvert dans la grotte de La Madeleine. D'après les *Reliquiae aquitanicae*.

vres de purs sauvages, une telle hardiesse et une telle sûreté de dessin, une si fière tournure, une imitation si vraie de la nature vivante, une telle propriété dans la reproduction des attitudes propres à chaque espèce animale. Ainsi, l'art a précédé les premiers développements de la civilisation matérielle. Dès cet âge primitif, alors qu'il n'était point encore sorti de la vie sauvage, déjà l'homme se montrait artiste et avait le sentiment du beau. Cette faculté sublime que Dieu avait déposée en lui en « le faisant à son image » s'était éveillée l'une des premières, avant qu'il eût senti encore le besoin d'améliorer les dures conditions de sa vie.

Au reste, les troglodytes du Périgord, dans l'âge du renne, connaissaient la numération. Ils avaient inventé une méthode de notation de certaines idées, au moyen de tablettes d'os marquées d'entailles convenues, qui permettaient des communications à distance, méthode tout à fait pareille à celle que les auteurs grecs nous montrent employée très tard par les Scythes au moyen de bâtonnets entaillés, et que les écrivains chinois disent être restée en usage chez les Tartares jusqu'au VI° siècle de notre ère. Enfin, l'homme de l'époque quaternaire, surtout dans la seconde partie, dans l'âge du renne, avait certainement des croyances religieuses, puisqu'il avait des rites funéraires dont l'origine se lie d'une façon nécessaire à des idées sur l'autre vie. A Aurignac, à Cro-Magnon et à Menton, l'on a trouvé des lieux de sépulture régulière de cette époque, où de nombreux individus avaient été soigneusement déposés ; et à la porte de ces grottes sépulcrales étaient les restes, impossibles à méconnaître, de sacrifices et de banquets en l'honneur des morts. Dès les premiers jours de son apparition, l'homme a porté la tête haute et regardé le ciel :

Os homini sublime dedit, coelumque tueri.

La race humaine, dont nous venons d'essayer de caractériser l'industrie, et qui vint s'établir dans nos pays à l'âge du renne, est très bien connue par les sépultures découvertes dans la France méridionale, particulièrement par celle de Cro-Magnon dans la vallée de la Vézère, en Périgord. C'est encore une race de haute taille et très fortement dolichocéphale, comme celle dont nous avons parlé dans le chapitre précédent, mais d'un type très différent et bien supérieur. « Au lieu d'un front bas et fuyant placé au-dessus de ces crêtes sourcilières qui ont fait penser au singe, dit M. de Quatrefages, au lieu d'une voûte surbaissée comme dans le crâne de Neanderthal et ses congénères, on trouve ici un front large, s'élevant au-dessus de sinus frontaux assez peu accusés et une voûte présentant les plus belles proportions..... Le crâne est encore remarquable par sa capacité. Elle est très supérieure à celle de la moyenne chez les Parisiens modernes ; elle l'est également à celle des autres races européennes modernes. Ainsi chez ce sauvage des derniers temps quaternaires, qui a encore lutté contre le mammouth avec ses armes de pierre, nous trouvons réunis tous les caractères craniologiques généralement regardés comme les signes d'un développement intellectuel. »

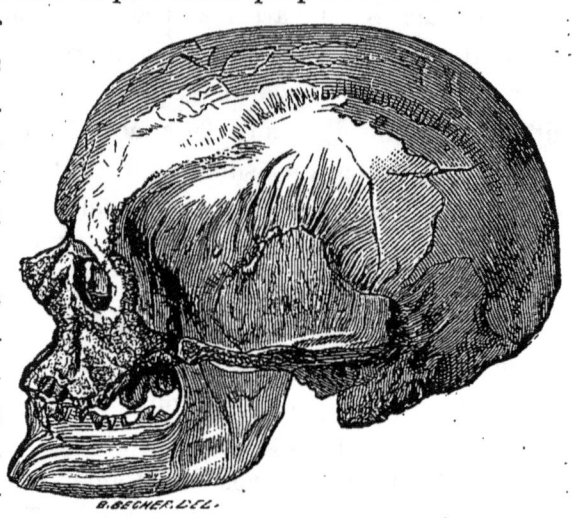

Tête de vieillard découverte à Cro-Magnon (Dordogne)[1].

« En somme, continue un peu plus loin l'éminent académicien, chez les hommes de Cro-Magnon, un front bien ouvert, un grand nez étroit et recourbé, devait compenser ce que la figure pouvait emprunter d'étrange à des yeux probablement petits, à des masséters très forts, à des contours un peu en losange. A ces traits, dont le type n'a rien de désagréable et permet une véritable beauté, cette magnifique race joignait une haute stature, des muscles puissants, une constitution athlétique. Elle semble avoir été faite à tous égards pour lutter contre les difficultés et les périls de la vie sauvage.....

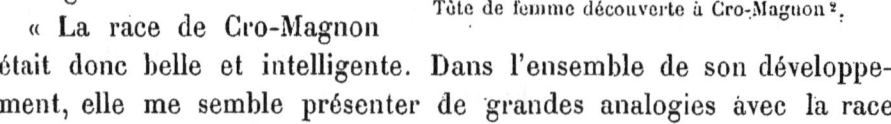

Tête de femme découverte à Cro-Magnon[2].

« La race de Cro-Magnon était donc belle et intelligente. Dans l'ensemble de son développement, elle me semble présenter de grandes analogies avec la race

---

[1] D'après la *Conférence* de M. Broca *sur les troglodytes de la Vézère*.
[2] D'après la même source. L'os frontal porte la marque d'un coup de hache qui l'a percé.

Algonquine, telle que la font connaître les premiers voyageurs et surtout les missionnaires ayant vécu longtemps parmi ces Peaux-Rouges. Elle en avait sans doute les qualités et les défauts. Des scènes violentes se passaient sur les bords de la Vézère ; nous en avons pour preuve le coup de hache qui a enfoncé le crâne à la femme de Cro-Magnon. En revanche, les sépultures de Solutré, en nous livrant plusieurs têtes de femmes et d'hommes édentés, semblent attester que la vieillesse recevait des soins particuliers dans ces tribus, et était par conséquent honorée. Cette race a cru à une autre vie ; et le contenu des tombes semble prouver que sur les bords de la Vézère et de la Saône on comptait sur les prairies bienheureuses, comme sur les rives du Mississipi.

« Comme l'Algonquin, l'homme du Périgord ne s'est pas élevé au-dessus du degré le plus inférieur de l'état social ; il est resté chasseur, tout au moins jusque vers la fin des âges qui le virent apparaître dans nos montagnes. C'est donc à tort que l'on a prononcé à son sujet le mot de *civilisation*. Pourtant il était doué d'une intelligence élastique, perfectible. Nous le voyons progresser et se transformer tout seul, fait dont on ne trouve aucune trace chez son similaire américain. Par là, il lui est vraiment supérieur. Enfin ses instincts artistiques, les œuvres remarquables qu'il a laissées, lui assignent une place à part parmi les races sauvages de tous les temps. »

Dans l'âge immédiatement postérieur, celui de la pierre polie, nous voyons la race de ces troglodytes du Périgord se maintenir à l'état de tribus isolées, vivant au milieu des populations nouvelles qui sont venues se répandre sur le même sol, ayant adopté les mœurs importées par ces nouveaux venus, mais demeurant à côté d'eux sur certains points dans un état de grande pureté ethnique, tandis que sur d'autres points elle tend à se fondre graduellement avec eux. Nous suivons après, au travers de la série complète des temps historiques et jusqu'à nos jours, la persistance et la réapparition fréquente du type de cette race à l'état d'individus isolés dans toutes les parties de l'Europe occidentale. Elle est un des éléments constitutifs originaires de la population de ces contrées, et elle y tient plus de place que la race antérieure, celle de Canstadt et de Neanderthal.

« J'ai moi-même en France, à plusieurs reprises, dit M. de Quatrefages, constaté chez des femmes, des traits qui ne pouvaient s'accorder qu'avec l'ossature crânienne et faciale de la race dont nous parlons.

Chez l'une d'elles, la dysharmonie de la face et du crâne était au moins aussi marquée que chez le grand vieillard de Cro-Magnon : l'œil enfoncé sous la voûte orbitaire avait le regard dur ; le nez était plutôt droit que courbé, les lèvres un peu fortes, les masséters très développés, le teint très brun, les cheveux très noirs et plantés bas sur le front. Une taille épaisse à la ceinture; des seins peu développés; des pieds et des mains relativement petits, complétaient cet ensemble. Les études de M. Hamy ont étendu et agrandi le champ des recherches. Il a retrouvé le même type dans la collection de crânes basques de Zaraus, recueillie par MM. Broca et Velasco ; il l'a suivi jusqu'en Afrique, dans les tombes mégalithiques explorées par le général Faidherbe, et chez les tribus Kabyles des Beni-Masser et du Djurjura. Mais c'est principalement aux Canaries, dans la collection du Barranco-Hundo de Ténériffe, qu'il a rencontré des têtes dont la parenté ethnique avec les hommes de Cro-Magnon est vraiment indiscutable. D'autre part, différents termes de comparaison lui font regarder comme probable que les Dalécarliens se rattachent à la même souche...

« Pendant l'époque quaternaire, la race de Cro-Magnon avait en Europe son principal centre de population dans le sud-ouest de la France. Ses colonies s'étendaient jusqu'en Italie, dans le nord de notre pays, dans la vallée de la Meuse, où elles se juxtaposaient à une autre race. Mais peut-être elle-même n'était-elle qu'un rameau de population africaine, émigré chez nous avec les hyènes, le lion, l'hippopotame, etc. En ce cas il serait tout simple qu'elle se retrouvât de nos jours dans le nord-ouest de l'Afrique et dans les îles où elle était plus à l'abri du croisement. Une partie de ses tribus, lancée à la poursuite du renne, aura conservé, dans les Alpes scandinaves, la haute taille, les cheveux noirs et le teint brun qui distinguent les Dalécarliens des populations voisines ; les autres, mêlées à toutes les races qui ont successivement envahi notre sol, ne manifesteraient plus leur ancienne existence que par des phénomènes d'atavisme, imprimant à quelques individus le cachet des antiques chasseurs du Périgord. »

C'est, au contraire, sûrement du nord que venait la race toute différente qui, à la même époque, menait une vie toute semblable dans les cavernes de la Belgique. Nous la connaissons par les belles fouilles de Schmerling et de M. Dupont. Cette race, dont on constate plusieurs variétés établies en des lieux différents, était petite de taille, brachycéphale, et présente tous les caractères d'un étroite parenté avec les Lapons.

Les troglodytes belges de cette race, qui a fourni également la population primitive de la Scandinavie, étaient à beaucoup de points de vue en retard sur ceux du Périgord et du Mâconnais, issus d'un autre sang. « Les monuments de leur industrie, dit encore M. de Quatrefages, sont bien inférieurs à ce que nous avons vu chez ces derniers, et ils ne montrent aucun indice des aptitudes artistiques si remarquables chez l'homme de la Vézère. Ils le dépassent pourtant sur un point essentiel : ils avaient inventé ou reçu d'ailleurs l'art de fabriquer une poterie grossière. M. Dupont en a trouvé des débris dans toutes les stations qu'il a explorées, et a retiré du *Trou du frontal* (sur la Lesse) des fragments en nombre suffisant pour reconstituer le vase dont ils avaient fait partie.....

« Contrairement à ce que nous avons vu chez les hommes de Cro-Magnon, ceux-ci paraissent avoir été éminemment pacifiques. M. Dupont n'a rencontré ni dans leurs grottes ni dans leurs sépultures aucune arme de combat, et il leur applique ce que Ross rapporte des Esquimaux de la Baie de Baffin, qui ne pouvaient comprendre ce qu'on entendait par la guerre......

« Les troglodytes de Belgique se peignaient la figure et peut-être le corps comme ceux du Périgord. Les objets de parure étaient à peu près les mêmes que chez ces derniers. Toutefois on ne voit figurer parmi eux aucun objet emprunté à la faune marine. Ce fait a quelque chose de singulier, car l'homme de la Lesse allait parfois chercher ses « bijoux, » aussi bien que la matière première de ses outils et de ses armes de chasse, à des distances bien plus grandes que celle qui le séparait de la mer. En effet, les principaux ornements des hommes de la Lesse étaient des coquilles fossiles. Quelques-unes étaient empruntées aux terrains dévoniens du voisinage ; mais la plupart venaient de fort loin, et en particulier de la Champagne et de Grignon près de Versailles[1]. Les silex, dont nos troglodytes faisaient une si grande consommation, étaient tirés, non du Hainaut ou de la province de Liége, mais presque tous de la Champagne. Il en est même qui ne peuvent avoir été ramassés qu'en Touraine, sur les bords de la Loire. En jugeant d'après les provenances de ces divers objets, on pourrait dire que le monde connu des troglodytes

---

[1] Une tribu de cette race était établie sur les bords de la Seine, vers le site de Paris, et a laissé de nombreux vestiges de son séjour dans les sables de Grenelle.

de la Lesse s'élevait à peine de 30 à 40 kilomètres au nord de leur résidence, tandis qu'il s'étendait à 400 ou 500 kilomètres vers le sud.

« Il y a dans ce fait quelque chose de fort étrange, mais dont M. Dupont nous paraît avoir donné une explication au moins fort plausible. Selon lui deux populations, deux races peut-être, auraient été juxtaposées dans les contrées dont il s'agit, pendant l'époque quaternaire. Entre elles aurait existé une de ces haines pour ainsi dire instinctives, pareille à celle qui règne entre les Peaux-Rouges et les Esquimaux. Cernés au nord et à l'ouest par leurs ennemis, qui occupaient le Hainaut, les indigènes de la Lesse ne pouvaient s'étendre qu'au sud ; et c'est par les Ardennes qu'ils communiquaient avec les bassins de la Seine et de la Loire. »

C'est seulement dans la dernière partie des temps quaternaires, vers le milieu de l'âge du renne, que la race petite, brachycéphale et tout à fait analogue aux Lapons, dont un établissement important a pu être ainsi étudié dans la vallée de la Lesse, parvint sur notre sol français, plus tard que la race dolichocéphale, et d'origine probablement africaine, à laquelle appartenaient les troglodytes du Périgord. Elle paraît alors avoir poussé des essaims dans les bassins de la Somme et de la Seine, et même plus loin

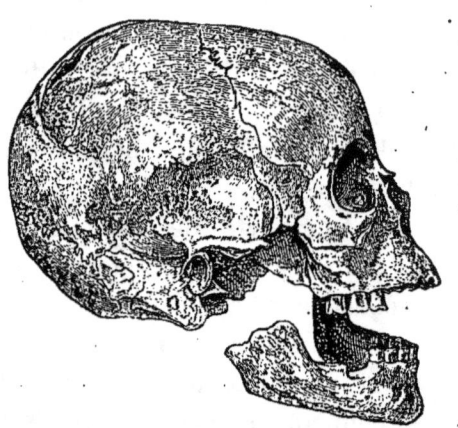

Crâne d'homme provenant de la grotte du Trou du Frontal[1].

vers le sud, jusque dans la vallée de l'Aude. A Solutré, dans le Mâconnais, nous la voyons se mêler à la population des chasseurs de chevaux sauvages, née déjà d'une fusion entre les deux races dolichocéphales dont la présence était plus ancienne. D'un autre côté, l'on constate son existence à la même époque dans la Hongrie, comme dans les pays scandinaves. Pendant la période suivante, dite *néolithique*, cette même race, pressée par les immigrants qui arrivent, apportant de nouvelles mœurs avec un sang nouveau, s'est en partie précipitée vers le midi et y

---

[1] Ce remarquable type de la race laponoïde des Troglodytes de la Belgique, est emprunté au *Précis de paléontologie humaine* de M. le docteur Hamy.

a porté quelques-unes de ses tribus au delà des Pyrénées, dans l'Espagne et le Portugal, jusqu'à Gibraltar.

Les recherches de MM. de Quatrefages et Hamy conduisent à voir en elle la souche de nombreuses populations de type *laponoïde*, échelonnées dans le temps et répandues à peu près dans l'Europe entière. En particulier ce type est représenté presque à l'état de pureté encore aujourd'hui dans les Alpes du Dauphiné. « Ainsi, dit l'éminent antropologiste auquel nous faisons dans ce chapitre de si nombreux emprunts, la race des troglodytes de la Belgique, la dernière venue de l'époque quaternaire, s'est rencontrée pendant les temps glaciaires avec les races dolichocéphales qui l'avaient précédée. Sur certains points elle s'est associée à elles ; sur d'autres elle a conservé son autonomie ; elle a eu le même sort. Elle aussi a assisté à la transformation du sol et du climat, qui a porté le trouble dans les sociétés naissantes de la race de Cro-Magnon ; elle aussi a vu les conditions d'existence se transformer progressivement, et les conséquences de ces changements ont été les mêmes pour elle.

« Un certain nombre de tribus ont marché vers le nord, à la suite du renne et des autres espèces animales qu'elles étaient habituées à regarder comme nécessaire à leur existence ; elles ont émigré en latitude. D'autres, pour le même motif, ont émigré en altitude, accompagnant le bouquetin et le chamois dans nos chaînes de montagnes, dégagées par la fonte des glaciers. D'autres enfin sont restées en place. Les deux premiers groupes ont pu rester plus longtemps à l'abri des mélanges ethniques. Les tribus composant le troisième se sont promptement trouvées en présence des immigrants brachycéphales et dolichocéphales de la pierre polie, et ont été facilement subjuguées, absorbées par eux. »

En effet, c'est pendant l'âge du renne que se produisirent les derniers phénomènes géologiques qui marquent, dans nos contrées, la fin de l'époque quaternaire. Un mouvement graduel de soulèvement fit émerger du sein des mers les pays qui s'étaient antérieurement affaissés, et le résultat de ce soulèvement fut d'amener les continents à prendre, à bien peu de chose près, le relief que nous leur voyons aujourd'hui. D'aussi grandes modifications dans la disposition du sol, dans le rapport des terres et des eaux, amenèrent forcément des changements non moins profonds dans la température et dans les conditions atmosphériques. Le climat continental actuel se substitua au climat insulaire. Les glaciers de toutes les chaînes de montagnes reculèrent rapidement, et leur fonte, ainsi que la rupture des lacs placés au-dessus, qui en fut presque partout la conséquence, produisit les faits d'inondation brusque et sur une énorme échelle, auxquels est dû le dépôt argileux rougeâtre, mêlé de cailloux anguleux, d'une origine évidemment torrentielle, qui couvre une grande partie de l'Europe, et que les géologues parisiens ont appelé le *diluvium rouge*. La formation de ce dépôt fut suivie d'une longue période pendant laquelle les grands cours d'eau des contrées occidentales suivirent un régime de débordements annuels et réguliers, analogues à ceux du Nil, de l'Euphrate, de l'Indus et du Gange, débordements étendus dans d'immenses proportions, et qui ont laissé, comme un vaste manteau par-dessus le diluvium rouge, les couches de limon fin, de même nature que celui des alluvions nilotiques modernes, connu sous le nom de *lœss* supérieur ou terre à briques. Les espèces africaines avaient alors, depuis un temps considérable déjà, disparu de notre sol ; le rhinocéros à épaisse fourrure était également éteint ; quelques rares individus de l'espèce du mammouth subsistaient seuls, et l'on rencontre çà et là leurs restes dans le *lœss*. Quant au renne, il était encore nombreux dans nos pays.

Après cette période, de nouveaux phénomènes d'inondation subite, déchirèrent les dépôts, d'abord continus, du lœss, et n'en laissèrent plus subsister que des lambeaux en terrasse sur les flancs des vallées et sur les plateaux où nous les observons aujourd'hui. Ce fut la dernière crise de l'âge quaternaire, celle qui marque la transition à l'époque géologique actuelle. A dater de ce moment, les conditions géographiques et climatériques de l'Europe furent celles qui subsistent encore actuellement, et depuis lors son sol n'a pas été sensiblement modifié.

La faune, influencée par les changements des climats, devint aussi ce qu'elle est de nos jours. Il ne resta plus dès lors dans nos pays, en fait d'espèces maintenant éteintes, que le grand cerf d'Irlande (*cervus megaceros*) avec ses cornes immenses, dont on trouve encore les ossements dans les tourbières ; l'urus ou bœuf sauvage et l'aurochs, qui, résistant encore plus tard, furent détruits par les chasseurs de la Gaule seulement dans le cours de l'époque historique, et subsistèrent en Suisse jusqu'au IX$^e$ et au X$^e$ siècle de notre ère. On sait même qu'il s'en conserve des individus vivants en Écosse et en Lithuanie. Le mammouth venait d'achever de disparaître. A part le lièvre, qui, avec ses poils sous la plante des pieds, est resté comme une dernière épave de la période glaciaire, tous les animaux organisés pour vivre au milieu des frimas émigrèrent, dès le début de la période actuelle, les uns en altitude, les autres en latitude. Le bouquetin, le chamois, la marmotte et le tétras se réfugièrent sur les plus hautes montagnes, fuyant devant l'élévation de la température. Le renne, qui ne pouvait vivre que dans les plaines, se retira progressivement vers le nord. Au temps où se formèrent les plus anciennes tourbières, il avait déjà quitté la France, mais il vivait encore dans le Mecklembourg, en Danemarck et dans le sud de la Scandinavie, d'où plus tard il émigra de nouveau pour se retirer définitivement dans les régions polaires.

Il paraît bien prouvé aujourd'hui qu'à cette aurore de la période géologique qui se continue encore, et à laquelle correspondent, dans l'archéologie préhistorique, les premières manifestations des temps *néolithiques* ou de l'âge de la *pierre polie*, la majeure partie des tribus de brachycéphales de la race laponoïde suivirent dans sa migration l'animal utile auquel elles empruntaient les principales ressources de leur subsistance. Elles se retirèrent, elles aussi, vers le nord, en laissant seulement derrière elles de faibles essaims attardés, et elles ne se sont non plus arrêtées dans leur retraite que lorsqu'elles ont eu atteint les contrées arctiques. Il est probable qu'elles allaient ainsi chercher les climats qu'elles préféraient et qu'elles ne trouvaient plus dans notre pays ; mais en même temps elles étaient refoulées par de nouvelles populations qui s'emparaient de l'Europe occidentale. En effet, le passage de la période archéolithique à la période néolithique [1], de l'âge quaternaire à l'âge géologique actuel, correspond à un changement dans les habitants de nos pays comme à un changement dans le climat.

« Des hordes armées de la hache de pierre polie, dit M. Hamy, qui résume ainsi dans son *Précis de paléontologie humaine* les observations les plus récentes, surgissant au milieu des débris des peuplades de l'âge du renne, les soumettent aisément. Cette période d'envahissement brutal et de décadence matérielle représente, pour l'Occident préhistorique, une phase comparable à celles qui ont suivi l'invasion des Hycsos en

---

[1] On réunit assez souvent en un même groupe les deux âges successifs des grands carnassiers et du renne, sous le nom commun d'*époque archéolithique*, expression tirée du grec, qui caractérise l'époque ainsi nommée comme la plus ancienne parmi celles où l'homme, ne connaissant pas encore l'art de fondre les métaux, employait exclusivement la pierre taillée par éclats, à faire ses armes et ses métaux. L'époque suivante, où on les faisait en pierre polie, est désignée, par opposition, sous le nom d'*époque néolithique*.

Égypte et celles des Germains au v⁰ siècle de notre ère. Comme les Barbares, les nouveaux venus, qui sont peut-être en partie ethniquement apparentés aux premiers dolichocéphales que nous avons étudiés, se modifieront peu à peu au contact des populations moins sauvages qu'ils ont mises sous le joug et avec lesquelles ils se mêleront de plus en plus. Et sous l'influence de celles-ci, la pierre finement taillée, dont les dernières stations de l'âge du renne fournissaient de si remarquables échantillons, s'unira à la pierre polie, que les envahisseurs ont apportée avec eux, tandis que le travail de l'os se relèvera de sa chute, sans atteindre néanmoins le degré de perfection qu'il possédait auparavant.

« La grotte funéraire des anciens jours et le monument en pierres brutes de la race nouvelle seront simultanément employés. Ce dernier, qui est la manifestation la plus remarquable de la période néolithique, se perfectionne peu à peu. Aux monuments formés d'énormes pierres irrégulières, supportant comme de gigantesques piliers une grande table horizontale, en succèderont d'autres composés de pierres équarries, alignées avec un certain art. Ces architectes préhistoriques, dont les travaux ont pu résister à tant de causes de destruction, entrent ainsi à leur tour dans la voie du progrès, un instant abandonnée. Plus tard, ils couvriront de figures sculptées certaines *allées couvertes,* et ils élèveront à Stone-Henge le majestueux édifice qui offre tant de points de ressemblance avec cet autre monument préhistorique découvert par M. Mariette à Gizeh et connu par les égyptologues sous le nom de « temple du Sphinx, » préludant ainsi à cette renaissance préhistorique dont *l'âge du bronze* et le *premier âge du fer* représentent l'apogée.

« Ainsi, le développement de l'humanité, momentanément ralenti dans sa marche, après cette évolution partiellement rétrograde, prendra une nouvelle activité. Du degré de civilisation que nous nous sommes efforcé de faire connaître, l'homme s'élèvera lentement à une civilisation supérieure. »

Mais ici nous sortons des temps paléontologiques pour entrer dans des temps qui, relativement modernes, tout en étant préhistoriques pour notre Occident, touchent au début des siècles historiques pour d'autres régions, comme l'Égypte et la Chaldée. Nous n'avons plus affaire à l'homme fossile, mais à l'homme de la période géologique actuelle.

L'existence primitive d'une population de sauvages menant la vie de chasseurs troglodytes, a laissé des souvenirs d'une singulière précision dans les récits traditionnels des peuples civilisés du monde classique, dans leurs légendes sur les premiers âges [1]. C'est à tel point que l'on peut presque dire que les hommes des cavernes de la période quaternaire ne sont pas à proprement parler *préhistoriques*, puisqu'ils ont une place incontestable dans la tradition. Et ici nous trouvons une preuve de la succession ininterrompue des générations humaines sur le sol européen, depuis le temps où vivaient le mammouth et les grands carnassiers depuis si longtemps éteints.

« Alors, dit Eschyle [2], pas de maisons de brique ouvertes au soleil, pas de constructions en charpente. Se plongeant dans la terre tels que de minces fourmis, les hommes se cachaient dans des antres sans lumière. » La charrue à cette date ne labourait pas le sol européen. Prométhée, aïeul d'Hellen et personnification mythique des débuts de la civilisation de la race aryenne dans ces contrées, « accoupla le premier, suivant le poète, des bêtes de somme sous le joug pour décharger les mortels des travaux les plus durs. » Pour le grand tragique grec, l'état sauvage qui précéda Prométhée remonte à l'époque la plus reculée. Mais quelques siècles plus tôt, le chantre de l'*Odyssée* représente certaines tribus de cette race primitive vivant encore de la vie de troglodytes sauvages, au temps de ses héros Achéens, dont la civilisation est déjà relativement avancée. Tels sont chez lui les Cyclopes de Sicile, que la tradition plaçait dans cette contrée avant l'établissement de la population ibérienne des Sicanes, lequel remonte au moins à 2,000 ans avant l'ère chrétienne, les Cyclopes que les Grecs disaient fils du Ciel et de la Terre et représentaient comme absolument étrangers aux généalogies de leur propre race. Les Cyclopes, tels que les décrit le $IX^e$ chant de l'*Odyssée*, « habitent des cavernes au sommet des hautes montagnes ; » non-seulement ils ne labourent pas, mais ils ne cultivent pas même la terre à la main. Ils ont pourtant quelques troupeaux, mais ignorent toute navigation, comme l'art de l'équitation et celui des transports au moyen de chariots. Les dieux des Hellènes leurs sont inconnus ; il les dédaignent et les défient.

Si nous en croyons la tradition grecque recueillie par Pausanias, Pélasgos, le représentant de la première race un peu civilisée, aurait

---

[1] Voy. le chapitre $I^{er}$ du livre de M. d'Arbois de Jubainville, *Les premiers habitants de l'Europe;* nous n'avons fait ici que le résumer.
[2] *Prometh.*, v. 450 et suiv.

trouvé dans le Péloponnèse, à l'aurore des temps historiques, une population qui ne bâtissait pas et qui ne portait pas de vêtements ; il lui apprit à construire des cabanes et à s'habiller de peaux de cochons. Cette population vivait de feuilles, d'herbes et de racines, sans distinguer les saines des dangereuses : les Pélasges lui firent joindre le gland doux à cette nourriture rudimentaire. Diodore de Sicile parle d'une époque reculée où en Crète on ne savait pas encore bâtir de maisons : les hommes cherchaient un abri sous les arbres des montagnes et dans les cavernes des vallées ; tel était l'état des choses jusqu'à l'arrivée des Curètes, peuple de race pélasgique, qui enseignèrent aux aborigènes les premiers rudiments de la civilisation, l'élève des troupeaux, la récolte du miel, l'emploi du métal pour faire des glaives et des casques, enfin la substitution d'une organisation sociale à la vie solitaire du sauvage chasseur.

Le souvenir de la population des cavernes restait aussi vivant en Italie. C'est en parlant d'elle qu'Évandre, dans l'*Énéide* de Virgile, commence son poétique résumé de l'histoire du Latium. « Autrefois ces bois étaient habités par des autochthones, les Faunes et les Nymphes, race d'hommes née des troncs durs du chêne. Vivant sans lois traditionnelles ni civilisation, ils ne savaient ni réunir des bœufs sous le joug, ni amasser des richesses, ni épargner le bien acquis ; des pousses d'arbres et les sauvages produits de la chasse étaient leur nourriture. »

Mais la description traditionnelle la plus remarquable, la plus exacte et la plus vivante des mœurs des sauvages primitifs des cavernes, est celle que nous lisons chez Lucrèce. « Le robuste conducteur de la charrue courbée n'avait pas encore paru ; personne ne savait dompter les champs par le fer, ni planter les jeunes arbres, ni au sommet des vieux couper les branches avec la serpe..... Les hommes trouvaient la nourriture de leur corps sous les chênes porteurs de gland, sous les arbousiers dont, pendant l'hiver, les fruits mûrs se teignent en rouge..... Ils ne savaient pas se servir des peaux ni se vêtir de la dépouille des animaux sauvages. Ils habitaient les forêts et les cavités des montagnes ; ils abritaient sous les broussailles leurs membres crasseux, quand ils voulaient éviter les vents et la pluie..... Leurs mains et leurs pieds étaient d'une admirable vigueur : ils poursuivaient dans les bois les animaux sauvages, leur lançaient des pierres, les frappaient de massues, en abattaient un grand nombre, ne fuyaient que devant quelques-uns..... C'était en vain que la mer soulevait ses flots irrités : elle proférait des menaces impuissantes ; quand au contraire la rusée étalait paisiblement ses eaux riantes, elle ne pouvait séduire personne : l'art perfide de la navigation n'était pas encore inventé. »

Ici le poète, vivifiant la tradition par son génie, a réalisé une véritable résurrection du passé. Pour dépeindre les troglodytes des temps quaternaires, tels que nous les connaissons aujourd'hui par leurs vestiges, la science contemporaine n'a presque rien à changer à son tableau. Elle en adoucirait plutôt certaines couleurs.

§ 3. — RESTES MATÉRIELS DE L'ÉPOQUE NÉOLITHIQUE.

Pour celui qui suit les reliques de son industrie, que l'homme antérieur à l'histoire écrite a laissés dans notre Europe, un nouvel âge, comme nous l'avons dit tout à l'heure, se marque par l'apparition de la pierre polie. Car il est à remarquer que dans l'époque précédente, quelque habileté que révèle déjà le travail de la pierre et de l'os, on n'a encore aperçu aucun spécimen d'arme ou d'outil quelconque en pierre portant des traces de polissage. Ce ne sont plus les alluvions quaternaires et les cavernes de l'âge du renne qui fournissent les pierres polies, les haches en silex, en serpentine, en néphrite, en obsidienne de cet âge ; on les trouve dans les tourbières, dans des amoncellements sans doute fort anciens, mais qui s'élèvent sur le sol actuel, dans des sépultures d'une très haute antiquité, mais postérieures au début de notre période géologique, dans certains camps retranchés qui furent plus tard occupés par les Romains. On en a recueilli par milliers presque partout en France, en Belgique, en Suisse, en Angleterre, en Italie, en Grèce, en Espagne, en Allemagne et en Scandinavie.

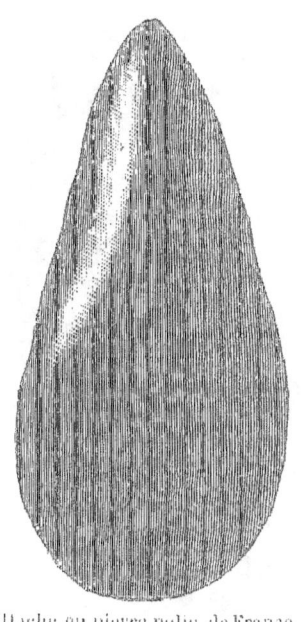

Hache en pierre polie, de France.

Il ne faudrait pas croire, du reste, qu'un changement brusque et subit sépare l'âge du renne de l'âge de la pierre polie. On passe de l'un à l'autre par des gradations successives, qui prouvent que si l'apparition du nouveau procédé semble se rattacher à la prédominance désormais acquise par de nouveaux éléments de population, le changement s'est opéré par une action lente et prolongée. La géologie a également reconnu — fait exactement parallèle — que la transition de la période quaternaire à la période présente n'avait pas été brusque et violente, mais graduelle. Elle fut le résultat d'une série de phénomènes successifs et locaux, qui achevèrent de donner aux continents la forme qu'ils ont maintenant et changèrent peu à peu le climat, ce qui amena forcément la disparition ou la retraite vers d'autres latitudes de certaines espèces animales. A tel point que beaucoup de géologues admettent aujourd'hui que nous sommes dans la continuation de l'époque quaternaire et qu'il ne faut pas établir de démarcation nettement définie entre celle-ci et les temps actuels.

Les haches de l'époque de la pierre polie diffèrent de celles de l'époque archéolithique en ce que celles-ci fendaient ou perçaient par leur petite extrémité, tandis que celles de l'âge nouveau ont le tranchant à l'extrémité la plus large. Certaines haches de cette époque étaient emmanchées dans la corne de cerf ou le bois, tandis que d'autres semblent avoir été tenues directement à la main et avoir servi de couteau ou de scie pour l'os, la corne et le bois. A cela près, la nature des armes et des ustensiles est la même aux deux âges, avec la seule différence de l'habileté et de la perfection du travail : ce sont des haches, des couteaux, des pointes de flèches barbelées, des grattoirs, des alènes, des pierres de fronde, des disques, des poteries grossières, des grains de colliers en coquillages ou

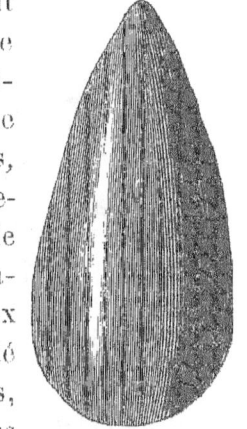

Hache en pierre polie, de France.

Hache de pierre polie, avec son emmanchement en bois et en corne de cerf[1].

en terre qui déjà se montrent à l'époque précédente. Bien qu'on donne souvent le nom d'*âge de la pierre polie* à la troisième phase de la

---

[1] Provenant des villages lacustres de la Suisse.

période préhistorique, il ne faudrait pas s'imaginer que ce soit toujours le poli de la matière qui la caractérise ; le fini, la perfection de l'exécution, peuvent aussi faire juger que des armes et des ustensiles non polis s'y rapportent. Aussi vaut-il mieux se servir de l'expression d'époque *néolithique*, qui dénote seulement le caractère relativement plus récent du dernier âge de l'emploi exclusif des instruments de pierre.

On a observé sur divers points de l'Europe les vestiges incontestables d'ateliers où les instruments de pierre de cette époque étaient préparés, et dont l'emplacement est décelé par les nombreuses pièces inachevées qui s'y trouvent réunies, à côté d'armes de la même matière amenées à leur dernier degré de perfection. Un de ces ateliers existait à Pressigny (Indre-et-Loire), d'autres à Chauvigny (Loir-et-Cher), à Civray, à Charroux (Vienne). Je ne parle ici que de quelques-uns de ceux qui ont été reconnus en France ; il y en a dans tous les autres pays, et moi-même j'en ai découvert à la porte d'Athènes et dans la montagne qui domine Thèbes d'Égypte (ce dernier conjointement avec M. Hamy). Les silex paraissent ordinairement avoir été taillés dans la carrière même et portés ailleurs pour être polis. On a retrouvé en plusieurs endroits les pierres qui servaient au polissage, et auxquelles les paysans de nos campagnes donnent le nom de « pierres cochées, » d'après les sillons ou « coches » dont elles sont marquées.

Il y avait donc, dès cet âge, des centres industriels, des lieux spéciaux de fabrication ; par suite, il y avait aussi commerce. Les peuplades qui fabriquaient sur une grande échelle les armes et les ustensiles de pierre ne devaient pas vivre dans un état d'isolement complet, où elles n'auraient su que faire des produits de leur travail. Elles les portaient chez les peuplades qui n'avaient pas chez elles des matériaux aussi propices à cette fabrication, et les échangeaient contre d'autres produits du sol de ces dernières. C'est ainsi que le besoin établissait peu à peu les diverses relations de la vie sociale. On a trouvé en Bretagne des haches en fibrolite, matière qui ne se rencontre en France que dans l'Auvergne et les environs de Lyon. De l'allée couverte d'Argenteuil on a exhumé un couteau en silex sorti manifestement des carrières de Pressigny. A l'île d'Elbe, où l'on a recueilli un grand nombre d'instruments en pierre taillée, dont l'usage est certainement antérieur aux premières exploitations des mines de fer, ouvertes par les Étrusques, la plupart de ces armes primitives sont faites d'un silex qui ne se rencontre pas dans le sol, et a été, par conséquent, apporté par mer. Dans l'Archipel grec, j'ai rencontré à Ios des couteaux et des *nuclei*[1] en obsidienne de Milo.

Un commerce rudimentaire de ce genre, franchissant souvent de grandes distances, faisant passer les objets de tribus en tribus, par une série d'échanges successifs, jusque bien loin de leur lieu d'origine, dans des conditions même où le point d'arrivée est souvent ignoré au point de départ, se produit chez tous les sauvages. De hautes autorités, comme M. Dupont, M. de Quatrefages et M. Hamy, admettent qu'il en existait déjà un semblable dans l'âge du renne. Se fondant sur des raisons très sérieuses, ces savants, qui ont si profondément étudié les vestiges de l'humanité préhistorique, pensent qu'il faut attribuer à des échanges et à un véritable commerce, plutôt qu'à un état nomade qui aurait conduit les tribus à des migrations incessantes, l'importation des coquilles marines du Golfe de Gascogne et de la Méditerranée

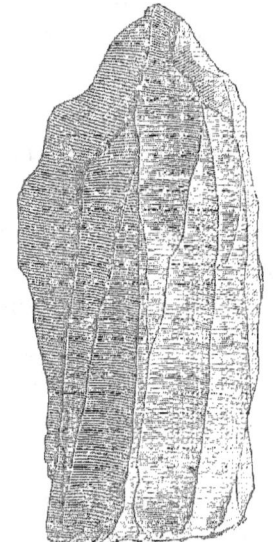

Nucleus d'obsidienne, provenant de l'Archipel grec.

chez les troglodytes du Périgord, des silex et des coquillages fossiles de la Champagne, des environs de Paris et même de la Touraine chez ceux des bords de la Lesse.

Les débris d'animaux que l'on trouve avec les objets de travail humain appartenant à l'âge néolithique, se joignent aux indications fournies par les gisements pour démontrer que celui-ci n'appartient plus à l'époque quaternaire, mais à notre époque géologique, et se trouve ainsi placé sur le seuil des temps historiques. Les grands carnassiers et les grands pachydermes, comme l'éléphant et le rhinocéros, n'existaient plus alors. L'urus (*bos primigenius*), qui vivait encore au commencement des siècles historiques, est le seul animal de cet âge qui n'appartienne plus à la faune contemporaine. Les ossements qui se rencontrent avec les ustensiles de pierre polie sont ceux du cheval, du cerf, du mouton, de la chèvre, du chamois, du sanglier, du loup, du chien, du renard, du blaireau, du lièvre. Le renne ne se montre plus dans nos contrées. En revanche, on commence à trouver les animaux domestiques, qui

---

[1] On appelle ainsi le noyau central de la pierre, resté après l'enlèvement d'un certain nombre de lames destinées à faire des couteaux.

manquent absolument dans les cavernes des derniers temps quaternaires, du moins ceux qui depuis lors deviennent les compagnons inséparables des nations civilisées. Car il n'est pas impossible que, vers la fin de l'époque précédente, les hommes des cavernes soient parvenus à amener le renne et le cheval à un état de demi-domestication, en faisant des animaux rassemblés en troupeaux pour fournir à l'alimentation leur lait et leur viande, mais sans savoir leur demander encore aucun autre service. Évidemment le climat de nos pays était devenu,

Dolmen de Duneau (Sarthe).

dès le commencement des temps néolithiques, ce qu'il est aujourd'hui.

Tout le monde a vu, en France ou en Angleterre, au moins quelqu'un de ces étranges monuments en pierres énormes non taillées, connus sous le nom de *dolmens* et d'*allées couvertes*, que l'on a regardés longtemps comme des autels et des sanctuaires druidiques. L'exploration soigneuse de ces monuments, auxquels on applique aujourd'hui la dénomination fort juste de *mégalithiques*, y a fait reconnaître des tombeaux, que recouvrait presque toujours à l'origine un tertre sous lequel la construction en pierres brutes était dissimulée. La plupart de ces tombes étaient violées depuis des siècles : mais dans le petit nombre de celles que les fouilles de nos jours ont retrouvées intactes, on a pu se convaincre de l'absence presque constante de tout objet de métal. On n'y découvre, avec les os et les cendres des morts, que des instruments et des armes en silex, en quartz, en jade, en serpentine et des poteries. Tel a été le cas des dolmens de Keryaval en Carnac, du tumulus du Mané-Lud à Locmariaker et du Moustoir-Carnac, dont les haches en pierre dure, d'une exécution si précieuse et aux formes si géométriquement régulières, ont été envoyées par le Musée de Vannes aux Expositions universelles de Paris en 1867 et 1878. Les poteries des dolmens sont de la pâte la plus grossière, et aucune n'a été façonnée à l'aide du tour. Quelquefois, comme à Gavr'innis et au Mané-Lud, on a sculpté péniblement sur la face des dalles de

Allée couverte de la Pierre-Turquaise (Seine-et-Oise).

granit, qui forme la paroi intérieure de la chambre sépulcrale, des dessins bizarres, qui la plupart du temps semblent reproduire des tatouages, cette marque d'individualité qui, chez les peuples sauvages, est comme une signature imprimée sur la face, et qui, dans le tombeau, tenait lieu, en l'absence d'écriture, du nom du personnage déposé au pied de la dalle où on l'avait gravée.

On a trouvé des ustensiles de bronze sous quelques-uns des dolmens que l'on a fouillés dans les dernières années. L'apparition de ce métal est d'une haute importance, car elle prouve que l'usage d'élever des dolmens et des allées couvertes, qui avait pris naissance dans l'âge de la pierre polie, subsistait encore en Gaule quand l'emploi des métaux commença à y être connu. On rencontre même des sépultures de cette catégorie où le bronze domine et où les armes de pierre ne se montrent plus qu'exceptionnellement ; mais il est à noter qu'alors la disposition de la cavité destinée à recevoir le mort ou les morts n'est plus telle qu'on l'observe dans les tombeaux de la pure époque de la pierre : l'architecture funéraire a pris de nouveaux développements, par suite de l'emploi des outils en métal ; l'intérieur des tombeaux se divise en galeries et en chambres souterraines.

Tous les indices concordent à prouver que les dolmens et les allées couvertes de notre pays, aussi bien ceux où l'on ne découvre que des objets de pierre que ceux où le bronze fait sa première apparition, sont les sépultures d'une race différente de celle des Celtes, qui occupait antérieurement le sol de la Gaule occidentale et centrale, et s'étendait du nord au sud, depuis la Scandinavie jusque dans l'Algérie et le Maroc, race que dans notre pays les Celtes anéantirent, chassèrent ou plutôt subjuguèrent en s'amalgamant avec elles. On a fait déjà bien des conjectures pour déterminer le rameau de l'humanité auquel pouvait appartenir cette race ; mais toutes, jusqu'à présent, ont été prématurées et sans fondement assez solide. On n'est même pas parvenu à établir, d'une manière certaine, si son mouvement d'expansion s'est produit du nord au sud ou bien du sud au nord. Ce que prouve du moins la diversité de types des crânes trouvés sous les dolmens, c'est que la race qui établit l'usage de cette architecture primitive dans la région dont nous avons sommairement indiqué l'aire, prolongée le long de l'Océan Atlantique, mais ne s'étendant pas vers l'Orient, dans l'intérieur des terres, au delà du Rhône et de la Saône, était peut-être assez peu nombreuse, mais avait su faire prévaloir son influence, sa civilisation, supérieure à celle des premiers occupants du sol, quoique encore bien imparfaite, et peut-être sa domination sur des peuplades déjà fort diverses, où se mêlaient des sangs tout à fait différents.

Il n'y a pas impossibilité à ce que ce soit à la diffusion de cette race, qu'aient trait les traditions du monde classique, qui prétendaient puiser leur source en Égypte, sur le peuple légendaire des Atlantes et ses essaims de colons conquérants, répandus dans une partie de l'Europe à une date prodigieusement antique [1]. Sans doute ces traditions ont revêtu une forme singulièrement fabuleuse, où la plupart des traits ne sauraient être admis par la critique et où particulièrement l'état de civilisation des Atlantes est exagéré de la façon la plus évidente. Mais

---

[1] Tous les témoignages relatifs aux Atlantes sont très bien coordonnés dans le chapitre II du livre de M. D'Arbois de Jubainville, sur *Les premiers habitants de l'Europe*.

il est difficile de croire qu'elles n'aient pas eu non plus un certain fondement réel ; et de bons esprits ont pensé reconnaître dans les légendes relatives à la colonisation et aux conquêtes des Atlantes un écho du souvenir de l'établissement, dans l'Europe occidentale, de nombreux essaims d'une population brune et dolichocéphale, venue du nord de l'Afrique, spécialement de sa partie occidentale[1]. La venue de cette population dans la Gaule, dont elle occupa une grande partie, et où ses descendants sont restés un des principaux éléments constitutifs de la population actuelle du sol français, a été pour la première fois mise en lumière par les travaux de Roget de Belloguet ; les recherches récentes de l'anthropologie et de l'archéologie préhistorique ont achevé de l'établir, en rapportant d'une manière certaine cette immigration à la période néolithique. Les représentants les mieux connus et les plus certains de ce groupe ethnique sont les Ibères ; Roget de Belloguet a cru démontrer qu'en Gaule et en Italie il fallait appliquer à ses tribus le nom de Ligures, ce que conteste M. d'Arbois de Jubainville, lequel voit, au contraire, dans les Ligures la première avant-garde de la race aryenne en Occident. Et cette question de nom ne saurait être encore tranchée d'une manière définitive.

Mais les immigrants nouveaux qui inondèrent nos contrées au début de l'âge de la pierre polie n'appartenaient pas à une même race et venaient pas tous de la même direction. Concurremment avec les dolichocéphales d'origine libyque, on y constate un courant opposé qui amène du nord et de l'est des populations brachycéphales et mésaticéphales. Les Druides rapportèrent au grec Timagène que les plus anciens habitants de la Gaule se composaient de trois éléments, des autochthones qui avaient été originairement dans un état de sauvagerie absolue, des tribus sorties d'îles de l'Océan Atlantique et d'autres qui étaient venues d'au delà du Rhin[2]. Il est à remarquer que dans les traditions des Grecs sur l'Atlantide légendaire, engloutie dans les flots après avoir fourni des colons aux contrées occidentales du continent européen, il existait sur sa situation exactement la même incertitude que dans les appréciations de la science actuelle sur le point de départ du peuple qui a propagé dans ces mêmes contrées l'usage des dolmens. Pour Solon et Platon[3], l'Atlantide était située

---

[1] Il faut consulter ici, mais avec une certaine réserve, le chapitre III du même ouvrage.
[2] Ammian. Marcell., XV, 9.
[3] Voy. les récits du *Timée* et du *Critias* de Platon.

en face du détroit des Colonnes d'Hercule et touchait à l'Afrique; pour Théopompe elle appartenait aux régions hyperboréennes.

Quoi qu'il en soit, les monuments mégalithiques ne se rencontrent pas seulement dans la région européenne des dolmens, région si nettement délimitée, qui va de la Scandinavie au Maroc et à l'Algérie, en embrassant dans son parcours l'Angleterre et la moitié de la France. On en a observé dans certaines îles de la Méditerranée, comme les Baléares et la Corse, où le peuple constructeur des dolmens a pu facilement envoyer des essaims, mais aussi dans la Syrie et la Palestine, dans une portion de l'Asie-Mineure, dans le cœur de l'Arabie, et jusque dans le Turkestan, l'Afghanistan et l'Inde. Il n'est donc pas possible, en présence de ces derniers faits, soigneusement colligés par M. Ferguson

Dolmen de l'Inde[1].

dans un livre spécial, de considérer les monuments mégalithiques comme l'œuvre d'une seule race. Ce sont les monuments d'un âge de développement qu'ont dû traverser une grande partie des différents rameaux de l'espèce humaine, avant d'atteindre une nouvelle étape de progrès. Mais les uns y sont demeurés pendant de longs siècles, tandis que pour d'autres, cet âge a été très court. Le célèbre Temple du Sphinx, à Gizeh en Égypte, marque, comme nous l'avons déjà dit tout à l'heure, la transition du monument mégalithique à l'architecture proprement dite.

Au reste, dans la période néolithique, comme dans les périodes antérieures, les mêmes besoins et l'emploi des mêmes ressources ont produit les plus curieuses ressemblances dans les armes et les ustensiles de pays fort éloignés, qui n'avaient évidemment aucune communication

---

[1] D'après Ferguson, *Rude stones monuments*.

entre eux, et que devaient habiter des races différentes. Pour nous borner à l'Europe, sans aller chercher nos exemples à Java, en Chine ou au Japon, où nous trouverions cependant des points de comparaison dignes d'attention, les haches et les couteaux en silex, en obsidienne, en quartz compact, extraits des tumulus de l'Attique, de la Béotie, de l'Achaïe, de l'Eubée, des Cyclades, sont identiques aux armes pareilles qu'on recueille sur notre sol ; celles que l'on a colligées au Caucase ou dans les provinces slaves de la Russie, rentrent aussi exactement dans les mêmes types. La Scandinavie, nous l'avons dit, a ses dolmens, ses tumuli, qui offrent avec ceux de la France une saisissante analogie. Les corps qu'ils renfermaient avaient été également déposés dans la tombe sans être brûlés ; le bronze s'y montre encore plus rarement que sous nos dolmens. Les objets en pierre et en os provenant de ces tombeaux affectent les formes les plus variées et sont d'une exécution particulièrement délicate. Mais une notable portion des collections danoises provient non des dolmens, mais des tourbières, où on trouve ces objets dans les couches les plus inférieures avec des troncs de pins en partie décomposés, fait d'une haute importance pour établir l'antiquité à laquelle remontent les instruments de l'époque néolithique, car cette essence forestière a disparu du Danemark depuis des siècles ; elle a été remplacée par le chêne, puis par le hêtre. Deux circonstances expliquent, du reste, le degré de perfection toute particulière que le travail de la pierre atteignit en Scandinavie ; d'abord la période de l'emploi exclusif des instruments de pierre s'y prolongea plus tard que dans aucun autre pays de l'Europe, et par conséquent cette forme de l'industrie humaine eut le temps, plus que partout ailleurs, d'y perfectionner ses procédés ; puis le silex y est d'une qualité supérieure et s'y prête à la taille mieux que dans notre pays.

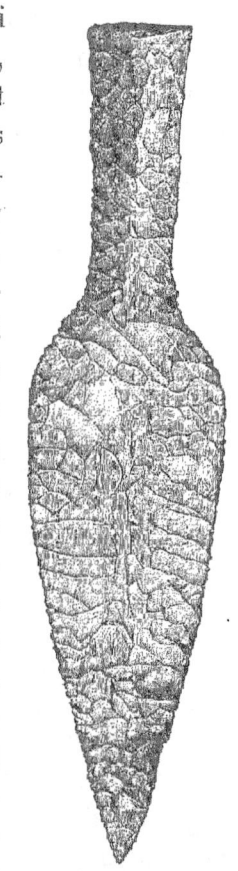

Dague en silex du Danemark[1].

Ce sont encore les contrées scandinaves qui ont livré à l'étude de

---

[1] Cette pièce servira de spécimen du degré de finesse et de précision où en arrive le travail à petits éclats des armes de silex, dans la dernière époque de l'âge de pierre de la Scandinavie.

la science d'autres bien curieux dépôts de la même phase de l'histoire de l'homme. Les côtes du Danemark et de la Scanie offrent, de distance en distance, des amas considérables de coquilles d'huîtres et d'autres mollusques comestibles. Ces dépôts n'ont pas été apportés par les flots : ce sont des accumulations manifestes de débris de repas, d'où le nom de *kjœkkenmœddinger*, ou « rebuts de cuisine, » sous lequel ils sont connus dans le pays. Ils s'étendent souvent sur des longueurs de plusieurs

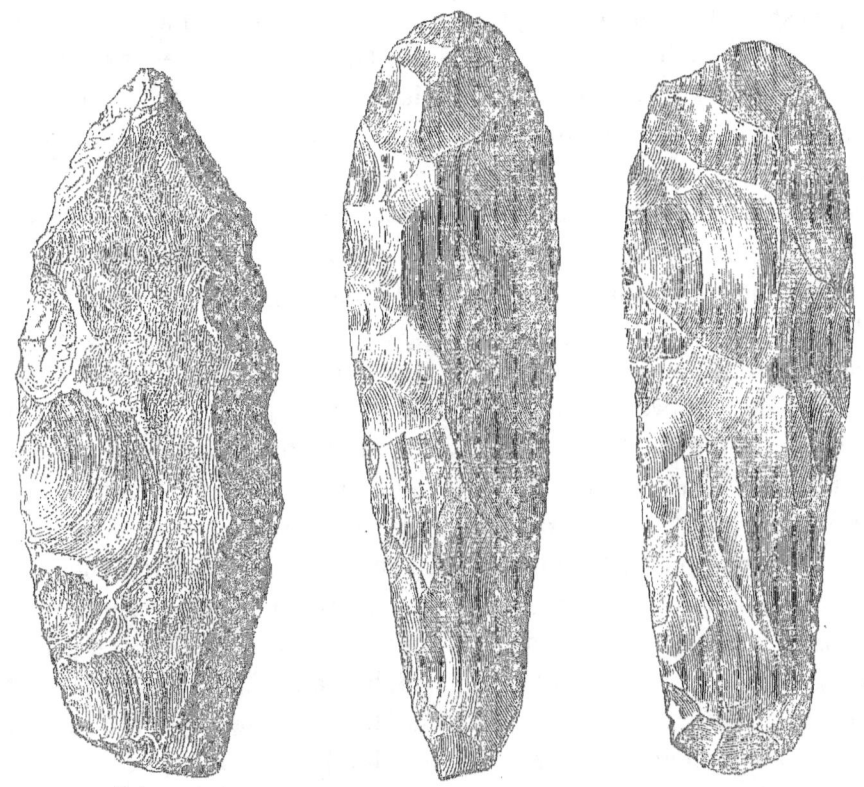

Pointes de lances grossières des *kjœkkenmœddinger* de la Scandinavie.

centaines de mètres, avec une épaisseur qui atteint quelquefois jusqu'à près de dix pieds. On n'a jamais rencontré dans ces amas aucun objet de métal, mais au contraire de nombreux silex taillés, des morceaux d'os et de cornes travaillés, des poteries grossières et faites à la main. L'imperfection du travail dans les objets qui en proviennent rappelle la période des cavernes, le second âge de l'époque archéolithique. Mais le style des armes et des ustensiles ne saurait être le seul critérium pour juger de la date d'un dépôt de ce genre. Il faut avant tout prendre en sérieuse considération la faune qui s'y révèle. Or, on n'a rencontré dans les *kjœkkenmœddinger* aucun débris d'espèces caractéristiques d'un autre âge géologique ; sauf le lynx et l'urus, qui n'ont disparu que depuis l'époque historique, il ne s'y est trouvé aucun ossement d'animaux qui aient cessé d'habiter ces climats ; on y a même trouvé des indices de l'existence du porc et du chien à l'état d'animaux domestiques. Les *kjœkkenmœddinger* se placent donc, dans l'ordre chronologique, à côté des plus anciens dolmens. Si l'industrie s'y montre encore aussi rudimentaire, c'est seulement parce que les tribus qui ont abandonné sur les bords de la mer du Nord les débris de leurs grossiers festins étaient demeurées en arrière de leurs voisins, placés dans de meilleures conditions et déjà notablement plus avancés dans la voie de la civilisation.

Des dépôts analogues aux *kjœkkenmœddinger* de la Scandinavie ont été signalés dans les derniers temps en d'autres contrées. On en connaît dans le Cornouailles, sur la côte nord de l'Écosse, aux Orcades, et bien loin de là, sur les rivages de la Provence, où leur existence a été constatée par le duc de Luynes. Les *terramare* des bords du Pô, amas contenant des cendres, du charbon, du silex et des os travaillés, des ossements d'animaux dont la chair paraît avoir été mangée, des tessons de poteries et d'autres restes de la vie des premiers âges offrent également une grande analogie avec les dépôts du Danemark et de la Scanie, et appartiennent bien évidemment à la même période du développement de l'humanité ; quelques-unes des *terramare* ont même continué à se former après l'introduction des métaux. Ces dépôts de détritus marquent l'emplacement de villages établis au milieu des marais et analogues à ceux dont il nous reste maintenant à parler. Un des plus éminents archéologues de l'Allemagne, M. Helbig, rattachant ici les débris préhistoriques au plus ancien passé des races classiques, a entrepris de démontrer, dans un ouvrage récent[1], que les *terramare* sont dues aux populations de race aryenne auxquelles s'applique spécialement la dénomination d'Italiotes. Elles seraient ainsi les monuments de leur plus ancienne habitation dans la Péninsule, alors qu'elles ne s'étaient pas encore étendues au delà de sa partie septentrionale et que leur civilisation n'avait pas encore pris son essor de progrès. M. Helbig a su donner au moins une grande probabilité à cette thèse, dont la conséquence serait que les Italiotes auraient pénétré dans le

---

[1] *Die Italiker in der Pôebene, Beitrœge zur altitalischen Kultur- und Kunstgeschichte*, Leipzig, 1879.

bassin du Pô dans un état de barbarie tel qu'ils ne connaissaient pas encore l'usage des métaux, et l'auraient appris seulement par des enseignements étrangers pendant la période de leur séjour auprès de ce grand fleuve. C'est là une question sur laquelle nous aurons à revenir avec quelque développement dans celui des livres de la présente histoire où nous traiterons des origines des peuples aryens.

Mais les restes les plus intéressants de l'âge néolithique, ceux qui révèlent l'état de société le plus avancé et marquent la dernière phase

Restitution d'un village lacustre de la Suisse.

de progrès des populations de l'Europe occidentale, avant qu'elles ne connussent l'usage des métaux, sont les palafittes ou villages lacustres.

En 1853, la baisse extraordinaire des eaux du lac de Zurich permit d'observer des vestiges d'habitations sur pilotis, qui paraissaient remonter à une très haute antiquité. M. F. Keller ayant appelé l'attention sur cette découverte, on se mit à explorer d'autres lacs pour rechercher s'ils ne contenaient pas de semblables restes. Les investigations, auxquelles demeure attaché le nom de M. Troyon, furent couronnées d'un plein succès. Non-seulement un grand nombre de lacs de la Suisse recélaient des palafittes, mais on en découvrit également dans les lacs de la Savoie, du Dauphiné et de l'Italie septentrionale, puis dans ceux de la Bavière et du Mecklembourg. Les habitations des villages

lacustres étaient voisines du rivage, construites sur une vaste plate-
forme, que composaient plusieurs couches croisées de troncs d'arbres
et de perches reliées par un entrelacement de branches et cimentées
par de l'argile, et que supportaient des pieux plantés au mileu des
eaux. Hérodote décrit très exactement des habitations de ce genre qui
subsistaient encore de son temps sur les lacs de la Macédoine. Mais
si l'on veut se faire une idée complète de ce qu'étaient les stations
lacustres de la Suisse, il faut prendre dans le voyage de Dumont d'Urville

Habitations sur pilotis des Arfakis, du hâvre de Doréi (Nouvelle-Guinée).

la planche qui représente le gros village de Doréi, sur la côte de la
Nouvelle-Guinée, encore tout entier bâti dans ce système.

L'usage d'établir ainsi les demeures sur pilotis au milieu de l'eau se
continua dans l'Helvétie et les contrées voisines pendant bien des
siècles, car les objets qui ont été retirés des palafittes appartiennent à des
âges très différents. Tandis que dans les moins anciennes on a recueilli
des ustensiles en bronze et même en fer, métal dont l'usage détermine
encore une période nouvelle dans la marche des inventions humaines,
dans d'autres, et c'était le plus grand nombre, on n'a découvert que des
armes et des outils de pierre polie ou d'os. La forme et la nature du
travail de ceux-ci se rapprochent beaucoup des objets fournis par les
dolmens et les tourbières de la France, de la Grande-Bretagne, de la

Belgique et de la Scandinavie ; seulement la variété des instruments y est plus grande. Les animaux dont la drague a ramené les ossements du milieu des palafittes sont ceux-là mêmes qui vivent encore aujourd'hui dans les montagnes de la Suisse : l'ours brun, le blaireau, la fouine, la loutre, le loup, le chien, le renard, le chat sauvage, le castor, le

Urne cinéraire en terre noire représentant un groupe d'habitations lacustres [1].

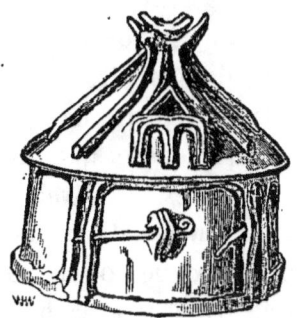

Urne cinéraire de terre noire du Latium, en forme de hutte ronde ou *tugurium* [2].

sanglier, le porc, la chèvre, le mouton. Seuls, l'élan, l'urus et l'aurochs manquent à la faune actuelle du pays ; mais on sait, par des témoignages formels, qu'ils y habitaient encore au commencement de l'ère chrétienne.

Ainsi les villages lacustres caractérisent nettement dans notre Europe occidentale la fin de l'âge néolithique, et les populations qui les avaient établis continuèrent même à les habiter dans les premiers temps où elles se servirent des métaux, que leur avaient fait connaître des nations plus avancées. L'ensemble des objets que les savants de la Suisse ont retirés de leurs emplacements dénote, du reste, en bien des choses, même dans les plus anciens, une

Fragment de tissus provenant des habitations lacustres de la Suisse.

[1] Cette urne, découverte dans un tumulus à Adersleben (Bavière), est aujourd'hui conservée au Musée de Munich. Elle copie l'apparence de sept huttes de forme circulaire groupées sur une même plateforme, portée par des pilotis. Il y a une singulière analogie entre cet objet et les urnes cinéraires des plus anciennes sépultures du Latium, imitant une cabane de forme ronde, urnes dont nous mettons un spécimen en regard de celle d'Adersleben.

[2] Provenant des sépultures les plus antiques de la nécropole d'Albano.

véritable civilisation. La poterie est encore façonnée à la main, mais affecte une grande variété de formes et un certain goût d'ornementation. Les plus grands de ces vases servaient à conserver les céréales pour l'hiver. On y a recueilli du froment, de l'orge, de l'avoine, des pois, des lentilles. Les habitants des villages lacustres s'adonnaient donc à l'agriculture, art absolument inconnu encore des hommes dont les cavernes du Périgord nous ont conservé les vestiges. Ils élevaient des bestiaux; ils connaissaient l'usage de la meule. Enfin, dans les palafittes de la plus haute date, on a rencontré des lambeaux d'étoffes qui prouvent que dès lors, au lieu de se contenter pour tout vêtement de peaux de bêtes, on savait tresser et tisser les fibres du lin. Dans certaines cavernes de l'Andalousie, qui paraissent avoir été habitées vers la même époque, on a trouvé des vêtements presque complets en sparterie tressée, avec des armes et d'autres ustensiles de pierre polie.

### § 4. — RELATION DE TEMPS ENTRE LES DIVERSES ÉPOQUES DES DÉVELOPPEMENTS INITIAUX DE L'INDUSTRIE HUMAINE.

La succession chronologique des diverses périodes de l'âge d'emploi exclusif de la pierre éclatée, taillée ou polie, s'établit maintenant d'une manière positive et précise. Nous y retrouvons les premières étapes de la race humaine dans la voie de la civilisation, après lesquelles l'emploi du métal marque une évolution nouvelle et d'une importance capitale. Non toutefois qu'il faille s'exagérer l'état d'avancement auquel correspond le début du travail des métaux. Les anciens nous représentent les Massagètes, qui étaient pourtant plongés dans une très grande barbarie, comme étant en possession d'instruments de métal; et chez les tribus de race ougrienne, le travail des mines a certainement pris naissance dans un état social peu avancé. On trouve dans l'Oural et dans l'Altaï des traces d'anciennes exploitations qui pénètrent quelquefois la terre à plus de 30 mètres de profondeur. Certaines populations nègres savent aussi travailler les métaux, et même fabriquer l'acier, sans que pour cela elles aient atteint la civilisation véritable. Elles fabriquent des houes, supérieures à celles que l'Angleterre veut leur envoyer de Sheffield, à l'aide d'une forge rudimentaire dont une enclume de grès, un marteau de silex et un soufflet composé d'un vase de terre fermé par une peau mobile, font tous les frais. Cependant il est incontestable que le travail des métaux a été l'un des plus puissants agents de progrès, et c'est en effet précisément chez les populations les plus anciennement civilisées que nous voyons l'origine de cette invention remonter le plus haut.

Au reste, excepté dans la Bible, qui nomme un personnage humain comme le premier qui pratiqua cet art, — encore le personnage en question a-t-il bien plus le caractère d'une personnification ethnique que d'un individu, — l'histoire de l'invention des métaux est entourée de fables chez tous les peuples de l'antiquité. L'invention paraissait si merveilleuse et si bienfaisante, que l'imagination populaire y voyait un présent des dieux. Aussi, presque toujours, le prétendu inventeur que l'on cite n'est que la personnification mythologique du feu, qui est l'agent naturel de ce travail : tel est le Tvachtri des Vêdas, l'Hêphaistos des Grecs, le Vulcain des Latins.

Le premier métal employé pour faire des armes et des ustensiles fut le cuivre, dont le minerai est le plus facile à réduire à l'état métallique, et on apprit bientôt à le rendre plus résistant par un alliage d'étain, qui constitue le bronze. L'emploi du fer, dont le travail est plus difficile, marqua un nouveau progrès dans l'invention. C'est du moins ainsi que les choses se passèrent le plus généralement ; car elles varièrent suivant les races et les localités, et la succession que nous venons d'indiquer compte d'importantes exceptions.

Les nègres de l'Afrique centrale et méridionale n'ont jamais connu le bronze, et même pour la plupart ne travaillent pas le cuivre. En revanche, ils fabriquent le fer sur une assez grande échelle, et par des procédés à eux, qui ne leur ont pas été communiqués du dehors. Ils sont donc arrivés spontanément à la découverte du fer, et ils ont passé de l'usage exclusif de la pierre à la fabrication de ce métal, progrès différent dans sa marche de celui des populations de l'Asie et de l'Europe, et auquel a dû contribuer la nature particulière des minerais les plus répandus en Afrique, lesquels sont moins difficiles à traiter et à affiner que ceux d'autres pays. Les Esquimaux, qui ne savent pas fondre les métaux et en sont encore à l'âge de la pierre, fabriquent cependant quelques outils de fer en détachant des fragments de blocs de fer météorique, et en les martelant avec des pierres sans les faire passer par la fusion, comme les Peaux-Rouges de l'Amérique du Nord faisaient des haches et des bracelets avec le cuivre natif des bords du lac Supérieur et de la baie d'Hudson, par un procédé de simple martelage entre deux pierres et sans emploi du feu, c'est-à-dire sans véritable métallurgie.

Au reste, le fer météorique, qui n'a besoin d'aucun affinage, et qu'il suffit de fondre pour qu'il soit propre à former tous les instruments, a dû être partout travaillé le premier et donner le type du métal que l'on a cherché ensuite à tirer de minerais moins purs. Le langage de plusieurs des peuples les plus considérables de l'antiquité par leur civilisation, a conservé des traces de ces débuts de la métallurgie du fer, tiré de blocs dont on avait observé l'origine météorique. En égyptien, le fer se nommait *ba en pe*, « matière du ciel, » mot qui est resté dans le copte *benipe,* « fer ; » et des textes positifs prouvent que l'antique Égypte se représentait le firmament comme une voûte de fer, dont des fragments se détachaient quelquefois pour tomber sur la terre. Le nom grec du fer, σίδηρος, nom tout à fait particulier, et qui n'a d'analogue dans aucune autre langue aryenne pour désigner le même métal, est évidemment apparenté d'une manière étroite, comme l'a reconnu M. Pott, au latin *sidus, sideris,* « astre ; » il désigne donc le métal que l'on a d'abord connu avec une origine sidérale.

Tous les rameaux de l'humanité, sans exception, ont traversé les diverses étapes de l'âge de la pierre, et partout on en découvre les traces. C'est par là que nous sommes justifiés d'avoir introduit dans la première partie d'une histoire de l'Orient antique tout un ensemble de faits qui n'ont été jusqu'ici constatés d'une manière complète et suivie que dans l'Europe occidentale. Car à ces faits seulement nous pouvions demander, dans l'état actuel de la science, les éléments d'un tableau des différents stages de développement de l'humanité primitive, stages qui ont été nécessairement les mêmes, en partant de la sauvagerie absolue des origines, chez les races les plus précoces de l'Asie, chez celles qui se sont éveillées les premières à la civilisation et dans cette voie ont donné l'exemple à toutes les autres.

Mais de ce que chaque peuple et que chaque pays offrent aux regards de l'observateur la même succession de trois âges répondant à trois moments du développement social, on se tromperait grandement si l'on allait supposer que les différents peuples y sont parvenus dans le même temps. Il n'existe pas entre les trois phases successives, pour les diverses parties du globe, un synchronisme nécessaire ; l'âge de la pierre n'est pas une époque déterminée dans le temps, c'est un état du progrès humain, et la date en varie énormément de contrée à contrée. On a découvert des populations entières qui n'étaient pas encore sorties, à la fin du siècle dernier et même de nos jours, de l'âge de la pierre. Tel était le cas de la plupart des Polynésiens lorsque Cook explora l'Océan Pacifique. Les Esquimaux reçoivent quelques objets de métal des baleiniers qui vont à la pêche au milieu des glaces voisines du pôle ; mais ils n'en fabriquent pas, et leurs râcloirs en ivoire fossile, leurs petites haches et leurs couteaux à forme de croissants en pierre sont pareils à ceux dont on se servait dans l'Europe préhistorique. Un voyageur français rencontrait encore en 1854, sur les bords du Rio-Colorado de la Californie, une tribu indienne qui ne se servait que d'armes et d'ustensiles en pierre et en bois. Les races qui habitaient le nord de l'Europe n'ont reçu la civilisation que bien après celles de la Grèce et de l'Italie ; les palafittes des lacs de la Suisse, de la Savoie et du Dauphiné continuaient certainement à subsister, du moins une partie, quand déjà Massalie et d'autres villes grecques étaient fondées sur le littoral de la Provence ; toutes les vraisemblances paraissent indiquer que, lorsque les dolmens de l'âge de pierre commençaient à s'élever chez nous, les populations de l'Asie étaient déjà depuis des siècles en possession du bronze et du fer, et de tous les secrets d'une civilisation matérielle extrêmement avancée. En effet, l'emploi des métaux remonte, en Égypte, en Chaldée, chez les populations aryennes primitives des bords de l'Oxus et chez les nations touraniennes, qui remplissaient l'Asie antérieure avant les grandes migrations des Aryas, à l'antiquité la plus reculée.

Ainsi que nous l'avons vu plus haut, la tradition biblique désigne un des fils de Lemech, Thoubal-qaïn, comme ayant le premier forgé le cuivre et le fer, donnée qui ferait remonter, pour certaines races, l'invention du travail des métaux à près de mille ans avant le déluge. Ce nom de Thoubal-qaïn est, du reste, extrêmement curieux, car il signifie « Thoubal le forgeron, » et, par conséquent, on ne peut manquer d'établir un rapprochement entre lui et le nom du peuple de Thoubal, dont la métallurgie prodigieusement antique est tant de fois citée par la Bible, et qui gardait encore cette réputation du temps des Grecs, quand, déchu de la puissance prépondérante sur le nord-est de l'Asie-Mineure que lui attribuent les monuments assyriens du $xii^e$ siècle, il n'était plus que la petite nation des Tibaréniens. Une fois découvert, l'usage des procédés de la métallurgie ne se répandit d'abord que lentement, et resta longtemps concentré, comme un monopole exclusif, entre les mains de quelques populations dont le progrès, par suite de causes de natures diverses, avait devancé celui des autres. Les Chalybes, qui paraissent un rameau du peuple de Thoubal, étaient déjà renommés pour les armes et les instruments de fer et de bronze, qu'ils fabriquaient dans leurs montagnes, quand certaines tribus nomades de l'Asie centrale en restaient encore aux engins de pierre.

Bien plus, on a découvert partout des preuves positives de ce fait que l'invention du travail des métaux ne fit pas disparaître tout d'abord les armes et les instruments de pierre. Les objets de métal revenaient à un grand prix, et avant que l'usage ne s'en fût complètement généralisé, la majorité continua d'abord pendant un certain temps à préférer, par économie, les vieux ustensiles auxquels elle était habituée. Chez la plupart des tribus à demi-sauvages qui travaillent le métal, comme celles des nègres, cette industrie est, dans l'intérieur même de la tribu, une sorte d'arcane que certaines familles se transmettent traditionnellement de père en fils, sans le communiquer aux individus qui les entourent et leur demandent leurs produits. Tout donne lieu de penser qu'il dut en être de même pendant une longue suite de générations dans l'humanité primitive. Et par conséquent il put et dut arriver que certains essaims d'émigration qui se lançaient en avant dans les forêts du monde encore désert, bien que partant de centres où quelques familles travaillaient déjà les métaux, ne savaient encore fabriquer eux-mêmes que des instruments de pierre et n'emportèrent pas avec eux d'autre tradition d'industrie dans leurs établissements lointains. En tout cas, celui qui étudie les méthodes anciennes de travail des métaux, reconnaît à des indices matériels incontestables qu'elles rayonnèrent suivant les contrées de trois centres d'invention distincts ; l'un, le plus ancien de tous, celui dont parle la Bible, situé en Asie, le second en Afrique, dans la race noire, où l'emploi du bronze ne paraît avoir jamais été connu et où la nature spéciale des minerais de la contrée permit d'arriver du premier coup à la production du fer, le troisième enfin en Amérique, dans la race rouge.

Il y a même eu dans certains cas, et par suite de circonstances exceptionnelles, retour à l'âge de pierre de la part de populations qui au moment de leur émigration connaissaient le travail des métaux, mais n'avaient pas encore entièrement abandonné les usages de l'état de civilisation antérieur. C'est ce qui paraît être arrivé pour la race polynésienne. Elle est, les belles recherches de M. de Quatrefages l'ont démontré, originaire de la Malaisie, et autant que l'on peut arriver à déterminer approximativement la date de son émigration première, le départ n'en eut lieu qu'à une époque peu ancienne, où nous savons par des monuments positifs que l'usage et la fabrication des métaux étaient déjà répandus généralement dans les îles malaises, mais sans avoir tout à fait déraciné l'emploi des ustensiles de pierre. Mais les îles où les ancêtres des Polynésiens s'établirent d'abord, dans le voisinage de Tahiti, et où ils se multiplièrent pendant plusieurs siècles avant de rayonner dans le reste des archipels océaniens, ne renfermaient dans leur sol aucun filon minier. Le secret de la métallurgie, à supposer que quelqu'un des individus de la migration le possédait, se perdit donc au bout de peu de générations, faute d'usage, et il ne se conserva pas d'autre tradition d'industrie que celle de la taille de la pierre, que l'on avait l'occasion d'exercer tous les jours. Aussi les essaims postérieurs de la race polynésienne en demeurèrent-ils à l'âge de la pierre, même lorsqu'ils allèrent s'établir dans des lieux riches en mines, comme la Nouvelle-Zélande.

La Chine présente un autre phénomène non moins curieux. Au temps où « les Cent familles, » à peines sorties de leur berceau dans les monts Kouen-Lun, établirent les premiers rudiments de leur écriture, elles étaient encore à l'âge de la pierre. L'étude des deux cents hiéroglyphes primitifs qui servent de base au système graphique des Chinois montre qu'ils ne possédaient alors aucun métal, quoiqu'ils eussent déjà neuf à dix espèces d'armes, et encore aujourd'hui le nom de la hache s'écrit en chinois avec le caractère de la pierre, souvenir conservé de la matière avec laquelle se fabriquaient les haches quand on commença à écrire. Mais les populations tibétaines que l'on groupe sous le nom commun de Miao-Tseu, populations qui habitaient antérieurement le pays et que les Cent familles refoulaient devant elles, étaient armées de coutelas et de haches en fer, qu'elles forgeaient elles-mêmes d'après les traditions de leurs vainqueurs. Il y a donc eu là défaite et expulsion d'un peuple en possession de l'usage des métaux, par un autre peuple qui n'employait encore que la pierre. A ce triomphe d'une barbarie plus grande que celle des Miao-Tseu succéda bientôt le développement propre de la civilisation chinoise, qui paraît s'être fait sur lui-même, à part du reste du monde, et la métallurgie y suivit ses phases normales. Dès le temps de Yu, vingt siècles avant notre ère, les Chinois connaissaient déjà tous les métaux, mais ils ne travaillaient par eux-mêmes ni le fer ni l'étain ; ils fondaient seulement le cuivre pur, l'or et l'argent. Les quelques objets de fer qu'ils possédaient étaient tirés par eux, à titre de tribut, des peuplades de la race des Miao-Tseu, qui habitaient les montagnes de leur frontière du côté du Thibet, et qui y continuaient les traditions de la vieille métallurgie antérieure à l'invasion des Cent familles. Quant à l'étain, dont la Chine orientale renferme cependant de riches gisements, on n'avait pas encore commencé à l'exploiter et à l'unir au cuivre pour faire du bronze.

Au contraire, sous la dynastie des Tchéou, qui régna de 1123 à 247 avant J.-C., la Chine était en plein âge du bronze. On n'y fabriquait pas encore de fer, et l'on y faisait en bronze toutes les armes et tous les ustensiles. Les Chinois, pendant cette période, tiraient l'étain de leurs mines et l'alliaient au cuivre suivant six proportions diverses, pour les pointes de flèches, pour les épées, pour les lances, pour les haches, pour les cloches et les vases. « Ces proportions, remarque M. de Rougemont, sont fort curieuses, parce qu'il n'en est aucune qui soit celle du bronze de l'Asie antérieure et de l'Occident. La métallurgie des Chinois est donc entièrement indépendante de celle de notre monde ancien, et comme l'histoire de la civilisation pivote, en quelque sorte, sur celle de la métallurgie, la nation chinoise a grandi par elle-même dans une région complètement isolée du reste de l'Asie. »

Cependant, au moins à la fin de l'époque des Tchéou, l'on commençait à travailler le fer dans un seul des petits royaumes entre lesquels l'empire chinois était alors divisé, le royaume méridional de Thsou ; cette fabrication y était peut-être un héritage de traditions des plus anciens occupants du sol, car le pays de Thsou paraît avoir été l'un de ceux où la race chinoise était la moins pure, la plus mélangée à la population antérieure, conquise plutôt que refoulée. En tous cas, ce fut seulement dans les siècles avoisinant immédiatement le début de l'ère chrétienne, que la fabrication du fer se répandit dans toute la Chine et y prit les proportions qu'elle a gardées, avec les mêmes procédés, depuis cette époque jusqu'à nos jours.

Les remarques que nous venons de faire sur l'impossibilité de considérer l'âge de la pierre comme une époque historique déterminée dans le temps et la même pour tous les pays, s'appliquent aux faits qui appartiennent à la période géologique actuelle, particulièrement à l'âge néolithique ou de la pierre polie, qui a été certainement très court, qui n'a peut-être même pas existé pour les populations chez lesquelles le travail des métaux commença d'abord, qui, au contraire, pour d'autres populations a duré des milliers d'années. Mais il n'en est pas de même de l'âge archéolithique, correspondant à la période quaternaire. Là, les changements du climat du globe et du relief des continents marquent dans le temps des époques positives et synchroniques qui ont leurs limites déterminées, bien qu'on ne puisse pas les évaluer en années ou en siècles.

La période glaciaire a été simultanée dans notre Europe occidentale, en Asie et en Amérique. Les conditions de climat et de surabondance des eaux qui lui ont succédé, et au milieu desquelles ont vécu les hommes dont on retrouve les traces dans les couches alluviales, ont été des conditions communes à tout l'hémisphère boréal, et elles avaient cessé d'être, elles étaient remplacées par les conditions actuelles aux temps les plus anciens où nous puissions remonter dans les civilisations de l'Égypte ou de la Chaldée. Les vestiges géologiques ne permettent pas de supposer — et le simple raisonnement y suffirait — que nos pays se soient encore trouvés dans l'état particulier de l'âge des grands pachydermes ou du renne, quand l'Asie était parvenue à l'état qui dure encore aujourd'hui. La période quaternaire est une dans ses conditions pour toute la surface du globe, et on ne saurait la scinder. Mais, nous le répétons, le changement du climat et de la faune, qui caractérise le passage d'une époque géologique à l'autre, est antérieur à tout monument des plus vieilles civilisations orientales, antérieur à toute histoire précise. Par conséquent les débris d'industrie humaine qu'on rencontre dans les couches du terrain quaternaire et dans les cavernes de la même époque, que ce soit en France, en Égypte ou dans l'Himalaya, appartiennent certainement à l'humanité primitive, aux siècles les plus anciens de l'existence de notre espèce sur la terre. Ils nous fournissent des renseignements directs sur la vie des premiers hommes, tandis que les vestiges de l'époque néolithique ne donnent sur les âges réellement primordiaux que des indications par analogie, du même genre que celles que l'on peut tirer de l'étude des populations qui encore aujourd'hui mènent la vie de sauvages.

Le métal ne s'étant, comme on vient de le voir, substitué que graduellement, et non par une révolution brusque, aux instruments de pierre, il y eut un certain temps, plus ou moins prolongé suivant les contrées, où les deux matières furent concurremment employées. Nous avons déjà remarqué qu'une partie des dolmens de la France datent de cette époque de transition. Il en est de même de certaines palafittes de la Suisse, où le bronze est associé à la pierre, et de quelques terramares de l'Émilie, celles de Campeggine et de Castelnovo, par exemple, où les silex et les os taillés se montrent avec des armes et des ustensiles de bronze. Diverses sépultures de l'Italie septentrionale ont offert pareille association. Il s'est même rencontré en Allemagne, à Minsleben, un tumulus où étaient réunies des armes de pierre et des armes de fer, ce qui montre que l'usage de la pierre taillée subsista chez quelques populations par delà l'âge du bronze. On a également trouvé dans le Jura des forges dont les scories accumulées renferment dans leurs monceaux quelques instruments de pierre. Pendant longtemps, comme je l'ai déjà dit plus haut, le grand prix du métal a fait que les plus pauvres se contentaient d'armer leurs flèches et leurs lances de pointes de silex. Sur le champ de bataille de Marathon, l'on ramasse à la fois des bouts de flèches en bronze et en silex noir taillé par éclat; et, en effet, Hérodote signale, dans l'armée des Perses qui envahit la Grèce, la présence de contingents de certaines tribus africaines qui combattaient avec des flèches à la pointe de pierre. Le même fait a été observé dans plusieurs localités de la France, notamment au Camp de César, près de Périgueux.

Au reste, les exemples de la continuation de l'usage habituel d'instruments de pierre dans les temps d'une métallurgie complète, abondent dans les pays les plus différents. Le fait est constant dans les civilisations développées tout à fait isolément du Mexique et du Pérou. Il s'est conservé après la conquête espagnole. Torquemada vit encore les barbiers mexicains se servant de rasoirs d'obsidienne. Même aujourd'hui, les dames de certaines parties de l'Amérique du Sud ont dans leur corbeille à ouvrage, à côté des ciseaux d'acier anglais, une lame tranchante d'obsidienne qui sert à raser la laine dans certaines broderies. Si nous laissons l'Amérique pour l'ancien monde, nous trouvons en Chaldée les instruments de pierre les plus variés dans les mêmes tombeaux et les mêmes ruines, remontant aux plus anciennes époques historiques, que les outils de bronze et même que les objets de fer; les collections formées dans les fouilles du colonel Taylor et conservées au Musée Britannique, sont là pour le prouver. En Égypte, l'emploi fréquent de certains outils de pierre, souvent extrêmement grossiers, à côté des métaux, pendant les siècles les plus florissants de la civilisation, et jusqu'à une date très rapprochée de nous, est aujourd'hui parfaitement établi. C'est avec des outils de pierre que les Égyptiens exploitaient les mines de cuivre de la péninsule du Sinaï, comme l'ont établi les remarques de M. J. Keast Lord ; c'est avec les mêmes outils qu'ils travaillaient dans les carrières de granit de Syène, comme j'ai pu le constater de mes propres yeux ; et M. Mariette a reconnu des amoncellements de débris analogues, rejetés quand ils devenaient impropres au service, auprès de toutes les grandes excavations de l'Égypte, qu'ils avaient servi à creuser. Quant aux flèches à tête en silex, elles se rencontrent fréquemment dans les tombeaux de l'Égypte, et les pointes en abondent dans les anciens cantonnements des troupes égyptiennes au Sinaï. La Syrie a offert aussi de nombreux exemples d'armes et d'outils de pierre, même d'une exécution rudimentaire, appartenant évidemment aux âges pleinement historiques où les métaux étaient d'usage général ; mais il est à remarquer qu'ils rentrent tous dans les types du couteau et de la pointe de la flèche.

Ici nous croyons nécessaire d'insister sur un point que l'on néglige souvent, à tort suivant nous : c'est la distinction à établir entre certains instruments de pierre pour les conclusions à tirer de leur découverte. Toute arme ou tout outil en pierre, ainsi que le prouvent les faits que je viens de rappeler, n'est pas nécessairement de l'âge de la pierre.

On ne peut attribuer avec une confiance absolue, à cette période du développement humain, que les stations qui présentent tout un ensemble d'outillage et de faits décelant d'une manière positive l'usage exclusif de la pierre. C'est seulement des observations faites dans ces conditions que l'on peut, en bonne critique, déduire des résultats positifs et de nature à s'imposer dans la science. Les trouvailles isolées et les dépôts qui ne renferment que certaines espèces d'armes ou d'instruments, réclament, au contraire, une grande réserve dans les appréciations, et c'est ici qu'il faut distinguer entre les objets. Je ne parle pas des outils de mineurs, dont le type est extrêmement particulier et toujours reconnaissable ; il est trop évident que si l'on exploite une mine — n'y employât-on que des outils de pierre par économie ou pour pouvoir mieux attaquer une roche très dure, sur laquelle le bronze et le fer non aciéré s'émoussent — c'est que l'on connaît et travaille les métaux. Mais je n'hésite pas à dire que les découvertes exclusives de couteaux, de pointes de flèches et de lances, en quelques amas considérables qu'on les observe, n'ont aucune valeur décisive, rien qui permette d'en déterminer la date ; ces objets peuvent être de toutes les époques, aussi bien d'un temps fort récent que du véritable âge de la pierre, et par conséquent ils ne prouvent rien. Et quand je me sers du mot de « couteaux, » c'est pour me conformer à la désignation généralement usitée, car je doute très fort que la plupart de ces lames de silex grossièrement détachées du *nucleus* aient réellement servi de couteaux, et beaucoup de celles que l'on rencontre doivent provenir des machines avec lesquelles on dépiquait le grain[1]. L'arme vraiment significative et que l'on n'a pas employée depuis la fin de l'âge de pierre, ou tout au moins depuis la période de transition de la pierre aux métaux, est la hache polie. Elle marque une période, du moins en Occident, car en Chaldée on l'a trouvée plusieurs fois dans les tombeaux de l'Ancien Empire et dans les décombres des édifices d'Abou-Schahreïn. De même en Asie-Mineure, les habitants de la ville très antique dont les ruines ont été fouillées par M. Schliemann à Hissarlik, en Troade, tout en connaissant déjà l'usage des métaux, en possédant des vases, des armes et des outils de bronze, employaient encore fréquemment des instruments de pierre polie, entre autres des hachettes, dont un grand nombre ont été rendues au jour par la pioche des excavateurs. Ces exceptions ne portent pas atteinte au fait que je viens d'énoncer, dans sa généralité. Aussi est-ce à la hache de pierre que se sont attachées plus tard le plus grand nombre de supersti-

---

[1] « Suivant M. Wilkinson, remarque M. Roulin, l'espèce de traîneau qu'emploient encore maintenant les fellahs égyptiens pour battre le grain, et qui, d'après deux passages de la Bible, était connu des Hébreux au temps d'Isaïe, aurait anciennement été armé en dessous de pointes de silex, pointes aujourd'hui remplacées par des lames de métal faisant saillie à la face inférieure et portées par des axes qui tournent à mesure que marche la machine. Ce qui est certain, c'est qu'en Italie, peu de temps avant le commencement de l'ère chrétienne, et probablement longtemps après, on avait en certaines provinces un appareil tout semblable appelé *tribulum*. *Id fit e tabula lapidibus aut ferro asperata*, c'est ainsi que le décrit Varron. Le savant agronome nous apprend de plus que dans l'Espagne citérieure on était mieux outillé, les lames tranchantes étant, dans cet appareil comme dans le traîneau égyptien, portées par des cylindres mobiles ; le nom par lequel il le désigne, *plostellum poenicum*, semble indiquer que les Espagnols l'avaient reçu directement des Carthaginois, si supérieurs en agriculture à leurs vainqueurs, comme ceux-ci le confessèrent suffisamment quand ils firent traduire à leur usage le traité de Magnon. » (*Rapport à l'Académie des Sciences sur une collection d'instruments en pierre découverts dans l'île de Java*, dans le tome LXVII des *Comptes-rendus*.)

Depuis que M. Roulin écrivait ceci, en 1868, M. le général Loysel a trouvé une machine pareille au *tribulum* de Varron, généralement en usage à Madère. M. Émile Burnouf a signalé son emploi actuel dans plusieurs parties de la Grèce sous le nom d'ἀλωνίστρα. Enfin, le Musée Britannique, dans la collection Christy, en possède deux, l'une venant d'Alep et l'autre de Ténériffe. Dans tous ces exemples, la face inférieure du traîneau est armée de lames de pierre, ici en lave et là en silex.

tions, parce que son origine par le travail de l'homme était complètement oubliée.

La haute antiquité à laquelle remontaient les instruments de pierre leur fit prêter par la suite, chez un grand nombre de peuples, un caractère religieux. D'où l'usage s'en conserva dans le culte. Chez les Égyptiens, c'était avec un instrument de pierre que le paraschiste ouvrait le flanc de la momie avant de la soumettre aux opérations de l'embaumement. Chez les Juifs, la circoncision se pratiquait avec un couteau de silex. En Asie-Mineure, une pierre tranchante ou un tesson de poterie était l'outil avec lequel les Galles ou prêtres de Cybèle pratiquaient leur éviration. Dans la Chaldée, l'intention religieuse et rituelle qui faisait déposer des couteaux et des pointes de pierre dans les tombeaux de l'Ancien Empire, est attestée par les modèles de ces

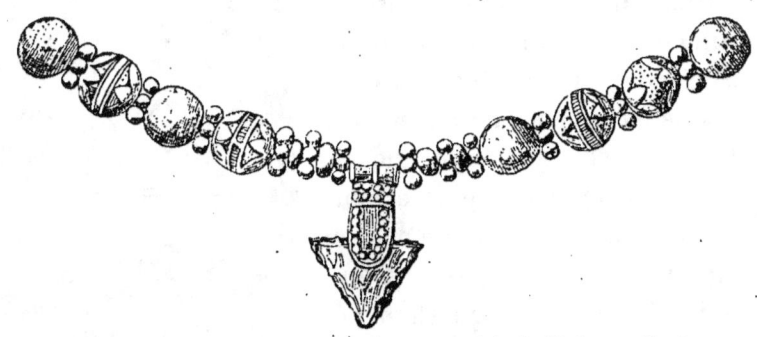

Collier étrusque, avec pour pendant une pointe de flèche en silex[1].

instruments de pierre en terre-cuite, moulés sur les originaux, qui les remplacent quelquefois. Chez les Romains on se servait, dans le culte de Jupiter Latialis, d'une hache de pierre (*scena pontificalis*), et il en était de même dans les rites des Féciaux. En Chine, où les métaux sont connus depuis tant de siècles, les armes en pierre, et surtout les couteaux de silex, se sont religieusement conservés. Encore de nos jours, chez les pallikares de l'Albanie, comme j'ai eu l'occasion de l'observer moi-même, c'est avec un caillou tranchant, et non avec un couteau de métal, que doit être dépouillé de ses chairs l'os de l'omoplate de mouton, dans les fibres duquel ils croient lire les secrets de l'avenir.

A côté de cette conservation rituelle de l'usage de certains instruments de pierre dans les cérémonies religieuses, il faut signaler en terminant les idées superstitieuses qui s'appliquèrent aux pointes de

[1] Musée du Louvre, collection Campana.

flèches en pierre et aux haches polies qu'on découvrait dans le sol, une fois que la tradition de leur origine fut perdue. Chez la plupart des peuples du monde antique, dans les siècles voisins de l'ère chrétienne, on les recueillait précieusement, et on leur attribuait mille propriétés merveilleuses et magiques, croyant qu'elles tombaient du ciel avec la foudre. Au témoignage de Pline, on distinguait les *cerauniæ,* qui, d'après sa description même, sont des pointes de flèches, et les *betuli,* qui sont des haches. On possède des colliers d'or étrusques auxquels sont appendues, en guise d'amulettes, des pointes de flèches en silex. Au même caractère talismanique attaché à cette classe d'objets doivent être attribuées les inscriptions gnostiques et cabalistiques du III<sup>e</sup> ou IV<sup>e</sup> siècle de notre ère, gravées sur quelques haches de pierre polie découvertes en Grèce ; elles y ont été ajoutées quand ces haches ont servi d'amulettes portées pour se préserver des mauvaises influences ou ont été employées à des usages religieux. Ainsi, sur l'une des haches en question, l'on a gravé l'image consacrée du dieu Mithra frappant le taureau, d'où l'on doit conclure

Hache de pierre polie sur laquelle ont été gravées postérieurement des représentations mithriaques[1].

qu'elle était conservée dans quelque Mithræum pour y jouer le rôle de la pierre sainte, de laquelle on tirait chaque année, au solstice d'hiver, l'étincelle du feu nouveau, personnification du dieu lui-même. Les croyances superstitieuses sur les prétendues pierres de foudre sont demeurées en vigueur, même parmi les savants, jusqu'au XVI<sup>e</sup> siècle, et ce n'est qu'au XVIII<sup>e</sup> siècle qu'elles ont été complétement déracinées dans l'Europe éclairée. Dans beaucoup de pays, comme en Italie, en Alsace et en Grèce, elles subsistent encore chez les habitants des campagnes.

---

[1] Musée d'Athènes.

## § 5. — LES INVENTEURS DE LA MÉTALLURGIE.

Essayons maintenant de pénétrer dans le mystère des siècles antérieurs à toute histoire, et de chercher chez laquelle des races humaines a dû prendre naissance l'art de la métallurgie. Recherchons du moins le plus antique et le plus fécond des trois foyers que nous avons indiqués plus haut, celui dont l'influence a rayonné sur toute l'Asie antérieure et de là sur l'Europe, celui que la Bible personnifie dans la figure de Thoubalqaïn.

Pour cette étude, les vestiges matériels qu'étudie l'archéologue ne peuvent plus nous guider. Du moins, nous ne pouvons leur demander que la constatation d'un fait, mais d'un fait capital par son importance, et qui détermine à la fois l'existence nécessaire d'un point de départ commun pour le travail des métaux dans toute la région qu'il embrasse, l'unité de la source où les races hamitiques ou kouschites et sémitiques — si tant est qu'on ne doive pas les voir se réunir en un seul tronc quand on remonte dans une certaine antiquité — et la race aryenne, ont également puisé les principes de cet art indispensable à la civilisation, et les limites jusqu'où se sont étendus les courants partis de cette source, qui permet enfin d'établir où commence l'action des autres centres, absolument indépendants, de métallurgie primitive. Ce fait est celui de l'unité de composition du bronze, où l'étain entre, par rapport au cuivre, dans la proportion de 10 à 15 p. 100, unité trop absolue pour n'être pas le résultat d'une même invention, propagée de proche en proche sur un domaine dont M. de Rougemont a très bien établi les limites géographiques. « Vers l'orient, dit-il, elles passent à l'est du Tigre, ou plutôt des montagnes de la Médie et de la Perse propre. Du fond du Golfe Persique, elles se dirigent vers la presqu'île du Sinaï, et traversent l'Afrique de Syène par les oasis de la Libye et de la Mauritanie. L'Océan Atlantique borne à l'occident notre empire du bronze et l'Europe. Au nord, la frontière, partant des Orcades, passe par l'extrémité sud de la Norwége et le centre de la Suède. Plus loin commencent les hésitations et les incertitudes ; nous laissons à notre gauche les peuples finnois, sauf ceux de la Livonie, connus par leurs ouvrages en cuivre, étain ou zinc, mais nous ne savons si nous devons faire entrer dans notre empire les races lithuanienne et slave, ou remonter l'Oder et gagner par les monts de la Hongrie et de la Transylvanie les rives du Pont-Euxin, d'où nous reviendrions par le Caucase à notre point de départ, si les Tchoudes ne nous arrêtaient pas en chemin. Ils nous obligent, par leur métallurgie et par l'alliage de leurs bronzes, à faire passer nos frontières par le cœur de la Sibérie, où nous nous trouvons en présence de l'industrie chinoise. » Le tableau est cependant encore incomplet, car il faut ajouter à ce vaste empire l'Inde, dont l'histoire métallurgique reste encore à faire, mais où nous trouvons le double travail du fer et du bronze aux proportions d'alliage typiques, florissant dès une époque extrêmement ancienne et antérieure même à l'établissement des Aryas; car les hymnes védiques montrent les populations que conquéraient et refoulaient les tribus aryennes,

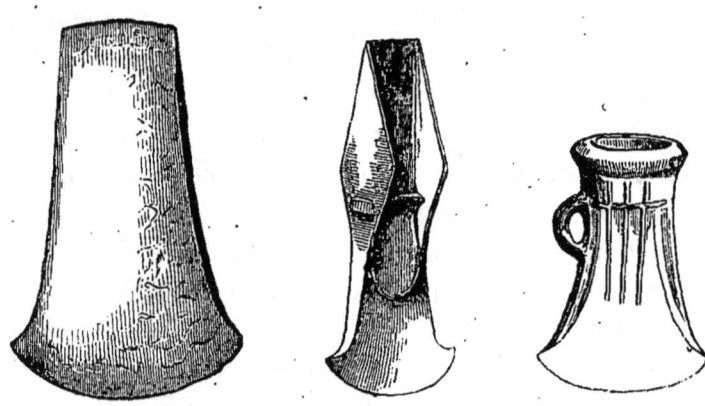

Les trois types principaux de celts ou hachettes de bronze[1].

comme en pleine possession de ces deux métaux, aussi bien que les Aryas eux-mêmes.

En attachant ainsi une importance de premier ordre au fait de l'unité de composition du bronze, et en le considérant comme le fait caractéristique du rayonnement du foyer de métallurgie auquel se rapporte la tradition de la Genèse, je n'ai en aucune façon l'intention d'insister

---

[1] Nous complétons ici l'enseignement par les yeux, d'archéologie préhistorique, résultant des figures que nous avons données d'antiquités des principales époques de l'âge de pierre. Nous le faisons en insérant dans ce chapitre, qui traite des origines de la métallurgie, des représentations des principaux types d'armes, d'instruments et de parures caractéristiques de l'âge du bronze en Occident, représentations que nous empruntons à l'ouvrage de sir John Lubbock sur *L'homme préhistorique*.

On a pris l'habitude d'appliquer le nom assez peu satisfaisant de celts — du mot douteux, de basse latinité, *celtis* « ciseau » — aux hachettes de bronze qui se trouvent en grand nombre dans nos pays et qui ont dû servir à des usages assez variés, comme armes et comme instruments de métiers. Les spécimens que nous en plaçons sous les yeux du lecteur, de manière à lui faire connaître les trois types principaux que l'on rencontre d'ordinaire de ces objets, proviennent d'Angleterre et d'Irlande.

outre mesure sur la distinction chronologique de l'âge du bronze et de l'âge du fer. On l'a d'abord beaucoup trop exagérée, d'après les faits particuliers du nord scandinave, et elle tend plutôt à s'effacer. Dans le plus grand nombre des pays, les deux métaux furent connus en même temps, et ce furent les circonstances locales, facilitant davantage le travail du bronze, qui le firent d'abord prédominer chez certains peuples, tandis que la fabrication du fer se développait de préférence chez d'autres dès une extrême antiquité. Au foyer même, dans la race où nous serons conduits à placer les premiers forgerons du monde antique, les deux inventions du bronze et du fer durent se succéder très rapidement, naître presque en même temps chez des tribus voisines ; et quand la tradition biblique les fait contemporaines, elle fournit un indice dont il faut tenir grand compte, que nous verrons d'ailleurs se rattacher à toute une série d'indices parallèles. Le travail des deux métaux découle de la même source ; c'est seulement dans leur marche vers des régions lointaines que les courants en sont devenus divergents et ont présenté, par suite de circonstances qu'il nous est le plus souvent presque impossible d'apprécier, des phases de succession bien tranchées. Mais les faits relatifs à la métallurgie du fer ne nous offrent rien d'aussi positif, d'aussi palpable et d'aussi significatif, pour déterminer l'unité du premier foyer commun, que celui du même alliage pour former le bronze.

C'est aux traditions en grande partie mythiques que les peuples de l'ancien monde ont conservées sur l'existence de leurs premiers ancêtres, que nous devons nous adresser pour essayer de remonter à ce centre primitif d'invention dont nous venons de mesurer l'action sur la carte. La recherche est périlleuse et pleine de difficultés ; mais la voie a déjà été tracée par le regrettable baron d'Eckstein, dont l'esprit pénétrant et sagace a su projeter des vues hardies et ingénieuses dans les ténèbres qui environnent les origines de l'Asie avant le développement des nations aryennes et sémitiques, et reconnaître plus d'un vestige de ces civilisations prodigieusement antiques dont le problème attirait son imagination d'un attrait invincible. « On peut, disait-il, appliquer aux antiquités les plus reculées de l'espèce humaine le même genre de travaux que l'on applique aux antiquités du globe. Cuvier a pu exhumer les débris d'un monde animal, Brongniart a pu ressusciter une flore gigantesque, Élie de Beaumont a pu découvrir les assises de la terre, tous ont pu signaler la succession des êtres organiques, leur conformité avec la succession des masses élémentaires, la série des catastrophes des premiers, leur conformité avec la série des révolutions des autres. Il est possible de révéler aussi la filiation des grandes races des peuples primitifs, d'exhumer leurs reliques, non pas dans l'état fossile de leurs ossements, mais en creusant jusqu'aux fondements d'un antique sol social, mais en découvrant les strates de leurs établissements religieux, les couches de leurs institutions civiles et politiques qui y correspondent. D'autres races d'hommes, de souche comparativement nouvelle, ont hérité de leurs travaux, ont profité de leur expérience, métamorphosant leur héritage, y versant la sève d'une vie nouvelle. »

Il y a vingt-cinq ans, dès 1854, avant que les travaux et les découvertes de l'archéologie préhistorique l'eussent posé d'une manière impérieuse et eussent donné l'éveil à tous les esprits sur son importance, le baron d'Eckstein, à l'aide principalement des traditions aryennes, avait scruté le problème des origines de la métallurgie, et indiqué avec une sûreté divinatrice les lieux et la race où il fallait en chercher la solution. Voici ce qu'il écrivait alors [1] :

« Il y a des peuples qui adorent les dieux de l'abîme dans leur rapport avec la fécondité du sol, avec les produits de l'agriculture, comme les races pélasgiques, etc. ; il y en a d'autres qui les adorent sous un point de vue différent, puisqu'ils rendent exclusivement hommage aux splendeurs d'un monde métallurgique, rattachent cette adoration à des cultes magiques, à des superstitions talismaniques ; peuples et cultes sans parenté avec les Kouschites, avec les Phéniciens, avec les Égyptiens, avec les Kénânéens, avec les grandes branches des familles hamitiques. Faut-il les placer parmi les ancêtres mythiques des races aryennes, des familles de peuples indo-européens? Pas plus qu'on ne peut les incorporer aux croyances des tribus sémitiques. Le culte de ces dieux de la métallurgie, le cortége de génies, d'êtres fantastiques, souvent grotesques, où se dessinent les physionomies parfois très caractérisées de certaines races de peuples, tout cela se trouve fréquemment mêlé aux traditions d'un vieux monde, d'un monde dont les races aryenne et sémitique ont gardé le souvenir, mais partout de manière à faire voir que ces dieux redoutés, haïs ou méprisés,

---

[1] *Athenæum français* du 19 août 1854.

ne sont pas de la même souche que les peuples qui ne leur vouent aucune adoration, qui les tiennent même en très mince estime. Il faut donc regarder autour de soi pour découvrir des tribus qui aient sincèrement adoré les dieux de la métallurgie, qui les aient considérés comme les grands dieux dont elles prétendaient tirer leur origine.

« Sur cette route de nos investigations, nous abordons forcément une série importante de peuples ; nous nous trouvons en face des traditions et des croyances particulières aux tribus turques, mongoles, tongouses, exploratrices de la chaîne de l'Altaï dans la nuit des âges ; nous heurtons du même coup les tribus finnoises depuis les vallées de l'Oural jusqu'aux régions extrêmes du nord de la Scandinavie, races anciennement refoulées par les peuples d'origine aryenne, hordes peut-être originellement parentes d'autres peuples, de peuples postérieurement compris dans l'agglomération des tribus thibétaines, de tous les indigènes des vallées du Lahdac et du Baltistan, dont les traces se laissent poursuivre à travers les gorges du Paropanisus, vers les montagnes de l'Hazarajat. Il est probable que les indigènes des vallées du Belour, que les tribus des coins reculés du Wakhan et du Tokharestan appartenaient, en principe, à la même famille d'hommes qui ont eu l'initiative des découvertes de tous les arts métallurgiques. Forcées de travailler pour le compte des Çoûdras ou des Kouschites du voisinage des régions aryennes, elles changèrent de tyrans en passant du joug kouschite sous le joug des races aryennes. De fortes analogies plaident en faveur de l'hypothèse que plusieurs des races établies dans le Caucase, que, notamment, les descendants de Meschech et de Thoubal, que les Chalybes, les Tibaréniens, les Mossynœques de l'antiquité sont des tronçons dispersés de la même souche de peuples. »

L'unité ethnique des peuples auxquels il est ici fait allusion est maintenant acquise à la science. Les admirables travaux philologiques des Rask, des Castrèn, des Max Müller et de leurs disciples, ont établi que toutes les populations diverses qui de la Finlande aux bords de l'Amour habitent le nord de l'Europe et de l'Asie, Finnois et Tchoudes, Turcs et Tartares, Mongols, Tongouses, appartiennent à une même souche et constituent une seule grande famille, dont l'unité originaire est attestée par la parenté des idiomes que parlent ces nations. Leur langage, ainsi que l'ont montré MM. Max Müller et de Bunsen, s'est immobilisé dans un état extrêmement primitif et représente une phase du développement de la parole humaine antérieure à la formation des langues à flexions, telles que les langues sémitiques et aryennes. On est donc forcé d'admettre que cette famille de nations, dont le type anthropologique révèle un mélange du sang de deux des types fondamentaux de l'espèce humaine, le blanc et le jaune, où la proportion des deux sangs varie suivant les tribus et fait prédominer tantôt l'un et tantôt l'autre, que cette famille de nations s'est séparée avant les autres du tronc commun d'où sont sortis tous les peuples qui ont un nom dans l'histoire, et, se répandant au loin la première, s'est constituée en tribus ayant une existence ethnique et distincte, dès une antiquité tellement reculée qu'on ne saurait l'apprécier en nombres. C'est là ce que l'on désigne par le nom commun de race altaïque ou ougro-japonnaise.

Mais les Altaïques n'ont pas été toujours confinés dans les régions

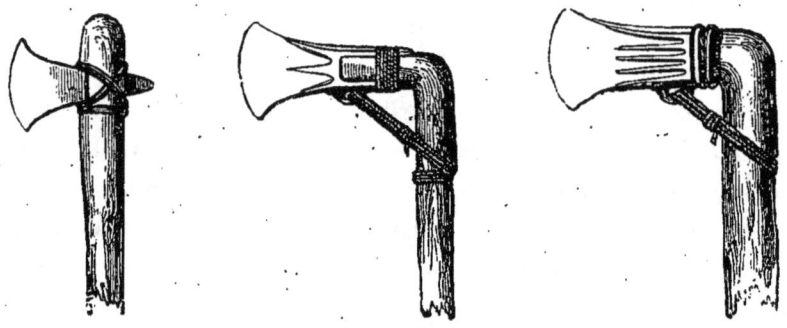

Modes d'emmanchement des trois types de haches de bronze.

septentrionales où nous les trouvons aujourd'hui. Si quelques-uns des rameaux de la race ont dû se répandre tout de suite au nord, et s'établir dès l'époque de leur dispersion dans l'Altaï, sur les bords du lac d'Aral et dans les vallées de l'Oural, où viennent aboutir toutes leurs traditions les plus antiques, d'autres avaient pris la route de plus heureuses régions, et n'ont été repoussés dans le nord que par le développement postérieur des races aryenne et sémitique. Les Finnois se souviennent encore, dans leurs légendes épiques, des pays méridionaux et favorisés du ciel où habitaient leurs ancêtres avant de reculer graduellement devant les nations aryennes jusqu'au fond de la Mer Baltique.

Un passage célèbre de l'historien Justin[1] dit qu'antérieurement à la puissance de toute autre nation, l'Asie des anciens, l'Asie antérieure,

---

[1] II, 3; cf. I, 1.

fut en entier possédée pendant quinze siècles par les Scythes, dont il fait le plus vieux peuple du monde, plus ancien même que les Égyptiens. Cette donnée, que Trogue-Pompée avait puisée dans les traditions asiatiques, est aujourd'hui confirmée par les découvertes de la science, et passe à l'état de vérité fondée sur des preuves solides. Le résultat le plus considérable et le plus inattendu des études assyriologiques a été la révélation du développement de populations que les anciens eussent qualifié de scythiques, et auxquelles on donne le nom un peu vague de touraniennes, populations apparentées de plus ou moins près à la race altaïque, dans toute l'Asie antérieure avant les Aryas et les Sémites, et de la part prépondérante qu'elles eurent à la naissance des premières civilisations de cette partie du monde. Les lueurs que ces études répandent sur un passé où tout était ignoré, jusqu'au déchiffrement des écritures cunéiformes, nous permettent, dès à présent d'entrevoir, par delà les migrations de Schem et de Yapheth, une vieille Asie déjà civilisée quand Aryens et Sémites menaient encore la vie de pasteurs, et une Asie exclusivement touranienne et kouschite. Nous reviendrons au chapitre suivant sur ce fait capital, et nous tenterons d'esquisser le tableau de la distribution des peuples de cette Asie primordiale.

La parenté des langues n'est pas, du reste, le seul lien des populations dont nous parlons avec les Altaïques; elles ont en commun une civilisation étrange et incomplète, à la physionomie spéciale et encore mal équilibrée, civilisation qui présente les caractères de la plus extrême antiquité, et dont les traditions ont servi, aux peuples venus plus tard, de première initiation et de point de départ pour les progrès ultérieurs de leur culture. Elle se fait avant tout remarquer par le culte des esprits élémentaires, qui prend quelquefois la forme d'un grossier sabéisme, plus souvent celle de rites magiques et de l'adoration des puissances du monde souterrain, dispensatrices des richesses métalliques, par une tendance éminemment matérialiste, un défaut complet d'élévation morale, mais en même temps par un développement prématuré et vraiment surprenant de certaines connaissances, et par la disproportion qui y existe entre l'état d'avancement de certains côtés de la culture matérielle et l'état rudimentaire où demeurent certains autres.

Avec la magie, et en liaison étroite avec elle, le trait dominant des populations altaïques d'aujourd'hui et des populations touraniennes dont nous ne retrouvons plus la trace que dans les traditions et les monuments de l'Asie antique, est, comme l'a si bien indiqué le baron d'Eckstein, le développement de la métallurgie et l'existence d'un cycle de conceptions mythologiques qui se rattachent à cet art. Dans l'histoire et dans la tradition, dans la leur comme dans celle des autres peuples, ils sont par excellence les ouvriers des métaux, les adorateurs des dieux de la mine et de la forge. C'est sous leurs traits que l'imagination des peuples qui les ont supplantés et refoulés se représentent ces dieux antiques qui président aux richesses cachées, devenus pour les nations nouvelles des génies malfaisants, gardiens jaloux de leurs trésors, comme les gnomes, les kobolds, ces peuples d'êtres souterrains à la petite taille que connaissent toutes les mythologies populaires.

Les Turcs et les Mongols placent leur berceau et leur paradis dans une vallée inconnue de l'Altaï, fermée de tous côtés par d'infranchissables montagnes riches en fer ; leurs ancêtres étaient sortis de cette prison par un défilé pratiqué au moyen d'un feu intense, qui avait mis en fusion les rochers ferrugineux. Le souvenir de cette découverte du fer était célébré chez les Mongols par une fête annuelle, et c'est de leur premier forgeron que se faisait descendre Gengis-Khan. Depuis l'époque la plus ancienne où les annales chinoises parlent des tribus turques, elles signalent leur habileté pour le travail du fer.

Les Finnois, les Livoniens, les Esthoniens, et toutes les peuplades ouraliennes qui se rattachent au même groupe, ont pour industries primitives celles du forgeron et du tisserand. Les mythes métallurgiques tiennent une place très considérable dans leurs souvenirs religieux. Chez les Finnois, l'un des premiers mythes est celui de la naissance du fer ; ils n'en ont pas pour le cuivre. Leur légende poétique ne mentionne à leurs origines que le fer et l'or. Leur Vulcain, Ilmarinen, fabrique d'or sa propre femme. C'est à eux que les Lithuaniens et les Slaves ont emprunté le nom du fer, et sans doute aussi sa connaissance. Mais cette concentration des légendes métallurgiques sur le fer n'est certainement pas chez eux un fait primitif ; c'est le résultat des conditions propres à leur séjour, au pays où ils ont fini par être repoussés, pays qui leur offrait le fer en abondance et ne leur fournissait plus l'occasion de maintenir les traditions antiques du travail du cuivre et du bronze, que conservaient fidèlement leurs frères de la Livonie.

En effet, c'est au groupe ougro-finnois qu'il faut rattacher cette population des Tchoudes, qui a laissé dans toute la région entre la chaîne de l'Oural et le bassin du Yénisséï les traces de son existence et de sa multiplication considérable, dans une multitude de tumulus, ainsi que de mines abandonnées depuis des siècles et de fourneaux en ruines. Cette population avait déjà disparu quand l'aurore de l'histoire se lève pour les contrées où l'on découvre ses vestiges, et elle avait été remplacée par les Hakas, les Turcs et les Mongols, dont les plus anciens monuments funéraires se superposent aux siens, en s'en distinguant facilement. Ses travaux de mines remontent à une haute antiquité, à en juger par l'état de pétrification des bois qu'on y trouve. Le fer se rencontre dans les tumulus et dans les anciennes galeries de mines des Tchoudes, mais il y est rare ; les métaux prédominants sont le cuivre pur et le bronze à l'alliage caractéristique de 10 p. 100 d'étain. On y découvre aussi de nombreux objets en or, car les Tchoudes exploitaient également ce métal. C'est sans doute leur nom qu'Hérodote a transformé en Thyssagètes ; et le père de l'histoire connaît les populations de mineurs et de métallurgistes de l'Oural, ces Arimaspes à qui la renommée populaire faisait disputer l'or aux griffons, et qui transmettaient leurs métaux précieux aux Argippéens, tribu d'un caractère sacré qui paraît avoir été en possession du privilège de fournir les chamans de tous leurs voisins de même race. Les marchands grecs, venus des colonies milésiennes du Pont-Euxin, fréquentaient le pays des Argippéens, d'où ils tiraient l'or des Arimaspes ; ils s'avançaient même encore

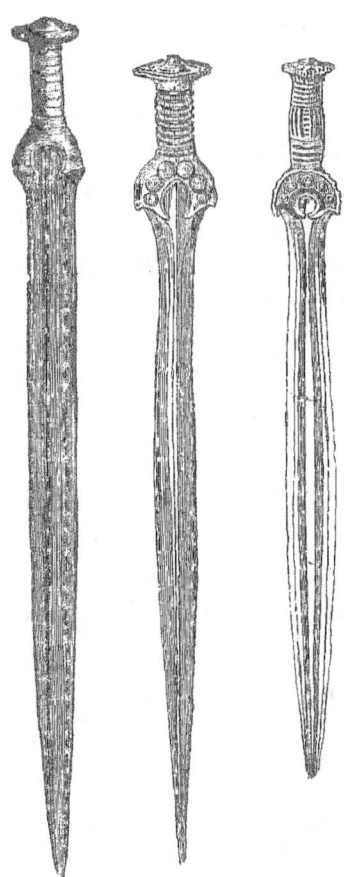

Épées de bronze [1].

---

[1] Ces trois spécimens sont de France et de Danemark.
La forme de ces épées et le style de leur ornementation, que l'on retrouvera sur les autres objets du même âge figurés ci-après, restent invariablement les mêmes depuis l'Asie-Mineure jusqu'au fond de la Scandinavie ou de l'Irlande. On a donc là les produits d'une métallurgie singulièrement une dans ses procédés, dans ses formes et dans son style, malgré la vaste étendue du territoire sur lequel elle s'est propagée. Elle représente une époque des débuts de la civilisation des peuples de l'Europe, époque où l'emploi du bronze était, sinon exclusif, du moins de beaucoup prédominant. Les débuts de cette civilisation de l'âge du

plus loin vers l'est, dans la Sibérie méridionale, entre le Tobol et l'Irtysch, jusque chez les Issédons, peuple de marchands dont les caravanes allaient chercher l'or extrait des gisements de l'Altaï. Les exploitations minières et métallurgiques de la région qui va de l'Oural à l'Altaï, et où se rencontrent les antiquités tchoudes, étaient donc en pleine activité quand écrivait Hérodote, et les richesses qu'en amenait une ligne de commerce de caravanes aboutissant à la mer Noire faisaient alors la fortune de la cité grecque d'Olbia, comme un peu plus tard celle de Panticapée. Mais ces colonies helléniques avaient succédé elles-mêmes au rôle et à la prospérité de la Colchide, plus ancien terme de la route du même commerce pour atteindre la mer, de la Colchide où Hérodote place une antique colonie égyptienne ou plutôt éthiopienne, terre classique de la toison d'or, but de la navigation des Argonautes, que les Phéniciens avaient précédé dans la fréquentation des mêmes parages. Le cycle des légendes de la toison d'or et des richesses de la Colchide fait remonter bien haut l'existence de ce commerce et des exploitations minières qui l'alimentaient.

Au sud de l'Altaï, dans le Thian-chan, toutes les traditions conservées par les Chinois et par les écrivains musulmans nous montrent les peuplades turco-tartares, qui l'habitent de temps immémorial, adonnées depuis la plus grande antiquité à la fabrication du fer, et en ayant poussé très loin les procédés. Elles touchent aux tribus tibétaines, dont font partie les Miao-tseu de la Chine et les Sères des écrivains grecs et latins. Les Miao-tseu, nous l'avons dit tout à l'heure, travaillaient le fer antérieurement à l'arrivée de la migration chinoise, c'est-à-dire au moins vingt-cinq siècles avant Jésus-Christ. Les Sères étaient célèbres à Rome par leur fer, qui passait pour supérieur à tout autre, et qui arrivait sur les bords de l'Océan Indien à travers les immenses plateaux du Tibet.

---

bronze, importée de l'extérieur, des contrées orientales, par le commerce ou peut-être par des tribus qui faisaient le métier de métallurgistes ambulants, comme encore aujourd'hui les Tziganes dans les pays danubiens, les débuts de cette civilisation ont dû être à peu près synchroniques dans la majeure partie de l'Europe. Mais sa durée a été très variable suivant les pays. En Grèce elle finissait à l'époque de la composition des poëmes homériques. En Italie aussi, elle a fait place de bonne heure à une civilisation plus perfectionnée. Dans la Gaule, son abandon correspond à l'établissement des Gaulois proprement dits. Dans la Scandinavie, au contraire, l'âge du bronze et sa civilisation propre se sont prolongés jusque dans les environs de l'ère chrétienne.

Tout semble indiquer actuellement à la science que le berceau et le point de départ de cette métallurgie doivent être cherchés dans le nord de l'Asie-Mineure, au voisinage du Caucase, c'est-à-dire dans le pays des Tibaréniens et des Chalybes.

Transportons-nous maintenant à l'extrémité méridionale de la diffusion des populations que nous appelons touraniennes, chez les Schoumers et les Akkads de la Chaldée primitive. Dans cette contrée qu'habitent deux populations d'origines différentes, dont la plus anciennement établie et civilisée est la touranienne, la non-sémitique, nous reconnaissons le siége d'une antique et florissante industrie des métaux, dont les produits, l'exemple et l'influence ont rayonné sur l'Assyrie, la Syrie et l'Arabie. Les tombeaux les plus vieux de la Chaldée, qui ne remontent pas moins haut que les sépultures égyptiennes de l'Ancien Empire, nous présentent des objets en or, en bronze et même en fer. A côté se rencontrent encore, et concurremment employés, des instruments et des armes en silex taillé et poli, têtes de flèches, haches et marteaux. Le métal le plus répandu est le bronze ; c'est en bronze que sont tous les ustensiles et tous les instruments métalliques, et il restera toujours prédominant dans le bassin de l'Euphrate et du Tigre. Quant au fer, il est plus rare, et semble avoir encore le caractère d'un métal précieux par la difficulté de sa production; au lieu d'en faire des outils, on en forme des bracelets et d'autres parures grossières. Malgré cela, comme on le voit, la métallurgie est complète et ne se borne pas au bronze. Il n'en était pas de même au temps bien plus reculé, jusqu'auquel ne nous font pas remonter les monuments actuellement connus, où les Schoumers et les Akkads inventèrent les hiéroglyphes rudimentaires et primitifs d'où est sortie l'écriture cunéiforme. Parmi ces hiéroglyphes, il y a deux signes simples spéciaux pour désigner, d'une part les métaux nobles, comme l'or et l'argent, d'autre part le cuivre ; mais le bronze et le fer, comme l'étain, ont leurs noms exprimés par des combinaisons complexes de caractères, de formation postérieure et secondaire. Mais si l'écriture cunéiforme paraît n'avoir reçu ses derniers développements et sa constitution définitive que dans la Chaldée même, après l'établissement des Schoumers et des Akkads dans les plaines où se réunissent l'Euphrate et le Tigre, une importante et féconde remarque de M. Oppert est de nature à faire penser qu'ils en avaient apporté les premiers éléments d'un autre séjour, d'une étape antérieure de leur migration. En effet, lorsqu'on étudie les signes constitutifs de cette écriture en essayant de remonter aux images d'objets matériels qu'ils représentaient d'abord, la nature des objets ainsi devenus des éléments graphiques semble conduire, comme lieu d'origine de l'écriture, à une autre région que la Chaldée, à une région plus septentrionale, dont la faune et la flore étaient notablement différentes, où, par exemple, ni le lion, ni aucun des grands carnassiers de race féline n'étaient connus, et où le palmier n'existait pas. Pour retrouver le berceau des premiers essais du système d'écriture des Schoumers et Akkads de la Chaldée, et de leur métallurgie, qui était déjà complète au temps de ces premiers essais, il faut donc remonter en partie la route de leur

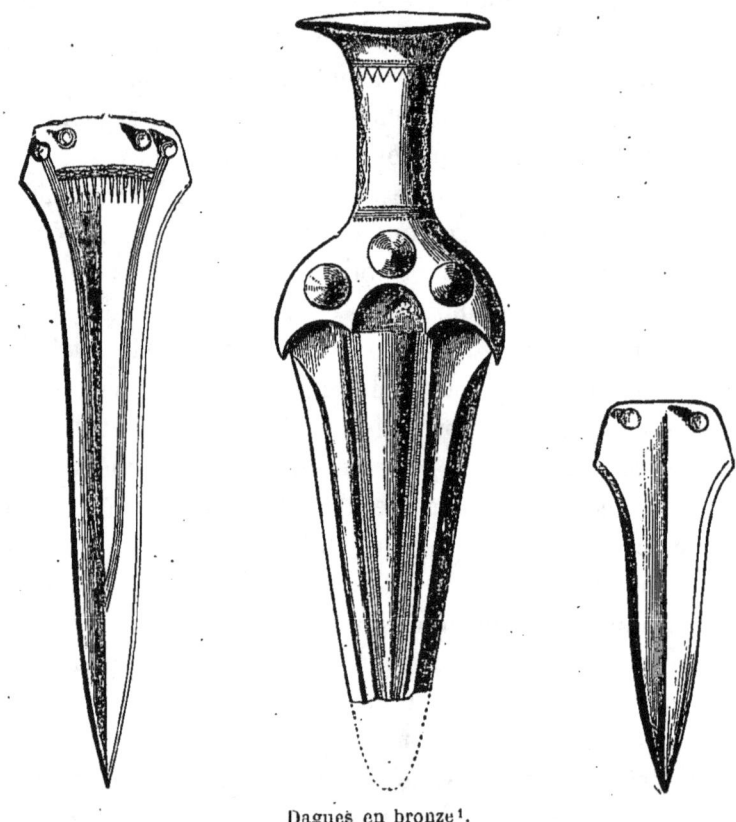

Dagues en bronze[1].

migration, la route que la Genèse fait suivre aux constructeurs de la tour de Babel, venus « de l'Orient » dans le pays de Schine'ar, la route qui aboutit à cette montagne du nord-est qui joue un si grand rôle dans les traditions chaldéennes et dans les textes cunéiformes, au double titre de point d'origine de la race humaine et de lieu de l'assemblée des dieux, et dont nous avons déjà longuement parlé dans le livre précédent[2].

[1] Provenant d'Irlande et du Danemark.
[2] Plus haut, p. 104 et suiv.

Nous sommes ainsi conduits à rapporter aux Schoumers et aux Akkads, c'est-à-dire à la primitive population touranienne, l'origine de la métallurgie de la Chaldée, et à en lier l'implantation dans cette partie du monde à celle de l'écriture cunéiforme. Il ne nous est possible, d'ailleurs, d'indiquer ici ces faits que d'une manière tout à fait sommaire, nous réservant d'y revenir avec tous les développements qu'ils réclament, dans le livre de cette histoire qui sera consacré aux annales de la Chaldée et de l'Assyrie. Nous avons encore à jeter un rapide coup-d'œil sur un dernier rameau des vieilles populations touraniennes de l'Asie, celui de tous qui a laissé la plus grande renommée métallurgique, celui de Meschech et de Thoubal, auquel appartiennent les Tibaréniens et les Chalybes. Mais ici nous laisserons de nouveau la parole au baron d'Eckstein, qui a traité de la manière la plus heureuse cette partie du sujet.

« Thoubal, nom de tribu, nom probable de corporation, est l'équivalent des Telchines de la Grèce primitive. Nous rencontrons, au dixième chapitre de la Genèse, ce nom, qui s'applique à une race caucasienne, à celle des Tibaréniens, voisins des Chalybes, aborigènes des montagnes qui bordent le Pont-Euxin, forgeant le fer, travaillant l'airain, fameux du temps des Argonautes. Chez Ézéchiel (Ye'hezqêl), Thoubal est au nombre des tribus vassales du commerce de Tyr, cité à laquelle ils livraient l'airan de leurs montagnes. Les pierres précieuses qui portent le nom de *tibaréniennes*, chez Pline, témoignent encore de la gloire de Thoubal. Exploitant la chaîne des monts intermédiaires entre l'Arménie et le Caucase, ces Chalybes, ces Tibarènes, ces Mossynœques relèvent de l'antique souche de Meschech et de Thoubal, mentionnée dans plus d'un texte de l'Ancien Testament, chantée par les Grecs dès l'âge mythique du temps des Argonautes; telles sont les tribus contre lesquelles Xénophon s'est heurté lors de son expédition assyrienne.

« Ces mêmes peuplades sont les voisines immédiates d'Aia-Colchis, la terre classique de la toison d'or. Près de là s'élève la province arménienne de Syspiritis citée par Strabon, contrée riche en mines d'or et en mines d'airain, province d'Isber ou d'Iber, comme elle est appelée dans les annales de l'Arménie. Hérodote en parle deux fois en deux passages importants; et chaque fois il y place les Saspires, sur la grande route du commerce de la Médie à la Colchide. Vers la Médie se dirige une autre route; grande artère du commerce des Indes, elle aboutit à Suse, la cité éthiopienne ou memnonienne, où arrivent les marchandises débarquées dans les ports de la Perside. Des rives de la mer Érythrée jusqu'aux rives du Pont-Euxin, il existe ainsi une communication commerciale, dont les Saspires sont les intermédiaires.

« Salués par un souvenir au passage des Argonautes, les Saspires ou les Sapires donnent leur nom au saphir des anciens, pierre dont parle Théophraste, mais qui n'est pas notre saphir. C'est le lapis-lazuli, le *vaidoûrya* des Indiens, ainsi appelé parce qu'il vient de « très loin » *vidoûra*, d'où le nom de Vidoûra donné au Belour, à la montagne dont on le tire, là où sont les sources de l'Oxus, là où est la région du paradis terrestre. Fameuses dans toute l'antiquité, célèbres en Chine, dans l'Inde, dans la Perse, dans le reste de l'Asie, les pierres de lapis-lazuli passent pour les lumières mystérieuses par excellence, illuminant le monde souterrain. Si les Saspires donnent leur nom à cette pierre dans une contrée où elle ne se trouve pas, c'est qu'ils étaient les grands agents de son commerce et qu'ils constituaient l'anneau intermédiaire de la chaîne qui rattachait aux villes du Pont-Euxin les indigènes des régions supérieures de l'Indus et de l'Oxus. Là se trouve le Havilah des premiers chapitres de la Genèse, les pays de Wakhan, de Badakchan, du Tokharestan, illustrés par les travaux d'une prodigieusement antique métallurgie. Wood, lors de son voyage aux sources de l'Oxus, nous a montré ces exploitations dans un état de séculaire décadence, quoique les travaux des mines de lapis-lazuli n'y chômassent pas encore. Là est le berceau de la métallurgie et de son culte. »

En effet, dans le rapide voyage que nous venons de faire au travers des populations des deux races apparentées, altaïque et touranienne, les unes qui se maintiennent encore dans les contrées septentrionales, les autres qui peuplaient dans des siècles relativement récents, et déjà pleinement historiques, une grande partie de l'Asie occidentale et en étaient les premiers occupants, dans ce rapide voyage, si nous avons trouvé partout les différents rameaux de ces deux races que l'on venait sans doute se confondre à leurs origines, exerçant de temps immémorial le travail simultané du fer et du bronze, liant leur propre naissance à celles de la métallurgie et accordant aux dieux de cet art, dans leurs mythes et dans leurs adorations, une place qu'aucune autre race n'accorde aux mêmes personnifications, nous avons pu discerner une série de rayons, qui, de toutes les extrémités du domaine où nous avons trouvé ces peuples, convergent vers un centre commun. Et ce centre, ce point d'intersection où convergent tous les rayons venus du nord, du sud, de l'est et de l'ouest, n'est autre que la région montueuse du Wakhan, du Badakchan, du Tokharestan, de la Petite-Boukharie et du Tibet occidental, qui entoure le plateau de Pamir, c'est-à-dire le point où la science, par la comparaison des traditions de l'Inde et de la Perse avec celle des Livres Saints, détermine avec une précision rigoureuse le berceau où les grandes races de l'humanité, Toûra, comme l'appelle la tradition iranienne, aussi bien que Kousch, Schem et Yapheth, ont pris naissance et commencé à grandir côte à côte, d'où elles ont successivement envoyé leurs essaims à tous les points de l'horizon.

D'autres raisons, d'une valeur non moins décisive, nous obligent encore à y chercher le foyer premier de l'invention du travail des métaux chez les plus vieux ancêtres des nations altaïques et touraniennes.

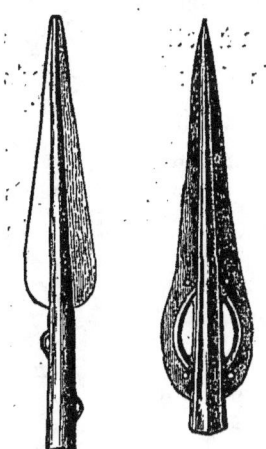

Pointes de lances en bronze[1].

Ici les faits relatifs au bronze prennent de nouveau une importance capitale, comme lorsqu'il s'est agi de déterminer l'étendue sur laquelle s'est propagée l'influence de ce foyer. En effet, si l'unité de la composition de l'alliage du bronze est le trait palpable et caractéristique qui permet de rattacher avec certitude à une invention commune, à celle que la tradition biblique attribue à Thoubal-qaïn, toute la métallurgie du vaste empire dont nous avons esquissé les limites, ce sont aussi les éléments dont l'alliage constitue ce métal qui peuvent servir à déterminer le lieu de son invention. Le fer se trouve presque partout en abondance à la surface du globe, et par conséquent on aurait pu presque partout commencer à le travailler et découvrir les moyens de le fondre et de le forger. Le cuivre est un peu plus rare, mais encore répandu dans un grand nombre de régions ; le travail du cuivre pur, qui, dans quelques pays, a précédé l'introduction du bronze, et a été abandonné devant la supériorité du métal artificiel, a pu naître spontanément dans ces pays, comme le travail du fer dans l'Afrique centrale, avant la communication des procédés dont nous recherchons le berceau ; mais ce n'est qu'après celle-ci qu'a commencé le règne de la vraie et parfaite métallurgie. Au contraire,

---

[1] De Danemark et d'Irlande.

l'étain ne se rencontre dans les couches du sol que sur un petit nombre de points nettement déterminés, et dont l'énumération est facile. Or, il tombe sous le sens que le bronze a été découvert et fabriqué, pour la première fois, dans une contrée où les gisements d'étain et de cuivre existaient à proximité les uns des autres, dans une contrée où le sol fournissait les deux minerais, et où, par conséquent, après avoir observé les défauts du cuivre pur, on pouvait avoir naturellement l'idée d'essayer le résultat que fournirait l'alliage des métaux obtenus par la fusion de ces minerais. Ce n'est que plus tard, quand les qualités du bronze étaient déjà bien connues et les meilleures proportions de son alliage fixées, qu'on s'est mis à en fabriquer là où l'on ne trouvait que le cuivre et où il fallait faire venir l'étain de grandes distances.

Ceci posé, quels sont les pays où se trouve l'étain? Nous devons d'abord écarter les riches gisements de la Chine et de l'Indo-Chine, qui se trouvent en dehors de la sphère d'action de la métallurgie de Thoubal-qaïn, en dehors du monde antique. Il en est de même de l'étain de Banca, qui n'était même pas connu dans l'Inde au Ier siècle de notre ère, puisque alors, d'après le témoignage formel du Périple grec de la mer Érythrée, l'Inde, comme l'Arabie méridionale, tirait tout son étain de la Grande-Bretagne par l'intermédiaire d'Alexandrie. Qui d'ailleurs pourrait songer à chercher à Bancá et à Malacca le berceau de la métallurgie de l'Asie occidentale et centrale et de l'Europe? Les mines des monts Mêwar, dans l'Inde centrale, sont aussi dans une situation trop excentrique et trop orientale; d'ailleurs le témoignage du Périple les exclut également, puisqu'il montre qu'elles n'étaient pas exploitées dans l'antiquité.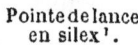

Pointe de lance en silex[1].

Quant à celles du pays de Midian, au nord-est de la mer Rouge, récemment retrouvées par le capitaine Burton, leur production n'a jamais eu qu'une importance secondaire. En réalité, l'antiquité ne connaissait que trois grands gîtes de l'étain, florissants à des époques différentes : la Grande-Bretagne, l'Ibérie du Caucase et le Paropanisus. Écartons encore la première de ces contrées, qui ne peut pas prétendre à un caractère véritablement primitif pour l'exploitation de ses mines, et

---

[1] Du Danemark. Il nous a paru intéressant de rapprocher cet objet, d'un travail très particulièrement fin de taille à petits éclats, du type métallique qui lui a immédiatement succédé.

qui ne les a ouvertes que lorsque les navigateurs phéniciens ont fréquenté ses côtes. Restent les gisements de l'Ibérie caucasienne et du Paropanisus.

Les uns et les autres ont été activement fouillés dès un temps bien plus reculé que celui des voyages des Phéniciens aux Iles Cassitérides. Dans la Géorgie actuelle, on découvre des traces d'exploitations d'un caractère extrêmement primitif dans les filons de minerai d'étain, et le silence absolu que gardent au sujet de l'extraction de ce métal, chez les Ibères, les écrivains grecs et latins de l'époque impériale et l'historien arménien Moïse de Khorène, semble indiquer que les travaux, dont les vestiges attestent un assez grand développement d'activité minière, étaient abandonnés déjà vers le temps de l'ère chrétienne. C'est de là, sans doute, que les gens de Thoubal, à l'époque de Ye'hezqêl, et les Chalybes de la tradition grecque, tiraient l'étain nécessaire à la fabrication de leurs bronzes fameux. C'est de là aussi que devait provenir celui que consommaient les travaux de civilisation de l'Irân, de la Susiane et du bassin de l'Euphrate et du Tigre, puisque nous avons constaté tout à l'heure l'importance du commerce, en grande partie métallique, que les Saspires d'Hérodote, chez qui se trouvaient ces mines, entretenaient d'un côté avec la mer Noire, de l'autre avec Suse et Babylone, par deux voies qui, une fois ouvertes et fréquentées, n'ont jamais été oubliées au travers de toutes les révolutions de l'Asie. Quant à l'étain du Paropanisus, on en a trouvé les gisements, accompagnés aussi de restes d'antiques travaux abandonnés depuis des siècles, dans le pays de Bamian, au cœur même de la chaîne de l'Hindou-Kousch, auprès des sources de l'Helmend ou Etymander, un des quatre fleuves paradisiaques des Iraniens. Ce ne peut être que de là que provenait l'étain que les habitants de la Bactriane employaient déjà dans les âges antiques auxquels remontent certaines parties des livres de Zoroastre ; car il est fait mention de ce métal, et même de l'art de l'étameur, dans un de ces chapitres les plus primitifs du Vendidâd-Sâdé. Nous hésiterions entre les mines de l'Ibérie et du Paropanisus pour attribuer aux unes ou aux autres l'honneur d'avoir été les premières exploitées, et d'avoir vu naître dans leur voisinage l'art de travailler les métaux, comme la science a longtemps hésité entre le Caucase et le Belourtagh, pour reconnaître dans l'un ou dans l'autre la montagne qui abrita de son ombre les familles des premiers ancêtres des grandes races humaines, si notre choix n'était pas fixé par les raisons mêmes qui ont déterminé les maîtres de l'érudition moderne à saluer, dans le Belourtagh et le plateau de Pamir, le berceau véritable d'où nous descendons tous.

En effet, si c'est à une autre race que celles de 'Ham, de Schem et de Yapheth qu'il faut attribuer les premières découvertes du travail des métaux, si ces découvertes ont été l'œuvre d'un rameau de l'espèce humaine qui avait quitté plus tôt le berceau commun, elles ont dû avoir pour théâtre un pays encore très voisin des lieux où les pères des trois autres familles demeuraient réunis. Ni 'Ham, ni Schem, ni Yapheth n'ont inventé la métallurgie ; ils n'y prétendent même pas ; mais ils ont reçu la communication de ses secrets avant de s'être encore dispersés dans le monde. Car, dès que les tribus de ces trois races entrent dans la période de leurs migrations, elles sont en possession du bronze et du fer, elles savent les extraire du minerai et les travailler, et partout où elles vont elles portent cette industrie avec elles. Le groupe de peuplades hamitiques qui, dans une antiquité impossible à évaluer, franchit l'isthme de Suez pour venir s'établir dans la vallée du Nil, et fut le noyau de la nation égyptienne, était certainement maître des procédés d'une métallurgie complète, car il ne l'aurait certainement pas inventée dans ce pays qui ne produit pas de métaux, et où le besoin de s'assurer du moins l'exploitation des mines de cuivre du Sinaï l'obligea dès les premières dynasties à entrer dans la voie des conquêtes étrangères. S'il y a eu réellement un âge de la pierre en Égypte, — ce que je persiste à penser malgré l'autorité des savants qui le contestent, — il a été antérieur à l'établissement des fils de Miçraïm ; il appartient à la population mélanienne qui paraît les y avoir précédés et dont le sang se mêla au leur, fournissant l'élément africain dont la présence est incontestable dans la nation égyptienne telle que les monuments nous la font connaître. La plus ancienne tradition des Sémites, celle que la Bible nous a conservée, place la découverte des métaux presque aux origines de l'espèce humaine, mille ans avant le déluge et la formation des trois familles des Noa'hides. Et rien, ni dans les souvenirs, ni dans les usages, ni dans les langues de la race sémitique, ne nous fait remonter à un temps où elle n'aurait pas employé les métaux. Chez les Aryas, la philologie appliquée à cet ordre de recherches que Pictet a si ingénieusement appelé « la paléontologie linguistique, » nous fait voir la métallurgie déjà constituée avant la dispersion de la race ou du moins de ses principaux rameaux, avant la séparation des nations orientales et occidentales, chez les tribus encore cantonnées sur les bords de l'Oxus.

Il n'est guère moins frappant de trouver chez les trois familles de 'Ham, de Schem et de Yapheth la même notion symbolique, qui conduit à représenter le dieu démiurge, l'ouvrier des mondes, en sa qualité de dieu forgeron, sous les traits d'un nain grotesque et difforme. Qu'il s'agisse du Pta'h de Memphis quand il est envisagé sous le point de vue spécial de démiurge, des Patèques de la Phénicie ou de son Adonis Pygmaion (le dieu qui manie le marteau), de l'Hêphaistos homérique qui cache sa difformité dans l'île de Lemnos et dont la démarche et la tournure excitent le rire des immortels, ou bien encore du Mimir des Scandinaves, nous voyons toujours reparaître le même type consacré, qui est aussi celui des kobolds, des gnomes et d'autres êtres analogues dans les mythologies populaires, et qui semble une caricature des races qui les premières ont travaillé les métaux. Il y a là une conception commune aux peuples de 'Ham, de Schem et de Yapheth, et qui doit être rangée parmi les souvenirs que ces peuples ont gardés d'avant leur séparation.

C'est maintenant, après cette suite de remarques qui nous ont ramené au pied du plateau de Pamir, que nous pouvons apprécier à sa juste valeur la tradition biblique sur l'invention des métaux, et en comprendre la signification. Thoubal-qaïn n'est pas un individu au sens où nous l'entendrions aujourd'hui ; les traditions des premiers âges n'ont pas ce caractère précis, et c'est rapetisser la Bible, donner à ses récits un caractère puéril et en diminuer l'autorité, que d'envisager de cette façon les patriarches qu'elle place au début de la famille humaine. Ce n'est pas non plus un être mythique, une vieille divinité mal déguisée, une sorte de Vulcain, comme on aimerait à se le figurer dans certaine école. Thoubal-qaïn est une personnification ethnique ; mais elle détermine avec une merveilleuse exactitude l'âge, la race et le lieu de l'invention placée sous son nom. Ce nom de Thoubal-qaïn établit un rapport saisissant entre lui et le rameau métallurgique par excellence parmi la race métallurgiste des Touraniens ; en même temps, il est impossible de méconnaître la parenté qui le lie à celui des Telchines des plus anciennes traditions mythologiques de la Grèce. C'est encore dans le voisinage du 'Eden, c'est tout auprès des lieux où habite la famille de Scheth, celle qui deviendra la souche de 'Ham, de Schem et de Yapheth, que Thoubal-qaïn, descendant de Qaïn, se livre aux premiers travaux de son industrie, dans les lieux mêmes où le premier meurtrier est venu habiter après son crime.

Or, il n'est pas dans tout le début de la Genèse un passage d'une précision géographique plus remarquable que celui qui raconte la fuite de Qaïn sous la malédiction divine. Il se retire « à l'orient de 'Êden, » c'est-à-dire des hauteurs de Pamir, dans la terre de Nod ou de l'exil, de la nécessité, en dehors du sol jusque là cultivé et habité, *adamah*. La situation du 'Eden une fois déterminée, telle que l'impose la concordance des traditions indiennes et iraniennes avec celle de la Bible, on ne saurait douter qu'il ne s'agisse ici de la lisière du désert central de l'Asie, du désert de Gobi. Et l'on demeure stupéfait de la façon dont un souvenir aussi primitif a conservé avec exactitude le caractère distinctif, et la position réciproque de localités aussi éloignées de celles où vivaient les Israélites, de localités avec lesquelles depuis tant de siècles ils n'avaient plus aucune communication. C'est là que Qaïn bâtit la première ville, la ville de 'Hanoch. C'est là aussi que se trouve cette ville de Khotan (en sanscrit Koustana) dont les traditions, enregistrées dans des chroniques indigènes qui ont été connues des historiens chinois, remontaient beaucoup plus haut que celles d'aucune autre cité de l'Asie intérieure. Elle liait elle-même sa fondation aux mythes d'un antique dieu chthonien, à la sombre physionomie, maître des feux souterrains et des trésors métalliques, que les Musulmans n'ont pas manqué d'identifier à Qaïn. Nous en avons, d'ailleurs parlé plus haut[1], en l'envisageant déjà sous ce point de vue.

Ainsi, d'un côté Thoubal-qaïn se rattache étroitement à l'un des rameaux de la race touranienne, de l'autre le lieu de la retraite de Qaïn, tel qu'il est indiqué par la Genèse, nous conduit dans la région même où cette race s'établit d'abord et commença à se développer, dans la région où tant d'autres indices ont concordé pour nous faire chercher à la fois son berceau et celui de sa métallurgie, la première en date dans le monde. Ne devons-nous pas en conclure que ce sont les Touraniens qu'avait en vue l'auteur du récit qui forme le chapitre IV de la Genèse, quand il faisait le tableau de la descendance de Qaïn? Il n'est pas, en effet, un des traits de ce morceau qui ne s'applique d'une manière curieuse aux tribus de cette race et à leur passé primitif, tel que nous commençons à l'entrevoir. Séparés avant tous les autres du tronc commun de la descendance d'Adam, constructeurs des premières villes, inventeurs de la métallurgie et des premiers rudiments des principaux

[1] P. 103.

arts de la civilisation, adonnés à des rites que Yahveh réprouve, considérés avec autant de haine que de superstitieuse terreur par les populations encore à l'état pastoral qu'ils ont devancées dans la voie du progrès matériel et des inventions, mais qui restent moralement plus pures et plus élevées, tels sont les Qaïnites ; tels aussi nous apparaissent à leur origine les Touraniens.

Je n'ose pas pousser plus loin ce parallèle et en tirer une conclusion formelle et affirmative, car je viens me heurter ici à des questions d'une nature particulièrement délicate, et il serait téméraire de contredire d'une manière absolue toute l'interprétation traditionnelle de quelques-unes des parties les plus importantes de la Genèse, sans apporter des preuves décisives. Je sais que cette interprétation peut être modifiée sans inconvénient pour la foi dans tout ce qui n'est pas du domaine de celle-ci, et, par exemple, personne aujourd'hui ne voudrait plus entendre les jours de la création comme le faisaient les anciens interprètes. J'ai l'intime conviction que les exégètes les plus orthodoxes et les docteurs autorisés de l'Église en viendront également un jour à considérer, d'un tout autre point de vue qu'ils ne le font encore actuellement, la question du déluge et de son universalité, qui n'est point un dogme, que le texte biblique n'impose pas d'une manière absolue, et sur laquelle plusieurs Pères ont admis la discussion.

Il est certain que les récits de la Bible débutent par des faits généraux à toute l'espèce humaine, pour se réduire ensuite aux annales d'une race particulièrement choisie par les desseins de la Providence. Ne peut-on pas faire commencer ce caractère restreint du récit plus tôt qu'on ne le fait généralement, et le reconnaître dans ce qui a trait au déluge? C'est ce qu'ont déjà soutenu des savants du plus sérieux mérite, qui sont des fils respectueux et soumis de l'Église. Je reconnais, il est vrai, que les preuves, ou, pour parler plus exactement, les inductions sur lesquelles elle s'appuie, tout en étant considérables et en tendant chaque jour à le devenir davantage, n'ont pas jusqu'à présent le caractère de la certitude qui s'impose à tous. Mais j'ai la confiance que cette manière d'entendre le texte biblique sera un jour démontrée par une masse de faits suffisante à la faire universellement accepter. Jusque-là je ne la donne que pour une hypothèse individuelle, prêt à l'abandonner si l'on me prouve que je me suis trompé. Surtout, ce que je ne voudrais à aucun prix, serait de scandaliser ceux dont je partage les croyances, et de donner le change sur mes convictions en laissant croire que je me range avec les adversaires de l'autorité des Livres Saints. Cette autorité, je la respecte, et je tiens au contraire à la défendre ; mais je n'admets pas qu'elle puisse souffrir des doutes élevés, avec la réserve nécessaire en pareil cas, sur l'interprétation d'un fait historique.

La question de l'universalité du déluge n'est pas encore suffisamment mûre, et d'ailleurs elle est trop grave pour pouvoir être traitée incidemment et à la légère. Je me bornerai donc à faire remarquer qu'il est extrêmement difficile de concilier avec la notion de l'universalité absolue les expressions de la généalogie de la famille de Qaïn contenue dans le chapitre IV de la Genèse. C'est un morceau tout à fait à part et dont la rédaction même porte l'empreinte d'une extrême antiquité. On ne saurait y méconnaître un des plus vieux documents

 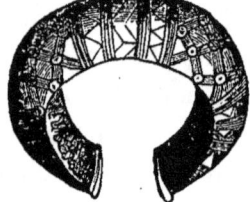

Bracelets de bronze[1].

mis en œuvre et insérés dans sa composition par le rédacteur du premier livre du Pentateuque, un document anté-mosaïque. Il n'a aucun lien avec l'histoire du déluge et il semble ne tenir aucun compte de cette tradition. L'idée d'une destruction générale de l'humanité, à l'exception de la famille de Noa'h, est étrangère à sa rédaction, puisque, lorsqu'il est dit de Yabal, fils de Lemech et frère de Thoubal-qaïn, qu'il fut « le père des pasteurs et de ceux qui vivent sous les tentes, » la construction de la phrase est telle qu'elle implique le présent, « ceux qui vivent » au moment où l'auteur écrit. Et il n'est pas jusqu'à la dualité de Thoubal-qaïn le forgeron et de Yabal le pasteur, qui ne paraissent se rapporter à la division qui se produisit de très bonne heure entre les tribus touraniennes, les unes adoptant avant toutes les autres races la vie sédentaire et industrielle, les autres restant fidèles aux habitudes de la vie nomade,

---

[1] Des habitations lacustres de la Suisse.

que leurs descendants ont gardées jusqu'à nos jours dans l'Asie septentrionale.

Après cette recherche du foyer d'invention de la métallurgie et de la race qui la cultiva la première, il serait intéressant d'étudier comment les autres familles de l'humanité, particulièrement celles de Schem et de Yapheth, y furent initiées. Mais là encore il s'agit d'un sujet dont le développement et l'étude complète demanderait des volumes, sur lequel les documents et les recherches déjà faites sont trop insuffisants pour permettre autre chose qu'un demi-jour incertain et souvent trompeur. Je veux parler de l'histoire, enveloppée de fables, de ces corporations à la fois industrielles et sacrées, qui apparaissent dans les plus lointains souvenirs des populations aryennes et sémitiques comme les instituteurs, de nature à demi divine, qui leur ont communiqué les arts de la civilisation. Ne pouvant qu'indiquer ici cet ordre d'études à poursuivre, sans avoir la prétention de l'approfondir en quelques pages — qui n'ont pas même le caractère d'une dissertation purement scientifique — je laisserai une dernière fois la parole au baron d'Eckstein, qui a esquissé sous une forme rapide et ingénieuse les principaux traits de la physionomie et du rôle des antiques corporations civilisatrices, envisagées au point de vue spécial des traditions de la race aryenne.

« D'une part sont les races au culte magique qui ont adoré les dieux de la métallurgie ; d'autre part se trouvent certaines corporations au cachet mythique qui ont dirigé leurs travaux, qui ont fonctionné comme leurs pontifes, confréries sacerdotales traditionnellement illustres. Les Vêdas, le Zend-Avesta, la mythologie des Thraces, celle des Pélasges, celle des Celtes, celle des Germains, regorgent du souvenir de ces affiliations de dieux ouvriers, au caractère douteux, pareil au génie des δαίμονες de l'antiquité classique. Inventeurs, instructeurs, magiciens, bienfaiteurs et malfaiteurs tout ensemble, quand l'image de ces corporations s'efface, elles demeurent gravées comme puissances néfastes dans la mémoire des hommes.

« Telles sont les confréries de dieux subalternes, de Telchines, d'Idéens, de Dactyles, etc., qui ressortent évidemment de peuples d'une culture avancée, quelquefois étrangers à la race des mineurs qu'elles disciplinent ; elles ont dû puissamment influer sur les commencements de la civilisation des races aryennes. Étrangères aux Aryens et intermédiaires entre eux et les peuples de mineurs, elles ont initié les premiers à la vie agricole ; elles leur ont fait franchir le passage de la vie nomade ou pastorale ; elles ont ainsi influé sur les croyances originelles des tribus aryennes. Il en est résulté que des conceptions tout à fait en dehors de l'esprit des races aryennes, que des conceptions qui ne furent pas le produit spontané de leur génie se trouvent néanmoins amalgamées avec le fond de leurs croyances. Par là le Tvaschtar des Aryens, le dieu « ouvrier » des mondes, se vit identifié à un dieu phallique, à un dieu « générateur » du monde, à un Savitar, qui lui était en principe radicalement étranger. Quoique dirigeant les travaux de l'industrie humaine, les confréries religieuses dont nous parlons n'adoraient pas un dieu personnel et libre, ne saluaient pas le dieu des pères de la race aryenne, ne reconnaissaient pas un ouvrier des mondes ; leur divinité

Épingles à cheveux en bronze[1].

suprême était tout à fait impersonnelle, s'identifiant à la nature plastique et primordiale, nature en laquelle elle s'engendrait, en y opérant ses métamorphoses comme âme du monde.

« Il y eut une fin à cette primitive influence des confréries civilisatrices ; il y eut une éclipse de ces races d'hommes plus avancés en culture que les pasteurs de la race aryenne et de la race sémitique : la haine succéda aux souvenirs de la reconnaissance. Ce sont surtout les Aryas de la Bactriane, ce sont tout autant les Aryas de souche brâhmanique, les envahisseurs de l'Inde, qui se reconnaissent à leur aversion pour les corporations néfastes, pour les soutiens des dieux serpents, pour les pontifes des rois qui ont le dragon enflammé pour emblème, cet Azdehak de l'Afghanistan et de la Médie anté-iranienne, ce type de la royauté des dragons, des mythiques Aztahaks, comme disent les

[1] Des palafittes des lacs de la Suisse.

Arméniens, des Astyages, comme disent les Grecs. Partout où se présentent les dieux aryens, leurs héros, leurs pontifes, leurs guerriers, leurs pasteurs, leurs laboureurs, ils portent un défi aux dieux serpents et aux hommes serpents ; ils combattent ces voleurs, ces marchands, ces fils de l'Hermès Chthonios, du dieu des routes, ils les poursuivent dans les trois mondes, ils les expulsent des cieux et de l'atmosphère ; pour les exterminer, ils descendent jusqu'aux abîmes. La race noble des Aryens vient au secours de ses dieux, les nourrissant à l'autel pendant qu'ils luttent pour son bonheur. Les dieux aryens ouvrent à leur peuple la route des pays de la conquête, dérivent le cours des fleuves, les font librement traverser aux Aryas depuis leur issue des montagnes, fleuves qui sont les *sapta saindhavah*, les sept rivières de l'Indus, arrosant le territoire du même nom, le même que le *Hapta heanda* de la géographie du Zend-Avesta. Tous les hymnes des Vêdas sont remplis par ce thème, qui se reproduit également dans les traditions du Zend-Avesta.

« Veut-on approfondir le double aspect sous lequel se présentent ces corporations de Telchines, de Dactyles, etc., chez les races aryennes de l'Asie et chez celles de l'Occident sans exception? On doit consulter le beau travail de M. Kuhn, qui traite ce sujet à fond, et la savante monographie sur les Ribhous, de M. Nève, qui présente l'autre face du même sujet. »

### § 6. — L'ARCHÉOLOGIE PRÉHISTORIQUE ET LA BIBLE.

Existe-t-il accord ou contradiction entre les données de la tradition biblique, corroborée par les souvenirs universels de l'humanité, et les faits positifs qui se sont inscrits dans les couches supérieures de l'écorce du globe, ou qui résultent des observations sur les vestiges de l'âge de la pierre polie?

Remarquons-le d'abord, car on n'y songe généralement pas assez, le récit biblique et les découvertes de la science moderne sur l'homme paléontologique n'ont et ne peuvent avoir que très peu de points de contact. L'histoire des âges primitifs de l'homme y est considérée par deux côtés tout à fait différents. La Bible a principalement en vue les faits de l'ordre moral, d'où peut sortir un enseignement religieux ; la paléontologie humaine et l'archéologie préhistorique, par suite de la nature même des seuls documents qu'elles puissent interroger, embrassent exclusivement les faits de l'ordre matériel. Les deux domaines de la foi et de la science, comme partout ailleurs, se côtoient sans se confondre. Il faut donc répéter les sages et judicieuses paroles de M. l'abbé Lambert dans son intéressante thèse sur *le Déluge mosaïque* :

« La science ne doit pas demander à l'auteur inspiré raison de tout ce qu'elle découvre ou de ce qu'elle croit découvrir dans l'univers matériel qu'elle étudie. Tout ce qu'on peut raisonnablement demander de lui, c'est que les faits avérés par la science ne soient pas en contradiction avec son récit. Aussi il n'est pas nécessaire de démontrer rigoureusement leur accord avec le texte sacré ; il suffit de prouver que l'opposition et l'incompatibilité entre les faits et la parole divine n'existent pas, qu'il n'y a rien dans le récit de contraire à la vérité scientifique et à la raison, et que les découvertes de la science peuvent se placer sans danger dans les vides de la tradition mosaïque. »

Eh bien, je le dis avec une profonde conviction, que chaque pas nouveau dans ces études n'a fait que corroborer, si l'on prend les faits établis scientifiquement par la paléontologie humaine en eux-mêmes, dans leur simplicité, en dehors des conclusions téméraires que certains savants en ont tirées d'après des systèmes préconçus, mais qui n'en découlent pas nécessairement ; si l'on examine en même temps le récit de la Bible avec la largeur d'exégèse historique que la plus sévère orthodoxie admet sans hésiter et que repoussent seuls ceux qui veulent à tout prix détruire l'autorité des Livres Saints ; la contradiction n'existe aucunement. Mais comme on a essayé de l'établir avec une persistance marquée dans la plupart des livres consacrés à l'exposé des découvertes de la nouvelle science de l'archéologie préhistorique, il est du devoir de l'historien de s'y arrêter et de consacrer un examen approfondi aux trois questions sur lesquelles pourraient exister des difficultés de quelque gravité, à celles où certaine école a prétendu trouver la Bible démentie par les découvertes sur l'homme fossile. Ces trois questions : l'antiquité de l'homme, la condition sauvage et misérable des premiers humains dont on découvre les vestiges, enfin l'absence de traces géologiques du déluge.

*L'ancienneté de l'homme.* Sans doute les faits actuellement acquis et certains prouvent une antiquité de l'homme sur la terre beaucoup plus grande que celle que pendant longtemps on avait cru pouvoir conclure d'une interprétation inexacte et trop étroite du récit biblique. Mais si l'interprétation historique, toujours susceptible de modification et sur laquelle l'Église ne prononce pas doctrinalement, ne doit pas être maintenue telle qu'on l'admettait généralement, le récit lui-même en voit-il son autorité le moins du monde ébranlée? Se trouve-t-il contredit en quelque point? Aucunement, car la Bible ne donne point de date formelle pour la création de l'homme.

Un des plus grands érudits de notre siècle dans les études orientales, qui était en même temps un grand chrétien, Silvestre de Sacy, avait l'habitude de dire : « Il n'y a pas de chronologie biblique. » Le savant et vénérable ecclésiastique qui était dernièrement encore l'oracle de l'exégèse sacrée dans notre pays, l'abbé Le Hir, disait aussi : « La chronologie biblique flotte indécise : c'est aux sciences humaines qu'il appartient de retrouver la date de la création de notre espèce. » Les calculs que l'on avait essayé de faire d'après la Bible reposent en effet uniquement sur la généalogie des Patriarches depuis Adam jusqu'à Abraham et sur les indications relatives à la durée de la vie de chacun d'eux. Mais d'abord le premier élément d'une chronologie réelle et scientifique fait absolument défaut ; on n'a aucun élément pour déterminer la mesure du temps au moyen de laquelle est comptée la vie des Patriarches, et rien au monde n'est plus vague que le mot d'année, quand on n'en a pas l'explication précise.

D'ailleurs, entre les différentes versions de la Bible, entre le texte hébreu et celui des Septante, dont l'autorité est égale, il y a, dans les générations entre Adam et Noah et aussi entre Noah et Abraham, et dans les chiffres d'années de vie, de telles différences que les interprètes ont pu arriver à des calculs qui s'éloignent les uns des autres de deux mille ans, suivant la version qu'ils ont préféré prendre pour guide. Dans le texte tel qu'il est parvenu jusqu'à nous les chiffres n'ont donc aucun caractère certain ; ils ont subi des altérations qui les ont rendus discordants et dont on ne peut pas apprécier l'étendue, altérations qui, du reste, ne doivent en rien troubler la conscience du chrétien, car on ne saurait confondre la copie plus ou moins exacte d'un chiffre avec l'inspiration divine qui a dicté la Sainte Écriture pour éclairer l'homme sur son origine, sa voie, ses devoirs et sa fin. Et même en dehors du manque de certitude sur la leçon première des chiffres donnés par la Bible pour l'existence de chacun des Patriarches antédiluviens et postdiluviens, la généalogie de ces Patriarches ne peut guère être considérée par une bonne critique comme présentant un autre caractère que les généalogies habituellement conservées dans les souvenirs des peuples sémitiques, les généalogies arabes par exemple, qui s'attachent à établir la filiation directe au moyen de ses personnages les plus saillants, en omettant bien des degrés intermédiaires.

C'est pour ces raisons décisives qu'il n'y a pas en réalité de chronologie biblique, partant point de contradiction entre cette chronologie et les découvertes de la science. Quelque haute que soit la date à laquelle les recherches sur l'homme fossile devront un jour faire remonter l'existence de l'espèce humaine, — aussi bien que les monuments égyptiens, impossibles à resserrer dès à présent dans le chiffre de quatre mille ans, autrefois généralement accepté — le récit des Livres Saints n'en sera ni ébranlé ni contredit, puisqu'il n'assigne pas d'époque positive à la création de l'homme. La seule chose que la Bible dise d'une manière formelle, c'est que l'homme est comparativement récent sur la terre; et ceci, les découvertes de la science, au lieu de le démentir, le confirment de la manière la plus éclatantes. Quelle que soit la durée du temps qui s'est écoulé depuis la formation des couches pliocènes jusqu'à nos jours, cette durée est bien courte à côté des immenses périodes qui la précèdent dans la formation de l'écorce terrestre. L'échelle des dépôts géologiques ne compte en effet, depuis lors, que *trois* groupes de terrains, tandis qu'elle nous montre antérieurement *trente* grands groupes de terrains fossilifères, dont chacun a demandé des milliers de siècles pour se former, et cela sans compter les roches primitives ignées, qui se sont constituées auparavant et ont servi de base aux terrains de sédiment.

Mais, si nous reconnaissons que la foi n'apporte aucune entrave à la plus grande liberté des spéculations scientifiques sur l'antiquité de l'homme, ajoutons que la science, tout en grandissant de beaucoup cette antiquité, n'est pas encore en mesure, dans l'état actuel, de l'évaluer par des chiffres. Nous ne possédons aucun chronomètre pour déterminer, même approximativement, la durée des siècles et des milliers d'années qui se sont écoulés depuis les premiers hommes dont on retrouve les vestiges dans les couches tertiaires. Nous sommes, en effet, en présence de phénomènes d'affaissement et de soulèvement dont rien ne peut nous laisser même soupçonner le plus ou moins de lenteur; car on connaît des phénomènes du même genre qui se sont accomplis tout à fait brusquement, et d'autres qui se produisent d'une manière si graduelle et si insensible, que le changement n'est pas d'un mètre en plusieurs siècles. Quant aux dépôts de sédiment, leur formation a pu être également précipitée ou ralentie par les causes les plus diverses, sans que nous puissions les apprécier. Rien, même dans l'état actuel du monde, n'est plus variable de sa nature, par une multitude d'influences extérieures, que la rapidité plus ou moins grande des alluvions fluviales, telles que sont les dépôts de l'époque quaternaire. Et, de plus, les faits de cette époque ou des temps antérieurs ne sauraient être mesurés à la même échelle que ceux de la période actuelle, car leurs causes avaient alors des proportions qu'elles n'ont plus. Aussi, les calculs chiffrés d'après un progrès d'alluvion supposé toujours égal et régulier, ou d'après d'autres données aussi incertaines, que des savants à l'imagination trop vive ont tenté de faire pour établir le temps écoulé entre l'enfouissement des plus anciens vestiges de l'homme fossile et notre époque ne sont-ils en réalité que des hypothèses sans base, des fantaisies capricieuses. La date de l'apparition de l'espèce humaine, d'après la géologie, est encore dans l'inconnu, et y demeurera probablement toujours.

*État misérable de l'humanité primitive.* Ici encore la contradiction entre le récit mosaïque et les découvertes de l'archéologie préhistorique nous est impossible à trouver. Les écrivains qui ont prétendu l'établir étaient peu au courant des croyances chrétiennes et n'ont oublié qu'une chose, le dogme de la déchéance. Ils ont cru que l'état misérable de la vie des sauvages de l'époque quaternaire démentait la vie heureuse et sans nuages du 'Eden, l'état de perfection absolue, dans lequel le premier homme était sorti des mains du Créateur. C'était ne pas tenir compte de l'abîme que creuse, entre la vie édénique de nos premiers pères et ces générations humaines, quelque antiques qu'elles soient, la première désobéissance, la faute originelle, qui changea la condition de l'homme, en le condamnant au travail pénible et à la douleur.

Rien de plus instructif, au contraire, pour le chrétien qui le regarde à la lueur de la tradition sacrée, que le spectacle fourni par les découvertes de la géologie et de la paléontologie dans les terrains tertiaires et quaternaires. La condamnation prononcée par la colère divine est empreinte d'une manière saisissante dans la vie si dure et si difficile que menaient alors les premières tribus humaines éparses sur la surface de la terre, au milieu des dernières convulsions de la nature et à côté des formidables animaux contre lesquels il leur fallait à chaque instant défendre leur existence. Il semble que le poids de cette condamnation pesât alors sur notre race plus lourdement qu'il n'a fait depuis. Et lorsque la science nous montre, bientôt après les premiers hommes qui vinrent dans nos contrées, des phénomènes sans exemple depuis, tels que ceux de la première période glaciaire, on est naturellement amené à se souvenir que la tradition antique de la Perse, pleinement conforme aux données bibliques au sujet de la déchéance de l'humanité par la faute de son premier auteur, range au premier rang, parmi les châtiments qui suivirent cette faute, en même temps que la mort et les maladies, l'apparition d'un froid intense et permanent que l'homme pouvait à peine supporter, et qui rendait une grande partie de la terre inhabitable [1]. Une tradition semblable existe aussi dans un des chants de l'*Edda* des Scandinaves, la *Voluspa*.

N'exagérons pas, du reste, les couleurs du tableau, comme on est trop souvent porté à le faire. Si les données paléontologiques révèlent de dures et misérables conditions d'existence, elles ne montrent pas l'espèce humaine dans un état d'abjection. Bien au contraire, l'homme des temps géologiques, et surtout celui de l'âge quaternaire, parce que c'est celui que nous connaissons le mieux, se montre en possession des facultés qui sont le privilége des fils d'Adam. Il a de hautes aspirations, des instincts de beau qui contrastent avec sa vie sauvage. Il croit à l'existence future. C'est déjà l'être pensant et créateur ; et l'abîme infranchissable que l'essence immatérielle de son âme établit entre lui et les animaux qui s'en rapprochent le plus par leur organisation, est déjà aussi large qu'il sera jamais. Vainement on a cherché dans les couches de la terre l'homme pithécoïde, cette chimère caressée par certains esprits qu'un orgueil bizarre et étrangement placé égare au point de leur faire préférer admettre d'avoir eu un gorille ou un maki pour ancêtre, plutôt que d'accepter le dogme de la faute originelle. On ne l'a jamais trouvé et on ne le trouvera jamais.

Aussi bien, n'oublions pas que l'on n'a encore retrouvé les traces que de tribus clair-semées, qui s'étaient lancées au milieu des déserts, vivant du produit de leur chasse et de leur pêche, à une énorme distance du berceau premier autour duquel devait se concentrer encore le noyau principal des descendants du couple originaire. Aussi, de ce que ces premiers coureurs aventureux des solitudes du vaste monde — *wide, wide world*, comme disent nos voisins d'outre-Manche — ne pratiquaient

---

[1] *Vendidâd-Sadé*, chap. Ier.

pas l'agriculture et n'avaient pas avec eux d'animaux domestiques, on ne peut pas en conclure d'une manière absolue qu'un certain degré rudimentaire de vie agricole et pastorale n'existait pas déjà dans le groupe plus compacte et naturellement plus avancé qui n'avait pas quitté ses primitives demeures. Donc, pas de démenti formel du récit de la Bible, qui montre Qaïn et Habel, l'un agriculteur et l'autre pasteur, dans le voisinage du 'Eden, dès la seconde génération de l'humanité. Prétendre que ce démenti résulte des faits constatés dans l'Europe occidentale et en Amérique, serait commettre la même erreur que l'individu qui voudrait confondre la vie des coureurs des bois du Canada avec celle des agriculteurs qui entourent Québec et Montréal.

Hors ce point, la vie des hommes dont les terrains quaternaires ont conservé les vestiges n'est-elle pas, même dans ses détails, celle que le récit de la Bible attribue aux premières générations humaines après la sortie du paradis terrestre? Ils n'avaient pour couvrir leur nudité contre les intempéries des saisons que les peaux des animaux qu'ils parvenaient à tuer ; c'est ce que la *Genèse* dit formellement d'Adam et de 'Havah. Ils n'avaient pour armes et pour instruments que des pierres grossièrement taillées ; la Bible place celui qui, le premier, forgea les métaux, six générations après Adam, et l'on sait combien de siècles représentent dans le récit biblique ces générations antédiluviennes. Les faits colligés par l'archéologie préhistorique prouvent que le progrès de la civilisation matérielle est l'œuvre propre de l'homme et le résultat d'inventions successives ; notre tradition sacrée ne fait pas des arts de la civilisation, comme les cosmogonies du paganisme, un enseignement du ciel révélé à l'humanité par une voie surnaturelle ; elle les présente comme des inventions purement humaines dont elle nomme les auteurs, et elle montre à nos regards le progrès graduel de notre espèce comme l'œuvre des mains libres de l'homme, qui accomplissent, le plus souvent sans en avoir eux-mêmes conscience, le plan de la Providence divine.

Mais quand la Bible décrit en termes si formels la vie des premières générations humaines comme celle de purs sauvages, d'où vient donc la répugnance qu'ont aujourd'hui tant de catholiques à admettre cette notion? D'où vient le préjugé si généralement répandu qu'elle est contraire à la religion et à l'Écriture? C'est qu'il a plu, dans les premières années de ce siècle, à un homme d'un immense talent, dont les doctrines exercent une influence profonde, et à mon avis déplorable, sur une grande partie des générations catholiques depuis cinquante ans, à Joseph de Maistre, de déclarer la chose impossible et l'idée impie. Pour la trop nombreuse école qu'il a enfantée, s'écarter des théories de cet hiérophante, c'est nier la religion elle-même. Je n'appartiens point à cette école, et je m'en fais gloire ; aussi, pour moi, les dires de l'auteur des *Soirées de Saint-Pétersbourg* ne sont rien moins que parole d'Évangile. Appuyé sur les faits constatés par la science, je tiens ses rêveries sur la civilisation des premières générations humaines, au lendemain du jour où l'homme fut chassé du 'Eden, pour radicalement fausses au point de vue historique, et, recourant à la Bible, je les trouve en contradiction formelle avec son témoignage.

Non, la *loi du progrès continu*, qui ressort si lumineuse des recherches de la paléontologie humaine et de l'archéologie préhistorique, n'a rien de contraire aux croyances chrétiennes. Il me semble même, comme je l'ai déjà dit plus haut, qu'il n'est pas de doctrine historique qui s'harmonise mieux avec ces croyances, et que la contester est méconnaître la beauté du plan providentiel d'après lequel se sont déroulées les annales de l'humanité.

Dieu, qui créa l'homme libre et responsable, a voulu qu'il fît lui-même ses destinées, réglées à l'avance par cette prescience divine qui sait se concilier avec notre libre arbitre. Dans l'état de déchéance où l'avait placé la faute de ses premiers auteurs, c'est par ces propres efforts qu'il a dû se relever graduellement jusqu'à arriver à être digne, aux temps prédestinés, de recevoir son Rédempteur. Ce progrès de l'humanité préparant le terrain pour la prédication de la bonne nouvelle, tout le monde est obligé de le reconnaître quand la brillante culture de la Grèce et de Rome succède aux civilisations immobiles et inférieures de l'Asie. Mais dès lors comment se refuser à l'admettre aussi pour les temps qui ont précédé la naissance de ces civilisations? Et dès que l'échelle ascendante est constatée, il faut bien convenir que le point de départ, le terme inférieur en a été la condition du sauvage, conséquence de la faute originelle et de la condamnation.

Combien Ozanam est plus dans le vrai que Joseph de Maistre lorsqu'il revendique la doctrine du progrès continu comme une doctrine essentiellement chrétienne et la proclame hautement! « La pensée du progrès, dit-il, n'est pas une pensée païenne. Au contraire, l'antiquité païenne se croyait sous une loi de décadence irréparable. Le livre sacré des Indiens déclare qu'au premier âge « la justice se maintient ferme

« sur ses quatre pieds ; la vérité règne, et les mortels ne doivent à
« l'iniquité aucun des biens dont ils jouissent. Mais dans les âges suivants
« la justice perd successivement un pied, et les biens légitimes
« diminuent en même temps d'un quart. » Hésiode berçait les Grecs
au récit des quatre âges, dont le dernier avait vu fuir la pudeur et la
justice, « ne laissant aux mortels que les chagrins dévorants et les maux
« irrémédiables. » Les Romains, les plus sensés des hommes, mettaient l'idéal de toute sagesse dans les ancêtres ; et les sénateurs du
siècle de Tibère, assis aux pieds des images de leurs aïeuls, se résignaient
à leur déchéance, en répétant avec Horace :

> Aetas parentum, pejor avis, tulit
> Nos nequiores, mox daturos
> Progeniem vitiosiorem.

« C'est avec l'Évangile qu'on voit commencer la doctrine du progrès.
L'Évangile n'enseigne pas seulement la perfectibilité humaine ; il en
fait une loi : « Soyez parfaits, *estote perfecti ;* » et cette parole condamne
l'homme à un progrès sans fin, puisqu'elle en met le terme dans
l'infini. »

*Le déluge.* C'est ici le seul point où la difficulté soit grave, nous
devons l'avouer. Il n'y a pas contradiction radicale et à tout jamais
insoluble entre le récit de la Bible et les faits résultant des recherches
de la géologie ; mais il y a un problème dont la clef n'est pas encore
trouvée et sur lequel on ne peut proposer que des hypothèses, celui de
la place qu'on doit assigner au déluge mosaïque parmi les phénomènes
dont notre globe fut témoin pendant la période quaternaire.

Il est aujourd'hui prouvé, d'une manière qui rend la discussion
même impossible, qu'aucun des trois ordres de dépôts principaux
constituant le terrain quaternaire n'est dû, comme une observation
superficielle l'avait fait penser d'abord, à un cataclysme universel, tel
qu'aurait été le déluge si l'on prenait au pied de la lettre les expressions
de la Bible. Ces différents dépôts sont le résultat de phénomènes diluviens partiels et locaux, que les mêmes conditions de climat ont fait
se reproduire successivement dans toutes les parties de la terre, mais
qui n'en ont pas affecté toute la surface, et dont l'action ne s'est nulle
part fait sentir à plus de trois cents mètres au-dessus du niveau actuel
de la mer. Il est vrai qu'avec l'interprétation généralement acceptée
aujourd'hui et formellement reconnue comme admissible par l'Église,

qui entend l'universalité du déluge par rapport aux hommes et aux régions qu'ils habitaient, non par rapport à la surface totale du globe, une constatation pareille de la science ne soulèverait pas d'insurmontables difficultés pour l'exégèse, puisqu'un des déluges partiels qui furent si multipliés pendant la période quaternaire, suffirait à remplir les conditions du cataclysme qui châtia les iniquités de l'espèce humaine.

Mais voici où s'élève le difficile problème.

D'un côté nous avons le récit de la Bible, appuyé sur une tradition universelle dans les plus nobles races de l'humanité, qui proclame le grand fait du déluge. De l'autre, les découvertes de la géologie montrent l'homme déjà répandu sur presque toute la surface de la terre, dès l'âge des grands carnassiers et des grands pachydermes d'espèces éteintes, depuis lequel on ne trouve pas de traces d'un cataclysme universel, comme il l'eût fallu pour détruire partout ces hommes. Aucune interruption violente ne se marque, d'ailleurs, depuis cette époque dans le cours du progrès de l'humanité, dont on voit l'industrie se perfectionner graduellement, par une marche continue, de même que les espèces animales d'alors, qui ne vivent plus aujourd'hui, disparaissent graduellement, sans brusque secousse. Et l'anthropologie vient encore confirmer ce point de vue, en montrant, comme nous l'avons déjà dit, dans la population actuelle de l'Europe des descendants des races quaternaires, qu'aucun cataclysme ne sépare donc de nous.

Il n'y a pas moyen de nier ni l'un ni l'autre des termes du problème. Force est donc d'en chercher la conciliation. Mais ici, nous le répétons, la solution définitive n'est pas encore trouvée ; on ne peut que proposer des hypothèses. Trois paraissent possibles. Nous allons les exposer fidèlement sans prononcer entre elles, et en nous gardant bien de leur donner un caractère de certitude qu'elles ne sauraient avoir.

La première consisterait à reculer la date probable du déluge et à le regarder comme antérieur à l'époque quaternaire. L'absence de chronologie précise dans la Bible pour les temps de la création du monde à Abraham la rendrait possible. Cette hypothèse s'appuierait sur les vestiges d'existence de l'homme que plusieurs savants pensent avoir constatés dans la couche supérieure et même dans les couches moyennes des terrains tertiaires, mais qui, déjà probables, demandent cependant encore une plus ample confirmation. Si l'homme s'est déjà montré dans nos contrées vers le milieu de la période géologique tertiaire, une interruption brusque, absolue et prolongée, sépare cette première humanité de celle de la période quaternaire, au moins dans nos pays. On pourrait alors assimiler au déluge mosaïque l'immense invasion des eaux sur une grande partie de l'Europe et de l'Asie, qui mit fin à la période tertiaire en produisant ce que les géologues ont appelé le *phénomène erratique du nord*, alors que les glaces flottantes de la mer apportèrent sur toutes les parties de l'Angleterre, sur les plaines de l'Allemagne et de la Russie, des blocs énormes de rochers arrachés aux régions du pôle.

La seconde hypothèse est celle qu'a soutenue M. l'abbé Lambert[1]. Elle consisterait à regarder l'universalité du déluge, par rapport à l'humanité répandue sur la surface de la terre, comme composée d'actes successifs, et à y englober tous les phénomènes diluviens partiels de la période quaternaire.

Enfin la dernière, limitant l'universalité du déluge en ce qui concerne l'humanité comme en ce qui concerne l'étendue de la surface terrestre, regarderait ce grand fait, qui a laissé de si vivants souvenirs dans la mémoire des hommes, comme ayant frappé seulement le noyau principal de l'humanité, demeuré près de son berceau premier, sans atteindre les peuplades qui s'étaient déjà répandues bien loin dans les espaces presque déserts, comme ayant frappé les races que la Bible groupe dans la descendance de Scheth, sans atteindre celles qu'elle rattache à la famille de Qaïn. Elle expliquerait ainsi l'absence absolue de toute tradition du déluge chez la race noire, ce fait que la tradition en commun n'est même sûrement un vieux souvenir ethnique que chez les différents rameaux de la race blanche, et que chez la race jaune et la rouge on peut voir en elle le fruit d'une importation relativement récente. Dans le livre suivant, en étudiant le tableau généalogique que donne la Genèse des peuples descendus des trois fils de Noa'h, nous constaterons qu'il ne comprend absolument que des nations de cette race blanche ou caucasique, qui constitue la véritable humanité supérieure. Aucun peuple d'un autre type n'y a sa place, et en particulier les nègres, qui pourtant ne pouvaient être inconnus aux écrivains sacrés, sont exclus de cet arbre généalogique de la famille noachide. Sans doute le rédacteur inspiré du livre de la Genèse ne pouvait parler aux hommes de leur temps que des nations dont ils

---

[1]. *Le Déluge mosaïque, l'histoire et la géologie*. Paris, 1868.

avaient connaissance, et cette raison expliquerait parfaitement le silence du livre sacré sur les Chinois et la race jaune en général ou sur la race rouge américaine. Mais il est impossible d'admettre que ce soit par ignorance ou par omission que l'écrivain n'a pas fait figurer les noirs dans son tableau de la descendance de Noa'h. C'est volontairement, systématiquement, avec une intention formelle qu'il a agi ainsi ; et il n'est possible de deviner de sa part une autre raison d'un tel silence que celle qu'il les regardait comme étrangers à la souche du patriarche sauvé du déluge. Au moins en ce qui concerne les nègres, le rédacteur de la Genèse admettait donc l'existence, soit de Préadamites, soit de Qaïnites préservés jusqu'à son temps, c'est-à-dire de fractions de l'humanité sur lesquelles n'avait pas porté le cataclysme.

Il me paraît bien difficile de se soustraire à ce fait, d'échapper aux conséquences de ce raisonnement. Aussi, sans prétendre encore l'imposer au lecteur, la présenter comme une vérité scientifique dès à présent démontrée, j'ai déjà fait voir plus haut, à plusieurs reprises, ma tendance personnelle pour la théorie qui limiterait les effets du déluge à une partie déterminée de l'humanité, tout en reconnaissant l'incontestable caractère historique de ce fait. Il est certain, nous l'avons déjà dit, que les récits de la Bible débutent par des faits généraux à toute l'espèce humaine, pour se réduire ensuite aux annales d'une race plus particulièrement choisie par les desseins de la Providence. L'opinion à laquelle nous inclinons, tendrait à faire commencer ce caractère restreint du récit plus tôt qu'on ne le fait généralement. Quelque hardie qu'elle puisse paraître encore, par suite de son désaccord avec les interprétations jusqu'ici les plus généralement reçues, des autorités théologiques considérables, sans aller jusqu'à l'adopter, ont reconnu qu'elle n'avait rien de contraire à l'orthodoxie et qu'on pouvait la soutenir sans s'écarter des renseignements de l'Église dans ce qu'ils ont d'essentiel et de nécessaire [1].

Cette hypothèse sourit aux anthropologistes respectueux du livre sacré, car elle laisse plus de latitude pour expliquer les changements profonds qui se sont produits dans certaines races, en reculant la séparation de ces races d'avec le tronc principal de la descendance d'Adam, et en la plaçant dans une période où les influences de climat et de milieu étaient forcément bien plus puissantes dans leur action

---

[1] Voy. ce qu'en a dit le R. P. Bellynck, dans les *Études religieuses* de la Compagnie de Jésus, avril 1868.

qu'aujourd'hui, puisque les phénomènes terrestres et atmosphériques avaient une plus grande intensité. Elle n'est pas en contradiction formelle avec le sens que les habitudes du langage poétique de la Bible permettent d'attribuer aux expressions du récit du Déluge ; car on a rassemblé bien des passages où les Livres Saints emploient les mots « tous les hommes, toute la terre, » sans qu'il soit possible de les prendre au pied de la lettre. Un examen attentif des premiers chapitres de la Genèse, dans lequel on pèse tous les mots avec soin, permet même de relever des indices, à mes yeux tout à fait formels, d'après lesquels on peut soutenir avec vraisemblance que l'auteur inspiré n'a pas voulu peindre le cataclysme comme absolument universel, mais qu'il admettait, au contraire, que certaines fractions de l'humanité auraient été préservées.

J'ai déjà, dans ce qui précède, relevé quelques-uns de ces traits, et je n'y reviendrai pas. Mais il importe aussi de signaler à ce sujet un point de vue général, sur lequel M. Schœbel[1] a eu le mérite d'appeler le premier l'attention. L'auteur de la Genèse, en parlant des hommes qui furent engloutis par le Déluge, les désigne toujours par l'expression *haadam,* « l'humanité adamique. » Ceci semble indiquer qu'il parle d'une seule et même famille, non encore divisée en peuples différents, *goîm.* Et cependant, d'après son système même, cette division existait déjà dans la race humaine. Avant de parler du Déluge, il montre la descendance de Qaïn vivant et se propageant séparément de la race de Scheth, tant par l'espace que par la religion et les mœurs. Elle n'était donc plus dans l'unité adamique, de même qu'elle était sortie du sol primitivement habité et adamique, *adamah*[2] ; elle était donc vraiment un peuple différent du peuple de Scheth. Comment, s'il considérait ce peuple distinct comme ayant été compris dans le châtiment du Déluge, l'auteur ne l'aurait-il pas dit? Comment, du moins, ne l'aurait-il pas fait entendre de quelque manière? Au contraire, il nous montre, comme le crime qui attira le déluge sur les hommes, la corruption irrémédiable dans laquelle étaient tombés ceux qui connaissaient Yahveh, qui invoquaient son nom[3], plus coupables que les autres puisqu'ils n'ignoraient pas la vérité qu'ils méprisaient, qu'ils enfreignaient, puisqu'en se laissant entraîner aux passions de la chair ils se soustrayaient

---

[1] *De l'universalité du Déluge.* Paris, 1868.
[2] *Genes.*, IV, 14.
[3] *Genes.*, IV, 26.

volontairement à l'action de l'esprit de Dieu[1]. Les Qaïnites, eux, d'après le livre saint, ne connaissaient pas Yahveh, puisque Qaïn *était sorti de la présence de Yahveh*[2], en même temps que du territoire de la *adamah*.

Au reste, la question de savoir si, d'après la Bible même, quelques personnages n'auraient pas échappé au Déluge, bien que ne se trouvant pas dans l'arche avec Noa'h, a été déjà discutée anciennement parmi les Juifs et parmi les Chrétiens, et l'Église ne l'a jamais tranchée dogmatiquement d'une manière formelle. D'après le texte des Septante, Methouschela'h aurait encore vécu quatorze ans après le Déluge, tandis que le texte hébreu le fait mourir l'année même de cet événement. La donnée du texte grec a été suivie par beaucoup de docteurs israélites. Un certain nombre d'écrivains chrétiens des premiers siècles l'ont adoptée, entre autres les chronographes, tels qu'Eusèbe. Saint Jérôme, dans ses *Questions hébraïques sur la Genèse*, nous apprend que de son temps cette difficulté célèbre était l'objet de nombreuses controverses.

[1] *Genes*, VI, 3.
[2] *Genes.*, IV, 16.

# LIVRE II

## LES RACES ET LES LANGUES

# CHAPITRE PREMIER

## LES RACES HUMAINES[1].

§ 1. — L'UNITÉ DE L'ESPÈCE HUMAINE ET SES VARIATIONS.

La tradition sacrée nous enseigne que l'humanité tout entière, dans ses races les plus diverses, descend d'un seul couple primordial. A la parole divine seule il appartenait de prononcer d'une manière affirmative et précise sur cette question capitale au point de vue religieux, comme au point de vue philosophique, car elle intéresse le dogme fondamental du christianisme, celui de la rédemption. La science humaine ne saurait en pareille matière avoir des affirmations aussi absolues, qui échappent à ses recherches. Elle ne peut remonter que par induction au couple primordial; le résultat qu'il est donné à ses

---

[1] SOURCES PRINCIPALES DE CE CHAPITRE. — Les mémoires des Sociétés Ethnologiques de Paris et de New-York. — Les Bulletins des Sociétés Anthropologiques de Paris et de Berlin. — Camper, *Dissertation sur les variétés naturelles qui caractérisent la physionomie des hommes*, traduction française, Paris, 1791. — Ch. V. de Bonstetten, *L'homme du Midi et l'homme du Nord*, Genève, 1824. — Edwards, *Des caractères physiologiques des races*

investigations d'atteindre est la démonstration de ce fait que toutes les variétés de races d'hommes appartiennent à une espèce unique, ce qui suppose presque nécessairement le couple unique des premiers auteurs.

Il existe aujourd'hui deux écoles de naturalistes adonnés à l'étude de l'homme, envisagé au point de vue de son organisation physique ; l'une admet, conformément à la tradition sacrée, l'unité de l'espèce humaine ; l'autre suppose plusieurs espèces d'hommes apparues dans les lieux divers, mais ses adeptes n'ont jamais pu s'accorder sur le nombre de ces espèces, qu'ils font varier de deux à seize. C'est ce qu'on appelle les *monogénistes* et les *polygénistes*. Entre les deux doctrines, les faits de l'ordre purement scientifique, ceux qui relèvent d'une manière exclusive de la méthode de l'histoire naturelle, les observations de l'anatomie et de la physiologie, ne permettent pas encore et ne permettront peut être jamais de trancher d'une manière définitive. Il s'agit, en effet, d'un problème que la nature particulière de l'homme rend nécessairement complexe comme elle-même. Les considérations philosophiques et même religieuses ne sauraient en être tenues à l'écart. Elles doivent forcément y intervenir, et l'on n'a pas le droit de les tenir en dehors. Elles exercent une influence décisive sur la manière d'envisager les faits et sur les conclusions qu'on en tire. Il n'est pas un monogéniste ou un polygéniste sur les théories duquel elles n'aient eu une action, qu'elles n'aient contribué puissamment à déterminer en faveur de l'un et de l'autre système.

Nous n'éprouvons aucun embarras à l'avouer, c'est principalement cet ordre de considérations qui fait de nous un partisan résolu, de la doctrine de l'unité de l'espèce humaine. Il est dans le monde toute une série de problèmes que nul ne pourrait prétendre supprimer et qui pourtant sont insolubles pour la science pure. La nécessité d'une croyance philosophique et religieuse s'impose à chaque homme, et

---

*humaines*, Paris, 1829. — Foissac, *De l'influence des climats sur l'homme*, Paris, 1837. — J.-C. Prichard, *Histoire naturelle de l'homme*, traduction française, Paris, 1843. — D'Omalius d'Halloy, *Des races humaines*, Paris, 1845. — Rob. Knox, *The races of men*, Londres, 1850. — R.-G. Latham, *The natural history of the varieties of man*, Londres, 1850. — Ch. Pickering, *The races of man and their geographical distribution*, Londres, 1851. — Hollard, *De l'homme et des races humaines*, Paris, 1853. — Nott et Gliddon, *Types of mankind*, Boston, 1854. — A. de Gobineau, *Essai sur l'inégalité des races humaines*, Paris, 1855. — Hotz, *The moral and intellectual diversity of races*, Philadelphie, 1856. — A. Maury, *La terre et l'homme*, 3e édition, Paris, 1869. — A. de Quatrefages et E. Hamy, *Crania ethnica*, en cours de publication. — A. de Quatrefages, *Rapport sur les progrès de l'anthropologie*, Paris, 1868 ; *L'espèce humaine*, 2e édition, Paris, 1877.

c'est toujours une croyance de ce genre qui le dirige et l'inspire dans ses travaux, fût-elle le scepticisme ou même le nihilisme le plus absolu. C'est en vain qu'une école s'intitule aujourd'hui positiviste, elle n'est pas plus positive que les autres, en ceci que, malgré sa prétention, elle ne se borne pas plus qu'une autre à recueillir des faits formellement constatés. Il lui faut les grouper, les interpréter, et elle ne peut le faire, elle non plus, qu'en prenant pour point de départ une pétition de principe, un axiome doctrinal, une théorie philosophique. Elle affirme supprimer la métaphysique, et en réalité elle ne fait pas autre chose qu'avoir sa métaphysique à elle propre.

Pour nous restreindre ici, sans nous laisser entraîner dans des considérations plus générales, à ce qui est de l'unité ou de la pluralité de l'espèce humaine, du monogénisme ou du polygénisme, ce seront toujours les raisons et les arguments de l'ordre philosophique qui primeront ce débat et qui décideront les esprits à opter pour l'un et l'autre système, également soutenables au point de vue de la science positive. L'histoire naturelle, l'anatomie et la physiologie ne le tranchent pas, non plus que la linguistique ou l'ethnographie. Ce n'est pas réduire le rôle de ces sciences, c'est le définir exactement, que de dire qu'elles ont pour objet et pour mission de bien établir, sur des bases solides, les éléments du problème, mais non sa solution. Tout ce que la critique la plus rigoureuse a le droit d'exiger de celui qui affirme sa croyance à l'unité de l'espèce humaine, est qu'il la justifie comme n'étant en rien démentie par les faits que la science constate à l'aide de l'observation et de l'expérience; que même sa doctrine, ou si l'on veut son hypothèse fondamentale, est celle qui explique le mieux l'ensemble de ces faits, en fournit la coordination la plus satisfaisante.

Les preuves qui permettent de défendre au nom de la science pure la thèse de l'unité de notre espèce ont été récemment groupées une fois de plus en faisceau par M. de Quatrefages, le plus éminent des anthropologistes français, et présentées à certains points de vue d'une manière plus saisissante qu'on n'avait fait jusqu'alors, en profitant des derniers progrès des connaissances. C'est là que nous puiserons les éléments d'un rapide résumé d'une telle démonstration, qui sans doute appartient au domaine de la physiologie, mais qui ne saurait être laissée de côté par l'histoire, sur les jugements et la méthode d'appréciation de laquelle la question de savoir si tous les hommes sont frères, ou si des différences d'espèces créent entre eux des barrières infranchissables, ne saurait manquer d'avoir une grande influence. L'origine de l'homme, d'ailleurs, est nécessairement le premier chapitre de son histoire. Et c'est là notre justification pour avoir placé, en tête d'une esquisse des annales des plus anciennes civilisations de l'humanité historique, ce livre et le précédent.

L'homme, considéré au point de vue du naturaliste, est le siége de phénomènes communs à tous les êtres doués de vie et d'organisation.

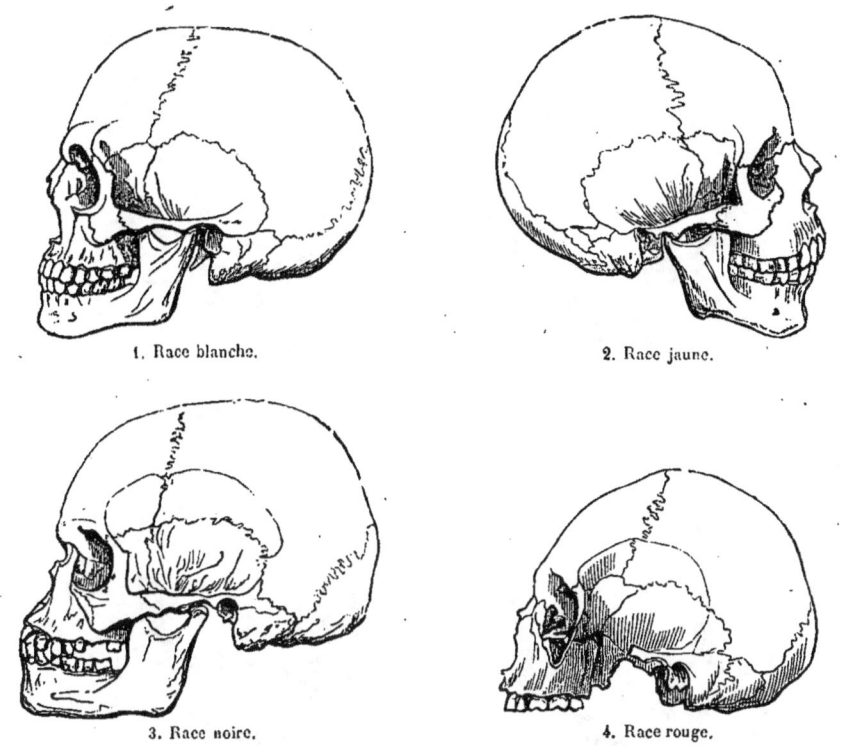

1. Race blanche.   2. Race jaune.

3. Race noire.   4. Race rouge.

Crânes des quatre races fondamentales de l'humanité, vus de profil [1].

Lors donc qu'il présente un problème dont il ne peut par lui-même donner la solution, la marche à suivre est d'interroger sur ce point les animaux, les végétaux eux-mêmes, et de conclure d'eux à lui. C'est par cette voie qu'on arrive à justifier scientifiquement l'unité de l'espèce humaine.

Mais d'abord il faut bien définir ce que c'est qu'une *espèce* : « L'espèce

[1] D'après l'*Histoire naturelle de l'homme*, de Prichard. Le n° 1 est le crâne d'un Européen ; le n° 2 celui d'un Mongol ; le n° 3 celui d'un nègre du Congo ; et le n° 4 enfin, le crâne d'un ancien Péruvien, tiré des sépultures de l'époque des Incas.

est l'ensemble des individus, plus ou moins semblables entre eux, qui sont descendus, ou qui peuvent être regardés comme descendus d'une paire primitive unique par une succession ininterrompue de familles. »
Les individus qui s'écartent du type général d'une manière prononcée sont des *variétés*. La *race* est une variété qui se transmet par génération.

Les caractères propres à chacune des races humaines ne doivent pas

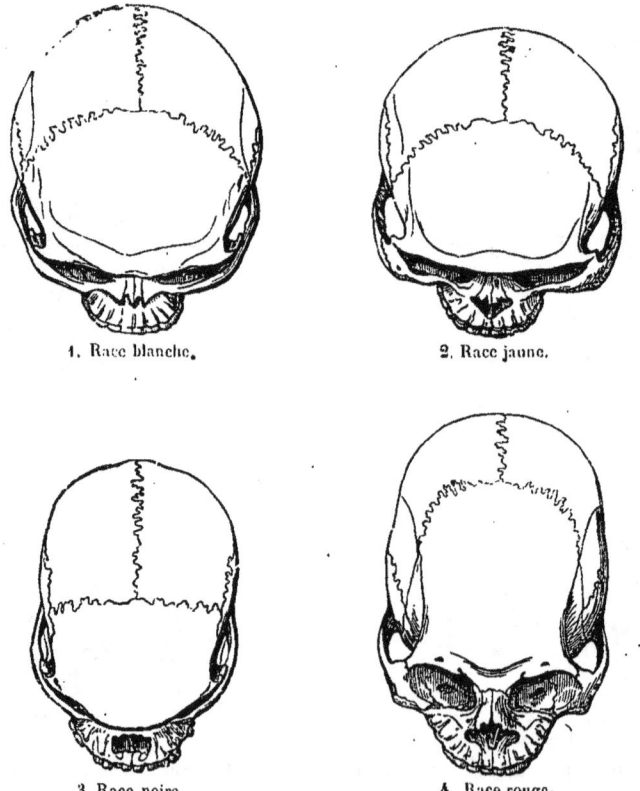

1. Race blanche.     2. Race jaune.

3. Race noire.     4. Race rouge.

Crânes des quatre races fondamentales de l'humanité, vus par en haut[1].

être considérés comme des caractères d'espèces, car les variations qu'on observe dans une même espèce chez les animaux, surtout les animaux domestiques, et qui vont jusqu'à affecter les parties les plus essentielles du squelette, sont bien autrement considérables que celles qui séparent le blanc du nègre, les deux types humains les plus éloignés. D'ailleurs on ne peut pas établir de séparation bien tranchée entre les races d'hommes, qui passent de l'une à l'autre par une infinité d'intermé-

---

[1] Ces crânes sont les mêmes que ceux représentés de profil à la p. 228.

diaires. Or, quand il s'agit d'espèces animales, quelque rapprochées qu'elles soient, on arrive à déterminer un ou plusieurs caractères, absents chez les unes, présents chez les autres, et qui les différencient nettement. Il n'en est pas ainsi des races. Les caractères s'entrecroisent pour ainsi dire, si bien que, lorsqu'elles sont un peu nombreuses, on a de la peine à dire quel est le trait qui les distingue réellement.

Si nous consultons les croisements, ils révèlent à leur tour des différences fondamentales entre l'*espèce* et la *race*. Le croisement entre espèces est très rare dans la nature. Lorsqu'il s'opère sous l'influence de l'homme, il est infécond dans l'immense majorité des cas. Le croisement entre races est toujours fécond. Or les unions entre les types les plus opposés de l'humanité présentent constamment ce dernier caractère ; il arrive même quelquefois que la fécondité des races ainsi unies s'y augmente.

La race, avons-nous dit, est une variété que l'hérédité parvient à propager. Les influences du milieu, c'est-à-dire l'action des conditions d'existence au milieu desquelles se développe un animal, est la principale des causes qui produisent dans une même espèce les variétés, origines des races. Cette influence des milieux, due au climat, à la nature du sol, au mode de vie, fut bien évidemment celle qui détermina la naissance des différentes races de l'humanité. Sans doute nous ne la voyons plus produire des effets aussi puissants dans les émigrations européennes des siècles modernes. Mais cela tient à la manière intelligente dont l'homme civilisé se défend contre le milieu où il réside. Cette lutte, il la soutient sans cesse, dans le lieu même qui fut le berceau de la race à laquelle il appartient ; émigrant, il agit de même avec plus de soin encore. L'habitant des zones tempérées qui arrive en Sibérie perfectionne ses moyens de chauffage ; dans l'Inde ou au Sénégal il s'efforce d'échapper à la chaleur, et il y réussit en partie ; partout il transporte avec lui des mœurs, des habitudes, des pratiques qui font aussi partie du milieu et tendent à diminuer l'influence du changement.

Toutefois l'homme a beau se défendre, il n'en subit pas moins dans une certaine mesure l'action du climat et du sol nouveau, où il fixe sa demeure. L'individu européen peut, quand il renonce à la lutte, être rapidement transformé au point de devenir méconnaissable pour ses compatriotes. La race anglaise qui, plus qu'aucune autre, emporte avec elle tout ce qui peut la protéger contre les actions dont il s'agit, est attaquée dès la première génération en Australie, où pourtant elle prospère merveilleusement. Aux États-Unis, elle s'est assez transformée pour pouvoir être considérée comme ayant donné naissance à une race nouvelle.

S'il en est ainsi de nos jours, pour l'homme pourvu de tous les moyens de défense que fournit la civilisation la plus raffinée, combien ces influences auxquelles il ne parvient jamais à se soustraire entière-

Indien de la caste brâhmanique[1].

ment, n'ont-elles pas dû avoir d'action sur les familles primitives qui se sont répandues dans le monde encore à l'état sauvage. Dans les conditions de cet âge de l'humanité, l'influence du milieu a été forcément la même sur l'homme que sur les animaux, et les changements qu'éprouvent toutes les espèces animales transportées dans de nouveaux climats, ne sont pas moindres que les différences qui séparent entre

[1] D'après Prichard. Type de la race blanche dans sa division aryo-asiatique. La tête de l'Apollon du Belvédère, placée en tête de ce chapitre (p. 225), est un exemple du type idéal des peuples aryo-européens.

elles les races humaines. Un changement complet dans le mode de vie d'une population, sous le même climat, suffit d'ailleurs à produire des faits analogues à ceux qui se sont produits ainsi dans l'époque primordiale de l'humanité et qui ont donné naissance à ses races. On en a vu un exemple saisissant dans l'Irlande, à la suite des guerres du xviie siècle. Des populations entières, refoulées dans les contrées les plus sauvages de l'île et vouées pendant plusieurs générations à la misère, à la faim, à l'ignorance, sont pour ainsi dire revenues à l'état sauvage ; et leurs caractères physiques, profondément altérés, modifiés, en ont fait une race parfaitement distincte de celle d'où elles sont sorties et que l'on retrouve avec ses caractères primitifs dans les comtés voisins.

Rien, du reste, ne prouve d'une manière plus manifeste l'unité de l'espèce humaine, sa descendance d'une même souche et la production de la variété de ses races par des influences de milieu, que le spectacle de la distribution géographique des différents rameaux de l'humanité sur la surface du globe, et du rapport de leurs types avec les conditions physiques et sociales dans lesquelles ils sont placés.

« Toutes les traditions, a dit M. Maury, auquel nous nous plaisons à emprunter ces pages si remarquables, toutes les traditions concourent à placer la formation de la race blanche, c'est-à-dire de la race la plus élevée dans l'échelle intellectuelle, celle qui possède au plus haut degré la convenance, la proportion, le parfait équilibre des forces et de l'organisation physique, dans la partie septentrionale de l'ancien monde, située pour ainsi dire à égale distance de ses deux extrémités. L'étude des migrations des peuples, la comparaison des langues, les témoignages historiques, s'accordent à faire rayonner la race blanche de la contrée située au pied du Caucase, comprise entre la Méditerranée, la mer Rouge et la mer des Indes, les steppes de l'Asie centrale et les montagnes de l'Himalaya. Plus nous nous éloignons de ce berceau de notre race, plus les caractères de ce beau type s'altèrent ou s'effacent. C'est en Europe qu'il se conserve davantage. Toutefois on ne retrouve déjà plus dans les traits des populations européennes cette régularité parfaite, cette noble symétrie qui nous frappent tant dans les figures des Orientaux, chez les habitants de l'Arménie, de la Perse, ou chez les femmes de la Géorgie et de la Circassie. Chez les Européens il y a, par contre, plus d'animation, plus de mobilité, plus d'expression ; la beauté est, en un mot, moins physique, mais plus morale.

« Pénétrons en Afrique, et nous allons rencontrer un autre ordre d'altérations. Déjà l'Arabe qui habite le voisinage de l'isthme de Suez, et qui peuple à la fois l'un et l'autre littoral de la mer Rouge et

Arabe Bédouin [1].

s'avance sur les bords de la Méditerranée, a les traits moins intelligents et moins réguliers. Son front est plus fuyant, et sa tête plus allongée ; son visage n'a ni la beauté du coloris, ni la fermeté des chairs du Persan ou de l'Arménien, ni la fraîcheur de l'Européen ; sa peau est jaunâtre et parfois bistrée. Avance-t-on au midi, au delà du tropique du Cancer, la couleur prend une teinte encore plus sombre, en même

[1] D'après le *Tour du Monde*. Type de la race blanche dans sa division sémitique ou syro-arabe.

temps que les cheveux deviennent crépus, les lèvres épaisses. Telle est la physionomie des Gallas de l'Abyssinie. Plus avant vers le sud, sur la côte orientale de l'Afrique, ce type s'enlaidit encore. Alors apparaît le Cafre à la chevelure laineuse, aux lèvres épaisses, et dont les mâchoires sont déjà légèrement proéminentes. Enfin, à l'extrémité même de l'Afrique, au point le plus éloigné de ce côté du monde où l'espèce humaine puisse atteindre, ses caractères physiques et moraux sont arrivés à leur point extrême de dégradation. Le Hottentot nous présente le type le plus enlaidi et le moins intelligent de l'humanité.

« Sur la côte d'Afrique opposée, à des distances encore plus éloignées du berceau de la race blanche, la dégénérescence s'opère par une progression plus rapide. Les races berbères du Sahara se rattachent sans contredit à la souche blanche, mais déjà on découvre dans leur type comme les avant-coureurs de l'altération profonde qui s'opère dans le Soudan. La tête est allongée, la bouche forme une saillie prononcée, les membres sont maigres et mal proportionnés, la couleur de la peau se fonce. Le Fellatah du Soudan est déjà un nègre, mais un nègre dont la figure respire l'intelligence. Ce reste de noblesse dans les traits disparaît chez le noir de la Sénégambie, et est remplacé par un peu plus de laideur. Le nègre du Congo nous fournit enfin le type pur de sa race : front déprimé et rejeté en arrière, mâchoire inférieure proéminente, lèvres épaisses, nez camus, chevelure laineuse, occiput développé, intelligence bornée et confinée presque tout entière dans l'adresse manuelle. Enfin, aux extrémités de cette côte occidentale d'Afrique, le Buschman ou Boschiman nous offre les traits enlaidis, s'il est possible, du Hottentot.

« Cette dégénérescence graduelle du type humain qui vient d'être constatée, pour ainsi dire en latitude, des bords de la mer Caspienne au cap de Bonne-Espérance, on la retrouve non moins prononcée lorsqu'on s'éloigne du même berceau, dans la direction de l'est et du sud-est. Si nous pénétrons dans les steppes de l'Asie Centrale, nous rencontrons le Mongol aux pommettes proéminentes, aux yeux petits et bridés, relevés à leur angle externe, à la face triangulaire, aux formes carrées et épaisses. Toute harmonie dans les lignes a disparu. La race dravidienne, repoussée par les hommes de race blanche de la majeure partie de l'Hindoustan, réfugiée dans les montagnes de son ancienne patrie, la race malaie, qui en forme comme l'avant-garde et qui de la presqu'île transgangétique s'est répandue dans les îles, depuis les

Moluques jusqu'à Madagascar, offrent des traits plus sauvages que les Mongols et une coloration plus prononcée. Chez les plus barbares, la peau est presque noire, et les membres laissent déjà percer cette maigreur et ces formes grêles qui, en Afrique, annoncent le voisinage de la race noire. L'Alfourou présente différentes teintes variant du brun clair au brun foncé. Sa chevelure affecte une disposition par touffes énormes, qui commence chez les populations malayennes les plus abruties. Enfin, au delà de la race alfourou qui les repousse devant elle, çà et là répandus, des îles Andaman aux Philippines, à l'intérieur

Chinois [1].

desquelles ils habitent, les Australiens et les *Negritos*, dont la patrie s'avance jusque dans la terre de Van-Diémen, nous offrent le dernier degré de la grossièreté et de la laideur, de la stupidité et de l'abjection.

« Si, au lieu de descendre au sud-est, on s'avance au delà des Mongols, dans la direction du nord et du nord-est, on observe une altération d'un autre genre, mais moins profonde. Comme l'espace ne s'offre pas aussi étendu à la migration des peuples, que notre espèce

[1] D'après Prichard. Type de la race jaune.

ne peut pas s'éloigner autant du point où elle atteint son plus haut degré de développement, la dégénérescence n'a point eu un champ si ouvert à ses progrès. Les races ougro-finnoises, qui s'étendent sur tout le nord du globe, depuis la Laponie jusqu'au pays des Esquimaux, rappellent encore la race mongole ; mais leurs yeux sont généralement moins obliques, leur peau ne prend plus une teinte jaune aussi prononcée, leur chevelure est plus abondante, leur front plus déprimé, leur figure respire moins d'intelligence.

« L'Amérique, en excluant la partie septentrionale habitée par la race boréale, renferme une autre race dont le mode de distribution ne correspond plus toutefois avec la loi que nous venons de constater. Dans l'Amérique du Nord, l'homme se présente avec un caractère d'énergie dans les traits tout particulier. Les lignes de la figure sont arquées, le front est extraordinairement fuyant, sans être pour cela déprimé à la façon de celui du nègre, la peau est rouge, la barbe est nulle ou rare, l'œil est très légèrement relevé sur les bords, les pommettes sont proéminentes. Ce type atteint son point culminant de beauté et d'intelligence dans les régions équatoriales du Mexique et du Pérou. Au delà de ces régions, à mesure qu'on descend vers le sud, la peau se fonce ou plutôt se brunit, les traits s'enlaidissent, les lignes perdent de leur courbure et de leur régularité, les membres de leur bonne conformation. Tel est le caractère des Guaranis, des Botocoudos, des Aymaras. Lorsqu'on arrive à l'extrémité méridionale de l'Amérique, on ne trouve plus que la plus difforme et la plus misérable des populations, la plus abrutie et la plus stupide, les Pécherais de la Terre de Feu.

« Cette distribution nouvelle et en apparence anomale des races du Nouveau Monde, loin d'être une exception à la loi qui nous présente le type humain d'autant plus parfait que les conditions climatologiques sont plus favorables, ne fait, au contraire, que la confirmer. L'Amérique a aussi sa contrée tempérée ; cette contrée est située plus au sud que celle de l'Europe, parce que ce continent est plus froid ; la chaîne de montagnes qui lui sert comme d'arête, détermine une succession de plateaux élevés. C'est en effet au Mexique et au Pérou, c'est-à-dire dans des contrées placées, à raison de leur altitude, dans des conditions plus favorables à la vie, que la civilisation indigène américaine avait atteint son plus haut degré de développement.

La diffusion de l'humanité dans toutes les parties du globe et sous tous les climats, dont nous venons d'esquisser le tableau, est encore un des faits où la science de l'anthropologie, guidée par l'analogie des observations les plus modernes sur la distribution géographique des animaux, découvre la justification de l'unité de notre espèce, en constatant qu'elle a dû se répandre partout en partant d'un point unique et restreint, où elle avait fait sa première apparition à la vie.

Les animaux, comme les plantes, ne sont pas distribués au hasard sur le globe. L'observation nous apprend que chaque région a ses espèces, ses genres, ses types particuliers. L'expérience démontre que

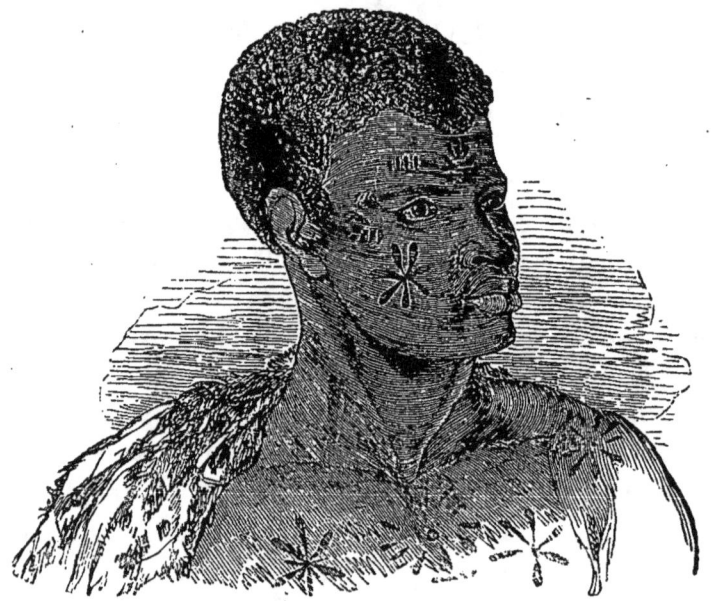

Nègre de la côte de Mozambique[1].

certaines espèces peuvent être transportées d'une région dans une autre, y vivre et y prospérer. Mais il n'existe pas une seule espèce qui soit naturellement cosmopolite. Aussi faut-il, pour les animaux et les plantes, abandonner l'idée d'un centre de création unique et accepter celle des centres de création multiples.

Ces centres de création multiples, les partisans des doctrines polygénistes sont obligés de les admettre pour les hommes, du moment qu'ils en distinguent plusieurs espèces. Mais là encore ils viennent se heurter contre les lois que la science proclame comme ayant présidé à la répartition des êtres organisés. En effet, pour avoir une aire plus

---

[1] D'après Prichard. Type de la race noire dans sa division africaine.

étendue que les espèces, les genres n'en présentent pas moins des faits de cantonnement analogues, car, comme l'a si bien dit M. de Candolle, « les mêmes causes ont pesé sur les espèces et sur les genres. » Plus l'organisation d'un végétal ou d'un animal devient complète, plus son aire devient restreinte. Dans la série des mammifères particulièrement, on peut suivre pas à pas le rétrécissement de l'aire occupée à mesure qu'on s'élève dans l'organisation. Quand nous en arrivons aux grands singes anthropomorphes, qui sont les animaux les plus rapprochés de nous au point de vue physique, nous constatons que presque chaque genre est représenté par une unique espèce, que pas un de ces genres n'est commun à l'Asie et à l'Afrique, pas un ne s'étend sur l'ensemble de la partie du monde qu'il habite, enfin que tous sont remarquablement cantonnés. Supposer donc que le genre humain se subdivise en plusieurs espèces, issues d'origines distinctes, admettre que ce type, le plus perfectionné de tous, même au point de vue purement organique, a pris naissance dans tous les centres de création, qu'il n'en a caractérisé aucun, ce serait faire de l'homme une exception unique aux lois de la nature.

Ainsi l'observation directe et la science de la physiologie mettent en état d'affirmer, suivant l'ingénieuse expression de M. de Quatrefages, que « tout est *comme si* l'ensemble des hommes avait commencé par une paire primitive et unique. » Elles ne nous apprennent rien sur l'existence de ce couple originaire. La parole divine pouvait seule nous instruire à ce sujet.

### § 2. — LE CANTONNEMENT PRIMITIF DE L'ESPÈCE HUMAINE ET SES MIGRATIONS.

« Est-il possible, dit M. de Quatrefages, d'aller plus loin que nous venons de le faire et de chercher à déterminer la position géographique du centre d'apparition humain? Je ne saurais aborder ce problème dans ses détails; je me bornerai à en préciser le sens et à indiquer les solutions probables d'après les données de la science actuelle.

« Remarquons d'abord que, lorsqu'il s'agit d'une espèce animale ou végétale, de celles même dont l'aire est la plus circonscrite, personne ne demande le point précis où elle a pu se montrer pour la première fois. La détermination dont il s'agit a toujours quelque chose de très vague et est forcément approximative. L'on ne saurait en demander davantage, quand il s'agit de l'espèce répandue aujourd'hui partout. Dans ces limites, il est permis de former au moins des conjectures ayant pour elles une certaine probabilité.

« La question se présente avec des caractères assez différents, selon que l'on s'arrête aux temps présents ou que l'on tient compte de l'ancienneté géologique de l'homme. Toutefois les faits ramènent dans les mêmes régions et semblent indiquer deux extrêmes. La vérité est peut-être entre eux deux.

« On sait qu'il existe en Asie une vaste région entourée au sud et au sud-ouest par l'Himalaya, à l'ouest par le Bolor ou Belourtagh, au nord-ouest par l'Ala-Tau, au nord par l'Altaï et ses dérivés, à l'est par le Kingkhan, au sud et au sud-est par le Felina et le Kouenlun. A en juger par ce qui existe aujourd'hui, ce grand massif central pourrait être regardé comme ayant renfermé le berceau de l'espèce humaine.

« En effet, les trois types fondamentaux de toutes les races humaines sont représentés dans les populations groupées autour de ce massif. Les races nègres en sont les plus éloignées, mais ont pourtant des stations maritimes où on les trouve pures ou métisses depuis les îles Kioussiou jusqu'aux Andaman. Sur le continent elles ont mêlé leur sang à presque toutes les castes et classes inférieures des deux presqu'îles gangétiques; elles se retrouvent encore pures dans toutes deux, remontent jusqu'au Népâl et s'étendent à l'ouest jusqu'au golfe Persique et au lac Zareh, d'après Elphinstone.

Papou de la Nouvelle-Guinée [1].

« La race jaune, pure ou mélangée par places d'éléments blancs, paraît occuper seule l'aire dont il s'agit; elle en peuple le pourtour au nord, à l'est, au sud-est et à l'ouest. Au sud elle se mélange

---

[1] D'après Prichard. Type de la race noire dans sa division pélagienne.

davantage, mais elle n'en forme pas moins un élément important de la population.

« La race blanche, par ses représentants allophyles, semble avoir disputé l'aire centrale elle-même à la race jaune. Dans le passé nous trouvons les Yu-Tchi, les Ou-soun au nord du Hoang-Ho ; de nos jours dans le Petit Thibet, dans le Thibet oriental, on a signalé des îlots de populations blanches. Les Miao-tseu occupent les régions montagneuses de la Chine ; les Siaposch résistent à toutes les attaques dans les gorges du Bolor. Sur les confins de l'aire, nous rencontrons à l'est les Aïnos et les Japonais des hautes castes, les Tinguianes des Philippines ; au sud les Hindous. Au sud-ouest et à l'ouest l'élément blanc, pur ou mélangé, domine entièrement.

« Aucune autre région sur le globe ne présente une semblable réunion des types humains extrêmes distribués autour d'un centre commun. A lui seul, ce fait pourrait inspirer au naturaliste la conjecture que j'ai exprimée plus haut ; mais on peut invoquer d'autres considérations.

« Une des plus sérieuses se tire de la linguistique. Les trois formes fondamentales du langage humain se retrouvent dans les mêmes contrées et dans des rapports analogues. Au centre et au sud-est de notre aire, les langues monosyllabiques sont représentées par le chinois, le cochinchinois, le siamois et le thibétain. Comme langues agglutinatives, nous trouvons du nord-est au nord-ouest le groupe des ougro-japonaises ou altaïques, au sud celui des langues dravidiennes et des malaies, à l'ouest les langues turques. Enfin le sanscrit avec ses dérivés, et les langues iraniennes représentent au sud et au sud-ouest les langues à flexion.

« C'est aux types linguistiques accumulés autour du massif central de l'Asie que se rattachent tous les langages humains ; soit par le vocabulaire soit par la grammaire, quelques-unes de ces langues asiatiques touchent de très près à des langages parlés dans des régions fort éloignées, ou séparées de l'aire dont il s'agit par des langues fort différentes.

« Enfin c'est encore d'Asie que nous sont venus nos animaux domestiques les plus anciennement soumis. Isidore-Geoffroy Saint-Hilaire s'accorde entièrement sur ce point avec Dureau de la Malle.

« Ainsi, à ne tenir compte que de l'époque actuelle, tout nous ramène à ce plateau central ou mieux à cette grande enceinte. Là, est-on tenté de se dire, ont apparu et se sont multipliés les premiers hommes, jusqu'au moment où les populations ont débordé comme d'une coupe trop pleine et se sont épanchées en flots humains dans toutes les directions. »

Avons-nous besoin d'insister sur ce qu'a de remarquable et de frappant pour l'esprit l'accord de ces conclusions, fondées uniquement sur des considérations anthropologiques, avec celles où nous a conduit,

Indien Sauk, de l'Amérique du Nord[1].

dans le livre précédent, l'étude des traditions antiques des plus grandes races humaines sur le berceau de l'humanité primitive? Le lecteur aura certainement relevé cet accord et en aura apprécié toute l'importance, sans qu'il nous soit nécessaire de le lui signaler.

« Mais, continue l'éminent anthropologiste que nous citons ici, les études paléontologiques ont conduit assez récemment à des résultats qui peuvent modifier ces premières conclusions. MM. Heer et de Saporta nous ont appris qu'à l'époque tertiaire la Sibérie et le Spitzberg étaient couverts de plantes attestant un climat tempéré. A la même époque, nous disent MM. Murchison, Keyserlink, de Verneuil, d'Ar-

---

[1] D'après Prichard. Type de la race rouge.

chiac, les *barenlands* de nos jours nourrissaient de grands herbivores, le renne, le mammouth, le rhinocéros à narines cloisonnées. Tous ces animaux se montrent chez nous au début de l'époque quaternaire. Ils me semblent ne pas être arrivés seuls.

« Les trouvailles de M. l'abbé Bourgeois démontrent à mes yeux l'existence en France de l'homme des âges tertiaires [1]. Mais tout semble annoncer qu'il ne comptait encore chez nous que de rares représentants. Les populations de l'âge quaternaire, au contraire, étaient, au moins par places, aussi nombreuses que le permet la vie de chasseur. N'est-il pas permis de penser que, pendant l'époque tertiaire, l'homme vivait dans l'Asie boréale à côté des espèces que je viens de nommer et qu'il les chassait pour s'en nourrir, comme il les a plus tard chassées en France? Le refroidissement força les animaux à émigrer vers le sud ; l'homme dut les suivre pour chercher un climat plus doux et pour ne pas perdre de vue son gibier habituel. Leur arrivée simultanée dans nos climats, l'apparente multiplication subite de l'homme s'expliqueraient ainsi aisément.

« On pourrait donc reporter bien au nord de l'enceinte dont je parlais tout à l'heure, et au moins jusqu'en Sibérie, le centre d'apparition humain. Peut-être l'archéologie préhistorique et la paléontologie confirmeront-elles ou infirmeront-elles un jour cette conjecture.

« Quoiqu'il en soit, aucun des faits recueillis jusqu'à ce jour n'autorise à placer ailleurs qu'en Asie le berceau de l'espèce humaine. Aucun non plus ne conduit à chercher notre patrie originelle dans les régions chaudes, soit des continents actuels, soit d'un continent disparu. Cette pensée, bien souvent exprimée, repose uniquement sur la croyance que le climat du globe, au moment de l'apparition de l'homme, était ce qu'il est aujourd'hui. La science moderne nous a appris que c'est là une erreur. Dès lors rien ne s'oppose à ce que nos premiers ancêtres aient trouvé des conditions d'existence favorables jusque dans le nord de l'Asie, où nous ramènent tant de faits empruntés à l'histoire de l'homme, à celle des animaux et des plantes. »

La tradition religieuse et la philosophie spiritualiste affirment l'unité spécifique du genre humain. La physiologie fournit des éléments de

---

[1] Nous avons fait plus haut par avance certaines réserves sur cette affirmation (p. 121 et suiv.). La question de l'existence de l'homme *dans nos contrées* aux temps de la période tertiaire est encore douteuse.

démonstration de cette thèse qu'il n'existe qu'une seule *espèce* d'homme dont les différents groupes humains sont les *variétés* et les *races*. La géographie zoologique conduit à admettre presque forcément que cette espèce a dû être primitivement cantonnée dans un espace relativement très restreint. Si donc nous la voyons aujourd'hui partout, c'est qu'elle s'est répandue en irradiant en tous sens à partir de ce centre primitif. Le *peuplement du globe par voie de migrations* est la conséquence nécessaire de ces prémisses.

Les polygénistes, les partisans de l'autochthonie des races humaines ont déclaré ces migrations impossibles pour un certain nombre de cas, et ont présenté cette impossibilité prétendue comme une objection insurmontable à la doctrine monogéniste. Les faits historiquement connus, d'où l'on est en droit d'induire de quelle manière ont dû s'opérer les faits analogues dont le *comment* reste et restera toujours inconnu, répondent surabondamment à une telle objection. Car ils établissent au-dessus de toute contestation deux faits essentiels, qui suffisent à expliquer le peuplement du globe entier par voie de migrations ayant un point de départ unique : la faculté spéciale qu'a l'homme de toutes les races de s'acclimater dans toutes les contrées et sous tous les climats ; non-seulement la possibilité, mais la réalisation, dans des circonstances connues, de migrations ethniques qui se sont produites précisément dans les conditions où on les représentait, d'après des théories préconçues, comme absolument impossibles.

Galla de l'Abyssinie[1].

« L'expérience, dit M. Maury, montre que l'acclimatation est possible dans un climat donné pour des hommes de toute race, mais qu'elle

---

[1] D'après Prichard. Type de la sous-race éthiopico-berbère.

s'opère d'autant plus facilement que la race à laquelle ils appartiennent trouve des conditions plus analogues à celles de son berceau, et adopte un genre de vie plus conforme à celui que nécessite sa nouvelle patrie. Ce qui se produit pour certains animaux, tels que les bœufs et les chevaux, revenus à l'état sauvage en Amérique, y prospérant, s'y propageant aussi bien que sur la terre natale, a également lieu pour l'Européen établi aux États-Unis et dans l'Amérique du Sud, pour le Chinois transporté en Californie et le Nègre dans le Nouveau-Monde. Seulement cette acclimatation exige une véritable *lutte pour l'existence*, dans laquelle un grand nombre succombent. Les individus émigrés sous un ciel très différent du leur, comme cela s'observe pour les animaux et les plantes exotiques, languissent d'abord, et ne retrouvent qu'au bout d'un certain nombre de générations leur fécondité native. Il y a d'ailleurs des races qui sont plus propres à s'acclimater que d'autres. Il y a des contrées malsaines où toutes les races dépérissent, comme la côte du Gabon; il en est, comme l'Australie, qui conviennent à toutes, parce qu'elles offrent des conditions moyennes auxquelles les races les plus distinctes peuvent s'adapter. Mais l'acclimatation est loin d'avoir toujours réussi. L'influence délétère des agglomérations trop nombreuses, des vices qu'apporte aux sauvages le contact de la civilisation européenne, des guerres d'extermination et de bien autres causes de destruction ont amené l'anéantissement de certaines races qui avaient émigré. Malgré ces faits, n'en subsiste pas moins la loi générale qu'à quelque race qu'il appartienne l'homme peut se faire à tous les milieux auxquels s'est déjà accommodé son semblable, qu'il peut se reproduire sous tous les climats. Cette loi permet donc d'admettre que des migrations se sont opérées dans les sens les plus divers, que les races ont dû non-seulement se mêler, mais se substituer les unes aux autres, qu'aucune, en un mot, n'est irrévocablement attachée à une contrée déterminée. »

Voilà pour ce qui est de la faculté spéciale d'acclimatation que possède l'homme, soit qu'on l'envisage au point de vue de l'ensemble de son unité d'espèce, soit qu'on le considère séparément dans chacune de ses variétés et de ses races. Écoutons maintenant M. de Quatrefages au sujet des objections élevées contre la possibilité matérielle du peuplement de la surface terrestre par des migrations ayant pour point de départ un centre d'origine commun et restreint.

« Les migrations se montrent à peu près partout dans l'histoire, dans les traditions et les légendes du nouveau comme de l'ancien monde. Nous les constatons chez les peuples les plus civilisés de nos jours et chez les tribus encore arrêtées aux plus bas échelons de la vie sauvage. A mesure que nos connaissances grandissent et dans quelque sens qu'elles s'étendent, elles nous font de plus en plus connaître les instincts voyageurs de l'homme. La paléontologie humaine, l'archéologie préhistorique ajoutent chaque jour leurs témoignages à ceux des sciences historiques.

« A ne juger que par cette sorte de renseignements, le peuplement du globe entier par voie de migrations, de colonisations, apparaît comme plus que probable. L'immobilité primordiale et ininterrompue d'une race humaine quelconque serait un fait en désaccord avec toutes les analogies. Sans doute, une fois constituée, elle laissera en place, à moins d'événements exceptionnels, un nombre plus ou moins considérable, et d'ordinaire la très grande majorité de ses représentants ; mais, à coup sûr, dans le cours des âges, elle aura essaimé.

Kalmouk sibérien[1].

« Les partisans de l'autochthonie insistent d'une manière spéciale sur deux ordres de considérations tirées les unes de l'état social des peuples dans l'enfance et dépourvus des moyens d'action que nous possédons, les autres des obstacles qu'une nature jusque-là indomptée devait opposer à leur marche.

« La première objection repose évidemment sur une appréciation inexacte des aptitudes et des tendances développées chez l'homme par ses divers genres de vie. L'imperfection même de l'état social, loin d'arrêter la dissémination de l'espèce humaine, ne pouvait que la

---

[1] D'après Prichard. Type de la sous-race altaïque dans ses variétés les plus rapprochées de la race jaune pure.

favoriser. Les peuples cultivateurs sont forcément sédentaires; les pasteurs, moins attachés au sol, ont besoin de rencontrer des conditions spéciales. Les chasseurs au contraire, entraînés par leur genre de vie, par les nécessités qu'il impose et les instincts qu'il développe, ne peuvent que se disséminer en tout sens. Il leur faut pour vivre de vastes espaces; dès que les populations s'accroissent, même dans d'assez faibles proportions, elles sont forcées de se séparer ou de s'entre-détruire, comme le montre si bien l'histoire des Peaux-Rouges. Les peuples chasseurs ou pasteurs sont donc seuls propres aux grandes et lointaines migrations. Les peuples cultivateurs seront plutôt colonisateurs.

« L'histoire classique elle-même confirme de tout point ces inductions théoriques. On sait ce qu'étaient les envahisseurs du monde romain, les destructeurs du Bas-Empire, les conquérants arabes. Le même fait s'est produit au Mexique. Les Chichimèques représentent ici les Goths et les Vandales de l'ancien monde. Si l'Asie a tant de fois débordé sur l'Europe, si le nord américain a envoyé tant de hordes dévastatrices dans les régions plus méridionales, c'est que dans ces deux contrées l'homme était resté barbare ou sauvage.

« Les obstacles naturels étaient-ils vraiment infranchissables pour les populations dénuées de nos moyens perfectionnés de locomotion? Cette question doit être examinée à deux points de vue, selon qu'il s'agit de migrations par terre ou par mer.

« Le premier cas nous embarrassera peu. On a vraiment trop exagéré la faiblesse de l'homme et la puissance des barrières que pouvaient lui opposer les accidents du terrain, la végétation ou les faunes. L'homme a toujours su vaincre les bêtes féroces; dès les temps quaternaires il mangeait le rhinocéros. Il n'a jamais été arrêté par les montagnes lors même qu'il traînait à sa suite ce qui pouvait rendre le passage le plus difficile; 'Hanniba'al a franchi les Alpes avec ses éléphants et Bonaparte avec ses canons. Les hordes asiatiques n'ont pas été arrêtées par les Palus Méotides, pas plus que Fernand de Soto par les marais de la Floride. Les déserts sont chaque jour sillonnés par des caravanes; et quant aux fleuves, il n'est pas de sauvage qui ne sache les traverser sur un radeau ou une outre.

« En réalité, — l'histoire des voyages ne le prouve que trop — l'homme seul arrête l'homme. Quand celui-ci n'existait pas, rien ne s'opposait à l'expansion de tribus ou de nations avançant lentement, à leur heure, se poussant ou se dépassant tour à tour, constituant des centres secondaires d'où partaient plus tard de nouvelles migrations. Même sur une terre peuplée, une race supérieure envahissante ne procède pas autrement. C'est ainsi que les Aryas ont conquis l'Inde, c'est ainsi qu'avancent les Paouins, qui, partis d'un centre encore inconnu, arrivent au Gabon sur un front de bandière d'environ 400 kilomètres. »

Les migrations terrestres suffisent à expliquer le peuplement des

Kamtchadale[1].

trois parties du continent de l'ancien monde et des îles qui y sont adjacentes, car l'occupation de celles-ci sortait à peine des conditions de ces migrations. Les bras de mer qu'il fallait franchir pour y pénétrer n'offraient pas, en général, pour leur passage de difficultés beaucoup plus grandes que celles que présente le passage des grands fleuves, qui n'ont arrêté aucune migration terrestre de peuples sauvages ou barbares. On conçoit facilement comment des tribus qui ne possédaient encore que des moyens de transport par eau tout à fait rudimentaires,

---

[1] D'après Prichard. Type de la sous-race hyperboréenne.

ont pu cependant traverser de semblables bras de mer et passer du continent dans les îles voisines. Ce ne sont pas là, à proprement parler, des migrations maritimes.

Dans le cours de l'histoire que nous avons entrepris de raconter, nous rencontrerons, nous saisirons pour ainsi dire sur le fait quelques migrations de cette dernière catégorie, qui se sont produites au milieu des temps pleinement historiques, dans le bassin de la Méditerranée et dans celui de la mer d'Oman : par exemple la migration d'une partie des populations pélasgiques d'Asie-Mineure en Italie, ou bien celles qui ont eu lieu entre l'Inde, d'une part, et, de l'autre, l'Arabie méridionale et la côte africaine du pays des Somalis. Mais ce sont, d'après leurs proportions mêmes, des faits de colonisation plutôt que proprement de migration. D'ailleurs nous les voyons se produire dans des conditions qui les rendent aussi peu extraordinaires que celui de l'établissement et de la diffusion de la race blanche en Amérique depuis le xv$^e$ siècle jusqu'à nos jours. Il s'agit de mouvements opérés, en prenant la mer pour grand chemin, par des populations habituées au métier de matelots, possédant des vaisseaux capables d'affronter des traversées d'une certaine étendue, connaissant les conditions d'une navigation hanturière qui, sans franchir encore de bien vastes espaces, ne craignait pas cependant de perdre pour quelques journées la vue des côtes, par des populations parvenues à un degré de civilisation déjà remarquable. Remarquons de plus qu'aucun de ces transports de tribus entières par la voie de mer ne dépasse l'aire du développement habituel de la navigation commerciale à l'époque où elles se sont produites. Tout cela est bien loin de ce que firent les Scandinaves, avec des vaisseaux qui n'étaient ni plus forts ni plus perfectionnés, lorsqu'au ix$^e$ siècle ils colonisèrent le Groenland, et que, du xi$^e$ au xiv$^e$ siècle, ils fréquentèrent habituellement le Vinland, c'est-à-dire le littoral de l'Amérique du Nord, en y fondant des établissements.

La réalisation de migrations maritimes de ce genre n'a donc en réalité presque aucun rapport avec le problème, insoluble semble-t-il au premier abord, que présente le peuplement par migrations de certaines parties du globe qui se composent d'îles disséminées sur un immense espace, séparées entre elles par d'énormes distances, et que cependant les Européens ont trouvées habitées par des tribus sauvages qu'il était difficile de croire capables d'avoir franchi, avec les faibles moyens en leur possession, les effrayantes étendues de mer qui s'interposent entre ces îles et le continent où tout nous induit à placer le berceau unique et commun de l'espèce humaine. Et pourtant ce problème a été résolu d'une manière certaine par la science contemporaine, et cela précisément pour la région où le fait exigé par la doctrine monogéniste paraissait le plus invraisemblable.

La plupart des défenseurs de la pluralité des espèces d'homme et

Malay[1].

de l'autochthonie des races ont reconnu que les migrations par terre n'avaient en elles-mêmes rien d'impossible ; mais il en était tout autrement, affirmaient-ils, des migrations par mer. En particulier, ils soutenaient que le peuplement de la Polynésie, par des immigrants venus de notre grand continent, était au-dessus de tout ce que pouvaient entreprendre et accomplir des peuples dépourvus de connaissances

[1] D'après Prichard. Type de la sous-race malayo-polynésienne, dans sa division malaye.

astronomiques et de moyens perfectionnés de navigation. A les en croire, les conditions géographiques, le régime des vents et des courants devaient opposer une barrière insurmontable à toute entreprise de ce genre.

Or, les admirables études de l'anthropologiste américain, M. Horatio Hale, puis de M. de Quatrefages, fondées sur les traditions orales des différents peuples de la Polynésie, sur les chants historiques qui s'y répètent de génération en génération, ainsi que sur les généalogies soigneusement étudiées de leurs maisons princières, ont permis de reconstituer sans lacunes, avec une sûreté parfaite et en n'enregistrant que des faits positifs, l'itinéraire et les annales de la migration maritime des Polynésiens. Il est impossible de le contester aujourd'hui, la Polynésie, cette région que les conditions géographiques semblent au premier abord isoler du reste du monde, a été peuplée à une époque rappochée de nous par voie de migration volontaire, et de dissémination accidentelle, procédant de l'ouest à l'est, au moins pour l'ensemble, et elle l'a été par une population qui ne possédait même pas l'usage des métaux, qui en était encore aux pratiques de l'âge de la pierre polie. Les Polynésiens venus de la Malaisie, et de l'île Bouro en particulier, se sont établis et constitués d'abord dans les archipels de Samoa et de Tonga; de là ils ont successivement envahi le monde maritime ouvert devant eux; ils ont trouvé désertes, à bien peu près, toutes les terres où ils ont abordé et n'ont rencontré que sur trois ou quatre points quelques tribus peu nombreuses de sang plus ou moins noir. Il y a plus. On est parvenu à déterminer avec une approximation très rappochée les dates des principales étapes de cette migration si extraordinaire. C'est vers l'époque de l'ère chrétienne que les ancêtres des Polynésiens sont sortis de l'île de Bouro, et dans les quatre premiers siècles de cette ère qu'a eu lieu leur première extension jusqu'aux îles Samoa et Tonga. Au v$^e$ siècle ils occupaient les Marquises, au viii$^e$ les îles Sandwich, au xiii$^e$, dans une autre direction, les îles Manaïa, d'où partirent les colons qui s'établirent à la Nouvelle-Zélande entre 1400 et 1450. Ainsi c'est au plus tôt dans les premières années du xv$^e$ siècle de notre ère qu'ont pris terre, dans cette dernière contrée, ces Maoris dont on a voulu faire les enfants du sol qui les porte.

Les dates que nous venons d'indiquer prouvent que cette migration est étrangère à l'histoire ancienne, de même que le domaine où elle s'est développée est en dehors de l'aire géographique des civilisations dont les époques les plus antiques font le sujet du présent ouvrage. Il en est de même du peuplement de l'Amérique, dont l'époque et le mode ne sont pas aussi bien éclaircis, et où il faut sûrement admettre des époques différentes et des couches d'immigrations successives. La question se complique ici par le fait de l'existence sur le nouveau continent, dès l'époque quaternaire, d'une population humaine encore imparfaitement connue, qui n'a peut-être pas été étrangère à la formation de la race rouge, à laquelle appartient l'immense majorité

Tahitien[1].

des indigènes de l'Amérique. L'homme américain des temps géologiques a dû passer d'Asie en Amérique par le Nord, où les îles Aléoutiennes établissent entre l'extrémité orientale de l'Asie et le Nouveau-Monde une chaîne ininterrompue, dont les anneaux sont si rapprochés que le passage par cette voie rentrait plutôt dans la donnée des migrations terrestres que dans celle des migrations maritimes. Mais en dehors de la race rouge, le continent américain a présenté à ses premiers explorateurs des îlots de populations appartenant de la manière la plus formelle aux trois races, jaune, noire et blanche, isolés au milieu de la masse des indigènes, qui est de race rouge. Et l'existence de ces

[1] D'après Prichard. Type de la sous-race malayo-polynésienne dans sa division canaque ou polynésienne.

îlots sporadiques ne peut s'expliquer que par des faits de dissémination accidentelle, produits des tempêtes et des grands courants marins, faits ayant pour théâtres le littoral de l'Océan Pacifique, de la Californie au Pérou, le long du trajet du vaste courant que les Japonais appellent Kouro-Sivo ou « fleuve noir, » ou bien le littoral de l'Atlantique, là où portent le Gulf-stream et son contre-courant.

Je ne veux pas, du reste, m'appesantir plus longuement sur des ordres de faits qui n'intéressent pas directement le sujet spécial de l'histoire que j'ai entrepris de raconter. Il était cependant impossible de les passer absolument sous silence, en touchant d'une manière générale à la question de la diffusion, sur toutes les parties de la surface terrestre, de l'homme, sorti d'une source unique sur un point déterminé du globe. Mais il me suffit d'y avoir trouvé dans le passé la justification de ces belles paroles du grand géologue anglais Lyell, aussi fermement convaincu de l'unité de l'espèce humaine, et de la sortie de tous ses rameaux d'un centre commun, que de son antiquité géologique : « En supposant que le genre humain disparût en entier, à l'exception d'une seule famille, fût-elle placée sur l'Océan ou sur le nouveau continent, en Australie ou sur quelque îlot madréporique de l'Océan Pacifique, nous pouvons être certains que ses descendants finiraient dans le cours des âges par envahir la terre entière, alors même qu'ils n'atteindraient pas à un degré de civilisation plus élevé que les Esquimaux ou les insulaires de la mer du Sud. »

## § 3. — GRANDES DIVISIONS DES RACES HUMAINES, TYPES FONDAMENTAUX ET TYPES SECONDAIRES.

Entre les nombreuses variétés de l'espèce humaine, dont nous avons indiqué un peu plus haut, à grands traits, la distribution géographique, on ne peut pas toujours distinguer les plus anciennes, celles qui sont pures ou du moins constituées depuis des milliers d'années, de celles qui résultent de croisements. « Toutefois, dit M. Maury, en s'appuyant sur ce fait fourni par la physiologie végétale que les espèces pures varient peu ou restent dans leurs variations soumises à des lois végétales, tandis que chez les hybrides la forme se dissout, d'une génération à l'autre, en variations individuelles, on peut admettre que les races humaines dont le type est le plus persistant, sont les moins mélangées. En tenant compte de toutes les variétés spécifiques, et en rangeant les unes à côté des autres, par ordre d'affinités, toutes les races humaines, on arrive à reconnaître qu'elles se groupent autour de trois types principaux :

« Un type blanc,

« Un type jaune,

« Et un type noir.

« On passe de l'un à l'autre type par une série de types intermédiaires, qui représentent des races mixtes. Quoique à certains égards indépendant du climat et de latitude, quoique persistant un laps de temps fort long quand il est transporté en d'autres régions que celle où il est indigène, le type ne peut être considéré comme ayant une origine étrangère à la constitution du pays où il se produit. Au contraire, tout donne à penser aujourd'hui que la race, émigrée sous un autre ciel, revient peu à peu au type propre à ce nouveau climat. C'est ainsi que l'Anglo-Américain tend à se rapprocher du type indien, qu'il perd chaque jour davantage de sa physionomie européenne pour prendre celle des anciens indigènes, avec lesquels il évite pourtant de se croiser ; de même le nègre établi dans les contrées froides perd, après plusieurs générations, en partie le pigment noir de sa peau et prend une couleur grisâtre. Ce phénomène nous explique comment les populations aryennes ont pu en Europe revêtir un type tout septentrional. Inversement, les Portugais établis depuis plusieurs générations dans l'Inde, sans se croiser avec les Hindous, ont pris peu à peu, par l'action du climat, la coloration et le type de ceux-ci. Ce phénomène tend donc à faire attribuer un caractère plus géographique que physiologique à la distinction des races.

« Le type blanc semble avoir son berceau dans le plateau de l'Irân, d'où il a rayonné dans l'Inde, l'Arabie, la Syrie, l'Asie-Mineure et l'Europe, circonstance qui a fait donner à la race blanche le nom assez impropre de *caucasique*.

« Le type jaune existe en Chine depuis la plus haute antiquité ; il se présente dans toutes les contrées habitées par les populations mongoliennes ; de là l'épithète de *mongolique*, appliquée à la race chez laquelle il s'observe. Cette race s'est répandue, au sud, jusque dans les deux presqu'îles de l'Inde et dans la Malaisie ; au nord, elle confine aux régions polaires.

« Le type noir répond à l'Afrique centrale et occidentale, et paraît s'être étendu sous la zone intertropicale, depuis la côte orientale de l'Afrique jusqu'en Australie. » Son centre primitif de formation a peut-être été dans une partie de l'Inde ou vers l'Éthiopie asiatique des anciens, le Beloutchistan actuel. C'est ainsi qu'on s'expliquerait le mieux le double courant divergent de migration qui a répandu les populations de ce type, d'un côté en Afrique, de l'autre dans l'Inde méridionale, dont les traditions semi-historiques conservent le souvenir de peuples noirs, dans les Philippines, où nous rencontrons les Negritos, dans la Papuasie et dans une portion de l'Océanie, dans celle qu'on appelle spécialement la Mélanésie.

Les nègres du type le plus caractérisé ont le crâne allongé, comprimé, étroit surtout aux tempes. L'os de la mâchoire supérieure se projette en avant, par cette disposition que les naturalistes appellent *prognathisme;* de là les traits les plus saillants du visage de la race noire, le peu de saillie du nez, son épatement à l'endroit des narines et le développement exagéré des lèvres. Les cheveux sont noirs, courts et crépus, le système pileux en général très peu développé, ce qui se remarque aussi chez les différents mammifères des pays qu'habite le nègre. Avec quelques particularités dans la forme du torse et une courbure sensible des jambes, ce sont là les caractères essentiels et distinctifs de la race noire, bien plus que la couleur, car il est tel peuple de race blanche, comme les Abyssins, à qui un long séjour dans l'Afrique équatoriale a donné une teinte de peau tout aussi foncée.

Le crâne de la race jaune présente une forme arrondie ; l'ovale de la tête est plus large que chez les Européens. Les pommettes sont fortement saillantes, les joues relevées vers les tempes ; par suite, l'angle externe des yeux se trouve élevé, les paupières comme bridées et à demi-closes. Le front s'aplatit au-dessus des yeux. Le nez est écrasé vers le front, le menton court, les oreilles démesurément grandes et détachées de la tête. La couleur de la peau se montre généralement jaune et tourne au brun dans certains rameaux. Les poils sont durs et presque constamment noirs comme les yeux.

Quant à notre race blanche, elle est avant tout caractérisée par la beauté de l'ovale que forme sa tête. Les yeux sont horizontaux et plus ou moins largement découverts par les paupières ; le nez est plus saillant que large ; la bouche est petite ou modérément fendue, les lèvres sont assez minces. La barbe est fournie, les cheveux longs, lisses ou bouclés, et de couleur variable. La peau, d'un blanc rosé, a plus ou moins de transparence, selon le climat, les habitudes et le tempérament. Sous le rapport intellectuel et moral, la race blanche a une supériorité marquée sur les autres. C'est parmi les peuples qui y appartiennent que nous rencontrons, depuis une haute antiquité, le plus grand développement de civilisation et les tendances les plus progressives.

Peut-être faut-il joindre à ces trois types, comme celui d'une quatrième race fondamentale de l'humanité, le type rouge, propre à l'Amérique, où il s'est certainement constitué. Nous avons indiqué déjà plus haut les principaux traits qui distinguent le visage de l'homme de ce type, très voisin dans sa construction osseuse du type blanc, mais

Australien[1].

s'en distinguant par la couleur, toujours d'un brun rouge ou cuivrée, avec plus ou moins d'intensité dans le ton, puis par la rareté du système pileux, car toutes les populations américaines ont les cheveux rares et courts, et sont imberbes.

On ne saurait déterminer toutes les variétés sorties des innombrables mélanges opérés entre les trois races primordiales, ou dues à l'action combinée des influences sous lesquelles chacune de ces trois grandes races a pris naissance. Quelques-unes ont cependant des caractères spécifiques assez tranchés, assez permanents pour constituer des sous-races particulières.

Ce sont :

[1] D'après Prichard.

La race boréale, qui embrasse toutes les populations habitant au voisinage du cercle polaire arctique, et qui est intermédiaire entre les races blanche et jaune. C'est à cette race, nous l'avons vu plus haut, qu'appartenait une partie des habitants de notre contrée à l'époque quaternaire, les tribus qui ont laissé leurs vestiges bien caractérisés à Grenelle, sur les rives de la Seine, et à Furfooz en Belgique ;

La race altaïque ou ougro-japonaise, qui est sortie du même métissage de blancs et de jaunes et qui présente une série continue de transitions graduelles entre ces deux types extrêmes ; la race boréale n'en est presque qu'une exagération, et par quelques-uns des peuples qui la constituent, comme les Lapons, la race altaïque arrive à la toucher d'une manière intime ; les Samoyèdes, plus boréaux de type et de demeure, forment le lien et la transition entre les deux ; ce sont surtout le langage et l'habitat qui constituent à la race altaïque une individualité pleinement distincte de celle de la race boréale ; on serait assez disposé à les envisager comme deux branches d'une même famille humaine que des milieux divers ont différenciées[1], mais qui sortiraient originairement d'une seule souche ;

La race malayo-polynésienne, qui participe à la fois des types nègre, mongolique et blanc, et dont le domaine s'étend, de chaque côté de l'équateur, depuis Madagascar jusqu'en Polynésie ;

La race égypto-berbère, qui a peuplé le nord et le nord-est de l'Afrique ; elle participe des races blanche et noire, et présente un grand nombre de variétés où l'un ou l'autre élément est prépondérant ;

La race hottentote, de l'extrémité méridionale de l'Afrique, qui se place entre la race nègre et la race jaune ;

La race noire pélagienne, dont les Papous, les Negritos et les Australiens sont les principales variétés ; on peut la considérer comme une branche de la race nègre, distinguée par sa brachycéphalie, tandis que les noirs africains sont éminemment dolichocéphales.

On est ainsi amené à reconnaître dix grandes familles d'hommes, dix types, tant secondaires que primaires, qui, dans leur distribution actuelle, répondent sensiblement à des régions zoologico-botaniques assez nettement tracées.

Nous l'avons dit plus haut, l'influence des milieux et l'hérédité rendant

---

[1] Il faut remarquer, en effet, combien le type des Yakoutes, qui sont pourtant de sang turc pur, c'est-à-dire altaïque, est devenu celui de la race boréale dans leur séjour sur les bords de la Léna, touchant à la mer Glaciale.

permanente une variété d'abord produite accidentellement, ont été, sans aucune contestation possible, les deux principaux facteurs de la formation des races humaines. C'est à eux seuls qu'il convient d'attribuer l'apparition des types fondamentaux autour desquels se groupent tous les autres, plus indécis, moins nettement définis et occupant une position intermédiaire.

Mais dans la formation des types secondaires, qui tous participent dans une certaine mesure à la fois de plusieurs des types primordiaux, et surtout des innombrables variétés qui les subdivisent à l'infini et font passer de l'un à l'autre par une série de transitions graduelles et presque insensibles, il n'est guères douteux qu'une autre action se soit aussi exercée, celle du métissage, c'est-à-dire des unions entre deux races différentes mises en contact, qui a produit des types nouveaux portant l'empreinte de leur double origine. Ici encore, c'est par l'analogie avec les faits qui se produisent sous nos yeux que nous pouvons juger ceux qui ont marqué les temps primitifs de l'espèce humaine et de sa diffusion sur la surface de la terre.

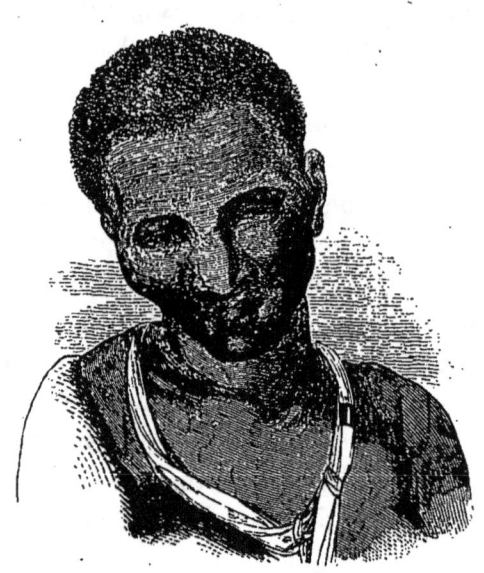

Femme hottentote[1].

La prodigieuse expansion de la race blanche européenne, comme commerçante, civilisatrice et conquérante, depuis le XVe siècle, a produit et produit encore de nos jours de très nombreux faits de métissage de cette race avec les races de couleur en Amérique, dans l'extrême Asie et en Océanie. On peut évaluer actuellement à 18 millions, c'est-à-dire à 1/62 de la population totale du globe, le nombre des métis modernes de ce genre.

Mais la plupart des croisements qui les produisent ne s'opérant que passagèrement, ils n'ont pu engendrer de véritables races, d'un caractère permanent. Le sang qui finit par prédominer davantage ramène peu à peu au type qu'il représente. C'est ainsi que dans certaines parties de

---

[1] D'après Prichard. Type de la sous-race hottentote.

l'Amérique centrale et méridionale, l'infusion toujours de plus en plus grande du sang indien chez les créoles d'origine espagnole, tend à faire reparaître à l'état presque pur la vieille race, qui avait été d'abord repoussée dans les forêts et les savanes, et à rendre au Nouveau-Monde sa population indigène. Mais là où le métissage se reproduit sans cesse avec les mêmes éléments, une race croisée tend à se constituer, qui prend même parfois la place de la race indigène. En Polynésie, la population primitive est graduellement remplacée par un croisement d'Européens et de Polynésiens. Aux Philippines, notamment à Luçon, les métis de Tagals, de Chinois et d'Espagnols voient leur chiffre incessamment grossir, et ils se substituent peu à peu aux insulaires primitifs. Au Cap, le croisement des Hollandais et des Hottentots donna naissance à des métis appelés Basters, qui devinrent bientôt assez nombreux pour inspirer des craintes. On les bannit au delà de la Rivière Orange. Ils s'y sont constitués sous le nom de Griquas, et leur population s'accroît rapidement par elle-même. C'est certainement un phénomène tout semblable qui s'est produit en beaucoup de lieux dans le passé, et plusieurs des races qui tiennent déjà une place dans l'histoire ancienne n'ont pas d'autre origine. Il n'est que bien peu de peuples dans le monde que l'on puisse considérer comme appartenant à une race absolument pure.

« Le milieu et l'hérédité, dit M. de Quatrefages, ont façonné les premières races humaines, dont un certain nombre a pu conserver pendant un temps indéterminé cette première empreinte, grâce à l'isolement.

« Peut-être est-ce pendant cette période, bien lointaine, que se sont caractérisés les trois grands types, nègre, jaune et blanc.

« Les instincts migrateurs et conquérants de l'homme ont amené la rencontre de ces races primaires, et par conséquent les croisements entre elles.

« Quand les races métisses ont pris naissance, le croisement même n'a fonctionné que sous la domination du milieu et de l'hérédité.

« Les grands mouvements de populations n'ont lieu qu'à intervalles éloignés et comme par crises. Dans l'intervalle d'une crise à l'autre, les races formées par croisement ont eu le temps de s'asseoir et de s'uniformiser.

« La consolidation des races métisses, l'uniformisation relative des caractères à la suite du croisement, ont été forcément très lentes par suite du défaut absolu de sélection. Par conséquent, toute race métisse uniformisée est en même temps très ancienne.

« Les instincts de l'homme ont amené le mélange des races métisses, comme ils avaient produit celui des races primaires.

« Toute race métisse, uniformisée et assise, a pu jouer, dans de nouveaux croisements, le rôle d'une race primaire.

« L'humanité actuelle s'est ainsi formée, sans doute pour la plus grande partie, par le croisement successif d'un nombre encore indéterminé de races.

« Les races les plus anciennes que nous connaissions, les races quaternaires, n'en sont pas moins représentées encore de nos jours, soit par des populations généralement peu nombreuses, soit par des individus isolés, chez lesquels l'atavisme reproduit les traits de ces ancêtres reculés. » C'est un fait que nous avons exposé déjà dans le livre précédent.

## § 4. — L'HOMME PRIMITIF.

Il serait du plus haut intérêt, parmi les grands types primordiaux de l'humanité, que nous trouvons déjà complétement constitués et aussi distincts qu'aujourd'hui dès les temps les plus anciens où remontent l'histoire positive et les monuments de la civilisation, d'arriver à déterminer quel est le plus antique et s'il en est un qui représente encore avec un certain degré d'exactitude l'homme primitif. Malheureusement c'est là une question à laquelle la science est impuissante à donner une réponse formelle. Elle n'a pas d'éléments certains pour déterminer quel était le type primitif de notre espèce.

Ce qui paraît bien probable, et même presque certain, c'est que ce type a dû, dans le cours des âges, s'effacer et disparaître, et qu'il n'était précisément celui d'aucune des races actuelles. Les conditions de milieu dans lesquelles l'homme est apparu sur la terre ont profondément changé, puisque c'étaient celles d'une autre époque géologique. Comment admettre que de tels changements aient permis la conservation du type exact des premiers humains? Quand tout se transformait autour de lui, l'homme ne pouvait rester immuable. Et d'ailleurs, comme nous venons de le faire voir, le métissage a eu aussi sa part dans cette modification.

Cependant, d'autre part, nous avons constaté que la tête osseuse de la plus ancienne race quaternaire se retrouve non-seulement en Australie dans quelques tribus, mais en Europe et chez des hommes qui ont joué un rôle considérable parmi leurs compatriotes. Les autres races de la même époque, à en juger de même par la tête osseuse, ont parmi nous de nombreux représentants. Elles ont pourtant traversé une révolution géologique qui nous sépare de notre souche originelle. Il n'y a donc rien d'impossible à ce que celle-ci ait transmis à un certain nombre d'hommes, peut-être dispersés dans le temps et dans l'espace, au moins une partie de ses caractères.

Malheureusement on ne sait où chercher ces reproductions, plus ou moins ressemblantes, du type primitif; et, faute de renseignements, il serait impossible de les reconnaître pour telles si on venait à les rencontrer. Ici l'observation seule ne peut donc fournir aucune donnée. Mais, éclairée par la physiologie, elle permet quelques conjectures.

Il y a des anthropologistes qui ont voulu chercher l'homme primitif dans les tribus placées aux derniers rangs de l'espèce humaine, comme les Hottentots ou les Australiens. Mais pareille opinion n'est pas scientifiquement admissible, car ces tribus attestent par leurs caractères physiques un état de dégradation qui indique un état antérieur plus élevé, et qui est le résultat des conditions d'existence au milieu desquelles les a conduits le passé de leur race. Par contre, il est bien difficile, surtout quand on voit combien elle s'altère quand elle retombe dans une vie presque sauvage, de ne pas admettre dans la race blanche un perfectionnement du type, dû aux conditions exceptionnellement favorables de climat dans lesquelles elle a vécu, et surtout à la longue pratique de la civilisation.

On observe chez toutes les espèces animales qui présentent des variétés nombreuses, un genre de phénomènes que les naturalistes ont qualifié du nom d'*atavisme*. C'est l'apparition sporadique, dans toutes les variétés, d'individus qui reproduisent, au lieu du type de leurs auteurs directs, le type originaire de l'espèce, antérieur à la formation des variétés. Certains faits, qui se reproduisent de temps à autre dans les différentes races de l'humanité, paraissent devoir être regardés comme des faits d'atavisme. Les anthropologistes les plus habiles, tels que M. de Quatrefages et M. le docteur Pruner-Bey, les considèrent comme pouvant jeter quelque lumière sur ce qu'étaient les ancêtres primitifs de notre espèce. Deux points surtout paraissent en ressortir :

c'est que le visage des premiers hommes devait présenter un certain prognathisme et que leur teint n'était pas noir.

Le trait anatomique du prognathisme, surtout de la saillie de la mâchoire supérieure, existe chez toutes les familles de la race noire ; il n'est pas moins accusé chez une partie de la race jaune. On y remarque une tendance sensible dans le type de la plupart des variétés groupées dans la sous-race boréale. Considérablement atténué chez les blancs, il y reparaît pourtant assez fréquemment chez des individus isolés, parfois à peu près aussi marqué que dans les deux autres groupes. Il existait chez toutes les races d'hommes de l'âge quaternaire qui nous sont jusqu'à présent connues. Tout semble donc indiquer que ce caractère devait être assez fortement prononcé chez nos premiers ancêtres.

« Les phénomènes d'atavisme portant sur la coloration, dit M. de Quatrefages, sont fréquents chez les animaux. On les constate également dans l'espèce humaine. Cette considération me fait attacher une importance réelle à l'opinion d'Eusèbe de Salles, qui attribue une chevelure rousse aux premiers hommes. On a signalé, en effet, dans toutes les races humaines, des individus dont les cheveux se rapprochent plus ou moins de cette teinte.

« Les expériences de Darwin sur les effets du croisement entre races très différentes de pigeons conduisent à la même conclusion. Il a vu, à la suite de ces croisements, reparaître dans les métis des particularités de coloration propres à l'*espèce* souche et qui avaient disparu dans les deux *races* parentes. Or, dans nos colonies, le tierceron, fils de mulâtre et de blanc, a souvent les cheveux rouges. En Europe même, selon la remarque de M. Hamy, il naît souvent des enfants à cheveux rouges, lorsque le père et la mère sont franchement, l'un brun et l'autre blond. Dans tous les cas de cette nature, on dirait que le caractère primitif se dégage par la neutralisation réciproque des caractères ethniques opposés accidentellement acquis. »

Il est permis d'être plus affirmatif sur ce point que les auteurs de notre espèce n'étaient pas noirs. Le ton plus foncé de la peau, le développement exagéré de la matière noire ou pigmentum, qui se forme sous le derme, est très positivement un effet des climats brûlants et de l'ardeur du soleil, qui ne se produit que dans la région intertropicale, où certainement le berceau primitif de l'humanité ne s'est pas trouvé. De plus, on voit assez fréquemment apparaître, par un effet d'atavisme, des individus blancs ou jaunes dans les populations nègres ; on ne voit jamais naître de nègres au sein des populations blanches ou jaunes.

M. de Quatrefages est même d'avis qu'on pourrait aller encore plus loin, que d'après d'autres faits de même classe on serait dans une certaine mesure en droit de conjecturer que le type originaire de l'humanité devait plutôt se rapprocher de celui de la race jaune, dont les langues sont aussi celles qui se sont conservées à l'état le plus primitif. Mais nous n'osons pas le suivre sur ce terrain encore bien peu assuré, et nous préférons nous borner aux données suivantes, qui paraissent contenir tout ce que la science peut dire actuellement sur cet obscur sujet avec une certaine assurance. Suivant toutes les apparences, l'homme du type originaire devait présenter un prognathisme accusé, et n'avait ni le teint noir ni les cheveux laineux. Il est encore assez probable, quoiqu'à un degré qui approche moins de la certitude, que son teint, s'il n'était pas noir, n'était pas non plus absolument blanc, et qu'il accompagnait une chevelure tirant sur le roux.

« L'homme, dit encore l'illustre anthropologiste auquel nous avons fait tant d'emprunts dans ce chapitre, l'homme a d'abord sans doute peuplé son centre d'apparition et les contrées immédiatement voisines. Puis il a commencé l'immense et multiple voyage qui date des temps tertiaires (?) et dure encore aujourd'hui. Il a traversé deux (?) époques géologiques ; il en est à sa troisième. Il a vu le mammouth et le rhinocéros prospérant en Sibérie, au milieu d'une riche faune ; tout au moins, il les a vus chassés par le froid jusque dans le midi de l'Europe ; il a assisté à leur extinction. Plus tard, lui-même a repris possession des *barenlands* ; il a poussé ses colonies jusque dans le voisinage du pôle, peut-être jusqu'au pôle lui-même, en même temps qu'il envahissait les sables et les forêts des tropiques, atteignait l'extrémité des deux grands continents et peuplait tous les archipels.

« Depuis bien des milliers d'années, l'homme a donc subi l'action de tous les milieux extérieurs que nous connaissons, celle de milieux dont nous pouvons tout au plus nous faire une idée. Les divers genres de vie auxquels il s'est livré, les différents degrés de civilisation auxquels il s'est arrêté ou élevé, ont encore diversifié pour lui les conditions d'existence. Était-il possible qu'il conservât partout et toujours ses caractères primitifs ?

« L'expérience, l'observation, conduisent à une conclusion tout opposée.

« En voyant l'Anglo-Saxon de nos jours, bien que protégé par toutes les ressources d'une civilisation avancée, subir l'action du milieu américain et se transformer en Yankee, il nous faut admettre qu'à chacune de ses grandes étapes, l'homme, soumis à des conditions d'existence nouvelles, a dû s'harmoniser avec elles, et pour cela se modifier. Chacune de ces stations principales a nécessairement vu se former une race correspondante. Les caractères primitifs, ainsi atteints successivement, se sont inévitablement altérés de plus en plus, en raison de la longueur du voyage et de la différence des milieux. Parvenus au bout de leur course, les petits-fils des premiers émigrants n'avaient certainement conservé que bien peu des traits de leurs ancêtres.

« Le type humain primitif a probablement présenté, pendant un temps indéfini, ses caractères originels chez les tribus qui restèrent attachées au centre d'apparition de notre espèce. Quand vint l'époque glaciaire, qui, selon toute apparence, rendit inhabitable la première patrie de l'homme, ces tribus durent émigrer à leur tour. Dès lors, la terre n'eut plus d'*autochthones;* elle ne fut peuplée que de *colons.* En même temps, l'action modificatrice des milieux pesa sur les derniers venus, qui, eux aussi, se transformèrent.

« A partir de ce moment, le type primitif de l'homme a été perdu; l'*espèce humaine* n'a plus été composée que de races, toutes plus ou moins différentes du premier modèle. »

§ 5. — LA DESCENDANCE DES FILS DE NOA'H DANS LA GENÈSE[1].

Noa'h, comme nous l'avons déjà dit, avait, suivant la Bible, trois fils, Schem, 'Ham et Yapheth. Dans le dixième chapitre de la Genèse, l'auteur inspiré donne le tableau des peuples connus de son temps, rattachés à la filiation de ces trois grands chefs de races de l'humanité

---

[1] Sur ce sujet, voyez principalement : Bochart, *Geographia sacra seu Phaleg et Chanaan,* Caen 1646 (et dans le tome Ier de ses OEuvres complètes, Leyde, 1792). — J.-D. Michaëlis, *Spicilegium geographiae Hebraeorum exterae,* Gœttingue, 1769-1780. — Forster, *Epistolae ad J.-D. Michaelem,* Gœttingue, 1772. — Volney, *Recherches nouvelles sur l'Histoire ancienne,* tome I, Paris, 1814. — Schulthess, *Das Paradies,* Zurich, 1816. — Rosenmüller, *Handbuch der biblischen Alterthumskunde,* tome I, 1re et 2e partie, Leipzig, 1823. — Feldhoff, *Die Vœlkertafel der Genesis,* Elberfurt, 1837. — Krücke, *Erklærung der Vœlkertafel im Buch Mose,* Bonn, 1837. — Ch. Lenormant, *Introduction à l'Histoire de l'Asie occidentale,* Paris, 1838. — Tuch, *Commentar ueber die Genesis,* Halle, 1833. — Knobel,

nouvelle, postérieure au déluge. C'est le document le plus ancien, le plus précieux et le plus complet sur la distribution des peuples dans le monde de la haute antiquité. On est même en droit de le considérer comme antérieur à l'époque de Moscheh (Moïse), car il présente un état des nations que les monuments égyptiens nous montrent déjà changé sur plusieurs points importants à l'époque de l'Exode. De plus, l'énumération y est faite dans un ordre géographique régulier autour d'un centre qui est Babylone et la Chaldée, non l'Égypte ou la Palestine. Il est donc probable que ce tableau des peuples et de leurs origines fait partie des souvenirs que la famille d'Abraham avait apportés avec elle de la Chaldée, et qu'il représente la distribution des peuples connus dans le monde civilisé au moment où le patriarche abandonna les rives de l'Euphrate, c'est-à-dire 2,000 ans avant l'ère chrétienne.

Depuis longtemps il a été reconnu que, malgré la forme généalogique donnée à ce tableau du chapitre X de la Genèse, tous les noms qui le composent sont des noms de peuples. On a soutenu, il est vrai, que c'étaient primitivement des noms d'hommes, et qu'il y avait là, non pas une liste de peuples, mais une généalogie proprement dite des premiers ancêtres dont ces peuples sortirent. La forme même des noms constituant la liste ne permet pas une semblable interprétation. Le plus grand nombre d'entre eux ne sont pas au singulier, comme c'est l'habitude constante pour les noms propres d'hommes; ils ont la forme du pluriel hébraïque en *im*. Ce sont donc des appellations plurielles qui désignent une collectivité ethnique, et non le patriarche d'où on la regardait comme descendue. D'autres sont des noms de pays : Kena'an, par exemple, un des fils de 'Ham, signifie « le bas pays; » Miçraïm est un duel qui désigne la Haute et la Basse-Égypte. On trouve même dans la liste des noms de villes; par exemple, quand

---

*Die Vœlkertafel der Genesis*, Giessen, 1850. — Dillmann, *Die Genesis*, Leipzig, 1875. — Fr. Lenormant, *Les origines de l'histoire*, tome II, Paris, 1881. — Ewald, *Jahrbücher*, tomes IX et X. — Le *Realwœrterbuch* de Winer et le *Bibellexikon* de Schevkel.

Pour la généalogie spéciale des enfants de Yapheth : J. von Gœrres, *Die Jafetiten und ihre Heimath Armenien*, Munich, 1844. — Bergmann, *Les peuples et la race de Jafète*, Strasbourg, 1853. — Kiepert, *Ueber die geographische Stellung der nœrdlichen Lænder in der phœnizischen-hebræischen Urkunde*, dans les *Monatsberitchte* de l'Académie de Berlin, année 1859. — De Lagarde, *Gesammelte Abhandlungen*, Leipzig, 1866, p. 254 et suiv. — A. Maury, dans le *Journal des savants*, avril, mai et juin 1869.

Pour la comparaison du tableau ethnographique de la Genèse avec les documents égyptiens : Ebers, *Ægypten und die Bücher Mose's*, Leipzig, 1868.

Pour sa comparaison avec les documents assyriens : E. Schrader, *Die Keilinschriften und das Alte Testament*, Giessen, 1872.

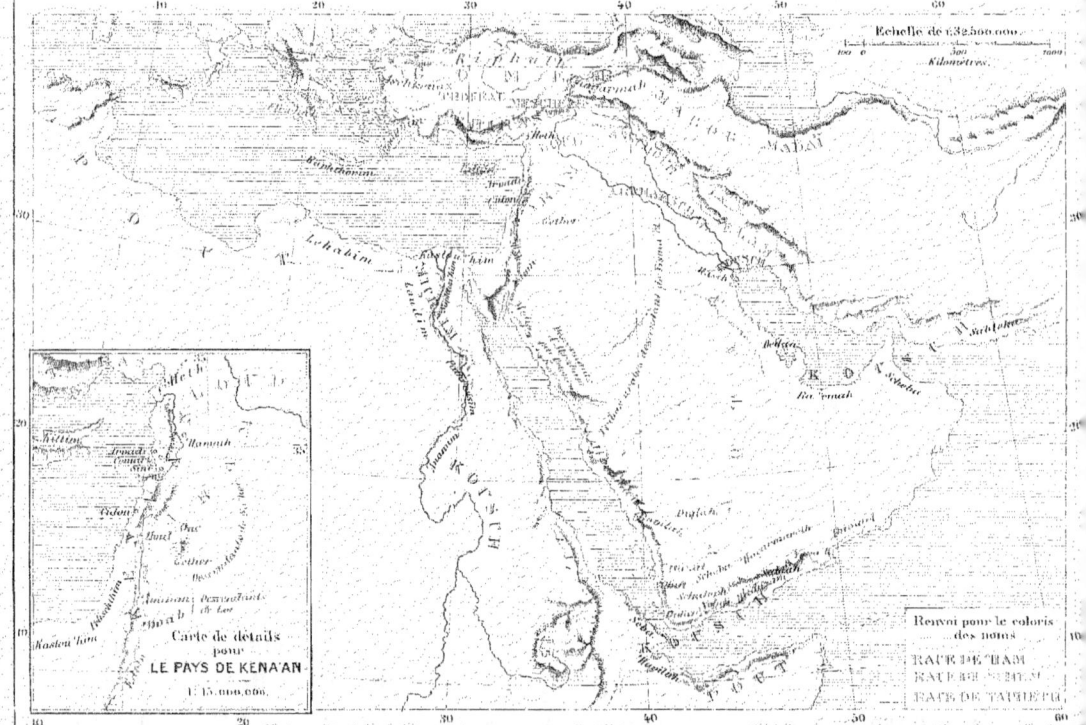

nous y lisons que Kena'an engendra Çidon, son premier-né, ceci veut dire que Sidon fut la première métropole des Phéniciens.

On a aussi beaucoup discuté sur la question de savoir si le principe de construction de la liste a été purement géographique ou bien ethnographique ; en d'autres termes, comme le dit fort bien M. Philippe Berger, « si l'auteur a seulement décrit ce qu'il avait sous les yeux, ou bien s'il s'est inspiré de la tradition, et si cette table représente avec plus ou moins d'exactitude non pas seulement les relations géographiques, mais la filiation des peuples qui y figurent. » Les partisans de l'interprétation géographique prétendent que la classification des peuples est artificielle dans le document biblique, et que sous cette triple division l'on a compris tout le monde connu : Yapheth désignant tous les peuples situés à l'ouest ou au nord; 'Ham les habitants de la côte méridionale de l'Asie et de l'Afrique ; enfin Schem, ceux qui habitaient la Syrie et les pays voisins, jusqu'à l'Arabie d'un côté et au golfe Persique de l'autre. On a prétendu aussi que, dans cette table, des peuples de races différentes ont été groupés ensemble ; qu'ainsi les Kenânéens sont donnés comme frères des Égyptiens, qui appartiendraient à une autre race. Mais cette objection a été soulevée sous l'empire d'un préjugé, très répandu il y a quelques années encore, lequel consistait à voir dans le langage le critérium infaillible de la race. Ce préjugé est aujourd'hui déraciné dans la science, et nous ferons voir un peu plus loin à quel degré les faits le démentent. Bien souvent les divisions des langues ne correspondent pas à celles des races. Cette idée fausse écartée, toute base manque aux arguments qu'on en tirait contre le caractère réellement ethnographique du tableau de la descendance de Noa'h dans la Genèse. Mais la meilleure démonstration de l'exactitude de ce caractère ethnographique ou ethnogénique sera l'analyse même du tableau. Elle ne laissera pas, je crois, de doute dans l'esprit du lecteur sur ce que nous y avons une classification des peuples, non d'après leur position géographique, mais d'après leur parenté d'origine, telle qu'elle se déduisait de la tradition et de la ressemblance de leur type physique.

Ce document fournit donc une base d'un prix inestimable pour les recherches historiques de l'ethnographie, c'est-à-dire de la science qui s'occupe de rechercher les affinités des nations entre elles et leurs origines. L'étude attentive des traditions de l'histoire, la comparaison des langues et l'examen des caractères physiologiques des diverses nations, fournissent des résultats pleinement d'accord sur cette matière avec le témoignage du livre inspiré. Nous allons exposer, aussi brièvement que possible, les faits qui ressortent des renseignements ethnographiques de la Genèse et les constatations de la science moderne, qui sont venues les compléter ou les éclaircir[1].

Famille de 'Ham. — 'Ham, dont le nom veut dire « le noir, le brun, » est le père de la grande famille dont les peuples de la Phénicie, de l'Égypte et de l'Éthiopie étaient primitivement descendus. Ce groupe de populations, que représentent encore de nos jours les fellahs de l'Égypte, les Nubiens, les Abyssins et les Touaregs, et avec un mélange de sang blanc, probablement yaphétite ou indo-européen, dont on peut déterminer historiquement la date d'une manière approximative, les Berbères ou Amazigs, présente tous les traits anatomiques essentiels de la race blanche. Mais il se distingue par le teint toujours foncé, qui passe du brun clair à la couleur du bronze et presque au noir, par la taille peu élevée, le menton fuyant, les lèvres grosses sans être très proéminentes, la barbe clair-semée, les cheveux très frisés sans être jamais crépus. Les classifications de l'anthropologie, fondées uniquement sur les caractères physiques, le délimitent exactement de même que le texte sacré. C'est la sous-race que nous avons qualifiée plus haut d'*égypto-berbère*, et qui tient une place intermédiaire entre les deux races primordiales blanche et noire.

Suivant la Genèse, 'Ham eut quatre fils : *Kousch*, *Miçraïm*, *Pout* et *Kena'an*. Ce sont quatre divisions principales, ethniques et géographiques, de la famille.

L'identité de la race de *Kousch* et des Éthiopiens est certaine ; les inscriptions hiéroglyphiques de l'Égypte désignent toujours les peuples du Haut-Nil[2], au sud de la Nubie, sous le nom de *Kousch*. Mais ce nom, dans la Genèse, comme celui d'Éthiopiens dans la géographie classique, possède un sens bien plus étendu. Avec les habitants non-nègres du Haut-Nil, il embrasse tout un vaste ensemble de populations, étroitement apparentées entre elles par le type physique, sinon par le langage, qui s'étendent le long des rivages de la mer d'Oman, de la côte orientale

---

[1] Une carte, gravée hors texte, éclaircira pour le lecteur toute cette étude de l'ethnographie de la Genèse.

[2] Ces habitants non-nègres du pays de Kousch ou de l'Éthiopie nilotique, sont représentés sur les monuments exactement avec les mêmes traits que les Égyptiens, dont on ne les distingue pas. Aussi n'avons-nous pas cru nécessaire d'en donner ici une figure.

de l'Afrique aux embouchures de l'Indus. Nous en avons la preuve par la liste que le texte biblique donne ensuite des fils de *Kousch*, c'est-à-dire des sous-familles que son auteur rattachait à la famille principale. Cette liste suit un ordre géographique parfaitement régulier d'ouest en est, de la manière suivante :

*Seba*, que d'autres textes bibliques représentent comme relégué au plus loin dans le sud et mettent en rapport avec l'Égypte et l'Éthiopie ; il faut en rapprocher la grande ville de Sabæ et le port de Saba (Sabat chez Ptolémée), que Strabon place sur la rive occidentale de la Mer Rouge, au nord du détroit de Bab-el-Mandeb.

*'Havilah,* que l'on ne doit pas confondre avec le peuple sémitique de même nom, classé dans la descendance de Yaqtan ; dans celle de Kousch, 'Havilah représente la nation des Avalites, habitant les bords du golfe que forme la côte d'Afrique au sud du détroit donnant accès dans la Mer Rouge, du golfe de Zeïlah.

*Sabtah*, dont le nom correspond manifestement à celui de la ville de Sabbatha ou Sabota, devenue plus tard la capitale des Chatramotites de la géographie classique, c'est-à-dire des habitants du 'Hadhramaut, et l'un des plus grands marchés de l'Arabie méridionale.

*Ra'emah*, que les Septante et saint Jérôme transcrivent *Regma*, d'après la transformation fréquente du *'aïn* sémitique en un γ grec ; on rapproche généralement *Ra'emah* du port de Regma, situé sur la rive arabe du golfe Persique, bien qu'il y ait à cette assimilation une difficulté philologique, dans le fait que le nom arabe indigène correspondant à Regma est *Redjam*, et non *Re'am* ou *Regham*. Cependant les fils que la Genèse attribue à Ra'emah semblent la confirmer : car le premier, *Dedan*, correspond sûrement à l'appellation de *Daden*, donnée à l'une des îles Bahreïn. Le second, *Scheba*, est plus obscur ; tout d'abord on serait tenté, et ç'a été l'avis de la majorité des commentateurs, d'y voir les fameux Sabéens de l'Arabie-Heureuse, qui reparaissent sous le même nom de *Scheba* dans la descendance de Yaqtan, double emploi par lequel l'auteur inspiré aurait exprimé le fait d'une double couche ethnique, d'abord kouschite, puis yaqtanide, qui aurait contribué à la formation de ce peuple. Mais, sans s'éloigner autant du site de Ra'emah et de Dedan, le nom de *Scheba* peut s'expliquer par le peuple des Asabes, que les géographes classiques placent sur la côte de l'Oman actuel, où l'on cite aussi la ville de *Batra-sabbes*, et un peuple de Sabéens mentionnés par Pline.

*Sabteka*, dont l'appellation doit être mise en parallèle avec celles de la ville de Samydacê et du fleuve Samydacês, sur le littoral de la Carmanie, où la géographie classique place aussi un fleuve Sabis et un peuple de *Sabæ*.

Cette liste nous conduit ainsi, pour l'extension des peuples de la souche de Kousch, jusqu'à la frontière de la Gédrosie, où les écrivains grecs placent leurs Éthiopiens orientaux ou asiatiques, semblables d'aspect aux Éthiopiens africains; et de là nous gagnons l'Inde, dont les anciennes traditions nous parleront d'un peuple brun de *Kauçikas*, habitant le pays antérieurement à l'arrivée des Aryas et absorbé par eux, peuple dont le nom offre une bien remarquable coïncidence avec celui de *Kousch*.

La Bible place encore des Kouschites dans la partie méridionale du bassin de l'Euphrate et du Tigre, quand elle fait sortir de Kousch Nemrod, le fondateur légendaire de la puissance politique et de la civilisation des Chaldéo-Babyloniens. La tradition recueillie par les Grecs parle aussi de la dualité ethnique des Chaldéens et des Céphènes comme ayant formé originairement la population de cette contrée; et le nom de Céphènes est sûrement un synonyme de celui de Kousch; des bords de la Méditerranée jusqu'à ceux de l'Indus, il s'applique toujours aux mêmes populations. Les textes cunéiformes nous font connaître un peuple de *Kasschi*, répandu dans une partie de la Babylonie et dans le nord-ouest du pays de 'Élam; nous lui verrons jouer un grand rôle dans l'histoire de ces pays à une date reculée. Ce sont les Cissiens de la géographie classique, qui met aussi dans le nord de la Susiane des Cosséens, dont le nom paraît également un reste de celui de *Kousch*.

Tout ceci nous montre que, pour l'auteur du document que fournit le chapitre X de la Genèse, *Kousch* est une grande famille de peuples couvrant une zone méridionale de territoires depuis le Haut-Nil à l'ouest jusqu'au Bas-Indus à l'est, famille dont l'unité physique était encore plus accusée dans la haute antiquité que de nos jours, mais n'a cependant pas tout à fait disparu, malgré les migrations qui depuis ont superposé sur différents points d'autres races à ce substratum ethnique. En revanche, elle ne nous offre pas dans l'histoire la même unité linguistique, unité sans doute rompue de bonne heure par des circonstances historiques. Nous constaterons, d'ailleurs, par d'autres exemples que dans le système de classification des races qui a servi de base au tableau généalogique des descendants de Noa'h, ce ne sont pas d'après les affinités du langage que l'on s'est guidé, mais d'après le type et aussi d'après certaines données traditionnelles sur la filiation des peuples.

Dans les Livres Saints, *Miçraïm* est l'appellation constante de l'Égypte, qualifiée de *Mouçour* ou *Miçir* par les Assyriens, de *Moudrâya* par les Perses. De nos jours encore les Arabes appliquent le nom de *Miçr* soit à la capitale de l'Égypte, soit à l'Égypte entière. Ainsi que nous l'avons dit plus haut, *Miçraïm* a la forme du duel, à cause de la fameuse division de l'Égypte en deux parties, haute et basse. De même qu'à Kousch, le texte sacré donne une série d'enfants, représentant autant de divisions ethniques secondaires, à Miçraïm.

Les *Loudim* sont sûrement les Égyptiens proprement dits, de la race dominante, qui s'intitulaient eux-mêmes, nous l'avons vu plus haut, *Rot* ou *Lot*[1], « la race » par excellence[2].

Les *'Anamim*, sont les *'Anou* des monuments égyptiens, population qui apparaît aux âges historiques brisée en débris répandus un peu partout dans la vallée du Nil; elle a laissé son nom aux villes d'Héliopolis (en égyptien *'An*), Tentyris ou Dendérah (appellée aussi quelquefois *'An*) et Hermonthis (*'An-res*, la 'An du sud); deux de ses rameaux gardèrent pendant un certain temps après les autres une vie propre, l'un dans une portion de la péninsule du Sinaï, l'autre dans la Nubie; ce sont probablement les gens de ce dernier rameau, les *'Anou-Kens* des inscriptions égyptiennes, que l'auteur du document ethnographique de la Genèse a eu en vue;

Les *Naphtou'him* sont les habitants du pays de Memphis, dont le nom sacerdotal indigène était *Na-Phta'h,* « le domaine du dieu Phta'h. »

Les *Pathrousim* sont ceux de la Thébaïde, appelée en égyptien *p-to-res* « le pays méridional. »

Les *Kaslou'him* sont plus embarrassants; ils ont donné lieu à beaucoup de conjectures, dénuées de fondement suffisant. Ce qui complique ici la question, c'est que ni les documents égyptiens, ni les

---

[1] En égyptien les deux articulations *r* et *l* permutaient avec une singulière facilité.
[2] La gravure de la page 111 a déjà montré plus haut comment les Égyptiens représentaient eux-mêmes le type de ce peuple du Rot ou de leur propre race. Il suffit d'y renvoyer le lecteur, sans donner ici d'autre figure monumentale des Égyptiens antiques. D'ailleurs l'illustration de notre livre III en offrira un peu plus loin de très nombreux exemples.

documents assyro-babyloniens ne nous fournissent d'appellation analogue. Il faut cependant remarquer que les Septante ont eu ici sous les yeux un texte différent de notre texte hébraïque, et que ce texte substituait au nom de *Kaslou'him* celui de *'Hasmoniim*, « les gens du pays du natron, » en égyptien *'hesmen*. Ceci fournit une désignation certaine de la partie occidentale du Delta et du nome libyque des Grecs, synonyme de celle de *Milou'h'hi* ou *Melou'h'hi*, par laquelle les textes cunéiformes désignent la même contrée, comme « le pays du sel, » en copte *mel'h*[1]; et l'appellation de Maréa, placée dans la même contrée par les géographes classiques, doit dériver du même prototype égyptien. Cependant les peuples que la Genèse fait sortir des Kaslou'him rendent difficile de croire que ce nom désigne seulement la partie occidentale du Delta; il est plus probable que dans la pensée de l'auteur sacré il s'étendait à toute la partie maritime de l'Égypte, habitée par une population particulière et plus asiatique que celle du reste du pays, depuis la frontière de la Libye jusqu'à celle du pays des Philistins. On peut même conjecturer que ce nom doit être regardé comme embrassant en outre la couche la plus ancienne de la population du pays philistin, caractérisée comme Céphénienne dans les traditions que les Grecs recueillirent. En effet, le document biblique dit que des *Kaslou'him* sortirent les *Pelischthim*, c'est-à-dire les Philistins. Ceux-ci nous apparaissent dans l'histoire comme une population de la souche pélasgique, aux yeux bleus et aux cheveux blonds, établie dans le XIVe siècle avant notre ère sur la côte palestinienne. Il est clair qu'en les faisant fils des *Kaslou'him*, l'auteur de la Genèse a voulu marquer la fusion qui s'était opérée sur ce terrain entre les envahisseurs venus du Nord et l'ancienne population, sortie de la souche de 'Ham, fusion qui avait donné naissance à un peuple mixte et nouveau. Et par un des éléments qui avaient contribué à sa formation, ce peuple pouvait être à bon droit qualifié de petit-fils de Miçraïm; car il est facile de remarquer que, dans sa construction sous forme généalogique, le tableau donné par la Bible multiplie les degrés de génération séparant de la souche fondamentale, à proportion des mélanges de sang étranger qui rendent un peuple de race moins pure. Quant aux *Kaphthorim*, que le texte biblique associe aux *Pelischthim*, comme sortis de la même source, ce sont les habitants de

---

[1] On n'a pas encore trouvé la forme correspondante en égyptien antique.

l'île de *Kaphthor*, qui dans nombre d'autres passages de la Bible est certainement la Crète. La parenté ethnique des Crétois et des Philistins est attestée par le témoignage unanime de toute l'antiquité.

Enfin, le dernier des fils de Miçraïm n'offre pas de doute pour ce qui est de sa signification ethnographique. Les *Lehabim* sont sûrement les Libyens, les *Lebou* des monuments égyptiens ; mais l'appellation doit être ici entendue dans un sens restreint, comme s'appliquant seulement aux Libyens voisins de l'Égypte, chez qui pouvait s'être infusée une part de sang égyptien. Ces *Lehabim* pénétraient certainement jusque dans une partie du Delta occidental.

*Pout*, troisième fils de 'Ham, est un peuple africain dans un grand nombre de passages de la Bible. La tradition juive en fait les habitants des côtes septentrionales de l'Afrique jusqu'à l'extrémité de la Mauritanie. Ceci est confirmé par l'appellation de *Phaiat* donnée en copte à la Libye, ainsi que par

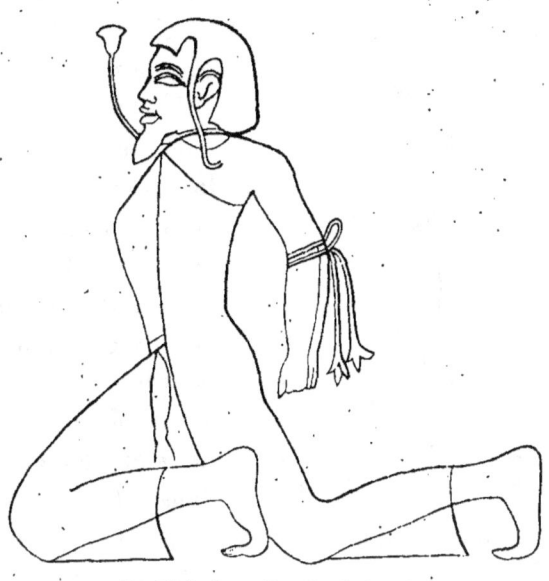

Captif de la nation des Lebou [1].

l'existence d'un fleuve *Phthuth* ou *Fut*, mentionné dans la Mauritanie par les géographes grecs et romains. Les inscriptions cunéiformes perses mentionnent un pays de *Poutiya* parmi ceux qui étaient soumis à l'empire des Achéménides, et il ne peut être que la portion de la Libye qui reconnaissait leurs lois. D'un autre côté, il est bien difficile de ne pas comparer, à la suite de M. Ebers, le nom de *Pout* avec celui de *Pount*, qui désigne dans la géographie des anciens Égyptiens les pays au sud-est de la vallée du Nil, c'est-à-dire la côte africaine des Somâlis d'aujourd'hui et la côte opposée de l'Arabie-Heureuse. Dans les bas-reliefs historiques de l'Égypte, les gens de Pount, qui forment ainsi en Arabie le substratum hamitique auquel

---

[1] D'après les sculptures du palais de Médinet-Abou, à Thèbes, exécutées sous Ramessou III, de la XXᵉ dynastie.

se sont superposés les Sabéens yaqtanides, sont représentés avec la même coloration que les Égyptiens, et des traits qui participent à la fois de ceux de ce peuple et de ceux des Sémites purs. Ceci correspond fort bien avec le type physique des Somâlis actuels, qui, dans leurs propres traditions, se disent apparentés à la population la plus antique du Yémen et du 'Hdhramaout. Il semble donc que, dans le tableau ethnographique de la Genèse, *Pout* ait un sens géographiquement aussi étendu que *Kousch*. Il désigne tout le vaste ensemble des populations de race éthiopico-berbère répandues au sud de l'Éthiopie kouschite et à l'ouest du bassin du Nil. Ces populations forment deux groupes principaux, séparés par l'interposition d'éléments nègres : d'abord les peuples du *Pount* des Égyptiens, c'est-à-dire les Somâlis et leurs congénères et voisins de la côte orientale d'Afrique, à cheval, comme les Kouschites leurs proches parents, sur les deux rives du golfe d'Aden ; puis la grande famille des peuples libyens et berbères, occupant tout le nord du continent africain, depuis le voisinage de l'Égypte jusqu'à l'Océan Atlantique et même ayant occupé les îles Canaries dans cet océan. Les peuples de cette dernière famille se donnent à eux-mêmes le nom générique d'Amazigs (les nobles), que l'antiquité nous offre déjà dans les appellations des Mazices et des Maxitains, que les Phéniciens, qui fondèrent Carthage, trouvèrent à leur arrivée et qui paraissent identiques aux Maxyes ou Libyens laboureurs, appelés Maschouasch dans les documents égyptiens. Entre ces deux groupes de populations, auxquelles s'applique en commun le nom biblique de *Pout*, la parenté ethnographique et linguistique est très grande. Mais le type primitif et 'hamitique de la famille paraît s'être mieux conservé qu'ailleurs chez les Somâlis et les autres peuples du même groupe. Les Berbères ou Amazigs ont reçu à une époque ancienne une forte infusion de sang de la race blanche pure, qui les a sensiblement modifiés. C'est le résultat de la grande invasion maritime des *Ta'hennou* ou *Tama'hou* aux cheveux blonds et aux yeux

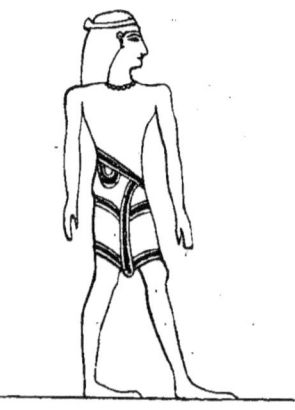

Indigène du pays de Pount[1].

---

[1] D'après les bas-reliefs égyptiens du temple de Deïr-el-Bahari, à Thèbes, élevé sous la minorité du roi Tahoutmès III.

bleus[1], que les monuments égyptiens du temps de la xviiie et de la xixe dynastie nous montrent répandus dans la Libye, et rapportent à la même race que les *Ha-nebou* ou habitants du continent et des îles de la Grèce, ainsi que du midi de l'Italie.

Sous le nom de *Kena'an* sont compris les Phéniciens et toutes les tribus étroitement apparentées à eux, qui, avant l'établissement des Hébreux, habitaient le pays compris entre la Méditerranée et le bassin de la mer Morte et du Jourdain, qui fut plus tard la Terre-Sainte. Le document biblique énumère de nombreux fils de Kena'an; il pousse ici la subdivision jusqu'à un degré très minutieux, à cause des rapports étroits entre l'histoire des Kenânéens et celle du peuple choisi de Dieu. Il compte donc comme issus de Kena'an :

*Çidon*, « son premier-né, » c'est-à-dire, comme nous l'avons déjà remarqué, la ville de Sidon (en phénicien *Çidon*), première métropole des Phéniciens; ce nom représente ici tout le peuple des Kenânéens maritimes ou Phéniciens, qui se donnaient à eux-mêmes le nom de *Çidonim* ou Sidoniens.

*'Heth*, qui représente le grand peuple des *Kheta* des monuments égyptiens, des *'Hatti* des Assyriens, établi entre l'Oronte, l'Euphrate et l'Amanus, peuple que nous verrons tenir une place de premier ordre dans l'histoire des contrées syriennes pendant six siècles au

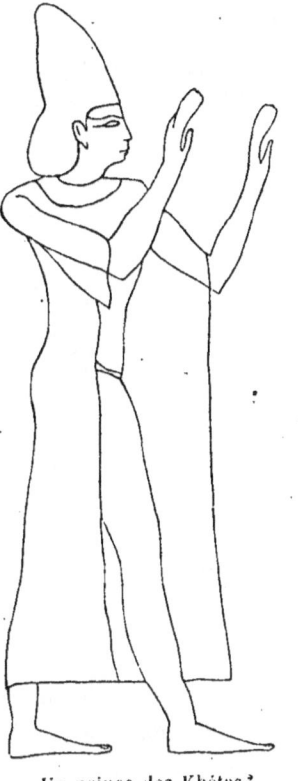

Un prince des Khétus[2].

moins, depuis le temps où la xixe dynastie monta sur le trône d'Égypte jusqu'à celui où les Sargonides régnèrent en Assyrie; une petite peuplade de *'Hittim*, colonie détachée de cette grande nation, est signalée auprès de 'Hébron.

Le *Yebousi* ou peuple de Yebous, localité qui devint ensuite Yerouschalaïm (Jérusalem).

---

[1] Voy. plus haut, p. 111, le type que les monuments égyptiens donnent à ces Ta'hennou ou Tama'hou.

[2] D'après un bas-relief égyptien d'Ibsamboul en Nubie. Le prince ainsi représenté était devenu le beau-frère du Pharaon Ramessou II, de la xixe dynastie.

Le *Amori*, nation qu'à l'époque de la conquête de la Palestine par les Hébreux nous voyons habiter les montagnes d'Éphraïm et de Yehoudah (Juda) et se prolonger encore plus dans le sud ; les monuments égyptiens nous montrent aussi une peuplade isolée d'*Amorim* habitant plus au nord, auprès de Qadesch sur le haut Oronte.

Le *Girgaschi*, peuple qui est encore nommé parmi ceux que dépossédèrent les Hébreux, mais dont on ne précise pas la situation dans le pays de Kena'an.

Le *'Hivi*, dont les récits bibliques de la conquête de la Terre-Promise mentionnent des tribus à Schechem (Sichem), à Gib'eon et dans le voisinage du mont 'Hermon.

Captif des Amorim de Qadesch[1].

Le *'Arqi*, de Arca dans le Liban, un peu au nord de Tripolis.

Le *Sini* ou peuple de la ville de Sin, située un peu plus haut dans la même région, en remontant du sud au nord, direction que la liste suit désormais très exactement.

Le *Arvadi*, de la ville insulaire d'*Arvad*, l'Aradus de la géographie classique.

Le *Çemari*, dont la cité est appelée Simyra des Grecs et des Latins.

Le *'Hamathi*, de la grande ville de 'Hamath dans la vallée de l'Oronte.

L'inscription de Kena'an parmi les fils de 'Ham a été le principal argument dont on s'est servi pour attaquer l'exactitude et le caractère ethnographique du tableau des peuples dans le chapitre X de la Genèse. On y objectait qu'ils devaient appartenir à la famille syro-arabe ou au sang de Schem, puisqu'ils parlaient un idiome purement sémitique, le même que celui des Hébreux. Aujourd'hui, dans le point de vue actuel

---

[1] Sculpture égyptienne de Medinet-Abou.

de la science, cet argument linguistique a perdu beaucoup de sa force. Les érudits qui ont étudié le plus à fond les Phéniciens et les autres Kenânéens, comme M. Renan, reconnaissent qu'en dépit de leur langage sémitique et de la forte infiltration de sang syro-arabe qui dut nécessairement se produire parmi eux, une fois qu'ils furent établis dans la Palestine et dans la région du Liban, le fond premier de ces peuples était plus apparenté aux Égyptiens, avec lesquels ils ont tant de légendes religieuses communes, qu'aux nations de Schem. Ceci s'accorde avec la tradition, constante dans l'antiquité et chez les Phéniciens eux-mêmes, qui les faisait venir des bords du golfe Persique, c'est-à-dire d'un domaine qui appartient exclusivement aux peuples de 'Ham. Les Égyptiens, sur leurs monuments, donnent aux gens de *Kefta*, les Phéniciens, des traits et un costume qui se rapprochent beaucoup des leurs propres; ils les peignent en rouge comme eux-mêmes. Et c'est à cette couleur de teint rouge qu'a trait le nom de Φοίνικες, qui leur a été donné par les Grecs. En même temps, quand on voit ce nom de Phéniciens prendre en latin la forme *Poeni*, qui s'applique spécialement aux Kenânéens auxquels les Romains et les autres Italiotes ont eu le plus anciennement affaire, c'est-à-dire aux

Phénicien du temps de la xviii<sup>e</sup> dynastie égyptienne[1].

Carthaginois, on en arrive à soupçonner que les Grecs ont dû helléniser en Φοίνικες, pour y donner un sens dans leur propre idiome, une appellation asiatique, dont *Poeni* aura mieux conservé la forme indigène et dont la ressemblance avec le *Pount* égyptien est à tout le moins digne d'attention.

Au reste, la contradiction apparente que l'on a cru remarquer entre la place donnée à Kena'an dans le tableau ethnographique de la Genèse, et la nature de la langue que parlait ce peuple, tient surtout à l'habitude que l'on a prise, par suite de la confusion qui a longtemps régné entre les faits philologiques et les faits ethnographiques, d'appeler *langues sémitiques* le rameau syro-arabe des idiomes à flexion.

[1] Cette figure d'un homme du pays de Kefta, apportant en tribut des œuvres de son industrie, est empruntée aux peintures du tombeau de Rekh-ma-Ra, à Thèbes, datant du règne de Tahoutmès III.

Des savants de premier ordre, et dont l'opinion possède une autorité supérieure, ont déjà fait remarquer ce que cette expression a d'impropre. Une notable partie, sinon la majorité des peuples que la Bible rapporte à la descendance de 'Ham, en particulier ceux du rameau de Kousch, parlaient des langues de cette classe. Le fait de Kena'an n'est pas isolé; il appartient, au contraire, à tout un ensemble. Le ghez est parlé par une population dont le fond — les caractères physiques des Abyssins l'attestent — est resté en très grande majorité kouschite, et où les quelques éléments sémitiques qui se sont infiltrés de manière à devenir dominateurs, venant du Yémen,

Guerrier kenânéen de la Palestine¹.

auraient apporté l'himyarite comme ils ont apporté l'écriture de l'Arabie méridionale, si le langage venait d'eux. La langue himyarite ou sabéenne elle-même, est l'idiome d'un pays où les peuples de Kousch et de Pount précédèrent les tribus de la descendance de Yaqtan, et formèrent toujours un élément considérable de la population. Si les Yaqtanides de l'Arabie méridionale eurent, au temps de leur civilisation, un langage différent de celui des tribus de même souche qui s'étaient établies dans le reste de la péninsule, n'est-il pas très

vraisemblable de penser qu'ils le durent à l'influence de la race antérieure, qui se fondit avec eux? De même, quand nous exposerons l'histoire des civilisations du bassin de l'Euphrate et du Tigre, la langue de la famille syro-arabe, dite *assyrienne*, nous apparaîtra comme ayant été à l'origine la langue de l'élément kouschite de la population de la Babylonie, transmise ensuite, avec la civilisation chaldéo-babylonienne, au peuple d'Asschour, de la pure race de Schem.

Tout ceci vient favoriser, au point de vue de la linguistique, et même, dans une certaine mesure, de l'histoire, la théorie de ceux qui voient dans les nations de 'Ham « la branche la plus ancienne de cette famille

---

¹ Ce personnage est donné comme ayant pour patrie la ville de Kanâana, que les documents hiéroglyphiques représentent comme située dans la Palestine méridionale, probablement sur le territoire qu'occupèrent plus tard les Pelischtim ou Philistins.

Représentation égyptienne du temps de la xix⁰ dynastie, empruntée à l'ouvrage de Wilkinson, *Manners and customs of ancient Egyptians*.

de peuples répandus dans toute l'Asie antérieure, des sources de l'Euphrate et du Tigre au fond de l'Arabie, des bords du golfe Persique à ceux de la Méditerranée, et sur les deux rivages du golfe Arabique, en Afrique et en Asie. Cette branche ancienne de la famille sémitique, partie la première du berceau commun, disent les partisans d'une telle opinion, la première aussi parmi cette foule de hordes longtemps nomades, se fixa, puis s'éleva à la civilisation en Chaldée, en Éthiopie, en Égypte, en Palestine, pour devenir à ses frères demeurés pasteurs un objet d'envie et d'exécration tout à la fois. De là cette scission entre les enfants de Schem et ceux de 'Ham, ces derniers au sud et à l'ouest, les autres à l'est et au nord, quoique tous fussent les membres d'une même famille originaire, parlant une même langue, divisée entre de nombreux dialectes, et qu'on est autorisé à nommer ethnographiquement dans son ensemble famille syro-arabique ou syro-éthiopienne, par opposition à la famille indo-persique ou indo-germanique (aryenne), autre grande section de la race blanche [1]. » Cette manière de voir se concilierait d'une manière très heureuse avec la singulière facilité que les 'Hamites montrent dans l'histoire à se confondre avec les Sémites purs, de manière à ne plus pouvoir s'en distinguer, toutes les fois qu'il y a eu superposition des deux éléments, comme dans l'Arabie méridionale.

Mais, d'un autre côté, anthropologiquement il semble, dans l'antiquité comme de nos jours, y avoir entre les peuples de Schem et de 'Ham une distinction qui n'existe pas dans le langage, et qui correspond à celle qu'établit la tradition biblique; les peuples de 'Ham ont aussi, dans une certaine mesure, un génie à part, plus matérialiste et plus industriel que celui des purs Sémites, à côté de bien des instincts communs; enfin même, si une partie notable des 'Hamites parle des langues décidément sémitiques, d'autres, comme les Égyptiens, ont des idiomes qui sont sans doute apparentés à la famille sémitique, mais possèdent cependant une originalité propre assez considérable pour qu'on doive en faire une famille à part. Peut-être est-il possible d'expliquer et de concilier ces données contradictoires, en modifiant la formule dans le sens des faits que l'anthropologie permet déjà d'entrevoir. Il faudrait supposer dans ce cas que le premier rameau détaché du tronc commun, celui des peuples de 'Ham, subit un métissage avec une race noire ou méla-

---

[1] Guigniaut, *Religions de l'antiquité*, t. II, p. 822.

nienne, qu'elle trouva antérieurement établie dans les pays où elle se répandit d'abord, tandis que les Sémites, demeurés en arrière, conservaient dans sa pureté le sang de la race blanche. Le métissage aurait été suffisant pour faire des peuples de 'Ham, au bout d'un certain temps de séparation, une race réellement différente de celle de Schem, sans cependant effacer les affinités originaires, surtout dans le langage. Mais en même temps, le mélange avec un autre sang, qui serait ainsi le caractère distinctif des 'Hamites, ne se serait pas opéré partout dans les mêmes proportions ; ici, le sang mélanien aurait prédominé davantage, et là moins. Ainsi les nations groupées par la Bible dans la race de 'Ham offriraient en réalité comme une gamme de métissages plus ou moins prononcés, depuis des peuples aussi rapprochés des Sémites purs et aussi difficiles à en distinguer par certains côtés, que les Kouschites de Babylone ou les Kenânéens de la Phénicie, jusqu'à des peuples à la physionomie déjà nettement tranchée, comme les Égyptiens. Et il est à remarquer qu'en envisageant ainsi la race de 'Ham, le plus ou moins d'affinité des idiomes de ses différents peuples avec les langues sémitiques coïncide avec le plus ou moins de ressemblance des mêmes peuples avec le type anthropologique des Sémites purs, marque incontestable d'une proportion plus ou moins forte de mélange d'un sang étranger, autre que celui de la race blanche.

Les observations que nous venons de faire au sujet du langage laissent en dehors les Kouschites orientaux du tableau ethnographique de la Genèse, c'est-à-dire les peuples habitant à l'est du golfe Persique et rattachés encore par l'écrivain sacré à la descendance de Kousch. Ceux-là, en effet, aussi haut qu'on les rencontre dans l'histoire, s'y montrent parlant des idiomes radicalement différents de ceux des peuples de Schem et des autres peuples de 'Ham. Mais ceci ne saurait être une raison suffisante pour contester formellement la tradition de leur parenté ethnique avec le reste des 'Hamites. D'ailleurs il faut tenir compte de la façon dont ces peuples, les plus reculés dans l'est de l'horizon géographique de la Bible, se confondent par une série de transitions graduelles avec les Dravidiens de l'Inde, que l'antiquité n'a jamais distingués des Éthiopiens ou Kouschites. La côte entre le golfe Persique et l'Indus paraît avoir été, dès une époque extrêmement reculée, le point de rencontre et de fusion de deux races distinctes d'hommes à peau brune, inclinant plus ou moins vers le noir pur.

Les 'Hamites furent donc, des trois grandes divisions de l'humanité

Noa'hide que la Bible montre se séparant après la confusion des langues, ceux qui s'éloignèrent les premiers du centre commun, se répandirent d'abord sur la plus vaste étendue de territoire et fondèrent les plus antiques monarchies. Ce fut chez eux que la civilisation matérielle fit d'abord les plus rapides progrès. Mais Noa'h avait maudit son fils 'Ham pour lui avoir manqué de respect dans son ivresse et pour avoir tourné en dérision la nudité paternelle. « Tu seras le serviteur de Schem et de Yapheth, » lui avait-il dit. Cette malédiction s'accomplit dans sa plénitude. Les empires fondés par les 'Hamites se trouvèrent bientôt en contact avec les deux autres races, qui entrèrent en lutte avec eux, les vainquirent et s'emparèrent des pays qu'ils occupaient. Les Sémites les remplacèrent dans la Chaldée, dans l'Assyrie, dans la Palestine et dans l'Arabie; les Aryas dans l'Inde et la Perse. Les descendants du fils maudit ne maintinrent leur puissance qu'en Afrique et particulièrement en Égypte, où s'éleva la plus florissante de leurs colonies. Et même encore là, dans la suite des siècles, les effets de la malédiction paternelle ont fini par les atteindre. Si 'Ham y est resté libre et maître plus longtemps qu'ailleurs, il n'y est pas moins à la fin devenu le serviteur de Schem. Après avoir été conquis par les Grecs et les Romains, descendants de Yapheth, la Phénicie, l'Égypte et le nord de l'Afrique obéissent depuis des siècles à des Arabes; les Éthiopiens ont été conquis par des tribus sémitiques, qui se sont amalgamées avec eux. Si la famille de 'Ham subsiste encore dans un certain nombre de pays et y forme toujours le fond de la population, nulle part, depuis des centaines et des centaines d'années, elle n'a une vie propre et nationale et ne forme un État indépendant.

Les descendants de 'Ham furent les premiers, parmi l'humanité Noa'hide, à marcher dans la vie de la civilisation matérielle, qu'ils poussèrent à un haut degré de développement. Mais s'ils avaient sous ce rapport des aptitudes remarquables, leur race garda toujours l'empreinte des tendances dépravées et grossières qui avaient attiré sur 'Ham la malédiction paternelle. Les peuples 'hamites ont été tous profondément corrompus, à part les Égyptiens, qui forment à cet égard parmi eux une éclatante exception. Leurs religions (en mettant aussi à part celle de l'Égypte) ne sortaient pas du matérialisme le plus absolu, exprimé sans pudeur, par des fables révoltantes et par des symboles d'une inconcevable obscénité. Aussi le triomphe des familles de Schem et de Yapheth a-t-il été partout la substitution d'une civilisation plus haute et plus épurée à celle que les 'Hamites avaient établie, l'avénement d'une morale plus pure et d'une religion plus spirituelle, même au milieu des erreurs de l'idolâtrie.

FAMILLE DE SCHEM. — Les descendants de Schem furent les seconds à se répandre dans le monde, en quittant la contrée que les enfants de Noa'h avaient habitée à la suite du Déluge. Ils occupèrent les pays qui s'étendent depuis la haute Mésopotamie jusqu'à l'extrémité méridionale de l'Arabie et depuis les bords de la mer Méditerranée jusqu'au delà du Tigre. L'énumération de leurs différentes branches, dans le chapitre X de la Genèse, suit un ordre géographique régulier, procédant d'est en ouest. Car on donne pour fils à Schem, *'Elam, Asschour, Arphakschad, Loud* et *Aram*.

Le premier-né est donc *'Elam*. Ce nom, d'origine sémitique et signifiant « le pays élevé, » le pays des montagnes par opposition aux plaines de la Chaldée[1], est celui par lequel les Assyriens, les Hébreux et les peuples congénères désignaient la Susiane ou Élymaïs de la géographie classique, la contrée située entre le Tigre et la Perse. Au premier abord on est surpris de voir la population de ce pays donnée comme sémitique, car linguistiquement le pays de 'Elam est absolument étranger au monde sémitique.

Têtes d'Élamites de la classe inférieure, au type négroïde[2].

La langue qu'on y parlait, et dont nous possédons un certain nombre de monuments écrits, était un idiome agglutinatif, tenant de très près à celui du vieux fond anté-aryen de la population de la Médie, et apparenté dans une certaine mesure aux langues altaïques, particulièrement à celles du rameau turc. Il ne paraît pas douteux aujourd'hui que la masse du peuple élamite ou susien ne se composât de tribus juxtaposées et en partie croisées, se rattachant les unes à la souche de 'Ham comme les Cissiens et les Cosséens, les autres à la souche touranienne comme les Susiens proprement dits, comme les Susiens (*Schouschinak* dans leur propre langage), les Aphar-

---

[1] C'est aussi le sens du nom donné au même pays dans la langue accadienne, *Nima*.

[2] D'après les sculptures assyriennes du palais du roi Asschour-bani-abal, à Koyoundjik, l'ancienne Ninive.

séens ou Amardes (*Hafarti*) et les Uxiens (nom tiré par les Grecs du Perse *Ouvaja*). Les sculptures assyriennes représentant des scènes des guerres des monarques ninivites dans le pays de 'Elam, montrent qu'un type négroïde très caractérisé prédominait dans cette population de sang extrêmement mélangé. Mais en même temps elles justifient l'écrivain biblique en attribuant à la plupart des chefs de tribus et des hauts fonctionnaires de la cour des rois de Suse un type de race tout à fait différent de celui des hommes du peuple, des traits qui sont, sans aucun doute possible, ceux des nations syro-arabes. Il y avait donc eu dans le pays de 'Elam, à une époque qu'il nous est impossible de déterminer, introduction d'une aristocratie se rattachant à la race de Schem, aristocratie qui avait rapidement adopté le langage du peuple auquel elle s'était superposée, mais qui, ne se mélangeant pas avec les indigènes des classes inférieures, avait conservé fort intact son type ethnique particulier. C'est là ce que le document sacré désigne sous le nom de *'Elam*, fils de Schem.

Tête d'un Élamite de la classe aristocratique, au type sémitique[1].

*Asschour*, second fils de Schem, personnifie la nation des Assyriens, qui joua un si grand rôle dans l'histoire de l'Asie occidentale. La langue et la civilisation sont communes aux Assyriens proprement dits et aux Chaldéo-Babyloniens; mais les monuments figurés de ces peuples eux-mêmes montrent que leur type physique et anthropologique différait profondément. Les Assyriens ont tous les traits propres aux peuples syro-arabes; ils peuvent en passer pour une des nations caractéristiques et typiques au point de vue de l'apparence extérieure, ce qui s'applique très bien à la place donnée à *Asschour* dans la descendance de Schem. Les Chaldéo-Babyloniens s'en distinguent d'une façon très accusée; il suffit de voir leur figure dans les bas-reliefs exécutés avec soin pour reconnaître que, malgré la communauté de langue, ce sont des hommes d'une autre race. Et en effet, nous verrons en étudiant leur histoire que leur nation s'est formée de la fusion de deux éléments ethniques : l'un à qui appartenait en propre à l'origine la langue de la famille

---

[1] D'après les sculptures assyriennes de Koyoundjik.

syro-arabe dit abusivement *assyrienne*, mais que la Genèse, en parlant de son héros légendaire Nimrod, range dans la descendance de Kousch ; l'autre, parlant un idiome agglutinatif très particulier, est le peuple de Schoumer et d'Akkad, comme il s'intitulait lui-même, qui paraît devoir être rapporté à la souche touranienne. La distinction d'origine ethnique, que la Bible établit entre les Assyriens et les Chaldéo-Babyloniens, est donc parfaitement justifiée au point de vue scientifique.

Le texte sacré ajoute que c'est de la terre où Nimrod avait établi son empire kouschite et où se trouvaient les quatre villes de Babel (*Babilou,* Babylone), Érech (*Ourouk,* Orchoé), Akkad et Kalneh (*Koulounou*), que sortit Asschour ; après quoi il bâtit Ninive et les cités voisines. Ceci encore est de la plus merveilleuse exactitude. Nous verrons, en

Types d'Assyriens[1].

effet, dans le livre de cette histoire qui sera consacré aux Assyriens, que la civilisation chaldéo-babylonienne était déjà depuis longtemps constituée, et parvenue à un haut point de splendeur quand les tribus de race sémitique pure, riveraines du Tigre, qui formèrent ensuite la nation assyrienne, étaient encore à l'état de hordes confuses, nomades et à demi barbares, auxquelles on donnait le nom collectif de *Gouti,* en hébreu *Goïm.* Une colonie babylonienne, prenant sa route vers le nord, s'établit sur la rive occidentale du Tigre, à l'entrée du territoire de ces tribus, dans le lieu qui s'appelle aujourd'hui Kalah-Scherghât. Elle y fonda une ville, consacrée au culte du dieu Asschour, un des dieux du panthéon chaldéo-babylonien. Cette ville devint le foyer d'où la civilisation et la langue de Babylone rayonnèrent sur les Gouti et les conquirent. Peu à peu ils se groupèrent autour de ce centre, reconnurent sa

---

[1] D'après les bas-reliefs de l'Assyrie. La figure imberbe, placée entre les deux autres, est celle d'un eunuque.

suprématie et se formèrent en unité nationale sous le gouvernement de chefs, primitivement sacerdotaux, qui résidaient dans « la ville d'Asschour. » Le dieu Asschour, sous les auspices duquel ils s'étaient ainsi civilisés et constitués, devint leur grand dieu national, le peuple que forma leur groupement « le peuple d'Asschour » et leur territoire « le pays d'Asschour. »

Le troisième fils de Schem, dans le tableau ethnographique de la Genèse, est appelé *Arphakschad*. C'est une souche ethnique que l'auteur représente comme se divisant, au bout de quelques générations, en deux grands rameaux, les Tera'hites ou les Hébreux et les peuples qui leur sont intimement apparentés, les Yaqtanides ou populations sémitiques de l'Arabie méridionale. Les premiers noms

Les deux types de visages des Babyloniens[1].

de la généalogie de cette section de la race de Schem, à laquelle l'écrivain sacré donne un développement tout spécial, parce que c'était celle à laquelle appartenait le peuple choisi dont il racontait l'histoire, ont un caractère à part ; ils ne sont évidemment ni personnels, ni ethnographiques ; leur sens est à la fois géographique et historique. Ils représentent les premiers faits de la migration d'est en ouest, de ce groupe des descendants de Schem après la constitution de son individualité propre et avant sa division en deux courants divergents. *Arphà-Kschad* signifie « limite du Chaldéen » ou plutôt « limitrophe du Chaldéen ; » c'est l'indication du point où fut le berceau du groupe. *Schela'h*, nom donné comme celui de son fils, exprime « l'impulsion en avant, » la mise en marche de ce rameau de populations, sortant de son premier séjour pour se porter vers l'occident. A la génération suivante *'Eber* représente le « passage au delà (de l'Euphrate), » qui dut, en effet, avoir lieu pour permettre aux Yaqtanides de gagner l'Arabie et aux Tera'hites de s'établir autour d'Our des Kaschdim ou Chaldéens, qui fut le point de départ de leur dernière migration. Il rappelle aussi que les populations de la Syrie, en vertu de ce même fait, donnèrent aux Tera'hites, quand ils vinrent s'établir au milieu d'elles, le nom de *'Ebrim* ou *Beni 'Eber*, c'est-à-dire les gens venus d'au delà du fleuve, d'où l'on a fait Hébreux. C'est à

---

[1] D'après les sculptures du palais de Koyoundjik, retraçant les campagnes du roi ninivite Asschour-bani-abal en Babylonie.

la génération après *'Eber*, autrement dit après le passage sur la rive droite de l'Euphrate, que s'opère la division du tronc ethnique en deux rameaux. Le représentant de celui d'où sortirent les Tera'hites est *Peleg*, dont le nom exprime l'idée de « division, » et le texte sacré insiste sur cette signification ; le représentant du rameau qui prend dès lors sa route vers l'Arabie, a un nom ethnique, *Yaqtan*.

*Yaqtan* revêt dans la tradition arabe la forme *Qa'htan*, qui est le nom d'un canton situé dans le nord du Yémen, sans doute celui d'où rayonnèrent toutes les tribus de cette race, qui se superposèrent aux anciens habitants 'Hamites sur le littoral arabe de la mer d'Oman. Les peuples yaqtanides ou qa'htanides constituent dans la péninsule arabique la couche de populations que les traditions recueillies par les Musulmans appellent *Moute'arriba*. « Ils habitèrent, dit le texte, à partir de Mescha, en allant vers Sephar, jusqu'à la Montagne de l'Orient. » Ces points géographiques sont bien clairs : *Mescha* est la Mésène de la géographie classique, le *Maisân* des écrivains syriaques, auprès de l'embouchure commune de l'Euphrate et du Tigre, avec le *Mésalik* de nos jours, c'est-à-dire la partie de désert, actuellement habitée par la grande tribu arabe des Benou-Lam, qui s'étend immédiatement en arrière de la contrée fertile du 'Iraq-'Araby ; *Sephar* est le *Saphar* des géographes grecs et latins, qui fut un temps la capitale des Sabéens, le *Zhafâr* d'aujourd'hui ; quant à la Montagne de l'Orient, cette désignation, par rapport à la péninsule arabique, a trait évidemment au massif montueux et fortement relevé du Nedjd. Ainsi les indications de la Genèse déterminent pour l'habitation des Yaqtanides une vaste zone qui traverse toute l'Arabie et comprend, à partir du Mésalik, le Djebel-Schommer, le Nedjd, le midi du 'Hedjâz, le Yémen, le 'Hadhramaout et le Mahrah. Sur ce territoire, l'écrivain biblique compte treize fils de Yaqtan ou peuples principaux issus de cette souche :

*Almodad*, dont le nom présente l'article arabe *al* ; ce sont probablement les *Djor'hom* de la tradition arabe, l'une des plus puissantes nations issues de Qa'htan, qui habitait une portion du 'Hedjâz et dont les rois légendaires sont presque tous désignés par l'appellation de *Modhadh*.

*Schaleph* correspond bien manifestement aux *Salapeni* de la géographie classique et au canton actuel de *Salfieh*, au sud-ouest de Çan'âa.

*'Haçarmaveth* est la forme que devait revêtir régulièrement en hébreu le nom du *'Hadhramaout*, le pays des Chatramotites des Grecs.

*Yera'h* ne peut être que la traduction hébraïque d'un nom de peuple, qui en arabe avait le sens de « peuple de la lune ; » les commentateurs hésitent pour l'application de ce nom entre les *Benou-Helal* ou « fils de la nouvelle lune, » ancien peuple du nord du Yémen, les Aliléens de la géographie classique, et la région du *Djebel Qamar*, « la montagne de la lune, » dans le 'Hadhramaout oriental.

Pas de doute que *Hadoram* ne corresponde aux Adramites des géographes classiques, donnés pour voisins des *Chatramotites* mais distincts d'eux.

*Ouzal* représente le canton du Yémen où est située la ville de Çan'âa, que les traditions arabes affirment s'être appelée *Aouzâl* jusqu'à la conquête éthiopienne du v° siècle de l'ère chrétienne.

Avec *Diqlah* nous sommes obligés de rentrer dans la voie des conjectures ; aucun canton de l'Arabie ne nous offre d'appellation analogue ; mais ce nom signifie « palme » en hébreu ; il doit donc désigner une contrée particulièrement riche en palmiers, ou bien où l'on rendait un culte religieux au dattier, comme le faisaient les habitants de Nedjrân ; la situation de ce dernier canton conviendrait fort au groupement de *Diqlah* avec les noms voisins.

*'Obal*, qui peut répondre à un protype arabe *Ghobal*, rappelle à l'esprit les *Gebanitae* de Pline, qui habitaient à l'ouest du canton d'Aouzal, sur le bord de la mer, et dont la capitale, Tamna, était une si grande ville qu'elle comptait jusqu'à 65 temples.

*Abimaël*, « le père de Maël, » représente un des cantons du pays de Mahrah, la région principale de production de l'encens ; le naturaliste grec Théophraste dit, en effet, que de son temps le meilleur encens venait du district de *Mali*, qu'on ne saurait manquer d'identifier avec Maël.

Le sens de *Scheba* est certain ; ce sont les célèbres Sabéens, le peuple le plus considérable et le plus fameux de l'Arabie-Heureuse.

Vient ensuite *Ophir*. Il ne saurait être ici question de l'Ophir indien, du pays d'Abhîra, près des bouches de l'Indus ; mais la conjecture la plus vraisemblable, au sujet de l'Ophir arabe, est que ce nom avait été appliqué dans l'usage à la région qui servait d'entrepôt ordinaire aux produits de l'Ophir indien, c'est-à-dire aux alentours du port de 'Aden, où les vaisseaux de l'Inde avaient l'habitude d'apporter leurs marchandises, qu'y prenaient d'autres vaisseaux faisant la navigation de la mer Rouge. Et, en effet, nous voyons dans les géographes classiques la province du Yémen qui s'étend le long du détroit de Bal-el-Mandeb, depuis Muza (aujourd'hui Maouschid) jusqu'à 'Aden, appelée pays de *Maphar*, appellation qui reproduit celle d'Ophir, avec une préformante *m*, très fréquente dans les noms de lieux sémitiques.

*'Havilah* est le pays de *Khaoulân* dans le nord du Yémen, touchant à la frontière du 'Hedjâz; c'est jusque là, est-il dit plus loin dans la Genèse [1], que s'étendirent au sud les tribus de la descendance de Yischmaël (Ismaël).

Enfin le dernier des fils de Yaqtan est *Yobab*, dont le nom paraît être altéré et devoir se corriger en *Yobar;* car Ptolémée mentionne des *Iobaritæ* dans l'Arabie méridionale, et les traditions arabes enregistrent un peuple *Wabar*, issu de Qa'htan, qui habitait à l'orient de 'Aden jusqu'à la frontière du 'Hadhramaout.

Pendant que la branche de *Yaqtan* se divise ainsi, la descendance de *Peleg* se continue par les générations successives de *Re'ou* (nom dont le sens implique la notion de la vie pastorale), *Seroug, Na'hor* et *Tera'h*. Après ce dernier personnage, l'ensemble des tribus tera'hites ou des *'Ebrim*, opère sa migration de la Chaldée occidentale en Syrie, où il a son premier établissement à 'Haran, et la Bible nous le montre subissant une division tripartite, qui semble calquée sur celle des fils de Noa'h. Les trois fils de Tera'h sont *Abraham, Na'hor* et *'Haran*, tous trois chefs de divisions ethniques et pères de nombreuses tribus. Na'hor reste fixé dans le *Paddan Aram* ou *Aram Naharaïm*, c'est-à-dire dans le vaste plateau de Damas, arrosé de deux rivières, tandis que son frère Abraham se dirige vers le sud. Là il a douze fils [2], qui représentent autant de peuplades, qui se mêlent aux Araméens et s'étendent vers le sud, le long de la lisière du désert. Lot, fils de 'Haran, suit la migration de son oncle Abraham; la Genèse fait sortir de lui les peuples de Moab et de 'Ammon, qui habitaient à l'Orient de la Mer Morte. Pour Abraham, il a comme fils, de sa femme légitime Sara, Yiçe'haq (Isaac), qui continue la lignée de la tribu aînée, et auparavant, de son esclave Hagar, Yischma'el (Ismaël), qui, s'unissant à une Égyptienne, donne à son tour naissance à douze fils, représentent les principales tribus de la dernière couche de population de l'Arabie, les Arabes proprement dits ou *Moust'ariba* des écrivains musulmans. Les tribus ismaélites, dont nous réservons

---

[1] XXV, 18.
[2] *Genes.*, XXII, 20-24.

l'examen détaillé pour une autre partie de notre histoire, sont désignées dans le texte biblique comme « habitant, les unes dans des villages et les autres sous des tentes, depuis le pays de 'Havilah jusqu'au désert de Schour à l'orient de l'Égypte, dans un sens, et de là jusqu'à la frontière d'Asschour, dans l'autre sens [1]. » Enfin Abraham, après la mort de Sara, épouse une nouvelle femme, Qetourah, dont il a six fils, représentant encore autant de peuplades, dont la liste généalogique [2] suit l'ordre de leur position respective du sud au nord. La plus importante est celle de *Midian*, fameuse dans l'histoire des Hébreux, par ses conflits avec ce peuple ; et les autres appartiennent à son voisinage immédiat. L'auteur sacré indique même que, de ses concubines, Abraham a eu encore de nombreux fils, qu'il a envoyé au loin dans l'est, après les avoir dotés [3], et qui y sont devenus les auteurs de tribus nomades. La dernière division des Tera'hites se produit après Yiçe'haq, quand de ses

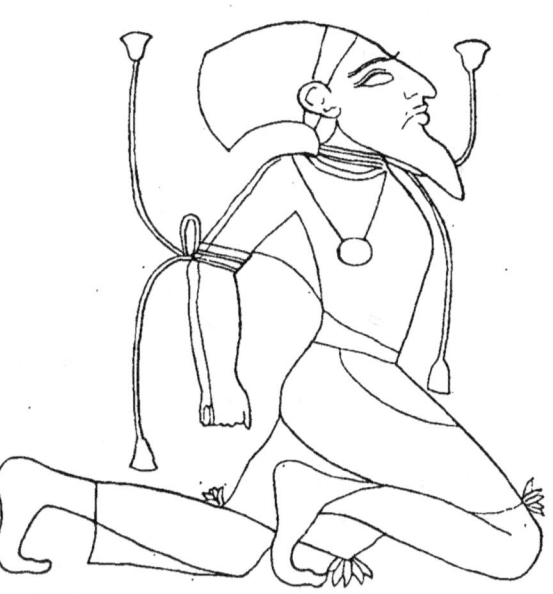

Captif de la nation des Schasou, nomades sémitiques du désert entre l'Egypte et la Syrie [4].

deux fils l'un, Yaqob (Jacob), surnommé *Yisraël*, devient le père des Beni Yisraël ou Israélites, et de leurs douze tribus (ce nombre de douze, qui se reproduit dans la famille de Na'hor et dans celle de Yischma'el, est évidemment artificiel et cherché), l'autre, 'Esav (Esaü), surnommé à son tour *Edom*, est l'auteur des Édomites ou Iduméens. La Genèse attribue à 'Esav cinq fils, nés de mères Kenânéennes ou Ismaélites [5] ;

---

[1] *Genes.*, XXV, 12-18.
[2] *Genes.*, XXV, 1-4.
[3] *Genes.*, XXV, 6.
[4] D'après les sculptures égyptiennes du Palais de Médinet-Abou.
Le nom de Schasou, comme celui de Bédouins aujourd'hui, était une appellation générale que les Égyptiens donnaient à toutes les tribus nomades de Sémites habitant le désert, telles que les Édomites et les Ismaélites ; il semble englober aussi les peuples de 'Amaleq.
[5] *Genes.*, XXXVI, 9-19.

ils représentent cinq tribus qui, dans les montagnes de Se'ir, s'associent et se mêlent aux sept tribus des 'Horim, habitants antérieurs du pays[1]. Ainsi la nation des Édomites se montre à son tour formée encore de douze tribus, issues de deux origines différentes.

Nous venons de suivre la vaste extension de la descendance d'*Arphakschad* dans l'ouest et le sud-ouest, telle que le texte biblique la donne avec beaucoup plus de détails que celle d'aucun autre des rameaux congénères. Mais le rang de ce nom dans la liste des fils de Schem se rapporte à la position du berceau premier de tous ces peuples, et non au champ de leur développement postérieur. Les deux derniers fils de Schem sont *Loud* et *Aram*. Ils représentent les deux divisions, septentrionale et méridionale, des peuples Araméens ou Syriens.

On a cherché dans *Loud* les Lydiens de l'Asie-Mineure, d'après une assonance de noms purement fortuite. Les Lydiens sont un peuple aryen de race et de langage; et leur position géographique ne correspond aucunement à celle du *Loud*, fils de Schem, qui, d'après son rang dans l'énumération, habitait entre *Asschour* et *Arphakschad*, d'une part, et *Aram*, de l'autre. Sur ce qu'est ce dernier, pas de doute possible, son nom a gardé sa signification ethnographique et géographique dans toutes les langues orientales. Seulement, dans toute la Genèse, sa signification est beaucoup moins étendue que plus tard. Qu'on y emploie les noms d'*Aram* simplement, de *Paddan Aram* ou de *Aram Naharaïn*, ces expressions ne désignent jamais (nous en donnerons la preuve dans le livre de cette histoire consacré aux Israélites) que le pays voisin de Dammeseq ou Damas, c'est-à-dire la Syrie méridionale. Et c'est aussi là que nous maintient la liste des fils d'*Aram* dans le tableau ethnographique du chapitre X.

Ces fils sont, en effet :

*'Ouç*, le peuple auquel appartient le Patriache Yiob (Job); le même nom reparaît dans les généalogies des descendants de Na'hor et de ceux des *'Horim*, ce qui indique que des éléments divers s'étaient mêlés dans le peuple qu'il désignait; parmi les fils de Na'hor, *'Ouç* a pour frère *Bouz*, et les documents assyriens mentionnent, comme deux peuplades situées à côté l'une de l'autre dans le désert à l'est de la Syrie, *'Hazou* et *Bazou*; le prophète Yirmiah (Jérémie) parle d'un pays de *'Ouç* touchant à celui d'Edom, du côté du nord, et c'est bien là qu'est la scène de

---

[1] *Genes.*, XXXVI, 20-30.

l'histoire de Yiob ; d'un autre côté, le *'Hazou* des inscriptions cunéiformes assyriennes est plutôt voisin de la Trachonitide, où l'historien juif Josèphe place le *'Ouç*, fils d'*Aram;* enfin Ptolémée parle d'une peuplade de A*isitæ* ou A*usitæ*, errant dans le désert à l'ouest de l'Euphrate ; tout ceci donne l'idée d'un peuple qui s'est formé dans l'est de Damas et de la Trachonitide, et s'est ensuite brisé en plusieurs tronçons, répandus sur différents points du désert de Syrie ;

*'Houl*, dont le nom est celui du pays de *'Houl* ou *'Houla*, placé par les géographes arabes entre les contrées antiques de *Baschan* et de *Golan;* le territoire de la population désignée par ce nom devait s'étendre jusque là où est située *'Houleh*, sur le lac Merom ;

*Gether* est représenté dans les généalogies traditionnelles des Arabes comme la source des peuples de *Themoud* et de *Djadis ;* on n'est pas en mesure de discuter la valeur de cette donnée ; dans le document biblique, *Gether* paraît correspondre au canton que la géographie classique appelle l'Iturée ;

Pour le quatrième fils d'Aram, *Masch,* les interprètes ont hésité entre la Mésène, que nous avons déjà vu désigner tout à l'heure sous la forme *Mescha*, et le Masius auprès de Nisibe ; la question est tranchée en faveur de la Mésène par ce fait que les inscriptions cunéiformes assyriennes y placent un peuple d'*Arami* ou Araméens ; cette fraction de la famille sémitique y avait établi de très bonne heure une de ses tribus ; peut-être même avait-ce été là le berceau premier d'où sa majeure part avait émigré pour la Syrie.

Ce dernier nom nous éloigne donc de la Syrie méridionale, mais non pour nous amener dans la Syrie du nord, qui reste absolument en dehors de la descendance d'*Aram*, dans le tableau du chapitre X de la Genèse. Pour cette dernière région, c'est *Loud* qui l'y représente. C'est, en effet, de ce côté que la situation dans laquelle *Loud* est mentionné entre les fils de Schem, nous oblige à le chercher ; et les généalogies traditionnelles des Arabes nous confirment dans cette voie, en faisant, dans quelques-unes de leurs versions, de *Loud* un fils d'*Aram*. Ces généalogies n'ont pas, sans doute, une bien grande autorité ; cependant ici elles ne sauraient être absolument méprisées, car elles nomment *Pharis* comme un fils de *Loud* ou *Laoud*, et dans le seul passage biblique où il soit encore question du peuple asiatique de *Loud* [1], il est associé à *Paras*

---

[1] *Ezech.*, XXVII, 10.

comme fournissant tous deux des mercenaires aux armées de Tyr. Mais ce qui est bien plus sérieux et qui doit entrer au premier rang en ligne de compte pour la solution du problème des deux derniers fils de Schem, c'est que les monuments égyptiens donnent le nom de *Routen* à l'ensemble des peuples connus plus tard sous l'appellation générique d'Araméens. Ils distinguent, du reste, ces peuples en deux groupes sous leur nom commun : le *Routen* inférieur ou *Khar*[1], qui correspond à l'Aram du tableau ethnographique de la Genèse, en y joignant le pays de Kena'an ou la Palestine ; le *Routen* supérieur, auquel appartient, du reste, plus spécialement et plus en propre le nom de *Routen*, et que désigne ce nom quand il est employé absolument. C'est la Syrie du Nord, entre la vallée de l'Oronte et l'Euphrate, avec la partie ouest de la Mésopotamie septentrionale, jusqu'à la frontière des Assyriens. Voilà le *Loud* de la Genèse, et il faut hésiter d'autant moins à l'y reconnaître que, dans la famille de Miçraïm, nous avons vu la forme biblique correspondre déjà à l'égyptien *Rot=Loud;* or, le *Loud*, fils de Schem, est exactement dans le même rapport philologique et phonétique avec le *Rout-en, Lout-en* des documents hiéroglyphiques, sauf l'addition

Guerriers du peuple de Khar ou des Araméens méridionaux[2].

à ce dernier d'une désinence en *n*, qui n'appartient pas à la constitution philologique du nom. Dans les sculptures des monuments égyptiens dont l'exécution est la plus soignée, il y a une différence sensible de figure et de costume sous le type commun de race entre les gens du *Routen* inférieur et du *Routen* supérieur ou du *Khar* et du *Routen*, différence qui justifie la distinction biblique entre *Aram* et *Loud*. Mais elle s'efface de bonne heure; en Égypte, *Routen* devient une appellation traditionnelle des peuples syriens, qui perd

---

[1] Ce nom égyptien de *Khar* est bien évidemment une corruption du sémitique *A'har*, « l'Ouest, le pays de l'Ouest, » qui s'appliquait à l'ensemble de la Syrie et de la Palestine comme à la plus occidentale des possessions sémitiques.

[2] Représentation égyptienne du temps de la XVIIIe dynastie, empruntée à l'ouvrage de Wilkinson.

tout sens plus précis; dans les livres hébreux le nom de Loud disparaît, et celui d'Aram s'étend sur son territoire. Les deux nations primitivement distinctes, se sont fondues et assimilées. Au vɪɪɪᵉ siècle avant notre ère, après la ruine de l'empire des 'Hittim, leur pays se fond aussi dans l'Aram. C'est qu'en effet, à ce moment, l'aramaïsme devient singulièrement envahissant. Grâce à des circonstances politiques et historiques que nous aurons à exposer plus tard, grâce à la faveur que lui témoignent les monarques assyriens, puis les Achéménides, il absorbe graduellement toutes les populations de la Palestine, de l'Arabie-Pétrée, de la Syrie et de la Mésopotamie. Il est pendant plusieurs siècles l'élément prédominant, qui tend à tout s'assimiler dans la race sémitique, jusqu'au moment où, avec la prédication de l'islamisme, c'est l'Arabe qui le supplante dans ce rôle et l'absorbe à son tour.

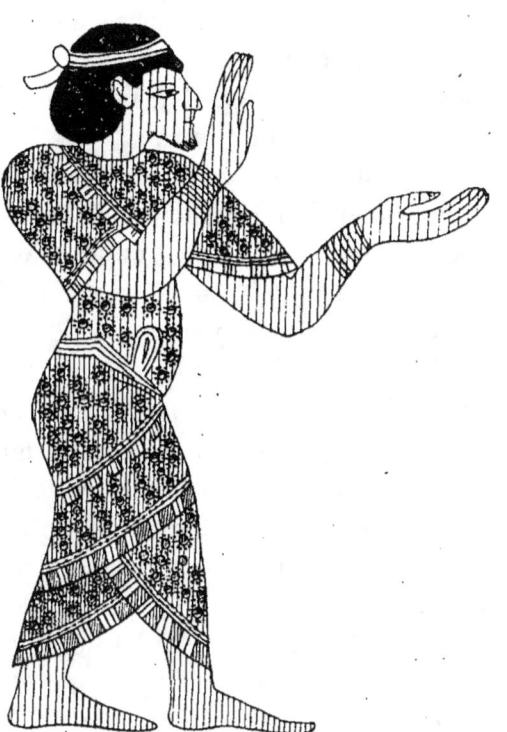

Ambassadeur des Rotennou ou Araméens septentrionaux[1].

Le groupe des populations que l'ethnographie biblique rassemble sous le nom de Schem, groupe dont les représentants principaux sont de nos jours les Arabes et les Juifs, est remarquablement un au double point de vue physique et linguistique. Il présente un type de la race blanche plus pur et plus beau que celui des populations 'hamitiques. La barbe est mieux fournie, le teint beaucoup plus clair, quoique déjà bistré, la taille plus élevée, la complexion particulièrement sèche. Le visage est généralement long et mince, le front peu élevé, le nez aquilin, la bouche et le menton fuyants, ce qui donne au profil un contour arrondi plutôt que droit; les yeux enfoncés, noirs et brillants.

---

[1] D'après les peintures d'un tombeau de Thèbes datant du règne de Toutankh-Amen (xvɪɪɪᵉ dynastie).

Famille de Yapheth. — Nous avons déjà dit que le nom de ce troisième des fils de Noa'h, connu aussi de la tradition arménienne et de la tradition grecque, paraît emprunté aux idiomes aryens, que parlaient la plupart des peuples rattachés à sa descendance. Mais il a pris en hébreu une forme qui lui donne une signification dans cet idiome; *Yapheth* veut dire « extension, » et cette forme a été adoptée pour exprimer la notion de l'immense étendue des pays couverts par cette division de l'humanité noa'hide.

La Genèse donne sept fils à Yapheth : *Gomer, Magog, Madaï, Yavan, Thoubal, Meschech* et *Thiras*.

Pas de doute que *Gomer* ne corresponde aux Cimmériens de l'antiquité classique, dont Hérodote parle comme ayant constitué la population de la Chersonèse taurique avant l'invasion des Scythes et comme s'étant ensuite établis en Paphlagonie. Les Cimmériens, aux VIIIe et VIIe siècles avant J.-C., jouèrent un assez grand rôle dans l'histoire de l'Asie-Mineure, qu'ils désolèrent par leurs incursions. Les documents assyriens les appellent *Gimirraï*. Ils appartenaient à la souche des peuples thraco-phrygiens, les témoignages grecs nous le disent formellement. *Gomer*, dans le chapitre X de la Genèse, a un sens ethnique très étendu, comme tous les noms placés à la génération immédiatement après Yapheth, qui représentent une première grande division de sa race. On doit donc le prendre comme la personnification de l'ensemble des Thraco-Phrygiens établis des deux côtés du Pont-Euxin, en Europe et en Asie. Le document biblique lui prête ensuite trois fils, *Aschkenaz, Riphath* et *Thogarmah*, représentant une subdivision de la souche première entre les différents rameaux qu'elle présentait en avant du côté des Hébreux, c'est-à-dire en Asie-Mineure.

*Aschkenaz* est associé dans un autre endroit aux peuples de l'*Ararat* et de *Minni* en Arménie[1]. Il est impossible de méconnaître dans leur nom celui des Ascaniens du nord de la Phrygie, dont l'antique extension est attestée par les dénominations du canton bithynien de l'Ascanie, des deux lacs Ascaniens situés au sud et au nord de Nicée, du golfe Ascanien et des îles Ascaniennes du littoral de la Troade, enfin du port Ascanien en Éolie. C'est ce nom d'Ascanie et d'Ascaniens qui suggéra la création du personnage mythique d'Ascanios ou Ascagne, donné pour fils à Énée et à Créuse. *Aschkenaz* représente donc la nation

---

[1] *Jerem.*, LI, 27.

des Bryges ou Phryges, nation étroitement apparentée aux Thraces, émigrée de leur contrée en Asie-Mineure, où sa première station fut, dit-on, dans l'Ascanie, mais ayant laissé en arrière quelques tribus de même nom dans les cantons entre la Macédoine et la Thrace.

*Riphath*, d'après l'ancienne tradition juive recueillie par Josèphe, est la Paphlagonie. Il n'y a rien de sérieux à objecter à cette donnée, qui s'accorde parfaitement avec la position de *Riphath* entre *Aschkenaz*, c'est-à-dire la Phrygie septentrionale, et *Thogarmah*, l'Arménie occidentale. « On a rapproché avec raison, dit M. Maury, le nom de *Riphath* de celui des monts Riphées, attribué par les Grecs à une chaîne qu'ils représentaient comme s'élevant aux extrémités boréales de l'univers, et que, pour ce motif, ils ont successivement transporté à des montagnes de plus en plus éloignées vers le nord-est, à mesure que leurs connaissances géographiques s'étendaient. Lorsque le Caucase apparaissait aux Hellènes comme le point le plus reculé de la terre, ils durent lui appliquer le nom de Riphée. Encore au temps de Pline, cette chaîne était supposée se rattacher aux montagnes de ce dernier nom. La Paphlagonie, qui s'avançait presque jusqu'au pied du Caucase, et d'où l'on apercevait ses cimes les plus hautes, a donc pu être jadis connue des Grecs, qui y envoyèrent de bonne heure des colonies, sous le nom de pays des Riphées, lequel aura ensuite passé chez les Phéniciens. »

*Thogarmah* est plusieurs fois encore mentionné dans la Bible. Le prophète Ye'hezqel (Ézéchiel) le qualifie de contrée voisine de l'aquilon et en parle comme étant voisin de *Gomer*[1]. D'où il suit que le pays de *Thogarmah* devait être situé au nord de l'Assyrie. Ailleurs[2], le même prophète nous dit que *Thogarmah* envoyait à Tyr des mules, des chevaux et des cavaliers. La contrée de ce nom ne pouvait, par conséquent, être prodigieusement éloignée de la cité phénicienne, d'où l'on devait s'y rendre par terre. La tradition des Arméniens et des Géorgiens leur attribue pour ancêtre *Thargamoss* ou *Thorgom*, père de Haigh, qui est visiblement *Thogarmah*. Josèphe, en avançant que, de ce même *Thogarmah*, était issue la nation des Phrygiens, s'éloigne peu de l'identification que cette tradition entraîne, puisque Hérodote, et avec lui l'unanimité des écrivains grecs, nous apprend que les Arméniens étaient une colonie des Phrygiens. *Thogarmah* représente donc l'Arménie, mais au sens le

---

[1] *Ezech.*, XXXVIII, 6.
[2] XXVII, 14.

plus ancien de ce mot, restreint à l'Arménie occidentale, et laissant de côté les pays de l'*Ararat* et de *Minni* ou *Manni* (la Minyade des auteurs classiques, du côté de l'actuel Van), que jusqu'au vii$^e$ siècle avant J.-C. habitait un peuple tout à fait différent de race et de langage, les *Ourarti* des documents cunéiformes, Alarodiens d'Hérodote. C'est seulement à la fin du vii$^e$ siècle et dans le vi$^e$ que les Arméniens proprement dits, apparentés étroitement aux Phrygiens, firent la conquête de ces dernières contrées, où plus tard une infiltration lente de nouveaux éléments ethniques, sous la domination perse, en fit un peuple entièrement iranien de langue et même de type physique, comme le sont les Arméniens modernes.

On donne généralement au nom de *Magog* une étymologie aryenne qui le décomposerait en *Ma-gog* et lui attribuerait le sens de « grande montagne, » que l'on rapporte au Caucase. Il y a de sérieuses objections à faire à cette étymologie, et le plus sage est de chercher la situation de *Magog* sans s'occuper de l'origine, encore inconnue, de son appellation. Pour la plupart des interprètes depuis Josèphe, ce nom désigne les Scythes proprement dits ou Scythes européens, peuple qui appartenait certainement à la race aryenne, iranien suivant les uns, germano-slave suivant d'autres. Il n'est pas, en effet, douteux que ce ne soit aux Scythes passés au sud du Caucase dans la seconde moitié du vii$^e$ siècle avant J.-C., ayant leur quartier-général dans le canton de la vallée du fleuve Kour, au nord de l'Arménie, canton auquel leur séjour valut le nom de Sacasène, et promenant pendant un certain nombre d'années la dévastation sur toute l'Asie antérieure, comme nous le raconterons en traitant de l'histoire d'Assyrie, que font allusion deux des prophéties de Ye'hezqel[1]. Elles s'adressent à *Gog,* du pays de *Magog*, prince et chef de *Meschech* et de *Thoubal*. Ce sont ces oracles qui ont donné lieu à tant de bizarres et fantastiques légendes sur les peuples fabuleux de *Gog* et *Magog*. En réalité, il y est question d'un personnage parfaitement historique, dont la réalité a été révélée par les documents assyriens ; car les inscriptions du roi Asschour-bani-abal, à très peu d'années de distance de la prophétie de Ye'hezqel, parlent de *Gagi*, roi des *Sakha* ou Scythes habitant au nord de l'Ararat. Voilà bien le *Gog* du prophète, qui reprend sa place légitime dans l'histoire, et s'il est dit « prince de Meschech et de Thoubal, » c'est qu'à ce moment les hordes scythi-

---

[1] XXXVIII et XXXIX.

ques tenaient sous leur domination les deux peuples désignés par ces derniers noms. Mais *Magog* est-il bien le nom de son peuple, des Scythes? Ceci n'est pas possible, car l'apparition des Scythes au sud du Caucase n'a été qu'un fait passager et récent. C'est au nord de cette grande chaîne de montagnes qu'est leur habitation normale, et certainement son interposition les met en dehors de l'horizon du tableau ethnographique de la Genèse. *Magog*, les termes employés par Ye'hezqel sont formels à cet égard, est le pays où le roi *Gog* et son peuple résidaient au temps du prophète, c'est-à-dire celui qui comprenait la Sacasène. Ceci s'accorde parfaitement avec la place de *Magog* dans le tableau ethnographique, où il occupe l'intervalle entre *Thogarmah* et *Madaï*, entre l'Arménie orientale et la Médie. Son territoire est donc, comme l'a très bien vu le grand géographe allemand, M. Kiepert, celui de la 18e des satrapies établies dans l'empire perse par le roi Darayavous, fils de Vistaçpa (Darius, fils d'Hystaspe), laquelle comprenait les Saspires, les Alarodiens et les Matiens, en y ajoutant en plus le bassin du Kour jusqu'au pied du Caucase. Ethniquement, *Magog* représente les habitants de cette contrée jusqu'au vie siècle, c'est-à-dire non pas les Scythes, qui y firent seulement une

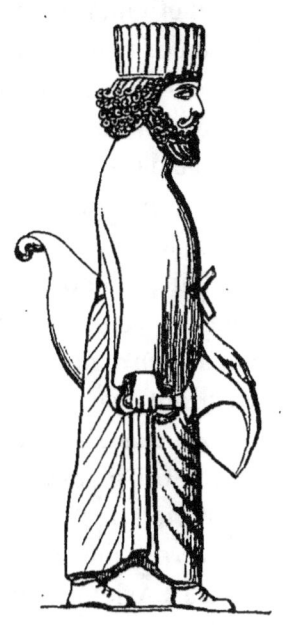

Guerrier Iranien ou Médo-Perse, portant la robe médique[1].

apparition temporaire, mais les blancs allophyles du Caucase, dont le domaine se prolongeait alors de façon à comprendre l'Ararat et le pays de *Manni* ou *Minni*.

La synonymie de *Madaï* avec les Mèdes est si évidente qu'elle n'a pas besoin de justification. Pour l'auteur du chapitre X de la Genèse, les Mèdes sont encore cantonnés là où nous les font voir aussi les documents assyriens du ixe siècle avant notre ère, dans le pays de Rhagæ ou Médie Rhagienne, au nord de la Grande Médie ou Médie propre, où ils ne pénétrèrent qu'au viiie siècle. *Madaï* est dans le texte biblique le seul représentant des peuples iraniens et de toute la grande division orientale des Aryas.

[1] D'après les sculptures de Persépolis.

Les trois fils aînés de Yapheth forment une première série, énumérée d'ouest en est et reculée à l'extrême plan septentrional. Les quatre autres en composent une seconde, plus au sud, énumérée dans le même ordre géographique régulier ; il est important de tenir grand compte de cette circonstance dans la recherche de leurs assimilations.

*Yavan* est le nom des Grecs[1] dans toutes les langues de l'Orient ; il correspond à *Iones,* dont la forme primitive était *Iavones.* Dans le tableau ethnographique de la Genèse, ce nom constitue la désignation générique la plus étendue de l'ensemble des peuples helléno-pélasgiques avec leurs deux divisions primitives, européenne et asiatique, si bien définies par M. Ernest Curtius. « La migration aryenne qui s'était déversée dans l'Asie-Mineure, dit le savant berlinois, peupla le plateau de cette presqu'île de tribus de race phrygienne. Le peuple grec, en s'en séparant, constitua, par le développement de ses institutions et de sa langue, un rameau distinct, qui se subdivisa à son tour en deux branches. L'une traversa l'Hellespont et la Propontide,... l'autre demeura en Asie et s'avança graduellement du plateau de l'intérieur, en suivant les vallées fertiles que forment les rivières, jusque sur la côte, où elle s'établit à leur embouchure, rayonnant de là au nord et au sud. On n'observe nulle part plus qu'en Asie-Mineure le contraste de la région de l'intérieur et de celle du littoral. Sur la côte, c'est comme une terre d'une autre constitution et soumise à un autre régime. La côte de l'Asie-Mineure avait donc sa nature propre ; elle eut aussi sa population et son histoire particulière. C'est sur le littoral que s'établit l'une des deux branches de la nation grecque, tandis que l'autre, s'avançant plus à l'ouest, traversait l'Hellespont et mettait définitivement le pied dans les vallées fermées et les plaines de l'intérieur de la Thrace et de la Macédoine, défendues par des montagnes. Ainsi déjà, sur la terre d'Asie, s'étaient séparées les deux races grecques, les Grecs orientaux et les Grecs occidentaux, autrement dit les Ioniens et les Hellènes, dans le sens strict du mot. Dès une époque fort reculée, ce peuple occupa la région environnant la mer Égée, qui devait devenir le théâtre de son histoire. Les Ioniens s'avancèrent dès le principe jusqu'au bord le plus extrême du continent asiatique, d'où ils se répandirent dans les îles ; les Hellènes, au contraire, se cantonnèrent dans la vaste contrée montagneuse située plus avant en Europe, et dans les

---

[1] Voy. plus haut, à la page 225, le type idéal de la race grecque.

vallées fermées où ils se fixèrent ; ils adoptèrent, par suite du développement de leurs mœurs, un système de constitution cantonale. Plus tard, inquiétés dans leurs défilés par de nouvelles migrations, repoussés au sud, ils vinrent s'abattre par masses successives dans la presqu'île européenne, sous les noms d'Éoliens, d'Achéens et de Doriens. »

*Yavan*, dans le chapitre X de la Genèse, a quatre fils, *Elischah*, *Tharschisch*, *Kittim* et *Dodanim* ou *Rodanim*. Ici encore nous avons un ordre géographique d'ouest en est.

*Elischah*, d'après l'emploi de ce nom dans d'autres passages bibliques, est sûrement la Grèce européenne. Quelques commentateurs ont cherché à rapprocher cette appellation de celle des *Hellènes* ou de l'*Elis ;* mais la philologie repousse l'un et l'autre rapprochement, car la forme la plus antique d'*Hellènes* est *Selloi* et celle d'*Éleioi* est *Valeivoi*. Le nom grec qui a été ainsi transcrit dans le document sacré est celui des Éoliens, qui constituèrent, en effet, la plus ancienne couche des Grecs européens ou Hellènes, et à qui se rattachaient les Achéens, entre les mains desquels fut l'hégémonie des populations helléniques du Péloponnèse jusqu'à l'invasion dorienne. On doit noter que la transcription de *Aiolievs* en *Elischah* est tout à fait parallèle à celle du nom des Achéens dans les documents égyptiens de la xviiie dynastie, *Akaiouscha*, de *Achaivos*, forme primitive de ce nom grec.

*Tharschisch* est à partir d'une certaine époque le nom de l'Espagne, où les Tyriens allaient commercer à *Tartesse*, dans le pays des *Turdétans*. Mais il est impossible que ce nom ait un tel sens dans le tableau ethnographique de la Genèse. En effet, *Tharschisch* y est un fils de *Yavan*, c'est-à-dire un pays colonisé par la race helléno-pélasgique, et de plus, sa position est entre *Elischah* et les *Kittim*, entre la Grèce et Cypre, ce qui nous reporte vers l'Archipel. C'est là, d'ailleurs, un de ces noms de pays lointains qui ont successivement reculé à mesure que les connaissances géographiques s'étendaient. *Tharschisch* est l'extrême ouest des navigations phéniciennes, comme *Ophir* est leur extrême est. D'abord beaucoup plus voisin de la côte de Kena'an, il a été reporté toujours davantage dans l'occident, jusqu'en Espagne, en se localisant là où des assonances de noms le permettaient. Dans l'ethnographie de la Genèse, il n'y a pas moyen de ne pas assimiler *Tharschisch* aux *Touirscha* des inscriptions hiéroglyphiques, d'hésiter à y voir, avec Knobel, les *Tursanes* ou Pélasges Tyrrhéniens. Et d'après la place que le document biblique leur assigne, ils y occupent encore leurs premières demeures sur les côtes occidentales de l'Asie-Mineure et dans les îles de la mer Égée, où quelques-unes de leurs tribus, restées en arrière dans la migration générale du peuple vers l'Italie, subsistaient encore isolément à l'aurore des temps classiques. Ici donc les documents mis en œuvre par le rédacteur de la Genèse remontaient certainement à une époque antérieure à la migration des Tyrrhéniens dans l'Occident, dont les monuments égyptiens nous permettront de déterminer la date.

L'assimilation des *Kittim* est tellement certaine qu'elle ne demande pas de commentaire. Ce sont les habitants de l'île de Cypre, désignés

Guerriers des nations pélasgiques au temps de la xx⁰ dynastie égyptienne[1].

d'après la grande ville de *Kit* ou *Cition*, qui était le principal port de communication des Phéniciens avec cette île. Les découvertes récentes de la science ont établi que la population de Cypre, où l'on a fait dans les quinze dernières années des fouilles si fructueuses pour l'histoire et l'archéologie, était dès la plus haute antiquité de la souche helléno-pélasgique, parlant un dialecte grec, qu'elle écrivait avec un système graphique particulier.

Pour le quatrième fils de *Yavan*, au contraire, la question qu'il soulève reste fort douteuse, d'autant plus que l'on n'est même pas sûr de la forme exacte de son nom. Notre texte hébreu de la Genèse porte *Dodanim*; mais dans celui que les Septante et les auteurs de la version

---

[1] Figures empruntées aux sculptures historiques de Médinet-Abou, à Thèbes, datant du règne de Ramessou III (xx⁰ dynastie). Les premiers guerriers, sur la droite, appartiennent à la nation des *T'akkaro* ou Teucriens; ceux qui viennent ensuite, à la nation des *Touirscha* ou Tyrrhéniens.

samaritaine avaient sous les yeux, on trouvait *Rodanim*, et c'est la leçon que fournit le texte hébreu du livre des Chroniques (ou Paralipomènes, dans la Vulgate latine), à l'endroit où le tableau ethnographique de la Genèse y est reproduit. C'est donc *Rodanim* qui a pour soi le plus d'autorités, et en même temps il se prête à une assimilation beaucoup plus vraisemblable que *Dodanim*. Les commentateurs qui ont adopté cette dernière leçon y ont vu Dodone d'Épire, ce qui est impossible historiquement et géographiquement reporte beaucoup trop loin dans le nord-ouest, ou bien les Dardaniens de la Troade, qui sont aussi trop au nord, d'autant plus que pour les retrouver ici il faudrait corriger arbitrairement *Dodanim* en *Dardanim*. *Rodanim*, au contraire, nous fournit le nom de l'île de Rhodes, dont l'importance historique est si ancienne et dont la mention à côté de Cypre est toute naturelle. Il est probable, du reste, que sous ce nom sont aussi englobés les Cariens, au territoire desquels touchait Rhodes ; car la population de l'île et celle du district continental voisin paraissent avoir été identiques.

Les deux fils de Yapheth qui succèdent à *Yavan*, sont accouplés étroitement dans le tableau ethnographique, *Thoubal* et *Meschech*, comme aussi dans presque tous les autres passages bibliques, assez nombreux, où ils sont nommés et où ils se présentent habituellement comme inséparables. Ce sont deux peuples de l'Asie-Mineure, guerriers et célèbres par leur métallurgie, qui habitaient côte à côte, vivant dans une intime alliance. Pas de doute qu'il ne faille, comme l'ont fait tous les commentateurs depuis Josèphe, reconnaître en eux les Tibaréniens et les Moschiens de la géographie classique. Seulement, au temps où les Grecs et les Romains nous en parlent, ces peuples avaient été refoulés dans d'étroits cantons des montagnes qui bordent le Pont-Euxin, tandis qu'il est évident que dans la Genèse leur territoire a une extension bien plus grande et surtout est placé bien plus au sud. Ici encore, les documents cunéiformes assyriens sont venus apporter les plus heureux éclaircissements à l'ethnographie biblique. Ils nous montrent, en effet, dans les peuples de *Tabal* et de *Mouschki* deux nations puissantes, presque toujours associées, qui du xii$^e$ au vii$^e$ siècle avant notre ère habitaient la Cappadoce, venant toucher au pays de *Khilakki*, c'est-à-dire à la Cilicie, et au *Koummoukh* ou Commagène, presque jusqu'au haut Euphrate. Au reste, l'ancienne extension des Moschiens dans la Cappadoce a été connue de Josèphe, qui affirme que la ville de Mazaca leur devait son nom, et du temps de Cicéron il y avait encore des clans de Tibaréniens dans le voisinage de la Cilicie, de même que bien plus au nord, dans les pays Pontiques.

Enfin, pour ce qui est du dernier des peuples de Yapheth, *Thiras*, la presque unanimité des commentateurs, à commencer par Josèphe, y a vu les Thraces. La chose est pourtant philologiquement impossible; les deux noms ne se correspondent aucunement. *Thiras*, avec un *i* long entre le *th* et le *r* et une sifflante à la fin, au lieu d'une gutturale, ne saurait être la transcription hébraïque d'un nom dont le radical était *thrak*. En outre, la race thraco-phrygienne est déjà représentée dans la famille japhétique par *Gomer*. Enfin *Thiras*, géographiquement, n'est pas reculé dans le nord-ouest comme les Thraces; c'est un voisin de *Thoubal* et de *Meschech*, qui doit être plus oriental qu'eux ou un peu plus méridional. Ceci donné, c'est au nom de la grande chaîne du *Taurus* que j'identifie le sien. Et de cette façon je vois en lui le représentant de la population de la Cilicie, vaste contrée qui ne pouvait manquer d'avoir sa place dans la géographie du chapitre X de la Genèse, et à laquelle pourtant ne correspond aucune des appellations que nous avons jusqu'ici passées en revue. Quelques érudits, frappés de cette lacune inexplicable, ont cru pouvoir chercher la Cilicie dans *Tharschisch*, dont ils rapprochaient le nom de celui de Tarse. Mais cette conjecture a été définitivement écartée une fois qu'on est parvenu à lire la véritable forme sémitique du nom de la ville de Tarse, *Tarz* dans les légendes araméennes des monnaies qui y ont été frappées sous les Achéménides, *Tarzi* dans les textes assyriens. La Cilicie n'est pourtant pas absente du tableau ethnographique de la Bible, mais on y a jusqu'ici méconnu le vrai nom qui la désigne et qui est Thiras.

On le voit par ce qui précède, la grande majorité des peuples classés dans la descendance de Yapheth appartiennent à cette grande race, la plus pure du type blanc et la plus noble de toute l'humanité, que l'on connaît sous le nom d'*aryenne* ou *indo-européenne*, et dont la science contemporaine, en se guidant sur les affinités physiologiques et linguistiques, est parvenue à reconstituer l'unité originaire. En Europe, les Grecs et les Romains, les Germains, les Celtes, les Scandinaves et les Slaves; en Asie, les Perses, l'aristocratie des Mèdes, les Bactriens et les castes supérieures de l'Inde; telles sont les principales nations de cette race, divisée depuis une très haute antiquité en deux grandes branches, l'une occidentale et l'autre orientale, les Européens, ainsi désignés d'après la partie du monde où ils terminèrent leur migration et trouvèrent leur demeure définitive, et les Aryas, comme ils s'intitulaient eux-mêmes. Ces derniers, réunis d'abord sous ce nom commun, restèrent longtemps concentrés dans les contrées arrosées par l'Oxus et l'Iaxarte, c'est-à-dire dans la Bactriane et la Sogdiane, région qui avait été le berceau premier de la race. De là un de leurs rameaux se dirigea vers le midi, franchit l'Hindou-Kousch et pénétra dans l'Inde en détruisant ou subjuguant les populations antérieures, de souche thibétaine, kouschite (?) et dravidienne. L'autre s'établit dans le pays qui s'étend entre la mer Caspienne et le Tigre, et dans les montagnes de la Médie et de la Perse.

L'auteur inspiré du chapitre X de la Genèse n'a donc compris dans son énumération ethnographique qu'une faible partie du vaste développement de cette race et, sauf Madaï, tous les représentants qu'il en nomme appartiennent à la branche occidentale. Naturellement son tableau embrasse seulement ceux des peuples aryens qui pouvaient être connus des Hébreux de son temps, ceux qu'il connaissait lui-même ; et il n'y a pas à hésiter pour reconnaître que ceux de ses commentateurs qui ont prétendu trop élargir son horizon géographique, l'étendre au même degré que celui des Grecs et des Romains, se sont absolument trompés. Mais pour ce qu'il a connu de peuples aryens, l'auteur sacré a discerné de l'œil le plus sûr leur étroite parenté, et il leur a assigné une origine commune, ce qui est déjà merveilleux, car chez aucun ancien l'on ne rencontre une vue ethnographique de cette profondeur et de cette justesse. C'est bien la race aryenne ou indo-européenne dans son ensemble qu'il a voulu représenter comme issue de Yapheth, et si la science actuelle trouve ici à élargir son cadre, elle n'a pas à le modifier. Cette race est celle à laquelle nous appartenons. C'est la race noble par excellence, celle à qui a été confiée la mission providentielle de porter à un degré de perfection inconnu de toutes les autres les arts, les sciences et la philosophie. « Béni soit Yapheth, dit Noa'h suivant la Bible, que Dieu étende au loin sa postérité, qu'il habite dans les tentes de Schem et que 'Ham soit son serviteur! »

Perse en costume national[1].

---

[1] D'après les sculptures de Persépolis.

Cette bénédiction et cette prophétie se sont accomplies, car la descendance de Yapheth n'est pas devenue seulement la plus nombreuse et la plus étendue ; elle est aussi la race dominatrice du monde, celle qui chaque jour encore s'avance vers la souveraineté universelle.

Avec les peuples aryens, l'auteur du tableau ethnographique de la Genèse a placé les populations caucasiennes et les peuples de Meschech et de Thoubal, qui certainement s'y rattachaient. Ce sont là ceux qui pouvaient être connus de lui parmi les peuples que l'on appelle « les blancs allophyles, » autrement dit ceux qui, sans différence notable et facilement appréciable dans le type physique avec les nations européennes, parlent des idiomes radicalement différents, qui semblent éloigner leur origine de la souche aryenne. Il est clair qu'ici c'est sur le type qu'il a basé son classement et non sur les idiomes, ce que le simple bon sens indique, du reste ; car certainement, si la parenté des différentes langues de la famille sémitique ou syro-arabe était de nature à être appréciable pour la philologie si imparfaite des anciens, il n'en était pas de même de l'affinité des dialectes iraniens et du grec, de l'idiome de Madaï et de celui de Yavan ; et personne ne prétendra, je pense, que les écrivains bibliques aient eu une révélation spéciale ou même simplement une inspiration divine en matière de linguistique. « Sans leur langue si spéciale, dit M. de Quatrefages, personne n'eût hésité à voir dans les Basques les frères des autres Européens méridionaux. Leur dolichocéphalie spéciale eût-elle été découverte, comme elle l'a été par M. Broca, on n'aurait pas eu l'idée d'en faire des blancs allophyles. Il en est de même des peuples du Caucase, si longtemps regardés, précisément à cause de leurs caractères physiques, comme la souche pure des populations blanches européennes. » Remarquons, du reste, que précisément ces peuples présentent pour l'anthropologiste et l'ethnographe un problème des plus obscurs et des plus complexes, par suite du contraste même qui existe entre les affinités d'origine que semblent indiquer leur type et l'isolement où les placent leurs idiomes. Mais le langage coïncidant mal avec les caractères physiques peut être chez eux le résultat de faits historiques qui resteront pour nous à jamais inconnus, par exemple un héritage de populations antérieures d'une toute autre race, dont le type aura fini par s'effacer sous l'afflux toujours prédominant du sang blanc qui devait s'y mêler. C'est ainsi que les Ottomans ont fini, à force de métissages, opérés surtout par le choix de femmes européennes et caucasiennes, par devenir un peuple de race formellement blanche, tout en gardant la langue turque de leurs ancêtres d'un autre type. Bien téméraire serait donc celui qui oserait affirmer, sur la foi exclusive de la différence linguistique, qu'en classant les blancs allophyles du Caucase dans la famille de Yapheth, l'écrivain biblique n'a pas suivi des traditions formelles et autorisées, et que ce n'est pas lui qui est ici dans le vrai, aussi bien que Blumenbach et Cuvier en les classant avec les Aryens dans la même division de la race blanche, toutes réserves faites, d'ailleurs, sur le nom impropre qu'ils ont donné à cette grande division ethnique.

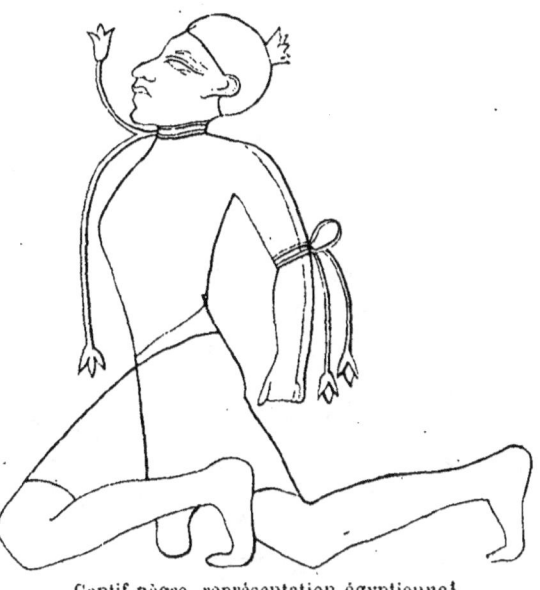

Captif nègre, représentation égyptienne[1].

La descendance de Schem, de 'Ham et de Yapheth, telle qu'elle est si bien exposée et définie dans la Genèse, ne comprend, on vient de le voir, qu'une seule des races humaines, la race blanche, dont elle nous présente les deux divisions principales, sémitique ou syro-arabe et aryenne ou indo-européenne, avec la sous-race égypto-berbère, qui est certainement sortie de son métissage avec la race noire, et chez qui les caractères anatomiques, ainsi que tout ce qui, sauf la couleur, constitue le type physique extérieur, montre que c'est le sang blanc qui prédomine, qu'il s'agit en réalité de blancs modifiés par des alliances étrangères et des influences de milieu. Les trois autres races, jaune, noire et rouge, n'ont pas de place dans le tableau que donne la Bible des peuples issus de Noa'h. On ne saurait s'en étonner pour ce qui est de la première et de la troisième. Le rédacteur inspiré du livre de la Genèse ne pouvait parler aux hommes de son temps que des nations dont ils avaient connaissance. Or, de son temps on n'avait ni en Égypte, ni en Palestine, ni à Babylone aucune notion de l'existence des Chinois

---

[1] D'après les sculptures de Médinet-Abou.

ou de la race rouge américaine. Les nègres, au contraire, étaient parfaitement connus. On en rencontrait sur tous les marchés d'esclaves de l'Asie; l'Égypte, sur laquelle l'écrivain sacré avait tant et de si sûres notions [1], les voyait surtout ramener par milliers à l'état de captifs dans ses cités et dans ses campagnes, à la suite des grandes razzias décorées du nom d'expéditions militaires, que les Pharaons poussaient périodiquement dans le Soudan; des représentations de vaincus de race noire étaient sculptées sur les murailles de tous ses temples; de nombreuses tribus de cette race, dans les régions du Haut-Nil, reconnaissaient sa suprématie politique et obéissaient aux gouverneurs qu'elle envoyait en Éthiopie. Sur plusieurs des points où s'étendaient leurs navigations, les Phéniciens abordaient dans des pays habités par des nègres et commerçaient avec eux.

Captif nègre, représentation égyptienne[2].

L'auteur du tableau ethnographique, si parfaitement renseigné sur les populations kouschites du Haut-Nil et de la côte orientale de l'Afrique, ne pouvait ignorer qu'elles étaient en contact direct avec les noirs. Il est encore plus impossible de croire qu'il n'ait pas connu le système de l'ethnographie égyptienne, où les trois grandes races des Rotou, des Âmou et des Ta'hennou ou Tama'liou

---

[1] J'évite ici de tirer un argument de la rédaction mosaïque des livres du Pentateuque; il n'est pas nécessaire dans la question, et si la tradition religieuse affirme que Moscheh (Moïse) est l'auteur des cinq premiers livres de la Bible, on sait que cette tradition est aujourd'hui contestée d'une façon très sérieuse sur le terrain scientifique. Ce débat est d'une nature trop grave pour être tranché en passant et pour ne pas imposer une grande réserve, tant que l'on n'a pas exposé les raisons qui y font prendre parti dans tel ou tel sens. Nous l'examinerons dans le livre de cette histoire qui traitera des Israélites. Disons seulement dès à présent que, quelle qu'en soit la solution, cette question de date et d'auteur ne porte en réalité aucune atteinte à la valeur historique et religieuse, non plus qu'à l'inspiration des livres au sujet desquels elle est soulevée.

[2] D'après les sculptures de Médinet-Abou.

correspondent si exactement, ainsi que nous l'avons déjà montré (p.110), à ses trois races de 'Ham, Schem et Yapheth, et que, par conséquent, il n'ait pas su que les nègres y formaient une quatrième race,

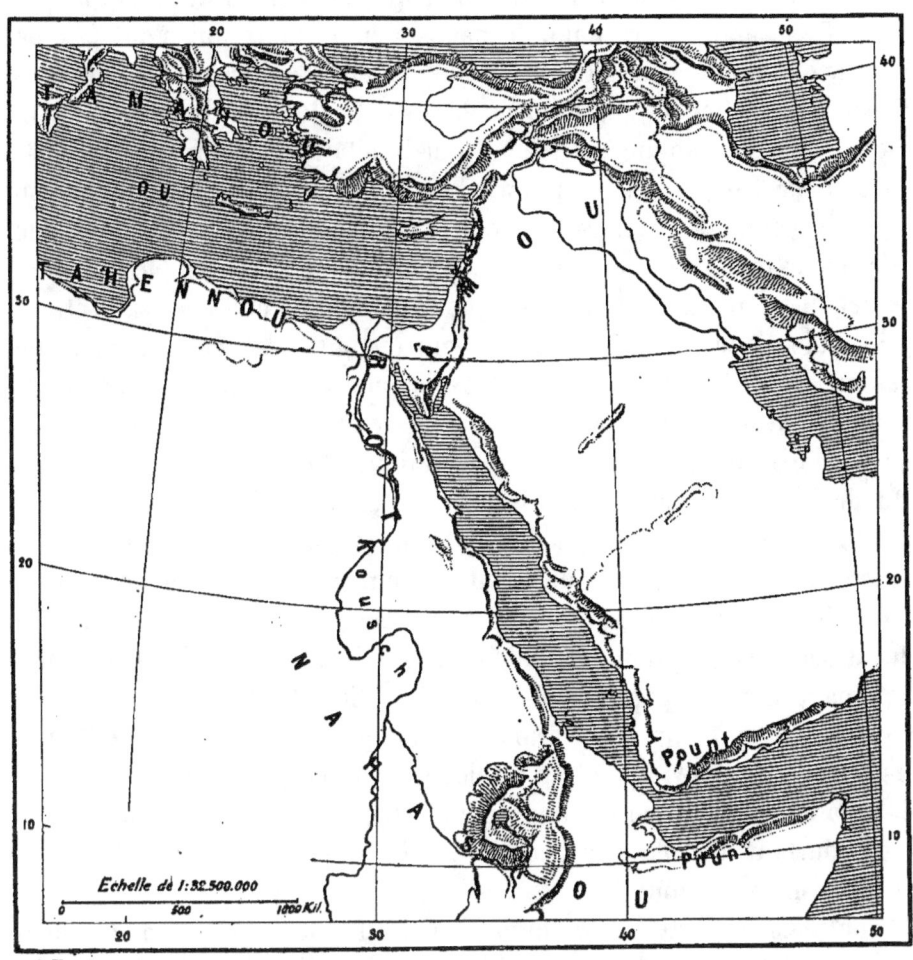

Distribution géographique des races admises par les Égyptiens[1].

sous le nom de Na'hasiou. Tout ceci rend inadmissible que ce soit par ignorance ou par omission qu'il ne les ait pas fait figurer dans son énumération des descendants des trois fils de Noa'h. On ne saurait douter

---

[1] Cette carte nous a paru utile à mettre en regard de celle où nous résumons l'ethnographie du chapitre X de la Genèse.
Les noms en lettres capitales sont ceux des quatre grandes races humaines admises par l'ethnographie des monuments pharaoniques. Les noms en minuscules sont ceux des peuples que les Égyptiens représentent avec des traits étroitement analogues à ceux de leur propre race.

20

que, s'il l'a fait, ç'a été volontairement et avec une intention formelle, bien que nous ne puissions pas l'expliquer avec certitude.

Mais ce n'est pas la seule omission que le tableau ethnographique de la Genèse nous présente, de peuples importants qui n'ont pas pu être inconnus de son auteur. Tandis qu'en énumérant les grandes divisions de la race de Yapheth reculées sur le plus extrême plan septentrional, il a mentionné les Mèdes qui habitaient si loin au nord-est, du côté de Rhagæ; en se rapprochant du centre autour duquel son regard rayonne, la barrière du mont Zagros semble opposer un obstacle infranchissable à sa vue et lui cacher absolument les peuples qui sont au delà. Et cependant Babylone, que tout indique comme ayant été sa principale source d'informations, entretenait avec ces peuples un commerce actif et constant; on les y connaissait depuis la plus haute antiquité. Il n'a même pas un nom pour ceux qui habitaient les montagnes à l'est du Tigre, touchant aux nations d'Asschour ou de Nimrod. Ou du moins, s'il mentionne le pays de 'Elam, ce foyer de civilisation prodigieusement ancien qui en occupait la partie méridionale, c'est uniquement pour y placer un fils de Schem. Il ne l'envisage donc qu'au point de vue de l'aristocratie peu nombreuse qui s'y était absolument dénationalisée, en adoptant l'idiome et la civilisation de l'élément prédominant dans la population à laquelle elle s'était superposée, et il ne tient aucun compte de la masse principale des habitants de 'Elam. De même, en Babylonie et en Chaldée, il ne parle que des Kouschites et il passe sous silence l'antique peuple de Schoumer et d'Akkad, qui a eu pourtant un rôle si prépondérant dans la création première de la civilisation de ces contrées.

Tout cela ne peut être qu'intentionnel. Il y a eu évidemment, chez l'écrivain biblique, volonté formelle et arrêtée, d'exclure de son tableau des Noa'hides, aussi bien que les nègres, les peuples situés à l'est de la Mésopotamie et appartenant à une même race, dans la formation de laquelle le sang jaune avait eu une part considérable, sinon la principale. Les différentes nations de cette race particulière parlaient toutes des langues, plus ou moins étroitement apparentées entre elles, et qui ont avant tout ceci de commun qu'elles appartiennent à la grande classe des idiomes agglutinatifs, que leur structure et leur mécanisme grammatical offrent une analogie fort rapprochée, d'une part avec ceux des langues altaïques, de l'autre avec ceux des langues dravidiennes. C'est pour l'ensemble de ces nations que nous adoptons l'appellation de Touraniens, sans prétendre trancher d'une manière formelle la question, encore profondément obscure et dans l'état actuel impossible à résoudre d'une façon affirmative, de savoir si leurs affinités décisives sont plutôt avec les Altaïques ou avec les Dravidiens, ou s'ils ne forment peut-être pas une sorte de transition et comme des chaînons entre eux, de même que leur position géographique est intermédiaire entre les uns et les autres. Nous en avons déjà parlé plus haut, à l'occasion des origines de la métallurgie, en les envisageant surtout au point de vue de ce qui établit leurs rapports avec les peuples altaïques. Il importe d'y revenir ici, après avoir bien précisé le sens dans lequel nous entendons et employons ce terme

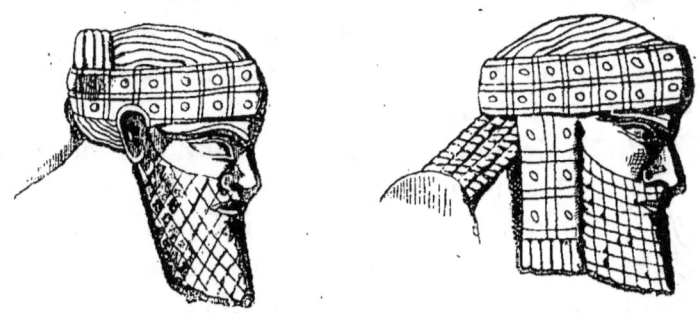

Types touraniens de la Médie [1].

de Touraniens dont on a tant fait abus, pour esquisser rapidement le tableau des principales nations de ce groupe, qui n'ont pu être ignorées du rédacteur de la Genèse, ou du moins des auteurs du document qu'il a mis en œuvre dans son chapitre X, car elles étaient trop bien connues à Babylone. Ce sont les nations qui, avec les Kouschites, et peut-être même avant eux, ont précédé de beaucoup les peuples de Schem et de Yapheth dans la voie de la civilisation matérielle et y ont été leurs institutrices.

La Médie reste tout entière touranienne, habitée par une population dont la langue offre un des types les mieux étudiés jusqu'ici des idiomes du groupe, jusqu'au viiie siècle avant notre ère, date de l'établissement des Mèdes proprement dits, de race iranienne, dans la contrée dont Hangmatana (Ecbatane) est la capitale. Et même après

---

[1] Têtes de captifs des guerres de Médie, représentés dans les bas-reliefs du palais de Sin-akhe-irib, à Koyoundjik, comme employés aux travaux pénibles des grandes constructions du roi.

cette invasion, les Iraniens ne constituent qu'une caste dominante et peu nombreuse ; du temps des Achéménides, la masse du peuple parle encore sa vieille langue, qui est admise à l'honneur de compter parmi les idiomes officiels de la chancellerie des rois de Perses. La Médie touranienne ne garde pas seulement sa langue, mais son génie propre, et elle ne cesse que très tard de lutter, avec des chances diverses, contre le dualisme de la religion de Zarathoustra ; ses croyances particulières s'infiltrent jusque chez les conquérants de race iranienne et produisent, par leur amalgame avec les idées religieuses de ces conquérants. le système du magisme, qui balance pendant longtemps, jusque dans la Perse elle-même, la fortune du mazdéisme pur.

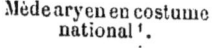

Mède aryen en costume national[1].

Plus au sud, les Touraniens se montrent à nous comme formant une portion notable de la population de la Susiane ou pays de 'Elam, foyer d'une culture antérieure à celle de la Babylonie même, et assez puissant pour entreprendre de lointaines conquêtes vingt-trois siècles avant notre ère. Ce curieux pays, placé à la limite commune de toutes les races diverses de l'Asie occidentale, les voyait, comme nous l'avons déjà dit (p. 280 et suiv.), confondues et enchevêtrées sur son sol à l'époque historique. Mais depuis les temps les plus reculés, c'est à l'élément touranien qu'y appartenait la suprématie ethnique et morale ; c'est lui qui avait imposé sa langue aux autres, du moins dans l'usage officiel et comme idiome commun.

Dans le bassin de l'Euphrate et du Tigre, en Babylonie et en Chaldée, aussi haut que nous fassent remonter les monuments et les traditions, nous nous trouvons en présence de deux populations juxtaposées et dans bien des endroits enchevêtrées, appartenant à deux races distinctes et parlant des idiomes divers, d'une part les Sémito-Kouschites, de l'autre le peuple de Schoumer et d'Akkad, apparenté aux Touraniens de la Médie et du 'Elam. Laquelle des deux précéda l'autre sur ce sol, c'est ce qu'il est impossible de dire, car aux périodes les plus reculées où puisse atteindre notre regard, nous constatons leur coexistence. Mais ce que l'on peut dire d'une manière positive, c'est que Schoumer et Akkad cons-

---

[1] D'après les sculptures de Persépolis.

tituaient un rameau particulier dans le groupe des Touraniens, rameau dont la langue s'était fixée et cristallisée à un état encore plus primitif de développement que celle des autres peuples de la même famille. Comme nous le ferons voir en traitant spécialement de l'histoire des Chaldéens et des Assyriens, c'est la fusion des génies et des institutions propres aux deux races opposées de Kousch et de Schoumer et Akkad, réunies sur le même territoire, qui donna naissance à la grande civilisation de Babylone et de la Chaldée, appelée à jouer un rôle si considérable sur toute l'Asie antérieure, qu'elle pénétra de son influence.

Que si nous tournons maintenant nos regards vers le massif montueux d'où descendent les deux grands fleuves de la Mésopotamie, nous y trouvons encore les Touraniens, établis en maîtres exclusifs jusqu'au IXᵉ et au VIIIᵉ siècle avant notre ère. La parenté des noms géographiques et des noms propres d'hommes, cités en très grand nombre dans les inscriptions assyriennes, nous permet de rétablir une chaîne de populations de même race que les premiers habitants de la Médie, qui, à partir de ce dernier pays, s'étend dans la direction de l'ouest jusqu'au cœur de l'Asie-Mineure. Ce sont d'abord les vieilles tribus touraniennes de l'Atropatène, rejetées plus tard par les Mèdes iraniens dans les montagnes qui bordent la mer Caspienne, et désignées dans cette retraite jusqu'aux temps classiques par l'appellation de non-aryens (*Anariacæ*). Viennent ensuite les nombreuses populations qui habitent,

Type touranien de la Chaldée[1].

---

[1] Plaquette de terre-cuite découverte dans la Chaldée méridionale et conservée au Musée Britannique. « Le nez creux, et comme on dit vulgairement *en pied de marmite*, la bouche large et épaisse, la pommette saillante et représentée relativement haut et en dehors, dit M. le docteur Hamy, distinguent aussi profondément le personnage ici représenté de l'Assyrien de race sémitique que nos paysans du plateau central des Juifs et des Arabes. La tête est raccourcie dans ses diamètres postérieurs, et l'on sait que le crâne syro-arabe est, au contraire, très allongé. » Nous avons déjà donné plus haut côte à côte (p. 283) les deux types différents, l'un sémitique et l'autre touranien, que les monuments prêtent à la population de la Babylonie.

au sud des Alarodiens et des gens de Minni ou Manni, le pays désigné par les Assyriens sous le nom de *Nahiri*, c'est-à-dire les montagnes où le Tigre prend sa source, et où leurs descendants, complétement aryanisés dans le cours des siècles, gardent du moins encore aujourd'hui le nom de Kurdes, qui témoigne de leur parenté primitive avec les Chaldéens de race touranienne, de même que le nom d'*Akkad*, appliqué quelquefois par les Assyriens à cette région aussi bien qu'à une partie de la Chaldée. De là, toujours en marchant vers l'occident, nous atteignons les peuples de Meschech et de Thoubal, chez lesquels on discerne un vieux fond touranien, auquel s'est superposé et mêlé une couche de blancs allophyles caucasiens, qui justifie l'inscription de ces deux noms dans la descendance de Yapheth, tandis que nous avons déjà soupçonné que le *substratum* touranien des peuples en question était indiqué par le Thoubal-Qaïn de la lignée qaïnite.

Dans le système de l'ethnographie des livres sacrés de l'Irân, exprimé par la division des trois fils de Thraetaona (voy. p. 110), ces Touraniens ont leur place ; ils y sont associés au rameau turc des Altaïques proprement dits et personnifiés avec eux par Toura, tandis que Çairima correspond au Schem biblique et Arya à Yapheth. En même temps la population méridionale et brune des Pairikas, qui figure dans les mêmes récits mythologiques, mais n'est plus rattachée à la descendance des fils de Thraetaona, s'identifie avec certitude aux Kouschites orientaux de la Genèse, c'est-à-dire à la division ethnique de 'Ham.

Voilà donc deux grandes classes de peuples que l'auteur biblique n'a pas pu ne pas connaître et qu'il a exclu systématiquement de la progéniture de Noa'h. Mais il faut encore pousser plus loin ces observations. Il est impossible de ne pas remarquer, en y attachant une véritable importance, qu'au milieu de tant de détails minutieux sur les populations de la Palestine et de l'Arabie, pas un nom du tableau ethnographique ne s'applique aux peuples primitifs qui habitaient ces contrées avant l'invasion kenânéenne, et dont tant de tronçons isolés subsistaient encore au milieu des nations de Kena'an à l'époque où les Benê-Yisraël firent la conquête de la Terre-Promise, 'Enaqim, Emim, Rephaïm, 'Horim, Zouzim, Zomzommim, peuples dont la stature était beaucoup plus grande que celle des Hébreux et des Kenânéens (on les représente comme des géants) et dont le langage, absolument différent de celui de ces derniers venus, leur paraissait une sorte de balbutiement barbare et inintelligible. Il est très souvent fait mention de ces peuples dans le Pentateuque et dans le livre de Yehoschou'a (Josué), mais sans que jamais on les y relie à la généalogie d'un des fils de Noa'h; au contraire, ils y apparaissent toujours comme isolés de la souche de Schem et de celle de 'Ham. Il en est de même du grand peuple de 'Amaleq, que le livre des Nombres[1] appelle « l'origine des nations, » c'est-à-dire le peuple le plus anciennement constitué, auquel les Hébreux se heurtèrent mainte fois dans le désert entre l'Égypte et la

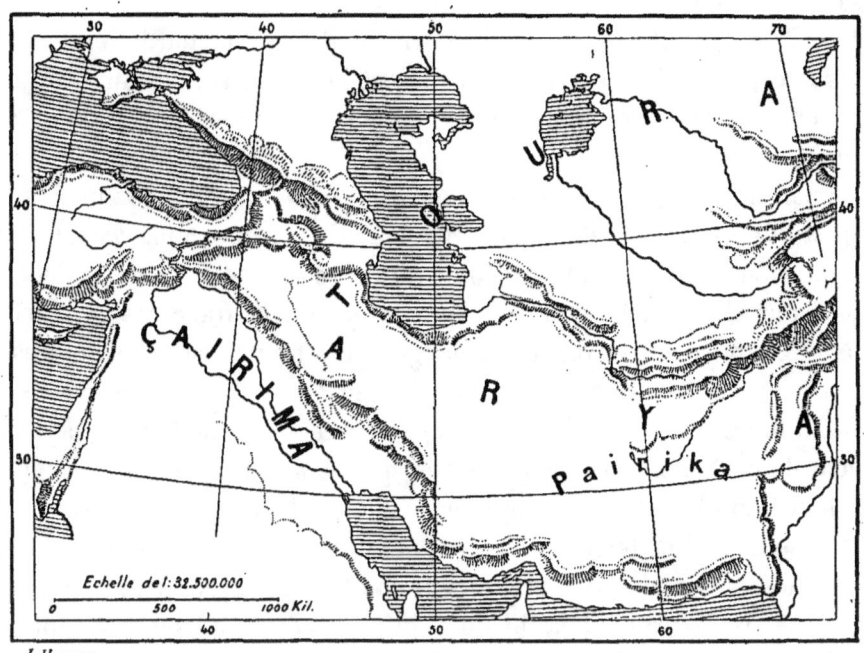

Système de l'ethnographie des livres sacrés iraniens.

Palestine, jusqu'au moment de son anéantissement par Schaoul (Saül); qui tient enfin, sous le nom de 'Amliq, une place si considérable dans les traditions les plus antiques des Arabes, lesquelles lui prêtent une très grande extension dans leur péninsule. L'omission de son nom dans les généalogies du chapitre X de la Genèse est encore plus extraordinaire. Elle ne peut manquer d'être significative, et cela d'autant plus que dans les noms, également fort nombreux, donnés pour l'Arabie méridionale par le tableau ethnographique et répartis entre les familles de Kousch et de Yaqtan, il n'en est pas un qui corresponde à celui du peuple prodigieusement antique, gigantesque et impie de 'Ad, frappé

[1] XXIV, 20.

par un châtiment terrible de la colère céleste, dont les vieilles traditions arabes racontent tant de légendes, en le représentant comme la nation des aborigènes du Yémen et en même temps comme un fils de 'Amliq. Nous avons encore là tout un vaste groupe de peuples, qui précéda ceux de 'Ham et de Schem dans la Palestine et l'Arabie, et auquel il est difficile de ne pas admettre que le rédacteur de la Genèse a refusé, avec une intention voulue et réfléchie, d'assigner un rang dans son tableau de l'humanité Noa'hide.

Le fait me paraît incontestable, et on peut le poser hardiment. Mais autre chose est d'en pénétrer la cause et l'intention. A ce sujet on ne peut émettre que des conjectures, et encore en les environnant de grandes réserves.

Remarquons cependant qu'ici se pose de nouveau, presque nécessairement, un problème d'une gravité singulière, que nous avons déjà rencontré sur notre route, au cours du livre précédent, et sur lequel nous avons été amené à nous expliquer avec entière franchise et liberté, mais en même temps avec les ménagements qu'impose un sujet aussi délicat. C'est celui de savoir si, dans la pensée de l'auteur inspiré de la Genèse, le fait du Déluge avait eu toute l'extension que l'on a jusqu'ici conclu de certaine de ses expressions, prises au pied de la lettre; si le chrétien était obligé de le tenir pour réellement universel, soit au point de vue de la surface terrestre, soit au point de vue des contrées habitées par les hommes et de l'anéantissement complet de la primitive humanité adamique. Nous avons déjà dit que l'interprétation affirmative, tout en ayant pour elle le poids bien considérable de l'unanimité de la tradition, n'était pas obligatoire *de foi*, et que des autorités religieuses considérables reconnaissaient aujourd'hui que la thèse contraire pouvait être soutenue sans se mettre en dehors de l'orthodoxie. Nous avons ajouté que, dans notre conviction personnelle, le fait du Déluge, en s'attachant même aux données de la Bible, devait être restreint, qu'à le bien peser et à le scruter jusqu'au fond, l'ensemble du texte de la Genèse, si l'on n'y prend pas isolément le récit diluvien, mais si l'on y met en parallèle quelques expressions très significatives de la généalogie des Qaïnites, donne l'impression que pour son auteur une partie des descendants du fils maudit de Adam avait échappé au cataclysme, et était encore représentée par des populations existantes au temps où il écrivait.

Ce serait là, il faut bien le reconnaître, l'explication la plus naturelle et la plus simple des lacunes volontaires du tableau ethnographique du chapitre X. L'écrivain sacré y aurait tenu certains groupes de peuples bien déterminés en dehors de la généalogie des fils de Noa'h, parce qu'il les aurait regardés comme n'en dérivant pas, mais bien se rattachant à la souche antérieure des Qaïnites. Parmi les nations connues des Hébreux et de leurs voisins, ce sont trois groupes ethniques aussi nettement définis et aussi distincts que ceux de Schem, 'Ham et Yapheth, qui sont ainsi omis, et la division des fils de Lemech dans la lignée qaïnite, parallèle à celle des fils de Noa'h dans la lignée de Scheth, est précisément tripartite. Peut-on attribuer cette coïncidence au simple hasard? Je ne le crois pas, et d'autres indices, d'une incontestable valeur, viennent corroborer une telle hypothèse. J'ai déjà signalé plus haut (p. 203 et suiv.) le rapprochement si naturel que l'on est induit à faire entre Thoubal-qaïn ou « Thoubal le forgeron» et les Touraniens métallurgistes, d'autant plus que c'est aux domaines de la race jaune que paraît bien appartenir la ville de 'Hanoch, fondée par Qaïn lui-même. D'un autre côté, les deux fils de Lemech, que les expressions formelles du texte biblique désignent comme chefs de races pastorales, naissent d'une mère dont le nom, *'Adah*, n'est autre que la forme féminine de celui du peuple aborigène arabe de *'Ad*. Nous retrouvons encore une autre *'Adah* dans la Genèse [1] comme une des femmes indigènes que 'Esav, le frère de Ya'aqob, épouse en s'établissant au milieu des 'Horim ; et le petit-fils de cette *'Adah* est appelé *'Amaleq*, autrement dit est le chef et la personnification d'une tribu qui participe du sang d'Edom et de 'Amaleq, et se confond dans le peuple plus ancien de ce nom. Enfin, l'histoire de Moscheh (Moïse) nous offre une tribu, dont 'Hobab, le beau-père du législateur des Israélites, était le phylarque, tribu dite formellement du sang de 'Amaleq [2], bien qu'habitant au milieu de Midian ; et son nom est *Qaïni* ou *Qeni*, c'est-à-dire « le Qaïnite. »

Maintenant, pour ceux qu'effraierait la hardiesse de cette manière de voir et ce qu'elle a de contraire aux opinions jusqu'ici généralement reçues, ils n'auront qu'à constater que le texte de la Bible ne contient rien qui s'oppose à une autre hypothèse, celle-là d'accord avec la thèse de l'universalité du Déluge. C'est celle que Noa'h aurait eu,

---

[1] XXXVI, 2 et 4.
[2] *I Sam.*, XV, 6.

postérieurement au cataclysme, d'autres enfants que Schem, 'Ham et Yapheth, d'où seraient sorties les races qui ne figurent pas dans la généalogie de ces trois personnages. Il ne contredit pas non plus une troisième hypothèse, encore soutenable, que certaines familles issues des trois patriarches Noa'hides aient pu s'éloigner du centre commun avant la confusion des langues et la dispersion générale des peuples mentionnés au chapitre X de la Genèse, et aient pu donner naissance à de grandes races, lesquelles, se développant dans un isolement absolu, auraient pris une physionomie tout à fait à part et seraient demeurées en dehors de l'histoire du reste des hommes. En un mot, il y a bien des manières possibles de concilier, suivant les tendances personnelles des esprits, la foi à l'unité de l'espèce humaine, descendue d'un seul couple premier, le respect religieux du texte biblique, poussé même jusqu'à en prendre toutes les expressions dans le sens littéral le plus étroit, et la croyance à l'universalité la plus absolue du Déluge, avec ce fait scientifique et positif que le rédacteur de la Genèse n'a compris et voulu comprendre, dans son tableau généalogique de la postérité des fils de Noa'h, que les trois divisions fondamentales de la race blanche, la race supérieure et dominatrice, à laquelle on ne saurait refuser la primauté sur toutes les autres. C'est à ce fait seul, longtemps méconnu, que nous nous attachons ici; c'est celui que nous retenons pour l'histoire de l'antique Orient.

# CHAPITRE II

## LES LANGUES ET LEURS FAMILLES.

### § 1. — ORIGINE ET DÉVELOPPEMENT DU LANGAGE.

La linguistique est une science qui, pour ses développements et sa méthode, ne date pour ainsi dire que d'hier. Mais l'étude de l'essence philosophique du langage et de son origine a toujours été considérée comme un des plus difficiles et des plus importants problèmes de la philologie. L'antiquité cependant, sauf un dialogue de Platon et quelques mots d'Aristote, ne paraît pas s'en être beaucoup préoccupée. L'opinion la plus généralement admise était celle des Épicuriens, qui appliquaient à l'origine et à la formation du langage leur hypothèse grossièrement matérialiste d'une humanité primitive vivant à l'état absolument bestial. D'après cette opinion, l'homme aurait d'abord été muet comme les animaux, *mutum et turpe pecus*, mais plus tard le besoin l'aurait amené à proférer des sons, d'abord inarticulés, vagissements de l'enfance de l'humanité, qui, peu à peu, par le temps, se seraient réglés, perfectionnés et auraient traversé toutes les phases d'un progrès lent et continu.

C'est surtout la philosophie moderne qui a tenté de rechercher l'origine du langage. A la fin du xviiᵉ siècle, Locke plaçait dans son *Essai* l'étude des mots à côté de l'étude des idées, et y consacrait un livre entier sur les quatre livres dont se compose cet ouvrage. Mais la doctrine sensualiste du philosophe anglais l'enfermait dans des limites trop étroites pour qu'il pût arriver à une solution satisfaisante. Leibnitz, répondant à Locke et relevant avec toute la puissance et l'éclat de son génie la bannière du spiritualisme, suivit son adversaire sur le terrain de l'étude analytique du langage et de son origine. Là encore il l'écrasa par l'étendue prodigieuse de ses connaissances aussi bien que par la hauteur de son admirable intelligence. Leibnitz devina les traits principaux de la linguistique et en entrevit les applications.

Il repoussa la théorie qui ne voyait dans le langage qu'une convention arbitraire formée sous l'influence des causes extérieures et indiqua, dans les facultés naturelles de l'esprit et dans les idées innées, le fondement nécessaire de l'institution des signes de la parole. Comparant les divers éléments que son époque avait à sa disposition, Leibnitz rechercha avec une ingénieuse sagacité les rapports qui peuvent exister entre la forme des mots et les idées qu'ils expriment, et atteignit dans cette voie à des résultats souvent réels, souvent aussi contestables.

Les philosophes du xviiie siècle voulurent à leur tour résoudre le problème du langage et revinrent aux idées des Épicuriens de l'antiquité.

Condillac modifia néanmoins ces idées, pour les faire concorder avec sa doctrine de la sensation, mais sans arriver à une meilleure conclusion. La parole est pour lui plus que l'auxiliaire de la pensée, elle en est la condition primitive et nécessaire. S'il est certain qu'il n'y a pas de parole sans pensée, il l'est également à ses yeux qu'il n'y a pas de pensée sans parole. Ces deux éléments forment un ensemble, une dualité irréductible : car la pensée, se composant entièrement de termes abstraits, suppose nécessairement l'existence de ces termes, c'est-à-dire du langage. Parler étant penser, et la parole étant indissolublement liée à la pensée, les origines de l'une sont les mêmes que celles de l'autre. L'homme commence donc par être muet, puis, la sensation créant en lui la pensée, crée nécessairement en même temps la parole, composée d'abord de *signes naturels*, puis de *signes arbitraires* convenus entre les hommes.

Lorsqu'éclata la renaissance catholique qui ouvrit le xixe siècle, un des penseurs les plus originaux et les plus éminents qui guidèrent ce mouvement, Bonald, dans ses *Recherches philosophiques*, aborda à son tour la question de l'origine du langage. Bonald, toujours porté à rabaisser l'homme, ne croyait pas, comme Leibnitz, que les forces de l'intelligence humaine eussent été capables d'inventer par elles-mêmes le langage ; il lui attribuait une origine plus haute ; il y voyait l'œuvre de Dieu. Pour réfuter Condillac et parvenir à une conclusion diamétralement opposée, l'éloquent philosophe semble d'abord être d'accord avec lui. Il n'admet pas seulement que l'homme ne pense actuellement qu'avec le secours des signes, mais il suppose que la pensée n'a jamais pu se produire sans l'existence d'un langage articulé. Condillac concluait de cette indivisibilité du langage et de la pensée que l'un comme l'autre était le résultat nécessaire de la sensation. Bonald répond : Si le langage est nécessaire à la pensée, il est également évident que sans pensée le langage n'est qu'un vain bruit. De cette nécessité réciproque résulte l'impossibilité de l'invention du langage par l'homme, car pour inventer il faut penser. Il n'y a donc qu'une solution possible et admissible, c'est de supposer le don simultané de la pensée et de la parole comme fait directement à l'homme par Dieu.

Bonald poussait cette doctrine plus loin qu'une simple expression de la dépendance de l'homme vis-à-vis de son Créateur, dont il a reçu toutes ses facultés, limite dans laquelle nous n'hésitons pas à l'admettre, et à propos de laquelle M. Barthélemy Saint-Hilaire proclamait hautement que la solution du problème de l'origine du langage, donnée par la tradition religieuse, est encore philosophiquement la meilleure, la plus élevée et la plus vraisemblable. Suivant Bonald, l'homme, au moment où Dieu l'a placé dans le monde, était muet et privé de pensée ; ses facultés intellectuelles existaient en lui à l'état de germe, mais elles étaient frappées d'impuissance, incapables de se manifester, et, par suite, de se produire. Tout à coup la lumière a éclairé ces ténèbres, et le miracle a été produit par la parole de Dieu, qui a frappé l'oreille de l'homme et lui a révélé le langage. C'est ce langage, enseigné au premier homme d'une façon surnaturelle par le Créateur, qui l'a révélé à lui-même et a été pour son intelligence une source de création et de vie.

A l'époque où Bonald défendait si éloquemment les principes du christianisme, mais en y mêlant des conceptions personnelles qui n'en sont aucunement la conséquence nécessaire, des conceptions inacceptables pour tout esprit libéral et scientifique, et dont l'influence pèse encore lourdement, avec celle des idées de Joseph de Maistre, sur l'école catholique contemporaine ; à la même époque, un penseur profond, que la philosophie devait plus tard ramener à la foi, Maine de Biran, essayait d'établir sur les ruines du sensualisme les fondements d'une psychologie spiritualiste et d'une nouvelle métaphysique. Maine de Biran n'acceptait pas plus les idées de Bonald que celles de Condillac sur l'origine du langage ; il ne croyait pas plus à la langue révélée surnaturellement qu'à la parole produite avec la pensée par la sensation extérieure. Son opinion se rapproche plutôt de celle de Leibnitz. Comme lui, c'est dans l'exercice libre et réfléchi des facultés de l'âme humaine qu'il va chercher la naissance du langage. Il y voit l'œuvre d'une raison présente à elle-même, qui, par une suite d'opérations successives, crée un signe extérieur de ses pensées, lequel lui sert à les exprimer en lui-même et à les communiquer aux autres hommes.

Après Maine de Biran, la philosophie sembla pendant quelque temps avoir laissé de côté la recherche du problème dont nous venons d'esquisser rapidement l'histoire. Mais une branche des sciences d'observation se fondait et allait ouvrir une voie nouvelle. La *linguistique*, ou, comme on dit quelquefois, par une expression plus impropre, la *philologie comparée*, était créée par les travaux de Schlegel, de Bopp, de Guillaume de Humboldt, de Burnouf et de Grimm, et embrassait graduellement dans ses recherches toutes les formes du langage humain. Ce n'était plus désormais seulement dans l'analyse des facultés de l'entendement qu'il fallait rechercher les origines du langage, comme l'avaient fait jusque là tous les philosophes qui s'étaient occupés de cette question ; il fallait demander aux langues elles-mêmes comment elles avaient été produites, et y rechercher la trace des opérations de l'esprit qui avaient présidé à leur naissance et à leur formation.

M. Renan a été le premier à entrer dans cette voie nouvelle, par un ouvrage sur l'*Origine du langage*, publié en 1848 et réimprimé en 1864. Depuis, nombre des maîtres de la science linguistique, Jacob Grimm, Pott, Schleicher, MM. Steinthal, Max Müller, Whitney, ont abordé le même problème et l'ont traité avec l'autorité qui leur appartenait légitimement. Leurs théories ne sont pas toujours d'accord, il s'est même produit parmi eux deux doctrines principales et opposées ; mais la question, sortie du vague des spéculations purement abstraites et sans base suffisante, n'en a pas moins fait au milieu de ces divergences des progrès incontestables et très grands. Elle a pris un caractère scientifique et positif. Nombre de points fondamentaux y sont acquis d'une manière définitive, et l'on approche du moment où l'on pourra considérer le problème de l'origine et de la formation du langage comme résolu par l'observation et la méthode historique.

Et d'abord il n'est plus possible aujourd'hui de soutenir la thèse, désormais absolument ruinée, de Bonald sur le langage révélé d'une manière surnaturelle. C'est là de la pure mythologie, qui n'a rien à voir avec la science, et dont la religion n'a que faire, qui n'y est aucunement liée. Dieu, en créant l'homme, lui a donné le langage comme il lui a donné la pensée, mais de la même façon, virtuellement et non formellement, comme une faculté dont l'exercice et le développement devait être l'œuvre de son action propre.

« Les animaux ont la voix; l'homme seul a la parole. » Cette vérité, proclamée par Aristote, est universellement acceptée de nos jours. Tout le monde reconnaît que le langage articulé n'est pas seulement un des plus hauts attributs de l'homme, mais qu'il est un de ses caractères essentiels. L'homme ne peut se concevoir sans parole, non plus que sans pensée; il n'a été lui-même qu'à condition de posséder et d'exercer ces deux facultés. Dès qu'il a été sur la terre, il a parlé comme il a pensé. Il y a eu seulement succession des deux actes; l'éveil de la conscience et de la pensée a nécessairement précédé la parole, qui a fourni la formule et la limite de la pensée, et dans laquelle, dès son premier début, la réflexion a eu part. Mais l'homme, usant des facultés qui lui avaient été données et qui étaient inhérentes à sa nature, a fait son langage par lui-même et par une opération libre; il ne l'a pas reçu de l'extérieur.

Mais comment l'a-t-il fait? C'est ici que deux doctrines sont en présence.

La première a été formulée avec une grande habileté par M. Renan, que l'on peut en considérer comme le fondateur. L'homme n'est pas en état, suivant lui, de se créer un langage par l'usage réfléchi de sa raison. Cependant la parole ne lui est pas un don du dehors. « Il ne reste donc qu'un parti à prendre, c'est d'en attribuer la création aux facultés humaines agissant spontanément et dans leur ensemble. Le besoin de signifier au dehors ses pensées et ses sentiments est naturel à l'homme. Tout ce qu'il pense, il l'exprime intérieurement et extérieurement. Rien non plus d'arbitraire dans l'emploi de l'articulation comme signe des idées. Ce n'est ni par une vue de convenance ou de commodité, ni par imitation des animaux, que l'homme a choisi la parole pour formuler et communiquer sa pensée, mais bien parce que la parole est chez lui naturelle, et quant à sa production organique et quant à sa valeur expressive... Il serait absurde de regarder comme une découverte l'application que l'homme a faite de l'œil à la vision, de l'oreille à l'audition; il ne l'est guère moins d'appeler invention l'emploi de la parole comme signe expressif... L'usage de l'articulation n'est donc pas plus le fruit de la réflexion que l'usage des différents organes du corps n'est le résultat de l'expérience... L'homme est naturellement parlant comme il est naturellement pensant. »

Philosophiquement nous ne saurions souscrire à une semblable théorie.

L'éminent écrivain, dont nous venons de citer les termes mêmes, traite le langage de produit « spontané et aveugle » de toutes les facultés humaines en exercice. Il suppose donc que les facultés ont enfanté le langage comme un produit nécessaire de leur vertu intime, sans aucun exercice de la raison, de la réflexion ni de la volonté. Il assimile l'esprit humain, se créant son langage, à l'œil qui perçoit naturellement et immédiatement les objets colorés. Une telle assimilation renverse les lois fondamentales de toute psychologie. La matérialisation de la parole, et par suite de la pensée, en est la conséquence inévitable. Le langage n'est plus qu'un acte matériel analogue à la vision, acte qui ne peut être que le produit des impressions extérieures, et nous en revenons ainsi à la théorie de Condillac, qui faisait créer le langage avec la pensée par la sensation.

M. Renan s'arrête sur la voie des conséquences logiques de sa théorie ; il ruine à l'avance une partie de ces déductions par de sages réserves. Mais d'autres ont été plus loin, en suivant la même route ; ils sont arrivés jusqu'à ce qu'on a appelé la doctrine de *l'organisme*, c'est-à-dire la production nécessaire et matérielle du langage humain. Un linguiste philosophe de l'Allemagne, M. Heyse, a parfaitement réfuté cette grossière doctrine, en montrant que le langage a été créé par l'homme librement, puisque l'homme, en le créant, n'a obéi à aucune raison déterminante, et qu'il y a mis son individualité personnelle, ce qui n'a pas lieu dans les fonctions purement organiques.

La théorie, qui n'admet pas l'intervention de la réflexion et de la volonté dans la création du langage, n'explique pas en réalité le problème, elle le supprime. Elle admet l'union constante et l'indivisibilité de la pensée et de son expression ; mais elle ne recherche ni le comment ni le pourquoi de cette union. C'est pourtant là un point essentiel à étudier. Quelle relation existe-t-il entre la pensée et son signe extérieur ou intérieur ? Par quelles opérations de l'esprit le rapport se trouve-t-il établi entre ces deux termes en apparence irréductibles, mais dont la diversité est incontestable ? Cette recherche n'est pas facile, car l'habitude oblitère presque entièrement la trace des opérations qui produisent ce rapport, mais elle n'en est pas moins importante et indispensable. Le plus savant homme n'a point en parlant conscience des mécanismes intellectuels qui produisent sa parole ; ces mécanismes agissent en lui sans sa coopération réfléchie, comme ils agissent chez l'enfant et comme ils ont dû agir chez les hommes primitifs. Mais ils n'en doivent pas moins être soigneusement analysés par le psychologue, et lorsqu'on procède à cette analyse, force est bien de reconnaître que la réflexion et la volonté en sont deux des principaux ressorts. Et il n'a pas pu en être autrement dans la première création du langage.

Où, d'ailleurs, la part de la raison consciente, de la réflexion et de la volonté dans la formation du langage apparaît éclatante, où la science linguistique nous permet de la saisir sur le fait, c'est dans le développement de toutes les langues les plus anciennes, développement dont les phases sont aujourd'hui bien connues. Il y a là une évolution de progrès, due à l'activité réfléchie de l'esprit de l'homme, qui est exactement parallèle à celle de toutes les connaissances et de toutes les industries humaines, et dont l'existence est aujourd'hui incontestable.

M. Renan n'admettait, et c'était une condition nécessaire de sa théorie, que deux états dans l'évolution des langues : l'état synthétique, qui, selon lui, était le primitif, état riche et exubérant où les relations des idées sont exprimées par des flexions qui ne font qu'un avec le mot et sont d'autant plus nombreuses que la langue est plus ancienne, et l'état analytique, qui vient après, où le peuple, incapable d'observer une grammaire aussi savante, brise l'unité du mot fléchi, et, indiquant les rapports des idées par des particules ou des auxiliaires, préfère la juxtaposition des diverses parties de l'expression. Il comparait ces deux phases de développement à celles du langage des enfants, qui veulent d'abord tout exprimer à la fois et qui n'arrivent que par la suite à une réflexion de plus en plus claire. C'était supprimer l'état réellement primitif, isolé et monosyllabique du langage, et renouveler un système qu'Abel Rémusat avait déjà antérieurement exprimé avec un grand éclat de forme et de style.

Mais je doute que, linguiste supérieur comme il l'est, le savant auteur de l'*Origine du langage* voulût soutenir encore aujourd'hui cette manière de voir. Il est, en effet, trop démontré scientifiquement désormais, trop universellement reconnu par tous ceux qui s'occupent de ces études, que trois époques distinctes et successives marquent l'histoire primitive du langage : le monosyllabisme isolant, l'agglutination et la flexion. Non pas que toutes les langues aient passé nécessairement par ces trois phases, mais parce que les idiomes qui appartiennent à la dernière époque, celle de la flexion, portent l'empreinte d'une organisation plus développée que celle de l'époque intermédiaire correspondant à l'agglutination, ces dernières langues étant elles-mêmes d'une organisation supérieure à celle des langues monosyllabiques. Entre les langues parlées jadis et celles qu'on parle aujourd'hui sur le globe, les unes ont passé par ces trois phases, les autres se sont arrêtées dans leur développement. Ainsi l'agglutination renferme le monosyllabisme ; la flexion renferme à la fois le monosyllabisme et l'agglutination. Absolument de même que, parmi les espèces animales, les unes se sont arrêtées à un organisme élémentaire, tandis que d'autres se sont élevées, dans la période de gestation, de cet organisme primitif à une organisation plus riche et plus élevée.

Voilà le grand fait que Jacob Grimm a mis le premier en pleine lumière, dans son *Mémoire sur l'origine du langage* [1], et qui l'a conduit, en vertu de l'observation linguistique, à une conclusion presque exactement pareille à celle que le raisonnement philosophique avait inspirée à Maine de Biran.

C'est cette dernière doctrine que nous adoptons, nous aussi, parce qu'elle nous paraît la plus conforme aux données de la science. Nous voyons dans le langage ou plutôt dans les formes concrètes qu'il revêt, dans les langues, des œuvres humaines produites par l'exercice libre et réfléchi d'une faculté innée, que l'homme a reçue de son Créateur en faisant son apparition sur la terre. Mais nous admettons en même temps, dans les phénomènes initiaux qui ont marqué la première création du langage, une large part de spontanéité qui ne se rendait pas compte de ses propres procédés, d'intuition presque instinctive. L'homme primitif a formé son langage sans effort, sans conscience définie des opérations de réflexion qui l'y conduisaient, spontanément et instinctivement, et surtout sans chercher à y développer un type logique, préconçu dans son esprit. C'est sous ce rapport que Turgot avait raison de dire, dès 1750, que les langues, dans leur origine, ne sont pas l'ouvrage d'une raison présente à elle-même. De même que tous les instincts, qui décroissent à mesure que la raison grandit, la faculté du langage s'est épuisée peu à peu dans sa force créatrice; et la raison consciente a substitué par degré ses règles et ses opéra-

---

[1] Publié en 1852, dans les *Mémoires de l'Académie de Berlin.*

tions réfléchies aux résultats immédiats de la spontanéité humaine. Elle a régné en souveraine maîtresse dans le développement grammatical des langues.

A l'origine de l'humanité, comme l'a montré M. Steinthal, l'âme et le corps étaient dans une telle dépendance l'un de l'autre, que tous les mouvements de l'âme avaient leur écho dans le corps, principalement dans les organes de la respiration et de la voix. Cette sympathie du corps et de l'âme, qui se remarque encore dans l'enfant et le sauvage, était intime et féconde; chaque intuition, chaque idée éveillait en lui un accent ou un son. Chaque émotion, chaque effort, chaque acte de la volonté ou de la sensibilité se reflétèrent ainsi, dès l'origine, en une sorte d'interjection. Cette interjection, souvent imitée du son rendu par l'objet qui la provoquait, du bruit de la pierre, de l'agitation de l'arbre, du cri de l'animal (c'est ce qu'on appelle l'*onomatopée*), devint le signe du mouvement de l'âme auquel il était dû et de l'idée qui est la trace que ce mouvement laisse dans l'esprit. C'est ici qu'il faut faire intervenir la loi d'association des idées, si bien mise en lumière par M. Steinthal. En vertu de cette loi, le son qui accompagnait une intuition ou une idée s'associait dans l'âme avec l'intuition ou l'idée elle-même, si bien que tous deux se présentaient à la conscience comme inséparables, et furent également inséparables dans le souvenir. Le son devint ainsi un lien entre l'image obtenue par la vision et l'image conservée dans la mémoire ; en d'autres termes, il acquit une signification et devint élément du langage. En effet, l'image du souvenir et l'image de la vision ne sont point tout à fait identiques : j'aperçois un cheval ; aucun des chevaux que j'ai vus autrefois ne lui ressemble absolument en couleur, en grandeur, etc. ; l'idée générale représentée par le mot *cheval* renferme uniquement les traits communs à tous les animaux de la même espèce. Ce quelque chose de commun est ce qui constitue la signification du son.

De même que l'esprit humain revêt ses premières aperceptions, non de la forme abstraite et générale qui ne s'obtient que par élimination et analyse, mais de la forme particulière, laquelle est en un sens plus synthétique, en tant que renfermant et confondant une donnée accessoire avec la vérité absolue ; de même le langage primitif dut ignorer presque entièrement l'abstraction métaphysique. Sans doute la raison pure s'y réfléchissait, comme dans tous les produits des facultés humaines. L'exercice le plus humble de l'intelligence implique les notions les plus élevées ; la parole aussi, à son état le plus simple, supposait des moules absolus et éminemment purs ; mais tout était engagé dans une forme concrète et sensible.

Dans l'expression des choses physiques, l'imitation ou l'onomatopée paraît avoir été le procédé ordinaire employé par l'homme pour former les appellations. La voix humaine étant à la fois signe et son, il était naturel que l'on prît le son de la voix pour signe des sons de la nature. D'ailleurs, comme le choix d'appellation n'est pas arbitraire et que jamais l'homme ne se décide à assembler des sons au hasard pour en faire les signes de sa pensée, on peut assurer que, de tous les mots actuellement usités, il n'en est pas un seul qui n'ait sa raison suffisante, ou comme fait primitif ou comme débris de langue plus ancienne. Or, le fait primitif qui a dû déterminer l'élection des mots est sans doute l'effort pour imiter l'objet qu'on voulait exprimer, surtout si l'on considère les instincts sensibles qui durent présider aux débuts de l'esprit humain.

« L'homme émit donc, dit M. Maury, des sons d'abord monosyllabiques, dont il associa la production à l'idée de certains objets déterminés. Ces sons constituèrent les racines primitives de la langue. Ils fournirent un premier vocabulaire qui fut le fond, d'abord très pauvre, de chaque idiome respectif. Ces monosyllabes n'exprimaient, dans le principe, que des idées concrètes ; mais de très bonne heure, en vertu de sa faculté de généralisation, l'esprit humain les appliqua à certains ensembles d'objets, dont ils servirent alors à représenter la qualité commune la plus frappante. L'on observe, en effet, que les plus anciennes racines des langues indo-européennes, parlées par des peuples arrivés de bonne heure à un certain développement intellectuel, offrent toutes une signification générale et ne désignent jamais un objet particulier ou individuel ; mais cette idée générale se rapporte constamment à quelque chose de physique, et le mot qui la rend ne prend un sens abstrait que par l'effet de la dérivation, par une métaphore, un détournement du sens primitif. Les monosyllabes qui ont constitué la matière primordiale du langage, ses premiers rudiments, et dont un grand nombre furent éliminés par la prédominance d'autres, n'ont pas tardé à être soumis, dans leur association et leur emploi, à des lois qui s'offrent en grande partie les mêmes dans tous les idiomes, vu qu'elles découlent de la constitution de l'intelligence humaine, partout la même. La phrase est devenue plus complexe, à mesure que la pensée, dont elle est le miroir, se compliquait. Quand les premières racines furent arrivées à cette période de sens général et indéterminé, d'autres racines y furent adjointes pour leur donner un sens plus spécial. »

C'est en vertu de remarques de cette nature, puisées principalement dans l'observation et l'analyse des idiomes aryens, que Jacob Grimm s'est cru autorisé à tracer l'esquisse suivante de ce que dut être l'état primitif du langage : « A son apparition, la langue était simple, sans procédés artificiels, pleine de la vie et du mouvement de la jeunesse. Tous les mots étaient courts, monosyllabiques, formés la plupart de voyelles brèves et de consonnes simples. Les mots se pressaient et s'aggloméraient dans le discours comme les brins d'herbe dans le gazon. Tous les concepts découlaient d'une sensation, d'une intuition claire, constituant déjà une pensée et devenant le point de départ d'une foule d'autres pensées également simples. Les rapports qui liaient les mots à la pensée étaient naïfs; mais ils furent bientôt déparés par l'addition de mots disposés sans ordre. A chaque pas qu'elle fit, la langue parlée revêtit plus de plénitude et de flexibilité, mais elle se manifestait encore sans mesure et sans harmonie. La pensée n'avait rien de fixe et d'arrêté; et voilà pourquoi la langue primitive n'a pu laisser aucun monument de son existence. »

Un premier progrès, qui contenait tous les autres en germe, fut la création de racines démonstratives ou pronominales, distinctes des racines prédicatives. Aussi haut que l'on remonte par l'observation dans les langues, même monosyllabiques et isolantes, on trouve la distinction de ces deux classes de racines, qui s'agrègent plus ou moins intimement entre elles et subissent plus ou moins d'altération par le fait de cette agrégation. La formation première des racines démonstratives, qui date ainsi d'une période préhistorique du langage, impossible à atteindre dans sa réalité, et qu'on ne reconstitue que par induction, est encore tout à fait obscure. Ici elles paraissent avoir dès le début une existence indépendante et une origine propre; là, au contraire, il semble qu'on doive y reconnaître des racines originairement prédicatives, auxquelles on a pris ensuite l'habitude d'attacher ce sens nouveau.

Quoi qu'il en soit, le monosyllabisme isolant a été sûrement la phase primordiale du langage; et l'emploi des démonstratifs prépara la création des catégories grammaticales. « De très bonne heure chez la plupart des langues, dit encore M. Maury, l'habitude se prit d'agglutiner les racines accessoires avec les racines primitives. Le résultat se produisit d'autant plus vite, comme l'observe M. F. Baudry, que la pensée étant fort pauvre, les mêmes formules se représentaient sans cesse. C'est à cette même époque que s'effectua ce qu'on peut appeler la corruption des sons. La racine principale subsiste encore sans altération, mais sous l'influence de l'accent tonique qui donne l'unité aux éléments multiples du mot, la prononciation des accessoires s'obscurcit, s'abrégea et s'altéra, en même temps que leur signification indépendante s'oubliait. Dès lors le polysyllabisme se constitua et le langage entra dans sa période synthétique. Celle-ci présenta plusieurs degrés. D'abord, comme l'observe M. Max Müller, les accessoires étaient seuls altérés et la racine principale gardait son intégrité. Puis la racine principale et les accessoires se confondirent par une égale altération dans l'unité du mot. Ces deux phases constituent, la première, *l'état agglutinant*, la seconde, *l'état flexionnel* ou *amalgamant;* celui-ci laissant voir les sutures ou les fissures par où les petites pierres ont été jointes ensemble, celui-là présentant les mots composés comme faits tout d'une pièce. Les deux divisions ne sont pas, au reste, nettement tranchées, et l'on passe de l'une à l'autre par une foule d'intermédiaires... Une nouvelle évolution amena les idiomes synthétiques à une forme analytique, dans laquelle les éléments composants se désagrégèrent, se séparèrent et se coordonnèrent suivant un ordre logique, né du besoin croissant de clarté. C'est le moment de l'emploi des prépositions pour indiquer avec plus de précision les rapports; les cas n'ayant plus d'utilité, on les brouilla, et l'on finit par les laisser tomber tout à fait; dans la conjugaison, l'emploi des verbes auxiliaires se substitua aux terminaisons et aux préfixes qui indiquaient les temps et les personnes. »

§ 2. — Unité du langage et diversité des langues.

On vient de le voir, depuis que l'homme a commencé de parler, c'est-à-dire depuis qu'il a commencé d'exister, les langues des diverses races ont passé par des modifications innombrables dues à la marche de l'esprit chez ceux qui les parlaient, dues à des mélanges, à des influences réciproques d'idiomes les uns sur les autres. Il est donc impossible de remonter à la langue primitive, encore plus qu'il n'est impossible de remonter à la race primitive. Trop de révolutions se sont opérées depuis que l'humanité est sortie de son berceau.

Les langues connues et sur lesquelles peuvent porter les études de la linguistique, mortes ou vivantes, se présentent formant un certain nombre de groupes ou de familles, composés chacun d'idiomes ayant entre eux une parenté dont le degré varie et pouvant se ramener à une souche originaire commune. Mais par de là la formation de ces groupes, la science demeure impuissante. Elle est obligé de les accepter comme foncièrement différents et absolument irréductibles entre eux, impossibles à ramener à une unité primordiale reconstituable. C'est ce qu'a très bien défini M. Chavée. « Quand deux langues peuvent-elles être scientifiquement tenues, dit-il, pour deux créations radicalement séparées? Premièrement : quand leurs mots simples ou irréductibles à des formes antérieures n'offrent absolument rien de commun, soit dans leurs étoffes sonores, soit dans leur constitution syllabique. Secondement : quand les lois qui président aux premières combinaisons de ces mots simples diffèrent absolument dans les deux systèmes comparés. »

Ce fait de l'existence d'un certain nombre de familles primordiales de langues absolument irréductibles s'impose d'une manière forcée à tout linguiste sérieux. Proclamons-le résolument, il n'y a pas moyen de s'y soustraire, et il faut savoir l'accepter comme le dernier terme où s'arrête la science.

Sous ce rapport, il est nécessaire de se tenir en garde contre certaines illusions qui restent encore dans beaucoup d'esprits et qui proviennent d'une sorte de malentendus, d'une intelligence imparfaite de la véritable nature de quelques débats encore ouverts entre les linguistes. Oui, la science n'a pas encore dit son dernier mot au sujet de la parenté primitive ou de la différence radicale de toutes les familles de langues. Il est à ce sujet des questions qui ne sont pas encore résolues. Il y aurait outrecuidance et témérité peu scientifique à prétendre condamner *a priori* les travaux, sagement limités à des questions précises et spéciales, qui peuvent avoir pour résultat de diminuer le nombre des entités irréductibles dans la classification des langues, d'établir une parenté et une origine commune entre certaines familles qui, aujourd'hui encore, paraissent foncièrement différentes. Les efforts tentés par de fort bons linguistes, et même de grands esprits, pour établir un lien de descendance d'une même souche entre les trois grandes familles des idiomes à flexions ou plutôt entre les langues sémitiques et 'hamitiques, d'une part, les langues aryennes, de l'autre, n'ont jusqu'à présent conduit à aucun résultat démonstratif et certain. Mais la continuation de tentatives mieux conduites dans cette voie n'a rien d'anti-scientifique ; en réalité on ne peut tenir actuellement le problème comme résolu, ni dans le sens de la parenté, ni dans celui de l'irréductibilité. Il en est de même du problème du *touranisme* de Bunsen et de M. Max Müller, entendu dans le sens de la possibilité d'une parenté d'origine entre les idiomes altaïques et les idiomes dravidiens, de la parenté même qui leur relierait un certain nombre de dialectes parlés autour du Thibet, et qui par un autre côté touchent au thibétain monosyllabique, enfin de la possibilité, après avoir formé de tous ces groupes, actuellement irréductibles, une seule famille, d'y retrouver un rameau sorti très anciennement de la souche qui aurait aussi donné naissance aux langues sémitiques et aryennes. Sur tous ces points, le grand philologue d'Oxford, et ceux qui ont adopté ses idées, ne sont point parvenus jusqu'à présent à une démonstration scientifique suffisante et satisfaisante. Leur théorie reste une hypothèse ingénieuse et brillante, mais en faveur de laquelle il n'y a que certaines inductions, pas même de commencement de preuve positive et directe, et contre laquelle, en revanche, s'élèvent de très sérieuses objections. Elle ne peut cependant pas être absolument condamnée, et j'admets pour un instant qu'elle pourra un jour arriver à une démonstration formelle, ou tout au moins à une probabilité considérable. En sera-t-on venu pour cela à établir l'unité fondamentale des langues? Non certes ; on aura retrouvé quelques parentés d'abord méconnues, diminué le nombre des individualités absolument distinctes de la linguistique. Mais à côté de l'unité que l'on aura ainsi substitué à quelques-unes de ces individualités, que jusqu'à nouvel ordre on n'est pas encore parvenu à rapprocher d'une façon acceptable, il restera toujours un bon nombre de groupes irréductibles, de types essentiellement distincts, qui défieront à jamais les efforts tentés pour les unifier.

En dehors donc des questions nettement délimitées que nous venons d'indiquer, et où la carrière reste ouverte aux efforts de la spéculation scientifique, sans que l'on puisse encore prévoir avec une probabilité sérieuse s'ils seront ou non couronnés de succès, toute recherche de l'unité primordiale de l'universalité des idiomes connus dans leur infinie variété, tout essai de reconstitution de la langue primitive unique de nos premiers pères, doit être banni de la science. Ce n'est et ne peut être qu'une fantaisie puérile et oiseuse. Quiconque prétend, en linguistique et en histoire, au titre de savant sérieux doit s'en abstenir, comme en mathématiques de chercher la solution de la quadrature du cercle. On peut philosopher sur le problème du langage primitif, l'aborder par les méthodes de l'analyse psychologique, se rendre même compte, par des inductions tirées de l'état le plus ancien des langues connues, de ce que devaient être quelques-uns des caractères généraux de ce langage primitif. Mais aller au delà, essayer de le reconstituer, d'en retrouver les racines dans celles des familles de langues qui nous sont connues, en ramenant ces racines à une unité, ce n'est plus affaire de la science linguistique. Elle n'a et n'aura jamais aucun moyen sérieux d'y parvenir, et elle doit s'arrêter où elle rencontre la limite de ses possibilités, où sa méthode et ses procédés deviennent impuissants en cessant de rencontrer des éléments solides sur lesquels opérer.

La pluralité d'un certain nombre de familles irréductibles de langues est dans l'état actuel sa conclusion dernière, le terme où elle s'arrête sans avoir le moyen de pousser plus loin, et suivant toutes les apparences il en sera toujours ainsi. Acceptons donc ce fait, qui ne marque, du reste, qu'une limite dans ce que la science peut atteindre et démontrer, mais qui ne porte pas atteinte à la nécessité philosophique d'un langage primitif unique, conséquence de l'unité de l'espèce humaine et de sa descendance d'un seul couple.

Il est, en effet, impossible à tout homme de bon sens et à tout observateur impartial de trouver nécessairement impliquée dans ce fait la conclusion que prétendent en tirer les linguistes polygénistes. L'existence de plusieurs familles irréductibles de langues n'emporte nullement, comme on l'a dit, la pluralité originelle des espèces humaines qui ont formé ces familles de langues.

Et d'abord l'irréductibilité qui existe pour la science peut parfaitement n'être ici qu'un résultat de l'insuffisance des éléments qu'elle possède, de la perte irréparable de quelques-uns de ceux dont la conservation aurait pu la conduire à un tout autre résultat. Il est, en effet, une chose incontestable pour toutes les écoles de linguistique, c'est que les langues sont essentiellement variables et périssables. Il en est une autre non moins possible à contester, c'est que nous ne connaissons pas et que nous ne connaîtrons jamais toutes les langues mortes, surtout celles de la période primitive et préhistorique. Or, s'il manque un certain nombre d'anneaux à la chaîne de la filiation des langues — et il est certain qu'il en manque beaucoup — il n'y a pas moyen de douter que des rapports qui ont jadis existé sont à tout jamais perdus pour nous. La science est dans son rôle quand elle constate qu'elle ne trouve aucune trace de ces rapports ; elle en sortirait si on voulait lui faire dire qu'ils n'ont pas pu exister.

Sir John Lubbock a fait, sur l'origine probable des racines dans les différentes langues, des observations ingénieuses, aidées de rapprochements avec les idiomes des sauvages, dont la linguistique n'a, pendant bien longtemps, pas tenu assez de compte, observations qui ont une haute valeur et peuvent être tenues comme ayant fait faire un progrès sérieux à la question. Que l'on s'y reporte et l'on devra reconnaître que la majorité d'entre elles ne doivent pas être communes à toutes les familles de langues. Quiconque pense que le langage n'est pas un fait surnaturel et divin, mais qu'il est d'invention et de création humaine, ne peut qu'adopter sur ce point les conclusions du savant anglais. Or, pour peu que ces différences radicales soient nombreuses — et leur présence s'explique parfaitement dans la donnée de l'unité primordiale du langage à une époque à laquelle il ne nous est pas possible de remonter, — pour peu que ces différences radicales soient nombreuses, elles entraînent nécessairement l'irréductibilité, sans que celle-ci puisse être invoquée comme un argument contre la doctrine monogéniste.

Ce qu'implique seulement l'irréductibilité d'un certain nombre de groupes linguistiques, c'est ce qu'implique aussi la profonde différence des trois ou quatre grands types physiques de l'humanité, non la pluralité des espèces, mais la formation séparée des races sorties de l'unité primitive à une très grande distance dans le temps du commencement de l'histoire positive, c'est que, pour ce qui touche spécialement aux langues propres à ces races, la séparation a eu lieu dans un état de civilisation tout à fait rudimentaire et quand le langage en était encore à sa période toute première. Il n'est pas possible de la placer à un autre moment qu'à l'état monosyllabique et isolant, avant la naissance de toute grammaire. Mais ceci admis, le fait de la disparition du langage primordial et de toute trace de l'unité originelle qui a enfanté la diversité, devient tout simple et parfaitement naturel. La merveille invraisemblable serait qu'il en fût autrement. Aucune langue ne peut rester stationnaire ; mais dans cette évolution perpétuelle, la partie conservative du langage, celle qui résiste le plus aux influences dissolvantes, est la grammaire. Pour les mots, ils changent et se renouvellent d'autant plus facilement que la langue est moins avancée. Et chez les peuples sauvages, où l'écriture n'a pas fixé les mots, ceux-ci se transforment avec une telle rapidité qu'on cite des missionnaires et des voyageurs qui sont allés deux fois, à une vingtaine d'années d'intervalle, chez une même peuplade et qui ne retrouvèrent au second voyage presque rien de la langue qu'ils avaient apprise au premier. M. Max Müller a groupé à cet égard un ensemble de faits et d'observations absolument probant, qui a une importance de premier ordre lorsque l'on veut se rendre compte du *comment* de la production d'une pluralité de types linguistiques irréductibles, dans la donnée de l'unité de l'espèce humaine.

Mais il importe de constater encore une fois ici, pour la formation des langues comme pour celle des races, que la conciliation entre les faits observés et la doctrine qu'imposent à la fois le dogme religieux et la philosophie spiritualiste, n'est naturelle, et même réellement possible, qu'avec la haute antiquité de l'homme et son progrès continu depuis un point de départ qui n'est autre que l'état de pur sauvage. Et cependant ces deux grands faits, qui résultent d'une façon si éclatante de l'archéologie préhistorique, il est encore un certain nombre d'esprits timides, parmi les croyants et les spiritualistes, qui s'effraient de leurs conséquences, faute de savoir bien les discerner, et qui se refusent même à les admettre, soit par une interprétation étroite et malentendue des textes bibliques, soit par pure paresse d'esprit, pour ne pas se donner la peine de secouer le joug de vieilles idées, pour ne pas dire de vieilles erreurs, dont ils ont pris l'habitude.

Pour nous, sur la question de l'unité du langage et de la diversité des langues, nous ne pouvons mieux faire que de nous approprier les paroles de M. Whitney, l'éminent linguiste américain, qui a mieux mis que personne en lumière l'impossibilité scientifique de la réduction et de l'identification des racines de toutes les familles de langues, comme des lois qui y ont présidé aux premières combinaisons de ces éléments simples et fondamentaux. « La linguistique ne peut se porter garant de la diversité des races humaines. Si nous admettons que les hommes ont créé les premiers éléments du langage, de même qu'ils en ont fait tous les développements subséquents, nous sommes forcés de convenir qu'une période de temps assez longue a dû s'écouler avant qu'ils aient pu se former une certaine somme de matériaux. Et pendant ce temps, la race, fût-elle unique, a pu se répandre et se diviser de façon que les germes primitifs de chaque langue aient été produits indépendamment dans les unes et dans les autres. Donc, l'incompétence de la linguistique, pour décider de l'unité ou de la diversité des races humaines, paraît être complétement et irrévocablement démontrée. »

Personne n'a soutenu avec plus d'énergie et d'habileté la doctrine polygéniste qu'Agassiz, et sur le terrain des caractères physiques des races et sur celui de leurs langues. Suivant lui, les homme ont été créés *par nations*, et chacune de celles-ci a reçu, en même temps que tous ses traits physiques, son langage particulier, éclos ainsi de toutes pièces et aussi caractéristique que la voix d'une espèce animale. Il est bon de citer ici ses propres paroles, pour donner une idée des arguments de l'école dans son plus illustre représentant. « Qu'on suive sur une carte la distribution géographique des ours, des chats, des ruminants, des gallinacés ou de toute autre famille : on prouvera avec tout autant d'évidence que peuvent le faire pour les langages humains n'importe quelles recherches philologiques, que le grondement des ours du Kamtchatka est allié à celui des ours du Thibet, des Indes Orientales, des Iles de la Sonde, du Népaul, de Syrie, d'Europe, de Sibérie, des Montagnes Rocheuses et des Andes. Cependant tous ces ours sont considérés comme des espèces distinctes, n'ayant en aucune façon hérité de la voix les uns des autres. Les différentes races humaines ne l'ont pas fait davantage. Tout ce qui précède est encore vrai du caquetage des gallinacés, du cancanage des canards aussi bien que du chant des grives, qui toutes lancent leurs notes harmonieuses et gaies, chacune dans son dialecte, lequel n'est ni l'héritier ni le dérivé d'un autre, bien que toutes chantent en *grivien*. Que les philologues étudient ces faits et, s'ils ne sont pas aveugles à la signification des analogies dans la nature, ils en arriveront eux-mêmes à douter de la possibilité d'avoir confiance dans les arguments philologiques employés à prouver la dérivation génétique. »

« Agassiz est logique, et il pousse jusqu'au bout les conséquences de sa théorie, répond avec un suprême bon sens M. de Quatrefages. Mais il oublie un grand fait, que l'on peut opposer à lui et à tous ceux qui, de près ou de loin, se rattachent à cet ordre d'idées. Jamais une espèce animale n'a échangé sa voix contre celle d'une espèce voisine. L'ânon allaité par une jument ne désapprend pas à braire pour apprendre à hennir. Au contraire, chacun sait bien que le blanc le plus pur, placé dès son bas âge au milieu des Chinois ou des Australiens, ne parlera que leur langage, et que la réciproque est également vraie. »

Et ce fait capital n'est pas seulement individuel; il s'est étendu à des nations entières; il a dans l'histoire et dans l'ethnologie autant de développement que d'importance; il faut lui faire une place de premier ordre. C'est un point aujourd'hui mis en pleine lumière et qui a complétement dissipé l'illusion, née d'abord des premiers progrès de la linguistique, qui faisait de cette science la base de l'ethnologie et cherchait dans la langue le critérium infaillible de la race. Dans bien des cas il n'en est rien. L'usage de telle ou telle langue ne dépend pas si nécessairement de la race à laquelle appartient un peuple (ce qui serait pourtant fatal dans la théorie des linguistes polygénistes) qu'il mette le langage au-dessus des contingences historiques. Il y a, au contraire, des langues imposées par la conquête, le commerce ou le rayonnement de foyers intellectuels plus puissants. Un peuple a souvent oublié le langage de ses ancêtres pour prendre celui de ses maîtres ou de ses sujets. Les exemples abondent à cet égard. Les Juifs avaient cessé de parler hébreu 600 ans avant Jésus-Christ; la conquête, le voisinage leur avaient imposé un dialecte araméen. Les Francs ont cessé de parler leur langue germanique 300 ans après Clovis. Les Silures et Ligures celtisés des Iles Britanniques ont oublié leur langue primitive pour les langues gaëliques et kymriques, et plus tard pour l'anglais. Le grec et le latin se sont propagés chez toute nation, comme langues de la civilisation ou de la science; on a pu penser un temps qu'il en serait de même du français. Le russe est aujourd'hui la langue de millions d'hommes des races altaïque et mongolique. Ceci a même, dans le temps où l'on se fiait exclusivement aux indices linguistiques, fait croire à l'anéantissement de races ou de populations en réalité florissantes. C'est, par exemple, ce qui est arrivé pour les Canaries. Les descendants des Guanches ayant tous adopté l'espagnol, on a cru qu'il n'en existait plus, jusqu'au moment où Sabin Berthelot a démontré qu'ils forment en réalité le fond de la population dans tout cet archipel.

« C'est que, dit M. de Quatrefages, dont nous ne saurions mieux faire que d'emprunter encore les paroles, la *voix animale* est un caractère fondamental, tenant évidemment à la nature de l'être, susceptible de légères modifications, mais ne pouvant disparaître et se transmettant intégralement ; c'est un *caractère d'espèce*. La *langue humaine* n'a rien de pareil. Elle est essentiellement variable et se modifie de génération en génération ; elle se transforme, elle emprunte et elle perd ; elle est remplacée par une autre ; elle est manifestement sous la dépendance de l'intelligence et du milieu. On ne peut donc voir en elle qu'un caractère secondaire, un *caractère de race*.

« Au point de vue linguistique, l'attribut spécifique de l'homme n'est pas la *langue spéciale* qu'il emploie ; c'est la *faculté d'articulation*, la *parole*, qui lui a permis de créer un premier langage et de le varier à l'infini, grâce à son intelligence et à sa volonté plus ou moins impressionnées par une foule de circonstances. » Et c'est ainsi qu'au-dessus de la diversité des langues nous retrouvons l'unité du langage, conséquence nécessaire de l'unité de l'espèce et de son origine.

« Maintenant, ajouterons-nous avec M. Whitney, prétendre pour expliquer la variété des langues que le pouvoir de s'exprimer a été virtuellement différent dans les différentes races ; qu'une langue a contenu, dès l'origine et dans ses matériaux primitifs, un principe formatif qui ne se trouvait pas dans une autre ; que les éléments employés pour un usage formel étaient formels par nature, et ainsi de suite, c'est de la pure mythologie. »

Le principal facteur de la formation différente et de l'évolution parallèle des différentes familles de langues, a été l'action libre des facultés intellectuelles de l'homme, se mouvant dans le cadre de l'évolution naturelle et logique du progrès de l'entendement humain. Mais là, comme toujours, la liberté n'a pas été absolue et illimitée ; elle a été entravée et influencée par des causes internes ou externes à l'homme, que l'on peut rapporter à trois ordres, causes physiques, morales et historiques.

On sait en quoi consiste, au point de vue physique, la parole humaine. L'homme, à l'aide de son larynx, émet des sons que modifie le jeu des organes buccaux. Le souffle que produit l'effort volontaire de ses poumons, par suite des mouvements de la langue, des lèvres, des dents, résultant de la compression des parties molles et mobiles de la bouche contre les parois fixes qui l'entourent, donne naissance à des sons articulés, profondément distincts par leur nature, leur extrême variété, du cri des animaux, du chant des oiseaux. Chez certains mammifères il y a comme une ébauche d'articulation, labiale chez les ruminants, gutturale chez une partie des carnassiers, dentale chez les singes. Mais elle est toujours imparfaite et surtout absolument uniforme. La faculté de produire des articulations parfaitement nettes et infiniment variées, choisies et déterminées par sa volonté, de les nuancer délicatement, pour ne pas parler ici de leur groupement et de leur succession, calculée de manière à exprimer une suite logique d'idées, est l'apanage exclusif de l'homme. Seulement les variations physiques des races, produisant des modifications et des différences dans la construction des organes buccaux, modifie leur jeu et ses effets, la nature des sons articulés qu'ils sont aptes à produire. Chaque race, chaque subdivision ethnique et presque chaque nation, a des articulations qui lui sont propres, d'autres qui lui font défaut; d'un peuple à l'autre, les consonnes de même ordre éprouvent des altérations régulières et constantes, dont l'étude constitue dans la science du langage cette branche essentielle que l'on appelle la *phonétique*.

Il est facile de se rendre compte de ce qu'a pu être le rôle de ces différences d'articulation, produites par une nécessité organique à laquelle il est impossible de se soustraire, dans la période préhistorique du langage, alors qu'il en était encore à l'état monosyllabique et isolant. L'action seule de cette cause a suffi pour rendre alors absolument différent le langage dans deux races dont la constitution physique se modifiait d'une manière divergente sous l'effet de la diversité des influences de milieu. Nous en constatons même historiquement les effets dans les langues les plus avancées, dans celles dont la constitution paraît la plus solidement établie. Lorsqu'il se produit un de ces faits dont nous parlions tout à l'heure, d'adoption d'un idiome par un peuple auquel elle était originairement étrangère, la langue, en passant dans la bouche d'une race nouvelle, éprouve toujours une altération sensible dans sa prononciation. C'est ainsi que le latin, une fois introduit dans les Gaules et en Espagne, a subi dans chacun de ces deux pays des changements phonétiques particuliers, résultant des différences d'organisation physique des Celtes et des

Ibères par rapport aux Latins, et par suite conformes à la phonétique des idiomes antérieurs de ces peuples, changements qui sont devenus le point de départ d'altérations dans les mots eux-mêmes. C'est ainsi que l'arabe, chez tous les peuples où le Qoran a répandu son usage, voit se modifier la prononciation de quelques-unes de ses lettres; et que la langue anglaise, qui a déjà subi sur le sol de la Grande-Bretagne de si profondes modifications historiques dans sa prononciation, tend à s'altérer phonétiquement encore davantage aux États-Unis.

L'intelligence humaine est une dans ses facultés et dans leur jeu logique, et c'est pour cela que les lois du développement du langage, sauf les arrêts de développement, ont été les mêmes dans toutes les races, malgré leur séparation. Mais de même que dans l'unité du type d'espèce de l'homme il y a des variétés de types de races et de types individuels, de même, dans l'unité intellectuelle de l'humanité il y a des différences d'aptitudes et de génie entre les races, les peuples et les individus. C'est là ce qui a produit, dans le cadre des mêmes lois générales de développement, les différences infinies dans la phraséologie et la syntaxe des langues, et aussi dans la formation indépendante de leur mécanisme grammatical. Ici encore il faut admettre une action singulièrement puissante de cette cause de diversité dans la période primordiale et préhistorique du langage, dans son passage de l'état monosyllabique isolant au premier stage de l'état grammatical, à l'agglutination. Il a suffi de la création séparée et indépendante des premiers rudiments de la grammaire dans chaque race, pour donner à leur développement naturel et logique une direction absolument divergente, et pour produire l'irréductibilité des familles de langues appartenant à ces différentes races.

L'action de cette cause morale et intellectuelle de modification, influencée dans cette dernière mesure par des différences physiques dans la constitution du cerveau, organe de communication entre les deux éléments, matériel et immatériel de l'homme, s'observe historiquement et jusque de nos jours, aussi bien que celle de l'altération phonétique. Toutes les langues modernes accentuent chaque jour davantage leur passage de l'état synthétique à l'état analytique. Le Français, par exemple, a gardé jusqu'au début du xiv$^e$ siècle de notre ère des cas de déclinaison, qu'il a perdus depuis lors. Un fait rentrant dans les mêmes causes, mais d'une nature différente, est celui des

Anglo-Américains, qui non seulement altèrent d'une façon déjà sensible la prononciation de leur idiome anglo-saxon, mais y introduisent des tournures abrégées, *standard phrases*, rappelant le génie des langues des races indigènes de l'Amérique, dont on a vu plus haut qu'ils tendent à reprendre la constitution physique. De telle façon que l'on peut, dès à présent, prévoir avec certitude une époque où l'anglais et l'américain seront devenus deux idiomes différents. Voici encore un troisième fait, dû au même genre de causes, mais qui s'est produit dans des conditions différentes. Parmi les idiomes vivants de la famille aryenne, il en est trois qui ont en commun cette particularité d'avoir un article et de le suffixer au substantif, au lieu de le placer devant comme à l'ordinaire ; ces langues appartiennent à trois subdivisions différentes de la famille, ce sont le roumain, du groupe néo-latin, le bulgare, du groupe slave, et le schkype ou albanais, qui doit former à lui seul le type d'un groupe à part. Mais ces trois idiomes occupent une aire géographique restreinte et continue. Il est donc clair qu'une même cause historique a agi sur tous trois dans cette aire géographique, malgré leur diversité d'origine. L'explication la plus probable est que la particularité grammaticale commune, qu'ils ont ainsi développée parallèlement, est le legs d'un idiome antérieur, parlé dans la région, sans doute celui de la race thraco-illyrienne, dont les Albanais paraissent les descendants directs, et dont le sang a laissé de nombreux restes sous les couches de populations nouvelles qui l'ont recouvert, latines en Roumanie, ougriennes et slaves en Bulgarie.

Cet exemple nous met en présence de l'action du troisième ordre de causes modificatrices des langues, les causes historiques. Ces causes ne produisent pas seulement les faits dont nous avons déjà parlé, d'abandon par un peuple de l'idiome propre de sa race pour adopter, sous des influences diverses, un idiome étranger. Très fréquemment on constate que les événements de l'histoire ont exercé une action décisive sur la marche des langues, que les faits extérieurs les ont détournées de ce qui aurait été sans cela leur cours naturel. L'anglais, par exemple, tel qu'il se parle aujourd'hui, est incontestablement fort différent de ce que fût devenu spontanément l'anglo-saxon sans la conquête normande.

« Si les langues, dit M. Maury, doivent déjà, en vertu de leur propre développement, passer par des organismes différents, elles sont encore plus exposées à l'altération quand elles manquent de monuments littéraires ; alors elles se trouvent ravalées au point de n'être souvent que des jargons, et dans les bouches ignorantes qui les parlent, elles perdent parfois tout à fait leur caractère primitif. Leur grammaire vit encore longtemps ; mais elle n'est plus qu'un cadre dans lequel des mots nouveaux viennent remplacer les anciens ; et quand le vocabulaire est ainsi transformé, le cadre lui-même cède, et la grammaire disparaît ou se change notablement. Cela se produit surtout chez les idiomes qui n'ont point encore créé beaucoup de mots, dont la grammaire est assez simple pour pouvoir s'enrichir de formes que lui fournissent les grammaires étrangères. Il en est des langues comme des races ; quand un ensemble de circonstances a engendré une race nouvelle, sous des influences physiques et morales déterminées, cette race déploie une puissance de conservation d'autant plus prononcée que la race a été en quelque sorte plus fortement coulée. Son moule se conserve alors longtemps, sans s'altérer. Les langues offrent, à des degrés divers, cette même vitalité, et suivant leur plus ou moins grande homogénéité, la roideur ou la flexibilité de leurs formes grammaticales, elles se perpétuent, sans subir des altérations bien notables, même placées dans des conditions nouvelles, ou elles s'altèrent rapidement. »

Les emprunts de vocabulaire se produisent toujours, et d'une manière inévitable, dans la vie historique des langues, jusque chez les idiomes qui ont la culture littéraire la plus développée et qui sont constitués le plus fortement pour la conservation. Tout contact d'une nature quelconque entre deux peuples, soit de même race, soit des races les plus opposées, donne forcément naissance à des emprunts de ce genre. Un peuple prend chez un autre les termes qui servent à exprimer les idées nouvelles dont il doit la révélation à cet autre peuple, ou bien les objets matériels qui lui étaient jusqu'alors inconnus. Il en prend aussi dans bien des cas, qui font double emploi avec les termes que possédait quelquefois son langage, et souvent alors c'est le mot d'emprunt qui finit par rester, chassant de l'usage le vieux terme national. Le caprice de la mode intervient ici fréquemment comme un élément de modification des langues. Chez les Égyptiens de la xviii$^e$ et de la xix$^e$ dynastie il a été de mode de sémitiser aux dépens de l'idiome égyptien ; chez les Syriens des premiers siècles de l'ère chrétienne d'helléniser; chez les Allemands du siècle dernier de franciser. Depuis cinquante ans notre propre parler s'est encombré, par suite d'un caprice d'engouement du même genre, de mots anglais, dont une bonne moitié rendent des idées qui avaient déjà une excellente expression dans notre langue, et dont quelques-uns sont même d'anciens mots français qui reviennent altérés par des bouches étrangères.

Ces emprunts si multipliés de vocabulaire, avec les emprunts plus rares de grammaire ou les simples influences d'une langue sur l'autre dans sa grammaire, sa syntaxe et sa phraséologie, finissent par produire, dans le tableau général des langues connues, un entrecroisement de caractères analogue à celui que l'on observe entre les groupes humains, au point de vue de leur type et de leur constitution physique.

Au sujet des emprunts de vocabulaire, que les linguistes dédaignent trop souvent pour ne s'attacher qu'à l'étude de la morphologie grammaticale, il peut être utile de rappeler les curieux résultats auxquels Young fut conduit par le calcul des probabilités. Cet illustre savant, auquel les sciences historiques et philologiques n'étaient pas étrangères, mais qui a surtout acquis sa gloire dans les sciences physico-mathématiques, s'était demandé quel nombre de mots semblables, dans deux langues différentes, était nécessaire pour qu'on pût être autorisé à considérer ces mots comme ayant appartenu à la même langue. De ses calculs il résulte que la communauté d'un seul mot n'a aucune signification. Mais la probabilité d'une même origine a déjà trois contre un, quand il y a deux mots communs ; plus de dix contre un, quand il y en a trois. Quand le nombre des mots communs est de six, la probabilité est de plus de dix-sept cents, et de près de cent mille, quand il est de huit. Il est donc presque certain que huit mots communs à deux langues différentes ont appartenu primitivement à un même langage, et lorsqu'ils sont isolés au milieu d'une langue à laquelle ils n'appartiennent pas naturellement, on doit les regarder comme importés. Ces conclusions du mathématicien anglais ont une importance très grande. L'histoire peut et doit même y trouver des indices de communications entre les peuples, qui échapperaient à ses autres moyens d'investigation.

Il faut enfin, dans les recherches sur la formation des langues et l'origine de leur mécanisme, ainsi que de leurs différences, tenir grand compte de ceci, qu'une langue, dans sa création, n'est pas une œuvre individuelle, mais une œuvre collective.

Une observation profondément ingénieuse de Jacob Grimm, sur les langues aryennes, peut mettre sur la trace de la part diverse que les individus, dans une même race et dans un même peuple, ont pu avoir, selon leur nature ou leur aptitude, dans la formation d'un langage. « Plus ces langues sont anciennes, dit M. Renan, résumant les idées du grand linguiste allemand, plus la distinction des flexions féminines et masculines y est marquée : rien ne le prouve mieux que le penchant, inexplicable pour nous, qui porta les peuples primitifs à supposer un sexe à tous les êtres, même inanimés. Une langue, formée de nos jours, supprimerait le genre en dehors des cas où il est question de l'homme et de la femme, et même alors on pourrait très bien s'en passer : l'anglais en est arrivé sous ce rapport au plus haut degré de simplification, et il est surprenant que le français, en abandonnant des mécanismes plus importants du latin, n'ait pas laissé tomber celui dont nous parlons. Jacob Grimm conclut de là que les femmes durent exercer dans la création du langage une action distincte de celle des hommes. La vie extérieure des femmes, que la civilisation tend à rapprocher de plus en plus de celle des hommes, en était à l'origine totalement séparée, et une réunion de femmes était très différente, sous le rapport intellectuel, d'une réunion d'hommes. De nos jours, le pronom et le verbe n'ayant conservé à la première personne, dans la plupart des langues, aucune trace de genre, le langage d'une femme ne diffère grammaticalement de celui d'un homme que par le genre des adjectifs et des participes qu'elle emploie en parlant d'elle-même. Mais à l'origine la différence dut être bien plus forte, ainsi que cela a lieu encore dans certains pays de l'Afrique. Pour que l'homme, en s'adressant à la femme ou en parlant de la femme, se soit cru obligé d'employer des flexions particulières, il faut que la femme ait commencé par avoir certaines flexions à son usage. Or, si la femme employa tout d'abord certaines flexions de préférence à d'autres, et provoqua ces flexions chez ceux qui lui parlaient, c'est qu'elles étaient plus conformes à ses habitudes de prononciation et aux sentiments que sa vue faisait naître. C'est ainsi que dans les drames hindous les hommes parlent sanscrit et les femmes prâcrit. Si l'*a* et l'*i* sont les voyelles caractéristiques du féminin, c'est sans doute parce que ces voyelles sont mieux accommodées que les sons virils *o* et *ou* à l'organe féminin. Un commentateur indien, expliquant le verset 10 du livre III de Manou, où il est commandé de donner aux femmes des noms agréables et qui ne signifient rien que de doux, recommande en particulier de faire en sorte que ces noms renferment beaucoup d'*a*. Cet exemple me paraît propre à faire comprendre comment, dans le travail complexe du langage, les divers instincts, et, si j'ose le dire, les diverses classes de l'humanité ont eu leur part d'influence. »

Remarquons, du reste, que l'observation sur laquelle nous venons de nous appuyer est spéciale à certaines familles de langues, car il en est d'autres, et en grand nombre, qui n'admettent pas la distinction des genres. Mais elles prêteraient à leur tour à des observations différentes, conduisant à une conclusion analogue.

### § 3. — CLASSIFICATION DES LANGUES.

Les trois états successifs du développement du langage, tels que nous les avons indiqués, ont fourni la base d'une classification naturelle des langues, réparties d'abord en trois grandes classes suivant celui de ces états où elles se sont fixées et immobilisées, puis dans chaque classe en familles et en groupes, d'après les affinités de racines et de structure grammaticale qui permettent de rattacher un certain nombre d'entre elles à une souche primitive commune.

D'après les données statistiques que l'on possède, les langues monosyllabiques et isolantes seraient aujourd'hui parlées par 449 millions d'hommes environ, les langues agglutinantes par 216 millions, et les langues à flexion par 537 millions. Ce dernier chiffre est dû à la propagation toujours croissante des idiomes européens, qui étendent leur domaine avec celui de la civilisation et s'imposent ainsi aux races les plus diverses.

Dans les langues monosyllabiques et isolantes, il n'existe encore que des mots simples, consistant dans un son rendu par une seule émission de la voix. Ce sont les racines, ayant à la fois le caractère de substantifs et de verbes; elles expriment la notion, l'idée, indépendamment de l'emploi du mot, et c'est la manière dont ce mot est mis en relation avec d'autres qui marque son rôle et son sens catégorique dans la phrase. De là l'expression d'état *rhématique* employée quelquefois pour indiquer ce stage primordial de développement du langage, qui ne connaît encore que le mot absolu, sans distinction de catégories grammaticales.

La grammaire de toute langue de cette classe n'est et ne peut être qu'une syntaxe. Le mot-racine est inflexible; en dépit de tout changement de position dans la phrase, il demeure invariable, toujours le même, et c'est uniquement la place qu'il occupe dans la phrase, dans la proposition logique, construite sur un type immuable, qui détermine sa valeur, sa qualité de sujet ou de régime, d'épithète ou de substantif, de verbe ou de nom, et ainsi de suite.

Le nombre des monosyllabes possibles à former par une seule émission de la voix est nécessairement fort restreint ; la langue chinoise en admet 450. On trouve un moyen de multiplier les différences au moyen de l'accent, qui devient une sorte d'intonation chantante, appelée *ton*, qui permet à chaque syllabe de se faire entendre à l'oreille de plusieurs façons différentes. Ainsi, dans le chinois, la variation des tons porte à 1,203 le nombre des combinaisons syllabiques qui constituent le vocabulaire. Avec un fond aussi forcément restreint de matériel phonique, tout idiome monosyllabique ne peut manquer de posséder une très grande quantité de mots homophones. Comme tous les mots de la langue se composent d'une seule syllabe, chaque syllabe dont l'organe est susceptible représente un certain nombre d'acceptions sans rapport les unes avec les autres. Une confusion presque inextricable résultant de ce fait ne peut être évitée qu'en recourant, pour distinguer les mots homophones, les acceptions diverses d'une même syllabe, à des moyens d'éclaircissement plus ou moins ingénieux ou naïfs.

C'est ainsi que l'on place après un mot, pour en déterminer le sens, un autre mot, dont une des acceptions coïncide avec celle dans laquelle on veut prendre le premier. Exemple : en chinois, *tao* est susceptible de signifier : « ravir, atteindre, couvrir, drapeau, froment, mener, chemin ; » *lu* de vouloir dire : « détourner, véhicule, pierre précieuse, rosée, forger, chemin. » L'un ou l'autre de ces deux mots, employé isolément, laisserait l'esprit indécis entre un grand nombre de significations absolument différentes. On précise le sens de « chemin » par l'emploi de la locution pléonastique *tao lu*, qui accumule deux synonymes s'expliquant l'un par l'autre. D'autres associations, toutes pareilles, ont pour but de rendre une idée qu'un mot simple n'exprimait pas ; ainsi *fu* est « père, » *mu* « mère » et *fu mu* « parents ; » *yuan* est « éloigné, » *kin* « près » et *yuan kin* « distance. » Il n'y a pas là formation d'un composé polysyllabique, car les deux mots se juxtaposent et ne se lient pas ; ils restent indépendants et conservent leur tonalité, sans qu'un des deux, à ce point de vue, se subordonne à l'autre.

Le genre d'un mot ne peut être déterminé qu'à l'aide d'un second terme, rapproché de la même façon. En chinois l'on emploie pour cet objet *nan* « mâle, » et *niu* « femelle ; » ainsi l'on a *nan tse* pour dire « fils » et *niu tse* pour « fille. » La plupart des relations grammaticales qu'expriment dans les autres langues les cas de déclinaison, les temps, les modes et les personnes verbales, quand la position du mot dans la phrase ne suffit pas à les déterminer assez clairement, sont marquées par l'accession de mots, qui sont par eux-mêmes des racines prédicatives ayant un sens propre comme les mots qu'ils viennent déterminer, mais qui, dans ce cas, jouent le rôle de simples auxiliaires grammaticaux. C'est ce que, dans la syntaxe chinoise, on appelle les « mots vides, » par opposition aux « mots pleins, » c'est-à-dire aux racines dont la signification reste dans toute sa plénitude et son indépendance, aux mots que nos traductions rendent par des noms ou des verbes.

La plupart des langages de la race jaune et des populations qui, dans l'Asie transgangétique, paraissent issues d'un métissage des types jaune et noir, se sont arrêtées à cet état de développement monosyllabique, isolant et rhématique. Le chinois antique nous en offre un spécimen d'une pureté complète.

Les principaux idiomes de cette classe sont :

Le chinois avec ses différents dialectes ;

L'annamite ;

Le cambodgien ou khmer ;

Le môn, parlé par les habitants du delta de l'Iraouaddy ;

Le groupe des langues myamma, dont le barman est le type le mieux connu ;

Le thaï ou siamois ;

Le groupe des langues himalayennes, parlées par les descendants de quelques tribus primitives du nord de l'Inde, refoulées par l'invasion aryenne dans les vallées de l'Himalaya ;

Le thibétain.

Malgré l'origine évidemment apparentée, et quelquefois de fort près, des populations qui en font usage, tous ces idiomes se montrent absolument irréductibles dans leurs racines et dans le système de leur construction syntaxique, de l'ordre de position qui y assigne au mot invariable sa valeur catégorique dans la phrase. C'est ce qui prouve combien, comme nous le disions plus haut, dans cet état du langage les divergences individuelles du parler de tel ou tel peuple arrivent vite à produire une diversité que la science est impuissante à ramener à une unité primitive.

« Le moindre changement dans le ton ou accent du mot monosyllabique donnant naissance à un autre mot, dit M. Maury, la prononciation de tels mots a dû rester invariable pour que le langage fût intelligible ; c'est ce que montre le chinois. Il n'y a point de combinaisons phonétiques, ou, comme on dit, de *phonologie*. Le même caractère appartient plus ou moins à toutes les langues transgangétiques. Cependant, dans le siamois, commence à se manifester une disposition à appuyer ou à traîner sur la dernière partie du groupe composé de plusieurs mots juxtaposés. Ce prolongement du second des deux mots en composition est le point de départ du dissyllabisme ; il est manifeste dans le cambodgien. Le barman forme le passage des langues monosyllabiques ou à sons non liés, aux langues dans lesquelles les sons se lient. Presque tous ses mots sont monosyllabiques ; mais ils sont susceptibles de se modifier dans leur prononciation, de façon à se lier aux autres mots et à rendre le langage plus harmonieux. » Nous saisissons là sur le fait la transition de l'état isolant à l'état d'agglutination.

Le système morphologique commun qui caractérise la classe des langues agglutinantes, consiste en ce que le mot n'est plus composé de la racine seule, mais formé de l'union de plusieurs racines. Dans cette juxtaposition, arrivée jusqu'à une union intime, une seule des racines agglutinées ou agglomérées entre elles garde sa valeur réelle ; les autres voient leur signification individuelle s'amoindrir, passer au second rang ; elles ne servent plus qu'à préciser le mode d'être ou d'action de la racine principale, dont la signification primitive est conservée. Nous y avons ainsi une nombreuse série de particules monosyllabiques indiquant toutes les catégories du langage, toutes les notions de relation possibles entre les mots dans la phrase. Ces particules viennent se coller au radical, qui demeure invariable, le plus souvent en s'y postposant, mais aussi chez quelques idiomes en s'y préfixant ; elles déterminent ainsi grammaticalement le radical en allongeant le mot presque indéfiniment, mais sans aucune fusion ou contraction, soit entre elles, soit avec le radical primitif.

Nous rendrons ceci plus clair au moyen de quelques exemples pris au turc. Le radical *sev* y exprime l'idée générale et abstraite d' « aimer » sans distinction de catégorie nominale ou verbale ; *sev-gu* et *sev-i* sont le substantif « amour, » *sev-mek* l'infinitif verbal « aimer, » *sev-er* le participe « aimant. » Du participe se dérivent la conjugaison personnelle et les temps du verbe ; nous avons ainsi, au présent, *sev-er-im* « j'aime, » mot à mot « aim + ant + moi, » *sev-er-ler* « ils aiment, » mot à mot « aim + ant + eux, » et à l'imparfait *sev-er-di-m* « j'aimais, » *sev-er-di-ler*, « ils aimaient. ». Maintenant, par l'addition d'une suite de particules postposées, on obtient toute une série de verbes dérivés ou plutôt de voix verbales où l'idée est modifiée de diverses manières. Par exemple :

*sev-mek*, « aimer, »
*sev-dir-mek*, « faire aimer, »
*sev-isch-mek*, « s'aimer réciproquement, »
*sev-il-mek*, « être aimé, »
*sev-me-mek*, « ne pas aimer. »

Toutes ces particules formatives agglutinées les unes à la suite des autres, avec quelques analogues, se combinent entre elles de 24 façons différentes, de telle sorte qu'on en arrive jusqu'à des formes comme *sev-isch-dir-il-me-mek* « ne pas être amené à s'aimer l'un l'autre ; » et ces formes éminemment complexes se conjuguent à leur tour comme le verbe simple : *sev-isch-dir-il-me-r-ler*, « ils ne sont pas amenés à s'aimer l'un l'autre ; » *sev-isch-dir-il-me-r-di-ler*, « ils n'étaient pas amenés à s'aimer l'un l'autre. » La déclinaison des noms suit le même système : *sev-gu* « amour, » *sev-gu-nin* « de l'amour, » *sev-gu-ler* « les amours, » *sev-gu-ler-in* « des amours, » *sev-gu-m* « mon amour, » *sev-gu-m-un* « de mon amour, » *sev-gu-ler-im* « mes amours, » *sev-gu-ler-im-in* « de mes amours. »

Les langues agglutinantes sont très nombreuses, infiniment variées, et parlées par des peuples de toutes les races de l'humanité. On doit distinguer dans cette classe, pour l'ancien hémisphère seul, 18 familles irréductibles dans l'état actuel de la science, mais entre quelques-unes desquelles on peut espérer voir un jour établir sur des bases sérieuses un rapprochement, déjà tenté par certains linguistes :

1° Les langues ougro-japonaises ou altaïques.

2° Les langues dravidiennes de l'Inde méridionale. Nous reviendrons un peu plus loin avec quelques détails sur ces deux importantes familles, à cause de leur affinité avec certains idiomes antiques de peuples compris dans le cercle général de cette histoire, et qui y tiennent même une place de premier ordre.

3° Les langues malayo-polynésiennes, que l'on distingue en trois groupes : mélanésien, polynésien et malay, ce dernier se subdivisant dans les deux branches tagale et malayo-javanaise.

4° Les langues des Papous ou Nègres Pélagiens, encore très imparfaitement connues.

5° Les langues australiennes.

6° Les langues hottentotes ou langues à *kliks*, caractérisées par l'aspiration bizarre ainsi désignée, qui se place au commencement d'une foule de mots. Ce sont des sons qui se produisent en détachant rapidement la langue du palais et en imprimant à la bouche un mouvement de succion.

7° Les langues cafres ou bantou, qui remontent toutes d'une manière manifeste à une langue mère aujourd'hui perdue, et que M. Friedrich Müller divise en trois branches.

8° Les langues nilotiques ou nubiennes, parlées dans la Nubie, le Darfour et le Kordofan.

9° Les langues atlantiques ou du nord-ouest de l'Afrique, de la région du Sénégal et de Sierra-Leone.

10° Les langues mandingues, parlées dans l'ancien empire africain de Mali et répandues dans le nord-ouest du haut Soudan.

11° Les langues de la haute Guinée.

12° Les langues du delta du Niger.

13° Les langues wolofes, parlées dans le Cayor, le Walo, le Dhiolof et le Dakhar.

14° Les langues du nord-est du haut Soudan.

15° Les langues du Bornou, dans l'Afrique centrale.

16° Les langues poules, propres à un peuple originaire de la côte orientale d'Afrique, qui occupe aujourd'hui dans le centre du continent un espace d'environ 750 lieues de long sur 125 de large, coupé au milieu par le Niger, entre les dixième et quinzième degrés de latitude nord.

Toutes les familles de langues africaines que nous venons d'énumérer, appartenant à des peuples d'un type nègre plus ou moins prononcé, sont encore fort mal connues. Elles ont une physionomie analogue et quelques traits communs. Mais on ne saurait, dans l'état actuel de la science, les grouper d'une manière plus intime, bien qu'on puisse déjà soupçonner que la majorité d'entre elles pourront être rattachées à une même formation, s'étendant à travers toute l'Afrique. Il est donc probable qu'une connaissance plus approfondie permettra un jour de diminuer ici le nombre des familles irréductibles, en établissant des rapprochements qui ne sauraient être aujourd'hui scientifiquement possibles.

17° Le basque, descendant direct de l'ancien idiome des Ibères, qui présente un type linguistique absolument isolé dans l'Europe occidentale, véritable phénomène de permanence et de conservation. Peut-être devra-t-on lui chercher des affinités avec les idiomes africains atlantiques. Car toutes les recherches les plus récentes de l'anthropologie et de la linguistique semblent conduire à cette conclusion que le basque est le dernier débris des langues de cette grande race des Atlantes, qui, dans une antiquité extrêmement reculée, avant l'arrivée des populations libyco-berbères dans le nord de l'Afrique et des premiers Aryens en Europe, s'étendit sur l'angle nord-ouest du continent africain et sur une partie de l'Europe occidentale, depuis l'Espagne jusqu'aux Iles Britanniques, dans une direction, et jusqu'à la Sicile, dans une autre.

18° Les langues caucasiennes, parlées comme le basque par des blancs allophyles. Elles se divisent en deux grands groupes, septentrional et méridional, occupant chacun l'un des versants de la chaîne du Caucase, groupes dont il serait peut-être plus sage de faire deux familles indépendantes. Le premier se subdivise à son tour en trois rameaux : lesghien, dont on peut citer comme types l'avare, le kasi-koumyk et le kourine ; kiste, représenté par le thousch, le tchetchenze et l'oude, ainsi que d'autres dialectes qui leur sont étroitement apparentés ; enfin tcherkesse ou circassien, qui à lui seul comprend presque autant d'idiomes que les autres subdivisions de la famille. Quant au groupe méridional, il comprend d'une part les langues kartwéliennes, telles que le géorgien, le plus grammaticalement développé des idiomes du Caucase et le seul qui ait une culture littéraire, l'iméréthien, le mingrélien et le grousien, de l'autre le laze et le souane. Ce groupe est d'une grande unité et les langues qui le composent remontent sûrement à une origine commune. L'alarodien des inscriptions cunéiformes des pays de Van et de l'Ararat devra, suivant toutes les probabilités, y être rattaché et en fournira un type dans l'antiquité.

Le basque et les langues caucasiennes nous offrent des traces d'une tendance à l'exagération de l'agglutination qui peut s'étendre jusqu'à comprendre toute une phrase en un seul mot, de telle façon que le radical même du verbe est susceptible de s'unir, par voie d'agglomération, à quelques mots de signification indépendante. Ces deux familles occupent donc, au point de vue morphologique et sans que ceci doive être pris comme un indice de parenté, une position intermédiaire entre les autres langues agglutinantes et la sous-classe des langues américaines, répartie en un certain nombre de familles entre lesquelles on ne retrouve aucune communauté de racines, bien que le mécanisme y reste toujours conforme aux mêmes principes.

Les langues américaines sont *holophrastiques* ou incorporantes et *polysynthétiques*. Elles sont holophrastiques en ce qu'elles ramènent toute une phrase à la forme d'un seul mot par l'incorporation des noms au verbe. Du moins elles en sont universellement susceptibles, car elles ne présentent pas toutes à un degré égal le développement de ce caractère ; et il n'y a pas une d'entre elles où l'on n'observe, dans des proportions diverses, l'emploi simultané des procédés analytiques. Il n'y a pas, du reste, dans le procédé holophrastique des langues américaines, une simple synthèse qui rapproche en un seul mot de tous les éléments de l'idée la plus complète, il y a encore enchevêtrement des mots les uns dans les autres ; c'est ce que M. F. Lieber a appelé l'*encapsulation,* comparant la manière dont les mots isolés rentrent dans le mot-phrase, à une boîte dans laquelle en serait contenue une autre, laquelle en contiendrait une troisième, en contenant à son tour une quatrième, et ainsi de suite. Ainsi l'algonquin *nadholineen,* « amenez-nous le canot, » est formé de *naten* « amener, » *amochol* « canot » *i* euphonique et *neen* « à nous ; » dans la composition du chippeway *sogininginitizoyan,* « si je ne prends pas la main, » entrent, avec des particules grammaticales notant les relations de modalité, *sogénât* « prendre » et *oninjina*, « main. » « Les formations de cette espèce, remarque avec raison M. Hovelacque, ne sont qu'une simple extension du principe de l'incorporation au verbe de l'idée de régime. On a remarqué qu'un certain nombre de locutions des langues romanes modernes sont de véritables exemples d'une incorporation rudimentaire. Lorsque l'italien dit *portandovi* « vous portant, » *portandovelo* « vous le portant, » lorsque le gascon dit *deche-m droumi* « laisse-moi dormir, » leur procédé nous rappelle l'incorporation du basque et des langues américaines. » Il y a cependant cette grande différence que, dans ces dernières, l'incorporation des mots se pousse jusqu'à une telle exagération qu'elle amène la mutilation profonde des mots incorporés.

C'est là une des applications du principe du polysynthétisme. On désigne ainsi la façon dont toutes les langues américaines réunissent un grand nombre d'idées sous la forme d'un seul et même mot composé, holophrastique ou non. Ce mot, généralement fort long, est l'agglomération intime de mots divers, qui souvent sont réduits à de simples lettres que l'on intercale. Ainsi l'algonquin *pilâpé*, « jeune homme non marié, » est formé de *pilsitt* « chaste » et *lenâpé* « homme. » *amanganachquiminchi*, « chêne à larges feuilles, » de *amangi*, « grand, gros, » *nachk*, « main, » *quim*, « fruit à coque, » et *achpansi*, « tronc d'arbre; » le chippeway *totochabo*, « vin, » est un composé de *toto* « lait, » et *chominabo*, « grappe de raisin; » le nahuatl ou mexicain *nicalchihua*, « je construis une maison, » se décompose en *ni*, « je, » *cal*, « maison, » et *chihua*, « faire; » le nom de lieu de la même langue A*chichillacachocan*, qui veut dire « le lieu où les hommes pleurent parce que l'eau est rouge, » est formé par agglutination de *atl*, « eau, » *chichiltic*, « rouge, » *tlacatl*, « homme, » et *choca*, « pleurer. » Le polysynthétisme consiste donc en une composition par syncope, tels composants perdant leurs premières syllabes et tels autres leurs dernières.

« La ténacité de ce caractère, dit M. Maury, est un des indices les moins équivoques que les populations américaines sont liées par une parenté originelle. Le moule commun dans lequel leurs langues sont coulées, dénote qu'aucune des tribus indiennes n'avait dépassé l'état intellectuel auquel correspond la période d'agglutination. Le grand développement du polysynthétisme n'empêche pas qu'on ne puisse retrouver aisément dans ces idiomes le radical primitif. Mais ce radical n'a point la fixité qu'il garde dans les autres groupes linguistiques; il varie beaucoup, parce qu'il participe de la mobilité que le système de l'agglutination imprime aux sons vocaux. Comme l'on peut par un tel procédé former des mots à l'infini, il en résulte que deux langues d'abord sœurs arrivent à s'éloigner promptement du type auquel elles appartenaient. Le fond primitif du vocabulaire est d'ailleurs très pauvre dans les idiomes du Nouveau-Monde, et peut aisément disparaître, de façon que les traits qui seraient de nature à faire reconnaître la parenté originelle, sont rapidement effacés. Une peuplade substitue ainsi facilement aux mots de la langue parlée par la nation dont elle était sortie, un ensemble de mots tout à fait différents. »

Il suffit de ces indications générales des caractères propres aux idiomes américains pour le tableau général que nous voulions donner ici des principaux types des langues. Nous nous dispenserons donc d'allonger ces pages outre mesure en entrant dans le détail particulier des idiomes de l'Amérique et de leur classification par familles et par groupes. Ils sont, en effet, absolument étrangers au cadre historique qu'embrasse notre livre ; et par suite ils ne nous y intéressent que par la place qu'ils occupent dans l'ensemble de la série morphologique des langages humains. C'est aussi pour cela que nous nous sommes borné à une simple énumération des familles de langues purement agglutinantes autres que les altaïques et les dravidiennes, nous réservant de revenir bientôt sur ces dernières.

Les idiomes hyperboréens, parlés par les différents peuples des régions arctiques, tels que le youkaghir, le tchouktche, le koriak, le kamtchadale, du nord-est de l'Asie, et les différents dialectes esquimaux, ne sont que très peu connus et leur groupement est tout à fait imparfait. D'un côté ils semblent donner la main aux langues altaïques de la Sibérie, de l'autre aux langues américaines. Ils fourniront peut-être des chaînons dont on ne soupçonne encore qu'à moitié l'importance. Ces idiomes appartiennent à la classe des langues agglutinantes et à la sous-classe des langues holophrastiques et polysynthétiques. Il est remarquable, du reste, que les caractères qui déterminent ce dernier classement sont plus prononcés chez ceux du continent américain, chez l'esquimau que chez aucun autre. Ainsi l'esquimau groënlandais nous offre des formes comme *aulisariartorasuarpok*, « il s'est hâté d'aller à la pêche, » formé de *aulisar*, « pêcher, » *peartor*, « être à faire quelque chose, » et *pinnesuarpok*, « il se hâte ; » ou bien *aglekkigiartorasuarniarpok*, « il s'en va rapidement et se hâte d'écrire. »

Les langues à flexions, qui forment la troisième division dans le classement naturel des variétés du langage, sont propres à la race blanche, aux trois rameaux que l'ethnographie biblique, ainsi que nous l'avons vu tout à l'heure, distingue dans l'humanité noa'hide. Ce sont celles qui ont atteint le plus haut degré de développement. Elles sont le produit du développement le plus complet de la pensée et de la civilisation.

« Dans ces langues, dit M. Maury, dont nous nous plaisons à reproduire les excellentes définitions, le radical subit une altération phonétique, destinée à exprimer les modifications résultant des différences de relation qui le lient aux autres mots. Les éléments qui gardent encore un caractère rigide et non modifiable chez les langues d'agglutination, sont devenus dans celles-ci plus simples et plus organiques. Une langue à flexions représente le plus haut degré de structure grammaticale, et se prête le mieux à l'expression et au développement des idées.

« Rien ne peut mieux faire ressortir la différence qui sépare les langues d'agglutination des langues à flexions, que le rapprochement des systèmes de déclinaisons et de conjugaison respectifs de ces deux classes d'idiomes.

« Dans la déclinaison des langues d'agglutination, la séparation entre le cas et sa postposition est peu sensible ; une simple terminaison indique le nombre ; la fusion entre les mots indiquant la relation et le radical n'a pas encore lieu ; les genres sont à peine distingués. Dans les langues à flexions, au contraire, toutes les circonstances d'un mot, circonstances de genre, de nombre, de relation, sont exprimées par des modifications qui portent sur le substantif même et en changent incessamment le son, la forme et l'accent.

« Dans le verbe, la transformation du radical est plus complète, plus profonde. On n'y trouve plus, comme pour le verbe des langues d'agglutination, la syllabe extérieurement accolée ; c'est tout le corps du mot qui se modifie suivant les temps et les modes ; quelques-unes des articulations du radical subsistent cependant et rappellent le sens originel modifié par celles-ci. »

« La flexion des personnes et des nombres, écrit Schleicher [1], diffère tout à fait, dans les langues de flexion, de ce qu'on voit d'analogue dans les idiomes d'agglutination. Chez ces dernières langues, les personnes sont indiquées par un pronom suffixe faiblement altéré, et le pluriel est souvent marqué par le signe du pluriel du substantif. Il n'en saurait être autrement, puisque, dans les idiomes d'incorporation, la différence du substantif et du pronom ne fait que commencer.

---

[1] *Les langues de l'Europe moderne*, trad. française, p. 153.

Dans les langues à flexions, les terminaisons personnelles du verbe sont sans doute aussi dans un rapport visible avec le pronom, mais les formes du verbe à flexions se distinguent fondamentalement de toutes les autres. Une force énergique a formé dans ce cas le tout indissoluble appelé *mot*, et on ne saurait se méprendre sur le caractère respectif du substantif et du verbe. Précisément parce que l'unité du mot se maintient avec rigueur dans la flexion, on n'y peut exprimer beaucoup de relations par un seul mot ; tandis que les changements, les allongements démesurés que les langues agglutinantes font subir à leurs verbes et à leurs substantifs, ne peuvent avoir lieu qu'aux dépens de l'unité du mot. Le verbe à flexions marque donc moins de relations que le verbe agglutinant. De là aussi la grande difficulté de décomposer en éléments simples les formes à flexions. Les éléments exprimant la relation subissent dans l'idiome à flexions les changements les plus considérables, seulement pour conserver l'unité du mot. »

La classe des langues à flexions se partage en trois grandes familles :
Les langues 'hamitiques ou égypto-berbères,
Les langues sémitiques ou syro-arabes,
Les langues aryennes ou indo-européennes.

A ces trois familles appartiennent les principaux idiomes des grandes civilisations antiques dont nous avons entrepris de raconter l'histoire. Il est donc nécessaire d'entrer à leur égard dans certains détails et de consacrer à chacune d'elles un paragraphe spécial. Mais auparavant nous nous arrêterons un moment à deux familles de langues agglutinantes, que nous avons réservées pour en parler avec un peu plus de développement que des autres de la même classe.

### § 4. — LES LANGUES DRAVIDIENNES ET ALTAIQUES.

Les langues dravidiennes sont celles du midi de l'Inde, du Dekhan. Le nom générique qu'on a pris l'habitude de leur donner est emprunté à celui de l'ancienne province de Dravida ou Dravira, comprenant les pays d'Orissa et de Madras où était parlée l'une des principales parmi ces langues. Le territoire continu et compact des idiomes dravidiens s'étend depuis les monts Vindhya et la rivière Narmadâ ou Nerbuddah jusqu'au cap Comörin. Dans cette vaste région, peuplée d'environ 38 millions d'habitants, on trouve quelques colonies européennes ou musulmanes, mais le nombre des indigènes qui se servent exclusivement des idiomes dravidiens peut être évalué à plus de 35 millions.

On y compte cinq langues principales : le tamoul ou tamil ; le télougou ou télinga ; le kanara ou kannada ; le malayâla ; enfin le toulou ou toulouva. Toutes ont une culture littéraire ancienne et assez développée.

Le tamoul joue en maintes circonstances, dans l'étude de la famille dravidienne, par la richesse de son vocabulaire et par la pureté et l'ancienneté de ses formes, le même rôle que le sanscrit dans l'étude de la famille aryenne. Il a fleuri sous trois dynasties puissantes, dont une, les Cholas, donna son nom à la côte de Coromandel (Cholamandala). Il est encore parlé par dix millions d'hommes. Son aire s'étend sur la côte orientale du Dekhan, depuis le cap Comorin jusqu'à Paliacatte, un peu au nord de Madras, et sur la côte occidentale jusqu'à Trivandrum. La longue bande qui s'étend entre les Ghattes à l'est et la mer à l'ouest, de Trivandrum à Mangalore, est la région du malayâla, parlé par environ deux millions et demi de personnes. Le toulou, jadis répandu sur une assez grande étendue au nord du malayâla, est confiné actuellement aux environs de Mangalore, à l'est des Ghattes, et le nombre de ceux qui le parlent n'est pas évalué à plus de 500,000. C'est une langue intermédiaire entre le malayâla, qui n'est qu'un très vieux dialecte du tamoul, et le kanara. Ce dernier occupe le nord du pays dravidien ; il s'étend sur le plateau du Maïssour (orthographié souvent à l'anglaise Mysore) et la partie occidentale du territoire de Nizam ; c'est le langage d'environ cinq millions d'individus. Le kanara est linguistiquement d'un haut intérêt, car souvent il a conservé des formes plus anciennes et plus pures que celles mêmes du tamoul. Quant au telougou, qui termine au nord-est la série géographique des langues dravidiennes et que parlent plus de quatorze millions d'hommes, c'est l'idiome de la famille dont les formes ont subi le plus d'altération ; sa phonétique a aussi beaucoup varié, mais ça été pour gagner en harmonie.

Le singhalais ou élou, comme le nomment ceux qui en font usage, est l'idiome de la partie méridionale de l'île de Ceylan. Son système grammatical est tout à fait conforme à celui des langues dravidiennes, et une partie de ses suffixes est commune avec elles. Mais d'un autre côté une large part des éléments dérivatifs, les pronoms, les noms de nombre, y sont tout différents ; et le vocabulaire s'en écarte aussi beaucoup. Il est donc des linguistes qui ont fait du singhalais le type d'une famille entièrement à part. D'autres, et c'est le système le plus probable, le rattachent à la famille dravidienne, mais l'y classent dans un groupe spécial, qui se sera détaché de la souche commune à une époque reculée, et après cette séparation se sera développé d'une manière isolée et divergente.

L'affinité avec le groupe proprement dravidien est beaucoup plus grande dans le groupe des langues vindhyennes ou parlées dans la région des monts Vindhya. Ici, pas de doute qu'il ne s'agisse d'un rameau dravidien, mais resté plus rude et plus sauvage, par défaut de culture, que celui du midi, et beaucoup moins avancé au double point de vue de la phonologie et de l'idéologie. Les principaux idiomes de ce groupe sont : le male ou radjmahali, l'uraon, le kole et le ghond. Ce dernier est celui qui a conservé le type le plus ancien et le plus dur ; le kole est profondément pénétré d'influences étrangères.

Enfin le brahoui, parlé dans le nord-est du Beloutchistan, doit être encore ramené à la famille dravidienne, où il forme le type d'un groupe à part. C'est le dernier vestige de l'antique extension des langues dravidiennes le long de la côte nord de la mer d'Oman, jusqu'à l'entrée du golfe Persique, région où elles ont été depuis longtemps submergées et effacées par les idiomes iraniens et aryo-indiens.

La plupart des peuples qui parlent les langues dravidiennes, et qui les ont autrefois parlées appartiennent décidément à la race jaune, et se rattachent anthropologiquement dans cette race au rameau thibétain. Mais presque tous offrent aussi les traces d'un métissage plus ou moins profond avec une race mélanienne aux cheveux lisses, très analogue aux Australiens, qui avait précédé les tribus jaunes sur le sol de l'Inde méridionale, et dans la plupart des endroits s'y est fondue avec elles. Les populations chez lesquelles le type de cette race mélanienne a prévalu dans le mélange et est resté presque pur, comme les Kôlas et les Ghonds, emploient des langues du groupe vindhyen. La conservation du brahoui dans le Beloutchistan est de nature à faire penser que jadis, avant l'afflux des éléments ethniques iraniens qui s'y sont superposés, les peuples bruns de cette région, désignés par les Grecs comme Éthiopiens orientaux et par l'ethnographie biblique comme le rameau extrême de Kousch dans l'est, parlaient des idiomes étroitement apparentés à ceux des Dravidiens et sortis de la même souche.

En général les radicaux verbaux et nominaux des langues dravidiennes sont essentiellement monosyllabiques, mais produisent facilement par leur association des dissyllabes et des trissyllabes. Ces langues possèdent un riche vocabulaire, ce qui est dû surtout à la possibilité qu'ont les mots de s'agglomérer, de se réunir entre eux pour produire des mots nouveaux. De même que presque toutes les langues des populations dépourvues de génie métaphysique et d'une grande pauvreté en fait de mots propres à exprimer les idées abstraites, elles ont une extrême richesse d'expressions quand il s'agit de rendre les mêmes nuances de sensations physiques.

La grammaire est nettement agglutinante; elle procède toujours par la suffixation d'éléments nouveaux. Ainsi à un radical verbal on ajoutera une syllabe signe du temps, puis une autre exprimant l'idée de négation, puis le pronom indiquant la personne, et le résultat de cette agrégation sera un mot signifiant, par exemple, « tu ne vois pas, » mais qui doit être analysé en « voir + présentement + non + tu. » Les racines ainsi agglutinées au radical principal, et jouant le rôle de déterminatifs des rapports grammaticaux, gardent pour la plupart un sens matériel et en quelque sorte sensitif, même après leur jonction avec le verbe, ce qui montre qu'à l'origine elles étaient toutes attributives. Sans doute, un certain nombre de ces mots formatifs ont été tellement altérés que leur figure primitive est devenue méconnaissable; mais une plus grande quantité — ceux en particulier qui servent à différencier les cas de la déclinaison — sont encore en usage dans le langage courant, avec leur sens naturel de demeure, contact, voisinage, conséquence, etc. Plusieurs de ces éléments grammaticaux agglutinatifs changent de l'une des langues congénères à l'autre, ce qui prouve l'indépendance originelle de ces suffixes. La conjugaison dans les idiomes dravidiens est encore fort imparfaite. Ils manquent tous de cette flexibilité qui permet de longues phrases et des périodes. Chez toutes les langues de la famille le verbe produit une forme causative, dérivée par un procédé pareil à celui dont nous cherchions un peu plus haut le type dans le turc; en tamoul, ces formes verbales secondaires commencent à se multiplier, et dans le toulou l'emploi de ce procédé se déploie avec une singulière richesse. Les pronoms se suffixent aux noms pour exprimer la notion possessive, ce qui se reproduit dans toutes les langues agglutinantes. Mais, en outre, le suffixe personnel, dans les idiomes dravidiens, apporte quelquefois, en s'ajoutant au nom, un sens attributif, une signification d'existence. En tamoul, par exemple, *tévarîr*, formé de *tévar* « dieu, » pluriel honorifique, et de *îr*, suffixe de la 2ᵉ personne, signifie « vous êtes dieu, » et ensuite, prenant le sens de « vous qui êtes dieu, » peut se décliner. Dans les anciens textes de la même langue (il s'agit d'un fait qui a disparu du langage d'aujourd'hui), on rencontre des formes telles que *sârndayakku*, « à toi qui t'es approché, » qui s'analyse en *sârnday* « tu t'es approché » (composé lui-même de *sâr* « s'approcher, *n* euphonique, *d* signe du passé, *ây* suffixe verbal de la 2ᵉ personne), *ak* euphonique et *ku* suffixe nominal du datif.

L'unité ginuistique de la famille des langues ougro-japonaises ou altaïques, longtemps méconnue, est actuellement passée à l'état de fait incontestable, grâce surtout aux travaux de Castrèn, fondateur de l'étude scientifique et de la grammaire comparée de cet idiome. Il a fait école, et la famille altaïque est dès à présent une de celles dont la connaissance est la plus avancée et la mieux fondée. En particulier l'étude des langues qui y composent le groupe ougro-finnois approche du degré de sûreté et de la précision d'analyse de celle des langues aryennes.

La famille altaïque se divise en six groupes qui, avec une parenté certaine et des traits marqués d'unité générale, ont tous une individualité fortement accusée : samoyède, ougro-finnois, turco-tatar, mongol, tongouse et japonais.

Le groupe samoyède se compose de cinq idiomes parlés par des tribus très clair-semées (elles ne comptent pas en tout plus de 20,000 individus) sur la partie orientale de la côte russe de l'océan Glacial, à l'est de la mer Blanche, en Europe, et en Asie sur le littoral ouest de la Sibérie. Ce sont le yourak, le tavghi, le samoyède yénisséien, l'ostiaco-samoyède et le kamassien.

Le groupe ougro-finnois est le plus riche de tous et celui qui joue le premier rôle dans l'étude des langues altaïques. M. O. Donner le subdivise en cinq rameaux ou sous-groupes :

Finnois, comprenant : le suomi ou finnois, parlé par la grande majorité de la population de la Finlande ; le karélien, dont le domaine s'étend au nord jusqu'au territoire lapon, au sud jusqu'au golfe de Finlande et au lac Ladoga, à l'est jusqu'à la mer Blanche et au lac Onéga ; le vêpse et le vote, subdivision de l'ancienne langue tchoude, répandue primitivement sur toute la Russie du nord, mais aujourd'hui resserrée sur un territoire étroit et très morcelé, au sud du lac Onéga ; l'esthonien, divisé en deux dialectes, dont le territoire comprend l'Esthonie et le nord de la Livonie ; le krévien et le live, actuellement restreints à d'étroits cantons de la Courlande ;

Lapon, occupant géographiquement l'extrême nord-ouest de la Russie, et l'extrême nord de la Suède et de la Norvège ; on y distingue quatre dialectes ;

Permien, où se groupent le zyriainien, le permien et le votiaque, parlés dans l'ancienne Biarmie ou pays de Perm, au voisinage de la Kama ;

Bulgare, représenté par le mordvine et le tchérémisse, qui sont encore les idiomes d'environ 900,000 individus dans la vallée du Volga ; l'ancien bulgare, aujourd'hui disparu et à la place duquel les descendants des Bulgares établis dans la péninsule danubienne ont adopté une langue slave, appartenait à ce groupe ;

Ougrien, qui conserve son unité malgré l'énorme distance géographique séparant aujourd'hui les populations qui en emploient les idiomes, puisque ce rameau comprend à la fois le magyar, transplanté depuis dix siècles en Hongrie, puis le vogoul et l'ostiaque, langages de tribus singulièrement barbares et clair-semées, habitant dans le bassin de l'Obi, au nord-est de la Sibérie. Car un des peuples les plus grands et les plus civilisés de l'Europe est, par la race et par la langue, le frère de peuplades qui, n'ayant pas été favorisées par les mêmes circonstances historiques, sont restées ou retombées dans la plus abjecte barbarie, fait qui doit mettre en garde contre ce qu'ont de trop absolu les systèmes de philosophie de l'histoire qui font tout dépendre de la race et de ses aptitudes géniales.

Le groupe turco-tartare est celui qui offre le type le plus frappant peut-être des idiomes agglutinants, celui dont la structure grammaticale est restée le plus transparente. L'agglutination n'y tourne pas, comme dans les idiomes ougro-finnois, à une sorte de semi-flexion par la corrodation des éléments qui s'accolent au radical. Le groupe turc ou turco-tartare, parlé par des populations intermédiaires entre les races blanche et jaune, qui ont eu leur berceau historique commun dans l'Altaï et se sont dispersées depuis les bords de la Méditerranée jusqu'à ceux de la Léna, en Sibérie, mais en gardant leur centre et leur foyer dans le Turkestan, se subdivise en cinq rameaux ou en cinq grandes langues, présentant chacune un certain nombre de dialectes dérivés :

Le yakoute, parlé par une population qui compte actuellement 200,000 âmes et, d'émigrations en émigrations, a fini par s'établir au milieu des tribus tongouses, dans le nord-est de la Sibérie ;

L'ouigour, dont les dialectes sont le kirghiz, le karakalpak, le tatare de la vallée de l'Ili, le turc de la Dzoungarie ; l'ouigour proprement dit a atteint de bonne heure un haut degré de culture littéraire ; il s'écrivait encore au v$^e$ siècle de notre ère, au témoignage des écrivains chinois, avec un système graphique original, perdu depuis lors et remplacé, sous l'influence des missionnaires nestoriens, par un système dérivé de l'alphabet syriaque, et qui est devenu à son tour la source de ceux des Mandchous, des Kalmouks et des Mongols ;

Le djagataï ou turc oriental, qui se subdivise en : kongrat, dialecte de Taschkend, Khiva et Balkh ; khorazmien ou uzbek et koman, idiome parlé par un peuple de ce nom, actuellement éteint, mais dont les traces subsistent dans un patois de la Hongrie ; suivant Anne Comnène, ce dernier idiome était également parlé par les Petchénègues ;

Le kiptchak, se divisant en : nogaï ou turc de la Crimée et du Daghestan, *lingua ugaresca* du moyen âge ; baschkir, boukhare, turcoman, turc de Kazan, turc d'Astrakhan, turc d'Orembourg, barabint ; le tchouvache, parlé par des îlots de population au milieu du domaine des idiomes bulgares, en est encore un dialecte, mais il a pris dans son isolement une originalité plus prononcée ;

L'ottoman ou turc d'Europe, auquel on réserve aussi la désignation absolue de turc, sans épithète.

Plusieurs de ces idiomes ou dialectes ont été adoptés par des peuples qui ne sont pas de race turque, tels que les Baschkirs et les Barabints ; en même temps les Osmanlis, par suite de leurs mélanges continus avec des peuples de race blanche, ont complètement perdu, malgré leur origine historique, le type physique turc. L'ottoman est, de tous les idiomes turcs, le plus élaboré ; mais comparé aux langues ougro-finnoises, il est généralement simple, se distingue par une idéologie plus générale et plus développée.

Les deux groupes mongol et tongouse ont en commun une grande pauvreté de formes grammaticales ; ainsi aucun des idiomes qui les composent ne suffixe les pronoms au verbe pour en former des personnes ; le bouriate seul, dans le groupe mongol, a atteint ce point de développement de la conjugaison.

Les langues du groupe mongol sont : le mongol proprement dit ou oriental, parlé dans la Mongolie, c'est-à-dire dans la partie centrale du nord de la Chine ; le kalmouk ou eulet, qui a pénétré en Russie, par suite d'une émigration de nomades, jusque sur la rive gauche de la mer Caspienne, vers l'embouchure du Volga ; enfin le bouriate, dont le territoire est dans les environs du lac Baïkal.

Celles du groupe tongouse sont : le tongouse, usité des peuplades de ce nom dans la Sibérie centrale ; le lamoute, langage des tribus de même race qui habitent au bord de l'océan Pacifique, touchant aux Kamtchadales ; le mandchou, dont le domaine occupe l'extrémité nord-est de l'empire chinois. Ces trois idiomes ne se sont séparés qu'après une assez longue période de développement grammatical commun.

Le groupe japonais est peut-être celui dont la séparation du reste de la famille s'est le plus prononcée, à tel point qu'il est encore beaucoup de linguistes qui se refusent à l'y inscrire. En effet, le japonais, sous sa forme moderne, a perdu un grand nombre des caractères qui affirmaient le plus clairement son affinité avec les idiomes altaïques ; mais ils se sont mieux conservés dans le yamato, langue sacrée qui est encore parlée devant le daïri. Le coréen est trop imparfaitement connu pour que l'on puisse déterminer avec certitude s'il doit être groupé avec les langues tongouses ou avec le japonais.

Une partie des idiomes de la famille ougro-japonaise ou altaïque, ceux des groupes mongol, mandchou et japonais, sont usités par des peuples qui offrent dans toute leur pureté les caractères physiques de la race jaune ; les autres appartiennent aux peuples que nous avons classés dans la sous-race altaïque, née d'un métissage de blanc et de jaune, et offrant toute la série des intermédiaires entre ces deux types extrêmes.

Il y a de fortes différences pour le fond du vocabulaire entre les différents groupes de la famille, ou du moins on n'a encore fait que peu d'efforts vraiment scientifiques pour les ramener à un système de racines communes. Ils sont aussi parvenus à des degrés inégaux de développement. Malgré ces divergences, l'unité de la famille et sa descendance d'une même souche sont attestées par la communauté de caractères trop importants pour laisser place au doute. C'est d'abord l'identité du mécanisme grammatical agglutinatif, procédant d'après les mêmes procédés dans tous les groupes, au moyen de postpositions ou de suffixes. Les idiomes des groupes mongol et mandchou séparent encore, en écrivant, les particules de relation postposées ; mais ce n'est là qu'une question d'habitudes graphiques, influencée par le voisinage du chinois monosyllabique et isolant ; les idiomes turcs n'usent que rarement de cette méthode ; mais les ougro-finnois s'en abstiennent. Ces particules, en effet, forment dans la réalité des parties du mot composé et en sont inséparables ; dans le groupe ougro-finnois elles tendent à se transformer en flexions. Comme principe syntaxique commun à la famille dans toutes ses divisions, nous devons noter que le mot régi précède invariablement celui dont il dépend ; ainsi le génitif a le pas sur son sujet, le régime a le pas sur son verbe.

Mais le trait commun le plus capital et le plus caractéristique des langues altaïques appartient au domaine de la phonologie et constitue ce qu'on appelle l'*harmonie vocalique*. C'est un besoin d'homophonie dans la vocalisation, qui est particulier à ces langues, et qui conduit à imposer une harmonie dans les syllabes des radicaux auxquelles sont jointes des voyelles finales, ainsi qu'une transformation euphonique des voyelles chez les particules suffixes. Les différents sons vocaux sont répartis en trois classes : fortes, faibles et neutres, ces dernières susceptibles de s'harmoniser indifféremment avec les fortes et les faibles ; toutes les voyelles d'un mot, qui suivent celle de la syllabe principale, doivent être ramenées à la même classe que la voyelle de cette syllabe. De là des règles de permutation qui varient avec chaque idiome, mais dont le principe et le fond restent les mêmes. Dans l'application de l'harmonie vocalique, il y a une certaine variété, qui la rend plus ou moins absolue. L'harmonie peut s'étendre au mot entier ou être restreinte aux suffixes ; elle peut s'appliquer à tous les mots ou n'affecter que les mots simples, ceux qui ne sont pas composés. En turc, par exemple, tout mot doit être harmonique, de même qu'en mandchou, en mongol, en suomi, en magyar, tandis qu'en mordvine et en zyriaine les seules voyelles sensibles sont les voyelles des désinences. En magyar, les mots composés conservent leurs voyelles originaires.

La plupart des radicaux des langues altaïques sont dissyllabiques et portent l'accent sur la première syllabe. Mais sous ce dissyllabisme on retrouve avec certitude un monosyllabisme primordial des racines.

Toutes les langues agglutinantes, même celles entre lesquelles il est impossible de supposer une parenté, présentent un même mode de formation grammaticale, qui caractérise un stage particulier dans le développement intellectuel de l'humanité et dans celui de son langage. Mais l'affinité morphologique, la parité de mécanisme est surtout étroite entre les deux familles dravidienne et altaïque. Elles ont aussi en commun, sinon l'harmonie vocalique formelle, qui n'est soumise à des règles fixes et constantes que dans la seconde, du moins une tendance générale à l'harmonisation euphonique de la vocalisation, avec une tendance non moins marquée à éviter les rencontres de deux consonnes, et à terminer toujours le mot fondamental ou radical par une voyelle. Il est donc bien difficile de ne pas les grouper ensemble dans une section particulière de la grande classe d'idiomes à laquelle elles appartiennent. Mais le lien incontestable qui les unit est-il celui d'une simple analogie résultant de la conformité des procédés de l'esprit humain dans les différentes races de notre espèce, ou bien celui d'une parenté réelle, qui permette de les faire découler d'une commune origine, possible à restituer par la science? C'est là une question qui, ainsi que nous l'avons déjà dit, reste pendante, sans que l'on puisse encore prévoir dans quel sens le progrès des études la résoudra définitivement. La théorie *touranienne*, à laquelle M. Max Müller a attaché son nom, et que le grand linguiste d'Oxford persiste à maintenir, en dépit des dénégations d'un poids si considérable qu'elle a rencontrées de la part de Pott, de Schleicher et de M. Whitney, la théorie *touranienne* admet la parenté formelle et la communauté d'origine. Mais elle n'est pas parvenue jusqu'à présent à la démontrer, à rapprocher d'une manière scientifiquement acceptable les éléments qui constituent le fonds même des deux familles en question. A plus forte raison la démonstration n'est-elle pas faite dans le sens de ceux qui, outrant la théorie en question, vont jusqu'à vouloir rattacher à une même souche, sous le nom de *langues touraniennes*, non seulement les idiomes dravidiens et altaïques, mais ceux des familles malayo-polynésienne et caucasienne, et aussi le basque. A mesure que l'on élargit ainsi la donnée du *touranisme*, on la rend plus invraisemblable, plus difficile à accepter à une sévère critique. Elle échappe au domaine des réalités positives de la science pour passer dans celui des hypothèses, ingénieuses peut-être mais indémontrables. Le problème est plus sérieusement posé quand il se restreint à la parenté ou à la simple analogie des langues dravidiennes et altaïques entre elles, puis de leur parenté commune ou de la parenté de chacune de ces familles séparément avec le thibétain, qui prête à certains rapprochements dignes d'attention avec elles, bien que demeuré à l'état monosyllabique et n'étant pas encore entré dans le stage de l'agglutination. Ici la thèse affirmative n'est aucunement prouvée, car il ne suffit pas d'une similitude morphologique pour établir la parenté réelle de deux langues, et dans l'état actuel des études le matériel phonique des idiomes dravidiens et altaïques, et leurs racines, demeurent irréductibles. Mais d'un autre côté, on ne saurait non plus écarter cette thèse par une dédaigneuse fin de recevoir et tenir son impossibilité pour prouvée; car elle a, au contraire, en sa faveur des présomptions d'une certaine valeur, et il faut nécessairement attacher une importance considérable à l'opinion de l'auteur de la *Grammaire comparative des langues dravidiennes*, de M. Caldwell, universellement reconnu pour le premier des dravidistes de l'Europe, lequel adopte énergiquement la théorie touranienne, limitée à ces données raisonnables. Le seul parti sage est donc de s'abstenir de porter un jugement dans cette question, qui reste indécise, et de se borner à enregistrer les deux théories de la parenté et de la distinction radicale comme ayant toutes deux un caractère scientifique et des raisons sérieuses pour les appliquer. Lorsque les maîtres de la linguistique sont en désaccord, ce n'est pas dans un ouvrage comme celui-ci que l'on peut prendre parti et prétendre trancher le débat.

Suivant M. Maury, les vues de M. Max Müller sur l'existence d'un vaste ensemble de langues touraniennes, apparentées par une communauté d'origine quoique divisées en familles profondément différentes, seraient « corroborées par les recherches d'un ethnologiste éminent, M. H.-B. Hodgson, sur les langues *horsok*, parlées par les tribus nomades du Thibet septentrional, les langues *si-fan*, parlées par les populations appelées Sokpa, répandues au nord-est du Thibet, dans le Koko-noor, le Tangout, et d'autres qui s'avancent jusque sur les frontières de la Chine, les Amdo, les Thochu, les Gyarung et les Manyak, tous idiomes confinant à la fois aux langues indo-chinoises, thibétaines, dravidiennes, ougro-japonaises et caucasiennes, et pouvant être regardés comme établissant le passage entre ces diverses familles linguistiques. L'étude de leurs grammaires y a fait même découvrir des affinités avec les langues tagales (de la famille malayo-polynésienne). Le gyarung notamment, dont le verbe a conservé les formes les plus archaïques, donne une main aux langues de l'Archipel indien et l'autre aux langues du Caucase ; il se lie au thakpa, au manyak et par suite à toute la formation linguistique du sud-est ; par le thochu, le horpa, le sokpa, il pousse une pointe, à travers le Kouen-lun, jusque dans le domaine des langues ougro-sibériennes. M. Hodgson a signalé dans le gyarung une tendance harmonique et un système analogue à celui des postpositions qui caractérise toute la famille ougro-japonaise. D'autre part, le sokpa tient au mongol par l'eulet, et le horpa se rapproche du turc. »

Ici encore nous enregistrons sans nous prononcer. Nous nous bornerons à remarquer que ces observations, dont il faut tenir un compte très sérieux, ne portent cependant jusqu'ici que sur des analogies morphologiques, mais non sur la question essentielle de la comparaison des racines et de leur réductibilité.

Des éléments nouveaux et d'une grande importance seront très probablement introduits dans le débat de ce grand problème linguistique par une connaissance, plus approndie qu'elle ne peut l'être aujourd'hui, des langues auxquelles nous restreignons dans ce livre l'appellation de *touraniennes*, faute d'une meilleure désignation à leur appliquer. Ce sont les idiomes nettement agglutinants, morts depuis des siècles, qui se parlaient au temps de la haute antiquité dans la région à l'est de la Mésopotamie, c'est-à-dire dans la Médie et la Susiane, et aussi dans la Babylonie et la Chaldée, concurremment avec l'assyrien de la famille sémitique. Ces idiomes, dont la connaissance est encore imparfaite, mais dont les principaux caractères grammaticaux sont déjà sûrement établis, nous ont été révélés par le déchiffrement des inscriptions cunéiformes anariennes, dont une partie est rédigée dans l'un ou dans l'autre. Ils constituent une famille parfaitement définie, dont l'unité est assurée par une communauté de racines qui se discerne déjà clairement, et par une analogie sensible dans la morphologie. Mais cette famille se subdivise à son tour en deux groupes qui ne sont point parvenus au même degré de développement grammatical, qui sont l'un envers l'autre dans une position très semblable à la position réciproque des langues turques et tongouses dans la famille altaïque.

Le premier est le groupe *médo-susien*, dont nous connaissons déjà quatre idiomes, assez étroitement apparentés entre eux pour que l'on puisse hésiter sur la question de savoir si on ne devrait pas les définir comme quatre dialectes d'une même langue :

Le proto-médique, langage de la population anté-aryenne de la Médie, qui se maintint dans l'usage même après la conquête du pays par les Iraniens, et qui fut mis au nombre des langues officielles de la chancellerie des rois de Perse de la dynastie des Achéménides, admis même à tenir le second rang dans leurs inscriptions cunéiformes trilingues ;

Le susien, dont l'étude est moins avancée, idiome des vieilles inscriptions indigènes de Suse et de son voisinage ; on en possède quelques monuments d'une antiquité très reculée ; mais la plupart de ceux qui ont été recueillis jusqu'ici appartiennent aux viiie et viie siècles avant l'ère chrétienne ;

L'amardien, dialecte très rapproché du susien, dans lequel sont conçues les inscriptions cunéiformes de Mal-Amir ;

Le kasschite ou cissien, langage du peuple de ce nom qui fournit, près de vingt siècles avant notre ère, une dynastie royale assez longue à la Babylonie ; nous ne connaissons de cette langue, encore apparentée de fort près au susien, que d'assez nombreux noms propres ; une tablette cunéiforme du Musée Britannique en contient une liste, dans laquelle ils sont accompagnés de leur traduction en assyrien.

De ces quatre idiomes, le proto-médique est le seul dont on connaisse le système grammatical d'une manière un peu complète ; il a été définitivement élucidé par les récents travaux de M. Oppert. Sa structure offre une très frappante analogie avec celle des langues turques et se montre aussi régulière. Le langage est ici parvenu juste au même degré de développement de l'agglutination.

L'idiome accadien ou sumérien, car les savants varient au sujet de l'application de l'un ou de l'autre de ces noms, et il serait peut-être plus exact de l'appeler suméro-accadien, forme à lui seul la seconde division de la famille ou groupe *chaldéen ;* on entrevoit, du reste, des variations dialectiques dans les textes qui en sont parvenus jusqu'à nous. C'est la langue du vieil élément non-sémitique de la population de la Babylonie et de la Chaldée. L'accadien ou suméro-accadien est un langage qui s'est fixé de très bonne heure, que l'adoption de l'écriture dès une très haute antiquité a comme cristallisé, de même que le chinois, à un état de grammaire remarquablement primitif, dans le premier stage de l'agglutination, quand il conservait encore de nombreuses traces de l'état isolant et rhématique. Les radicaux monosyllabiques y restent très nombreux, et une grande partie de ceux qui se présentent avec une forme dissyllabique ou polysyllabique se laissent clairement reconnaître comme des composés de monosyllabes agglomérés. Nulle distinction de radicaux verbaux et nominaux ; les mots fondamentaux sont susceptibles d'exprimer indifféremment ces deux formes de l'idée, et ils ne se déterminent dans telle ou telle catégorie du langage que par la déclinaison ou la conjugaison. Les suffixes des cas de déclinaison sont des radicaux attributifs, qui restent parallèlement en usage dans les textes avec leur signification propre. Le verbe développe de nombreuses voix dérivées par l'addition de particules monosyllabiques ou dissyllabiques, qui sont aussi des radicaux attributifs. Ce qui est particulier au suméro-accadien parmi toutes les langues connues et qui peut être considéré comme la marque certaine d'un état singulièrement ancien de grammaire, ce qui le caractérise comme une langue figée par l'écriture à une période encore imparfaite de sa formation morphologique, c'est l'incertitude du mode d'agglutination au radical de ces particules formatives des voix ainsi que des pronoms sujets et régimes constituant la conjugaison. Celle-ci peut être, en effet, indifféremment prépositive ou postpositive. Cependant la conjugaison par voie de préfixation des pronoms et des particules formatives est la plus habituellement employée.

En même temps que sa grammaire est restée à cet état primitif et imparfait, l'accadien ou suméro-accadien nous apparaît, dans les textes assez nombreux que nous en possédons, comme une langue déjà vieille, qui dans un long usage a subi d'une manière profonde l'action de tendances à l'altération phonétique. Ainsi ses mots radicaux, qua d ils se montrent isolément et à l'état absolu, sans être munis de suffixes, offrent presque toujours une usure qui en a effacé la partie finale, la dernière consonne, quand ils étaient dissyllabiques ou se terminant par une consonne. C'est seulement suivis d'un suffixe qu'ils reprennent leur forme complète, le suffixe ayant ici un rôle conservateur et nécessitant la réapparition de l'articulation qui se corrode et disparaît dans l'état absolu.

Cet idiome est soumis à une loi d'harmonie vocalique incontestable, bien qu'imparfaite, qui le rapproche d'une façon marquée des langues de la famille altaïque.

Morphologiquement, les deux groupes des langues auxquelles nous réservons ainsi spécialement le nom de *touraniennes*, offrent une analogie étroite avec les langues altaïques et les langues dravidiennes. Ceci coïncide avec le fait que l'aire géographique dans laquelle nous en constatons l'usage aux siècles de l'antiquité touchait d'un côté, au nord, vers la Caspienne, au domaine des idiomes altaïques, et de l'autre côté, au sud, par la Susiane, au domaine des langues dravidiennes, qui s'étendaient à cette époque reculée sur le littoral gédrosien et carmanien de la mer d'Oman. Mais de cette analogie de structure et de mécanisme peut-on conclure à une parenté réelle, impliquant une commune origine? Cette parenté existe-t-elle seulement avec l'une ou avec l'autre des deux familles à l'égard de qui il y a analogie? ou bien doit-on l'admettre avec les deux, de telle façon que les langues touraniennes formeraient le chaînon entre les altaïques et les dravidiennes, de même que leur habitat géographique était intermédiaire? Ce sont là autant de questions qui sont aujourd'hui posées, mais non résolues. La science linguistique est amenée à en aborder dès à présent l'examen, et le sera de plus en plus à mesure que la connaissance de ces idiomes, en progressant, mettra plus d'éléments à sa disposition. Mais ce que l'on peut déjà dire, c'est que la comparaison des langues touraniennes anciennes avec les langues altaïques, d'une part, et les dravidiennes, de l'autre, est nécessaire et scientifiquement justifiée, à condition qu'on y procède avec une sage méthode. Elle est, du reste, tout spécialement délicate et difficile, puisqu'on est obligé d'y mettre en parallèle des idiomes dont les monuments les plus récents datent de plusieurs siècles avant notre ère, et d'autres que l'on ne connaît que sous leur forme contemporaine ou dont, tout au plus, on n'a pas de texte remontant de plus de 5 ou 600 ans avant le siècle actuel; des idiomes entre lesquels existe, par conséquent, un énorme hiatus dans le temps. Ce serait à faire croire, au premier abord, que toute comparaison est impossible, si l'on ne constatait pas, pour celles des langues altaïques et dravidiennes dont on possède des monuments vieux de plusieurs siècles, qu'elles n'ont presque subi aucun changement sensible pendant cette période de temps, et qu'elles sont donc douées d'un privilège d'immobilité tout à fait à part, que l'on ne rencontre au même degré que chez les langues sémitiques ou syro-arabes. Et cette immobilité presque absolue est encore attestée par leur structure même, où se lit la certitude de leur fixation, presque absolument à l'état où nous les voyons encore aujourd'hui, dès une date assez reculée pour être tenue comme contemporaine des monuments, venus jusqu'à nous, des antiques langues agglutinantes de la Médie, de la Susiane et de la Chaldée.

Jusqu'à présent on a tenté de pousser aussi loin que le permettait l'état des connaissances les rapprochements entre ces langues touraniennes et les langues altaïques. On a pu constater ainsi, non seulement de frappantes similitudes dans la morphologie grammaticale, mais la communauté des pronoms et d'un certain nombre de racines. Mais en même temps on s'est heurté à des divergences d'une incontestable gravité, surtout en ce qui touche au mécanisme du verbe suméro-accadien. On ne saurait donc encore prononcer de conclusions définitives et formelles au sujet de la question de parenté. Toute conclusion de ce genre sera d'ailleurs prématurée, tant qu'on n'aura pas également abordé la voie des comparaisons avec les langues dravidiennes. Et sous ce rapport rien n'a encore été fait. On n'a que l'assertion de M. Caldwell, qui affirme avoir relevé des affinités considérables entre le proto-médique et les idiomes objets de ses constantes études, mais sans en fournir de preuves suffisantes.

Ici donc nous nous trouvons une fois de plus en présence d'un problème ouvert, mais non tranché jusqu'à ce jour, et qui ne le sera pas d'ici à longtemps. Mais — je reviens encore sur ce point pour bien préciser ma pensée, de telle façon que le lecteur et la critique ne puissent pas s'y méprendre — toutes les fois que j'emploierai dans cet ouvrage l'expression de langues touraniennes, ce sera pour désigner *spécialement* et *exclusivement* ces langues agglutinantes de la portion orientale de l'Asie antérieure, de même que sous le nom de Touraniens j'entendrai uniquement les peuples qui les parlaient. Et en agissant ainsi je ne prétendrai pas préjuger, au delà d'une simple probabilité, la question de leur parenté d'origine avec les Altaïques ou les Dravidiens, non plus que je ne prendrai parti pour ou contre la théorie touranienne de MM. Bunsen et Max Müller.

## § 5. — LES LANGUES 'HAMITIQUES

Abordons maintenant la classe des langues à flexions, dont nous avons indiqué déjà plus haut les caractères généraux et la division en trois grandes familles.

En les classant par ordre de l'ancienneté de leurs formes, en commençant par celle dont le système grammatical est resté le plus rudimentaire et le moins développé, le premier rang doit, sans aucune contestation possible, appartenir à la famille des idiomes hamitiques ou égypto-berbères.

Celle-ci se divise en trois groupes : égyptien, éthiopien et libyen.

Le premier groupe a pour type fondamental l'égyptien antique, retrouvé dans le déchiffrement des hiéroglyphes, si longtemps enveloppés de mystères, par Champollion et ses successeurs. C'est de toutes les langues du monde celle dont on possède les monuments écrits les plus anciens. Quelques siècles avant l'ère chrétienne, la langue des âges classiques de la monarchie des Pharaons n'était plus qu'un idiome savant et littéraire, qu'on écrivait encore mais qu'on ne parlait plus. S'altérant par un effet forcé du temps, elle avait produit le dialecte populaire dans lequel sont rédigés les documents en écriture démotique, contemporains de la domination perse et de la monarchie grecque des Lagides. Un pas de plus dans la voie de l'altération donna, dans les premiers siècles de l'ère chrétienne, naissance au copte, que l'on prit l'habitude d'écrire avec des lettres grecques auxquelles furent joints quelques signes empruntés aux formes cursives de l'ancienne écriture nationale. Le copte, à son tour, se conserva en usage jusqu'au XVIIe siècle de notre ère, date où il a définitivement disparu devant l'arabe, ne restant plus qu'à l'état de langue liturgique pour les chrétiens indigènes de l'Égypte. Ce ne sont pas là, du reste, trois langues différentes qui se sont enfantées l'une l'autre, comme le latin a enfanté les langues néo-latines. Ce sont trois états successifs d'une même langue, dont on suit l'histoire pendant au moins six mille ans ; et ce qui est vraiment surprenant, c'est de constater combien elle a peu changé dans la durée d'une aussi énorme période de temps.

Le groupe éthiopien est constitué par les langues parlées entre le Nil Blanc et la mer, le galla et ses différents dialectes, le bedja, le saho, le dankâli, le somâli, qu'il importe de ne pas confondre avec les idiomes sémitiques ou syro-arabes de l'Abyssinie. Linguistiquement et géographiquement, le bischarri fait le lien entre ces langues et l'égyptien. Il paraît être le dernier débris de l'idiome antique dans lequel sont conçues les inscriptions hiéroglyphiques et démotiques des Éthiopiens de Méroé. Mais presque rien n'a encore été fait pour le déchiffrement et l'étude de cet idiome antique, et dans les recherches comparatives de la science du langage, le groupe n'est encore représenté que par des langues modernes.

Pour ce qui est du groupe libyen, son type antique est la langue des Libyens et des Numides, dont on possède dès à présent un certain nombre d'inscriptions, lesquelles par malheur ne contiennent guères, pour la plupart, que des noms propres. Mais elles suffisent à montrer que c'est de cet idiome antique que dérive directement la langue berbère actuelle, avec ses nombreux dialectes répandus parmi les populations du nord de l'Afrique : le kabyle-algérien, le mozaby, le schaouia, le schelouh, le zénatya de la province de Constantine, le temâscheq des Touaregs, le dialecte de l'oasis de Syouah et celui de Ghadamès. Une langue très voisine du berbère était jadis parlée par les Guanches dans les îles Canaries. Le haoussa, idiome riche et harmonieux, parlé à Kano, Katsina, Zanfara, et en général entre le Bornou et le Niger, ainsi que dans le pays montagneux d'Asben, appartient au même groupe. C'est la langue commerciale de l'Afrique centrale.

Parmi les traits essentiels qui sont communs à tous les idiomes de la famille 'hamitique ou égypto-berbère, notons la formation du féminin par un élément *ti* ou *t*, que l'on peut indifféremment préfixer ou suffixer, et que même, dans quelques langues du groupe libyen, l'on attache deux fois, en préfixe et en suffixe, au même mot. Le signe du pluriel est en principe et originairement *an*; quelquefois on y substitue *at* ou bien *ou*, qui n'est peut-être que secondaire de *an*. Quant à la flexion nominale proprement dite, cette famille de langues n'en offre point de traces ; on y a recours à des particules distinctes, que l'on place avant ou après le nom, pour exprimer ses relations avec le reste de la phrase. Les formes de la conjugaison sont nombreuses, comme dans les langues sémitiques. Quant au système des temps, il est tout élémentaire et très peu développé, également comme celui de la famille syro-arabe ou sémitique. Au reste, la conjugaison de l'égyptien, comme celle de toutes les autres langues 'hamitiques est presque purement agglutinante. Et n'était leur rapport étroit avec les idiomes sémitiques, qui oblige à les grouper avec eux, dans la même classe, on hésiterait à les compter parmi les langues à flexion.

La parenté des langues 'hamitiques et sémitiques, ou égypto-berbères et syro-arabes, sorties d'une source commune et formant en réalité deux rameaux d'une même famille primordiale, est un fait actuellement acquis à la science d'une manière inébranlable. De part et d'autre le système grammatical est foncièrement le même ; il y a identité dans les racines des pronoms, dans la formation du féminin et dans celle du pluriel. L'organisme est seulement moins complet, moins perfectionné dans les langues 'hamitiques. Quant au vocabulaire, une bonne moitié de ses racines pour le moins est commune aux deux familles. Les langues 'hamitiques les présentent seulement dans un état plus ancien, antérieur au travail, sous bien des rapports tout artificiel, qui les amena dans les langues syro-arabes à une forme invariablement dissyllabiques. Le reste du vocabulaire, dans les langues 'hamitiques, même en égyptien, provient des langues proprement africaines, de celles que parlent les peuples noirs.

On peut, du reste, définir, avec M. Friedrich Müller, la parenté qui existe entre les deux familles des langues 'hamitiques et sémitiques, comme étant plutôt dans l'identité de l'organisme que dans la coïncidence des formes toutes faites. Les deux familles ont dû se séparer à une époque où leur langue commune était encore dans une période fort peu avancée de développement. En même temps, la persistance des langues sémitiques dans leurs formes anciennes à travers toute la période historique, est un gage du grand éloignement de l'âge où langues sémitiques et langues 'hamitiques n'étaient pas encore nées, mais où existait un idiome à jamais disparu dont elles devaient procéder les unes et les autres. Enfin, la famille 'hamitique paraît s'être divisée de très bonne heure en différents rameaux ; les idiomes qui la composent sont alliés de bien moins près les uns aux autres que ne le sont entre eux les idiomes sémitiques ou syro-arabes.

Le lecteur ne sera pas sans remarquer combien ces données linguistiques viennent confirmer les observations que nous avons eu l'occasion de faire plus haut sur le caractère des peuples que la Genèse place dans la descendance de 'Ham, et sur leur relation ethnologique et historique avec ceux dont le texte sacré fait les enfants de Schem. Elles font aussi mieux comprendre comment un certain nombre de nations que l'ethnographie biblique fait 'hamites, et avec toute raison, ne se montrent dans l'histoire que faisant usage d'idiomes franchement sémitiques.

## § 6. — LES LANGUES SÉMITIQUES

Nous avons déjà fait remarquer plus haut ce qu'a de réellement impropre l'expression de langues *sémitiques*, très malheureusement introduite dans la science par Eichhorn, mais que l'on ne peut aujourd'hui songer à en effacer, tant elle est consacrée par l'habitude. L'expression de langues *syro-arabes* est cependant beaucoup meilleure et préférable, car elle détermine assez clairement l'aire géographique où se parlent ces idiomes, et elle les définit d'après des types bien caractérisés des deux groupes entre lesquels se partage la famille.

Ces deux groupes sont l'un septentrional et l'autre méridional, et correspondent à une première division de la langue sémitique primitive et commune, sortie elle-même, comme nous venons de le dire, d'un idiome intérieur, qui a produit à la fois les langues sémitiques et 'hamitiques.

Le groupe septentrional se subdivise à son tour en trois rameaux : *araméen*, *assyrien* et *kenânéen*.

Le premier rameau a pour type l'*araméen*, parlé jadis en Syrie, originairement propre aux populations que l'ethnographie biblique désigne sous le nom d'Aram, étendu ensuite, par des circonstances historiques, sous la domination des Assyriens, puis des Perses, non seulement à toute l'Assyrie, mais à l'ensemble de la Mésopotamie, jusqu'au golfe Persique, à la Palestine et à l'Arabie septentrionale. L'araméen, dans toutes ces régions, resta l'idiome prédominant et commun jusqu'à l'époque où l'arabe prit le dessus, avec l'islamisme, et se substitua complètement à lui, arrivant même à le faire périr graduellement.

Le caractère général de l'araméen est son peu de conservation des anciennes voyelles de la langue sémitique primitive. On y distingue plusieurs dialectes, dont la naissance représente des dates chronologiques dans l'histoire de cette langue :

L'*araméen biblique*, autrefois appelé *chaldaïque*, désignation absolument fausse et tout à fait abandonnée aujourd'hui ; c'est l'idiome dans lequel ont été composés, du v$^e$ au ii$^e$ siècle avant notre ère, quelques parties de certains livres de la Bible, comme ceux de Daniel, de 'Ezra (Esdras) et de Ne'hemiah (Néhémie) ; les quelques fragments épigraphiques araméens de la Mésopotamie que nous possédons, et qui datent du ix⁰ au v⁰ siècle, nous offrent exactement le même état de la langue ;

L'*araméen targumique,* conservé par les *targoumin* ou paraphrases de la Bible, composées au commencement de notre ère ;

L'*araméen talmudique* ou *syro-chaldaïque,* langue vulgaire qui se forma chez les Juifs à la suite de l'altération et de l'abandon de l'hébreu, que l'on parlait en Palestine au temps du Christ et qui est employée dans les deux grandes compositions rabbiniques appelées Talmud, le Talmud de Jérusalem et le Talmud de Babylone ;

Le *palmyrénien*, langue contemporaine de Palmyre et en général de la Syrie du nord, qui nous a légué une riche épigraphie ;

Le *nabatéen*, dialecte des habitants de l'Arabie Pétrée, pénétré de nombreux arabismes, dont les monuments sont aussi des inscriptions ;

Le *samaritain*, qui se forma sur le territoire de l'ancienne tribu d'Éphraïm pendant les siècles de la domination assyrienne, babylonienne et perse, et qui s'est conservé à l'état d'idiome littéraire chez les descendants de ces dissidents du culte juif.

De l'ancien araméen sortent encore :

Le *syriaque,* langue qui fut écrite dans les contrées d'Édesse et de Nisibe, et dont le développement et l'existence littéraire s'étendirent du ii⁰ au ix⁰ siècle de l'ère chrétienne ; le vocabulaire du syriaque est rempli de mots empruntés au grec ; sa littérature est singulièrement empreinte d'hellénisme ; elle servit en quelque sorte d'intermédiaire entre la science grecque et la science arabe, et opéra la transition de l'une à l'autre ; presque toutes les traductions d'auteurs grecs en arabe ont été faites par des Syriens et sur des versions syriaques ; au x⁰ siècle de notre ère, l'islamisme fit décidément prévaloir sa culture, et le syriaque fut réduit à la simple condition d'idiome liturgique ; il n'est plus parlé aujourd'hui que dans un étroit canton des environs du lac d'Ouroumiah ; M. Nœldeke a publié une intéressante grammaire de ce dialecte survivant du syriaque ;

Le *çabien*, usité aujourd'hui encore dans la partie méridionale du bassin de l'Euphrate, chez les Çabiens ou Mendaïtes, secte particulière sortie des ruines de l'ancien paganisme assyro-persique, avec un mélange bizarre d'éléments juifs ou chrétiens ; dans les livres sacrés de cette secte, la langue se présente profondément corrompue, spécialement sous le rapport phonétique, avec confusion et élision fréquente des gutturales, changement des douces en fortes et des fortes en douces, enfin nombreuses contractions ; quelques monnaies de la Characène et quelques fragments épigraphiques, datant du III° et du IV° siècle, où ce dialecte se montre déjà, avec son alphabet particulier, laissent entrevoir que dès lors une partie de ces altérations s'y étaient produites, mais qu'elles étaient moins prononcées.

L'*assyrien* forme à lui seul un rameau à part dans le groupe septentrional des langues sémitiques. C'est le langage commun de Babylone et de Ninive au temps de leur pleine indépendance, dans lequel sont conçues les inscriptions cunéiformes de ces deux fameuses cités. J'ai déjà dit plus haut ce qu'a d'inexact l'appellation sous laquelle on a pris l'habitude de le désigner, car c'est la Babylonie, et non l'Assyrie, qu'il a eu pour berceau. A partir de la ruine de Ninive et de la conquête de Babylone par les Perses, l'assyrien fut graduellement submergé et étouffé par l'araméen. On en possède pourtant des monuments écrits qui descendent jusqu'au I^er siècle de l'ère chrétienne ; mais dans ces derniers monuments ils est profondément corrompu. L'assyrien est une des langues les plus riches de la famille sémitique ; il y occupe une position à égale distance des idiomes araméens et kenânéens. Sa déclinaison a gardé les trois désinences casuelles de la langue sémitique primitive, que la plupart des autres idiomes de la famille, à l'exception de l'arabe littéral, ont laissé tomber. Son verbe, riche en voix dérivées, offre une particularité tout à fait spéciale ; les temps et les modes y dérivent tous de deux primitifs, le participe et l'aoriste ; pas de trace du parfait, qui offre la racine sous sa forme absolue avec des pronoms personnels suffixés, et qui, avant le déchiffrement de l'assyrien, paraissait un des éléments organiques essentiels des langues syro-arabes. Son vocabulaire est aussi pénétré de mots empruntés au vieux langage suméro-accadien que celui du syriaque est pénétré de mots grecs ; un certain nombre de ces mots ont même pénétré de là dans les autres idiomes sémitiques, par l'influence de la grande civilisation assyro-babylonienne. Les textes nous révèlent, sous l'unité de langue, une certaine différence dialectique entre le parler de l'Assyrie et celui de Babylone, surtout aux VII° et VI° siècles avant l'ère chrétienne.

Du rameau kenânéen, l'idiome le plus complètement connu est l'*hébreu*, qui sert, du reste, comme de pivot à l'étude des langues sémitiques, telle qu'elle est aujourd'hui constituée. C'est la langue de la Bible, où elle se présente avec une singulière immobilité grammaticale dans les livres des époques les plus différentes. Les inscriptions nous montrent que c'était aussi le langage des peuples de Moab et de 'Ammon, rattachés par l'ethnographie biblique à la souche des Téra'hites. Il est, du reste, certain que l'hébreu n'était pas l'idiome originaire des nations de cette souche, qu'elles l'ont emprunté aux Kenânéens après être venues s'établir au milieu d'eux. Le prophète Yescha'yahou (Isaïe) lui-même l'appelle « la langue de Kena'an. » Comme la langue des Kenânéens maritimes ou Phéniciens, tout en étant très voisine, en était cependant différente, on doit penser que l'hébreu a été originairement la langue des Kenânéens agriculteurs de la Palestine, dépossédés ensuite par les Israélites. Et, en effet, toute la nomenclature géographique de la Palestine, qui, à bien peu d'exceptions près, remonte au temps de ces Kenânéens, est purement hébraïque.

Vers le vi⁰ siècle de notre ère, l'hébreu commença à se perdre comme langue populaire. Bien avant l'époque des Macchabées, l'araméen était devenu prépondérant en Palestine. Mais l'hébreu, mort dans l'usage de langue parlée, a continué à vivre comme langue littéraire, et comme langue sacrée d'une religion indestructible au travers de toutes les persécutions qu'elle a subies. On peut distinguer en deux périodes distinctes l'histoire de l'hébreu post-biblique ou moderne. La première s'étend jusqu'au xiie siècle et a pour monument principal la Mischnah, recueil de traditions religieuses et légales des plus fameux rabbins, qui forme le noyau fondamental du Talmud, où elle est environnée d'un commentaire araméen extrêmement étendu ; dans l'hébreu mischnique on rencontre une certaine proportion de mots araméens hébraïsés, de mots grecs et même de mots latins. Après avoir adopté au x⁰ siècle la culture arabe, les Juifs virent renaître leur littérature quand leurs compatriotes, chassés de l'Espagne musulmane, gagnèrent la France méridionale. C'est alors que s'ouvrit la seconde période de l'histoire de l'hébraïsme moderne, et la langue de cette époque est encore aujourd'hui l'idiome littéraire des Juifs.

Le *phénicien*, étroitement apparenté à l'hébreu, offre pourtant des particularités assez saillantes pour qu'on doive aujourd'hui, qu'il commence à être mieux connu, le considérer comme une langue distincte. Tous ses monuments sont épigraphiques et montent dès à présent à plusieurs milliers, dont quelques-uns d'un développement considérable. Ils révèlent l'existence de trois dialectes :

Le *giblite* ou dialecte du pays de Byblos, qui est celui qui se rapproche le plus de l'hébreu ;

Le *sidonien*, le dialecte le plus important et le plus répandu, que l'on peut considérer comme le type classique de la langue ;

Le *punique*, dont le foyer fut Carthage et qui florit dans les grands établissements phéniciens de la côte septentrionale d'Afrique, dont cette cité fut la capitale historique. Après la ruine de Carthage, foyer intellectuel des Kenânéens occidentaux, la décomposition rapide de son idiome donna naissance à deux nouveaux dialectes :

Le *néo-punique*, dont les monuments appartiennent à la région nord-africaine et datent de la fin de la République romaine, ainsi que du temps de l'Empire ; c'est un jargon profondément corrompu, qui est au phénicien classique comme le çabien aux autres dialectes araméens, car ses altérations phonétiques ont tout à fait le même caractère ;

Le *liby-phénicien* de l'Espagne méridionale, dont nous ne savons que très peu de chose, car ce que nous en possédons se réduit à quelques légendes de monnaies frappées sous la République romaine.

Quant au groupe méridional des langues de la famille sémitique, il se divise de son côté en deux rameaux, que nous qualifierons d'*ismaélite* et de *yaqtanide* ou *qa'htanide*.

L'*arabe* constitue à lui seul le premier rameau. Grâce à la propagation de l'islamisme et à l'influence du Qoran, cet idiome qui était originairement propre aux tribus d'origine ismaélite, s'est répandu de la Babylonie à l'extrémité du Maroc, de la Syrie au Yémen ; il se parle actuellement dans la vallée du Nil jusqu'à Dongola et au Qordofan. C'est une langue d'une remarquable richesse grammaticale, qui, dans les recherches sur la grammaire comparée des langues sémitiques, joue un rôle presque comparable à celui du sanscrit dans l'étude des langues aryennes. Son vocabulaire, d'une incroyable variété, a reçu des mots de tous les langages indigènes de la vaste étendue de pays où il s'est imposé avec une religion nouvelle. On distingue l'*arabe littéral* et l'*arabe vulgaire*. La première de ces expressions a été très bizarrement adoptée pour désigner la langue littéraire, que le Qoran a immobilisée et qui avait été aussi employée par les poètes classiques de l'âge qui a précédé immédiatement Mo'hammed. L'arabe vulgaire est la langue telle qu'on la parle depuis plusieurs siècles. Ce n'est, du reste, pas autre chose que l'arabe littéral simplifié par l'effet du temps et de la disposition populaire à ne pas conserver une grammaire trop savante. La principale différence entre les deux consiste en ce que l'arabe vulgaire a perdu les flexions casuelles que la langue littéraire conservait soigneusement ; ceci l'a conduit à prendre une allure analytique. L'arabe vulgaire présente quatre dialectes : ceux d'Arabie, de Syrie et d'Égypte, puis le *maghreby* ou dialecte de l'Afrique septentrionale. Les trois premiers sont fort peu distincts l'un de l'autre ; ils ont chacun une certaine quantité de locutions propres, de termes particuliers, et ils diffèrent dans la prononciation de quelques lettres ; mais là s'arrête leur diversité. Le *maghreby* offre quelques divergences grammaticales ; elles ne sont pas assez considérables, toutefois, pour que ce dialecte ne soit pas compris aisément dans tous les pays où règnent les autres.

Le *maltais* est un dialecte d'origine arabe, devenu un jargon grossier, plein de véritables barbarismes, et que les mots d'origine étrangère ont largement pénétré. Il en était de même du *mozarabe* du midi de l'Espagne, qui n'a achevé de s'éteindre qu'au siècle dernier.

L'arabe a fourni un grand nombre de mots à certaines langues de l'Europe et de l'Asie. Les idiomes iraniens actuels, entre autres le persan, ont admis dans leur vocabulaire, sous l'action de l'islamisme, une foule de mots arabes ; le turc ne lui en a pas moins emprunté : quelques-unes des langues de l'Inde moderne possèdent également une quantité de vocables de la même origine. Enfin, parmi les idiomes européens, les langues néo-latines, surtout l'espagnol et le portugais, lui ont fait des emprunts, les uns directs, les autres indirects. En français même, nous avons quelques mots d'origine arabe, tels que « coton » de *qoton*, « tasse » de *tass*, « chiffre » de *çifr*, « jarre » de *djarra*, « sirop » de *scharab*, « algèbre » de *al-djebr*, « cramoisi » de *qirmezy*, « mesquin » de *meskîn*, etc.

Le *safaïte*, connu par les inscriptions du désert de Safa, à l'est de Damas, et le *thémoudite*, dont on possède aussi quelques lambeaux épigraphiques, recueillis sur la côte du Tihama, sont des dialectes antiques qui paraissent avoir tenu de très près à l'arabe. Ils s'écrivaient avec des alphabets d'origine sabéenne.

Le rameau yaqtanide ou qa'htanide, le dernier dont il nous reste à parler, embrasse les anciennes langues de l'Arabie Méridionale et celles qui sont aujourd'hui vivantes dans l'Abyssinie.

Les anciens idiomes du midi de la péninsule arabique sont encore de ceux que les inscriptions seules nous ont conservées. Mais ces inscriptions sont nombreuses ; les courageuses explorations de D'Arnaud et de M. Joseph Halévy en ont acquis à la science une quantité considérable, qui a permis d'établir dès à présent les principaux linéaments de la grammaire de ces langues. On en compte, du reste, quatre, nettement différentes, dans les textes épigraphiques que l'on possède jusqu'ici :

Le *sabéen* ou *'himyarite*, idiome du Yémen proprement dit ; c'est celle dont on a le plus d'inscriptions, dont la grammaire est la mieux connue, par conséquent, que l'on doit prendre comme le type du groupe ;

Le *'hadhramite* ou dialecte antique du 'Hadhramaout, remarquable par la similitude de ses pronoms avec ceux de l'assyrien ;

Le *minéen*, dont la patrie était au nord-est du Yémen.

L'*e'hkily*, parlé dans le pays de Mahrah, est le seul représentant actuellement vivant de ces anciens idiomes sud-arabiques. On ne le connaît, du reste, que de la façon la plus imparfaite.

En Abyssinie nous rencontrons le *ghez*, appelé quelquefois d'une manière tout à fait impropre *éthiopien*. C'est une langue qui a eu jadis une culture littéraire considérable, depuis la conversion de la contrée au christianisme, dans le IVᵉ siècle, jusqu'au XVIᵉ. Tombé complètement en désuétude dans l'usage populaire, le ghez reste une langue savante et liturgique ; mais dans l'état d'abaissement où est tombé l'Église chrétienne d'Abyssinie, cet idiome n'y est plus sérieusement cultivé. C'était une langue fort développée ; elle possédait, comme l'arabe, le mécanisme des pluriels internes ou brisés, et conservait encore certaines désinences terminales perdues par l'hébreu et l'araméen. Son verbe était plus riche en voix dérivées que celui d'aucune autre langue de la famille sémitique.

Plusieurs dialectes, étroitement apparentés au ghez, mais altérés par un mélange considérable d'éléments africains indigènes, sont encore aujourd'hui parlés en Abyssinie. Les trois principaux sont l'*amharique*, dans le sud-ouest du pays, le *tigré* dans le nord, et le *harari* dans le sud-est.

Toutes les langues que nous venons de passer brièvement en revue constituent une famille très homogène, et ne se ramifient pas en ces branches nombreuses que l'on remarque dans les autres familles linguistiques. Les radicaux y sont invariablement composés de deux syllabes, dont la charpente offre toujours trois consonnes. C'est ce qu'on appelle le système de la *trilitéralité*. Le monosyllabisme primitif ne se retrouve que fort difficilement sous cette forme inflexible, qu'ont revêtue les éléments fondamentaux du langage. Cependant il est aujourd'hui certain que les radicaux trilitères des idiomes syro-arabes procèdent de racines originairement bilitères. Le procédé de leur transformation n'est pas complètement éclairci, mais on commence à l'entrevoir, et le jour n'est peut-être pas éloigné où l'on pourra restituer avec certitude les anciennes racines sémitiques, étude pour laquelle on trouvera le secours le plus puissant dans la connaissance des racines 'hamitiques ou égypto-berbères. Les traditions sacrées des Phéniciens avaient conservé le souvenir du travail qui avait transformé les racines du langage, de bilitères et monosyllabiques en trilitères et dissyllabiques, car dans les fragments du livre que Philon de Byblos avait traduit en grec du phénicien de Saqoûn-yathôn (Sanchoniathon), l'on trouve que « l'inventeur du système des trois lettres fut Eisiris (*Isir=Osir*), frère de Chnâ (*Kena'an*) qui est surnommé Phœnix. »

Les idiomes syro-arabes ou sémitiques sont essentiellement analytiques ; au lieu de rendre dans son unité l'élément complexe du discours, ils préfèrent le disséquer et l'exprimer terme à terme. Dans tous se manifeste une disposition marquée à accumuler l'expression des rapports autour de la racine essentielle. C'est ce que l'on observe particulièrement en hébreu. Ces langues participent donc encore des idiomes d'agglutination, bien qu'elles soient déjà très nettement à l'état de langues à flexions. Le sujet, le régime pronominal, les conjonctions, l'article, n'y forment qu'un seul mot avec l'idée même ; l'idée principale se voit comme circonscrite de particules qui en modifient les rapports, et qui forment alors des dépendances.

Les mots du dictionnaire offrent une très intime ressemblance entre les différentes langues de la famille sémitique. Ce qui a beaucoup contribué au maintien de cette étroite homogénéité dans la famille, c'est que les idiomes qui la composent n'ont jamais eu la puissance de végétation propre, qui a porté les langues indo-européennes ou aryennes à se modifier sans cesse, par un développement continu. Leur moule est resté le même, et, suivant la juste expression de M. Renan, elles ont moins vécu que duré. Ce cachet d'immutabilité distingue au plus haut degré les langues sémitiques ; elles ont eu une grande puissance de conservation, qui tenait à la forme très arrêtée de la prononciation des consonnes, laquelle les a défendu contre les altérations résultant de l'adoucissement des articulations et des échanges qui s'opèrent bientôt entre elles. Il semble vraiment qu'une disposition spéciale de la Providence leur ait communiqué cette faculté de conservation immuable en vue du rôle particulier qu'avait à remplir l'une d'elles, en conservant sans altérations au travers des siècles le livre inspiré où étaient déposés les principes des vérités religieuses.

### § 7. — LES LANGUES ARYENNES

La grande famille des langues indo-européennes ou aryennes a été aussi quelquefois qualifiée de *japhétique,* parce que tous les peuples qui en parlent ou en ont parlé les idiomes appartiennent foncièrement à ce rameau ethnique de la race blanche que la Genèse rattache à la descendance de Yapheth. Ces langues sont très nombreuses, car elles avaient une force interne de végétation qui leur a fait subir des développements, des progrès et des changements incessants, dans l'espace et dans le temps. Ce sont celles où le mécanisme des flexions est le plus complet, le plus développé, sans qu'il y reste aucun vestige actuel de l'agglutination originaire.

L'organisme commun de ces langues est révélé par la comparaison systématique des idiomes qui sont les représentants les plus anciens et les plus complets de tous les rameaux de la famille. Tous les idiomes indo-européens se rapprochent plus ou moins du sanscrit, qui en est le plus riche et celui dont l'état est demeuré le plus près de la forme primitive. Plus on recule à l'est, plus on trouve de ressemblance entre les langues de cette nombreuse et noble famille, et celle que l'on peut considérer comme en constituant le type. Ainsi les langues celtiques, les plus occidentales de toute la famille, sont celles qui s'éloignent davantage du sanscrit. Le berceau primitif de ces idiomes est la contrée qui s'étend entre la mer Caspienne et l'Hindou-Kousch. Là fut parlée, avant que les diverses tribus de Yapheth ne se dispersassent, quand elles vivaient encore réunies, la langue première qui fut la souche de toutes les autres. La science moderne l'appelle *aryaque,* et parvient à en reconstituer en partie les traits les plus essentiels.

Dès l'époque la plus haute où l'on puisse remonter dans leur histoire, les langues aryennes sont essentiellement synthétiques; leurs mots sont disposés dans la phrase suivant le système de construction dont le latin est pour nous le type. Ce n'est que dans les temps modernes, par suite des nécessités imposées par les formes nouvelles de la pensée, qu'on a vu sortir de cette souche des langues aux procédés plus analytiques, comme nos idiomes néo-latins et l'anglais. Dans l'état même le plus primitif, dans ce qu'on peut connaître de l'aryaque, le génie de la famille a un caractère de complexité qui la distingue essentiellement de la famille sémitique, avec laquelle il n'a qu'un bien petit nombre de ressemblances de vocabulaire sensibles au premier abord.

Peut-on scientifiquement admettre une parenté originaire entre les langues sémitiques et aryennes, syro-arabes et indo-européennes? La question a souvent été posée, et de nombreux efforts ont été faits pour la résoudre dans le sens affirmatif. Mais ils ont été jusqu'ici malheureux; la plupart datent, d'ailleurs, d'une époque où la méthode et les principes de la linguistique n'étaient pas assez établis pour que l'on pût procéder à des comparaisons de ce genre d'une manière vraiment satisfaisante. Encore aujourd'hui les savants qui se prononcent en principe et *a priori* pour ou contre l'idée d'une parenté possible, se guident surtout d'après des théories préconçues, plutôt que d'après des faits formels. Ni dans un sens ni dans un autre, on n'est parvenu à une démonstration formelle. M. Max Müller tient la parenté et la communauté d'origine des deux familles pour probable, quoique non vérifiée. Schleicher et M. Whitney la repoussent absolument.

Voici les arguments de ces derniers.

Le système sémitique, dit Schleicher, n'avait, avant la séparation des idiomes sémitiques en langues distinctes les unes des autres, point de racines auxquelles on pût donner une forme sonore quelconque, comme cela était le cas du système indo-européen : le sens de la racine était attaché à de simples consonnes, c'est en leur adjoignant des voyelles qu'on indiquait les relations du sens général. C'est ainsi que les trois consonnes QTL constituent la racine de l'hébreu *qâtal*, de l'arabe *qatala* « il a tué, » de *qutila* « il fut tué, » de l'hébreu *hiqtîl* « il fit tuer, » de l'arabe *maqtûlun* « tué. » Il en est tout différemment dans le système indo-européen, où le sens est attaché à une syllabe parfaitement prononçable. — *Deuxième différence.* La racine sémitique peut admettre toutes les voyelles propres à modifier son sens. La racine indo-européenne, au contraire, possède une voyelle qui lui est propre, qui est organique ; ainsi la racine du sanscrit *manvê* « je pense, » du grec *menos* « pensée, » du latin *mens, moneo*, du gothique *gamunan* « penser, » n'a pas indifféremment pour voyelle *a, e, o, u*, mais seulement et nécessairement *a*. Cette voyelle organique de la racine indo-européenne ne peut d'ailleurs se changer, à l'occasion, qu'en telle ou telle autre voyelle, d'après des lois que reconnaît et détermine l'analyse linguistique. — *Troisième différence*. La racine sémitique est trilitère : *qtl* « tuer, » *ktb* « écrire, » *dbr* « parler ; » elle provient, sans nul doute, de formes plus simples, mais enfin c'est ainsi qu'on la reconstitue. Par contre, la racine indo-européenne est bien plus libre de forme, comme le montre, par exemple, *i* « aller, » *su* « verser, arroser ; » toutefois elle est monosyllabique. — Le système sémitique n'avait que trois cas et deux temps, le système indo-européen a huit cas et cinq temps au moins. — Tous les mots de l'aryaque ont une seule et même forme, celle de la racine, modifiée ou non, accompagnée du suffixe dérivatif ; le sémitique emploie aussi cette forme (exemple, l'arabe *qatalta* « toi, homme, tu as tué), » mais il connaît aussi la forme où l'élément dérivatif est préfixé, celle où la racine est entre deux éléments dérivatifs, d'autres formes encore.

La flexion sémitique, dit de son côté M. Whitney, est totalement différente de la flexion indo-européenne, et ne permet point de faire dériver les deux systèmes l'un de l'autre, non plus que d'un système commun. La caractéristique fondamentale du sémitisme réside dans la forme trilitère de ses racines : celles-ci sont composées de trois consonnes, auxquelles différentes voyelles viennent s'adjoindre en tant que formatives, c'est-à-dire en tant qu'éléments indiquant les relations diverses de la racine. En arabe, par exemple, la racine *qtl* présente l'idée de « tuer, » et *qatala* veut dire « il tua, » *qutila* « il fut tué, » *qatl* « meurtrier, » *qitl* « ennemi, » etc. A côté de cette flexion due à l'emploi de différentes voyelles, le sémitisme forme aussi ses mots en se servant de suffixes et de préfixes, parfois également d'infixes. Mais l'aggrégation d'affixes sur affixes, la formation de dérivatifs tirés de dérivatifs, lui est comme inconnue ; de là la presque uniformité des langues sémitiques. La structure du verbe sémitique diffère profondément de celle du verbe indo-européen. A la seconde et à la troisième personne, il distingue le genre masculin ou féminin du sujet : *qatalat* « elle tua, » *qatala* « il tua ; » c'est ce que ne font point les langues indo-européennes : sanscrit *bharati* « il porte, elle porte. » L'antithèse du passé, du présent, du futur, qui est si essentielle, si fondamentale dans les langues indo-européennes, n'existe point pour le sémitisme : il n'a que deux temps, répondant, l'un à l'idée de l'action accomplie, l'autre de l'action non accomplie.

Tout ceci est très vrai, très juste, montre parfaitement les différences qui séparent les deux familles d'idiomes, telles qu'elles se présentent avec leur organisme grammatical complètement constitué et développé. Mais faire porter la comparaison sur cet état de la grammaire n'est pas, en réalité, plus scientifique que ne l'étaient les rapprochements de mots hébreux et sanscrits sans remonter à leur racine originaire qui ont été tant reprochés, et justement, à Gesenius. La grammaire de l'aryaque, ou de la langue mère indo-européenne, n'a pas été toujours à l'état flexionnel que l'on parvient à en restituer. Il n'est pas douteux que cet état a été précédé par un état agglutinant, où l'aryaque n'était pas encore lui-même, je le veux bien, mais d'où il est sorti, en suivant sa voie de développement propre, mais d'où un système notablement différent pouvait sortir, en suivant une voie divergente. De même, nous sommes aujourd'hui certains, je l'ai déjà dit tout à l'heure, que par delà la langue mère sémitique, il y a eu une langue antérieure, que l'on parviendra un jour à reconstituer en grande partie comme l'aryaque, langue dont le système grammatical n'était pas encore déterminé aussi nettement dans le même sens, et d'où sont sortis à la fois les idiomes sémitiques et 'hamitiques. Ainsi la trilitéralité des racines, que nous venons de voir opposer comme un fait primordial à la forme originaire des racines aryennes, n'y existait pas encore ; la racine y était bilitère et monosyllabique, et, par conséquent, dès à présent on peut atteindre un état de choses où sa forme s'éloignait beaucoup moins de celle des racines indo-européennes.

Nous l'avons dit, la séparation des langues sémitiques et 'hamitiques, que personne ne doute plus être sorties d'une source commune, s'est produite à une époque très reculée et dans un état fort peu développé du langage. Si maintenant les langues aryennes ont procédé d'une même souche que ces deux autres familles, la séparation ne peut avoir eu lieu qu'à une époque encore antérieure, et dans un stage encore moins avancé de la formation linguistique, entre la langue mère de l'aryaque, d'une part, et la langue mère commune du sémitique et du 'hamitique, d'autre part. Or, jusqu'ici le problème n'a pas été sérieusement examiné dans ces données.

Tous les jugements absolus à son égard sont donc, quant à présent, prématurés, et personne n'est en droit de soutenir d'une manière formelle ni l'affirmative, ni la négative. J'irai même plus loin, et je dirai que, dans l'état actuel de la science, toute tentative pour aborder la question est également prématurée et ne peut conduire à un résultat sérieux. Il faut d'abord que l'origine commune des langues sémitiques et 'hamitiques soit aussi bien et aussi complètement élucidée que l'est dès aujourd'hui celle des langues aryennes ; il faut que l'on ait dressé le bilan exact de ce qui constituait la grammaire de la langue primitive dont les deux familles en question sont sorties, et de ce que chacune d'elle en a développé spontanément de son côté ; il faut enfin que l'on soit parvenu à restituer la forme fondamentale de leurs racines communes. C'est seulement quand ce grand travail sera accompli — et il demandera les efforts de plusieurs générations de savants — c'est seulement alors que l'on pourra, d'une façon véritablement scientifique, procéder à la comparaison du *substratum* des langues sémitiques et 'hamitiques, que l'on aura ainsi obtenu, avec le *substratum* des langues aryennes, pour décider enfin si leurs systèmes grammaticaux, ainsi ramenés le plus près possible de leurs sources, ont pu avoir un point de départ commun, si leurs racines réellement primitives sont ou non irréductibles entre elles. Jusque là on ne saurait rien préjuger, et une critique sévère et impartiale s'oppose à ce que l'on proclame d'avance impossible l'unité linguistique originaire, que tant de raisons historiques et philosophiques rendent probable, entre les trois grands rameaux de la race blanche, ceux que l'ethnographie sacrée représente comme constituant l'humanité noa'hide.

La science a restitué, avec un haut degré de certitude, les traits essentiels de l'aryaque ou de la langue mère commune des idiomes indo-européens. Elle rétablit de même les caractères propres qui différencièrent les deux premiers langages qui sortirent de sa décomposition et qui, devenant à leur tour des langues mères d'une nombreuse progéniture, servirent de point de départ aux deux grandes divisions de la famille : *indo-iranienne* et *européenne*.

Dans la première division il faut compter deux groupes : *indien* et *iranien*.

Dans la seconde il faut en reconnaître quatre : *pélasgique* ou *gréco-italique*, *celtique*, *germanique* et *letto-slave*.

Le *sanscrit* forme la base du groupe indien ; c'est l'idiome sacré de la religion et de la science des Brahmanes. Parlé il y a plus de vingt siècles, il a vécu ensuite comme langue littéraire, et il doit à cette longue existence d'être devenu le type le plus parfait d'une langue à flexions, ainsi que l'indique la signification même du nom que les Indiens lui ont donné, *sanskrta,* c'est-à-dire « ce qui est achevé en soi-même. » Cette langue sonore, très riche en articulations, que l'improvisation poétique a singulièrement assouplie, est désignée par ceux qui l'écrivent sous le nom de « langue des dieux, » *sourabâni*, de même que son alphabet est appelé « écriture des dieux, » *dévanâgari.* La grammaire sanscrite est une des plus riches qui se puissent rencontrer : ses formes les plus anciennes nous sont offertes par le recueil d'anciens hymnes appelés Rig-Vêda, ses plus modernes se trouvent dans les Pourânas ou légendes poétiques, dont la rédaction ne remonte pas, pour quelques-uns, plus haut que la fin du moyen âge.

C'est le sort commun de toutes les langues de s'altérer avec le temps. Les mots se raccourcissent et s'élident ; ils s'usent, pour ainsi dire, comme les objets, par le frottement. La forme synthétique de la phrase disparaît graduellement en totalité ou en partie, et les éléments grammaticaux, les parties du discours se dégagent pour constituer dans la phrase des mots séparés. Ces mots eux-mêmes se coordonnent et se disposent suivant les besoins de la clarté et de l'harmonie. Ce travail s'est opéré dans toutes les langues issues de la souche sanscrite.

L'idiome que l'on peut considérer comme sorti le premier du sanscrit est le *pâli,* parlé jadis à l'orient de l'Hindoustan, et dont la littérature commença à se constituer trois siècles avant notre ère. Il a laissé de cette époque des monuments gravés, sur des colonnes et sur des rochers, par les rois bouddhistes de l'Inde. Devenu la langue des livres de la religion du Bouddha, le pâli fut chassé de l'Inde avec elle, et porté à l'état d'idiome sacré par le prosélytisme des fugitifs à Ceylan, dans le Maduré, dans l'empire Barman et dans l'Indo-Chine.

Les dialectes *prâcrits* constituent une seconde génération. Le nom de *prâkrta* signifie « inférieur, imparfait, » et a été donné aux idiomes qui constituaient le langage vulgaire de l'Inde dans les siècles immédiatement antérieurs à l'ère chrétienne. Ces dialectes nous ont été particulièrement conservés par les drames indiens, où ils sont mis dans la bouche des personnages inférieurs. Les langues néo-indiennes sont une dérivation directe des anciens dialectes prâcrits ou populaires. On en compte un assez grand nombre, toutes restreintes à des provinces déterminées, d'où elles tirent leurs noms. Les principales sont : à l'est le *bengali*, l'*assami* et l'*oriya ;* à l'ouest le *sindhi*, le *moultani* et le *goujerati* ou *gouzarati ;* au nord le *nepali* et le *kachmirien ;* au centre l'*hindi* et l'*hindoustani*, appelé également *ourdou ;* au sud le *mahratte*. La plupart de ces idiomes ont commencé à prendre la forme que nous leur voyons aujourd'hui, vers le x$^e$ siècle de l'ère chrétienne.

Dans cette variété d'idiomes, l'*hindoui*, dont la patrie originaire était dans la région centrale de l'Inde du Nord, de l'Hindoustan proprement dit, s'éleva vers cette époque au rôle de langue littéraire, de langage commun écrit et cultivé, rôle dont ont hérité ses deux dérivés, l'hindi et l'hindoustani. On a dit avec juste raison que l'hindi n'est que de l'hindoui revêtant une forme plus moderne. Quant à l'hindoustani, c'est sous l'influence musulmane qu'il s'est formé ; aussi son vocabulaire est plein de mots arabes et persans, et, à la différence des autres idiomes néo-indiens dont les alphabets procèdent du dêvanâgari, il s'écrit avec les caractères persans, c'est-à-dire avec l'alphabet arabe augmenté de quelques signes.

Il faut encore joindre aux langues néo-indiennes le *tzigane*, idiome de cette race étrange, originaire de l'Inde, qui erre en nomade au travers de l'Europe, et qu'on désigne, suivant les pays, par les noms de Zigeuner, Zingari, Gitanos, Bohémiens ou Gypsies. Leur langage est, du reste, bien plus corrompu qu'aucun autre de ceux auxquels il est apparenté. Il s'est pénétré d'une quantité de mots empruntés aux langues de tous les pays que le peuple bizarre qui le parle a traversés dans le cours de sa longue migration.

Les deux types les plus anciens que nous possédions du groupe iranien sont le *zend* et le *perse*. Le zend est l'idiome des livres sacrés attribués à Zarathoustra (Zoroastre) et désignés par le nom commun de *Zend-Avesta ;* le dialecte des Gâthâs, ainsi nommé d'après certains morceaux du recueil avestique qui nous l'ont conservé, paraît en représenter la forme la plus ancienne. Le perse est connu par les inscriptions cunéiformes des monarques Achéménides. Il a été longtemps admis dans la science que le zend était l'ancien idiome de la

Bactriane, qu'il constituait l'iranien oriental et le perse l'iranien occidental. Mais d'autres savants tendent à admettre aujourd'hui que c'est la Médie, et spécialement la Médie Atropatène, qui a été le berceau de la langue zende et de la réforme religieuse du zoroastrisme. C'est là une question fort obscure encore et dont nous devons reporter l'examen au livre de cette histoire qui traitera spécialement des Mèdes.

Quoiqu'il en soit, les langues iraniennes sont encore très rapprochées du sanscrit. En général, leur phonétique est moins compliquée, moins délicate que celle des idiomes indiens, quoique, sous bien des rapports, elle lui soit comparable. Le zend et le perse l'emportent même parfois sur le sanscrit, en ce qu'ils se rapprochent davantage de l'aryaque ou de la langue mère des idiomes indo-européens. Ainsi, tandis que le sanscrit convertit en un simple ô la diphtongue primitive au, le perse la conserve telle quelle et le zend ne fait que la changer en ao; tandis que le sanscrit remplace par le génitif le vieil ablatif en at, sauf lorsqu'il s'agit d'un thème se terminant par la voyelle a, le zend conserve toujours cette ancienne désinence. Un des traits caractéristiques des langues anciennes de ce groupe est la transformation en h du s aryaque, que le sanscrit conserve intact.

Le zend n'a pas enfanté par sa décomposition de progéniture connue, qu'on puisse lui rattacher avec certitude. Ce que l'on appelle quelquefois le *pazend* ne diffère pas du *parsi*, idiome sorti de la modification populaire du perse dans les premiers siècles de l'ère chrétienne et formé dans les provinces orientales de l'Irân, tandis que dans les provinces occidentales régnait le *pehlevi*, dont nous parlerons tout à l'heure. Le parsi a vécu assez tard et a été à la fois langue littéraire et langue vulgaire. De sa décomposition ont été produits à leur tour le *persan* moderne et le *guèbre*. Ce dernier est l'idiome parlé des descendants des sectateurs du mazdéisme, réfugiés dans l'Inde pour échapper aux persécutions musulmanes. Quant au persan, qui possède une riche et brillante littérature, il est né vers le XIe siècle, dans la province de Fars ou Farsistan, d'une réaction du génie national se produisant au sein de l'islamisme; sa phraséologie est donc pénétrée de locutions arabes et turques, malgré la façon dont l'ont développé et perfectionné plusieurs générations de grands poètes, sous les dynasties indépendantes de la Perse du moyen âge. L'aire géographique du persan a été depuis plusieurs siècles en se resserrant toujours; cette langue s'est vue chassée successivement par le turc du Schirwan, de l'Arran et de l'Adherbaidjan où on le parlait autrefois. Elle présente quelques dialectes, comme le *mazenderani*, le *lour*, le *khoraçani*.

Le *kurde* et le *béloutchi* sont des idiomes iraniens modernes, qui tiennent de très près au persan, mais sont plus altérés et ont subi de forts mélanges étrangers. Il en est de même de l'*afghan* ou *pouschtou*, d'un caractère rude et barbare, qui lui a valu en Perse le sobriquet de « langue de l'enfer » L'afghan a cependant une physionomie assez particulière pour que certains linguistes aient voulu en faire le type d'un groupe spécial, intermédiaire entre l'iranien et l'indien. C'est probablement le descendant direct du véritable iranien oriental ou idiome de la Bactriane, aujourd'hui perdu et différent du zend.

Le *huzwaresch* ou *pehlevi* est une sorte d'idiome mixte, né dans la partie la plus occidentale de l'Irân d'une infiltration de l'araméen dans le langage indigène. Sa phonétique, sa grammaire, son lexique sont pénétrés d'éléments araméens, qui y tiennent une énorme place. On discerne les premiers vestiges de sa naissance dès les derniers temps de la monarchie des Achéménides, en même temps que le perse se décompose. Mais c'est surtout dans les siècles de la période macédonienne et de la période parthe qu'il achève de se former. Divisé en plusieurs dialectes, qui se distinguent surtout par la quantité plus ou moins forte d'éléments araméens qu'ils renferment, le pehlevi a été la langue politique officielle de la cour et de l'administration des Sassanides. C'est vers les derniers temps de ces princes que l'on traduisit en pehlevi les livres du Zend-Avesta, dont le texte zend commençait à n'être plus compris. Quant au précieux traité cosmogonique mazdéen intitulé *Boundéhesch*, auquel nous avons fait de nombreux emprunts dans notre livre précédent, si les traditions qu'il renferme sont pour la plupart anciennes et réellement indigènes, sa rédaction ne remonte pas plus haut que le moyen âge. Aussi remarque-t-on dans sa langue de nombreux arabismes, qui se superposent aux aramaïsmes du pehlevi plus ancien.

L'*arménien* est un idiome du groupe iranien, qui s'est formé parallèlement au zend et au perse. Aucun monument ne nous en fait connaître jusqu'ici la forme ancienne, que l'on ne parvient à restituer que théoriquement. C'est seulement au ve siècle de notre ère que débute la littérature arménienne, avec la conversion du pays au christianisme et la création d'un alphabet indigène par St-Mesrob. L'âge d'or de l'arménien, inauguré alors, a duré environ 700 ans, jusqu'au commencement du xii⁰ siècle. La littérature religieuse, poétique et historique de l'arménien fut féconde, ses dialectes assez nombreux, et l'un deux, celui de la province d'Ararat, s'éleva bientôt au rang de langue littéraire. Aujourd'hui encore les dialectes arméniens vulgaires sont nombreux et ne peuvent en aucune façon être considérés comme des patois de l'idiome littéraire. Celui-ci, tout au contraire, s'est immobilisé, et les dialectes actuels ne sont que des formes plus modernes des anciens dialectes. Dès le xi⁰ siècle, on les employait déjà dans le langage écrit, aux dépens de la langue littéraire classique.

Un dernier idiome rentrant dans le groupe iranien est l'*ossète*, parlé par une petite nation au centre de la chaîne du Caucase, et divisé en plusieurs dialectes malgré le peu d'étendue actuelle de son territoire. Les Ossètes ou Irons paraissent avoir été désignés, avec des tribus voisines, sous le nom d'Albaniens par les Grecs et sous celui d'Agovhans par les auteurs arméniens.

« Le groupe gréco-latin, dit M. Maury, comprend la plus grande partie des langues de l'Europe méridionale. L'épithète de *pélasgique* le caractérise assez clairement, car la Grèce et l'Italie furent peuplées d'abord par une race commune, les Pélasges, dont l'idiome paraît avoir été la souche du grec et du latin.

« La première de ces langues n'est point en effet la mère de l'autre, comme on l'avait cru dans le principe ; ce sont simplement deux sœurs, et si l'on devait leur assigner un âge différent, la langue latine aurait des droits à être regardée comme l'aînée. Cette langue, en effet, présente un caractère plus archaïque que le grec classique. Le dialecte le plus ancien de l'idiome hellénique, celui des Éoliens, ressemble au latin bien plus que les dialectes plus récents du grec. Le latin n'a en aucune façon le caractère d'une langue due à la décomposition d'une autre plus ancienne ou à son mélange avec d'autres. Elle porte à un haut degré le caractère synthétique des idiomes anciens. Les éléments grammaticaux n'y ont point encore été séparés en autant de mots différents, et la phraséologie, comme la conjugaison de son verbe et les formes les plus anciennes de ses déclinaisons, offrent une ressemblance frappante avec le sanscrit. Son vocabulaire contient une foule de mots dont la forme archaïque, qui nous a été conservée, est tout aryaque. »

Le *latin* appartient à un ensemble de langues, aujourd'hui disparues, qu'il absorba graduellement, avec l'extension de la puisance politique de Rome, et qui, après avoir encore subsisté quelques siècles comme patois, finirent par disparaître vers le commencement de l'ère chrétienne. Nous ne les connaissons guères, du reste, que par quelques inscriptions. De ce nombre étaient : le *sabin*, auquel le latin emprunta beaucoup de mots à l'origine ; les idiomes sabelliques, tels que le *marse* et l'*osque* ou *campanien*, dont cette appellation ne désigne que très imparfaitement la vaste étendue géographique, car il était aussi le langage des Samnites, des Lucaniens et des Bruttiens ; le *volsque*; le *falisque*; enfin l'*ombrien*, dont on possède un monument infiniment précieux, et d'un développement considérable, dans les célèbres Tables Eugubines, découvertes à Gubbio, l'antique Iguvium.

Toutes les tentatives faites jusqu'ici pour rattacher au rameau de ces langues italiques l'*étrusque*, qui nous a laissé une riche épigraphie, sont demeurées infructueuses. Le problème, toujours sans solution, de l'étrusque est un des plus irritants pour le linguiste, pour l'archéologue et pour l'historien. On lit matériellement cette langue avec une entière certitude, on en a de nombreuses inscriptions, dont quelques-unes bilingues (très courtes, il est vrai), et pourtant on n'arrive pas à la comprendre, à en établir la grammaire, ni même à en déterminer le caractère général. Il n'est pas du tout sûr encore que ce soit une langue indo-européenne ; il n'est même pas sûr que l'on doive le classer parmi les langues à flexions et non parmi les langues agglutinantes, comme le pensent des philologues de la valeur de M. Deecke et de M. Sayce.

Le *grec* a passé, durant sa longue existence, qu'on ne saurait évaluer à moins de 3000 ans, par des modifications assez sensibles, moins profondes pourtant que celles qui s'observent pour d'autres langues de la même famille. Comprenant d'abord un assez grand nombre de dialectes, tels que l'*éolien*, le *dorien*, l'*ionien*, l'*attique*, le *macédonien*, il a été ramené à une forme unique sous l'influence de la culture littéraire. Le grec, parlé d'abord dans la Grèce, la Thessalie, la Macédoine et sur la côte de l'Asie Mineure, étendit peu à peu son domaine, par l'envoi de nombreuses colonies, et à la suite des conquêtes macédoniennes. « Il évinça, dit M. Maury, les idiomes nationaux de la Thrace et de l'Asie Mineure. Le *thrace*, dont on sait par Strabon que le *gète* et le *dace* n'étaient que des dialectes, tenait comme le *scolote*, le *phrygien* et le *lycien*, aux langues iraniennes. Le *lydien* paraît avoir subi, ainsi que le *cilicien*, l'influence des langues sémitiques. Sauf pour le *lycien*, qui nous est connu par des inscriptions, nous ne possédons qu'un petit nombre de mots de ces diverses langues, éteintes depuis deux mille ans environ. Le *cappadocien* se rapprochait plus du perse. Tous ces idiomes devaient former le passage du grec à l'arménien et au zend. Quant au *carien* et au *mysien*, il y a lieu de supposer qu'ils étaient aussi de la famille pélasgique. »

« La langue actuelle des Albanais ou Schkypétars, dit encore le même savant, quoique aujourd'hui singulièrement pénétrée de mots grecs et slaves, a été regardée par plusieurs comme un des dérivés les moins altérés de l'idiome pélasge... Il est à noter que plusieurs de ses formes se rapprochent plus du sanscrit que du grec ; la déclinaison de l'adjectif, par exemple, est déterminée par un appendice pronominal, qui s'observe dans les langues slaves. La conjugaison du verbe se distingue tout à fait de celle du grec, et dénote un système de flexions moins développé. Les Albanais, qui se sont beaucoup croisés avec les Slaves, pourraient fort bien descendre des anciens Lélèges, peuple des côtes de l'Asie Mineure et de l'archipel grec, lié de près aux Pélasges. M. Otto Blau a signalé des analogies entre leur idiome, qui se rapproche du dialecte éolien, et celui des inscriptions lyciennes. La disposition que les Schkypétars donnent à leur chevelure rappelle celle qu'Homère attribue aux Abantes, petit peuple lélège de l'Attique, et qu'on retrouve aussi dans les figures des bas-reliefs lyciens. »

Ce qui est plus positif, et ce qu'ont surtout contribué à mettre en lumière les travaux de M. de Simone, de Lecce, et de M. Alfred Maury lui-même, c'est la parenté qu'offre avec l'albanais l'idiome des inscriptions messapiennes, c'est-à-dire celui dont se servaient les Dauniens, Apuliens, Messapiens et Japyges, peuples d'origine illyrienne qui habitaient l'extrémité sud-est de l'Italie, le long de la mer Adriatique. Il y a certainement dans ces inscriptions la forme antique d'un type de langues dont l'*albanais* ou *schkype* est une forme moderne. Ceci vient confirmer la théorie historiquement la plus vraisemblable qui ait été émise au sujet de ce dernier idiome, celle que M. von Hahn a soutenue avec beaucoup de science, et qui consiste à y voir le dernier débris, plus ou moins altéré par l'effet du temps et par des influences étrangères, des langues autrefois propres aux peuples thraco-illyriens. Il est vraisemblable que l'on devra en faire un groupe spécial, qui viendra se classer entre le groupe pélasgique ou greco-italique et les idiomes de la division indo-iranienne.

Pendant la période qui s'écoula de l'établissement du christianisme à la conquête musulmane, le grec subit un léger travail de transformation qui lui enleva quelque peu de son organisme synthétique et simplifia plusieurs de ses formes grammaticales. Le *grec moderne* ou *romaïque* sortit de ce travail, et, tout en gardant comme le squelette de son organisme primitif, il en expulsa ce qui tendait encore à lui conserver un caractère synthétique. Mais tous ces changements se réduirent en somme à peu de chose ; ils n'excèdent pas ce que l'effet du temps produit toujours dans l'intérieur d'une langue qui reste elle-même. C'est bien le grec qui continue à vivre encore aujourd'hui ; ce n'est pas un idiome nouveau qui en est sorti.

La décomposition du latin a été tout autre ; elle a produit des transformations si profondes qu'elles ont enfanté tout un groupe de langues nouvelles, que l'on désigne sous le nom commun de *néo-latines* ou *romanes* : le *portugais*, l'*espagnol*; le *français* ; le *provençal* ; l'*italien* ; le *ladin* ou *roumanche*, restreint dans les Grisons et le Frioul ; enfin le *roumain* ou *moldo-valaque*.

« Quand le latin, dit M. Littré, eut définitivement effacé les idiomes indigènes de l'Italie, de l'Espagne et de la Gaule, la langue littéraire devint une pour ces trois grands pays, mais le parler vulgaire (j'entends le parler latin, puisqu'il n'en restait guère d'autre) y fut respectivement différent. Du moins c'est ce que témoignent les langues romanes par leur seule existence ; si le latin n'avait pas été parlé dans chaque pays d'une façon particulière, les idiomes sortis de ce parler latin que j'appellerai ici régional, n'auraient pas des caractères distinctifs, et ils se confondraient. Mais ces Italiens, ces Espagnols et ces Gaulois, conduits par le concours des circonstances à parler tous latin, le parlaient chacun avec un mode d'articulation et d'euphonie qui leur était propre... Ces grandes localités qu'on nomme Italie, Espagne, Provence et France, mirent leur empreinte sur la langue, comme la mirent les localités plus petites qu'on nomme provinces. Et la diversité eut sa règle qui ne lui permit pas les écarts. Cette règle est dans la situation géographique, qui implique des différences essentielles et caractéristiques entre les populations. Le français, le plus éloigné du centre du latin, fut celui qui l'altéra le plus ; je parle uniquement de la forme, car le fond latin est aussi pur dans le français que dans les autres idiomes. Le provençal, que la haute barrière des Alpes place dans le régime gaulois du ciel et de la terre, mais qui les longe, est intermédiaire, plus près de la forme latine que le français, un peu moins près que l'espagnol. Celui-ci, qui borde la Méditerranée et que son ciel et sa terre rapprochent tant de l'Italie, s'en rapproche aussi par la langue. Enfin l'italien, comme placé au centre même de la latinité, la reproduit avec le moins d'altération. Il y a dans cette théorie de la formation romane une contre-épreuve, qui, comme toutes les autres épreuves, est décisive. En effet, si telle n'était la loi qui préside à la répartition géographique des langues romanes, on remarquerait çà et là des interruptions du type propre à chaque région, par exemple, des apparitions de type propre à une autre. Ainsi, dans le domaine français, au fond de la Neustrie ou de la Picardie, on rencontrerait des formations ou provençales, ou italiennes, ou espagnoles ; au fond de l'Espagne on rencontrerait des formations françaises, provençales, ou italiennes ; au fond de l'Italie, on rencontrerait des formations espagnoles, provençales ou françaises. Il n'en est rien ; le type régional, une fois commencé, ne subit plus aucune déviation, aucun retour vers les types d'une autre région ; tout s'y suit régulièrement selon les influences locales, qu'on nommera diminutives en les comparant aux influences de région. »

Les langues celtiques, aujourd'hui restreintes dans un petit nombre de cantons de la France et des Iles Britanniques, sont de toutes les langues indo-européennes les plus éloignées du berceau primitif dans la direction de l'ouest ; ce sont aussi les plus altérées. Ces idiomes rappellent sans doute la grammaire sanscrite, mais n'offrent plus avec elle qu'une ressemblance générale. En suivant les lois de la permutation régulière des consonnes, on parvient à remonter du vocabulaire des langues celtiques à celui de l'aryaque et du sanscrit ; mais les formes grammaticales ont été tellement altérées, qu'il est souvent difficile de les rattacher, au moins directement, aux types habituels de la famille indo-européenne.

Le *gaulois* a disparu, supplanté par le latin ; il n'en subsiste qu'un petit nombre d'inscriptions, encore imparfaitement expliquées. Elles prouvent, du moins, dès à présent que, contrairement à ce que l'on a pensé d'abord, c'est à peine si une différence dialectique séparait le parler des Bretons et des Celtes. On classe les idiomes celtiques encore vivants en deux groupes, *kymrique* ou *breton* et *gallique* ou *gaélique*. Le premier comprend le *kymrique* proprement dit ou *gallois*, langage du pays de Galles, le *cornique,* demeuré en usage jusqu'au siècle dernier en Angleterre, dans le comté de Cornouailles, enfin l'*armoricain* ou *breton,* d'un usage général dans nos départements des Côtes-du-Nord, du Finistère, du Morbihan et dans une partie de la Loire-Inférieure. Au second appartiennent l'*irlandais,* celui de tous ces idiomes qui a conservé les formes les plus archaïques, le *gaélique* proprement dit ou langue *erse,* parlé dans la Haute-Écosse, enfin le *manx* ou dialecte de l'île de Man.

« Le vaste groupe des langues germaniques, qui a repoussé peu à peu les langues slaves, dit M. Maury, embrasse aujourd'hui un grand nombre d'idiomes, lesquels ont succédé eux-mêmes à d'autres du même groupe et dont nous avons conservé quelques monuments. Toutes ces langues se distinguent par des caractères communs qui découlent eux-mêmes de la grammaire aryaque, dont ils ne sont que des altérations régulières. Un des plus célèbres philologues de l'Allemagne, qui est devenu par ses travaux comme le législateur de la grammaire comparée des langues germaniques, Jacob Grimm, a distingué quatre caractères fondamentaux dans ce groupe. C'est d'abord la propriété qu'a la voyelle de s'adoucir en se prononçant pour indiquer une modification dans la signification ou l'emploi du mot. C'est ensuite la transformation d'une consonne en une consonne de la même classe, plus douce, plus forte ou aspirée. C'est en troisième lieu l'existence de conjugaisons fortes et faibles, c'est-à-dire de conjugaisons dans lesquelles la voyelle radicale change d'après certaines lois, et deconjugaisons dans lesquelles elle demeure invariable. »

Les langues germaniques forment deux rameaux, *gothique* et *allemand.* Nous ne connaissons l'*ancien gothique* que par un petit nombre de monuments écrits, parmi lesquels il faut placer en première ligne les fragments de la version de la Bible faite par l'évêque Vulfila (l'Ulphilas des écrivains grecs) au IVe siècle. Au même rameau appartiennent : 1° le *norse,* idiome des anciens Scandinaves, qui s'est conservé presque intact en Islande et qui a donné naissance, par des altérations graduelles, au danois et au suédois ; 2° l'*anglo-saxon,* qui, par son mélange avec le vieux français et par un effet de modifications propres, dues surtout aux influences celtiques, a produit l'*anglais ;* 3° le *bas-allemand,* qui comprend lui-même plusieurs dialectes : le *frison,* le *hollandais* et le *flamand.* Ces dernières langues sont comme les résidus de l'idiome *saxon,* qui se parlait avec de légères différences de canton à canton dans tout le nord-ouest de l'Allemagne, depuis l'Elbe et le Weser jusqu'au Rhin et à l'Escaut.

Quant au rameau allemand proprement dit, il comprend quatre dialectes : le *haut-allemand,* devenu depuis Luther la langue des lettres et de la société dans toute l'Allemagne, le *souabe,* l'*autrichien,* et le *franconien.*

Le groupe des langues lettiques et slaves rappelle d'assez près les langues indiennes et iraniennes. La sève primitive du génie aryaque y circule encore avec une remarquable énergie. Ce groupe se divise en deux rameaux, *lettique* et *slave* proprement dit. Le premier correspond à une période moins avancée que le second. Le substantif lithuanien n'a, par exemple, que deux genres, tandis que le slave en reconnaît trois. La conjugaison slave est aussi supérieure à la lithuanienne, où l'on ne distingue pas les troisièmes personnes du singulier, du duel et du pluriel.

Le rameau lettique comprend : le *lithuanien,* celui de tous les idiomes actuellement parlés en Europe qui se rapproche du sanscrit ; le *borussien ancien* ou *prussien,* qui a été dépossédé par l'allemand ; le *polexien,* ancien idiome de la Podlachie, parlé jadis par une population que les Polonais ont anéantie ; le *lette* ou *livonien,* idiome des Lettons qui forment le fond de la population de cette contrée et l'ont fait adopter aux Lives, d'origine finnoise.

Le rameau slave est infiniment plus étendu ; on peut même dire que de tous les groupes linguistiques de l'Europe, c'est celui qui est parlé par le plus grand nombre de bouches. Son appellation de *slave* vient du nom, impliquant l'idée de gloire, que se donnent à elles-mêmes toutes les populations parlant les idiomes de ce genre. A l'exception du bulgare, qui a subi des altérations profondes, les langues slaves conservent entre elles une similitude beaucoup plus grande que les langues germaniques, par exemple. Le voyageur qui en connaît une à fond peut se faire comprendre dans toute l'étendue du territoire où elles sont parlées, depuis le Monténégro jusqu'au Kamchatka.

Il faut distinguer dans les langues slaves deux grandes subdivisions, *orientale* et *occidentale.* La forme la plus ancienne connue de la première est le *slavon ecclésiastique,* langue liturgique de toutes les Églises slaves, qui, depuis le moyen âge, a cessé d'être vivante dans l'usage parlé. A côté de lui on doit ranger le *bulgare,* qui représente également un état de langue fort ancien ; c'est aussi un dérivé de la langue perdue des Antes ou Slaves du sud, adopté par les Bulgares finnois, originaires des bords du Volga, lors de leur établissement dans les contrées du bas Danube ; dans la bouche de ces hommes de race étrangère et sous l'influence des idiomes qui l'entouraient, ses formes se sont altérées notablement. Vient ensuite le *russe,* dont la conquête a si prodigieusement étendu les domaines et qui supplante peu à peu les idiomes ougro-finnois et tartares ; le *serbe,* parlé entre la mer Adriatique et le Danube ; enfin le *slovène,* dont le territoire actuel est restreint à la Carniole, à la Carinthie et à une petite partie de la Hongrie occidentale.

Les idiomes slaves de l'ouest sont le *polonais,* le *tchèque* ou *bohême,* le *sorabe* ou *vinde* de la Basse-Lusace, auxquels il faut joindre quelques langues déracinées depuis plusieurs siècles déjà par l'allemand, comme le *cachoube* du Lauenbourg, le *polabe* et l'*obotrite* des bords de l'Elbe. En général ces idiomes sont plus durs, moins harmonieux, plus surchargés de consonnes que ceux de la branche orientale, surtout le tchèque.

Le coup d'œil que nous venons de jeter sur les races humaines et les diverses familles de langues, nous a insensiblement conduit des temps primitifs de l'humanité aux choses de nos jours. Nous nous sommes ainsi trouvés entraînés bien loin de l'histoire ancienne des civilisations orientales, sujet du présent ouvrage. C'est un inconvénient que je confesse tout le premier, et que pourtant, je l'espère, le lecteur voudra bien me pardonner.

En effet, des notions générales d'ethnographie et de linguistique étaient appelées comme une introduction presque nécessaire en tête d'une semblable histoire, où il sera question de tant de peuples, de races et de langues diverses. Et du moment que je me décidais à y donner place à ces notions, il était impossible qu'elles ne continssent pas ce mélange d'antique et de moderne auquel j'ai dû me résigner, tout en reconnaissant que c'était ici un défaut sérieux.

Nous allons rentrer plus exclusivement dans l'antiquité, en esquissant le tableau de l'histoire des écritures, que l'on ne saurait séparer de l'histoire des langues. Pourtant, là encore, quand il s'agira de retracer les premières origines de l'art d'écrire, il nous faudra chercher des éclaircissements et des analogies chez les sauvages modernes. Mais ensuite tout mélange de ce genre disparaîtra définitivement quand nous aborderons enfin, en les prenant l'un après l'autre, les annales des grands peuples civilisés de la haute antiquité orientale.

# CHAPITRE III

## L'ÉCRITURE.

### § 1. — LES MARQUES MNÉMONIQUES.

L'homme n'eut pas plus tôt acquis les premiers éléments des connaissances indispensables à son développement intellectuel et moral, qu'il dut sentir la nécessité d'aider sa mémoire à conserver les notions qu'il s'était appropriées, et d'acquérir les moyens de communiquer sa pensée à ses semblables dans des conditions où la parole ne pouvait être employée. C'est là ce qui constitue l'écriture.

Pour réaliser cet objet, deux méthodes pouvaient être employées, séparément ou ensemble :

L'*idéographisme* ou la peinture des idées ;

Le *phonétisme* ou la peinture des sons.

A son tour l'idéographisme pouvait user de deux méthodes :

La représentation même des objets que l'on voulait désigner, ou *figuration* directe ;

La représentation d'un objet matériel ou d'une figure convenue pour exprimer une idée qui ne pouvait pas se peindre par une image directe ; c'est ce qu'on désigne par le nom de *symbolisme*.

Le phonétisme présente également deux degrés :

Le *syllabisme*, qui considère dans la parole comme un tout indivisible, et représente par un seul signe la syllabe, composée d'une articulation ou consonne, muette par elle-même, et d'un son vocal qui y sert de motion ;

L'*alphabétisme*, qui décompose la syllabe et en représente par des signes distincts la consonne et la voyelle.

Par une marche logique et conforme à la nature des choses, ainsi qu'à l'organisation même de l'esprit humain, tous les systèmes d'écriture ont commencé par l'idéographisme et ne sont arrivés que par un progrès graduel au phonétisme. Dans l'emploi du premier système, ils ont tous débuté par la méthode purement figurative, qui les a conduits à la méthode symbolique. Dans la peinture des sons, ils ont traversé l'état du syllabisme avant d'en venir à celui de l'alphabétisme pur, dernier terme du progrès en ces matières.

L'homme recourut d'abord à des procédés très imparfaits, propres seulement à éveiller la pensée du fait dont il voulait perpétuer le souvenir; il en associa l'idée à des objets physiques observés ou fabriqués par lui. Quand il eut quelque peu grandi en intelligence, l'un des moyens mnémoniques les plus naturels qui s'offrirent à lui fut d'exécuter une image plus ou moins exacte de ce qu'il avait vu ou pensé, et cette représentation figurée, taillée dans une substance suffisamment résistante ou tracée sur une surface qui se prêtait au dessin, servit non seulement à se rappeler ce qu'on craignait d'oublier, mais encore à en transmettre la connaissance à autrui. Toutefois, dans l'enfance de l'humanité, la main était encore maladroite et inexpérimentée. Souvent elle ne pouvait même pas s'essayer à des ébauches grossières; certaines races semblent avoir été totalement incapables d'un pareil travail. Bien des populations sauvages se bornèrent à entailler une matière dure, à y faire des marques de diverses formes, auxquelles elles attachaient les notions qu'il s'agissait de transmettre. On incisait l'écorce des arbres, la pierre, l'os, on gravait sur des planchettes, on dessinait sur des peaux ou de larges feuilles sèches les signes conventionnels qu'on avait adoptés; ces signes étaient généralement peu compliqués.

Tels étaient les *khé-mou*, bâtonnets entaillés d'une manière convenue, que, d'après les écrivains chinois, les chefs tartares, avant l'introduction de l'alphabet d'origine syriaque adopté d'abord par les Ouigours, faisaient circuler dans leurs hordes, lorsqu'ils voulaient entreprendre une expédition, pour indiquer le nombre d'hommes et de chevaux que devait fournir chaque campement. Avant de se servir de la forme d'écriture alphabétique à laquelle on a donné le nom de *runes*, les peuples germaniques et scandinaves employaient un système analogue, dont l'usage a laissé des vestiges très manifestes dans le langage de ces peuples. C'est ainsi que pour désigner les lettres, les signes de l'écriture, on se sert encore aujourd'hui en allemand du mot *buchstaben*, dont le sens primitif est celui de « bâtons, » parce que des bâtonnets entaillés servirent d'abord aux Germains de moyens pour se communiquer leurs idées. Chez les Scandinaves, l'expression parallèle *bok-stafir* désigne encore la baguette sur laquelle on grave des signes mystérieux. Ceci rappelle ce que dit Tacite des Germains, lesquels faisaient des marques aux fragments d'une branche d'arbre fruitier qu'ils avaient coupée, et se servaient des morceaux ainsi marqués pour la divination. C'est à cet usage primitif des peuples germano-scandinaves qu'Eustathe fait bien évidemment allusion, quand il dit, d'après quelque auteur aujourd'hui perdu : « Les anciens, à la manière des Égyptiens, dessinaient comme des hiéroglyphes des animaux et d'autres figures, pour indiquer ce qu'ils voulaient dire, de même que plus tard quelques-uns des Scythes marquaient ce qu'ils voulaient dire en traçant ou en gravant sur des planchettes de bois certaines images ou des entailles linéaires de différentes sortes. »

Il faut remonter bien haut dans la vie de l'humanité pour trouver les premiers vestiges de semblables usages. Parmi les objets découverts par Lartet dans la célèbre grotte sépulcrale d'Aurignac, appartenant à la période quaternaire et à la fin de l'âge du mammouth, on remarque une lame de bois de renne, « présentant, sur l'une de ses faces planes, de nombreuses raies transversales, également distancées, avec une lacune d'interruption qui les divise en deux séries ; sur chacun des bords latéraux de ce morceau ont été entaillées de champ d'autres séries d'encoches plus profondes et régulièrement espacées. On serait tenté, dit Lartet de voir là des signes de numération exprimant des valeurs diverses ou s'appliquant à des objets distincts. » Il y a, comme on le voit par la description, identité com-

Morceau de bois de renne portant des entailles significatives, provenant de l'ossuaire de Cro-Magnon (Dordogne)[1].

plète entre cet objet sorti des mains des hommes qui habitaient notre pays en même temps que l'*elephas primigenius*, le *rhinoceros tichorhinus* et l'*ursus spelæus*, et les *khé-mou* des Tartares, tels que les décrivent les auteurs chinois, ou les planchettes qu'Eustathe signale chez les Scythes. On a trouvé également des pièces toutes semblables dans l'ossuaire de Cro-Magnon et dans la station renommée de Laugerie-Basse.

Un autre système, offrant avec celui-ci une grande analogie et destiné

---

[1] D'après la *Conférence* du docteur Broca *sur les troglodytes de la Vézère*.

au même objet, fut celui des *quippos* ou cordelettes nouées des Péruviens, au temps de la monarchie des Incas. C'était un moyen mnémonique venant en aide aux poésies transmises par une tradition purement orale dans la mémoire des *amautas* ou « lettrés, » pour conserver le souvenir des principaux événements historiques. Les *quippos* péruviens, par les ressources qu'offraient la variété des couleurs des

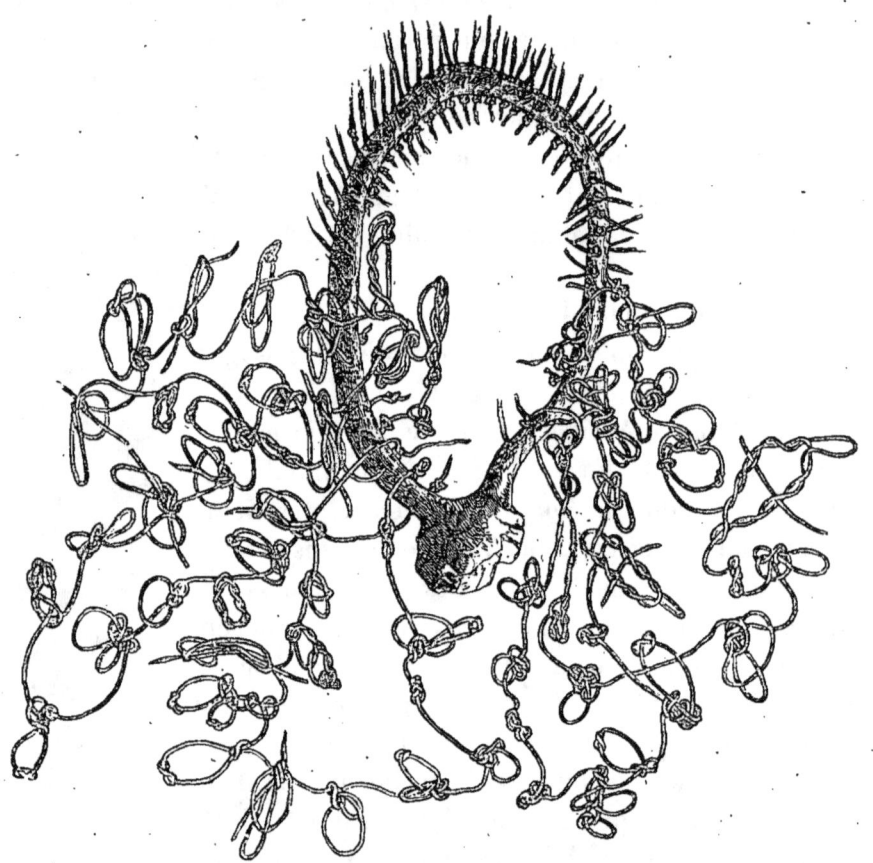

Quippo péruvien de l'époque incasique[1].

cordelettes, leur ordre, le changement du nombre et de la disposition des nœuds, permettaient d'exprimer ou plutôt de rappeler à la mémoire un beaucoup plus grand nombre d'idées que les bâtonnets entaillés des Tartares, et surtout, Garci Lasso de la Vega et Calancha nous l'attestent, fournissaient les éléments d'une notation numérale fort avancée. Cependant on n'aurait pu écrire, nous ne disons pas un livre, mais une phrase entière, au moyen des quippos. Ce n'était par le fait,

---

[1] D'après le *Magasin pittoresque*.

qu'un perfectionnement du procédé si naturel qu'emploient beaucoup d'hommes, en faisant des nœuds de diverses façons au coin de leur mouchoir, pour venir en aide à leur mémoire et se rappeler à temps certaines choses qu'ils craindraient d'oublier autrement.

Suivant la tradition chinoise, les premiers habitants des bords du Hoang-Ho, avant l'invention de l'écriture proprement dite, se servaient, eux aussi, de cordelettes nouées à des bâtons comme instruments de mnémonique et de communication de certaines idées. Ce procédé est encore usité chez les Miao-tseu, barbares des montagnes du sud-ouest de la Chine. Les bâtons noueux attachés à des cordes paraissent, dans les origines de la civilisation chinoise, avoir été le point de départ de ces mystérieux diagrammes dont on faisait remonter l'invention au

Spécimens des *koua* ou diagrammes symboliques dont les Chinois attribuent l'invention à l'empereur Fouh-Hi.

légendaire empereur Fouh-Hi, et dont il est traité dans le *Yih-King*, un des livres sacrés du Céleste Empire.

Rapprochons encore la pratique des colliers mnémoniques des tribus de Peaux-Rouges de l'Amérique du Nord, appelés *gaionné*, *garthoua* ou *garsuenda*, lesquels empruntent un sens à la différence des grains qui les composent. Dans certains endroits on a remarqué, parmi les alluvions quaternaires, à côté d'armes de pierre de travail humain et de cailloux perforés pour former des grains de colliers ou de bracelets et servir de parures, des groupes d'autres cailloux remarquables par leurs formes bizarres, leurs couleurs variées, certains hasards de cassure. Ces groupes ont été formés intentionnellement par la main de l'homme, on n'en saurait douter quand on les trouve en place, et d'un autre côté les cailloux qui les composent n'ont été utilisés ni comme instruments ni comme parures. Tout semble donc indiquer qu'on a là les vestiges d'un procédé mnémonique analogue aux colliers des Peaux-Rouges, qu'auraient pratiqué les hommes de l'âge quaternaire. Ce qui le confirme, c'est qu'avant l'invention des *quippos*, les Péruviens de l'époque anté-incasique employaient de même des cailloux ou des grains de maïs de diverses couleurs.

Mais ces différents procédés rudimentaires, monuments des premiers efforts de l'homme pour fixer matériellement ses pensées et les communiquer à travers la distance, là où ne peut plus atteindre sa voix, ne peuvent être considérés comme constituant de véritables systèmes d'écriture. Nulle part ils n'ont été susceptibles d'un certain progrès, même chez les Péruviens, où la civilisation était pourtant fort avancée et où l'esprit ingénieux de la nation avait porté un procédé de ce genre jusqu'au dernier degré de perfectionnement auquel sa nature même pouvait permettre de le conduire. Nulle part ils ne se sont élevés d'une méthode purement mnémonique, convenue entre un petit nombre d'individus, et dont la clef se conservait par tradition, jusqu'à une véritable peinture d'idées ou de sons.

Il n'y a, à proprement parler, d'écriture que là où il y a dessin de caractères gravés ou peints, qui représentent à tous les mêmes idées ou les mêmes sons. Or, tous les systèmes connus qui rentrent dans ces conditions ont à leur point de départ l'*hiéroglyphisme*, c'est-à-dire la représentation d'images empruntées au monde matériel.

### § 2. — LA PICTOGRAPHIE.

La représentation figurée des objets se prêtait bien mieux que les grossiers procédés que nous venons de passer en revue, à traduire la pensée; elle en assurait mieux la transmission. Aussi la plupart des tribus sauvages douées de quelque aptitude à dessiner y ont-elles eu recours. On a rencontré chez une foule de tribus sauvages ou quasi sauvages de ces images qui décèlent plus ou moins le sentiment des formes. Elles n'ont point été simplement le produit de l'instinct d'imitation qui caractérise notre espèce; l'objet en était surtout de relater certains événements et certaines idées. Il n'y a pas un siècle que la plupart des Indiens de l'Amérique du Nord avaient l'habitude d'exécuter des peintures représentant d'une façon plus ou moins abrégée leurs expéditions guerrières, leurs chasses, leurs pêches, leurs migrations, et à l'aide desquelles ils se rappelaient les phénomènes qui les avaient frappés, les aventures où ils avaient été engagés. Ces peintures ressemblent généralement, à s'y méprendre, aux dessins que nous barbouillons dans notre enfance. Les progrès de ce mode d'expression de la pensée se sont confondus avec ceux de l'art ; mais les races qui n'ont pas connu

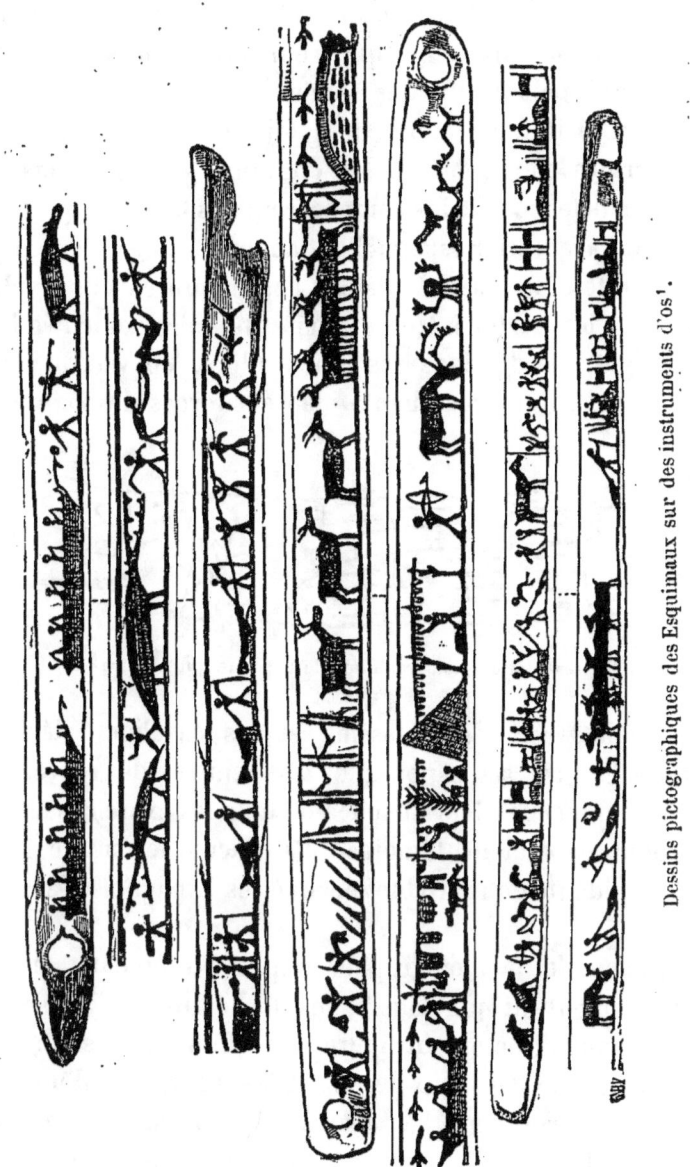

Dessins pictographiques des Esquimaux sur des instruments d'os[1].

d'autre écriture ne poussèrent pas bien loin l'imitation des formes de la nature. Quelques populations atteignirent pourtant à un degré assez remarquable d'habileté dans la pratique de cette méthode, que l'on a

[1] D'après l'ouvrage de sir John Lubbock sur *Les Origines de la civilisation*.

pris l'habitude plus ou moins heureuse de désigner par le mot hybride de *pictographie*.

Lorsqu'en 1519, le jour de Pâques, Fernand Cortez eut pour la première fois une entrevue avec un envoyé du roi de Mexico, il trouva celui-ci accompagné d'indigènes qui, réunis en sa présence, se mirent immédiatement à peindre sur des bandes d'étoffe de coton ou d'agave tout ce qui frappait pour la première fois leurs regards, les navires, les soldats armés d'arquebuses, les chevaux, etc. Des images qu'ils en firent, les artistes mexicains composèrent des tableaux qui étonnaient et charmaient l'aventurier espagnol. Et comme celui-ci leur demandait dans quelle intention ils exécutaient ces peintures, ils expliquèrent que c'était pour les porter à Montézuma et lui faire connaître les étrangers qui avaient abordé dans ses États. Alors, en vue de donner au monarque mexicain une plus haute idée des forces des *conquistadores*,

Représentation pictographique de l'époque quaternaire [1].

Cortez fit manœuvrer ses fantassins et ses cavaliers, décharger sa mousqueterie et tirer ses canons; et les peintres de reprendre leurs pinceaux et de tracer sur leurs bandes d'étoffe les exercices si nouveaux pour eux dont ils étaient témoins. Ils s'acquittèrent de leur tâche avec une telle fidélité de reproduction que les Espagnols s'en émerveillèrent.

Dans cet exemple la pictographie rentre plutôt dans les données de l'art proprement dit que dans celles de l'écriture. Elle se compose de représentations directement figuratives offrant une suite de scènes où se déroulent sous les yeux les épisodes successifs d'une histoire. C'est ainsi que procèdent les Esquimaux, remarquables par leur singulière habileté de main pour ce genre de travail, dans les dessins figurés et significatifs qu'ils gravent sur leurs armes et leurs instruments, et qui représentent en général les exploits, les aventures du possesseur ou de sa famille. Les représentations grossièrement sculptées dans

---

[1] D'après les *Reliquæ aquitanicæ* de Lartet et Christy.

les âges préhistoriques sur quelques rochers de la Scandinavie et sur ceux des alentours du lac des Meraviglie, dans les Alpes niçoises, ont tout à fait le même caractère. On pourra en juger par le spécimen que nous reproduisons ici. Ces figures, gravées sur un rocher à Skebbervall dans le Bohuslän, en Suède, étaient manifestement destinées à commémorer un débarquement d'aventuriers venus par mer, qui avait triomphé de la résistance des indigènes et enlevé leurs troupeaux.

Nous avons parlé plus haut des dessins exécutés sur différents objets d'os et de corne de renne par les troglodytes du Périgord à la fin des temps quaternaires. Il en est quelques-uns dans le nombre qui ont manifestement le caractère d'une véritable pictographie significative. Tel est le cas de celui que nous reproduisons pour la seconde fois en regard de cette page et

Sculptures pictographiques sur un rocher, à Skebbervall, dans le Bohuslän (Suède)[1].

qui provient de la grotte de la Madeleine. Ce n'est évidemment pas sans une intention voulue et calculée qu'ont été groupées les figures si diverses qui sont réunies sur ce morceau de bois de renne. Par leur succession et leur réunion, elles exprimaient un sens, elles rappelaient une histoire, non plus par sa représentation directe, mais sous une forme abrégée et sommaire, où nous pouvons saisir la transformation qui conduisit la pictographie à devenir de plus en plus une écriture à proprement parler.

[1] D'après la *Revue archéologique*.

En effet, dans ces images avant tout mnémoniques, l'observation d'une grande exactitude dans les détails, d'une précision rigoureuse dans la reproduction de la réalité, aurait nui le plus souvent à la rapidité de l'exécution, et, dans le plus grand nombre des cas aurait été tout à fait impossible. Comme c'était uniquement en vue de parler à l'esprit et d'aider la mémoire que l'on recourait à de semblables dessins, on prit l'habitude d'abréger le tracé, de réduire les figures à ce qui était strictement nécessaire pour en comprendre le sens. On adopta des indications conventionnelles qui dispensèrent de beaucoup de détails. Dans cette peinture idéographique, on recourut aux mêmes tropes, aux mêmes figures de pensée dont nous nous servons dans le discours, la synecdoche, la métonymie, la métaphore. On représenta la partie pour le tout, la cause pour l'effet, l'effet pour la cause, l'instrument pour l'ouvrage produit, l'attribut pour la chose même. Ce qu'une image matérielle n'aurait pu peindre directement, on l'exprima au moyen de figures qui en suggéraient la notion par voie de comparaison ou d'analogie.

Quelques exemples, empruntés aux Peaux-Rouges de l'Amérique du Nord, feront comprendre ce stage de la pictographie.

Voici, à la page en regard de celle-ci, le fac-similé d'une pétition présentée par des Indiens au Président des États-Unis pour réclamer la possession de certains lacs, 8, situés dans le voisinage du lac Supérieur, 10. La figure n° 1 représente le principal chef pétitionnaire par l'image d'une grue, *totem* ou animal symbolique de son clan; les animaux qui suivent sont les totems de ses copétitionnaires. Leurs yeux sont tous reliés aux siens pour exprimer l'unité de vues; leur cœur au sien pour indiquer l'unité de sentiments. L'œil de la grue, symbole du chef principal, est en outre le point de départ d'une ligne qui se dirige vers le Président et d'une autre qui va rejoindre les lacs, 8.

Le document pictographique que nous reproduisons après (p. 408), contient la biographie de Wingemund, fameux chef des Delawares. La figure n° 1 dénote qu'il appartenait à la plus ancienne tribu de cette nation, qui a la tortue pour symbole; 2 est son totem personnel; en 3, le soleil et les dix lignes tracées au-dessous indiquent dix expéditions guerrières auxquelles il a pris part. Les figures à la gauche du dessin indiquent les résultats qu'il a obtenus dans chacune de ses expéditions; les hommes, 5 et 7, y sont distingués des femmes, 4 et 6; les prisonniers qu'il a emmenés vivants sont pourvus d'une tête, 6 et 7; les ennemis qu'il a tués n'ont plus de tête, 4 et 5. Les figures au centre représentent trois forts qu'il a attaqués : 8, un fort sur le lac Érié ; 9, le fort de

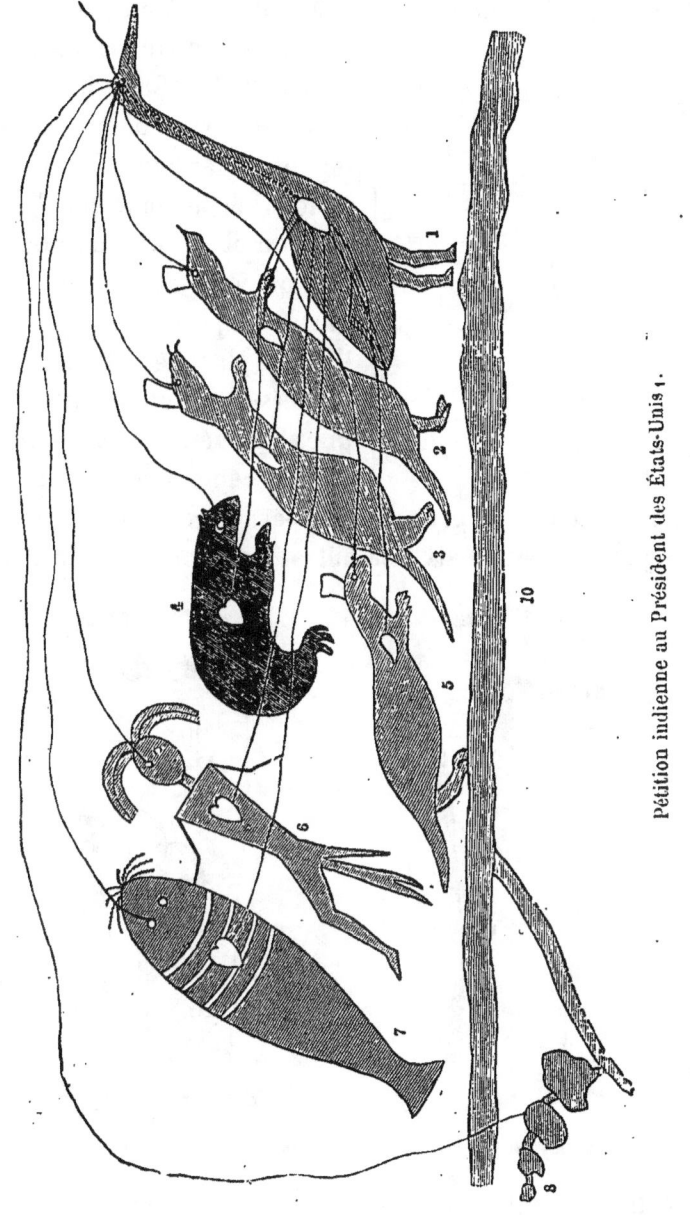

Pétition indienne au Président des États-Unis [1].

Détroit ; 10, le fort Pitt, au confluent de l'Alleghany et du Monongahela. Les lignes penchées notent le nombre de guerriers auxquels commandait Wingemund.

[1] D'après le livre de sir John Lubbock sur *Les origines de la civilisation*.

Enfin nous donnons encore la représentation de deux de ces planches décorées de symboles (*adjedatig*) que l'on dresse comme des stèles sur la tombe des personnages considérables. Toutes deux sont celles de chefs renommés, enterrés sur les bords du lac Supérieur. On ne connaît pas exactement l'interprétation de toutes les figures qu'elles portent. Notons cependant que le totem du clan du chef, la grue pour l'un et le renne pour l'autre, est placé à la partie supérieure de l'une et de l'autre planche, et que sa position renversée dénote la mort. Les marques numérales, accompagnant le totem, veulent dire que le premier des guerriers, celui à la grue, a pris part à trois traités de paix (marques de gauche) et à six batailles (marques de droite), que le

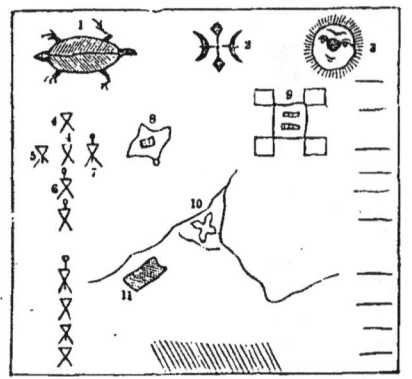

Biographie pictographique de Wingemr nd, chef des Delawares [1].

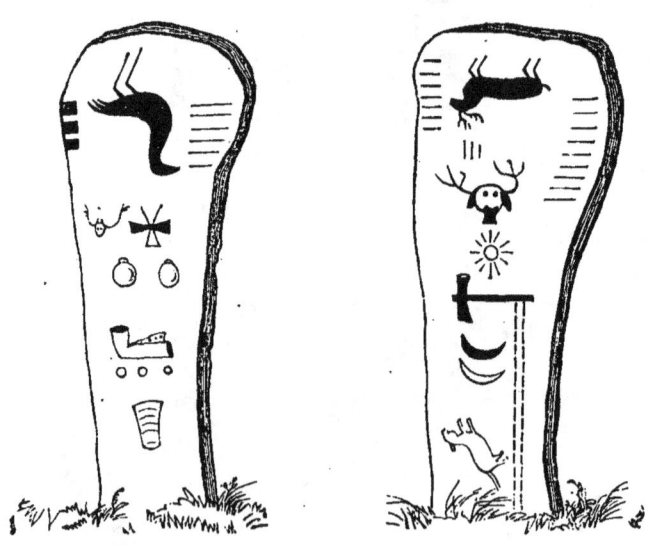

Planches funéraires de chefs indiens de l'Amérique du Nord [2].

second, celui au renne, a commandé sept expéditions (marques de gauche) et figuré dans neuf batailles (marques de droite). En outre, pour ce dernier, les trois traits verticaux au-dessous de son totem

---

[1] D'après Schoolcraft, *Indian tribes of North-America*.
[2] D'après Schoolcraft et sir John Lubbock.

rappellent trois blessures reçues à l'ennemi, et la tête d'élan un combat terrible qu'il soutint contre un animal de cette espèce.

Que l'on mette maintenant en regard de ces planches tumulaires des Peaux-Rouges de l'Amérique du Nord, les signes grossièrement gravés à l'âge de la pierre polie sur une des dalles formant la paroi de la chambre intérieure du grand tumulus du Mané-Lud à Locmariaker, dans le département du Morbihan, et il ne sera pas possible de douter que nous n'ayons dans ce dernier cas une épitaphe pictographique analogue, dont la clef est aujourd'hui perdue, mais dont la nature est certaine. Cet exemple nous justifiera pleinement d'avoir été chercher, dans les usages des sauvages modernes, l'explication des faits qui se produisirent dans les premiers âges chez les races mêmes qui su-

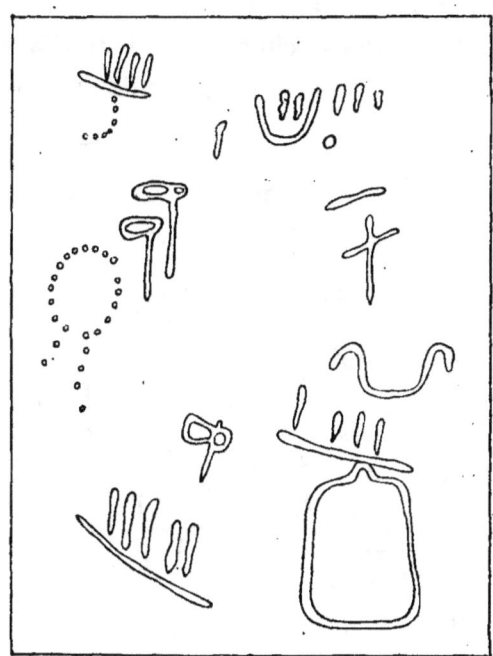

Figures tracées sur une des dalles de la chambre intérieure du tumulus du Mané-Lud[1].

rent parvenir le plus tôt à un haut degré de civilisation. Il y a là des faits, tenant au génie propre et à la nature essentielle de l'homme, qui ont dû se développer partout parallèlement, en dépit des différences de races. Et le point où s'est marquée cette différence d'aptitude des races n'a pas été tant la manifestation des premiers essais rudimentaires de pictographie mnémonique que le progrès nouveau qui, chez un petit nombre de peuples seulement, devait en faire sortir l'invention féconde de l'écriture.

Pour achever de montrer que la pictographie a été foncièrement la même chez toutes les races et dans toutes les parties du monde, et cela spontanément, sans qu'il soit possible d'admettre transmission de l'un à l'autre entre les peuples dont nous comparons les monuments, il suffira, après avoir produit des spécimens de la pictographie des

[1] D'après la *Revue archéologique*.

Indiens de l'Amérique du Nord et de celle des habitants de notre pays aux deux époques archéolithique et néolithique, d'en joindre ici un de celle des habitants primitifs de la Sibérie. Ce sont les signes péniblement gravés sur un rocher voisin de l'embouchure du ruisseau Smolank dans l'Irtysch. L'analogie avec le tableau biographique d'un chef des Delawares, donné tout à l'heure, est frappante. Nous avons de même ici, à côté de signes dont la signification nous échappe, des indications de nombres de guerriers, de campements ou de villages attaqués, de

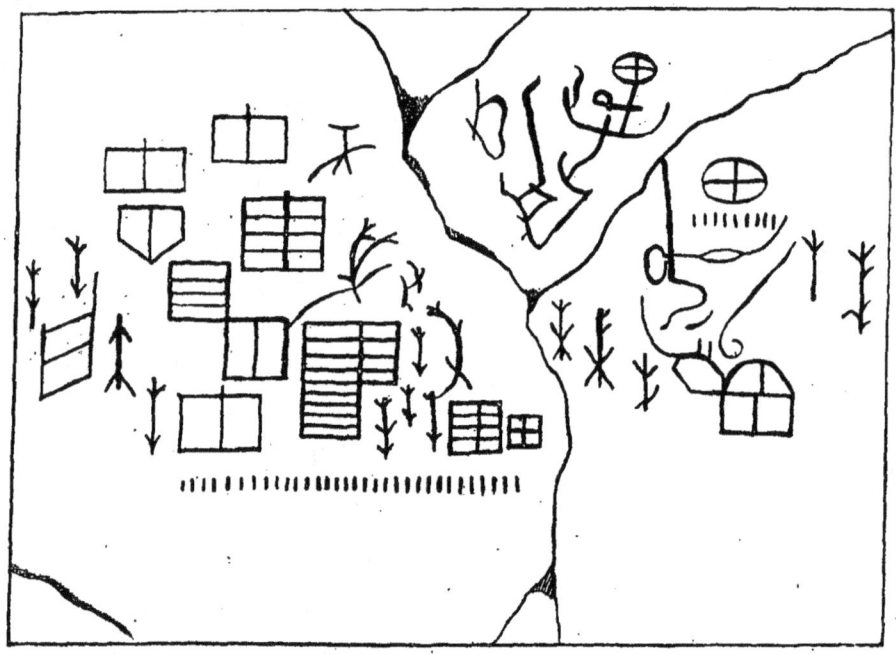

Sculptures pictographiques d'un rocher des bords de l'Irtysch [1].

marches et de contremarches militaires, notées par des flèches placées dans des directions diverses, d'ennemis tués et faits prisonniers. C'est encore toute une histoire de guerre retracée sous une forme grossièrement symbolique.

« L'écriture pictographique et figurative, dit M. Maury, ne fut pas seulement tracée sur les rochers et sur le tronc des arbres; elle ne fut point uniquement employée à la composition de quelques courtes inscriptions. Elle servit, comme l'attestent les monuments de l'Égypte et de l'Amérique centrale, à décorer les édifices qu'elle faisait ainsi

---

[1] D'après Spassky, *Inscriptiones Sibiricæ*.

parler à la postérité. Mais il fallait pouvoir transporter partout où il était nécessaire ces images écrites. L'homme avait besoin d'emporter avec lui sa mnémonique. Il prépara des peaux, des étoffes, des substances légères et faciles à se procurer, sur lesquelles il grava, il peignit des successions de figures, et il eut de la sorte de véritables livres. La pensée put dès lors circuler ou se garder comme un trésor. Certaines tribus sauvages, pour la rendre plus expressive, allèrent jusqu'à se servir de leur propre corps comme de papier, et chez diverses populations polynésiennes les dessins du tatouage, qui s'enrichissait à chaque époque principale de la vie, étaient une véritable écriture. Aussi un

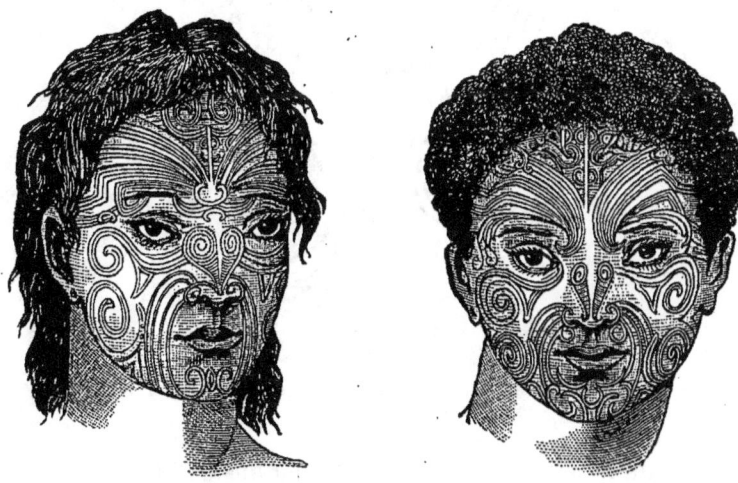

Tatouages des Maoris de la Nouvelle-Zélande [1].

savant allemand, M. H. Wuttke, à qui l'on doit une intéressante histoire de l'écriture, a-t-il avec raison consacré tout un chapitre au tatouage. » Chez les Maoris de la Nouvelle-Zélande, il n'y avait pas un chef qui ne sût dessiner un fac-similé du tatouage de sa face. Ce dessin, qu'ils nommaient *amoco,* était pour chacun une marque personnelle et significative, une signature en quelque sorte. Les dessins compliqués que l'on a trouvés gravés sur les dalles formant les parois de certaines allées couvertes funéraires de l'époque de la pierre polie, par exemple de celle de Gavr'Innis dans le Morbihan, présentent toutes les apparences de dessins de tatouages. Ce sont de véritables amocos qui servaient à

---

[1] D'après sir John Lubbock.

désigner le guerrier dont le corps était déposé dans l'ossuaire commun, devant la dalle où l'on traçait ces signes.

Naturellement la plupart des monuments de la pictographie primitive et préhistorique ont disparu, surtout chez les peuples qui ont su de très bonne heure s'élever au-dessus de ce procédé encore si imparfait

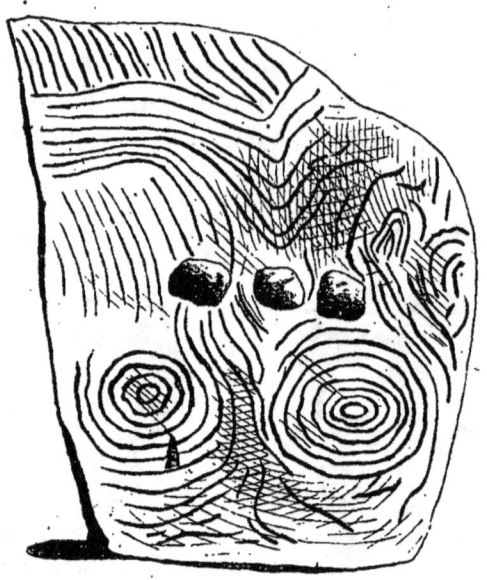

Dessins de tatouages sur une des dalles de l'allée couverte de Gavr' Innis (Morbihan).

et si rudimentaire de fixation et de transmission de la pensée, et en faire sortir une véritable écriture. C'est pour cela que nous avons dû aller en chercher les exemples chez d'autres nations, qui ne l'ont point dépassé. Mais toutes les écritures hiéroglyphiques impliquent nécessairement à leurs premiers débuts l'emploi d'une simple pictographie, qui les a engendrées.

## § 2. — LES ÉCRITURES HIÉROGLYPHIQUES.

A l'état rudimentaire de pictographie, l'hiéroglyphisme ne constitue réellement pas encore une véritable écriture. Il ne le devient à proprement parler que lorsqu'à la peinture des idées il joint la peinture des sons. Pour élever l'hiéroglyphisme pictographique à ce nouveau point de développement, il fallait un progrès à la fois dans les idées et dans les besoins de relations sociales plus grand que ne le comporte la vie sauvage. La plupart des peuples ne sont point parvenus spontanément à ce degré de civilisation qui pouvait donner naissance à l'écriture ; ils y ont été initiés par d'autres peuples qui les avaient précédés dans cette voie, et ils ont reçu de leurs instituteurs l'écriture toute formée, avec la notion des autres arts les plus essentiels. Aussi, lorsqu'on remonte aux origines, toutes les écritures connues se ramènent-elles à un très petit nombre de systèmes, tous hiéroglyphiques au début, qui paraissent avoir pris naissance d'une manière absolument indépendante les uns des autres [1].

Ce sont :

1° Les hiéroglyphes égyptiens ;

2° L'écriture chinoise ;

3° L'écriture cunéiforme anarienne ;

4° Les hiéroglyphes 'hittites, qui du nord de la Syrie ont rayonné dans une haute antiquité sur une portion de l'Asie Mineure ;

5° Les hiéroglyphes mexicains ;

6° L'écriture calculiforme ou *katouns* des Mayas du Yucatan.

Ces différents systèmes, au nombre de six, tout en restant essentiellement idéographiques, sont parvenus au phonétisme. Mais, en admettant ce nouveau principe, ils ne l'ont pas poussé jusqu'au même degré de développement. Chacun d'eux s'est immobilisé et comme cristallisé dans une phase différente des progrès du phonétisme, circonstance précieuse et vraiment providentielle, qui permet à la science de suivre toutes les étapes par lesquelles l'art d'écrire a passé pour arriver de la peinture des idées à la peinture exclusive des sons, de l'idéographisme à l'alphabétisme pur, terme suprême de son progrès.

Les systèmes fondamentaux d'écriture originairement hiéroglyphique, que nous venons d'énumérer, ne sont pas, du reste, encore connus d'une manière également complète. Il en est deux dont l'imperfection des notions que l'on possède, dans l'état actuel de la science, ne nous permettra pas de tirer parti pour y puiser des renseignements sur cette marche du progrès graduel des écritures vers la clarté et la simplification. Ce sont les hiéroglyphes 'hittites, dont on n'a jusqu'ici qu'un petit nombre de monuments et dont le déchiffrement est encore

---

[1] Sur ces différents systèmes graphiques, leur mécanisme et leurs caractères essentiels, voy. L. de Rosny, *Les écritures figuratives et hiéroglyphiques*, 2ᵉ édit., Paris, 1870 ; H. Wuttke, *Geschichte der Schrift* ; A. Mauvy, *Les origines de l'écriture*, dans la *Revue des Deux-Mondes*, 1ᵉʳ septembre 1875 ; et l'Introduction de mon *Essai sur la propagation de l'alphabet phénicien dans l'ancien monde*, Paris, 1872.

à faire. Il n'y a que peu de temps qu'on en connaît l'existence et que l'on a commencé à s'en occuper, et aucun progrès décisif n'a commencé à soulever le voile mystérieux qui cache leur signification. C'est tout au plus si les ingénieuses recherches de M. Sayce sont parvenues à déterminer la valeur de deux ou trois signes d'idées, comme celui de

Bas-relief accompagné d'inscriptions en hiéroglyphes hittites [1].

« roi » et celui de « pays. » On n'a jusqu'à présent aucune donnée sur la part que peut y tenir le phonétisme et sur la question de savoir s'il est syllabique ou alphabétique, bien que la première hypothèse paraisse la plus probable. Non moins mystérieuse est l'écriture des Mayas du Yucatan, quoique l'on sache à son sujet d'une manière

[1] Sculpté sur un rocher à Ibriz, dans l'ancienne Lycaonie. D'après les *Transactions of the Society of Biblical Archæology*.

positive, par le témoignage infiniment précieux de Diego de Landa, que ce système graphique était parvenu à un degré de perfectionnement très analogue à celui des hiéroglyphes égyptiens, qu'il admettait de même un élément alphabétique de peinture des sons. Il subsiste, de l'écriture calculiforme de l'Amérique centrale, des manuscrits et de très nombreuses inscriptions, dont malheureusement jusqu'ici les copies sont peu certaines et peu dignes de foi. Malgré ces ressources d'étude, on n'a fait pendant bien longtemps aucun progrès sérieux dans la voie de son explication. Tout récemment, la sagacité pénétrante de M. Léon de Rosny est parvenue enfin à poser quelques jalons de déchiffrement, et a donné pour la première fois un caractère réellement scientifique aux recherches sur la signification des hiéroglyphes spéciaux du Yucatan. Mais si les résultats obtenus paraissent cette fois solides, ils se réduisent encore à trop peu de chose pour que nous ayons pu les faire figurer ici.

Une page du manuscrit yucatèque de Dresde[1].

Remarquons, du reste, que toutes les écritures d'origine hiéroglyphique qui combinent le phonétisme et l'alphabétisme, après avoir commencé par être *figuratives,* c'est-à-dire par se composer d'images

---

[1] Spécimen de l'écriture calculiforme des Mayas. Le manuscrit de Dresde paraît être un calendrier de fêtes religieuses.

d'hommes, d'animaux, de plantes, d'objets naturels ou manufacturés, etc., ont subi, par l'effet de l'usage, une transformation inévitable, qui leur a donné un autre aspect et un autre caractère. A force d'être tracées rapidement et abrégées, les figures s'altérèrent dans leurs formes et finirent par ne plus offrir que des signes conventionnels, où il était souvent bien difficile de reconnaître le type originel. Le fait s'observe déjà quelquefois dans les peintures mexicaines, mais il se produisit

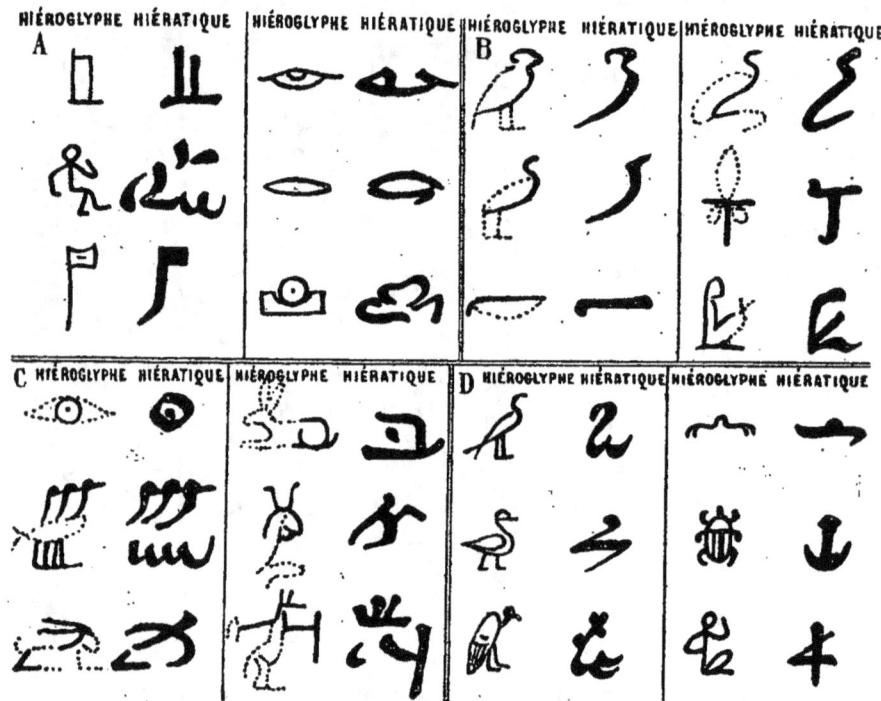

Dérivation des signes hiératiques égyptiens du tracé linéaire des hiéroglyphes[1].

sur une bien plus grande échelle en Égypte, où l'écriture hiéroglyphique était usitée depuis un temps immémorial. On y substitua, pour le besoin journalier, une véritable tachygraphie, qu'on trouve employée spécialement sur les papyrus, et que les égyptologues nomment écriture *hiératique* (voy. les clichés des pages 436 et 437). Plus tard même on en imagina une plus cursive encore, reposant sur un système à certains égards plus avancé ; c'est celle qu'on appelle *démotique*, parce qu'elle fut en usage aux derniers temps des Pharaons et sous les Ptolémées chez presque toute la population égyptienne (voy. le cliché

---

[1] D'après la *Grammaire hiéroglyphique* de Champollion.

de la page 439). En Chine, les images grossièrement tracées furent aussi promptement défigurées, et elles ne présentèrent plus qu'un ensemble de traits que le scribe exécuta avec le pinceau, et dont l'assemblage ne garde, la plupart du temps, aucune ressemblance avec les figures dont elles sont cependant l'altération. Dans les écritures cursives employées chez les Chinois, les signes se sont corrompus davantage, et n'ont affecté que des formes toutes conventionnelles (voyez les figures des p. 428 et 429). Parvenue à ce point, l'écriture figurative cesse d'être une peinture pour devenir une *sêmeiographie*, c'est-à-dire un assemblage de caractères représentant des idées et constituant ce que l'on appelle des *idéogrammes*. L'écriture cunéiforme anarienne, qui comprend divers systèmes, contient une foule de signes de cette nature. Les traits offrant l'aspect de têtes de flèches ou de clous y forment par leur groupement, varié à l'infini, de véritables caractères. Ces groupes cunéiformes, comme les plus anciens caractères chinois, reproduisaient grossièrement à l'origine la configuration des objets; mais les images se sont ensuite si fort altérées, qu'à de rares exceptions près on ne peut plus remonter aux prototypes iconographiques. On n'est en présence que de signes ayant un caractère purement mnémonique et dont un grand nombre affectent une valeur phonétique. La méthode sêmeiographique n'évinça pas, d'ailleurs, les symboles, les emblèmes, les images combinées; elle ne fit qu'en altérer l'aspect d'une manière à peu près complète. On retrouve dans l'hiératique égyptien, comme dans l'écriture chinoise actuelle, comme dans le cunéiforme assyrien, la même proportion d'idéogrammes originairement figuratifs ou symboliques que dans les écritures qui ont gardé leur ancien aspect hiéroglyphique et où les images sont demeurées reconnaissables.

Quelquefois aussi, comme en Égypte, l'hiéroglyphisme figuratif est demeuré en usage, comme écriture décorative et monumentale, parallèlement aux tachygraphies sêmeiographiques sorties de son altération. Dans ce cas, l'hiéroglyphisme figuratif, quelques progrès qu'il ait consommés comme instrument d'expression de la pensée par la peinture simultanée des idées et des sons, garde encore tant de son essence primitive de pictographie, que les signes qui le composent peuvent être groupés dans la décoration des édifices en forme de tableaux figurés et symboliques représentant une action, sans perdre pour cela leur signification d'écriture. Voici par exemple deux petits tableaux dont la répétition forme une frise à l'un des temples de Karnak, à Thèbes d'Égypte. Ce sont deux scènes religieuses et symboliques : le roi agenouillé, tenant un sceptre emblématique, qui varie dans les deux, et la tête surmontée du disque solaire, présente au dieu Ammon, assis, la figure de la déesse Mâ, la justice et la vérité personnifiées; quelques signes hiéroglyphiques, qui n'ont pas trouvé naturellement place dans la scène, sont disposés de manière à y former

Frise hiéroglyphique d'un des temples de Karnak.

un soubassement général et un piédestal au dieu Ammon. Mais en même temps ces deux tableaux ne sont pas autre chose qu'une expression graphique du double nom du pharaon Ramessou IV, de la xx<sup>e</sup> dynastie, dont ils renferment tous les éléments, ingénieusement groupés dans une scène en action :

*Râ -mes -sou haq Mâ meï Amoun.*

*Râ -ousor -ma sotpou en Amoun.*

Dans leur disposition graphique ordinaire, ces éléments donneraient les deux cartouches hiéroglyphiques ci-contre.

## § 4. — DÉVELOPPEMENTS SUCCESSIFS DE L'IDÉOGRAPHISME.

L'hiéroglyphisme, nous l'avons déjà dit, commença par une méthode exclusivement figurative, par la représentation pure et simple des objets eux-mêmes. Toutes les écritures qui sont restées en partie idéographiques ont conservé jusqu'au terme de leur existence les vestiges de cet état, car on y trouve un certain nombre de signes qui sont de simples images et n'ont pas d'autre signification que celle de l'objet qu'ils représentent. Ce sont ceux que les égyptologues, depuis Champollion, ont pris l'habitude de désigner par le nom de « caractères figuratifs, » et que les grammairiens chinois appellent *siàng-hing*, « images. »

Mais la méthode purement figurative ne permettait d'exprimer qu'un très petit nombre d'idées, d'un ordre exclusivement matériel. Toute idée abstraite ne pouvait, par sa nature même, être peinte au moyen d'une figure directe; car quelle eût été cette figure? En même temps certaines idées concrètes et matérielles auraient demandé, pour leur expression directement figurative, des images trop développées et trop compliquées pour trouver place dans l'écriture. L'un et l'autre cas nécessitèrent l'emploi du symbole ou du trope graphique. Pour rendre l'idée de « combat » on dessina deux bras humains, dont l'un tient un bouclier et l'autre une hache d'armes; pour celle d' « aller, marcher, » deux jambes en mouvement.

La présence du symbole dans l'écriture hiéroglyphique doit remonter à la première origine et être presque contemporaine de l'emploi des signes purement figuratifs. En effet, l'adoption de l'écriture, le besoin d'exprimer la pensée d'une manière fixe et régulière, suppose nécessairement un développement de civilisation et d'idées trop considérable pour qu'on ait pu s'y contenter longtemps de la pure et simple représentation d'objets matériels pris dans leur sens direct.

En outre les images affectèrent une signification particulière par le fait de leur association; la métaphore, l'emblème, le trope, valurent à certains groupes figurés un sens qui naissait du rapprochement des diverses images dont ces groupes étaient composés. C'est surtout de la sorte qu'on rendit idéographiquement des conceptions qui ne se prêtaient pas ou se prêtaient mal à une simple peinture iconographique. Les Égyptiens employaient très fréquemment cette méthode, et on la trouve également appliquée dans les peintures mexicaines. On en saisit la trace dans l'écriture chinoise, où ces figures réunies de façon à rendre une idée constituent ce que l'on appelle, dans la langue du Céleste Empire, *hoëï-î,* « sens combinés. » Par exemple le signe de la bouche tracé à côté de celui de l'oiseau signifie « chant, » celui de l'oreille entre ceux des deux battants d'une porte, « entendre; » le symbole de l'eau accolé à celui de l'œil a le sens de « larmes. » Le même procédé tient une large place dans le mécanisme de l'écriture cunéiforme anarienne. Il n'est pas jusqu'aux Peaux-Rouges qui

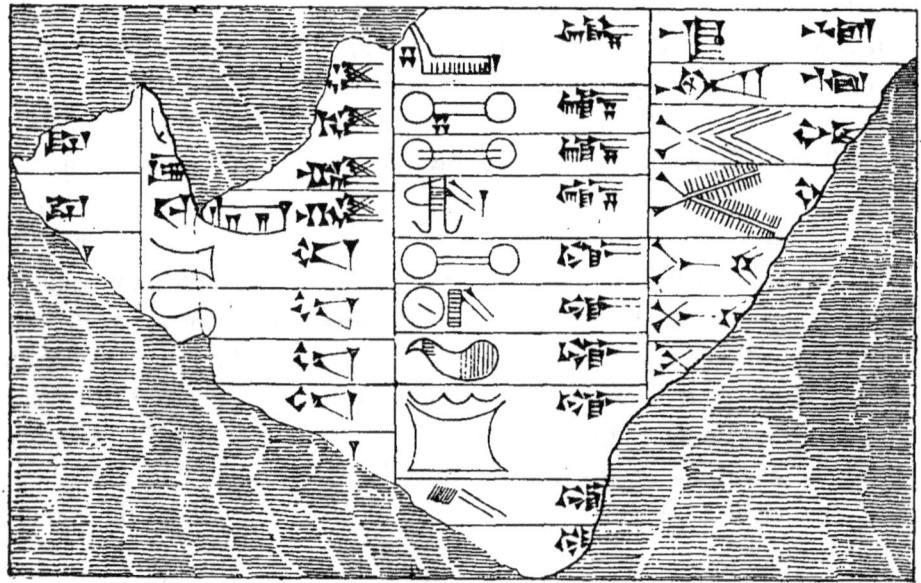

Caractères cunéiformes avec les tracés hiéroglyphiques dont ils dérivent[1].

n'aient usé de pareils emblèmes, tant l'emploi s'en offre naturellement à l'esprit.

L'écriture idéographique ne demeura donc pas longtemps une simple représentation iconographique; elle forma bientôt un mélange d'images de significations très diverses, une suite de représentations prises tour à tour au sens propre et au sens tropique, d'emblèmes, de véritables énigmes dont l'intelligence demandait souvent une pénétration particulière. « A cet état, dit M. Maury, l'écriture idéographique était un art difficile, parfois même un secret qui devait rester le privilège d'un petit nombre, de ceux qui l'emportaient par l'adresse de la main et par les lumières, conséquemment des prêtres ou des magiciens,

---

[1] Tablette assyrienne du Musée Britannique.

des sorciers, qui en tiennent lieu chez les populations les plus barbares et les plus ignorantes. Le nom d'*hiéroglyphes* a donc été justement appliqué à ces systèmes graphiques. Dans le symbolisme qui y était étroitement lié se donnaient nécessairement rendez-vous toutes les sciences, toutes les croyances du peuple qui faisait usage de tels procédés. De là l'impossibilité de déchiffrer ces sortes d'écritures, si l'on ne s'est familiarisé avec les idées de ceux dont elles émanent. On peut bien, dans les hiéroglyphes égyptiens, reconnaître du premier coup telle ou telle image, par exemple celle d'un homme qui est lié à un poteau, qui a les coudes attachés, qui fait une offrande ou porte une massue ; mais comment pourrait-on deviner que l'image du vautour traduit l'idée de maternité, si l'on ignorait que, du temps des Pharaons, les Égyptiens supposaient que cette espèce d'oiseau ne renferme que des femelles pouvant produire sans le concours des mâles? Comment attacherait-on le sens de « fils » à la figure d'une oie si l'on ne savait que l'oie du Nil passait pour un modèle de piété filiale? Comment la figure d'un épervier posé sur un perchoir suggérerait-elle l'idée de « dieu, » si l'on n'était point informé que l'épervier était tenu pour l'emblème du Soleil, le dieu par excellence? »

Du reste, l'écriture purement idéographique avait beau appeler à son aide toutes les ressources que nous venons de passer rapidement en revue, recourir, non seulement aux symboles simples formés par métonymie, par métaphore ou par convention énigmatique, mais encore aux symboles complexes, elle n'en restait pas moins un moyen déplorablement incomplet de fixation et de transmission de la pensée, et plus on marchait dans la voie du développement des idées et des connaissances, plus son imperfection se faisait sentir d'une manière fâcheuse. Avec l'emploi exclusif de l'idéographisme, on ne pouvait qu'accoler des images ou des symboles les uns à côté des autres, mais non construire une phrase et l'écrire de manière que l'erreur sur sa marche fût impossible. Il n'y avait aucun moyen de distinguer les différentes parties du discours ni les termes de la phrase, aucune notation pour les flexions des temps verbaux ou des cas et des nombres pour les cas. Une écriture de ce genre ne pouvait se plier d'une manière satisfaisante qu'à une langue monosyllabique et demeurée à la période rhématique, où il n'y a pas de distinction de nom, de verbe, ni d'aucune partie du discours, et où la grammaire se réduit à une syntaxe, à des règles de position pour les mots invariables qui expriment indifféremment tous les modes de l'idée. L'adoption par les Chinois d'un système d'écriture savant et compliqué, basé sur l'idéographisme, quand leur langue en était encore à cet état primitif, a certainement contribué dans une forte mesure à l'y figer définitivement, sans progrès ultérieur.

En outre, le développement des idées et des notions à exprimer par l'écriture tendait à faire de cet art un chaos inextricable à force d'étendue et de complication, si un nouvel élément ne s'y introduisait pas, et si on continuait à vouloir représenter chaque idée, chaque notion, chaque objet nouveau par une image spéciale ou par un symbole, soit simple, soit complexe. Pour obvier à ces deux inconvénients, dont il fallait à tout prix se délivrer, si l'on ne voulait pas laisser la pensée à jamais emprisonnée dans des entraves qui eussent étouffé son développement d'une manière irréparable, les hommes furent conduits, par une pente naturelle, à joindre la peinture des sons à la peinture des idées, à passer de l'idéographisme au phonétisme.

De leur essence même, les écritures purement idéographiques des époques primitives ne peignaient aucun son. Représentant exclusivement et directement des idées, leurs signes étaient absolument indépendants des mots par lesquels les idiomes parlés des peuples qui en faisaient usage désignaient les mêmes idées. Ils avaient une existence et une signification propres, en dehors de toute prononciation; rien en eux ne figurait cette prononciation, et la langue écrite était par le fait assez distincte de la langue parlée pour qu'on pût très bien entendre l'une sans connaître l'autre, et *vice versâ*. Mais l'homme n'a jamais écrit que pour être lu; par conséquent, tout texte graphique, quelque indépendant qu'il ait pu être par son essence de la langue parlée, a nécessairement été prononcé. Les signes des écritures idéographiques primitives représentaient des idées et non des mots; mais celui qui les lisait traduisait forcément chacun d'eux par le mot affecté dans l'idiome oral à l'expression de la même idée. De là vint, par une pente inévitable, une habitude et une convention constante d'après laquelle tout idéogramme éveilla dans l'esprit de celui qui le voyait tracé, en même temps qu'une idée, le mot de cette idée, par conséquent une prononciation. C'est ainsi que naquit la première conception du phonétisme, et c'est dans cette convention, qui avait fini par faire affecter à chaque signe figuratif ou symbolique, dans son rôle d'idéogramme, une prononciation fixe et habituelle, que la peinture des sons trouva les éléments de ses débuts.

## § 5. — PREMIÈRES ÉTAPES DU PHONÉTISME.

Le premier pas, le premier essai du phonétisme dut nécessairement être ce que nous appelons le « rébus, » c'est-à-dire l'emploi des images primitivement idéographiques pour représenter la prononciation attachée à leur sens figuratif ou tropique, sans plus tenir aucun compte de ce sens, de manière à peindre isolément des mots homophones dans la langue parlée, mais doués d'une signification tout autre, ou à figurer par leur groupement d'autres mots dont le son se composait en partie de la prononciation de tel signe et en partie de celle de tel autre. La logique et la vraisemblance indiquent qu'il dut en être ainsi, et des preuves matérielles viennent le confirmer.

L'écriture hiéroglyphique des Nahuas du Mexique, née et développée spontanément, dans un isolement absolu et sans communication aucune avec les peuples de l'ancien monde, après avoir commencé par être exclusivement idéographique, fut conduite à recourir aux ressources du phonétisme par les mêmes besoins et la même loi de progrès logique et régulière, qui avaient conduit à un résultat semblable, dans d'autres âges, les Égyptiens, les Chinois primitifs et les Schoumers et Akkads, auteur de l'écriture cunéiforme anarienne. Mais dans la voie du phonétisme elle s'est arrêtée au simple rébus, sans faire un pas de plus en avant, et elle est devenue ainsi un précieux monument de cet état du développement des écritures, auquel elle s'est immobilisée.

Un exemple suffira pour montrer comment on y passe de la prononciation des signes purement idéographiques, indépendants de tout son par leur essence, mais constamment liés dans l'usage à un mot de la langue parlée, au phonétisme réel par voie de rébus. Le nom du quatrième roi de Mexico, Itzcohuatl, « le serpent d'obsidienne, » s'écrit idéographiquement dans un certain nombre de manuscrits aztèques par l'image d'un serpent (*cohuatl*), garni de flèches d'obsidienne (*itzli*). Cette figure constitue un idéogramme complexe, peignant la signification même du nom royal, directement, sans tentative d'expression phonétique; mais qui, lu dans la langue parlée, ne pouvait, par suite des idées qu'il figurait, être prononcé que Itzcohuatl. Mais le même nom est représenté dans d'autres manuscrits par un groupe de figures, composé de la flèche d'obsidienne (*itzli* — racine *itz*), d'un vase (*comitl* — racine *co*), enfin du signe de l'eau (*atl*). Dans cette nouvelle forme on ne saurait plus chercher d'idéographisme, ni de peinture symbolique de la signification du nom, mais bien un pur rébus, une peinture des sons par des images matérielles employées à représenter le mot auquel elles correspondaient dans la langue. Au reste, les livres historiques ou religieux des anciens Mexicains, antérieurs à la conquête, se composaient exclusivement de tableaux figuratifs où l'écriture n'était employée qu'à former de courtes légendes explicatives à côté des personnages [1]. Aussi l'élément phonétique, tel que nous venons de le montrer, n'y est-il guère appliqué qu'à tracer des noms propres.

Si elles ne se sont pas arrêtées de même dans leur développement à la phase du rébus, les écritures qui ont su mener à un plus haut degré de perfection leurs éléments phonétiques, tout en restant pour une partie idéographiques, conservent des vestiges impossibles à méconnaître de cet état, et donnent ainsi la preuve qu'elles l'ont traversé pour passer de l'idéographisme pur au phonétisme. Dans le cunéiforme anarien, les vestiges de rébus sont nombreux et jouent un rôle considérable. Mais ils se rapportent à l'époque primitive où cette écriture n'avait pas encore été transmise aux Sémites et demeurait exclusivement aux mains des populations de race touranienne, qui en

---

[1] Nous donnons comme exemple, à la page 425, d'après les *Les Écritures figuratives* de M. L. de Rosny, une peinture tirée d'un manuscrit de la collection de Mendoza. Elle est destinée à rappeler la fondation, au milieu des lagunes, de la ville de Mexico, dont on voit au centre l'emblème, composé d'un aigle debout sur un nopal ou opuntia (A). Ce symbole de Mexico exprime les noms des deux chefs auxquels fut due l'édification de la cité. L'un d'eux, le chef spirituel ou religieux, Kouaoutli-Ketzki, a son nom figuré par un aigle (en aztèque ou nahuatl *kouaouhtli*) debout (*ketzki*) ; c'est un rébus qui n'a pas de rapport avec le sens réel du nom, lequel voulait dire « celui qui tire le feu du bois, » titre d'une classe de prêtres. L'appellation de l'autre, du chef temporel et militaire, Te-notch, s'écrit par les figures d'une pierre (*te*) et d'un nopal (*notch*) qui en sort.

Les noms des dix personnages placés autour de l'aigle debout, sont écrits phonétiquement par voie de rébus et doivent se lire :

1 Akasitli.
2 Kouapa.
3 Oselopa.
4 Akechotl.
5 Tesineouh.
6 Tenoutch.
7 Chomimitl.
8 Chokoyol.
9 Chiouhcak.
10 Atototl.

Ce sont les chefs des principales familles qui prirent part à l'établissement.

Dans la partie inférieure du tableau sont figurées les conquêtes de Akamapichtli, premier roi de Mexico, sur les états de Colhuacan (B) et de Tenotchtitlan (C).

La peinture est circonscrite par les signes qui servent aux supputations chronologiques d'après le cycle de 52 ans usité par les anciens Mexicains. On le divise en quatre séries auxquelles correspondent quatre figures différentes et dont l'expression commence pour chacune par un petit cercle, puis par deux, trois, et ainsi de suite jusqu'à treize, après quoi une nouvelle série de treize années est inaugurée de la même manière.

Peinture figurative mexicaine, accompagnée de légendes explicatives en hiéroglyphes.

avaient été les premiers inventeurs. On en observe aussi une certaine quantité dans le système hiéroglyphique des Égyptiens.

Dans une langue monosyllabique comme celle des Chinois, l'emploi du rébus devait nécessairement amener du premier coup à la découverte de l'écriture syllabique. Chaque signe idéographique, dans son emploi figuratif ou tropique, répondait à un mot monosyllabique de la langue parlée, qui en devenait la prononciation constante ; par conséquent, en le prenant dans une acception purement phonétique pour cette prononciation complète, il représentait une syllabe isolée. L'état de rébus et l'état d'expression syllabique dans l'écriture se sont donc trouvés identiques à la Chine, et c'est à cet état de développement du phonétisme que le système graphique du Céleste Empire s'est immobilisé, sans faire un pas de plus en avant, depuis trente siècles qu'il a franchi de cette manière le premier degré de la peinture des sons.

Mais, en chinois, ce n'est que dans les noms propres que nous rencontrons les anciens idéogrammes simples ou complexes employés isolément avec une valeur exclusivement phonétique, pour leur prononciation dans la langue parlée, abstraction faite de leur valeur originaire comme signes d'idées. Et, en effet, par suite de l'essence même de la langue, le texte chinois le plus court et le plus simple, écrit exclusivement avec des signes phonétiques, soit syllabiques, soit alphabétiques, sans aucune part d'idéographisme, deviendrait une énigme absolument inintelligible.

Nous avons expliqué déjà, dans le chapitre précédent, comment dans tout idiome monosyllabique, et particulièrement en chinois, il se trouve toujours une très grande quantité de mots exactement homophones. Et nous avons indiqué par quel procédé, dans la langue parlée, on arrive à parer à l'effrayante confusion résultant de ce fait. Dans l'écriture on eut recours à une combinaison presque constante de l'idéographisme et du phonétisme, qui est propre au chinois. Elle constitue ce qu'on appelle le système des « clés, » système analogue dans son principe à celui des « déterminatifs [1] » dans les hiéroglyphes égyptiens, mais dont les Chi-

---

[1] On appelle « déterminatif, » dans l'écriture hiéroglyphique de l'Égypte, un signe idéographique complémentaire qui se met quelquefois après un mot écrit phonétiquement, pour en préciser le sens. Tantôt ces déterminatifs ont une acception générique, en sorte qu'ils sont susceptibles d'être employés après une foule de mots n'ayant entre eux qu'un rapport de signification assez éloigné ; tantôt ils conviennent à une catégorie spéciale de mots que lie une idée commune ; parfois ils sont l'image même de la chose dont le nom est énoncé phonétiquement.

nois ont seuls fait une application aussi étendue et aussi générale, en même temps qu'ils le mettaient en œuvre par des procédés à eux spéciaux.

Le point de départ de ce système est la faculté, propre à l'écriture chinoise, de former indéfiniment des groupes complexes avec plusieurs caractères originairement distincts. Un certain nombre d'idéogrammes simples — 214 en tout — ont donc été choisis parmi ceux que comprenait le fond premier de l'écriture avant l'introduction du phonétisme, comme représentant des idées générales et pouvant servir de rubriques aux différentes classes entre lesquelles se répartiraient les mots de la langue. Et il faut noter en passant que les Chinois admettent comme idées génériques des notions qui pour nous ont bien peu ce caractère, car on trouve parmi les clés celles des « grenouilles, » des « rats, » des « nez, » des « tortues, » etc. Les idéogrammes ainsi choisis sont ce qu'on appelle les « clés. » Ils se combinent avec des signes originairement simples ou complexes, pris uniquement pour leur prononciation phonétique, abstraction faite de tout vestige de leur valeur idéographique, de manière à représenter toutes les syllabes de la langue. Ainsi sont formés des groupes nouveaux, à moitié phonétiques et à moitié idéographiques, dont le premier élément représente le son de la syllabe qui constitue le mot, et le second, la clé, indique dans quelle catégorie d'idées doit être cherché le sens de ce mot. Les trois quarts des signes de l'écriture chinoise doivent leur origine à ce mode de formation [1].

Un exemple en fera mieux comprendre le mécanisme.

La syllabe *pà* est susceptible, en chinois, de huit acceptions absolument différentes, ou, pour parler plus exactement, il y a dans le vocabulaire des habitants de l'Empire du Milieu huit mots homophones, bien que sans rapport d'origine entre eux, dont la prononciation se ramène à cette syllabe. Si donc le chinois s'écrivait au moyen d'un système exclusivement phonétique, en voyant *pà* dans une phrase,

---

[1] Le système des clés a été ensuite appliqué par les grammairiens chinois à tous les signes de l'écriture, comme un moyen facile de classement. Certains caractères, simples à l'origine et dérivés d'une ancienne image unique, ont été décomposés artificiellement en deux parties, l'une considérée comme le phonétique et l'autre comme la clé, afin de les faire rentrer bon gré mal gré dans les classes établies d'après cette méthode. On a aussi appliqué le même système d'analyse à bien des caractères qui étaient à l'origine des idéogrammes complexes, aux deux parties de même nature, essentiellement symboliques. Mais le principe de composition au moyen du phonétique et de la clé n'en demeure pas moins vrai dans la grande majorité des cas.

l'esprit hésiterait entre huit significations différentes, sans indication déterminante qui pût décider à choisir l'une plutôt que l'autre. Mais avec le système des clés, avec la combinaison de l'élément idéographique et de l'élément phonétique, cette incertitude, cause permanente des plus fâcheuses erreurs, disparaît tout à fait. Il y a un signe adopté dans l'usage ordinaire pour représenter phonétiquement la syllabe *pá*; mais ce signe, dont la valeur idéographique primitive s'est complètement oblitérée, n'est employé isolément, comme phonétique simple, que dans les noms propres d'hommes ou de lieux. Si l'on y ajoute la clé des plantes, il devient, toujours en gardant la même prononciation, le nom du « bananier; » qu'on remplace cette clé par celle des roseaux, en conservant le signe radical et phonétique, on obtient la désignation d'une sorte de « roseau épineux. » Avec la clé du fer, le mot *pá* est caractérisé comme le nom du « char de guerre; » avec la clé des vers, comme celui d'une espèce de coquillage; avec la clé du mouton, comme celui d'une préparation particulière de viande séchée. La clé des dents lui donne le sens de « dents de travers; » celle des maladies lui fait signifier « cicatrices; » enfin celle de la bouche un « cri. »

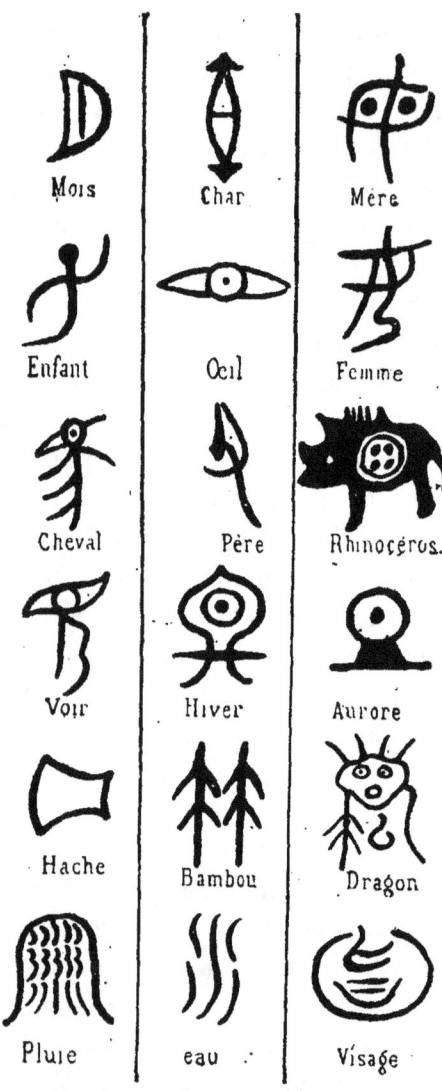

Spécimens des anciens signes figuratifs qui ont servi de point de départ à l'écriture chinoise.

On voit, par cet exemple, combien la combinaison des éléments phonétiques et idéographiques, qui constitue le système des clés, est ingénieusement calquée sur les besoins et le génie propre de la langue chinoise, et quelle clarté elle répand dans l'expression graphique de cette langue, impossible à peindre d'une manière intelligible avec un système de phonétisme exclusif. Sans doute la faculté presque indéfinie de créer de nouveaux signes complexes, par moitié phonétiques et par moitié idéographiques, paraît dans le premier abord effrayante à un étranger, car, avec les idéogrammes simples et complexes, elle donne naissance à plus de 80,000 groupes différents. Mais il est toujours facile d'analyser ces groupes, dont les éléments se réduisent à 450 phonétiques et 214 déterminatifs idéographiques ou clés, et la méthode qui les produit était la seule par laquelle pût être évité l'inconvénient, bien autrement grave, qui serait résulté de la multiplicité des mots homophones.

Mais l'identité de l'état de rébus et de l'état de syllabisme, qui confond en un seul deux des degrés ordinaires du développement de l'élément phonétique dans les écritures originairement idéographiques et hiéroglyphiques, n'était possible qu'avec une langue à la constitution monosyllabique, comme le chinois. Chez les Égyptiens et chez les Schoumers et Akkads du bas Euphrate, inventeurs de l'écriture cunéiforme, l'idiome parlé, que l'écriture devait peindre, était polysyllabique. Le

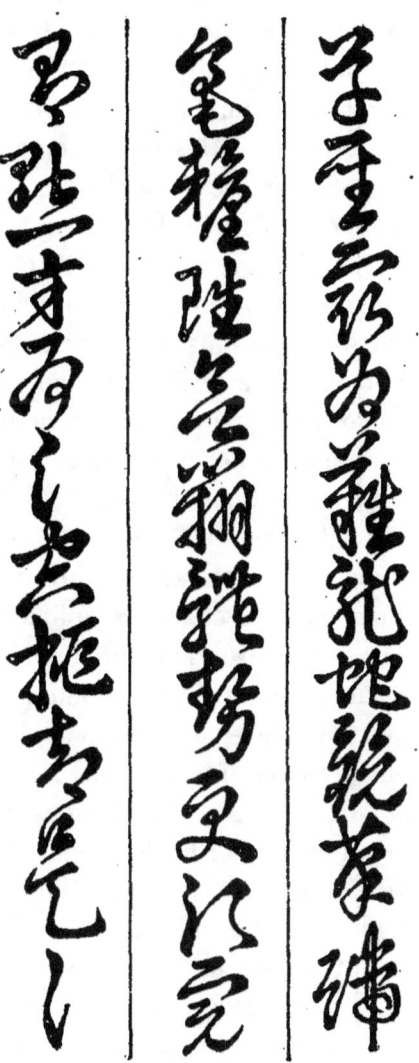

Spécimen du type d'écriture chinoise appelé *thsào*[1].

système du rébus ne donnait donc pas du premier coup les moyens de décomposer les mots en leurs syllabes constitutives, et de représenter chacune de ces syllabes séparément par un signe fixe et invariable.

---

[1] Cette écriture cursive, dont il existe plusieurs variétés paléographiques, passe pour avoir été inventée sous le règne de l'empereur Youen-ti, de la dynastie des Hàn (48-33 av. J.-C.).

Il fallait un pas de plus pour s'élever du rébus au syllabisme. Ce pas fut fait également dans les deux systèmes des hiéroglyphes égyptiens et de l'écriture cunéiforme ; mais les habitants de la vallée du Nil surent pousser encore plus avant et atteindre jusqu'à l'analyse de la syllabe, décomposée en consonne et voyelle, tandis que ceux du bassin de l'Euphrate et du Tigre s'arrêtèrent au syllabisme, et laissèrent leur écriture s'immobiliser dans cette méthode imparfaite de l'expression des sons. Chez les uns comme chez les autres, ce fut le système du rébus, première étape du phonétisme, qui servit de base à l'établissement des valeurs syllabiques.

Tout idéogramme pouvait être employé en rébus pour représenter la prononciation complète, aussi bien polysyllabique que monosyllabique, correspondant dans la langue parlée à son sens figuratif et tropique. Voulant parvenir à la représentation distincte des syllabes de la langue au moyen de signes fixes, et par conséquent toujours reconnaissables, ce qui était surtout nécessaire pour l'expression des particules grammaticales dont l'agglutination constituait le mécanisme de la conjugaison et de la déclinaison, les Schoumers et Akkads de la Chaldée et de la Babylonie choisirent un certain nombre de caractères, primitivement idéographiques, mais devenant susceptibles d'un emploi exclusivement phonétique, par une convention qui dut s'établir graduellement plutôt qu'être le résultat du travail systématique d'un ou de plusieurs savants. Autant que possible le choix porta sur des signes dont la prononciation comme idéogrammes formait un monosyllabe. Ainsi « père » se disait, dans la langue suméro-accadienne, *ad*, et l'idéogramme de « père » devint le phonétique ordinaire de la syllabe *ad ;* « s'asseoir, résider » se disait *ku*, et le signe qui représentait idéographiquement ce radical verbal fut le phonétique de la syllabe *ku ;* de même l'hiéroglyphe de l' « eau » devint le signe du son *a* et celui de la « terre » le signe du son *ki*, parce que le mot pour « eau » était *a* et pour « terre » *ki*. Mais dans d'autres cas, surtout pour former les phonétiques des syllabes fermées ou se terminant par une consonne, on prit des caractères dont la lecture comme idéogrammes était un dissyllabe, et on ramena cette lecture à un monosyllabe par la suppression de la voyelle finale. Une des lectures de l'idéogramme de « dieu » était *ana*, et on fit de ce signe l'expression phonétique de la syllabe *an ;* le caractère qui représentait la notion de « monceau » devint le syllabique *isch*, celui qui peignait la notion de « vent » le syllabique *im*, valeurs tirées des lectures *ischi*,

« monceau » et *imi*, « vent. » C'était là le premier rudiment de la méthode que les anciens ont appelée « acrologique, » pour la formation de valeurs exclusivement phonétiques. Elle consiste à faire d'un signe hiéroglyphique d'idée un signe de son, en lui faisant représenter la première syllabe ou la première lettre du mot qui constituait sa prononciation la plus habituelle comme idéogramme.

Ce sont surtout les Égyptiens qui ont fait un grand emploi de cette méthode acrologique. Elle a été la source des valeurs qu'ils ont assignées aux signes alphabétiques de leur écriture; et déjà auparavant, dans un stage moins avancé du développement de cette écriture, c'est de la même façon qu'ils avaient dû déterminer l'emploi, dans la peinture des sons, des signes syllabiques que l'on continue à rencontrer en grand nombre dans les textes hiéroglyphiques, même après l'invention de l'alphabétisme. Car nous ne possédons aucun monument qui nous présente l'écriture figurative des Égyptiens à son état antérieur à cette invention.

## § 6. — LE SYLLABISME ET L'ALPHABÉTISME

On a pu voir, par tout ce qui précède, combien fut lente à naître la conception de la consonne abstraite du son vocal qui lui sert de motion, qui donne, pour ainsi dire, la vie extérieure à l'articulation, muette par elle-même. Cette conception, qui nous semble aujourd'hui toute simple, car nous y sommes habitués dès notre enfance, ne pouvait devoir sa naissance première qu'à un développement déjà très avancé de l'analyse philosophique du langage. Aussi parmi les différents systèmes d'écriture, à l'origine hiéroglyphiques et idéographiques, que nous avons énumérés plus haut et qui se développèrent d'une manière indépendante, mais en suivant des étapes parallèles, un seul parvint jusqu'à la décomposition de la syllabe, à la distinction de l'articulation et de la voix, et à l'affectation d'un signe spécial à l'expression, indépendante de toute voyelle, de l'articulation ou consonne qui demeure muette tant qu'un son vocal ne vient pas y servir de motion. Ce système est celui des hiéroglyphes égyptiens[1]. Les autres s'arrêtèrent en route sans atteindre au même raffinement d'analyse et au même progrès,

---

[1] Je laisse de côté l'écriture calculiforme des Mayas du Yucatan, trop imparfaitement connue, mais qui, comme je l'ai déjà dit plus haut, paraît être arrivée d'une manière indépendante à la conception de l'alphabétisme.

et s'immobilisèrent ou, pour mieux dire, se cristallisèrent à l'un ou à l'autre des premiers états de constitution et de développement du phonétisme.

Cependant les inconvénients d'une notation purement syllabique des sons étaient si grands que l'on a peine à comprendre comment des peuples, aussi avancés dans la voie de la civilisation et des connaissances que l'étaient les Babyloniens et les Assyriens, ont pu s'en contenter, et n'ont pas cherché à perfectionner davantage un instrument

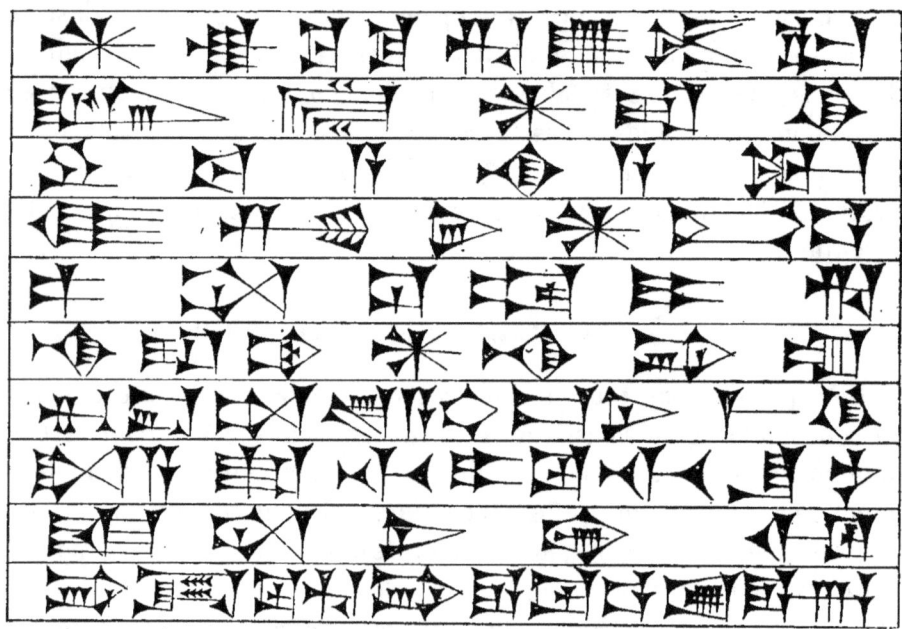

Cunéiforme babylonien archaïque [1].

de transmission et de fixation de la pensée demeuré tellement grossier encore et si souvent rebelle.

Le moindre inconvénient du syllabisme était le nombre de caractères

---

[1] Le spécimen que nous donnons de ce type de l'écriture cunéiforme de Babylone et de l'Assyrie, reproduit les premières lignes de l'inscription de Nabou-koudourri-ouçour dite « de la Compagnie des Indes, » aujourd'hui conservée au Musée Britannique. Par affectation d'archaïsme, cette inscription est tracée en caractères de la forme la plus antique. En regard nous plaçons la transcription du même texte dans le caractère babylonien plus récent, celui qui était d'usage habituel au VIIe et au VIe siècle av. J.-C.

Les lignes ainsi reproduites sous deux formes se traduisent :

« Nabou-koudourri-ouçour, — roi de Babylone, — chef auguste, — favorisé du dieu Maroudouk, — vicaire suprême (des dieux), — chéri du dieu Nabou, — exalté, possesseur des mystères, — qui aux voies de leurs divinités — se conforme, — adorateur de leurs seigneuries. »

qu'il demandait pour exprimer toutes les combinaisons que la langue admettait par l'union des articulations et des sons vocaux, soit dans les syllabes composées d'une consonne initiale et d'une voyelle, ou d'une diphtongue venant après pour permettre de l'articuler, soit dans celles où la voyelle ou la diphtongue est initiale et la consonne finale. L'esprit et la mémoire de celui qui apprenait à écrire devait donc, là où la peinture des sons s'était arrêtée à l'état du syllabisme, se charger — en dehors de la notion des idéogrammes les plus usuels, car les écritures

Cunéiforme babylonien récent.

primitives qui nous occupent, en admettant l'élément phonétique, n'avaient point pour cela répudié l'idéographisme — se charger de la connaissance de plusieurs centaines de signes purement phonétiques, représentant chacun une syllabe différente dans l'usage le plus ordinaire. De là une gêne très grande, un obstacle à la diffusion générale de l'art d'écrire, qui restait forcément un arcane restreint aux mains d'un petit nombre d'initiés, car, tant que l'écriture est tellement compliquée qu'elle constitue à elle seule une vaste science, elle ne saurait pénétrer dans la masse et devenir d'un usage vulgaire.

L'inconvénient de complication, de défaut de clarté, de surcharge trop grande pour la mémoire, était le même, quelle que fût la famille et la nature de la langue à l'expression graphique de laquelle s'appliquait le système du syllabisme. Mais il n'était encore rien à côté des inconvénients nouveaux et tout particuliers auxquels donnait naissance l'application de ce système aux idiomes de certaines familles, dans lesquelles les voyelles ont un caractère vague, une prononciation peu précise, et où toutes les flexions se marquent par le changement des sons vocaux dans l'intérieur du mot, tandis que la charpente des consonnes reste invariable. Je veux parler des langues sémitiques et de leurs congénères les langues 'hamitiques, à commencer par l'égyptien.

Les inscriptions assyriennes nous montrent un idiome sémitique tracé avec une écriture dont tout le phonétisme est syllabique. Quelle bigarrure! Quelle bizarre et perpétuelle contradiction entre le génie de la langue et le génie du système graphique! Avec cette méthode on ne saurait parvenir à exprimer aucun radical de la langue assyrienne, puisque ces radicaux se composent précisément, comme dans toutes les langues sémitiques, de la charpente, généralement trilitère, des consonnes, qui demeurent immuables, tandis que les voyelles se modifient. Pour exprimer le verbe et le substantif d'un même radical, il faut employer des caractères absolument différents, puisque la vocalisation n'est plus la même et que, dès lors, son changement entraîne celui des signes syllabiques. Ainsi disparaît toute parenté extérieure, toute analogie apparente entre les mots sortis de la même racine. Celui qui aborde la lecture d'un texte cunéiforme assyrien, au lieu de discerner aussitôt du regard ces radicaux que tous les changements de voyelles et les additions de suffixes et de préfixes, n'empêchent pas de reconnaître intacts et invariables, et qui restent toujours eux-mêmes, n'a plus aucun des guides qui dirigent sa marche dans les autres idiomes sémitiques. Chaque voix, chaque mode, chaque temps, dans la conjugaison des verbes, amenant une modification des voyelles, nécessite aussi le changement des caractères syllabiques employés à peindre la prononciation, de telle manière qu'à chaque fois c'est un mot nouveau, sans aucune analogie dans l'aspect et dans les signes mis en œuvre avec ceux qui expriment les autres voix, les autres modes, les autres temps du même verbe. Jamais système graphique n'a présenté une antinomie plus absolue avec l'essence et le génie de la langue qu'il était appelé à tracer, que le cunéiforme assyrien. Jamais les inconvénients inhérents au syllabisme n'ont été poussés jusqu'à un degré aussi extrême et ne se sont manifestés aux regards d'une manière aussi frappante dans la confusion et la presque inextricable complication à laquelle ils donnaient naissance.

C'était un peuple dans la langue duquel les sons vocaux avaient un caractère essentiellement vague qui devait, comme l'a judicieusement remarqué M. Lepsius, abstraire le premier la consonne de la syllabe, et donner une notation distincte à l'articulation et à la voyelle. Le génie même d'un idiome ainsi organisé conduisait naturellement à ce progrès capital dans l'analyse du langage. La voyelle, variable de sa nature, tendait à devenir graduellement indifférente dans la lecture des signes originairement syllabiques ; à force d'altérer les voyelles dans la prononciation des mêmes syllabes, écrites par tel ou tel signe simple, la consonne seule restait à la fin fixe, ce qui amenait le caractère adopté dans un usage purement phonétique à devenir alphabétique, de syllabique qu'il avait été d'abord ; ainsi, un certain nombre de signes qui avaient commencé par représenter des syllabes distinctes, dont l'articulation initiale était la même, mais suivie de voyelles différentes ayant fini par ne plus peindre que cette articulation du début, devenaient des lettres proprement dites exactement homophones. Telle est la marche que le raisonnement permet de reconstituer pour le passage du syllabisme à l'alphabétisme, pour le progrès d'analyse qui permit de discerner et de noter séparément l'articulation ou consonne qui, dans chaque série de syllabes, reste la même, quelque soit le son vocal qui lui sert de motion. Et ici, les faits viennent confirmer pleinement ce qu'indiquaient le raisonnement et la logique. Il est incontestable que le premier peuple qui posséda des lettres proprement dites au lieu de signes syllabiques, fut les Égyptiens. Or, dans la langue égyptienne, les voyelles étaient essentiellement vagues.

Ce qui prouve, du reste, que ce fut cette nature des sons vocaux dans certains idiomes qui conduisit à la décomposition de la syllabe et à la substitution de lettres alphabétiques aux caractères syllabiques de l'âge précédent, est ce fait qu'en Égypte et chez les peuples sémitiques qui, les premiers après les Égyptiens, employèrent le système de l'alphabétisme, encore perfectionné, le premier résultat de la substitution des lettres proprement dites aux signes de syllabes fut la suppression de toute notation des voyelles intérieures des mots, celles de toutes qui étaient, de leur nature, les plus vagues et les plus variables, celles qui, en réalité, ne jouaient qu'un rôle complémentaire dans les syllabes dont la partie essentielle était l'articulation initiale. On n'écrivit plus que la charpente stable et fixe des consonnes, sans tenir compte des changements de voyelles, comme si chaque signe de consonne avait été considéré comme ayant inhérent à lui un son vocal variable. On choisit bien quelques signes pour la représentation des voyelles, mais on

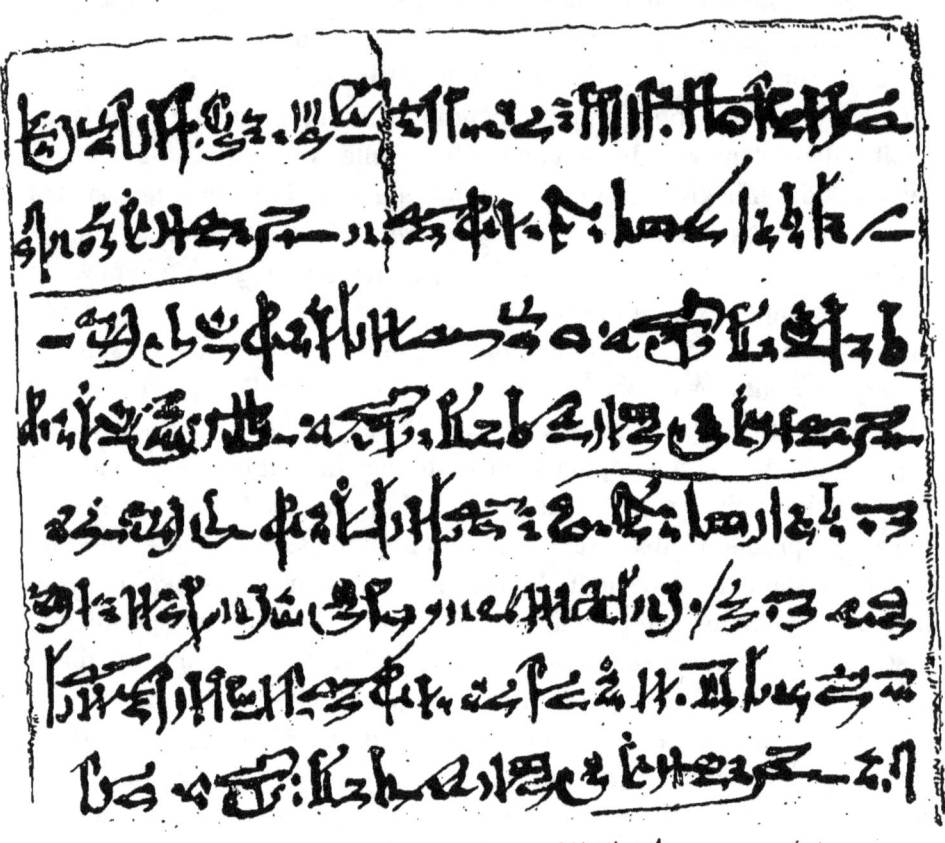

Texte égyptien en écriture hiératique[1].

ne s'en sert que dans l'expression des voyelles initiales ou finales, qui, en effet, ont une intensité et une fixité toute particulière, qui ne sont pas complémentaires mais constituent à elles seules une syllabe,

---

[1] J'emprunte cet exemple à une tablette appartenant à M. Rogers, vice-consul d'Angleterre au Caire, tablette publiée récemment, avec traduction et commentaire, par M. G. Maspero, dans le *Recueil de travaux relatifs à la philologie et à l'archéologie égyptiennes et assyriennes*, de la librairie Vieweg. A la page en regard je donne le même passage transcrit en hiéroglyphes du type linéaire, afin qu'on puisse faire la comparaison entre les deux formes de caractères.

Le texte est de nature religieuse. Il a la forme d'un décret du dieu Ammon-Râ, donnant leur pouvoir surnaturel à ces statuettes funéraires, à la figure de personnages dans leur momie, que l'on appelait *ouschebti-ou*, c'est-à-dire « répondants, » et que l'on déposait en

qui, par conséquent, sont moins des voyelles proprement dites que des aspirations légères auxquelles un son vocal est inhérent. Ce fut seulement lorsque l'alphabet phénicien fut adopté par des peuples de race aryenne, tels que les Grecs, et appliqué à l'expression d'idiomes où les voyelles avaient un rôle radical, fixe et essentiel, que l'on choisit un certain nombre de ces signes des aspirations légères finales ou initiales

*Texte hiératique de la page précédente transcrit en hiéroglyphes.*

pour en faire la représentation des sons vocaux de l'intérieur des mots.

Les hiéroglyphes égyptiens ont conservé jusqu'au dernier jour de leur emploi les vestiges de tous les états qu'ils avaient traversés, depuis l'idéographisme exclusif de leur origine jusqu'à l'admission de l'alphabétisme dans leur partie phonétique. Mais, aussi haut que nous fassent

grand nombre dans le tombeau, avec l'intention de fournir au défunt des auxiliaires pour les travaux qu'il avait à accomplir au sein de l'autre vie.

La partie reproduite en fac-simile est ainsi traduite par M. Maspero.

« Dit Ammon-Râ, roi des dieux, ce très grand dieu qui le premier fut :

« J'enjoins aux amulettes-répondants qu'on a fabriquées pour Nes-Khonsou, dont la mère est Tont-hon-Tahouti, d'avoir à faire pour Nes-Khonsou, cette fille de Tont-hon-Tahouti, toutes les lamentations et prosternations en toute nature de lamentation que les amulettes-répondants savent faire, quand ils se lamentent et se prosternent pour l'individu qui est mort, d'avoir à le porter au tombeau pour qu'il s'y rajeunisse, et de ne commettre aucun délit. »

« Quand Ammon eut dit :

« Je ferai qu'ils fassent cela à Nes-Khonsou, cette fille de Tont-hon-Tahouti, »

« dit (Ammon-Râ, roi des dieux, ce très grand dieu qui le premier fut.) »

remonter les monuments écrits de la vallée du Nil, dès le temps de la iiie et peut-être de la iie dynastie, les inscriptions nous font voir ce dernier progrès accompli. Les signes de syllabes ne sont plus qu'en minorité parmi les phonétiques, dont la plupart sont déjà de véritables lettres, qui peignent les articulations indépendamment de toutes les variations du son vocal qui vient s'y joindre.

Les lettres de l'écriture égyptienne sont des figures hiéroglyphiques, au tracé plus ou moins altéré dans les tachygraphies successives de l'hiératique et du démotique, dont la valeur alphabétique a été établie en vertu du système acrologique. Chacune de ces figures représente la consonne ou la voyelle initiale de la prononciation de sa signification première d'idéogramme, soit figuratif, soit tropique, mais principalement du mot auquel, prise dans le sens figuratif, elle correspondait dans la langue parlée. Ainsi, parmi les phonétiques de l'usage le plus constant, nous voyons le son vocal vague flottant entre *a* et *o*, représenté par un « roseau, » dont le nom s'est conservé en copte sous la forme *ake* ou *oke*, ou par un « aigle, » *ahom;* l'articulation *m* par une « chouette, » *mouladj;* r par une « bouche, » *rô;* '*h* par une « corde » tressée, *'haghe;* kh par un « crible, » *khai;* sch par un « réservoir, » *schéi*, ou par un « jardin » de papyrus, *schné*.

De ce principe acrologique de la formation des valeurs alphabétiques données à certains signes, résulte un fait particulier à l'écriture égyptienne. C'est que tout signe figuratif ou symbolique peut être pris phonétiquement dans le rôle d'initiale du mot exprimant sa signification idéographique dans la langue parlée. Mais l'usage indifférent de tous les signes comme de simples lettres, dans tous les cas et dans toutes les positions, eût produit dans les textes une confusion sans bornes par la multiplication indéfinie des homophones. Aussi est-ce seulement à l'époque romaine, et dans la transcription des noms des empereurs, que nous voyons les hiérogrammates, par un raffinement de décadence et par une prétention d'élégance graphique, qui n'est que de la barbarie, employer jusqu'à quinze ou vingt signes différents pour peindre la même articulation, en dépouillant ces signes de toute valeur idéographique. Dans l'Égypte pharaonique, la plupart des caractères ainsi devenus de simples phonétiques sous la domination romaine n'ont encore qu'un emploi mixte, symbolico-phonétique, et ne revêtent une valeur de lettres qu'en initiales du mot de leur signification idéographique. Une convention rigoureusement observée, et dont l'établissement dut être

LA POLYPHONIE DANS LES ÉCRITURES HIÉROGLYPHIQUES 439

graduel, limite à un petit nombre, deux ou trois au plus pour chaque articulation, les phonétiques d'un emploi constant et indifférent.

§ 7. — LA POLYPHONIE DANS LES ÉCRITURES D'ORIGINE
HIÉROGLYPHIQUE.

Tel est l'état où, de progrès en progrès, nous voyons parvenue celle

Fragment d'un contrat égyptien en écriture démotique [1].

de toutes les écritures hiéroglyphiques primitives de l'ancien monde qui atteignit au plus haut degré de perfectionnement, la seule qui s'éleva jusqu'à l'analyse de la syllabe et à la conception de la lettre

---

[1] M. Eugène Révillout, qui s'est occupé tout spécialement et avec tant de succès du déchiffrement des textes démotiques, et qui a fait faire les plus grands progrès à cette branche de la science, a bien voulu me donner la traduction suivante de ce début de contrat, daté du

alphabétique, l'écriture égyptienne. Avant tout, un mélange d'idéogrammes et de phonétiques, de signes figuratifs, symboliques, syllabiques, alphabétiques. En même temps, faculté pour tous les signes figuratifs ou symboliques de prendre une valeur phonétique accidentelle, comme initiales de certains mots, et, d'un autre côté, possibilité d'employer idéographiquement, dans un sens figuratif ou dans un sens tropique, les signes les plus habituellement affectés à la pure et simple peinture des sons indépendamment de toute idée. Tels sont les faits que l'écriture hiéroglyphique égyptienne présente à celui qui veut analyser sa constitution et son génie. Elle constitue, sans contredit, le plus perfectionné des systèmes d'écriture primitifs qui commencèrent par le pur idéographisme : mais combien ce système est encore grossier, confus et imparfait ! Que d'obscurités et d'incertitudes dans la lecture, qui, moins grandes pour les Égyptiens que pour nous, devaient cependant encore se présenter plus d'une fois pour eux-mêmes ! Quelle extrême complication ! Sans doute, les hiéroglyphes n'étaient pas, comme on l'a cru trop longtemps d'après une mauvaise interprétation des témoignages des Grecs et des Romains, un mystère sacerdotal révélé seulement à quelques adeptes choisis ; c'était l'écriture dont on se servait pour tous les usages où l'on a besoin d'écrire, en se bornant à abréger le tracé des caractères dans ses tachygraphies. Mais il est bien évident que, sans que les prêtres eussent besoin d'en faire un mystère, un système d'écriture aussi compliqué, dont la connaissance demandait un aussi long apprentissage, ne pouvait être très répandu dans la masse du peuple ; aussi, dans l'Égypte antique, par suite de la nature même du système graphique et non par volonté d'en faire un arcane impénétrable à la masse, les gens qui savaient lire et écrire,

---

règne de Ptolémée Évergète II, qui donnera au lecteur un spécimen de la dernière tachygraphie de l'écriture égyptienne :

« L'an 44, au mois de choïak, sous le roi Ptolémée, dieu Évergète, fils de Ptolémée, et la reine Cléopâtre, sa femme, les dieux Évergètes, du temps de N, prêtre d'Alexandre, des dieux Soters, des dieux Adelphes, des dieux Évergètes, des dieux Philopators, du dieu Philométor, du dieu Eupator, des dieux Évergètes, et du temps de N, canéphore d'Arsinoé Philadelphe,

« selon ce qui est établi à Alexandrie (*Rakoti*) et à Ptolémaïs (*Psoï*) en Thébaïde,

« le receveur Chapochrat, fils de Hor, dont la mère est Chachpéri, dit à Héraclios, fils de Memnon :

« Tu as douze grandes mesures de blé et un tiers, dont la moitié est six grandes mesures et un sixième, douze grandes mesures de blé et un tiers *iterum*, à me réclamer pour la somme d'argent que tu m'as donnée. Que je te donne tes douze grandes mesures et un tiers ci-dessus énoncés au terme de mésori de l'an 44. »

les scribes religieux ou civils, formèrent une sorte de classe à part et un groupe restreint dans la nation.

Encore n'avons-nous pas parlé, jusqu'à présent, de la plus grande cause de difficultés et d'incertitudes dans toutes les écritures qui conservent une part d'idéographisme, la « polyphonie. »

Pour définir ce fait et en faire bien comprendre l'origine, nous prendrons nos exemples dans les hiéroglyphes égyptiens.

Nombre de signes hiéroglyphiques sont susceptibles d'être employés également avec une valeur figurative et une valeur tropique. Rien de plus simple et de plus naturel avec l'indépendance absolue de la langue graphique et de la langue parlée dans le système originaire de l'idéographisme pur. Mais dans la langue parlée les deux significations, figurative et symbolique, du même caractère, étaient représentées par deux mots différents. De là vint que, dans l'établissement de la convention générale qui finit par attacher à chaque signe de la langue graphique un mot de la langue parlée pour sa lecture prononcée, le caractère ainsi doué de deux significations diverses, suivant qu'on le prenait figurativement ou tropiquement, peignit deux mots de la langue et eut par conséquent deux prononciations, souvent entièrement dissemblables, entre lesquelles le lecteur choisissait d'après la marche générale de la phrase, la position du signe et l'ensemble de ce qui l'entourait. Ainsi l'image du « disque solaire » s'emploie figurativement pour signifier « soleil, » et symboliquement, par une métonymie toute naturelle et bien simple, pour rendre l'idée de « jour; » mais dans le premier cas, il a pour correspondant dans l'idiome parlé le mot *râ,* dans le second le mot *hrou ;* il est donc susceptible de deux prononciations ; il est polyphone.

Mais là ne s'arrête pas le phénomène de la polyphonie. Le symbole, le trope graphique est proprement le mot de cette langue écrite qui, primitivement, lorsqu'elle ne peignait encore que des idées, était absolument indépendante de la langue parlée. Aussi l'on se tromperait si l'on croyait que sa signification est unique, fixe et invariable. Ses acceptions peuvent s'étendre autant que celles d'un mot de la langue parlée, et en vertu des mêmes analogies. Mais par suite de l'indépendance originaire de la langue écrite par rapport à la langue parlée, il est arrivé plus d'une fois que l'extension des sens d'un même symbole a englobé des idées que des mots absolument divers représentaient dans l'idiome oral. Donc le symbole, suivant ses différents emplois, ses différentes acceptions, s'est lu encore de manières diverses et a eu des prononciations variées.

Il y avait là une cause sérieuse d'erreurs et de confusions. Pour y parer autant que possible, pour augmenter la clarté des textes, on inventa ce que les savants ont appelé les « compléments phonétiques. » On joignit au symbole, susceptible de plusieurs acceptions ou de plusieurs lectures prononcées, tout ou partie des signes phonétiques habituels représentant la manière dont il devait être prononcé dans le cas présent — le plus souvent la fin du mot — de manière que l'erreur ne fût plus possible. Ainsi, la figure d'une sorte de bande de métal, repliée plusieurs fois sur elle-même, correspondait aux trois idées de « pli, » d' « entourer, circuler, » et de « livre pondérale, » et, suivant ces trois significations, était lu par trois mots différents de la langue, *keb*, *rer* et *ten*, et pour qu'on ne se méprît ni sur le sens, ni sur le mot, on y joignait fréquemment, suivant les cas, les compléments phonétiques *b*, *r* ou *n*. Mais dès lors, en réalité, l'idéogramme, susceptible de plusieurs sens, suivi de compléments phonétiques, devint un signe mixte, symbolico-phonétique, capable de représenter dans le rôle d'initiale plusieurs syllabes et plusieurs articulations diverses.

De là à faire d'un caractère hiéroglyphique un polyphone purement phonétique, à lui faire représenter, abstraction faite de toute signification d'idéogramme, plusieurs valeurs de sons, il n'y avait qu'un pas. Et c'est ainsi que, sans compléments phonétiques, on trouve dans des textes pharaoniques l'image d'une « oreille de veau » exprimant indifféremment les syllabes et les combinaisons de syllabes *ad*, *ankh*, *mest'er*, *sem*, *sedem*, *aten*, ou la « jambe humaine » se lisant *pat*, *ret*, *men*, et *ouar*. Ces valeurs syllabiques polyphones, devenues d'un emploi indifférent et sans rapport avec aucune idée symbolique, n'empêchent pas quelquefois les caractères de pouvoir être encore lus par des mots d'une prononciation toute différente, quand ils sont mis en œuvre comme idéogrammes. Ainsi la « tête humaine, » prise phonétiquement, représente les syllabes *tep*, *ha* et *her*, et de plus, comme idéogramme figuratif de « tête, » elle répond aux mots *t'et'* et *ap*.

A la décadence, sous la domination romaine, les exemples de polyphonie purement phonétique deviennent plus nombreux, avec la recherche qui, pour chaque lettre, fait multiplier indéfiniment les homophones. Ainsi les cartouches contenant les noms des empereurs romains nous montrent la figure du « bélier » employée tantôt comme un *s*, parce que « mouton » se disait *soï,* tantôt comme un *v,* parce que cette figure était le symbole de l'idée d' « âme, » *vaï*. Cet exemple est, du reste, le seul où la polyphonie s'applique chez les Égyptiens à des valeurs alphabétiques ; mais pour ce qui est des valeurs syllabiques, le fait en question prend des développements inouïs à la basse époque, sous les Ptolémées et les empereurs romains ; le mauvais goût des scribes de décadence en multiplie les exemples à l'infini ; il envahit complètement les textes et y devient une cause de très grandes obscurités.

Chez les Assyro-Babyloniens de langue sémitique nous retrouvons exactement les deux mêmes faits :

1° L'emploi des idéogrammes avec un complément phonétique, qui détermine, parmi les prononciations et les sens dont chacun est susceptible, celui qui doit être adopté dans le cas spécial, et qui transforme ainsi ces idéogrammes en phonético-symboliques polyphones dans le rôle d'initiales ;

2° La polyphonie syllabique appliquée à des signes qui remplissent dans l'usage le rôle de phonétiques indifférents pour des valeurs absolument diverses.

Seulement les deux faits qui étaient dans un étroit rapport l'un avec l'autre et qu'on pouvait voir s'enfanter mutuellement dans l'écriture hiéroglyphique égyptienne — ce qui nous a conduit à en chercher la théorie dans cette écriture — se montrent indépendants et séparés dans l'écriture cunéiforme appliquée à la langue assyrienne. La raison en est facile à comprendre. En Égypte c'est chez le même peuple, et pour ainsi dire dans l'intérieur du même idiome, que se sont opérées toutes les évolutions successives dont nous avons cherché à suivre la trace, et qui ont conduit l'écriture d'une simple peinture d'idées, entièrement distincte de la langue parlée, à la peinture des sons de cette langue. Pour ce qui est du cunéiforme anarien, au contraire, il a été inventé par un peuple d'une toute autre race que les Assyriens, et c'est entre les mains de ce peuple qu'il est parvenu, par des progrès successifs, jusqu'à un syllabisme affecté de polyphonie dans une certaine mesure. C'est à cet état qu'il a été adopté par les Assyro-Babyloniens de langage sémitique, lesquels ont emprunté simultanément aux inventeurs suméro-accadiens les valeurs phonétiques et les valeurs idéographiques des signes, entre lesquelles l'adaptation à une nouvelle langue, d'une famille toute différente, produisait un divorce complet.

Non seulement, dans ce passage de l'écriture cunéiforme de l'usage d'une langue à celui d'une autre, chaque caractère a gardé simultanément sa valeur de phonétique, quand il en avait une, et ses significations idéographiques, qui se sont lues désormais par des mots absolument autres que ceux qui exprimaient les mêmes notions dans l'idiome des inventeurs du système graphique en question : le signe, par exemple, qui était devenu le phonétique indifférent de la syllabe *ad, at,* parce qu'il était l'idéogramme de « père, » *ad* en accadien, gardant cette valeur phonétique et se lisant désormais *abou* en assyrien, dans son acception idéographique ; mais encore toutes les lectures attachées en accadien aux significations d'un même caractère, pourvu qu'elles fussent monosyllabiques, et même quelquefois quand elles étaient dissyllabiques, sont devenues, dans l'usage des textes assyriens sémitiques, des valeurs purement phonétiques. Ainsi un signe de l'écriture était chez les Schoumers et les Akkads l'idéogramme des notions de « couper, trancher, décider, » lu comme tel *tar* et *gas*, « poser, fixer, » *koud,* enfin « chemin, » *sila ;* dans l'usage assyrien il devient le phonétique indifférent des syllabes composées *tar, 'has, koud, kout, qout, sil, schil,* et en même temps il garde toujours ses significations idéographiques, qui se lisent désormais *nakasou,* « couper, trancher, » *dânou,* « décider, juger, » *schâmou,* « poser, fixer, » et *soûqou,* « rue, chemin. » Un autre était l'idéogramme de « mouton, » *lou,* et du verbe « prendre, » *dib ;* en outre, il était devenu, d'après la première de ces deux acceptions, le phonétique ordinaire de la syllabe *lou ;* dans les textes assyriens il est celui de *lou* et de *dib,* et en même temps il garde les sens de « mouton, » auquel correspondent désormais les lectures *çinou* et *immerou,* puis de « prendre, » qui se lit en assyrien par les verbes *çabatou* et *kâmou.* Et ce n'est pas tout. Après avoir adopté comme valeurs purement phonétiques toutes les lectures accadiennes des signes qui rentraient dans certaines conditions de forme, les Assyriens sémites ont aussi formé quelques valeurs phonétiques nouvelles, et à eux propres, d'après les mots qui, dans leur langue, servaient de lecture aux caractères pris dans le rôle d'idéogrammes. Par exemple, il est un caractère cunéiforme qui a la signification idéographique de « tête ; » le mot qui exprime cette notion en accadien est *schak ;* celui qui l'exprime en assyrien est *rischou.*

Le caractère dont nous parlons devient le phonétique indifférent des deux syllabes *schak* et *risch,* valeurs dont la première est d'origine accadienne et la seconde d'origine assyrienne sémitique. C'est de cette façon que la polyphonie phonétique prend dans l'écriture cunéiforme, et spécialement dans l'usage des textes assyriens, un développement inconnu chez tout autre peuple ; à tel point qu'on y trouve certains signes qui, indépendamment de leurs lectures d'idéogrammes, sont susceptibles de représenter jusqu'à dix ou douze valeurs différentes comme signes de syllabes servant uniquement à la peinture des sons.

## § 8. — L'INVENTION DE L'ALPHABET.

Même après que les Égyptiens furent parvenus à l'analyse de la syllabe et à l'abstraction de la consonne, il restait un pas énorme à franchir, un progrès capital à consommer, pour que l'écriture parvînt au degré de simplicité et de clarté qui pouvait seul la mettre en état de remplir dignement et complètement sa haute destination. Répudier toute trace d'idéographisme, supprimer également les valeurs syllabiques, ne plus peindre que les sons au moyen de l'alphabétisme pur, enfin réduire les phonétiques à un seul signe invariable pour chaque articulation de l'organe, tel était le progrès qui devait donner naissance à l'alphabet, consommer l'union intime de l'écriture avec la parole, émanciper définitivement l'esprit humain des langes du symbolisme primitif et lui permettre de prendre librement son essor, en lui donnant un instrument digne de lui, d'une clarté, d'une souplesse et d'une commodité parfaites. Ce progrès pouvait seul permettre à l'art d'écrire de pénétrer dans les masses populaires, en mettant fin à toutes les complications qui en avaient fait jusqu'alors une science abstruse et difficilement accessible, et de se communiquer chez tous les peuples, en faisant de l'écriture un instrument applicable également bien à tous les idiomes et à toutes les idées.

L'invention de l'alphabet proprement dit ne pouvait prendre naissance chez aucun des peuples qui avaient créé les systèmes primitifs d'écriture débutant par des figures hiéroglyphiques avec leur idéographisme originaire, même chez celui qui était parvenu jusqu'à l'analyse de la syllabe et à l'abstraction de la consonne. Elle devait être nécessairement l'œuvre d'un autre peuple, instruit par lui. En effet, les peuples instituteurs des écritures originairement idéographiques avaient bien pu, poussés par les besoins impérieux qui naissaient du développement de leurs idées et de leurs connaissances, introduire l'élément phonétique dans leurs écritures, donner progressivement une plus grande importance et une plus grande extension à son emploi, enfin porter l'organisme de cet élément à un très haut degré de perfection. Mais des obstacles invincibles s'opposaient à ce qu'ils fissent le dernier pas et le plus décisif, à ce qu'ils transformassent leur écriture en une peinture exclusive des sons, en répudiant d'une manière absolue toute trace d'idéographisme.

Le principal venait de la religion. Toutes les écritures primitives, par suite de leur nature symbolique et de leur génie, avaient un caractère essentiellement religieux et sacré. Elles étaient nées sous l'égide du sacerdoce, inspirées par son esprit de symbolisme. Dans la première aurore de la civilisation des peuples primitifs, l'invention de l'art d'écrire avait paru quelque chose de si merveilleux que le vulgaire n'avait pas pu la concevoir autrement que comme un présent des dieux. Bouleverser de fond en comble la constitution d'une écriture ainsi consacrée par la superstition religieuse, lui enlever toute la part de symbolisme sur laquelle se fondait principalement son caractère sacro-saint, était une entreprise énorme et réellement impossible chez le peuple même où l'écriture avait reçu une sanction si haute, car c'eût été porter une atteinte directe à la religion. La révolution ne pouvait donc s'accomplir qu'à la suite d'un changement radical dans l'ordre religieux, comme il arriva par suite des prédications du christianisme, dont les apôtres déracinèrent chez beaucoup de peuples (en Égypte, par exemple) les anciens systèmes d'écritures, à l'essence desquels s'attachaient des idées de paganisme et de superstition ; ou bien par les mains d'un peuple nouveau, pour lequel le système graphique reçu du peuple plus anciennement civilisé ne pouvait avoir le même caractère sacré ; qui, par conséquent, devait être porté à lui faire subir le changement décisif au moyen duquel il s'appliquerait mieux à son idiome, en devenant d'un usage plus commode.

Ainsi ce ne sont pas les Chinois eux-mêmes qui ont amené leur écriture au pur phonétisme, et qui, rejetant tout vestige d'idéographisme, ont tiré de ses éléments un syllabaire restreint et invariable, avec un seul signe pour chaque valeur. Ce sont les Japonais qui ont emprunté aux types *kiài* et *thsào* (voy. la figure de la p. 429) de l'écriture mixte du Céleste Empire leurs syllabaires *kata-kana* et *fira-kana*, en abrégeant le tracé de certains signes pour les rendre plus faciles à écrire, et en modifiant légèrement celui de certains autres pour éviter les confusions qui auraient pu résulter de formes analogues. Les Assyriens, non plus, ne dégagèrent pas l'élément syllabique de l'écriture cunéiforme ; dans leur usage national il demeura toujours amalgamé à une proportion égale d'élément idéographique. Mais quand les habitants indigènes de la Susiane et la population de la Médie anté-aryenne, qui leur était étroitement apparentée, adoptèrent cette écriture à l'exemple des Assyriens, et d'après leurs enseignements, ils ne gardèrent qu'un nombre imperceptible d'idéogrammes et rendirent l'écriture presque exclusivement phonétique. Puis les Perses, à leur tour, tirèrent du syllabaire élamite et médique les éléments d'un véritable alphabet, auquel ils ne laissèrent associée qu'une si petite proportion de caractères idéographiques que, jusqu'à présent, on n'en a pas relevé plus de trois dans les inscriptions perses connues. Les Grecs de Cypre, dès une époque très ancienne et avant que les autres Hellènes eussent reçu l'alphabet des Phéniciens, empruntèrent au plus ancien type de l'écriture cunéiforme ou aux hiéroglyphes hittites (ceci n'est pas encore complètement éclairci), mais dans tous les cas à une écriture antérieure où l'idéographisme et le phonétisme étaient mélangés, les éléments d'un syllabaire purement phonétique qui resta désormais leur système graphique national.

De même, les Égyptiens, après être parvenus jusqu'à la conception de l'*alphabétisme*, ne franchirent point le dernier pas et ne surent point en tirer l'invention de l'*alphabet* proprement dit. Ils laissèrent à un autre peuple la gloire de cette grande révolution, si féconde en résultats et si heureuse pour les progrès de l'esprit humain.

Mais tous les peuples n'étaient pas à même de consommer l'invention de l'alphabet. Il fallait pour tirer ce dernier et suprême corollaire des progrès consommés par les Égyptiens, une réunion toute spéciale de conditions. Avant tout, il fallait un peuple qui, par sa situation géographique, touchât à l'Égypte et eût été soumis à une profonde influence de la civilisation florissant sur les bords du Nil. C'est, en effet, seulement dans cette condition qu'il pouvait prendre pour point de départ la découverte de la décomposition de la syllabe, base indispensable du progrès dernier qui devait consister à bannir de l'écriture tout élément idéographique, à assigner un seul signe à la représentation de chaque articulation, enfin de cette manière à constituer pour la première fois un alphabet proprement dit. Mais il fallait aussi d'autres conditions dans les instincts et le génie de la nation. Le peuple appelé ainsi à donner à l'écriture humaine sa forme définitive devait être un peuple commerçant et pratique par essence, un peuple chez lequel le négoce fût la grande affaire de la vie, un peuple qui eût à tenir beaucoup de comptes courants et de livres en partie double. C'est, en effet, dans les transactions commerciales que la nature même des choses devait nécessairement faire le plus et le plus tôt sentir les inconvénients, signalés par nous tout à l'heure, du mélange de l'idéographisme, ainsi que de la facilité de multiplier les homophones pour la même articulation, et conduire à chercher un perfectionnement de l'écriture dans sa simplification, en la réduisant à une peinture des sons au moyen de signes invariables et en petit nombre. De plus, l'invention ne pouvait être consommée que par un peuple qui, s'il avait été soumis à une très forte influence égyptienne, professât pourtant une autre religion que celle des bords du Nil, et dont le génie fût en même temps singulièrement positiviste.

Tel est le génie des Japonais, en même temps que leurs conditions de situation géographique et de soumission à l'influence par rapport à la Chine, sont exactement celles où nous venons de dire qu'avait dû se trouver par rapport à l'Égypte le peuple à qui fut due enfin l'invention de l'alphabet. Aussi sont-ce les Japonais qui ont réduit l'écriture symbolico-phonétique des Chinois à un pur syllabaire de quarante-sept caractères.

Dans le monde ancien, il n'y a eu qu'un seul peuple qui ait rempli à la fois toutes les conditions que nous venons d'énumérer, ce furent les Phéniciens. Et, en effet, le témoignage unanime de l'antiquité s'accorde à attribuer aux Kénânéens maritimes la gloire du dernier et du plus fécond progrès de l'art d'écrire. Tout le monde connaît les vers de Lucain à ce sujet :

> Phoenices primi, famae si creditur, ausi
> Mansuram rudibus vocem signare figuris.
> Nondum flumineas Memphis contexere biblos
> Noverat; et saxis tantum volucresque feraeque
> Sculptaque servabant magicas animalia linguas.

Et ici les témoignages littéraires sont pleinement confirmés par les découvertes de la science moderne. Nous ne connaissons aucun alphabet proprement dit antérieur à celui des Phéniciens, et tous ceux dont il existe des monuments, ou qui se sont conservés en usage jusqu'à nos jours, procèdent plus ou moins directement du premier alphabet, combiné par les fils de Kenâ'an et répandu par eux sur la surface du monde entier.

Nous reviendrons sur la question de l'alphabet phénicien, de son invention et de sa propagation, dans le livre de la présente histoire qui

Portion de la stèle de Mês'a, roi de Moab [1].

sera spécialement consacré à ce peuple. Nous étudierons alors comment les Kenânéens ont puisé parmi les phonétiques de l'écriture égyptienne, dans son type hiératique, les vingt-deux lettres dont ils firent leur alphabet. Nous montrerons comment, sauf le cunéiforme perse, tous

---

[1] Comme type de l'alphabet sémitique de 22 lettres, inventé par les Phéniciens, nous ne pouvions choisir mieux que le plus ancien monument de cette écriture que l'on possède jusqu'ici, et en même temps le plus important au point de vue historique. C'est la stèle triomphale élevée par Mês'a, roi de Moab, à la suite de ses guerres contre le royaume de Yisraêl, en 896 avant J.-C., guerres racontées également, mais au point de vue des Hébreux, dans le chapitre III du II<sup>e</sup> livre des Rois (IV<sup>e</sup> dans la Vulgate latine). Ce monument, découvert en 1869 par M. Clermont-Ganneau, à Dhibân dans l'ancien pays de Moab, est aujourd'hui l'un des plus précieux joyaux épigraphiques de notre Musée national du Louvre. Il a été l'objet des études réitérées de tous les maîtres de la science.

les alphabets de l'univers procèdent de l'invention unique dont le foyer fut en Phénicie ; nous établirons les différents courants de dérivation qui répandirent dans les directions les plus opposées l'usage de l'écriture purement alphabétique, et nous esquisserons alors la distribution et les caractères distinctifs des diverses familles d'écritures sorties de cette source, car il y en a d'aussi nettement délimitées que les familles de langues. Ici tous ces renseignements seraient moins bien à leur place. Nous avons voulu seulement y compléter l'ensemble des notions d'un caractère général, qui étaient indispensables à placer comme une sorte d'introduction en tête de nos récits d'histoire, en résumant, après avoir parlé des races et des langues, les phases originaires de l'art d'écrire jusqu'au moment où il atteignit à la perfection par l'invention de l'alphabet. C'était, d'ailleurs, comme le dernier chapitre de notre étude des origines de la civilisation. Celle-ci nous apparaîtra désormais constituée, au milieu de la pleine lumière de l'histoire, dans les annales des grandes nations de l'Orient antique, qui, désormais, rempliront les livres suivants de notre ouvrage.

Nous en reproduisons en fac-simile la moitié supérieure, qui se traduit de la manière suivante, d'après MM. Clermont-Ganneau et Renan :

« Je suis Mês'a, fils de Kémoschgad, roi de Moab, le — Daïbonite. Mon père a régné sur Moab trente années, et moi j'ai régné — après mon père. Et j'ai construit ce haut-lieu à Kémôsch dans Qar'hah... — car il m'a sauvé de tous les agresseurs et m'a permis de regarder avec dédain tous mes ennemis.

« 'Omri — fut roi de Yisraêl et opprima Moab pendant de longs jours, car Kémôsch était irrité contre sa — terre. Et son fils lui succéda, et il dit, lui aussi : « J'opprimerai Moab ; en mes jours je lui commanderai, — et je l'humilierai, lui et sa maison. » Et Yisraël fut ruiné, ruiné pour toujours. Et 'Omri s'était emparé de la terre de — Meh-débâ, et il y demeura, lui [et son fils, et] son fils vécut quarante ans — et Kémôsch [l'a fait périr] de mon temps.

« Alors je bâtis Ba'al Me'ôn, et j'y fis des... et je construisis — Qiriathaïm.

« Et les hommes de Gad [demeuraient] dans le pays [de 'Atârôth] depuis un temps immémorial, et avait construit pour lui le roi — de Yisraël la ville (de 'Atârôth). J'attaquai la ville et je la pris, et je tuai tout le peuple — de la ville, en spectacle à Kémôsch et à Moab, et j'emportai de là l'Ar(iêl de David, et je le traînai à terre) devant la face de Kémôsch, à Qeriôth, et j'y transportai les hommes de Scharôn et les hommes — de Ma'harôth.

« Et Kémôsch me dit : « Va ! prends Nébah sur Yisraël. » Et — j'allai de nuit, et je combattis contre la ville depuis le lever de l'aube jusqu'à midi, et je [la] pris. »

Il faut noter sur ce monument, comme une particularité de paléographie unique, la façon dont les mots sont séparés par des points et les phrases par un trait vertical. C'est ce qui en a singulièrement facilité l'interprétation.

Dans le livre qui sera consacré à l'histoire des Israélites, nous reviendrons avec détail sur les événements relatés dans cette inscription et sur son importance historique hors de pair.

FIN DU TOME PREMIER.

# TABLES DU TOME PREMIER

# TABLE DES GRAVURES

## DU TOME-PREMIER

                                                                  Pages.

1. Adam et 'Havah au Paradis terrestre, près de l'Arbre de la science du bien et du mal, tentés par le serpent, peinture chrétienne des Catacombes de Rome. .   3
2. Vue du mont Ararat en Arménie (d'après l'*Univers pittoresque*). . . . .   12
3. Noa'h et sa famille dans l'arche avec les animaux, sculpture d'un sarcophage des premiers siècles chrétiens, à Trèves. . . . . . . . . . . .   13
4. Le dieu Khnoum formant l'œuf de l'univers sur le tour à potier, bas-relief égyptien du temple de Philæ. . . . . . . . . . . . . .   20
5. L'homme formé par le dieu Khnoum et doué de la vie, bas-relief égyptien du temple d'Esneh. . . . . . . . . . . . . . . .   21
6. Prométhée formant l'homme, médaillon d'une lampe romaine de terre-cuite, emprunté au recueil de Passeri. . . . . . . . . . . .   24
7. Prométhée dérobant le feu céleste, médaillon d'une lampe romaine de terre-cuite emprunté au recueil de Passeri. . . . . . . . . . .   *Ibid.*
8. La plante de vie gardée par des génies ailés, bas-relief assyrien du palais de Nimroud (l'ancienne Kala'h), conservé au Musée Britannique. . . . .   33
9. Adoration de la plante de vie, bas-relief du monument du roi assyrien Asschour-a'h-iddin, connu sous le nom de « Pierre noire de lord Aberdeen » et conservé au Musée Britannique. . . . . . . . . . . . .   34
10. L'arbre et le serpent sur un cylindre babylonien du Musée Britannique. . .   35
11. Sarcophage romain du Musée du Capitole, retraçant la fable de Prométhée. .   36
12. L'arbre et le serpent sur un vase phénicien trouvé en Cypre, du Metropolitan Museum of Art de New-York. . . . . . . . . . . . .   37
13. Horus combattant le serpent Apap, bas-relief égyptien du temple d'Edfon. . .   39
14. Mithra combattant Angrômainyous sous la forme d'un serpent, intaille de travail perse du temps des Sassanides, d'après Lajard. . . . . . . .   40
15 et 16. La Gigantomachie hellénique, peintures des deux faces d'une amphore à figures rouges, du IV<sup>e</sup> siècle avant J.-C., découverte dans l'île de Milo (Archipel grec) et conservée au Musée du Louvre. . . . . . . .   52-53
17. Le dieu Raman, d'après un cylindre assyrien. . . . . . . . .   62
18. La déesse Ischtar, d'après un cylindre assyrien du Musée Britannique. . . .   63
19. Le dieu Bel, d'après un cylindre babylonien. . . . . . . . .   64

# TABLE DES GRAVURES

Pages.

20. Le *Matsyavatara*, incarnation de Vischnou en homme-poisson pour sauver Manou du déluge, peinture indienne moderne. . . . . . . . . . .   69
21. Le dieu Éa, moitié homme et moitié poisson, d'après un bas-relief assyrien du palais de Nimroud (l'ancienne Kala'h), conservé au Musée Britannique. . .   70
22. Libations et offrandes au tombeau, suivant l'usage attique, peinture d'un *lécythos* décoré au trait rouge sur fond blanc, découvert à Athènes et conservé au Musée Britannique. . . . . . . . . . . . . . . . .   73
23. Le déluge de Noa'h sur une monnaie de bronze d'Apamée de Phrygie, à l'effigie de Septime Sévère. . . . . . . . . . . . . . . . .   76
24. La déesse Tefnout à tête de lion, d'après un bas-relief égyptien. . . . . .   79
25. Le dieu Râ à tête d'épervier, d'après un bas-relief égyptien. . . . . . .   *Ibid.*
26. Le déluge et les premières migrations humaines, suivant la tradition du Mexique ; extrait de la gravure faite au siècle dernier d'après la copie d'un manuscrit indigène de Cholula, exécutée en 1566 par Pedro de los Rios . . . . .   83
27. Tableau du déluge dans le manuscrit chronologique mexicain, dit *Codex Vaticanus*. . . . . . . . . . . . . . . . . . . . . .   85
28. Un paradis artificiel assyrien, d'après un bas-relief du palais de Koyoundjik (l'ancienne Ninive), conservé au Musée Britannique. . . . . . . .   106
29. Les trois juges des enfers dans la mythologie grecque, Minos, Éaque et Rhadamanthe, d'après les peintures d'un vase découvert à Canosa, dans l'ancienne Apulie, et aujourd'hui conservé au Musée de Karlsruhe. . . . . . .   108
30. Les quatre races humaines admises par les Égyptiens, d'après les peintures du tombeau du roi Séti I$^{er}$ (xix$^e$ dynastie), à Thèbes. . . . . . . . .   111
31. Les ruines du Birs-Nimroud, pyramide à étage de Borsippa, en Babylonie, identifiée sans preuves par quelques-uns à la Tour de Babel, d'après l'*Expédition en Mésopotamie* de M. Oppert. . . . . . . . . . . . . . .   117
32. Silex éclaté en forme de grattoir, des terrains miocènes supérieurs (marnes lacustres de Thenay, Loir-et-Cher), d'après le *Précis de paléontologie humaine* de M. le docteur Hamy . . . . . . . . . . . . . . . .   122
33. Petite pointe de flèche en silex des alluvions pliocènes supérieures de Saint-Prest (Eure-et-Loir), d'après le même ouvrage. . . . . . . . . .   124
34. Hache lancéolée en silex des dépôts quaternaires de Saint-Acheul, près Amiens, d'après l'ouvrage de Lyell sur l'*Ancienneté de l'homme*. . . . . . .   131
34 et 35. Instruments en silex, hachette ovale et perçoir, des terrains quaternaires d'Abbeville et de Saint-Acheul, d'après le même ouvrage. . . . . . .   132
36. Lame de silex des sablières de Levallois-Clichy, près Paris, ayant servi de couteau, d'après le *Précis de paléontologie humaine* de M. Hamy. . . .   133
37. Hache triangulaire en silex de la grotte du Moustier (Dordogne), d'après les *Reliquiæ aquitanicæ* de Lartet et Christy . . . . . . . . . .   *Ibid.*
38. Vue latérale de la portion de crâne humain, de l'âge quaternaire, trouvée dans la caverne de Neanderthal, près de Dusseldorf, d'après Lyell. . . . . .   137
39. Profil des crânes quaternaires de Neanderthal et d'Engis et du crâne d'un Australien de Port-Adélaïde, d'après Lyell. . . . . . . . . . . . .   138
40. Grattoir en silex des alluvions quaternaires, d'après le *Précis de paléontologie humaine* de M. le docteur Hamy. . . . . . . . . . . . . .   140
41. Harpon en os, décoré d'une tête de cheval, découvert à Laugerie-Basse (Dordogne), d'après le même ouvrage. . . . . . . . . . . . . . . .   *Ibid.*
42. Grattoir en silex de forme allongée des cavernes du Périgord, d'après le même ouvrage. . . . . . . . . . . . . . . . . . . . . .   141
43. Petit harpon en os, provenant de la caverne de Massat (Ariége), d'après le même ouvrage . . . . . . . . . . . . . . . . . . . .   *Ibid.*
44. Gravure sur un morceau de schiste, représentant l'ours des cavernes, découverte

dans la grotte du Bas-Manat (Ariége), d'après le *Bulletin de la Société d'anthropologie* de Paris . . . . . . . . . . . . . . . . 141

45 et 46. Manches de poignards sculptés en ivoire, représentant des rennes et provenant de la grotte de Montastruc, d'après le *Précis de paléontologie humaine* de M. le docteur Hamy. . . . . . . . . . . . . . . . 143

47. Lame d'ivoire de la grotte de La Madeleine (Dordogne), avec représentation de mammouth, d'après les *Reliquiæ aquitanicæ* de Lartet et Christy . . . . *Ibid.*

48. Figures diverses sur un morceau de bois de renne provenant de La Madeleine, d'après le même ouvrage. . . . . . . . . . . . . . . . . *Ibid.*

49. Tête de vieillard découverte à Cro-Magnon (Dordogne), d'après la *Conférence* de M. Broca *sur les troglodytes de la Vézère.* . . . . . . . . . 145

50. Tête de femme découverte à Cro-Magnon, d'après la même source. . . . *Ibid.*

51. Crâne d'homme provenant de la grotte du Trou du Frontal (Belgique), d'après le *Précis de paléontologie humaine* de M. le docteur Hamy. . . . . . 149

52. Hache en pierre polie, de France. . . . . . . . . . . . . . . 156

53. Hache en pierre polie, de France. . . . . . . . . . . . . . . 157

54. Hache de pierre polie, avec son emmanchement en bois et en corne de cerf, provenant des villages lacustres de la Suisse. . . . . . . . . . . . *Ibid.*

55. Nucleus d'obsidienne, provenant de l'Archipel grec. . . . . . . . . 159

56. Dolmen de Duneau (Sarthe). . . . . . . . . . . . . . . . . 160

57. Allée couverte de la Pierre-Turquaise près l'Isle-Adam (Seine-et-Oise). . . 161

58. Dolmen de l'Hindoustan, d'après Ferguson, *Rude stones monuments*. . . 164

59. Dague en silex du Danemark, d'après sir John Lubbock, *L'homme préhistorique.* 165

60, 61 et 62. Pointes de lances grossières des *kjœkkenmœddinger* de la Scandinavie, d'après le même ouvrage. . . . . . . . . . . . . . . . . 166

63. Restitution d'un village lacustre de la Suisse, d'après M. le docteur Hamy. . 168

64. Habitations sur pilotis des Arfakis, du havre de Doréi (Nouvelle-Guinée), d'après Dumont-d'Urville . . . . . . . . . . . . . . . . . . . 169

65. Urne cinéraire en terre noire représentant un groupe d'habitations lacustres, découverte dans un tumulus à Adersleben (Bavière), d'après sir John Lubbock. 170

66. Urne cinéraire de terre noire du Latium, en forme de hutte ronde ou *tugurium. Ibid.*

67. Fragment de tissu provenant des habitations lacustres de la Suisse, d'après sir John Lubbock. . . . . . . . . . . . . . . . . . . . . . *Ibid.*

68. Collier étrusque, avec pour pendant une pointe de flèche en silex ; Musée du Louvre, collection Campana . . . . . . . . . . . . . . . 182

69. Hache de pierre polie sur laquelle ont été gravées postérieurement des représentations mithriaques ; Musée de la Société Archéologique d'Athènes. . . 183

70, 71 et 72. Les trois types principaux de celts ou hachettes de bronze, d'après sir John Lubbock, *L'homme préhistorique.* . . . . . . . . . . . 185

73, 74 et 75. Modes d'emmanchement des trois types de haches de bronze, d'après le même ouvrage . . . . . . . . . . . . . . . . . . . 189

76, 77 et 78. Épées de bronze, de France et du Danemark, d'après le même ouvrage. 192

79, 80 et 81. Dagues en bronze, d'Irlande et du Danemark, d'après le même ouvrage. 195

82 et 83. Pointes de lances en bronze, de Danemark et d'Irlande, d'après le même ouvrage. . . . . . . . . . . . . . . . . . . . . . . 198

84. Pointe de lance en silex taillé à petits éclats, du Danemark. . . . . . . 199

85 et 86. Bracelets de bronze, des habitations lacustres de la Suisse, d'après sir John Lubbock. . . . . . . . . . . . . . . . . . . . . . 205

87, 88, 89 et 90. Épingles à cheveux en bronze ; des palafittes des lacs de la Suisse, d'après la même source . . . . . . . . . . . . . . . . . 207

91. Tête de l'Apollon du Belvédère, type idéal de la race blanche dans sa division aryo-européenne . . . . . . . . . . . . . . . . . . . . 225

## TABLE DES GRAVURES

Pages.

92, 93, 94 et 95. Crânes des quatre races fondamentales de l'humanité, vus de profil, d'après l'*Histoire naturelle de l'homme* de Prichard. . . . . . . . . 228
96, 97, 98 et 99. Crânes des quatre races fondamentales de l'humanité, vus par en haut. . . . . . . . . . . . . . . . . . . . . . . . . . . . . . . . 229
100. Indien de la caste brâhmanique, d'après Prichard, type de la race blanche dans sa division aryo-asiatique. . . . . . . . . . . . . . . . . . . . . . 231
101. Arabe Bédouin, d'après le *Tour du monde*, type de la race blanche dans sa division sémitique ou syro-arabe . . . . . . . . . . . . . . . . . . 233
102. Chinois, d'après Prichard, type de la race jaune. . . . . . . . . . . 235
103. Nègre de la côte de Mozambique, d'après Prichard, type de la race noire dans sa division africaine . . . . . . . . . . . . . . . . . . . . . . . . . 237
104. Papou de la Nouvelle-Guinée, d'après Prichard, type de la race noire dans sa division pélagienne. . . . . . . . . . . . . . . . . . . . . . . . . 239
105. Indien Sauk, de l'Amérique du Nord, d'après Prichard, type de la race rouge. . 241
106. Galla de l'Abyssinie, d'après Prichard, type de la sous-race éthiopico-berbère. . 243
107. Kalmouk sibérien, d'après Prichard, type de la sous-race altaïque dans ses variétés les plus rapprochées de la race jaune pure. . . . . . . . . . . . 245
108. Kamtchadale, d'après Prichard, type de la sous-race hyperboréenne. . . . 247
109. Malay, d'après Prichard, type de la sous-race malayo-polynésienne dans sa division malaye. . . . . . . . . . . . . . . . . . . . . . . . . . . 249
110. Tahitien, d'après Prichard, type de la sous-race malayo-polynésienne dans sa division canaque ou polynésienne . . . . . . . . . . . . . . . . . 251
111. Australien, d'après Prichard. . . . . . . . . . . . . . . . . . . . . 255
112. Femme hottentote, d'après Prichard, type de la sous-race hottentote. . . . 257
113. Captif de la nation des Lebou, d'après les sculptures du palais de Médinet-Abou, à Thèbes, exécutées sous Râmessou III, de la xx<sup>e</sup> dynastie. . . . . 271
114. Indigène du pays de Pount, d'après les bas-reliefs égyptiens du temple de Deïr-el-Bahari, à Thèbes, élevé pendant la minorité de Tahoutmès III. . . . 272
115. Un prince des Khétas, d'après un bas-relief égyptien d'Ibsamboul en Nubie. . 273
116. Captif des Amorim de Qadesch, sculpture égyptienne de Médinet-Abou. . . 274
117. Phénicien du temps de la xviii<sup>e</sup> dynastie égyptienne, d'après les peintures du tombeau de Rekh-ma-Ra, à Thèbes, datant du règne de Tahoutmès III. . . 275
118. Guerrier kenânéen de la Palestine, représentation égyptienne du temps de la xix<sup>e</sup> dynastie . . . . . . . . . . . . . . . . . . . . . . . . . . 276
119 et 120. Têtes d'Élamites de la classe inférieure, au type négroïde, d'après les sculptures assyriennes du palais du roi Asschour-bani-abal à Koyoundjik, l'ancienne Ninive . . . . . . . . . . . . . . . . . . . . . . . . . . . . 280
121. Tête d'un Élamite de la classe aristocratique, du type sémitique, d'après les mêmes sculptures . . . . . . . . . . . . . . . . . . . . . . . . . . . . 281
122, 123 et 124. Types d'Assyriens, d'après les sculptures indigènes. . . . . 283
125 et 126. Les deux types de visages des Babyloniens, d'après les sculptures du palais de Koyoundjik retraçant les campagnes du roi ninivite Asschour-bani-abal en Babylonie. . . . . . . . . . . . . . . . . . . . . . . . . . *Ibid.*
127. Captif de la nation des Schasou, nomades sémitiques du désert entre l'Égypte et la Syrie, d'après les sculptures égyptiennes du palais de Médinet-Abou . . 287
128. Guerriers du peuple de Khar ou des Araméens méridionaux, représentation égyptienne du temps de la xviii<sup>e</sup> dynastie. . . . . . . . . . . . . . 290
129. Ambassadeur des Routennou ou Araméens septentrionaux, d'après les peintures d'un tombeau de Thèbes datant du règne de Toutankh-Amen (xviii<sup>e</sup> dynastie). 291
130. Guerrier Iranien ou Médo-Perse, portant la robe médique, d'après les sculptures de Persépolis . . . . . . . . . . . . . . . . . . . . . . . . . . 295
131. Guerriers des nations pélasgiques (T'akkaro ou Teucriens et Touirscha ou Tyrrhé-

| | Pages. |
|---|---|
| niens) au temps de la xx$^e$ dynastie égyptienne, figures empruntées aux bas-reliefs historiques de Médinet-Abou. | 298 |
| 132. Perse en costume national, d'après les sculptures de Persépolis. | 301 |
| 133. Captif nègre, représentation égyptienne, d'après les sculptures de Médinet-Abou. | 303 |
| 134. Captif nègre, représentation égyptienne, d'après les sculptures de Médinet-Abou. | 304 |
| 135 et 136. Types touraniens de la Médie, d'après les bas-reliefs assyriens du palais de Sin-akhe-irib à Koyoundjik. | 307 |
| 137. Mède aryen en costume national, d'après les sculptures de Persépolis. | 308 |
| 138. Type touranien de la Chaldée, plaquette de terre cuite conservée au Musée Britannique. | 309 |
| 139. Morceau de bois de renne portant des entailles significatives, provenant de l'ossuaire de Cro-Magnon (Dordogne), d'après la *Conférence* du docteur Broca *sur les troglodytes de la Vézère*. | 399 |
| 140. Quippo péruvien de l'époque incasique, d'après le *Magasin pittoresque*. | 400 |
| 141. Spécimens des *koua* ou diagrammes symboliques dont les Chinois attribuent l'invention à l'empereur Fouh-Hi. | 401 |
| 142. Dessins pictographiques des Esquimaux sur des instruments d'os, d'après l'ouvrage de sir John Lubbock sur *Les origines de la civilisation*. | 403 |
| 143. Représentation pictographique de l'époque quaternaire sur un morceau de bois de renne provenant de la grotte de La Madeleine (Dordogne), d'après les *Reliquiæ aquitanicæ* de Lartet et Christy. | 404 |
| 144. Sculptures pictographiques sur un rocher, à Skebbervall, dans le Bohuslan (Suède), d'après la *Revue archéologique*. | 405 |
| 145. Pétition pictographique indienne au Président des États-Unis, d'après sir John Lubbock. | 407 |
| 146. Biographie pictographique de Wingemund, chef des Delawares, d'après Schoolcraft, *Indian tribes of North-America*. | 408 |
| 147 et 148. Planches funéraires de chefs indiens de l'Amérique du Nord, d'après Schoolcraft et sir John Lubbock. | *Ibid.* |
| 149. Figures tracées sur une des dalles de la chambre intérieure du tumulus du Mané-Lud à Locmariaker (Morbihan), d'après la *Revue archéologique*. | 409 |
| 150. Sculptures pictographiques d'un rocher des bords de l'Irtysch en Sibérie, d'après Spassky, *Inscriptiones Sibiricæ*. | 410 |
| 151 et 152. Tatouages de Maoris de la Nouvelle-Zélande, d'après sir John Lubbock. | 411 |
| 153. Dessins de tatouage sur une des dalles de l'allée couverte de Gavr'Innis (Morbihan), d'après le moulage conservé au Musée de Saint-Germain. | 412 |
| 154. Bas-relief accompagné d'inscriptions en hiéroglyphes 'hittites, sculpté sur un rocher à Ibriz, dans l'ancienne Lycaonie; d'après les *Transactions of the Society of Biblical Archæology*. | 414 |
| 155. Une page du manuscrit yucatèque de Dresde, spécimen de l'écriture calculiforme des Mayas. | 415 |
| 156. Dérivation des signes hiératiques égyptiens du tracé linéaire des hiéroglyphes, d'après la *Grammaire hiéroglyphique* de Champollion. | 416 |
| 157. Frise hiéroglyphique d'un des temples de Karnak, renfermant le nom du pharaon Râmessou IV, d'après Champollion. | 418 |
| 158. Caractères cunéiformes avec les tracés hiéroglyphiques dont ils dérivent, tablette assyrienne du Musée Britannique. | 420 |
| 159. Peinture figurative mexicaine de la collection Mendoza, accompagnée de légendes explicatives; retraçant l'histoire de la fondation de Mexico et des conquêtes de ses premiers rois. | 425 |
| 160. Spécimens des anciens signes figuratifs qui ont servi de point de départ à l'écriture chinoise. | 428 |

|  |  |
|---|---|
| | Pages. |
| 161. Spécimen du type cursif d'écriture chinoise appelé *thsào*. | 429 |
| 162. Exemple du type archaïque de l'écriture cunéiforme ; début de l'incription de Nabou-koudourri-ouçour dite « de la Compagnie des Indes, » conservée au Musée Britannique. | 432 |
| 163. Exemple du type babylonien récent de l'écriture cunéiforme ; le même texte transcrit dans ce caractère. | 433 |
| 164. Texte égyptien en écriture hiératique ; début d'une tablette de la collection Rogers. | 436 |
| 165. Le même texte transcrit en hiéroglyphes du type linéaire. | 437 |
| 166. Fragment d'un contrat égyptien en écriture démotique, appartenant au Musée du Louvre. | 439 |
| 167. Spécimen de l'alphabet sémitique de 22 lettres, inventé par les Phéniciens, dans le type le plus ancien qu'on en connaisse ; partie de l'inscription de la stèle triomphale de Mês'a, roi de Moab (ix$^e$ siècle avant J.-C.), conservée au Musée du Louvre. | 449 |

# TABLE

### DES CARTES INSÉRÉES DANS LE TEXTE

                                                                              Pages.

1. Localisation des données géographiques de la Genèse sur le 'Eden et les contrées environnantes, dans la région du Pamir. . . . . . . . . . . . . .  98
2. Géographie des traditions paradisiaques des peuples iraniens et indiens . . . .  99
3. Localisation des fleuves paradisiaques dans la Mésopotamie. . . . . . .  101
4. Distribution géographique des races admises par les Égyptiens. . . . . .  305
5. Système de l'ethnographie des livres sacrés iraniens . . . . . . . . .  306

### CARTE TIRÉE HORS TEXTE

Ethnographie du chapitre X de la Genèse (à placer à la p. 266).

# TABLE DES MATIÈRES

## DU TOME PREMIER

|  | Pages. |
|---|---|
| Préface de la première édition. | I |
| Préface de la troisième édition. | XIII |
| Préface de la neuvième édition. | XIX |

## LIVRE PREMIER
### LES ORIGINES

#### CHAPITRE PREMIER. — LE RÉCIT DE LA BIBLE.

§ 1. — *L'espèce humaine jusqu'au déluge.*

| | |
|---|---|
| Le récit de la Bible sur les origines de l'histoire humaine, son caractère et son autorité. | 3 |
| Création de l'homme. | 5 |
| Le premier péché. | 6 |
| Absence de date assignée dans la Bible à la naissance du genre humain. | 7 |
| Les enfants du premier couple. | 8 |
| Qaïn, son crime et sa race. | Ibid. |
| Scheth et sa descendance. | 9 |

2. — *Le déluge.*

| | |
|---|---|
| Péché des enfants de Dieu avec les filles des hommes, corruption de l'humanité. | 10 |
| Récit biblique du déluge. | Ibid. |
| Remarques sur quelques-unes des expressions de ce récit. | 11 |
| Cessation du déluge. | 12 |
| Sortie de l'arche. | 13 |
| Alliance de Dieu avec l'humanité nouvelle, issue de Noa'h. | 14 |
| L'ivresse de Noa'h et la malédiction de Kenâ'an. | Ibid. |

## DU TOME PREMIER 461

Pages.
### § 3. — *Dispersion des peuples.*

Les descendants de Noa'h. . . . . . . . . . . . . . . . . . 14
Construction de la Tour de Babel et confusion des langues . . . . . . . . 15
Ce que la Bible dit au sujet de l'époque du patriarche Phaleg. . . . . . . . *Ibid.*

### CHAPITRE II. — TRADITIONS PARALLÈLES AU RÉCIT BIBLIQUE.
### § 1. — *La création de l'homme.*

Relation du récit biblique avec les traditions des autres peuples de l'antiquité sur les premiers âges. . . . . . . . . . . . . . . . . . . . . . 17
Son affinité particulièrement étroite avec les récits chaldéens. . . . . . . . 18
Idée de l'autochthonisme des premiers hommes. . . . . . . . . . . . 19
Tradition phénicienne . . . . . . . . . . . . . . . . . . . . 20
La formation des premiers ancêtres de l'humanité dans les idées des Égyptiens. . 21
L'homme façonné de terre. . . . . . . . . . . . . . . . . . 22
Récit babylonien. . . . . . . . . . . . . . . . . . . . . *Ibid.*
Manque de narration de la création de l'homme dans les fragments jusqu'ici retrouvés de la Genèse assyrienne. . . . . . . . . . . . . . . . . . 23
Les fables grecques sur Prométhée formateur de l'humanité . . . . . . . . 24
Gayômaretan, le premier homme dans la cosmogonie des livres iraniens attribués à Zarathoustra (Zoroastre). . . . . . . . . . . . . . . . . . 25
Naissance de Maschya et Maschyâna. . . . . . . . . . . . . . *Ibid.*
Notion de l'androgyne primordial, séparé en deux pour former le premier couple. . 26

### § 2. — *Le premier péché.*

L'idée de la félicité édénique des premiers hommes chez les Égyptiens. . . . . 26
Chez les peuples aryens. . . . . . . . . . . . . . . . . . *Ibid.*
Leur théorie des quatre âges de l'humanité. . . . . . . . . . . . . 27
Absence de cette théorie dans la Bible. . . . . . . . . . . . . . *Ibid.*
Sa contradiction avec celle du péché originel . . . . . . . . . . . . 28
Elle implique une idée de péjoration, de décadence continue. . . . . . . . *Ibid.*
La croyance biblique et chrétienne a enfanté, au contraire, la doctrine du progrès continu de l'humanité. . . . . . . . . . . . . . . . . . 29
Le péché originel dans les croyances du zoroastrisme. . . . . . . . . . 30
Le péché de Yima. . . . . . . . . . . . . . . . . . . . 31
Le péché de Maschya et Maschyâna. . . . . . . . . . . . . . *Ibid.*
Le péché d'Idhunna dans l'Edda des Scandinaves. . . . . . . . . . . 32
Nous ne possédons pas jusqu'ici de récit chaldéen du premier péché. . . . . *Ibid.*
L'arbre de vie sur les monuments babyloniens et assyriens. . . . . . . . . 33
Les simulacres de l'arbre de vie chez les Chaldéo-Assyriens et l'*ascherah* des populations palestiniennes . . . . . . . . . . . . . . . . . . . . 34
Cylindre babylonien qui paraît se rattacher à un mythe analogue au récit biblique sur le premier péché. . . . . . . . . . . . . . . . . . . . 35
Vestiges d'un mythe pareil chez les Phéniciens. . . . . . . . . . . *Ibid.*
L'homme et la femme auprès de l'arbre, sur les sarcophages romains où est sculptée l'histoire de Prométhée. . . . . . . . . . . . . . . . . . 36
Vase phénicien de Cypre avec l'arbre et le serpent. . . . . . . . . . . 37
L'esprit de cette tradition ne devait pas être en Chaldée et en Phénicie le même que dans la Bible. . . . . . . . . . . . . . . . . . . . . *Ibid.*
Les mythes de l'arbre cosmique et du fruit de feu. . . . . . . . . . . 38
La Bible transforme le mythe physique en enseignement spirituel et moral. . . . *Ibid.*

| | Pages. |
|---|---|
| Le serpent dans la symbolique religieuse de l'antiquité. | 39 |
| Le serpent ennemi des dieux célestes en Égypte et en Phénicie. | 40 |
| Dans le zoroastrisme | Ibid. |
| Transfiguration que la Bible fait subir ici à un symbole originairement naturaliste. | 41 |

### § 3. — *Les générations antédiluviennes.*

| | |
|---|---|
| Les dix générations d'ancêtres primordiaux chez un grand nombre de peuples, comme dans la Bible. | 41 |
| Tableau parallèle des dix rois antédiluviens de la tradition chaldéenne, recueillie par Bérose, et des dix patriarches antédiluviens de la Genèse. | 43 |
| Dix employé comme nombre rond dans les généalogies. | 44 |
| Vestige d'un temps primitif où la numération ne s'élevait pas au-dessus de dix. | Ibid. |
| Variations entre dix et sept pour le nombre rond des ancêtres primordiaux. | 45 |
| Traditions qui lient un fratricide à la fondation de la première ville. | 46 |
| Croyance, généralement répandue dans l'antiquité, aux géants primitifs. | Ibid. |
| Idée de violence et de révolte contre le ciel qui s'attachent à ces géants. | 48 |
| La Gigantomachie des Grecs, mythe purement physique. | 50 |
| La Titanomachie. | 51 |
| Les Titans de la famille de Iapétos et le Yapheth biblique. | 54 |
| Le mythe des Aloades. | 55 |

### § 4. — *Le déluge.*

| | |
|---|---|
| Universalité de la tradition du déluge chez toutes les races, sauf la race noire. | 55 |
| Nécessité d'écarter pourtant de la question certains récits qui se rapportent uniquement à des faits d'un caractère local. | 56 |
| L'inondation de Yao et les travaux de Yu en Chine. | Ibid. |
| La légende de Botchica au Cundinamarca. | 57 |
| Tradition chaldéenne du déluge. | Ibid. |
| Récit de Bérose. | 58 |
| Récit original découvert par G. Smith dans les tablettes cunéiformes du Musée Britannique. | 59 |
| Traduction de ce récit. | 60 |
| Comparaison entre la narration chaldéenne et celle de la Bible. | 65 |
| Le récit du déluge chez les Araméens de Bambyce ou Hiérapolis. | 66 |
| Les récits diluviens de l'Inde. | 67 |
| Leur origine chaldéenne. | 68 |
| Traditions diluviennes de l'Iran. | 71 |
| Le déluge d'Ogygès chez les Grecs. | 72 |
| Le déluge de Deucalion. | Ibid. |
| Variations des traditions locales. | 74 |
| Système des chronographes, admettant trois déluges successifs. | 75 |
| Traditions diluviennes de la Phrygie. | Ibid. |
| Traditions des peuples celtiques. | 76 |
| Tradition des Lithuaniens. | 77 |
| Absence de la tradition diluvienne en Égypte. | Ibid. |
| Mythe égyptien de la destruction des hommes par les dieux. | 78 |
| Ce qu'il a de commun avec la tradition du déluge et ce qu'il a de différent. | 81 |
| Les récits diluviens de l'Amérique. | 82 |
| Les narrations mexicaines. | 83 |
| Parenté possible de ces traditions mexicaines avec celles de l'Inde. | 85 |
| Tradition diluvienne du Guatemala. | 86 |

|                                                                                      | Pages. |
| ------------------------------------------------------------------------------------ | ------ |
| Traditions des tribus de l'Amérique du Nord.                                         | 87     |
| Les traditions diluviennes de l'Océanie et leur caractère incertain.                 | 89     |
| Caractère d'événement réel du déluge.                                                | 90     |

### § 5. — *Le berceau de l'humanité postdiluvienne.*

| | |
|---|---|
| Le point d'arrêt de l'arche dans la Bible et dans la tradition chaldéenne. | 92 |
| Difficultés à admettre que l'Ararat de la Genèse soit celui de l'Arménie. | *Ibid.* |
| La montagne sainte du Mêrou dans les légendes indiennes. | 93 |
| L'Airyana Vaêdja et la montagne du Harâ-Berezaiti dans les traditions iraniennes. | *Ibid.* |
| Nom d'Aryâratha donné à la montagne sainte, à laquelle se rattache le souvenir des origines | 94 |
| Le massif du Belourtagh et du plateau de Pamir, berceau de l'humanité postdiluvienne. | 95 |
| La tradition du berceau de l'humanité antédiluvienne et du Paradis terrestre s'y est aussi localisée | *Ibid.* |
| L'Oudyâna du nord de l'Inde et le 'Eden biblique. | 96 |
| Caractère de la description du jardin de 'Eden. | *Ibid.* |
| Les quatre fleuves paradisiaques de la Genèse. | 97 |
| Leur comparaison avec les fleuves paradisiaques du *Boundéhesch* pehlevi. | 98 |
| Les quatre grands fleuves sortant du massif du Pamir. | 100 |
| Problème particulier que soulève la mention du 'Hid-Deqel et du Phrath parmi les fleuves paradisiaques de la Genèse et l'identité de leurs noms avec ceux du Tigre et de l'Euphrate. | *Ibid.* |
| Localisation de la tradition paradisiaque dans la Mésopotamie, par les Chaldéens. | 101 |
| Elle a influé sur la Genèse, mais elle ne représente plus exactement la véritable forme originaire de la tradition. | 102 |
| Probabilité de l'existence d'un Tigre et d'un Euphrate primitifs parmi les fleuves sortant du massif du Pamir. | 103 |
| La terre de Nod, où Qaïn se retire et fonde la ville de 'Hanoch. | *Ibid.* |
| Khotan et ses traditions très antiques. | *Ibid.* |
| La Montagne de l'Assemblée des dieux dans les croyances religieuses des Chaldéo-Assyriens. | 104 |
| Les paradis des monarques asiatiques, imitation du jardin édénique de la montagne sainte. | 105 |
| Les jardins suspendus. | 106 |

### § 6. — *Le patriarche sauvé du déluge et ses trois fils.*

| | |
|---|---|
| Manière dont les traditions chaldéennes réunissent sur la tête de 'Hasis-Adra, le juste sauvé du déluge, les données que la Bible répartit entre Noa'h et 'Hanoch. | 107 |
| Confusion du rénovateur et du premier auteur de l'humanité dans la tradition aryenne, Manou correspondant à la fois à Adam et à Noa'h. | *Ibid.* |
| Le Minos des Hellènes. | 108 |
| Noa'h plantant la vigne et Nahouscha conquis par Soma. | 109 |
| Les trois fils de Noa'h et les trois fils de Lemech, les uns et les autres chefs de races. | 110 |
| Division des races humaines, telles que les admettaient les Égyptiens. | *Ibid.* |
| Les trois fils de Thraetaona dans la légende iranienne. | *Ibid.* |
| Comparaison de ces systèmes ethnographiques. | 112 |
| Les trois frères, Cronos, Titan et Prométhée, dans les extraits de Bérose. | *Ibid.* |
| Version de leur histoire mythique chez Moïse de Khorène. | 113 |
| Le cycle des légendes des Iapétides chez les Grecs. | 114 |

## § 7. — *La Tour des langues.*

Pages.

Le récit de la construction de la Tour de Babel et de la confusion des langues ne se retrouve, parallèlement à la Bible, que dans la tradition chaldéenne. . . . . 115
Ce récit est indépendant de sa localisation à Babylone. . . . . . . . . 116
Défaut de fondement de l'opinion vulgaire, qui voit les ruines de la Tour de Babel dans le Birs-Nimroud. . . . . . . . . . . . . . . . . 118

### CHAPITRE III. — VESTIGES MATÉRIELS DE L'HUMANITÉ PRIMITIVE.
### § 1. — *L'homme des temps géologiques.*

L'archéologie préhistorique, sa méthode et ses résultats. . . . . . . . . 119
La paléontologie humaine. . . . . . . . . . . . . . . . . . 120
Silex travaillés des terrains miocènes. . . . . . . . . . . . . . 121
Le problème de l'homme des temps tertiaires. . . . . . . . . . . . 122
La première période glaciaire. . . . . . . . . . . . . . . . *Ibid.*
Nouvelle faune qui y succède . . . . . . . . . . . . . . . 123
Vestiges de l'homme dans les dépôts pliocènes supérieurs. . . . . . . . 124
État des continents et migrations animales à cette époque. . . . . . . *Ibid.*
La période quaternaire et ses conditions dans le relief des continents, le climat et la faune . . . . . . . . . . . . . . . . . . . . . . . 126
Les climats continentaux et les climats insulaires. . . . . . . . . . . 128
Restes de l'industrie humaine dans les dépôts quaternaires. . . . . . . . 130
Vie des hommes de cette époque dans nos contrées. . . . . . . . . . 131
Faits analogues constatés en dehors de l'Europe, particulièrement en Asie. . . . 134
Les races humaines de l'époque quaternaire. . . . . . . . . . . . 135
Dolichocéphales et brachycéphales . . . . . . . . . . . . . . 137
La race de Neanderthal et de Canstadt, et ses descendants parmi la population . . 138

### § 2. — *L'homme des cavernes de l'âge du renne.*

L'âge du renne et les cavernes qui offrent les restes de l'industrie de l'homme de cette période. . . . . . . . . . . . . . . . . . . . . . 140
Habile travail des instruments de pierre et d'os. . . . . . . . . . . *Ibid.*
Dessins tracés sur des pierres et des os. . . . . . . . . . . . . 142
Existence d'un système de numération et de rites funéraires. . . . . . . 144
La race de Cro-Magnon et ses descendants actuels. . . . . . . . . . *Ibid.*
La race brachycéphale de Furfooz et ses descendants actuels. . . . . . . 147
Modifications des continents, du climat et de la faune après l'âge du renne. . . 150
Apparition en Occident des populations de l'âge de la pierre polie. . . . . . 152
Les hommes des cavernes dans les traditions de l'antiquité classique. . . . . 154

### § 3. — *Restes matériels de l'époque néolithique.*

L'âge néolithique ou de la pierre polie. . . . . . . . . . . . . . 156
Armes et instruments de cette époque. . . . . . . . . . . . . 157
Centres de fabrication des outils de pierre et commerce. . . . . . . . . 158
Identité de la faune de cette époque avec celle d'aujourd'hui. . . . . . . 159
Les dolmens et les allées couvertes. . . . . . . . . . . . . . 160
La race des dolmens et les Atlantes des traditions légendaires. . . . . . . 162
Les brachycéphales septentrionaux de la même période. . . . . . . . . 163
Monuments mégalithiques dans l'Afrique septentrionale, en Orient et jusque dans l'Inde . . . . . . . . . . . . . . . . . . . . . . 164

| | Pages. |
|---|---|
| Ressemblance des objets de la période néolithique dans toutes les parties du monde. | 164 |
| Perfection singulière de ceux de la Scandinavie. | 165 |
| Les *kjœkkenmœddinger* de la Scandinavie. | 166 |
| Les *terramare* de l'Émilie. | 167 |
| Les palafittes ou villages lacustres de la Suisse. | 168 |
| Progrès considérable de civilisation marqué dans ces derniers. | 170 |
| Commencement de l'agriculture. | 171 |

§ 4. — *Relation de temps entre les diverses époques des développements initiaux de l'industrie humaine.*

| | |
|---|---|
| Le travail des métaux, chez quelques peuples, dans un état encore presque sauvage. | 171 |
| Inventeurs divins attribués à ce travail chez la plupart des peuples. | 172 |
| La métallurgie du cuivre et celle du fer. | Ibid. |
| Travail primitif du fer météorique. | 173 |
| Les trois époques de l'âge de la pierre sont trois stages successifs du développement initial de la civilisation, non trois époques chronologiques, ni surtout synchroniques pour les différents pays et les différents peuples. | Ibid. |
| Populations qui ne sont jamais sorties de l'âge de la pierre. | 174 |
| Le Thoubal-qaïn de la Bible et le peuple métallurgiste de Thoubal. | Ibid. |
| Les trois centres primitifs de la métallurgie. | 175 |
| Exceptions à la marche ordinaire du progrès du travail des métaux, les Polynésiens. | Ibid. |
| La Chine primitive. | 176 |
| L'âge néolithique, de la période géologique actuelle, a énormément varié comme durée suivant les pays et les peuples ; l'âge archéolithique, de la période quaternaire, a été synchronique sur toute la surface du globe. | 177 |
| Conservation de l'usage des armes et des instruments de pierre après l'invention du travail des métaux. | 178 |
| A quoi l'on doit reconnaître les gisements qui appartiennent proprement à l'âge de la pierre. | 180 |
| Emploi tardif des armes et des instruments de pierre dans des rites religieux ou à titre de talismans. | 182 |

§ 5. — *Les inventeurs de la métallurgie.*

| | |
|---|---|
| Unité de composition du bronze préhistorique en Europe et en Asie, indication d'un foyer commun d'invention de la métallurgie pour tous les peuples de ces contrées. | 184 |
| Difficulté de distinguer un âge du bronze et un âge du fer pour beaucoup de contrées situées dans le rayon d'influence de ce foyer primitif. | 186 |
| Les peuples adorateurs des dieux de la métallurgie. | Ibid. |
| Les nations altaïques et leur ancienne extension. | 188 |
| Les Scythes dominateurs de l'Asie, de Trogue Pompée. | 189 |
| Les nations touraniennes de l'Asie antérieure dans la haute antiquité. | 190 |
| Développement très ancien de la métallurgie et des traditions mythiques qui s'y rapportent, chez les peuples Altaïques. | Ibid. |
| Les Tchoudes. | 191 |
| Les nations thibétaines. | 193 |
| Populations touraniennes de l'Asie antérieure, les Schoumers et Akkads de la Chaldée, et leur antique métallurgie. | 194 |
| Les peuples de Meschech et de Thoubal, envisagés à ce point de vue. | 196 |
| Origines de la métallurgie de l'Asie rattachées aux nations altaïques et touraniennes. | 197 |
| Importance qu'a ici la question de la fabrication du bronze. | 198 |
| Les gisements de l'étain. | 199 |

Détermination du point où fut inventé le travail du bronze. . . . . . . . . . 200
L'invention de la métallurgie antérieure à la séparation des trois races de l'humanité noa'hide . . . . . . . . . . . . . . . . . . . . . . . . . . . . . . . . . . 201
Thoubal-qaïn et sa signification ethnique. . . . . . . . . . . . . . . . . . 202
Assimilation probable entre les Altaïques et les Touraniens, d'une part, et les Qaïnites de la Bible, d'autre part. . . . . . . . . . . . . . . . . . . . . . . . . . 203
Problème, qui se soulève ici, de l'extension qu'il faut donner à certains des récits primordiaux de la Bible. . . . . . . . . . . . . . . . . . . . . . . . . . . . 204
Les primitives corporations métallurgiques et leur caractère sacré. . . . . . . 206

### § 6. — *L'archéologie préhistorique et la Bible.*

Ordre absolument différent des faits auxquels s'attachent les récits bibliques et de ceux qu'envisage l'archéologie préhistorique . . . . . . . . . . . . . . . . . 208
Pas de contradiction formelle et insoluble entre les données fournies des deux côtés. 209
L'ancienneté de l'homme . . . . . . . . . . . . . . . . . . . . . . . . . . . *Ibid.*
Absence d'une chronologie formelle dans la Bible. . . . . . . . . . . . . . . 210
Manque d'un chronomètre précis d'après lequel la science puisse évaluer en siècles et en années la date des plus anciens vestiges de l'homme qu'elle constate. . . . 211
L'état misérable de l'humanité primitive et son accord avec la doctrine de la déchéance 212
La théorie du progrès continu et la doctrine chrétienne. . . . . . . . . . . . 214
La question de l'universalité du déluge. . . . . . . . . . . . . . . . . . . 216
Difficulté du problème . . . . . . . . . . . . . . . . . . . . . . . . . . . 217
Hypothèses possibles pour sa solution . . . . . . . . . . . . . . . . . . . *Ibid.*
Raisons pour limiter l'action du déluge à une partie seulement de l'humanité, à la descendance de Scheth. . . . . . . . . . . . . . . . . . . . . . . . . . . . 218
Cette thèse n'est pas formellement contraire à l'orthodoxie. . . . . . . . . . 219
Divergences au sujet de l'universalité du déluge, dès le temps des Pères de l'Église. . 221

# LIVRE II

## LES RACES ET LES LANGUES

### CHAPITRE PREMIER. — LES RACES HUMAINES.

#### § 1. — *L'unité de l'espèce humaine et ses variations.*

Impossibilité pour la science d'affirmer, de la même façon que la religion, la descendance de tous les hommes d'un couple unique ; elle peut seulement prouver leur unité d'espèce. . . . . . . . . . . . . . . . . . . . . . . . . . . . . . 225
Les monogénistes et les polygénistes. . . . . . . . . . . . . . . . . . . . . 226
Influence que les convictions religieuses et philosophiques exercent nécessairement sur le parti que l'on prend dans ce grand débat. . . . . . . . . . . . . . *Ibid.*
Rôle qui doit appartenir à la science pure et aux considérations physiologiques. . . 227
L'espèce, la variété et la race en histoire naturelle . . . . . . . . . . . . . 228
Les différences qui séparent les races humaines ne constituent pas des caractères spécifiques . . . . . . . . . . . . . . . . . . . . . . . . . . . . . . . . . 229
Influence des milieux sur la formation de ces races. . . . . . . . . . . . . . 230
Tableau de la distribution géographique des races humaines dans leur rapport avec les lieux et les climats. . . . . . . . . . . . . . . . . . . . . . . . . . 232
Conséquences à tirer, au point de vue de son unité spécifique, de la diffusion de l'homme sous tous les climats. . . . . . . . . . . . . . . . . . . . . . . . . . . 236

Pages.

### § 2. — *Le cantonnement primitif de l'espèce humaine et ses migrations.*

Recherches de M. de Quatrefages sur ce cantonnement primitif, d'après les faits actuels. 238
Leur accord avec les données des traditions antiques. 241
Mesure dans laquelle les constatations les plus récentes de la géologie peuvent cependant les modifier. *Ibid.*
Le peuplement du globe par voie de migrations. 243
Faculté d'acclimatation spéciale à l'homme. *Ibid.*
Objections des polygénistes contre la doctrine du peuplement du globe par migrations, et leur réfutation. 245
Les migrations terrestres. 246
Les migrations maritimes. 248
Problème du peuplement de l'Amérique. 250
Conclusion de Lyell sur cette question du peuplement du globe. 252

### § 3. — *Grandes divisions des races humaines, types fondamentaux et types secondaires.*

Bases de la classification des races humaines. 252
Les trois types fondamentaux, blanc, jaune et noir. 253
Leurs caractères physiologiques. 254
Le type rouge. 255
Sous-races intermédiaires entre ces types fondamentaux. *Ibid.*
Boréale. 256
Altaïque ou ougro-japonaise. *Ibid.*
Malayo-polynésienne. *Ibid.*
Égypto-berbère. *Ibid.*
Hottentote. *Ibid.*
Nègres pélagiens. *Ibid.*
Rôle du métissage dans la formation de ces races secondaires. 257
Conclusions de M. de Quatrefages sur la manière dont se sont formées les diverses races de l'humanité. 258

### § 4. — *L'homme primitif.*

Disparition du type primordial de l'homme. 259
Limites dans lesquelles on peut le restituer conjecturalement. 260
Les faits d'atavisme. *Ibid.*
Prognathisme. 261
Coloration. *Ibid.*
Conclusions de M. de Quatrefages sur cette question. 262

### § 5. — *La descendance des fils de Noa'h dans la Genèse.*

Le tableau ethnographique du chapitre X de la Genèse. 263
Son véritable caractère. 264
Son immense valeur pour la science. 265
Famille de 'Ham, peuples qu'elle embrasse. 266
Kousch. *Ibid.*
Les fils de Kousch. 267
Extension antique des peuples auxquels s'applique le nom de Kousch. 268
Miçraïm et ses fils. 269
Pout et le Pount des monuments égyptiens. 271
Kenâ'an et ses fils. 273
Difficultés soulevées à propos de l'inscription de Kenâ'an parmi les enfants de 'Ham. 274

| | Pages. |
|---|---|
| Peuples 'hamitiques qui parlent des idiomes dits *sémitiques*. | 275 |
| Relation entre les nations de 'Ham et celles de Schem. | 276 |
| La malédiction de 'Ham et ses effets historiques. | 279 |
| Famille de Schem, peuples qu'elle embrasse. | 280 |
| Élam. | *Ibid.* |
| Asschour. | 281 |
| Arphakschad et la généalogie de ses descendants. | 283 |
| Les Yaqtanides. | 284 |
| Les Téra'hites et leurs différents peuples. | 286 |
| Loud et Aram, les deux divisions des Araméens. | 288 |
| Le Routen des monuments égyptiens. | 290 |
| Caractères généraux des peuples de la famille de Schem. | 291 |
| Famille de Yapheth, peuples qu'elle embrasse. | 292 |
| Gomer et ses fils. | *Ibid.* |
| Magog. | 294 |
| Madaï. | 295 |
| Yavan. | 296 |
| Fils de Yavan. | 297 |
| Thoubal et Meschech. | 299 |
| Thiras. | 300 |
| Identité de la famille de Yapheth dans la Bible et des peuples aryens. | *Ibid.* |
| Les blancs allophyles compris par l'auteur sacré dans la même famille. | 302 |
| La descendance des fils de Noa'h n'embrasse que trois rameaux de la race blanche, silence de la Bible sur les autres races. | 303 |
| Les nègres étaient pourtant bien connus des écrivains bibliques et n'ont pu être écartés par eux qu'intentionnellement du tableau généalogique de la descendance de Noa'h. | 304 |
| Il en est exactement de même des Touraniens de l'Asie antérieure. | 306 |
| Esquisse de leur distribution géographique dans la haute antiquité. | 307 |
| Les populations prékénânéennes de la Palestine et du désert voisin semblent former un troisième groupe ethnique, systématiquement exclu par l'auteur de la Genèse du tableau de la descendance de Noa'h. | 310 |
| Analogie de ces trois groupes de populations avec la division tripartite des descendants de Qaïn après Lemech, dont les trois fils font pendant aux trois fils de Noa'h. | 312 |

## CHAPITRE II. — LES LANGUES ET LEURS FAMILLES.

### § 1. — *Origine et développement du langage.*

| | |
|---|---|
| Le problème de l'origine du langage et la philosophie antique. | 315 |
| Locke et Leibnitz. | *Ibid.* |
| Condillac. | 316 |
| Bonald et le langage révélé. | *Ibid.* |
| Maine de Biran et la théorie du langage comme produit d'une invention raisonnée. | 317 |
| Création de la science linguistique ; manière nouvelle dont elle conduit à envisager le problème de l'origine du langage, abordé jusque-là dans le domaine de l'abstraction pure. | 318 |
| Impossibilité de soutenir désormais la thèse du langage révélé. | *Ibid.* |
| Le langage, ou plus exactement les langues, constituent une œuvre humaine. | 319 |
| Théorie de M. Renan, qui y voit un produit spontané et inconscient des facultés de l'homme. | *Ibid.* |
| Rôle nécessaire de la réflexion et de la raison dans la formation du langage. | 321 |
| Théorie de Jacob Grimm. | 322 |
| Comment l'homme a créé les premiers fondements de son langage. | 323 |

| | Pages. |
|---|---|
| Les racines monosyllabiques primordiales | 324 |
| État monosyllabique et isolant, création des racines démonstratives ou pronominales. | 325 |
| Stages de développement ultérieur du langage : l'état agglutinant et l'état flexionnel. | 326 |

### § 2. — *Unité du langage et diversité des langues.*

| | |
|---|---|
| La langue primitive a disparu sans retour | 326 |
| Multiplicité des familles de langues irréductibles entre elles dans l'état présent de nos connaissances. | 327 |
| Ce fait est incontestable, mais n'implique en réalité aucune conséquence contraire à l'unité de l'espèce humaine. | 329 |
| Son explication naturelle. | 330 |
| Faux raisonnement d'Agassiz, qui cherche dans le langage des preuves du polygénisme, et sa réfutation | 332 |
| Les faits historiques qui montrent un peuple changeant de langage et adoptant l'idiome d'un autre sous l'empire de différentes circonstances. | 333 |
| Variations phonétiques dans le langage résultant de différences dans les organes vocaux d'un peuple à l'autre. | 334 |
| Modifications que les différences intellectuelles entre les peuples amènent forcément dans le langage. | 336 |
| Modifications des langues par des causes historiques. | 337 |
| Emprunts de vocabulaire d'un idiome à un autre. | 338 |
| Caractère d'œuvre collectif de la création d'une langue. | 339 |
| Remarques de Jacob Grimm sur l'origine des formes du féminin, en particulier dans les langues aryennes. | 340 |

### § 3. — *Classification des langues.*

| | |
|---|---|
| Leurs trois grandes classes naturelles. | 341 |
| Les langues monosyllabiques et isolantes. | Ibid. |
| Le chinois pris comme type de ces idiomes. | 342 |
| Principaux groupes des langues monosyllabiques. | 343 |
| Passage de l'état isolant à l'état d'agglutination. | 344 |
| Les langues agglutinantes. | Ibid. |
| Familles entre lesquelles se répartissent les langues de cette classe | 345 |
| Le polysynthétisme et les langues américaines. | 348 |
| Les idiomes hyperboréens. | 350 |
| Les langues à flexions. | Ibid. |
| Leurs trois grandes familles. | 352 |

### § 4. — *Les langues dravidiennes et altaïques.*

| | |
|---|---|
| Classification et distribution géographique des langues dravidiennes. | 352 |
| Caractères anthropologiques des peuples qui les parlent | 354 |
| Caractères linguistiques de ces idiomes. | 355 |
| Classification et distribution géographique des langues altaïques. | 356 |
| Groupe samoyède. | Ibid. |
| Groupe ougro-finnois. | Ibid. |
| Groupe turco-tatare. | 357 |
| Groupes mongol et tongouse. | 358 |
| Groupe japonais. | 359 |
| Caractères linguistiques communs de ces idiomes | Ibid. |
| L'harmonie vocalique | 360 |

470                   TABLE DES MATIÈRES

                                                                         Pages.

Question de la parenté des langues dravidiennes et altaïques. . . . . . . 361
Observations de M. Hodgson sur les langues horsok et si-fan. . . . . . 362
Rôle que peut jouer dans cette question une connaissance plus approfondie des idiomes touraniens de l'antiquité, connus par les documents cunéiformes. . . . . . 363
Les langues du groupe médo-susien. . . . . . . . . . . . . . . . . . *Ibid.*
Le suméro-accadien. . . . . . . . . . . . . . . . . . . . . . . . . . 364
Incertitude existant encore sur les parentés linguistiques exactes de ces idiomes touraniens. . . . . . . . . . . . . . . . . . . . . . . . . . . . . . . 366

### § 5. — *Les langues 'hamitiques.*

Elles constituent la première famille des langues à flexions. . . . . . . . 367
Leur type antique, l'égyptien. . . . . . . . . . . . . . . . . . . . . 368
Classification et distribution géographique des langues modernes de cette famille. . . *Ibid.*
Caractères fondamentaux communs à ces langues. . . . . . . . . . . 369
Leur parenté avec les idiomes sémitiques. . . . . . . . . . . . . . . . *Ibid.*
Dérivation d'une source commune. . . . . . . . . . . . . . . . . . . 370

### § 6. — *Les langues sémitiques.*

Ce que cette dénomination a de défectueux. . . . . . . . . . . . . . 371
Grandes divisions de la famille. . . . . . . . . . . . . . . . . . . . *Ibid.*
Groupe septentrional : rameau araméen. . . . . . . . . . . . . . . . *Ibid.*
Rameau assyrien. . . . . . . . . . . . . . . . . . . . . . . . . . . 373
Rameau kénânéen . . . . . . . . . . . . . . . . . . . . . . . . . . 374
Groupe méridional : rameau ismaélite. . . . . . . . . . . . . . . . . 375
Rameau yaqtanide . . . . . . . . . . . . . . . . . . . . . . . . . . 376
Homogénéité de la famille. . . . . . . . . . . . . . . . . . . . . . 377
Trilitéralité des racines. . . . . . . . . . . . . . . . . . . . . . . . 378
Autres caractères communs . . . . . . . . . . . . . . . . . . . . . *Ibid.*

### § 7. — *Les langues aryennes.*

Unité de cette famille et ses caractères généraux. . . . . . . . . . . . 379
Question de sa parenté d'origine avec les langues 'hamitiques et sémitiques. . . 380
Arguments négatifs de Schleicher. . . . . . . . . . . . . . . . . . . *Ibid.*
Arguments de M. Whitney dans le même sens. . . . . . . . . . . . . 381
Véritable terrain sur lequel la question doit être posée. . . . . . . . . 382
Elle n'est encore résolue ni dans un sens ni dans l'autre. . . . . . . . 383
Grandes divisions de la famille. . . . . . . . . . . . . . . . . . . . *Ibid.*
Idiomes aryo-asiatiques : groupe indien. . . . . . . . . . . . . . . . 384
Groupe iranien . . . . . . . . . . . . . . . . . . . . . . . . . . . 385
Idiomes aryo-européens : groupe gréco-latin ou pélasgique. . . . . . . 388
Groupe celtique. . . . . . . . . . . . . . . . . . . . . . . . . . . 392
Groupe germanique. . . . . . . . . . . . . . . . . . . . . . . . . 393
Groupe letto-slave . . . . . . . . . . . . . . . . . . . . . . . . . 394

### CHAPITRE III. — L'ÉCRITURE.

### § 1. — *Les marques mnémoniques.*

Ce qui constitue l'écriture. . . . . . . . . . . . . . . . . . . . . . 395
Idéographisme et phonétisme. . . . . . . . . . . . . . . . . . . . . *Ibid.*
Figuration et symbolisme. . . . . . . . . . . . . . . . . . . . . . *Ibid.*

|  | Pages. |
|---|---|
| Syllabisme et alphabétisme. | 395 |
| Emploi de marques conventionnelles, au moyen d'entailles, pour communiquer certaines idées | 398 |
| Les *khé-mou* des Tartares. | Ibid. |
| Usage analogue chez les peuples germaniques et scandinaves. | Ibid. |
| Monuments de son existence chez les hommes de la période quaternaire. | 399 |
| Les *quippos* ou cordelettes nouées des anciens Péruviens. | 400 |
| Les *kouas* ou diagrammes attribués à l'empereur Fouh-Hi chez les Chinois. | 401 |
| Les colliers mnémoniques des Peaux-Rouges. | Ibid. |
| Traces d'un usage semblable à l'époque quaternaire. | Ibid. |
| Imperfection foncière de tous ces procédés | 402 |

### § 2. — *La pictographie.*

|  |  |
|---|---|
| Peintures significatives et mnémoniques des sauvages. | 403 |
| Fernand Cortez et les Mexicains. | 404 |
| Dessins pictographiques des Esquimaux. | Ibid. |
| Dessins analogues sur des rochers de la Scandinavie et des Alpes. | Ibid. |
| Représentations du même genre sur l'os ou la corne, trouvées dans les grottes de l'âge du renne. | 405 |
| Simplification des figures et combinaisons entre elles qui amènent les représentations de ce genre à devenir une véritable écriture symbolique. | 406 |
| Spécimens de la pictographie des Indiens de l'Amérique du Nord. | Ibid. |
| Dessins des planches funéraires de deux chefs de ces tribus. | 408 |
| Dessins analogues sur les dalles de la chambre intérieure du tumulus du Mané-Lud (Morbihan). | 409 |
| Dessins analogues sur des rochers de la Sibérie. | 410 |
| Diverses applications de l'écriture pictographique. | Ibid. |
| Le tatouage et sa signification. | 411 |
| Dessins de tatouages reproduits sur les dalles intérieures de certaines allées couvertes funéraires de nos pays. | 412 |

### § 3. — *Les écritures hiéroglyphiques.*

|  |  |
|---|---|
| Ce qu'est proprement l'hiéroglyphisme et en quoi il diffère de la pictographie. | 412 |
| Les six systèmes primitifs et originaux d'écritures hiéroglyphiques | 413 |
| Incertitude des connaissances sur quelques-uns d'entre eux. | Ibid. |
| Les hiéroglyphes hittites. | Ibid. |
| L'écriture calculiforme des Mayas du Yucatan. | 414 |
| A un certain stage de leur existence, les écritures hiéroglyphiques cessent d'être figuratives. | 415 |
| Altération tachygraphique des figures des signes. | 416 |
| L'écriture devient alors une *sémeiographie*. | 417 |
| Traces de son ancienne origine de pictographie que conserve encore l'hiéroglyphisme égyptien | Ibid. |
| Emploi des signes de l'écriture à former des tableaux figurés | 418 |

### § 4. — *Développements successifs de l'idéographisme.*

|  |  |
|---|---|
| Les caractères figuratifs et les caractères symboliques dans l'écriture hiéroglyphique. | 419 |
| Les symboles composés de plusieurs figures combinées. | Ibid. |
| Complication de l'écriture idéographique arrivée à un certain degré de son développement. | 420 |

| | Pages. |
|---|---|
| Son imperfection comme moyen de transmission et de conservation de la pensée. | 421 |
| Indépendance réciproque originaire de l'écriture idéographique et du langage parlé. | 422 |
| Manière dont cependant la notion d'un son déterminé vint à s'attacher à telle ou telle figure | Ibid. |

### § 5. — Premières étapes du phonétisme.

| | |
|---|---|
| Le rébus | 423 |
| Il constitue tout le phonétisme de l'écriture hiéroglyphique des Nahuas du Mexique. | Ibid. |
| Vestiges de rébus dans les systèmes d'écritures figuratives qui ont poussé plus loin dans la voie du progrès | 424 |
| Dans une langue monosyllabique comme le chinois, l'emploi du rébus menait du même coup au phonétisme syllabique. | 426 |
| Confusions et obscurités qu'eût produit dans cette langue l'expression purement phonétique des textes | Ibid. |
| Combinaison de phonétisme et d'idéographisme employée pour y remédier, le système des clés. | 427 |
| Manière dont les valeurs de phonétisme syllabique se sont formées chez les peuples qui parlaient des langues d'une autre nature et polysyllabiques. | 429 |
| Comment procédèrent les Schoumers et Akkads de la Chaldée et de la Babylonie. | 430 |
| La méthode acrologique et ses origines. | 431 |

### § 6. — Le syllabisme et l'alphabétisme.

| | |
|---|---|
| Comment un seul des systèmes hiéroglyphiques de l'ancien monde s'est élevé jusqu'à la décomposition de la syllabe et à l'alphabétisme. | 431 |
| Inconvénients de l'expression purement phonétique des sons | 432 |
| Développement particulier de ces inconvénients dans les langues où les flexions grammaticales se marquent par le changement des voyelles internes des mots, comme les idiomes sémitiques et 'hamitiques. | 433 |
| Mariage mal assorti de l'écriture cunéiforme syllabique et de la langue assyrienne sémitique | 434 |
| Comment l'alphabétisme devait être inventé par un peuple chez qui les voyelles intérieures des mots avaient un caractère vague. | 435 |
| Sa naissance chez les Égyptiens. | Ibid. |
| Suppression de la notation des voyelles internes, surtout quand elles étaient brèves. | Ibid. |
| Comment ce furent les Grecs qui reprirent les premiers un certain nombre des signes d'aspirations douces de l'alphabet phénicien, pour en faire la représentation des voyelles | 437 |
| Très haute antiquité de l'invention des signes alphabétiques chez les Égyptiens. | Ibid. |
| Origine acrologique des valeurs de ces signes | 438 |
| Les signes symbolico-phonétiques, qui n'ont le rôle de peinture de sons qu'à l'état d'initiales de certains mots, qu'ils pourraient représenter idéographiquement à eux seuls | Ibid. |

### § 7. — La polyphonie dans les écritures d'origine hiéroglyphique.

| | |
|---|---|
| Résumé de l'état auquel en était parvenue l'écriture hiéroglyphique égyptienne après toutes les phases successives qui viennent d'être passées en revue. | 439 |
| Nombreuses causes de complications et d'incertitudes qui empêchaient la pratique de l'art d'écrire de se généraliser | 440 |
| Une de plus, dont il n'a pas encore été parlé, la polyphonie | 441 |
| Définition de ce fait et explication de son origine d'après les hiéroglyphes égyptiens. | Ibid. |

| | Pages. |
|---|---|
| Mécanisme des compléments phonétiques. | 442 |
| La polyphonie syllabique dans le système graphique de l'Égypte. | Ibid. |
| Rareté des faits de polyphonie alphabétique, qui ne se produisent qu'à l'époque romaine. | 443 |
| La polyphonie dans l'écriture cunéiforme assyrienne. | Ibid. |
| Elle s'y complique par suite de l'origine étrangère de ce système graphique. | Ibid. |
| Faits particuliers résultant de cette transmission de l'écriture d'un peuple à un autre. | 444 |
| Valeurs phonétiques d'origine accadienne et d'origine assyrienne sémitique. | Ibid. |

### § 8. — *L'invention de l'alphabet.*

| | |
|---|---|
| Pas qui restait à franchir, même après la découverte de l'alphabétisme, pour arriver à l'invention de l'alphabet proprement dit et au rejet de tout élément idéographique de l'écriture | 445 |
| Comment cette dernière invention ne pouvait être réalisée par aucun des peuples qui avaient créé les systèmes hiéroglyphiques primitifs. | Ibid. |
| Obstacle qui résultait pour ceux-ci de la religion et du caractère sacré attribué à l'écriture | 446 |
| Ce sont les Japonais qui ont tiré des éléments du système graphique des Chinois un pur syllabaire, exclusivement phonétique. | Ibid. |
| L'écriture cunéiforme se débarrasse presque entièrement de l'idéographisme chez les Susiens et chez les Mèdes anté-aryens. | 447 |
| L'alphabet cunéiforme perse. | Ibid. |
| Le syllabaire cypriote. | Ibid. |
| Les Égyptiens ont découvert l'alphabétisme mais n'ont pas réalisé l'alphabet | Ibid. |
| Celui-ci devait être créé, avec des éléments d'origine égyptienne, par un peuple éminemment pratique et commerçant. | Ibid. |
| C'est par les Phéniciens ou Kenânéens maritimes qu'a été définitivement inventé l'alphabet. | 448 |
| Témoignage de l'antiquité à cet égard. | Ibid. |
| Tous les alphabets connus, à l'exception du cunéiforme perse, dérivent de l'alphabet phénicien | 449 |
| Renvoi de la démonstration de ce fait, et du tableau de la filiation des écritures issues de celle des Phéniciens, au livre qui traitera de l'histoire de ce peuple. | Ibid. |

FIN DE LA TABLE DES MATIÈRES.

www.ingramcontent.com/pod-product-compliance
Lightning Source LLC
Chambersburg PA
CBHW050604230426
43670CB00009B/1259